叶秀山全集

[第九卷]

叶秀山 著

江苏人民出版社

图书在版编目(CIP)数据

叶秀山全集.第九卷/叶秀山著.—南京：江苏人民出版社,2019.11
ISBN 978-7-214-23541-1

Ⅰ.①叶… Ⅱ.①叶… Ⅲ.①哲学-文集 Ⅳ.①B-53

中国版本图书馆CIP数据核字(2019)第116577号

书　　　名	叶秀山全集·第九卷
著　　　者	叶秀山
责 任 编 辑	鲁从阳
责 任 校 对	王翔宇
责 任 监 制	王列丹
出 版 发 行	江苏人民出版社
出版社地址	南京市湖南路1号A楼,邮编：210009
出版社网址	http://www.jspph.com
排　　　版	南京展望文化发展有限公司
印　　　刷	苏州市越洋印刷有限公司
开　　　本	718毫米×1000毫米　1/16
印　　　张	35.25　插页6
字　　　数	557千字
版　　　次	2019年11月第1版　2019年11月第1次印刷
标 准 书 号	ISBN 978-7-214-23541-1
定　　　价	158.00元

(江苏人民出版社图书凡印装错误可向承印厂调换)

《叶秀山全集》出版说明

叶秀山先生遽然仙逝后,在他亲属和学生们的支持下,我们决定出版《叶秀山全集》,以永远缅怀他卓越的学术成就,延续和光大他的学术理念与思想事业。本次出版遵循如下原则:

一、只收录已经公开出版或发表的作品,其余作品(如手稿、书信等)以后择机再出续集。

二、各卷按照时间顺序收录已出版的著作(包括文集)。未收入已出版著作中但又公开发表的文章,按发表时间顺序分类收入最后两卷。

三、已出版的文集类著作中与之前著作收文重复者,只存目,但让《永恒的活火》和《启蒙与自由》二书保持完整收录。

四、编辑过程中,尽量尊重原出版物原貌,只作最小程度的技术处理。

我们向参与具体编校工作的叶先生的学生们,以及为全集的编辑出版提供各种帮助的朋友们表示感谢!

江苏人民出版社
2019 年 7 月

目 录

启蒙与自由
——叶秀山论康德

作者的话：论康德 003

第一部分　康德哲学专论 015

"一切哲学的入门"——研读《判断力批判》的一些体会 017

康德的法权哲学基础 038

试析康德"自然目的论"之意义 051

康德的"批判哲学"与"形而上学" 071

小文章，大问题——读康德《论哲学中一种新近升高的口吻》 096

康德论哲学与数学及其他——读康德《纯粹理性批判》"先验方法论"想到的 111

康德之"启蒙"观念及其批判哲学 138

"哲学"如何"解构""宗教"——论康德的《实践理性批判》 154

重新认识康德的"头上星空" 165

论美学在康德哲学体系中的地位 173

康德的先验宇宙论的二律背反 193

哲学须得向科学学习——再议哲学与科学的关系 212

康德的"自由"、"物自体"及其他 229

哲学作为爱自由的学问 237

论"事物"与"自己" 252

第二部分　哲学史上的康德 271

重新研究德国古典哲学 273

为什么还要读康德的书？——康德逝世200年有感 285

列维纳斯面对康德、黑格尔、海德格尔——当代哲学关于"存在论"的争论 288

欧洲哲学视野中的"知识"和"道德"——读列维纳斯《存在之外》一些感想 306

"他者"与"自我"——再读黑格尔《精神现象学》的一些感想 325

从康德到列维纳斯——兼论列维纳斯在欧洲哲学史上的意义 345

论哲学的"创造性"——重谈德国古典哲学 361

哲学作为创造性的学问 378

论海德格尔如何推进康德之哲学 397

"知己"的学问

启蒙的精神与精神的启蒙 415

哲学作为爱自由的学问　（存目）*

哲学的"未来"观念　（存目）*

"学问"的"自由"与"自由"的"学问" 429

论"思潮"与"学术" 446

哲学须得向科学学习——再议哲学与科学的关系　（存目）*

欧洲哲学发展趋势与中国哲学的机遇　（存目）*

试释"逻各斯" 463

德国古典哲学的基本观念及其发展路线——在这种视野中关于"存在"的一些理解 476

康德的"批判哲学"与"形而上学"（存目）*

人有"希望"的权利——围绕着康德"至善"的理念 489

我们在何种意义上有权作出"预言"？——康德论"预言"之可能根据 502

"一切哲学的入门"——研读《判断力批判》的一些体会 （存目）*

试析康德"自然目的论"之意义 （存目）*

康德的法权哲学基础 （存目）*

黑格尔哲学断想——围绕着"自由"与"必然"问题 516

"他者"与"自我"——再读黑格尔《精神现象学》的一些感想 （存目）*

论海德格尔如何推进康德之哲学 （存目）*

列维纳斯面对康德、黑格尔、海德格尔——当代哲学关于"存在论"的争论 （存目）*

从康德到列维纳斯——兼论列维纳斯在欧洲哲学史上的意义 （存目）*

欧洲哲学视野中的"知识"和"道德"——读列维纳斯《存在之外》的一些感想 （存目）*

意义世界的埋葬——评隐晦哲学家德里达 （存目）*

王国维与哲学 （存目）*

"思无邪"及其他 （存目）*

在，成于思

第一编

中西文化之"会通和合"——读钱穆《现代中国学术论衡》有感 （存目）*

灵魂的归宿——为刘耀中近著而写 （存目）*

守护着那诗的意境——读宗白华《美学与意境》 （存目）*

英伦三月话读书 （存目）*

学者的使命——读陈元晖《论王国维》（存目）*

读那总是有读头的书——重读黑格尔《精神现象学·序言》
　　（存目）*

从哲学方面说"读书明理"（存目）*

过于短暂的豁然贯通——再谈哲学的"读书明理"（存目）*

第二编

沈有鼎先生和他的大蒲扇　（存目）*

我是还要买书的　（存目）*

谈黑格尔哲学的意义——怀念丕之同志　（存目）*

学者的情怀　（存目）*

悼念王玖兴先生　（存目）*

第三编

没有时尚的时代？——论"后现代"思潮　（存目）*

说"五十而知天命"（存目）*

谈"哲学"的"用处"（存目）*

说"人相忘乎道术"（存目）*

何谓"人诗意地居住在大地上"（存目）*

想起了"语言是存在的家"（存目）*

说"学问"　531

哲学之"锐气"，久而弥笃——祝《费希特著作选集》（五卷）
　　出版　（存目）*

第四编

"有人在思"——谈中国书法艺术的意义　（存目）*

关于"文物"之哲思——参观台北"故宫博物院"有感　（存目）*

论艺术的古典精神——纪念艺术大师梅兰芳　（存目）*

"哲学"与图像-声音-文字　（存目）*

哲思中的艺术　（存目）*

第五编

无尽的学与思　（存目）*

我是怎样喜欢起哲学来的 （存目）*

我的读书方式及其沿革 （存目）*

守住本位 （存目）*

三十年学术工作感想 （存目）*

后记 536

永久的读者——写于《在，成于思》出版之际 王齐 （存目）*

哲思边缘
——叶秀山散文精选

前言 541

无尽的学与思 （存目）*

三十年学术工作感想 （存目）*

我是还要买书的 （存目）*

沈有鼎先生和他的大蒲扇 （存目）*

悼念王玖兴先生 （存目）*

《虞愚白写诗卷》读后 （存目）*

答郑培凯 543

岁末的思念 （存目）*

哲思中的艺术 （存目）*

说"写字" （存目）*

街上匾额观之不尽 （存目）*

在《中国书法》杂志座谈会上的发言 （存目）*

中国戏曲表演体系在世界戏剧表演流派中的地位 （存目）*

论中国戏剧中的歌舞 （存目）*

京剧的不朽魅力 （存目）*

今人当自爱 （存目）*

从"脸谱"说起 （存目）*

由谭鑫培七张半唱片谈起 （存目）*

余叔岩艺术的启示 （存目）*

"诗"与"史"的结合——谈梅兰芳艺术精神 （存目）*

程砚秋艺术的启示——程砚秋百年诞辰有感 545

大雅之音复而不厌 550

我的一些老唱片及其他 553

附录：叶秀山先生生平与业绩 （存目）*

| 启蒙与自由 |

——叶秀山论康德

作者的话：论康德

我的兴趣很杂，做哲学范围也很广，从古到今，中外哲学的书，我都想读，改革开放的环境给了我扩大视野的机会和条件，我狼吞虎咽地读了一些书，古今中外都有一些。

由于我读的重点放在了经典原著，因而这些书往往叫你读了还想读，它们跟艺术品一样，似乎也有一种永恒的魅力，久复不厌，放不下来。而哲学作为学科-科学已有几千年的历史，经典原著也浩如烟海，进入这个历史长河，真是山阴道上应接不暇，所以之前好多年，我的工作有点手忙脚乱，读书往往是浅尝辄止。但是，哲学作为学科和科学，浅薄恰恰是最忌讳的，因为它所研究思考的问题都是最基本的，因而是深层次的，即使是研究"现象"，也要深入到它的"本质"，哲学是透过现象看本质，是对"本质"的思考。在这个意义上，"哲学"不仅仅是"知识"，"博学"不是"智慧"，这是欧洲古代贤哲的教训。

当然，事物的"本质"是从大量的"现象"中涌现出来的，"本质"也要有"现象"的支持，不是干巴巴的"抽象概念"，因而"质"和"量"是不可分的，尤其是"哲学"所探讨的"本质"，不是一时一事的"本质"，而是"万物"的"本质"。对于"哲学"来说，"基础-本质"不厌其深，而"现象"的"支持"，也不厌其广；只是，"哲学"

终究是关于"质-本质"的科学,尽管这个"本质主义"受到了严厉的质询,但只要我们不把这个"本质"局限于"一时一事",则"本质"与"现象"总还有"统一-同一"的可能性。

具体到做学术工作来说,"博"和"约"的"结合"也要有一个"过程"。

也许是随着年龄增长,精力的衰退,我的阅读范围逐渐地收缩了。最近这些年,我读书的范围主要集中在我们说的"德国古典哲学"这一段,从康德到黑格尔,特别是康德和黑格尔,或许是因为从我做哲学以来,从未离开过他们的思路的缘故,年纪大了常常"回归"到自己比较"熟悉"的道路上来。

我大概于1954年在北大在郑昕先生指导下做毕业论文——那时没有"学士"学位,但也做毕业论文,选择这个"康德哲学"的题目,非常偶然,原因只是当时西哲的题目尚无人认选,所有题目对我也都一样的陌生。

我的这篇毕业论文郑昕先生很不满意,但是贺麟先生倒还觉得可以,就这样,我就被贺先生要到新成立的这个研究所来,一呆就快六十年了。六十年一个甲子,现在整理出版这个集子,也算对两位老师交一份答卷,可惜他们都已不能再给我打分数了,合格与否,评判只能交与后人了。

这个集子的文章次序,我基本上是按"倒计时"来编的,就是说,新写的在前面,旧写的在后面,之所以如此,是为了阅读的方便:如果对问题感兴趣,就读我新近写的文章,后面的不必读了;如果要了解我的思想进程,就"倒过来"读。

从这个集子也可以看出,我是一个很"不成熟"的作者,思想常有变化,这方面并不像康德,不像黑格尔,也不像海德格尔,倒有点像谢林,有点像胡塞尔;当然不敢自比这些人,只是说明我的学问底子薄,思维能力弱,而又有点自知之明,所以缺乏自信的一种心态。

在这个心态下，这个集子里的文章，一定有不少前后矛盾的地方，一方面请读者从时间跨度来谅解，一方面也建议以新近的文章为参考坐标。

可是我们面对的这位哲学家康德，却是一位"吾之道一以贯之"的大哲，他的思想严密之"不可撼动性"，从五十岁以后各种著作思路之间的照应和应对严丝合缝，这样"过得硬"的思想学风，越随着时间的推移，越是我们的楷模。

应该说，康德的"知识面"也是很宽广的，不仅对逻辑数学有当时的时代水平，对于历史、语言、民俗等人文学科，也有丰富的知识，从大量的知识材料中，能够"精炼"出那样深入浅出的哲学思想来，思想能力之强，可想而知。他的"批判哲学"面对的是他脑海中大量的经验知识材料，这个哲学要做的工作，正是"理性"对于这些材料所"合适-合法"的"应用领域"和"范围"这样一种"精密-严格"的"离析-批审"工作。

康德"批判哲学"的重点在于划定"理性"工作的"权力"范围，也就是说，"理性"的"自主"作用在何种范围内是"合法"的。这个任务的提出是欧洲近代"启蒙"的进一步深化和成熟，也是对于"理性""自由-自主"思想的深化和成熟。它不是笼统地宣称一切在"理性"的"审判"台前得到"规定"，而是进一步由"理性"自身"厘定"、"规定"的"权力界限-权限"。"规定""事物"者，必先自己"受规定"；"审判""他人"者，必先"自己""受审判"。也就是说"限制""他人"的，也必须"能够""限制""自己"。

"厘定""理性"自身的"合法界限"，乃是康德"批判哲学"的首要工作。

从这个意义上来看，康德按"批判哲学"的"原理-原则""建构"起来的"知识"和"道德"两个"领域-封地"，也是两个"王国"，有各自不同的"法律"，虽都源于同一个"理性"，但是在"职能"上是不同的，也就是说，"理性"在这两个"领地"所拥有的"立法权"是不容许"混淆"的。在这个意义上，我们可以看到"理性王国"与"现实王国"的"类比"关系。一方面可以说，"现实王国"中有"理性王国"的"引导"；另一方面也可以说，"理性王国"中有"现实王国"的"基础"。

康德在五十多岁时出版了第一个"批判"：《纯粹理性批判》，讨论"知识"的问题，实际上"预留"了"道德"问题的位置，也就是说，在这个"批判"里，康德探讨关于"自然"的"科学必然知识"如何可能，同时为在"必然知识"之外的"自由"留下了余地。

康德《纯粹理性批判》的工作是要"建立"一个"经验-自然-必然-科学-知识"的"王国"，问这样一个"王国"是如何可能的？它的"实事"的"根据"何在？而"法权"的"根据"又安在？这个"de facto（实事根据）"和"de jure（法权根据）"的问题，康德是分得非常清楚的，读者如不注意这个区别，也难进入康德的哲学。

康德并不否认一切知识都来源于感官所提供的材料，没有感觉接受的"刺激"，则绝不会产生"知识"；只是在休谟的慎密分析下，感官提供的材料组合，只能给出一种常识-习惯性因而也是主观的普遍性，而不能提供必然性。休谟当然也看到逻辑、数学是具有不依赖感觉经验的必然性的，但它们也只具有主观的必然性，不具备客观性。在这个问题上，实际上康德的"批判哲学"是要将这二者结合起来，即"建立-建构"一种"客观的必然性"，这样才能有"建立-建构""知识-科学王国"的可能性，否则，被休谟所"分割-分裂"的"领域-领土"是分崩离析的。

于是，"统一疆土"的关键在于这个"王国"要在一个"统一"的"法律""规定"之下，诸种"因素-份子""摆正"各自的位置，"共存"于"统一-同一法律"之下。"实事-经验-感觉"固可相"异"，而在"法权"上却在"同一法律""支配-规定"之下，这样，在"知识王国"才有可能解决自古代希腊以来"一"与"多"的问题。

于是在这个问题上，康德的意思是："感官"提供之"材料"-"感觉"，固然是"知识"的必要条件，它们给"感官"以"刺激"，但并不能给予这些材料以"规定"。"感觉经验"是"实事性"的，而"理性"的"知性-认知性"的功能才是"决定性-支配性-规定性"的：前者是"实事"的，后者是"法理"的。"实事"是"经验"的，"法理"是不依靠经验的，康德按休谟的说法也称它们为"先天的（a priori）"。这两种"因素""结合"在一个"统一"的"领域-领土-科学知识王国"之内，这些"先天的"理性-知性功能发挥出"规定-决定-支配"作用，就使这些"知识"不仅是"习惯"的"约定俗成"，而且是"必然"的。这样，康德对休谟工作的推进就在于："经验知识"不仅仅是"经验-习惯"的，而且也有"先天必然性"，即，在"经验"中，也有"不依赖经验"的"先天"因素，而且这些"因素"是"决定性-规定性-支配性"的。在这个意义上，受"先天性""规定-决定-支配"的"经验知识"，就叫做"先验性（transcendental）知识"，这种知识具有"客观的（实事对象的）必然性"，因而是"科学知识"。

那些"先天性"的"因素"通过什么来起到"先验性"的作用？通过对"经验"的"立法"作用。"知性"为"自然""立法"，使对"自然"的"感觉敬仰"得到"规定"，使原本是"综合"的"经验"也具有"先天性"，同时也使原本是"分析性-先天性"的"逻辑形式"也具有"综合性"，这就是康德所提出的"先天综合判断何以可能"这一问题的创造性意义所在。"知性"通过自己对"经验-自然"的"立法权"使"先天综合判断"不但在经验事实上有了"客观基础"，而且在"法权-法理"上也有了"根据"，这样一个"基础"和"根据"对"科学知识"的发展起到了"维护"和"促进"的作用。

但是，"科学知识王国"的"领土"虽然在"经验-实事"上是

"无限"的,但在"法权"上则是"有限"的。这就是说,"知性"的"立法权"是"受到""限制"的,这层意思,需要很好地加以考察。

什么叫在"经验事实"上是"无限"的?就是说,"知性"的"立法权"在"空间"上允许无限扩展,在"时间"上允许"无限""延伸";但它不允许"扩展-延伸"到"时间-空间"之"外"。这一点,在康德,甚至整个德国古典哲学,也是很重要的观念。

在康德,"时空"对于"科学知识王国"而言似乎是一个"关口","感官"所提供的材料通过这个"关口"以"合法"身份"进入""科学知识"这个"王国",然后才有可能按照"知性"所立之"法""组织-建构"成为一个"必然"的"(理论)体系"。但这个"关口-时空"虽然是"直观"的,但却也是"先天"的,即不依赖于"经验"的,因而"时间"和"空间"本身就像"知性"的"概念-范畴"一样只是一些"(先天)形式"。于是,两种"先天形式(直观的和概念的)"相"结合-综合",遂使"先天综合"成为"可能",在这个可能性的内部,"知性""合法地"行使着"立法权"。

然而,"超越"这个"时空"的"直观""范围"之外,"知性"则"无权立法"。就知识论来说,它所运用的那些"先天"的"概念-范畴",只"允许"运用到"经验直观"的范围之内,即"时空"之"中"。

"在""时空""中",这是"知性立法"的"权力"的"界限范围","超出"这个范围,"知性"那些"概念-范畴"不应行使它的"立法权"。"批判哲学"的工作,就是要划出这条"界限","限制""知性立法权"在"时空"之"内",防止"知性"之"僭越"。

"知性"为什么会有"僭越"的倾向?未经"批判-审定"的"知性"并不明了-清楚它自身"立法"的"权限",自以为它有权为一切"对象""立法",而它更因为自身并无"直观"的功能-能力,它在"知识-经验"范围内只能由"感官"来提供"对象"的材料。于是这些"对象"必须是"在时空中"的可感、可直观的事物,至于那些"不在时空中"的单纯的"思想体"-单纯的"概念",如"意志自由-灵魂不灭-神",它们在"时空"中并无"实例"的"证明"-"证实","知性"无权将它们放在自己的"法权"范围内"建构"成一门"必然"的"科学知识"。"批判哲学"首先要致力于"划清"一个"界限",防止"知性"的"僭妄",以为自己有能力"超越"这个界限直达这个"超越"的"领域-领地"。"批判哲学"的工作表明,"知性"的"立法权"只有在可经验、可直观的"领域"才是有效的。

只是,"批判哲学"虽然已经明确作出了这样的一个"界限"的"规定",但也清楚地意识到,"知性"对于自己的"僭越",常常是一个"不可遏止"的"自然倾向",其原因正在于:"知性"自身并无"直观"的能力,总是以为凡在"思想-思维"上"无矛盾-说得通"的就是"真理",而无需"实事"之"检验-验证",而实际上,凡"必然性"的"科学真理",必须是"主观(概念)"与"客观(实际-对象)"互相符合-一致的。

"知性"诚然可以"无矛盾"地"思想-思维-思考"这些"超时空"的"表象",但如果以为这些"表象"也是在"经验"中的"实事",从而是一些"可以直观"的"对象","狂妄"地以为这些"思想体-本体"如同世间"万物"一样也是"一物",则这个"无矛盾"的局面就会被"知性"这种僭妄所摧毁,陷于"二律背反"。在这个意义上,"二律背反"乃是对"知性""僭越-狂妄"的一个"惩罚"。

然而,"知性"的"僭越"却也是它的"自由"的一种"不可遏止"的趋向。"知性"原本是属于"理性",是"独立-自主"的,因而是"自由"的,只是它要在"经验-自然"领域里"建立-建构"一个"必然的王国",它就会受到不是它自身而是一个"不同于自己-异己"的"客体-对象"的"界定",它的"立法"范围当受"外在空间事物"(物理-自然现象)和"内在时间事物"(心理现象)的"限制"。

而对于"知性"自身的"先天性-独立自主性"和"自由",则并无"立法权",因为在一个"(独立)王国"内,"立法者"须得为一个"异己"的"对象""立法",才是一个"综合"的、有"内容"的,而并非徒具"形式"。因此,当"知性""思维"一个"事物自身"的"本质-本体-思想体"时,就只能是一个"空洞的形式",一旦要把那些"事物自身"的"理念"当作"经验"和"现象"中的"事物"来作"科学性"的"把握",则会"自相矛盾"。在这个意义上,"知性"在"经验-科学王国"里,只拥有"形式"上的"自由",而在"实质-感觉材料上"上是"受(时空-直观)限制"的。

不过,"知性"在"知识王国"中"僭妄"的"自由化""倾向-意图-目的",不但受到"时空"条件的"限制-遏制",而且也得到"理性"在"实践"上的"规定"。在这个意义上说,"实践理性"意义上的"自由"就不仅是"形式"的,而且是"有规定-有内容"的。"理性"的"实践性"保障了"自由"的"现实性"。

这就是说,"理性"在"实践"上为"(意志)自由""立法",给"自由"以"规定",一如"知性"在"理论"上为"自然""立法"——给"自然"以"规定"。

"知性"为"在时空中者""立法",给"自然"以"规定";"理性"为"超时空者""立法",给"自由"以"规定"。

"受时空限制者"在"理论"上为"必然","不受时空限制者"在"实践"上为"自由":前者是为"知性""建立-建构"的"科学知识王国",后者是为"理性""建立-建构"的"道德实践王国"。

在这个意义上,"自由"并非"无法无天","不受时空限制者"不是"天马行空"。相反,这些"无限者-不受限制者"只是不受"时空"条件的限制,而是"遵循""理性"为"自己-自由"所立之"法""行事-实践"。"自己立法自己遵守"乃是"法"的最高意义,也是比"时空-自然"中之"必然性"更为"严格"的"超时空-自由"的"必然性"——也许古代希腊叫做"命运-命定"。

我们看到,由于"实践理性"为"超时空者"的"立法"职能,遂使在"理论理性-思辨理性"行使"立法权"的"知性"的那种"僭妄""意图"得到"疏导"和"引领",使之"安于"自己的职守,为探索"自然"的"奥秘"而不断-不受限制地努力,在"时空""广阔天地""中"行使自己的权力,将"实践理性"所"设定"的"终极目的"当作一个"理想",去"不断""接近"。"理性""引领"着"知性"的"发展""方向",有了这个"目标"和"方向",人类所做一切劳作,才谈得上是"进步"的。

"实践理性"所"公设"的"终极目的-至善"就"知识王国"说,是一个"超时空"的"理想",但就"道德王国"来说,却具有"现实性",因为"实践理性-意志自由"本就意味着"要""实现"一个"目的"。"目的"虽尚未"实现",但是"为了""实现"才"设定"的,"在时空中"的"经验目的"如此,"超时空"的"终极目的"亦复如是。"理性""承认""终极目的"的"现实性-客观性",一如"知性""确认""经验目的"总是要"在时空中""实现"自己。不仅如此,"知性"同时须得承认有"失败-不能实现"的"目的",因为"知性"的"范畴"包含了"偶然性";但是"理性"既为"自己""立法",则"法"之所向,绝无例外,"超时空"的"终极目的"的"现实性"也是"绝对必然"的。

于是,人们尽管不能在"广漠空间"和"历史长河"中找出"终极目的"的"例证",但仍"有权""确信"这个"终极目的-至善"的"存在"。

如何理解"实践理性"对"终极目的-至善"这个"悬设-公设"的这种"确信",是康德《实践理性批判》的一项重要工作。康德的工作指出,这种"确信",来自不同于"科学知识"的"证明",也不仅仅依靠"概念"的"演绎",而是由"实践理性"本身作出的"许诺":

人"有权""希望""什么"。这个"什么"作为"实践理性"的"道德-自由目的",虽在"经验世界-感性世界-时空之中"不具备"现实性",但在"超时空"的"思想体-本体"的"领域",通过"理性"的"实践""立法",使"自由"得到"具体"的"规定",因而同样有自己的"对象";这个(这些)"对象"具有自己的"规定性",在这个意义上,也具有"目的-目标"上的"现实-实现"和"确定性-规定性",而不仅仅是"思想"的"形式"。

在这个意义上,"实践理性"的"对象",也是自己"设定"的,犹如在"知识领域"里,"经验"的"条件",也如"经验对象"的"条件"那样,"知性"使"经验对象"成为"可能","理性-自由"也使"道德"的"对象"—"终极目的-至善"成为"可能";只是在"知识领域",其"对象"必得"在""时空""中",而"理性"的"道德-实践""对象"——"至善",则总是"在""时空"之"外"。而所谓"时空中"和"时空外"只是意味着"接受-不接受""时空条件"的"制约",并非"在""时空"之"外"有一个与"经验世界"对立的"另一个""天外天""存在",并非有一个"天堂-地狱"与"人世""对立"地"存在着"。这是黑格尔后来所走的思想路线:"有限-无限"、"必然-自由"、"知识-道德"、"理论理性-实践理性"是具有"同一性"的,而并非"有限"之"外"另有一个"无限"与其"对立"。

实际上,康德也已经意识到"知性"和"理性"两个"独立立法"的"王国"有一个"沟通"的问题。在《纯粹理性批判》已"预留"了"实践理性"的余地,而在《实践理性批判》里又指出了"实践理性"对于"理论理性"的"优先"作用,即"理论理性"不可以影响"理论理性",但"实践理性"却"可以""影响""理论理性"。这层意思,我们可以理解为:"实践理性"所"建立-建构"的"理念-理想"对于"理论理性""可以"起到"范导-规范"作用,"道德""理当""引导-引领"着"知识"的"前进"方向。

由此我们还可以进一步说，"不计时空条件的""引领-范导"着"受时空条件制约的"。这个思路，我们在康德的《判断力批判》中得到进一步的印证。

《判断力批判》面临着一个具体的个体世界，这个世界的"普遍"的"规律"方面，已经由《纯粹理性批判》作出了解决的方案，而那些"个体"的事物如何会是"合规律性"的，则"知性"的"知识王国"只能归之于"偶然性"，犹如在这个王国里，"德性"和"幸福"的"一致-符合"也只是一种"偶然"的"幸运"，只有到了"实践理性"的（不计时空条件）"至善"中，这种"一致-符合"才具有"必然性"。

《判断力批判》要解决的正是这种原本是人言人殊的"偶然"的"愉快"何以不仅仅是一种"快感"和"武断-独断"的"目的论判断"。

我们这里想特别说的是：那些绝不脱离-离开"特殊-个体事物"所下的"判断"，即：对那些决不能脱离-离开"时空条件"的"事物"何以也有权作出一种"判断"，而跟"知识判断"一样，"要求""普遍"的认同。

这就是说，"在时空中"的"感性"的"特殊-个体对象"，人们也有权对它们作出"普遍-超时空-不计时空条件"的"理智性""判断"。

"审美判断"绝不脱离感性的直观，艺术品也都有具象的因素，当然原则上是"受时空条件限制"的。但"审美判断"要"判断"的，并非（按照"知性立法"）"在时空中特殊对象"的"客观属性"，而是这些"对象"对"诸心智能力""调节性"的"主观状态"，因此不是对"对象"作出"规定"，而是作出"反思"；而"判断力"对这些"对象"所作出的"反思判断"，也有自己的"先天立法"的"根据"，虽然这个"根据"不在"知性"，也不在"理性"，而在"判断力"这个"心智能力"本身。

这就是说,"反思判断力"不能从"知性"为"在时空中"的事物"立法"中"借用"其"法则",也不能从"理性"为"超时空"的事物"立法"中"借用""法则",而只能由"判断力"自己来为自己"立法",这些"法则"适用于从"诸心智能力"——包括"知性、理性、想象力"——之间的关系作出的关于"特殊对象"的"评判"。这些"对象"当然是"直观"的,但"反思判断力"又不是按照这个事物的实际"时空"条件作出"判断",而是通过"诸心智能力""协调"的关系中将它"虚拟化"、"内在化",似乎它们是"寄生"于"知性"的"王国",而又不"估计"该事物的实际"时空条件",从而"驱使"这些"对象""进入""理性"并"赋予"它们以"道德"的"意义"。所以康德说,"美"是"道德"的"象征"。

这就是说,我们虽然在"知识王国"的"时空""现象界"找不到"终结目的-至善"的"实存",但是在"审美-艺术"中,在大千世界的"合目的性"的"关系"中,有能力、有权利"看到"这种"无限理念-终极目的-至善"的"象征",虽然这种"象征"不能得到"科学知识"的"客观""证明-证实",而只是一种"主观"的"修养"和"陶冶",是一种"鉴赏力",但却大有益于协助"道德理念-理想""引导-推动""科学知识"在"时空"中"永久"的"扩展"和"绵延"。

* * * * * * * * * * *

这个集子多亏同事王齐女士帮助做编辑工作,她是克尔凯郭尔专家,对康德也有研究,她提出的许多学术上的建议对我有很大帮助,在此特表感谢!

2011 年 10 月 25 日于北京

| 第一部分　康德哲学专论 |

"一切哲学的入门"
——研读《判断力批判》的一些体会

康德《判断力批判》的地位在康德"批判哲学"系统中是明确的，它是《纯粹理性批判》和《实践理性批判》所涉两个独立"领域"的"桥梁"，是"沟通"着两个完全不同的"立法""王国"的一个特殊的环节：它并没有自己独立的"王国"，而是"依附"着"理论"和"实践"两边，时有偏重，所以似乎是一个没有"领土-领地"的"漂浮""部分"，只是一个"活动场所"，"活"的"部分"；而这个"场所"却是我们"人"作为"有理性者-自由者"的真实的"生活场所"，是我们的"家（园）"——康德叫"居住地（domicilium）"。

如果说，《纯粹理性批判》涉及的是"科学"的"世界"，《实践理性批判》涉及的是"道德"的"世界"，那么，《判断力批判》也许涉及的是我们后来叫做"生活"的"世界"。

这条思路，在后来欧洲哲学的发展中似乎已有例证，在狄尔泰、胡塞尔、海德格尔等人的工作中似乎都可以找到一些迹象；这里要做的，是问这种理解就康德"批判哲学"本身有没有道理上的根据。

一、寻求"经验"中的"先天性"

我们一切的"知-有知"都来源于感觉经验，这是不可否认的事实，但是感觉经验之所以可以提升为具有普遍性-必然性的"知识"——无论是"理论"的,还是"道德实践"的,其原因不完全在于我们的"感官-感觉器官"的生理结构大同小异,而是这种"必然性"来自于"理性"。这层意思康德在他的第一个《批判》的一开始就指出了的。

按照康德的说法,"理性"原则上不依靠"感觉经验",自成一套"必然"的系统,有自身的必然法则,譬如"逻辑"的一套规则,原则上不是从"感觉经验"中"概括"出来的,但它却能(有能力)使"感觉经验"所"提供-给予"的"材料""有序"。

"理性"虽然并不依靠"感觉经验",但是康德还有一层意思,就是"理性"仍是跟"感觉经验"有关的,分析、离析它们之间的种种复杂"关系",正是"批判哲学"的工作。康德甚至还有一层意思:"理性"是在"感觉经验"的"刺激"下"明晰"出来的,但这个"出来"的"理性"并不受"感觉"的"规定","理性"自身是"独立"的。也就是说,这个"不依赖于感觉经验"的"理性"原本是"潜在"的,是"感觉经验""激活"了它;而这个被"激活-揭示"出来的"理性"却具有"不依赖感觉经验"的"先天性"。

这样,康德的"批判哲学"的工作最基本的似乎就是要在"综合"的"感觉经验"中寻求它的"先天必然"的"理性"的作用。

"经验"是通过我们人的"心智能力"形成的,既然"先天性"是"理性"的,因而,寻求"经验"的"先天性"也就跟我们的"内在"的"心智能力"有关。

通常人们把人的"心智能力"分成"知识-情感-欲求"三个部分,康德的工作也就集中在这三个部分中寻求其中"先天性"的理性因素。也就是说,要在"经验"中离析出这种不依赖"经验"的"理性"独立自主性来。

我们知道,单纯揭示"理性"不依赖"经验"独立自主的"先天性"还是很不够的,因为"理性思维"自身的"逻辑形式"从亚里士多德起已经基本定型,现在的问题是:理性独立自主的"先天性"和"感觉经验"是个什么"关系"?没有这层"关系",我们的"理性",或者说,我们的"心智能力"只是空洞的"形式",是没有"内容"的,甚至永远只是"潜在"的(谢林),只有"关涉"到"经验",这些"心智能力"才是有内容的,并且,按照康德的意思，这些"心智能力"只有在"感觉-经验"的"刺激"下才"活动"起来，发挥自身的独立自主的"能动"作用，这时我们的"意识"才是"自觉"的，而不是"潜在"的。

这样，康德的"批判哲学"在揭示"理性"的"心智能力"的"先天性"的同时，更在这个原则下，更进一步地阐释了这种"先天性"是如何跟"经验"相"关联"的，阐释"理性"独立自主地与"感觉经验""相交"的这种"可能性"，康德叫做"理性心智能力——在理论知识方面是'知性'"的"先验演绎"，因为"理性-知性"既然独立于"经验"，因而"经验"的"存在物"无权做这些"先天性""心智能力"的"证明-证据"，而只能从"道理"上加以"演绎"，而这些能力又是"关涉""经验"的，因而是"经验"中而又"先在于""经验"的因素，对于它们的"证明"，康德就叫做"先验演绎"，而不仅仅是"逻辑形式-形式逻辑"的。这层层的意思，我们应该仔细地分析清楚。

那么，首要的问题是：我们人的"经验"中的"知识-情感-欲求"这些方面，其中是否蕴含了"心智能力"的"先天"的因素？康德的回答是：它们全都是有的——因而顺便说起，康德《判断力批判》的"情"，中文似乎还是用宗白华译的"情绪"好，"绪"者，"头绪-秩序"也，而它们跟"经验"的"关系"又是不相同的。

康德对于"知识"方面问题下了很大的力气，《纯粹理性批判》某种意义上是"批判哲学"的奠基之作，不仅事实上如此，理论上也是如此，因为康德在写《纯粹理性批判》时，他的全部"批判哲学"甚至全部"形而上学"哲学思想已经成熟；这部著作之所以称得上"博大精深"，值得反复研读推敲，是因为它的论述已经照顾到今后著作的主要思路，后面的"批判"读不懂的时候，往往在《纯粹理性批判》里可以得到启发，而读后面的"批判"往往也使《纯粹理性批判》的有些问题有忽然开朗之感。

在这个意义上，康德的三个"批判"，甚至其他著作，包括他的一些短文，都可以当成一部（大）著作——"一部"大书——来读。

当然，所涉问题还是有区别的。

谈到"知识"问题，康德的工作在于揭示：由"感觉经验"作为"材料"提供的"经验"不仅蕴含了"先天性"，而且这个"先天性"的"心智能力"

在"知识王国"还是起到"立法"作用的;"感觉经验"固然"激发"了"知性"的活动,使这部分"心智能力"活跃起来,但并不能够给"事物"以"规定",也就是说,并不能够使"事物"成为具有"必然规律"的"现象",因而不能"确立-建立"起一个"合规律-必然性"的"知识王国",唯有"不依赖感觉经验"的"知性"的"纯粹概念"-"范畴"具有给"自然"作为"经验对象的综合"来"立法"。

这就是说,在"自然王国-经验王国-知识王国","知性"这个独立的"心智能力"拥有"立法权"。"知性"这种"先天"的"心智能力"与"感觉经验"的"关系"是"立法者"与"守法者"的"关系"。"感觉经验材料""服从""知性"的"法律法规-法则",这样"建立"的"知识王国"是一个"必然王国"。"知性"的"法律-法则"对于"感觉经验"具有"强制性"。

然而,"知性"这个"立法权"是一个"权限",不能是一个"暴君-僭主",这份"立法权"本身也是"合法"具有的。它有自己的"合法"行使权利的"范围",在这个"范围"内,"知性"行使它的"立法权"是"合法"的,"超出"这个"范围"就是一种"越权-僭越"。这个"范围"是"感觉经验"为"知性""划定"的,即凡"可以感觉经验"的"事物"皆可以-有可能遵守"知性"所"立"之"法",超出这个范围,"知性""无权"过问,即"知性"没有"立法"的可能性。

"可以感觉经验"之"事物"皆"在""时空"之中,于是,"凡在时空"中之"事物",则皆"有可能""进入"由"知性""立法"的"必然王国-知识王国"。

这就是"知性""先天"地为"自然王国-必然王国-知识王国""立法"。

"不依赖感觉经验"的独立自主的"先天性",原本也是"理性"的"自由"的表现,即不由"感觉经验"来"规定","自己""规定""自己",并且通过"知性"来"规定""感觉经验";那么这种"理性"本身的"自由"又复何如?

"自由"既然完全"摆脱了""感觉经验"的"规定","在""时空"之"外",它的"规定性"只能由"理性"自身来赋予。这种由"理性"自身"规定"的"自由"当然也是"先天的"。

于是，在这个意义上，康德揭示，在我们的"欲求"的"经验"中，更有一个"先天"的"规定-决定"因素，"自由"乃是我们"欲求-意志"的一个"决定性-规定性"的"先天""根据"。

这就是说，不仅"知识"是有"先天性"的，"意志-欲求"也是有"先天性"的；"知识"的"先天性""建立-建构"一个"必然王国-知识王国"，"意志-欲求"的"先天性""建立-建构"一个"自由王国-道德王国"。

这个"道德王国"由"理性""先天"地为"自由""立法"，亦即"理性"为"自身""立法"，"理性"为"不在时空"中的"事物（本身）-物自身""立法"。这样，原本在《纯粹理性批判》中被"悬搁"、被"否定-消极"了的"自由-本体-思想体"在《实践理性批判》"积极-肯定"了起来。

"知性"为"在时空"中的"事物""立法"，于是"在我外部"的"空间"中"并列"之"诸事物"得到了"综合"；而"在我之内"的"时间""先后"也被"综合"，被"知性""规定"为"因果"的"必然关系"；而在"自由-道德王国"，因为"在""时空"之外，不受"时空""条件""限制"，则有一个不受"时间""先-后"、"空间""并列"条件限制、没有"前因"的"自由"作为"原因"，故"自由因"是为"第一因"。

也许，"第一因"是"原因性"的本意。在古代希腊，"原因"这个词原本含有"可以问责"的意思，亚里士多德把它纳入"真知识"的范畴，认为把握了事物的原因，也就是把握了该事物，就是"知道"了该事物，这样，"原因性"成为经验事物的把握-认知方式，由此组成为一个"原果系列"，而使"第一因"成为一个独立的问题。

"第一因"为"责任者"，就"原因性"的"因果系列""知识"问题来看，是"超越者"，"知识"的"因果系列"被（理性）"超越-提升"为"道德"问题。

"道德"原也可以理解为"经验"的问题。人类集团为了共同的生存和利益互相"协定-成文的和不成文的契约"，设定一些道德"规范"，这些"规范"因"时空"条件而"不同"和"变化"。然而，在这些由"时空"条件"限制"的"道德规范"之中，有没有"超出""时空"条件的"先天性"的因素存在？也就是说，林林总总的"道德规范"之中，有没有一个"不以人的主观意志为转移"的"客观-普遍-必然"的"基础"？

康德认为这个"先天"的普遍必然的"道德""根据"是有的，"道德规范"不仅仅有一个随"时空"条件"变化"的"现象"，而且也有一个"超出""时空"、不受"时空条件"限制的"根据"，这就是"意志自由"。

"自由"是"道德"的"先天"的"根基"，因为唯有"自由者"才是"责任者"，否则，一切的行动，皆有"推诿"到"时空"条件限制的可能性，"人"作为"自由者""否定-堵绝"了这样一种"归于""因果系列""必然性"而加以"推诿"的可能性。作为"自由者"的"行动者""责无旁贷"，而每一个"有理性者"又"必定-注定"是"自由者"，因为"（实践）理性"即"自由"。

与我们这里相关的是："意志-意欲-欲求"在它的"经验"性的"需要-目的"之外，尚蕴涵着一个"先天性"的"规定"因素，即"规定"着"意志-意欲-欲求"在"道德"上的"性质"（德性）-"善-恶"。犹如"先天性"的"直观"和"知性""规定"着"经验对象"的"性质"和"知识"的"真假-对错"一样。

犹如"感觉""激活""知性"那样，"意欲"也受"内外需求"的"刺激"。就"意志"言，也有一个具体的"目的"，这个"目的"要由实际的"行动"在"现实"中"实现"，实现了的"目的"也可以看作"目的"作为"原因"的"结果"，这种"因果关系"，当适用于"因果范畴""规定"下的"因果律"。这样一种"因果"关系受"时空"条件的限制，"目的"的"实现"要"依靠""主观努力"和"客观的条件"；只是"道德"无关"成败利钝"，只问"行动"符合不符合"道德律"，而"道德律"是"自由律"，是"自由者"之间的"法律-法则"，问"行为"所"根据"的"原则"是不是具有人人都"遵守"的可能性，因为这个"道德律-自由律""应该"是"理性"的，在这个意义上，也是"普遍必然"的。

于是，康德说，"知性"在"知识王国"拥有"立法权"，而"理性"在"道德王国-自由王国"拥有"立法权"。"知性"为"自然""立法"，"理性"为"自由""立法"。

在某种意义上，"普遍必然"的"法"只是"形式"的，"立法权"并不

"代替""行政权","行政实施"有自己的"规则","知识"有"先天综合"的,也有或更多有"经验综合"的,"意志自由"也必要通过"具体的-经验的""目的"之"实现"才能"完成"。就这层意思来说,"理性"为"意志"的"立法"是无关乎经验的"目的"的,因此这条"法律"也并不受"经验目的"的"限制",而是"自由"的,不受"感性欲求"的"驱使",当然也并不在实际上"压制-抑制"这种"欲求",要做到所谓"清心寡欲",只是在说道"意志自由"是"悬搁"起(胡塞尔)诸种"经验欲望","意志"自有"规则-准则",这条"自由-自有"的"准则""规定"着"行为"(包括其原因和结果)的"道德"上的"品质","规定"着"行为者""人格"的"品质",即"规定"着"德性"。

然而,"意志"原蕴涵着一个"实践"的能力,它是"趋向"于"实现-现实"的,"理性"原本就有"实践"的能力,"自由"意味着"创造-开创",而"现实性"又是"经验性"的,一切"现实"的事物都"应该"是"在""经验"中的。于是,"目的"作为"自由"的"理念"来说,它的"现实性"是"在""时间"的"持久绵延"中,"在时间中""接近"这个"理念"的"目的"和"目的"的"理念","有目的"的"理念"是"具体的理念",乃是"理想"。

"理性"为"自由"所立之"法",使"意志""有权""先天地""追求-欲求-意欲"一个"在""时间""无限绵延"中才能"实现"的"目的",从而"理性"通过"实践-道德""立法"赋予了自身"建立-建构""终极目的"的合法"权利","确定"一个"超越""时间绵延"因而"超越时空"的"终极目的"的"理想"。

二、"判断力"与"合目的性原理"

"(实践)理性""阐明-演绎-证明"了"终极目的"是可以允许"合法"地"建立-建构"起来的,尽管在"理性"在"理论知识"上的"运用"(知性)范围内不允许"建构"这样一个"终极目的""现实性"的"合法性",因为"目的"在"时间"中是"无限绵延"的,这个"终极性"的"目的"只是一个"理念",只能被"悬搁"起来成为一个没有"感觉经验"可以"验证"的"思想体-思想物"。

"理性"在"实践"领域里的运用,确切无疑地告诉我们:我们"有权""设定"一个"终极性""目的",这个"终极目的"在"理性"的"实践"运用上其"现实性"被"设定"是"合法"的,因为"理性"在"意志-意欲-欲求"有一种"(先天)立法"的"权利",这种"立法权"是不受"时空"条件限制的,因而它与"理性"在"理论"领域的"(先天)立法权"并不发生冲突,因为它们各自是为两个原则上不同的"领域""立法",遵循着不同的"原理"。"理性"为"意志-意欲-欲求""立法",因"意志"本身具有的"能动性",即"意志"以"目的"为"原因""必有"一个"相应"的"结果",而这个"结果"作为"概念"本就有"现实性",因而"意志"的"目的"就是一个"现实"的"目的",也是"目的"的"现实-实现"。"理性"的"实践"功能——"理性"为"意志自由-道德王国""先天"地"立"的"法",赋予人们(有理性者)有一种"权利"去"设定-建构-建立"一个"终极目的"的"理想"。就建立这个"法律"的"实践理性"来说,这个"道德-自由"的"理性"是"有权""企盼"其"现实性"的,而不是一个"空中楼阁"和"海市蜃楼"。

这就是说,人作为"有理性者-自由者""有权""拥有"这个"终极目的"的"理想",人所建立起来的"经验科学"的"理论知识""无权""否定-阻止""理性"给予"意志"的"自由""权利"——"超出""时空"条件的限制来"确立-建立"一个"终极目的"之"理想"。

"自由者""有权""拥有""理想"。

不仅如此,"理论理性"不仅"无权""阻止"这个"理想",而且反倒要受这个"理性"的"影响"和"协助"。

"(实践)理性"固然"无权"为"经验"的"自然""立法",使自己成为一个"建构性-规定性"的"原理","自然"有自己的"法则";但是"理性"通过"实践"却"引导-范导"着"经验"的"自然","理性"这种"范导"功能促使"自然"与"自由"有"和谐"的可能性,保障了"时间"朝着"终极目的"的"方向""无限绵延"的可能性。"实践理性"给予"理论理性"一个"超越"的"方向",对"理论理性"的"僭越-超越""趋向",不仅在"批判精神"下得到"遏制",而且也得到"合理"的"疏导-引导"。

在这个基础上,原本两个各不相同的"领域"不仅有了"关系",而且在"目的"这个"关键-环节"中也找到了"沟通"的"渠道"。

这个"关键"和"渠道"是"判断力"为"主体"各"心智功能""先天立法"下的"愉快-不愉快"的"情感-情绪"。

"情感"通常被理解为"感觉"的,是一些"感官"的"快感",当然是"经验性"的。"快感"或许也会是"通感",是一般人类"共同"拥有的,它或因感官结构相同,或因习惯相近,但也可能每个人有差异的,美味佳肴固然人人喜爱,但也会出现众口难调的情形,因为它们都是"在""时空"中一些不同条件和因素所"规定"的。

现在要问,这些明显受"时空"条件"规定"的"经验性""情感-感觉"中,有没有"理性"的"先天因素"?如果没有,"情感"问题人言人殊,谈到趣味无争论;如果有,那么这种"先天性"和"理论知识"和"实践自由"中的"先天性"有无自己的特点?

康德认为,在"愉快-不愉快"的"经验性""情感"中仍然存在着"先天"的因素,"理性"仍然可以起着"立法"的作用。在这种基础上,"理性"以自己特殊方式提供了对"情感-感觉"的"愉快-不愉快"这种"描述"有成为"普遍必然性"的"判断"的可能性。

我们说"这朵花让我愉快"和"这朵花是美的"在哲学上具有不同的意义,前者"描述"个人的"感觉",后者则是要求"认同"的"普遍命题",而二者却通过"目的"这一共同的"环节",因为"愉快"在康德就意味着"合目的性"。

涉及到"理性"对"合目的性-愉快-情感"的"先天性"功能,对其"权限"作出"审批-划定"乃是《判断力批判》的工作。

《判断力批判》从"合目的性"问题切入,因为"目的"概念兼跨"知识"与"道德"两个领域,而意义则不相同。

在"知识"领域,"目的"从属于"感性经验知识",受"知性"为"自然"颁布的"自然律""规定-支配",单纯"感觉"的"需求-欲求""必须"

从属于"自然律"之下,"目的"才有"实现"的可能。在这个意义上,"目的"却受到了为实现这个"目的"的"手段-自然知识"的"支配-决定","目的"失去其自身的独立性,成为"时空"中"因果系列"的一个"环节",一切所谓的"技术性的实践"其实都在"理论理性"的"领域"之内,接受"知性"为"在时空中"的"自然"所"立"之"先天法则-法律"支配。

"道德的实践-行为之动机"是"自由"的,不受"时空中自然"之限制,"知性"无权为这个"领域""立法",它的现实性并没有"现象界"的"结果-目的之完成"来保证,因而也没有任何"事实"作为"实例"来"证实";但在"不计""时空条件"——按照"理性"为"道德实践"所立之"先天法则-自由律",这个"自由"的"终极目的"的理想,因其"符合""道德律-自由律"而无需"时空"条件,就有"能力-实践能力""扩展"为"现实性"。这样,在经验的现象界,虽然找不出一个"自由-道德""目的"的现实的"例证",但我们还是"有理由"亦即"有权利""信任-相信"这个"理性"自身的"目的"是具有"现实性"的,亦即"理性""有能力""实现""自己","自由"是"有能力""实现"的。这样,我们"相信-信任""自由","信任""自由-道德"的"目的"具有"现实性",这种"相信-信任",这种"信仰"不是"盲目"的,不是"迷信",而是"理性"的。"理性"的"法律-法则""赋予"了我们"有理性者""相信""自由","信仰""德性"的"合法权利"。

然而,这种"相信"和"信任"在"知性"为之"立法"的"知识王国"看来是"空洞"的,"不可靠"的,因为在它"立法"的领域,一切都受"时空"条件的制约,"自由"之"结果","自由"之"实现",被"推延"到"无限长河"的"未来",只是一个被"悬搁"了的"理念"。

在这里,"自然"和"自由"似乎是两个"极端",康德《判断力批判》以"目的"的概念,把这两个具有不同性质"立法权"的"领域""沟通"起来,通过"目的"概念,我们可以理解到,"自然"具有自身意义上的"自由性","自由"也具有自身意义上的"必然性"。

康德在《判断力批判》里首先提出的"合目的性"概念正是"描述""自然"的,这就是说,"自然界"——我们作为只是对象总和的"自然界"是"有权-合法地"从"合目的性"方面去"理解-阐释"它的。这就是说,这种

"阐释"方式也是有"先天立法"的"根据"的。

这个"先天立法"的"根据"何在？

"知性""无权"给出这种"法则"，因为"目的"概念并不是"自然-经验对象"的一个"属性"，"知性""先天概念-范畴""无法""归摄"在一个"普遍规律"之下。"目的"概念本身也不"在""时空"中，"时空"作为"感性直观"的"先天形式"也"归摄"不了它；当然"自然合目的性"更不属于"自由"，因为"自然"决没有"意志"。

这样，"自然合目的性"这个"概念"的"先天""合法""根据"何在？

康德说，其"合法性"的"根据"在"判断力"这样一个"心智功能"。如同"目的"概念一样，"判断力"是一种"兼跨""知识"和"道德"-"自然"和"自由"两个"领域"的"心智功能"。

"判断"在思维的逻辑机能里是"概念-判断-推理"的一个环节，在欧洲哲学的传统中，只有运用"概念"才有可能进行"逻辑思维"，而"知识"的问题，则又是和"感觉经验"密切相关。在"经验知识"中，"判断"将"经验事物"的"概念""归摄"在一个"普遍规律"之下；而在"道德-实践"中，"判断"则根据"自由律"从"本体事物""推论"出这个事物的"实在性"来，于是人们有权对这种事物作出"合理-先天"的"判断"。

在这两个"领域"（"自然"和"自由"），"判断""按照-遵从-听命"各自所立不同的"法律"来执行自己的职能任务，"判断"在这两个领域，并没有自己的"立法权"，"立法权"在"知性"和"理性"手里。

然而，既然叫做"法"，则其所要强调的重点则在于一个"普遍性"，天下万事万物"概莫能外"，而事物之"具体性-个别性"则被"悬搁"起来。"知性"为"自然"、"理性"为"自由"所立之"法"，乃是一些"普遍法则"，对于"具体事物"还得"具体分析"。

不错，"具体事物"在"知性立法"下经过"判断"已经有了一个"归宿"，但这个"归宿"是"理论"的，这个事物"属于-是"哪一"类"的，"归属"于那个"普遍"的"类""概念"之下，因而这个"事物"也只是该事物的"概念"。一个"小概念""属于"一个"大概念"，至于那个"个体"的"事物"尚未得到"分析"和"规定"。

然而，在一个"有序"的世界，不仅要有"普遍法则"，使这个世界成为我们有权认知的"对象"，"在理论上-在道理上"我们有权把握它的"必然性"，而且还要求这个世界中的万事万物也处于"有序"之中，因而是我们"可以-有能力""理解-解释"的世界，世界不仅在"理论"上是"合规律"的，而且在"实际"上也是"有序"的，不仅是"可以理解"的，而且这种"理解"也具有"必然性"的"根据"。

既然康德的"批判哲学"揭示了"理性"在各"领域"的"先天立法"职能使这些"领域"具有必然性"而可以-允许"理解-把握"，那么，在具体特殊的世界，"理性"同样也有一种"先天立法"作用，使这个特殊-个别的世界也有"可以理解"的基础和根据。康德认为，在"心智能力"中，除"理性"和"知性"之外，尚有一种"判断力"，它正是这个具体特殊的世界成为"可以理解为具有必然性"的根据。

而"具体特殊"的"个体"世界也是"有序的-合规律"的，则也是"有理性的人"在"感官快乐-快感"之上-之外尚有一种"愉快"的根据，犹如（类比-类似）"德性"提供"有理性的人"以"敬重"的"感情"那样。

在这个意义上，"判断"不仅是一个"逻辑"的"环节"，而且也是一个"心智能力"，可以与"知性"和"理性"并列。因此，中文将其译为"判断力"是很好的，它也是一种相对（于"知性"和"理性"）"独立"的"（心智）能力"。

"知性""先天"地给出"普遍法则"，当然也承认在"特殊物"的世界中，也有"合规则"的"时候"，但在"知性"的"立法"原理中，这种情形只是"偶然"的"有时候"，并无"先天必然性"，如同"幸福"在"实践理性"的视野里一样，"德性"和"幸福"没有"必然"的"关系"。

在这个意义上，"判断力"的"先天立法""职能"就使我们由于"特殊事物"世界之"秩序"而产生的"愉快"的"情感"有了一个"合法"的"先天"根据，使我们"合法"地作出"这个事物是美的"这个与"知性""判断""相同"的"形式"的"判断"，而"要求""普遍"的"认同"。

然而，这个"形式""相同"的"判断"，在"实质-实际"上与"知识性-知性""判断"又是不同的，即它们的意义是不相同的。

康德说，"知性""判断"是一种"规定性"的，而上述"审美-感性""判断"是"反思性"的。"规定性"的"判断力"是将一个经验事物的"概念""归摄"于"普遍性""规律"之下的"能力"，而"反思性""判断力"则是对于"特殊的事物"进行"反思"，来"寻求"一个在"知性"是"不确定"的"普遍规律"，"知性"不能"规定"它"是什么"。"反思性判断力"与"规定性判断力"运行的路线正相反：前者由"特殊"到"一般"，后者则由"一般"到"特殊"；后者使"事物"在"理论"上有一个"秩序"，前者则更使"千差万别"的"无限复杂"的"特殊"的世界，也有一个"可以理解"的"秩序"。

在康德"批判哲学"的"分析"下，这两种（知性和判断力）"建立秩序"的"先天立法"的性质和意义是不同的。"知性"为"自然""立法"，使之成为"可知"的"对象"，"判断力"的"合目的性"的"先天立法"不能"借用-借过来""知性"所立之"法"，因而"反思性判断力"所立之"法"是为"判断力""自己"立的。在这个意义上，"判断力"并不为"自然""立法"。"自然"并无"合目的性"的问题，因此在这个意义上，"统治""自然"的是"盲目"的"必然性"。

所谓"判断力"为"自己""先天立法"，也就意味着，"判断力"是为了各种"心智能力"的"协调-有序""建立"的一个"法则"，亦即，为"协调""知性"和"理性"的"关系""先天"地"立法"。

也就是说，"知性"和"理性"都为"客体-对象（自然和自由）""立法"，而"判断力"却为"主体""立法"。这样，按照康德所言，"知性"和"理性"为"客体""立法"，亦即"建立-建构"各自的"普遍对象"——"自然"和"自由"；而为"主体-主观""立法"的"判断力"，则"建立-建构"不起一个"普遍对象"。它的"对象"仍然是"知性"通过"知觉""给与"的，它的作用只是使这些"知觉表象"在"主体-主观""内部""协调"各种"心智能力"之间的"关系"，使之和谐一致，因而其作用-功能也是"范导性"的，不是"建构性"的。

"知性"只能为"知识"给出一个"普遍-一般"的"经验对象"，而"反思判断力"从"知性"建立的"对象"中并不离开"知觉"的个别性，对这种特殊的个别事物按照"判断力"为自己"建立"的"先天法则"，"寻求"一个适合该事物的"规律",从而将该事物"判断"为"类似"于"规定性判断""归摄"下的"属性"。这个"归摄",不是对这个事物在"客观-客体"上有所"断定-规定",而是表现"主体-人"对该事物进行"反思"的一个"合理"的思路。

"知性"的"先天立法"只告诉我们,"自然"作为"经验对象",必定遵守"因果律",因为"时间"的"先后"为我们提供了一个"感性形式"的"条件"。在这个条件下,在"时间"中的事物,必有"因果关系","原因性"作为"先天概念-纯粹概念-范畴"是"知性"为"经验"确立了的。

然而,"普遍原则"确立以后,尚有特殊事物之间的具体的"因果性"原理有待"确立"。这样,这个形形色色的大千世界,不仅在"理论"上必定具有"因果性",因而是"必然"的,但就"每一个""特殊事物"之间的关系来说,"知性"只能"断定"它们之间的"合规律性-有序"只是"偶然"的。

"知性"在"偶然性"面前之所以并没有"却步",是因为"知性"为"判断力"对"特殊事物"的"反思"留下了余地,"知性"的"普遍立法""等待着""反思判断力"的"深入现实",并将这些"特殊事物"的"现实性""提高"到"合规律"性。不仅"普遍经验对象"因"知性"而"建立",从而是"合规律"的,就是那"知性"看来具有"偶然性"的"特殊事物"之间的关系中,经过"反思判断力"的"先天立法"作用,也"应该"被看作是"有规律"的。尽管"知性"对此不能提供确切的"知识"。因而在这个意义上,"反思判断力"所做的事情,也是"知性""想-有这个意图"做的事,但因自己的"立法""权限"而未能做的。这样"反思判断力"对"知性"来说,是一个"继续"和"补充"。"反思判断力""完成"着"知性"的"未竟事业"。

不仅如此,"知性"还要在"反思判断力"的"引导-范导"下,因不在"特殊事物"面前"却步"而"不断""扩展"自己的"事业"。在某种意义上,"反思判断力""推动-扩展"着"知性"的工作。

"趣味-鉴赏力"的提高,有助于"科学"的不停顿的"发展"。

三、"合目的性"与"趣味-鉴赏力"

"合目的性"是"理性-知性""委托"给"反思判断力"的一种"权力",

它的"权限"是"调节性-范导性"的，而不是"建构性"的，它无权给"知性"建立的"对象""立法"，而只是给在这个"对象"中的"特殊事物"提供一个具有先天性的"理解方式"，"相信"这些"无穷尽"的个别事物，同样也是"有序"的，而由这种"特殊事物"之间这种"有序性"产生的"愉快"的"情感-情绪"，也是有"先天立法"根据予以保证的。"合目的性"乃是"反思判断力"为"自己""调节""诸心智能力"所据有的"立法"权力。

"合目的性"原则所涉及的是一个"自然"的"特殊事物"的世界，是"自然"在"特殊事物"之间的"合规律性"的"先天条件"，因而都离不开"个体"事物的"知觉表象"，但又不是单纯"感觉"的，不是单纯由"感觉器官"提供的"感觉材料"。在这个意义说，不是"实质"的，而是"形式"的，是一种"形式的合目的性原则"。

这样，康德引用了鲍姆加登的"审美的"一词。我们知道，在鲍姆加登那里，"审美的"是"理性知识"的一个低级形态，也不仅仅是"感觉材料"的。这一点，康德是考虑到了的，尽管他的"批判哲学精神"与沃尔夫-鲍姆加登不同，但"审美-趣味"是在"理性""引导"之下这一点是相通的。

"审美的"是离不开"感性的"，但又不单纯是"感觉的"，在康德看来，乃是由于"判断力"在"反思""感官"提供的"特殊事物"时有一个"先天"的"根据"，尽管这个根据仅仅是"内在"的，即为"诸（内在）心智能力"的"协调"而立的"法"。

什么叫做"仅仅是内在的"？既然康德把"时间"设定为"内在"的"先天直观形式"，而"空间"为"外在"的"先天直观形式"，那么，在这里，所谓"仅仅是内在的"就可以指"仅仅是时间的"，这就是说，"审美的"并不"涉及-顾及"到"外在"的"实物"，而是将这个"特殊"的"实物"表象"吸收"到"内在-时间"中来，加以"反思"，在这个意义上，对于"外在空间"中的"实物"，"审美-鉴赏-趣味"并不"涉及"它的"实质-感官材料"而只涉及"形式"。

于是，"审美-鉴赏-趣味"的"愉快"并无"功利性"，就不是康德的"独断"，而是经过"批判-分析"的。

"审美判断"作为"审美"当然是"感性"的，离不开个别事物的"形象"，但是这个个别事物的形象作为"审美的对象"即使是"实物-实在的"，却也是"虚拟"的，是通过"想象力"将其与"实在的""时空条件""剥离"出来，这个"对象"有自己的"虚拟"的"时空"。也就是说，有一个"内在化"了的"时空"条件，所以也是可以"直观"的，只是这种"直观"又是"内在"的，即"空间"也是"时间"的。将"空间"的"实物""吸收"到"内在"的"时间"中来，以便"判断力"对这个"内在"的"对象"进行"反思-思维"，即由这个"内在"的"直观"作为"知性""范畴-（纯粹）概念"的"条件"，而并不是就以这种"内在直观""直接"用来"反思-思维"。在这个意义上，康德并不是说，"审美判断"是"形象思维"，按照康德，"思维"是必定要用"概念"的，"反思"也不例外；"审美"的问题不在于用了一种"不同于""逻辑（概念）思维"的"另一种""独立-独特"的"思维"，而是由"直观"与"概念"的"关系"的特殊性遂使"审美"这样一种"思维"有自己的特殊"意义"。

这样，"审美判断"作为"判断"仍然必须向"知性""借用""（经验）概念"以及"（先验）范畴"（不是"借用""知性"所立之"法"，"判断力"有自己的"法"）才能成为"判断"表述出来；只是这种与"知识判断"在"形式"上相同的"审美判断"在"意义"上却是不同的。"审美判断"并不是将两个"概念（不论是经验的还是先验的）""先天-必然"地"连接"起来，譬如"水"在"通常"环境中，加温至100摄氏度必将成为"气"，表达的是在一定"时空条件"下，"水"这个"自然对象"的"自然律"，这里和一个对"水"的"审美判断"所要表达的"情绪"有不同的"意义"。"水"作为"概念"当然是"经验"的，不是"先天"的，但它是"经验"的"抽象"和"概括"，而不是一个"直观"，这样"知性"才有可能为之"立法"，按照"自然律"，找出"水"的"客观属性"，掌握其"规律"；相反，作为"审美判断"的"水"——如果这个判断中有"水"的话，则总是"具体"有所"指"的一条河、一滴水等等，而不是抽象的"经验概念"，"小桥流水人家"其中的"小桥-流水-人家"尽管未曾"确定-规定""什么桥-哪条河-哪一家"，却有一幅"直观"的"内在"的、"虚拟"的"画面"，对于这个"内在虚拟直观"的"画面"作出的"判断"-美，并不属于"客体"，甚至不属于这个"虚拟"

的"客体",而是"主观""(对它们)反思-思维"的"评判-鉴赏"。用"诗"的形式表达出这个"鉴赏"的"情绪",则有那首"小令"传世,而他之所以有权"传世",乃是这个"评判-鉴赏-情绪"同样有"反思判断力"为"自己""立法"的"先天性"作为"根据",未能"欣赏-鉴赏"的"人""须得学习",提高自身的"鉴赏力",如同在"科学知识"上"须得学习"一样。

于是,康德有理由指出,"审美判断"的"主语"总是一个"特称概念","指"一个"具体事物",而不是一个经验的"种-类""概念"。因此,严格来说,"审美判断"只是说"这朵花是美的",而说"花是美的"也意味着"大多数"而言,犹如我们不能笼统地说"花是红的"一样。这就是说,不仅仅"在时空中""可以直观"的"经验概念",而且"就是""直观本身",就是"时空本身",而按照康德《纯粹理性批判》划定的"界限",这些"本身-自身"对"知性"来说,是"不可知"的,是"事物自身",是"思想体",因而是"内在"的。于是在这个意义上,"审美的"所涉问题恰恰不是"现象"的问题,而是"本体"的问题。

当然,"知性"不可能通过"反思判断力"的"先天原理""认识""事物自身-本体",但通过这个为包括"知性"在内"诸心智能力"之间的"合目的性"的和谐一致,对于"知性"的那种超越"现象""认识""本体"的"僭越"趋向和意图,有了一层"引导-疏导"的方式和途径,即通过"合目的性"的"先天原理",人们被允许在自己的"内在"的"判断力"的功能中,"反思"出一种对于"事物本身-本体"的"体验-经历-经验"。"美"虽然并不是"知性"为"自然立法"的"自然"的"客观属性",但人们却"有权""类比"于这种"合目的性"的"美"也是"事物本身"所具有的一样。同样的,单靠"知性"的工作,只能揭示"本体"的"存在",对于这个"本体"却不能进一步加以"规定","知性"也不能通过"判断力"对"美"加以进一步"规定",而只能"托付"给"判断力"对其进行"反思",亦即"托付"给"情感-情绪",使其成为具有在"主体"上有"普遍性"的"审美-鉴赏-趣味判断",使原本具有"偶然性"的"感情(千变万化-喜怒无常的好恶)"在"反思判断力"的"内向-内在"的"先天性""原则"的"指引"下,也有一层"必然性"的意义。"美"作为"反思"的"概念",对于"知性"来说,犹如对"本体"的"概念"一样,是"不可知"而只能被"思维"的,这个"可思维性",由"判断力"的"反思",在"诸心智能力"的相互"协调一致"的"关系"中有一种"内在"的"先天必然性",有权借助"知性""判断"的形式表达出来,提请"普遍"的"认同"。

于是,在这个意义上,我们也可以说,"审美判断"是按照"合目的性原则"对于"本体"的一个"反思性判断",而并不是"规定性判断"。

然而,既然"反思性判断"已经涉及到一个"本体""概念",则也就把自己的"判断""伸向-扩展"到了由"理性""立法"的"自由"领域,因为"自由"正是"在""知性"为之"立法"的"自然-必然"之"外"的"意志-道德"领域。在这个意义上,"审美-鉴赏-趣味"的并不受"知性立法"的"限制"行使着"判断力"的"反思"职能,并使"有序"的"情感"-"情绪"与"道德"的"敬重"之"情绪"相互沟通。"敬重"是"自由律-道德律"对"情感"的"反作用",而"(审美)愉快"是"自然律-必然律"对"情感"的"反作用"。

于是"审美判断"就有沟通"自然"和"道德"两个领域的可能性,即"知识"向"道德""过度"的可能性。这种"可能性"由"判断力"的"反思"职能所"提供"和"保障",而"反思"则是"知性"只能为之"思维"的"本体"的"再思"。"再思-反思"使"知性""上升"地"进入""理性-自由-道德"领域;而反过来说,也使"理性""下降"地"进入""知性"的领域,虽然它们各自的"立法权"不能"转让-让渡"。"知性"不为"道德""立法","理性"也不为"知识""立法",但是通过"判断力"根据"自己"为"自己""立法"的"(反思性)原理",使人们可以"理解"到"理性"与"知性"作为不同的"心智功能"之间的"合目的性"的协调关系。

按照"理性"在"实践"上为"道德"所立之"法","自由"作为"第一因"也意味着"终止"了"以前"的"原因"系列。在这个意义上"自由"是"始"也是"终",而"目的"就其概念来说,是"始"也是"终"。于是,"自由的目的",不仅意味着"初始原因",而且同时就意味着"最后结果",即"终极目的"。"理性"在"实践-道德"上的"法则",提供了"终始之道"的"先天可能性",并且只有在这层"合目的性"意义上,即康德"实践理性-道德"的意义上，我们看到了"原始反终"所蕴含的道理："原始"也就是"终结"，"终结"是"反（返）（回）"到"原始"。

然而，"知性立法"的"经验世界"不提供"初始原因"和"最后结果"这样一个"可能性"，"空间"在"无限""扩展"，"时间"也"无限""绵延"。这样，如果"理性"执意要按自己所立之"法"办事，则必须发出一道"指令-命令"，"令""万物终结"。只有在"万物""终结-完成"之后，"理性"才能作出"道德"的"最终"的"判断-判决-审判"，否则就只能像尼采所指出的，"善-恶"只是随"时间-空间""变化"的"相对"的价值标准，人们无权作出"终审"——世间并无"末日审判"，而也只有到了海德格尔，指出"死"使"时间"成为"有限"的，而"死"就是"大全-终结-完成"，从而使"死"重新成为一个现代的哲学问题。

康德哲学并未"推广-延伸"到这个程度，但他的"批判哲学"在精神上为以后的哲学创造留下了余地。不管后来的哲学家如何"评价"（尼采的猛烈批评和海德格尔的审慎的尊重），我们可以看到他们在理路上的可沟通之处。在"审美判断""形式合目的性原理"中，"内在虚拟时空"使"实际的时空""定格"，"置之死地而后生"。

就康德来说，"知性"虽然在"法则"上即在"一般-普遍"的意义上"否定"了"事物"之"终结"，但对于"个别-特殊"的"事物"的"规律"性，"允许""反思判断力"按照自己的"先天法则"（而不是"非法"借用"知性"所立之"法则"）来把那些在"知性"看来是"偶然"的"规律"也看成在"诸心智能力"的协调关系中有"先天必然"的根据。

这就是说，"知性"固然不允许"事物"在"客观"上"终结"，亦即不允许将"目的"和"合目的性""赋予""自然"，但却允许"判断力"在"反思-再思"的意义上来"理解"特殊、个别的事物之间有一种"合目的性"的关系，从而"使-令"它们"完成-终结-定格"，允许"设定"有一个"初始目的"成为其"完成-完善-终结"的"自由-第一""原因"。

这个"自由因"的"引入""经验"领域，不但"自然"的"普遍规律"由"知性"的"立法"在"理论上"具有"必然性"，而且"自然"的"特殊规律"由"反思判断力"提供了一个"主观上-情绪上"的"必然性"，从而并不像"知性"那样把"特殊规律"看成是"偶然的"。

在这个意义上,"知性"借助"判断力"有可能"看"得更"深远",不仅"看"到了"理论上"的"必然性",而且"看"到了"实际上"的"必然性"。只是"知性""止于"这种"看"是"主观-内在"的,并不给"自然""颁布"什么"客观"的"法则-法律",因而只是对"自然"的一个"反思-再思",对"知性"的一个"协助"和"补充"。

但是,"判断力"通过"反思-再思"对于"知性"的这一"协助-补充"不是可有可无的,而是必要的,甚至是基础性的。因为通过这一功能,"判断力"把"理性"的"自由""带进-邀请"到"经验世界"中来,使这个世界"添增"了一层只有对"有理性者-自由者"才"开显"的"意义"来。"美"成为"善"的"象征","审美的""眼光"使"有理性的人"在内在的"时空定格"中,看到"至善"的"象征"。

具有这种"反思判断力"的人,就是具有"鉴赏力"的人,中国的习惯也许可以叫做"有情趣"的人。

这种人虽然不是"科学家",也不一定是"艺术家",但有"艺术"的眼光,即有"判断力"的"反思-再思"能力,能够在"自然"的"特殊性"中"看"出"合目的性"的"规则-规律",亦即原本"自在-自由"的品类万殊的大千世界,通过自己的"愉快""发现"一种"合目的性"的"美"的"情绪-情趣"。此时的"自然对象",已不是在"知性""建构"起来的一个"必然"网络中的一个"环节",而且是一个"自由"的"产物","脱离-摆脱"了"一时-一地"的"时空"条件的"限制"(虚拟时空使之定格)——尽管如叔本华说的只是"暂时"的。"大自然""鬼斧神工","似乎""超越"了"知性"的"领域",或者就在这个"领域"内"显现"出另一番"意义"。这种"自由"的意义,"似乎"有"另一个""知性"为它的"产生"提供了保障,而这"另一个知性"当然实际上并不存在。"判断力"通过"反思-再思",使"知性""承认-但并不能够认识"它是"什么":"人"作为"有理性者-自由者""有权"在自己的"主观-内在"的"诸-各心智能力协调"中"设定"一种"超越""知性"的"能力""在",通常人们把这种能力叫做"智慧"。

"鉴赏-情趣"乃是一种"形而上学"的"智慧",这种"智慧"当然不能-

无权"代替""知性",但却"有助-协助""知性","引导-范导""知性"使之"深入"到"事物"之"内在"之"协调",从而"扩展"自己的"领域"。

"人"作为"自由者"不仅是"有知识-知性者",而且是"有智慧者",似乎就是叔本华说的,"人""天生"就是"形而上学"的,我们"天生""生活""在""意义"的世界。这是一个"基础"的世界,"知性"建构的"科学"的世界,是"在"这个"基础"之上"建构"的"科学王国"。

2011 年 10 月 9 日于北京

康德的法权哲学基础

康德哲学初看有一副死板、教条的面孔，他的形式主义也是经常受到批评的一个倾向，虽然康德哲学也很注意探讨内容的问题，只是他在解决形式与内容的关系方面，常常强调"形式"之必然性来使"内容"成为"有序"，"形式"之"逻辑""必然性"是"内容""有序"因而"可知"的"根据"。这个倾向似乎奠定了我们常说的德国古典哲学的思想基础。黑格尔虽然批评康德把必然性归结为主观思想形式，而忽略了这种必然性原就在"客观对象"之中，但是黑格尔自己的"哲学体系"，仍是一部"逻辑科学体系"，是"概念"自身"发展-演化-推演"的"逻辑过程"。"事物-对象-客体"之"本质"是"概念"，事物变化、发展的过程，也就是事物"概念"的逻辑推演的过程。找到了"事物"之"概念"的"逻辑推演"的"根据"，也就找到了"事物"的"根据"，这是德国古典哲学的一条基本思路，而奠定这个思路的是康德。

关于"法权"问题，康德同样是这个思路：不是从实证的各种条规出发来研究它们的意义，而是从"法权"-"正当"、"所有"等这些"概念"出发，问它们在"道理"上的"根据"，然后再来看"实际"的情况。这样一条"从概念出发"的路线，在被理所当然地批评得体无完肤之后，再来探讨一下这条思想路线是不是那样简单，到底根据的是一条什么理路，在学术上也是有意义的。德国古典哲学这条思路，并不完全是"正名"的意思，也不是单纯的逻辑形式的思想，它实际上是要找出理解现实中的必然关系的根据来。

康德的法权哲学思路是和他的三个"批判"所述一致的，提问题和解决问题的方式也是有意识地相呼应的，如果熟悉那三个《批判》，特别是第一（《纯粹理性批判》）和第二（《实践理性批判》）的理路，那么关于"法权论"和"德性论"的工作，似乎人们可以自己来做，这也许就是哲学的一种"普遍必然性"吧。

康德在《纯粹理性批判》所面对的问题是我们对于（自然）事物的"科学知识"，有没有"必然性"？康德研究的结果，答案是有的。也就是说，面对种种的"科学知识"的现象，康德分析它们的组成要素，发现在这些要素中，起"建构（知识）"作用的是"理性（知性）"的"先天功能"，这些功能独立于"经验"，但又不是单纯"逻辑"的。康德在知识论里一项重要的工作是提出了"先天直观"这样一个独立于经验的"直观形式（时间与空间）"，这样就使得"科学知识"避免了单纯的"概念"体系而有了"直观"的"内容"，康德的问题："先天综合判断何以可能"也就是"概念"与"直观"的"结合"何以可能。其实，这条"先天综合-概念与直观结合"的思路，才是从康德到黑格尔德国古典哲学的基本思路。

在康德，"科学知识"要发现"自然（关系）"中的"必然性"，而"法权学"则是要在"人"的"关系"中发现"必然性"，也就是关于"法权"的"先天综合"何以可能。

然而，"人"和"自然"不同，"人"按其本质来说是"自由者"，"自由者"之间如何可能有一种"强制性"的"法权"关系？这样，"法权"问题就又和康德在《实践理性批判》里所论述的"自由"密切相关，"自由者"之间的关系，一方面是"道德"的，一方面是"法权"的。"道德"只讲"自由者"的"行为动机"，而"法权"则只讲"自由者"的"行为结果"；然而，"法权"的基础仍然是"自由"，只有"自由者"之间才有"法权"问题，单纯的"自然"跟"法权"无关。

一、"自由"之"秩序"

按照康德《实践理性批判》，"自由"乃是"理性"的"本质"，"理性"是"不受限制"的，因而是"自由"的，而"理性"又是"普遍"的，因而也是

"必然"的，于是"自由"原本也是"普遍"的、"必然"的，"有理性的人"原本是"不受限制"的。

所谓"不受限制"乃是"不受""感性"的"限制"，为"感性欲求"所"驱使"，"为所欲为"，原本不是"自由"的，不是"自主"的，而是"被动"的。世间许多事情或者甚至全部的事情都是带几分"被动-驱使"去做的，人不可能不受"感官"的"刺激"，但"感官""可以"而且"必定""刺激"人，但却不能"规定"人，人的"善-恶"不受"感官刺激"的"规定-限制"，只有"自由"有能力"规定""人"。"是什么人"不是把所做的"事情"一件件加起来的"总和"，而是这些事情-行为的"根据""规定-决定"是"什么"人，如同我们"认识"一个"杯子"不必"穷尽"一切感性实存的杯子一样。"什么"不仅仅是"感觉""概括"出来的。

当然，"什么"有多种含义，有的是经验方面的，由"做什么事"就可以概括出来，譬如善于应对种种"挑战"，一般也可以说是"聪明"的人，但由"德性"上对一个人的"人格"作出"判断"，既不能仅靠"听其言"，甚至也不能仅靠"观其行"，而且还要从其"言行"中"分析"出他的"准则"，即他的"言行"是根据一个"什么"样的"原则"来"说"、"来做"的，这个"准则-原则"如果是"普遍的"，也就是说，凡有理性者都适用的，则就可以评判为一种"德性"，否则，就只能是他的个人的言行方式，不是"自由""道德"范围的事情。"私人"的言行方式，要说也有"准则"，大半都是"权宜之计"，这些"准则"不可能成为"道德命令"，"令"人人都"应当""遵守"。

然而世间有一种"命令"，居然可以不问言行的"准则"而"令"人人都要"遵守"，这就是一个国家的"法律"。

"准则"是"内在"的，因而"道德"所涉及的是实践理性的范围。就理论理性来说，它只是一个"理念"，只有从实践理性中"推论"出来，理论理性并不能作出科学性知识的"判断"来；但是"法律"则是一门"科学"，学习法律就是学习一门科学，而法律的条文犹如其他科学的规律一样，原则上是"铁律"。

知识"法律"所涉及的不是"自然"，而是"人"，而"人"又是"有理性者"，是"自由者"。于是，如果说，"科学知识"何以可能是康德的基本问题，则"法律"何以成为一门"科学"这个问题对康德来说就会更加严峻。

"人"是"自由者","法律"并不是要把"人""规定"为"不自由者",并不是要把"人""规定"为"物"。将"人"转化为"物",关于"自由"的学问就会转化成关于"自然"的学问,则康德的《纯粹理性批判》在"批判哲学"框架内就是已经解决了的问题,无需从《实践理性批判》衍生出对于"法权"问题的划分。"法律"问题是问"自由者"之间何以可能有"法权"的划分,亦即"自由"可以也有"规定性"。

"自由"本是"无限制"、"无规定","自由者"之间可以设想为一种"无序"的"混沌"。这一种状态,也可以叫做"自然状态"。

"自然状态"并不是把"人"归结为"(动)物"的一种状态,而是一种抽象的"自由者"状态。"动物"按照"自然"的法则"生存",不一定就互相残杀;"自由者"之间如无"自由"之"法权-法律"的"规定",则必陷于"无序",而"无序"和"理性"相矛盾,亦即与"自由"相矛盾,于是,"无序"之"自由"则为"自相矛盾"。"自相矛盾"不可思议,于是"无序"之"自由"则是"自由"之毁灭。这样,为"自由"自身计,"自由"自己必产生"有序"。"自由"既然是"理性"的,则"自由"必定"开出"("自由")的"秩序"。由"混沌"到"有序"在哲学的层面上已经有了解释-理解的途径。

就康德哲学来看,"自然"之"有序",特别表现在"自然"之"有机体"方面的"有序",可以从"自然的合目的性"来解释。"自由"之"有序"则反倒需要从另一个角度来解释,因为"法权-法律"的"根据",不是"目的-动机-准则",而在"自由者"自身的"规定性",即"自由者"自身的"限制-强制"。

世间什么东西有能力"限制""自由"？萨特认为只有"另一个""自由者"有这个能力,因此"自由"的"限制"是"自由者"之间的"关系"。这种"关系"就《实践理性批判》所涉及的"道德"来说,"根据"在于一个"形式"的"应该",而就现实的"国家"来说,则是"自由者"之间的"法权"关系,即"自由者"之间的"权限"之划分,犹如"理性"本身的各种"权限"之划分一样,是康德"批判哲学"的主要的问题和任务。

二、"法权""判断"为"先天综合判断"

所谓"权-权利-法权"首先是"所有权"。"我"对"我"自己拥有"所有权",这是不言自喻的。"我是我的"是一个"分析判断",而对于一个与"我"不同的东西表示"所有"的判断则是"综合"的,对"我""身外之物""判断"它是"我的","我"对它的"所有权"要表达的是一个"经验事实","我"说"它"是"我的",是一个经验的综合判断。譬如"我"手中的"苹果","我""存身"的"居室"等等,"我"如果根据"事实"上的"占有"宣称"是我的",则需要"事实上的""证据",而这些"证据"也都是相对的,"事实"是可以改变的,"证据"是可以反驳的,因而单纯的经验上的"所有权"是允许"争论"的,在"事实"改变的情况下,也是可以"剥夺"的,单纯经验事实上的"权利-所有权"往往是"纷争"的源头。

儿时为一个苹果而争,把它夺到手中就算是"我的";长大了为金银财宝争,无论巧取豪夺,进了我的口袋,就算是"我的",更有为"江山"而争,则常是"战争"的原因。

为"平息-敉平""纷争",又有种种"契约",相互协商,解决纷争,以求"太平";但根据经验事实签订的契约,往往很不可靠,撕毁条约反倒是家常便饭,因为这种契约-条约,往往在签订时已各怀鬼胎,准备在适当的时机弃而不顾。

经验事实的"所有权""在""时空"中,受"时空"的条件制约,这是一切经验知识的特征——在这种意义上的"法权-法律科学"也是一种"经验知识-科学知识"。

然而,按照康德的"批判哲学",一切经验科学又都是有"先天"的结构可以保证它的"必然性"的。康德《纯粹理性批判》的主要工作,都是围绕这个问题做的:有没有"先天综合判断"?"自然"的问题如此,"自由"的问题也是如此。"自由"领域如何"建构"起一个"先天必然"的王国,在林林总总的法律条文中,有没有"先天的必然性"?抑或这些条文全都是"权宜之计"?

我们体会，在解决"自由者"之间的"法权"关系问题上，康德采取的程序是和解决"自然"必然知识问题不同的，或者其进程是相反的。

在解决"自然"问题时，康德不能脱离"时空"条件，"时空"是"自然"的"存在方式"。他的"先天概念-范畴"也只允许运用在"时空（经验）"之中；而在"法权"问题上，"批判哲学"面对的是"自由-自由者"，"自由"是不受"时空"限制的。这里的问题是：在"不受时空限制"的"自由者"之间如何又有一种"综合"的"关系"，即"先天综合"的"关系"。也就是说，以实践理性为基础的"法权"的"先天性"，甚至无需"先天直观条件-时空形式"就作为一种"本体性-noumenon"而"存在"。这里"法权""必然""存在"，就如"自由""必然""存在"一样。"概念"与"存在"在"实践理性"的本体意义上结合了起来。

然而，"所有权"毕竟是对一个"外在"于"我"的、不同于"我"的"他者"的"权利"。这种"权利"犹如"实践理性"中"意志"的"对象"一样，也是一种"扩展"，"推及"到"自身"之外，因而不是从"概念"的"内涵""分析"出来的，而是一个"综合"。与"科学知识"不同之处在于"所有权-法权"的"先天综合"，不仅不在"时空"中，而且无需"时空"之"形式"，从而是在"时空"之外，或者是无关乎"时空"的。

在这个意义上，作为"先天综合"的"法权"上的"所有权"就和单纯经验上的"占有-拥有"有了原则上的区别，如同科学知识中的"数学-几何学"与"物理学"有所区别一样，又如同从感觉经验得来的"知识"须由"理性-知性"提升为必然的"科学知识"一样。经验事实上的"占有-拥有"，必得由"法权-法律"上的"保障"和"证明"一样，单纯经验事实上的状况（占有或丧失），不是"合法性"的"证明"。在"法权"原理看来，"眼见"固然"是实"，但对一个"事实"，不见得总是可以"判断"为"合法"的。或者甚至还可以说，单纯经验上的"占有"，就"法权"的原则来看，往往是"不合法"的，犹如"现实"与"理想-理念"的关系那样。

不过，"法权-所有权"既然也是一个"综合"的"判断"，"我"与"另一物-非我"的关系，如何又能够脱离开"时间-空间"的条件？

仍然是小到一个苹果，大到山川高楼，无论在"我""手"中与否，无论

"我"在什么地方，无论"我"多大年纪，"我"都"有权"作出"判断"："这是我的"。在这个意义上，作这个"判断"的"权利"与"时空"条件无关，尽管"我"和这些"事物"都是"在""时空"中的。这就是说，就"法权"的角度来说，"理念-理性"的"权利"大于"感觉经验"的"权利"；不是"强权就是公理"，相反，"公理才是强权"。

在某种意义上，"理性-自由"的"公理"运用自己的"强权-强制的权力""迫使""经验事实"的"所有权""状态"作出"改变"，"强制""经验事实"的"所有权状况"向着"合法性"的方向发展。在这个意义上，我们也可以说，一切"经验事实"的"所有权状况"都是会-可以-允许变化-改变的。

三、"法权"与"禁令"

康德把"法权"问题分成"本体的所有"和"现象的所有"，后者以前者为基础，"本体的所有"是一种单纯"法权"上的"所有"，不涉及"时空"的"所有"。于是，在某种意义上，"本体的所有"是"自由"的"所有"。"自由"的"所有"意味着"我"作为"自由者""有权""拥有""一切"；同时也意味着"我""一无所有"。人人作为"自由者"都"有权"对一切作出"我的"这个"判断"，这个"判断"只能是"形式"的、抽象的、空洞的。只有剥夺其他一切"自由者"的"自由权"，"规定"其为"不自由者"，亦即只承认一个人或少数人的"自由权"，这个"我的"作为"判断"才是有内容的、实质性的，"普天之下莫非王土"才是一个"法权判断"，在一个"自由者"的集合体，没有人有权作出这样的判断。

就"自由者"集合体来说，所谓"本体的、自由的所有"由经验的眼光即"现象的所有"来看，实际上是"悬搁"了一切的"所有权"，犹如在"知识领域"对"本体-事物本身"的"知识"被"悬搁"了一样，"科学""知道""有"一个"本体""在"，但这个"本体"究竟是"什么"，我们一无所知。"自由者"保持着对"一切-全体"的"权力"，但实际上，并不在事实上"占有"任何事物。"自由者""占有"一个"无"。"自由者"总是"从无到有"而又"保持"着这个"无"。

对"自由者""们"来说,世上全是"无主之物",但是事实上的"占领"并不意味着"法权"上的"所有","法权"不承认"占山为王","自由者"不"情愿"付"买路钱"。"无主之物""悬搁"了"所有权",等待着"法权"之"公正"。

在这个意义上,"本体自由之所有权"乃是一个"悬搁权",和道德的、宗教的"戒律"一样,原始的"律令",是一个"禁令"。这又像"理论理性-科学知识"一样,对于"本体"是一个"禁区",实际也是将它"悬搁"起来,"等待"着"实践理性-道德宗教"来"扩展"。

于是,对于"无主之物",表面上看似乎是在事实上谁最先占有应该就是"谁的-我的",这当然是为许多历史实事所证实了的。但如果这种占有没有进一步的"法权"上的"承认-允许",首先是对于"无主之物"在"法权"上的"开禁"而长久停留在单纯经验事实的状态,则这种"占有"并没有长久的"保证"。如果人人都以这种经验的"原始占有"方式对待"无主之物",就会陷于一种"自由"的"自然状态",则"纷争"甚至"战争"又都是必然的。

就历史的实事来说,"法权"似乎都是经过"原始的经验占有"确定下来的,就好像一切的"知识"都是"感觉经验(对象)"所提供的,但是按照康德哲学,这些由"感觉经验""组成"的"知识"中,却包含"有"不依赖经验"的"先天"因素",没有这一条,"知识"的"普遍必然性"就得不到"保证",常常陷于感觉材料之"无序"状态,而正因为"经验"中有着"理性""先天"的"建构"作用,"经验知识"才走向"有序"。

"理性"的"理论功能"在"经验知识领域""建构"起来的是"自然律",而"理性"的"实践功能"在"经验的法权领域"所"规定"的乃是"自由律"。

"自由"是"本体"领域的问题。在康德那里,避免陷于对于"本体"的"判断"的矛盾(二律背反)是首要的任务,对于黑格尔哲学来说,如何通过矛盾发展达到"对立统一"的"和谐"也是哲学的主要宗旨。

就"知识"眼光来看,"本体"似乎原就是一个"无主之物"。它是绝对"主观"的"思想体",同时又是绝对的"客观",没有"主体"能够-有能力-

有权力"进入-占领"这个"地域",只是一般意义上的"有-存在",就"科学知识"言,是"空洞"的,无"内容"的。

在这个意义上,"本体"亦即"自由"原本也是一个"无主之物"。"我"只"属于""我"自己,不属于任何"他者","自由""禁止"一切外来的"伤害","本体的所有权"最基本的要求是"行动"不得伤害"自由",无论是"我的自由"还是他的自由。"无主之物"不属于任何人,或者说,同时属于任何人,"属于人人"。对于"无主之物""我"要从单纯事实上"占有"它,实际上也就"伤害-妨碍"他人"占有"它的可能性,因为他人也有权占有它。"所有权"的"悬搁",也就是"悬搁"起作为"经验条件"的"时空",按照"法权"的"原则"来"规定-厘定"每个"自由者"的"权限",是康德"批判哲学精神"在"法权"问题上的贯彻。

在"科学知识"领域里,"经验"有"非经验-先天的""时空形式"和"范畴"的"规定",但接受"感官"的"刺激",那些"先天的规定"以"感觉"提供的"材料"为"限","感性""限制"着"理性-知性"的运用"范围","知识王国"有自己的"领地","不得""僭越-越权-超出自己的权限","本体-自由"不是"知识王国"的"领地","知识""不得"在这个"地域"行使它的"权力"。也就是说,"科学知识""无权"对于这个"地域"作出"判断",这个"地域",要由"实践理性"来行使自己的"权力",而这个"权力",乃是"自由"的"权力"。然则,康德已经指出,"思辨理性"常常有一种"明知故犯的倾向","越权-僭越"是经常发生的事情。也就是说,"知性"的"范畴"和"时空"的"形式"总是倾向于要"限制""自由"的"理念",使它成为一个"必然"的"概念"。

"法权"的"本体性所有"常常被理解为-限制为"经验性-现象性所有","原始的所有"常常为"实事的所有"所代替,如同旧形而上学将"本体-自由""降格"为一个"知性概念"的"知识体系"一样,为了解决-决断-判断"本体"的哲学问题,"纷争-矛盾"必然出现,在理论上的"武断-独断"就有用武之地,古代"智者学派""退化"为"棒喝主义","先声夺人",以"气势"胜。中国传统哲学中也能找到这种痕迹。

消极的"禁令"是建立积极的健全的"法权"的第一步,既然人人都是

"自由者",人人都有"自由权",对于事物的"本体所有权",即无关"时空"条件的"自由意志"的"所有权",首先要"悬搁"起来,因为"无关-超出"具体的"时空"条件并不是"事物"不在"时空"中,而是"我"的"权利"是不以"事物"的"时空"条件为转移的,"我"对"事物"拥有"自由"的"所有权",而"本体-自由"的"我"原也不受"时空"条件的"限制","我"合法的"所有物",并不因为"我"的"迁徙"而丢失。

然而,"本体-自由"在"现实经验"的领域,按照康德批判哲学,只是一个"理念",而没有"建构"起一个"必然王国"的可能性,"理念"对于"感觉经验"没有"建构"的作用,但却有"范导"的作用。在这个意义上,我们或许可以说,"本体性所有权""范导"着"现象性所有权"。

这样,世上尽管全都是按照经验事实"建构"起来种种"所有权",但并不能"排斥-杜绝""本体性所有权"的"范导"作用,犹如不能完全"拒绝""哲学-形而上学""理念"的"范导"作用一样;也如同"我"的确是"在""时空"的"经验世界",但这个"实事"并不可能"拒绝""我"的"不计""时空条件"的"自由"一样。"我"的"经验"的"存在""服从""经验科学""建构"的"自然律","我"的"道德"的"存在","服从""实践理性""建构"起来的"自由律-道德律",而后者"范导-引导"着前者。

如前所述,"自由律"分两种,一是"内在的""道德-德性",一是"外在的""法权"。"道德-德性"并不问"外在的""行为",而只问"行为"所遵守的"准则",问你的这个"准则"是否具有"普遍性",可以"让-令"人人都遵守;"法权"则不问这个"内在的""准则",只问"行为"的"正当-合法"与否。

这就意味着:"德性"与"法权"所涉及的是两个不同的"原则-原理",而又都建立在同一个"自由"的基础上。就其同一性看,它们都属于"实践理性"的领域。就其所涉"内"与"外"的区别看,我们甚至可以说:有德之人也有犯法的时候,而守法之人,未必有德,因为"法权"的"理念"并不要求过问"行为"的"准则"。或许,"守法"之人之所以"守法",只是为了"讨好"上级,为自己的"升迁"更加顺利等等。这样的行为"准则",如果人人都加以采用,这个世界成了"小人国",不是一个有德的集体,但却是一个

"循规蹈矩"的群体；反过来说，"法权"也并不问"行为"的"准则"。只要行为"合法"，不问其"动机"的"准则"如何，"判断"只能是"合法"的，在"法权"上不能"问责"于它，更不能作出"罪罚"。

然而，须当注意的是，无论"内在"还是"外在"，都是以"自由（者）"为基础的，"小人国"不是"道德王国"，也不是"法制王国"，而是"奴隶"的"社会"。"奴隶"与"主人"的关系，并非"法权"的关系，"奴隶"不在"法权"范围之内，只有在"自由者"之间才有"法权"的关系。这样，"法权"的"理念"又是与"平等"的"理念"不可分的。

四、"自由共存"的"理念"

"道德""动机-准则"由"个别"到"普遍"，"法权"则由"普遍"到"个别"，殊途而同归：看你的"自由"是否具有"普遍性"，即你的"自由"是否基于"理性"，因为"理性"的"自由""放之四海皆准"。在这个意义上，"德性"与"法权"又是统一的，"德性王国"与"法制王国"是同一个"王国"，其区别只在于"视角"的转换之间。

在某种意义上，我们也可以说，"德性王国"是"由（推）己及人"，"法制王国"则是"由（推）人及己"。此话怎讲？

我们说过，"道德-德性"问的是你的"行为""动机"的"准则"是不是能够"普遍""推广"，使人人得而行之。"法权"的问题则是你对"他人"的"限制-强制"是否也能够推及你自己的身上？我们看到，就"本体性法权"言，应该以此条为试金石。"法权"的一切"限制-强制"都应该包括"立法者"和"执法者"在内。

套用中国传统哲学的话来说，"德性"说的是"己所欲"，"人亦欲"；而"法权"说的是"人不欲"，"己亦不欲"。这样来印证孔子的话，"己所不欲勿施于人"，即不包括你自己在内的"强制-禁令"，也不要加给"别人-他人"。

"法权"是"自由者"之间的"关系"，"自由者"在"平等"的基础上"限制"着各自的"自由"。只有"平等"这个原则，才能谈得到各自的"自愿"，"自愿"意味着"自由"，只有"普遍的限制"对人人的"限制-禁令"才有"自愿"的可能性。有了这个前提,我们才能够说,"法权""判断"是一个"先天综合判断",才能够把"外在"的"人"和"物"以"所有权"的方式"综合"进来使"法权"的"判断"也具有"先天必然性"。

要使"他人"受到"限制",必先"自己"受到"限制"。这是一个"平等"原则,也是一个"自由"原则。"平等"原则保证了在"受到限制"的"条件"下,仍然具有"自由意志"。这种"限制"可以被理解为出自"我"的"自愿-自由",出自"我"自己的"意志"。

"自由者们-诸自由者"之间"相互限制","限制""我"的"他者"也是一个"平等"的"自由者","自由者"以"自由-另一个自由者"为"限制",为"条件"。于是,"诸自由者"形成一个"共同体",这个"共同体"乃是"自由的共在"。

和"自由"的概念一样,"自由的共在-共存"对于经验知识来说只是一个"理念",但这个"理念"通过"规范-调整"这种知识"范导-引导"着我们的生活的世界,以使通过人们的"共同""努力"使这个世界趋向这个"理念"而行进。"法权哲学"的"理念"同样也"引导-范导"着经验的法权状况经过曲折的道路向着这样一种"理想-理念"行进。

在康德所理解的"法权哲学"——"法权的形而上学"——"指引"下,对于"国家体制"和"法律框架"都有不少具体论述,直接影响到费希特、黑格尔这一条德国古典哲学的思路,值得进一步研究。他们都有专门的"法权哲学"著作出版,也都和各自的哲学体系相紧密结合并有自己的创建,但也都共同把"法权"问题奠定在"自由"的基础上,围绕"自由-诸自由者间"的问题沿着各自的方向展开。

黑格尔认为"主体自由"间的关系不仅仅是一个抽象的"应该",实际上,康德的"自由"同样也有一条由"抽象"到"具体"的推进的过程,只是他这个"具体"不是"感觉经验"的,而是从"实践理性"上"扩展"出来的。这种思路,费希特是重视的,黑格尔当然也是作为他的"绝对哲学"的出发点的。只是在"进入""经验世界"之后,问题就变得纠缠复杂起来,在"法权哲学"问题上,也有这个问题,对于历史问题,或许有一些理念的框框"套用(武断)",而对于现实的问题,又或许过于"迁就"。马克思早年对于黑格尔的《法哲学原理》有尖锐的批评，也很值得我们努力学习的。

作者附记：这篇文章只是一个习作，因为对于法学的实证材料和理论知道得太少了。写这篇文章只表示一种对问题的关注，敬请批评指教。

2011 年 9 月 14 日于北京

试析康德"自然目的论"之意义

康德《判断力批判》分两个部分,"审美判断力批判"比"目的论判断力批判"更为后世所看重,这种倾向,自有正当的理由。前者有很普遍的艺术创造和鉴赏评论工作关注,而"目的论"则缺少科学工作的支持,被看成是康德批判哲学中陈旧落后的部分,是向中世纪经院哲学和神学妥协的表现,似乎不必下功夫去研究理解,一笔带过可矣。

然而这个态度是不够全面的,康德《判断力批判》中"目的论判断力批判"部分其实是康德从《纯粹理性批判》开始已经构思好了的"批判哲学"体系中的组成部分。也就是说,在《纯粹理性批判》中已经预示了这一"批判"的存在,而"审美判断力批判"或许倒是新增加的部分,甚至是康德思想有所改变的地方,而"目的论"问题则有康德一贯的思想轨迹可寻。或许我们可以说,康德的限制"知识"为"信仰"留有余地,实际上也就意味着为"目的论"留下了余地。

更有甚者,我们还可以说,《纯粹理性批判》"普遍必然化""知识"为"目的论"留下了余地,而《实践理性批判》"普遍必然化""道德"也为"目的论"留下了余地。这层意思,要慢慢研究。

一、"普遍-必然"性之追求

"哲学"既不同于一般经验科学,当有一种不可动摇的"普遍-必然"性,亦即不以经验为转移的"普遍-必然"性，而不仅是"习惯"之"普遍性"；然而"哲学"之所以为"哲学"，又不仅仅是"形式"的，"哲学"不是"形式科学"，因而不止于"逻辑"之"形式推理"。于是，"哲学"要迎接休谟的挑战，使自己成为既是"普遍-必然"的，又是有"内容"的。为了"哲学"的"内容"，康德在《纯粹理性批判》里很费了一番工夫，他的问题是"先天综合判断"如何可能，其着力点在于：不仅"分析判断"是"先天"（必然）的，而且"综合判断"也可以是"先天"（必然）的，亦即有一种"先天性"的"综合判断"在。

"知识"由"概念"和"直观"组成，"概念"使人有"思维-思想"的可能性，"直观"使人有"感觉"的可能性。前者问题小一点，后者问题就大一点。"概念"有经验的，如桌椅板凳、人手足刀尺、日月山川等等；但也有逻辑的诸范畴，如必然性、可能性、偶然性、现实性等等。这些"范畴"不依靠"经验"，自成体系，有一种"先天"的"必然性"，即"从前件推出后件"的"必然性"（a priori）。诸"范畴"的"先天性-必然性"固然可以争论，但说"感性"的"直观"居然也可以是"先天"的，即也可以是"a priori"，则要说服争论的对方，就要花费更大的力气。

康德的办法是提出"时间-空间"作为"感性直观"的"先天条件"，凡是"可以感觉"的都要"在""时空"中，都要有"时空"的条件。

"直观"尽管不是"推论（理性）"的，而是"感性"的，但却也必须要有"先天"的"条件"，有了这些（时间和空间）"条件"，"直观"才有"可能性"。凡"在""时空"中的事物，才有"可能"被"直观"到，亦即"被""经验"到。这样，康德才可以说，"经验"的"条件"也就是"经验对象"的"条件"，因为要成为"感觉经验-直观"的"对象"必有"时空"的"条件"，而这个"条件"却是不依靠"经验"的"先天"的。

"时空"作为"感觉经验"的"条件"，固然不是"理性"的，而是"直观"的，但它们作为"先天条件"，却是"理论"上的必然的"设定"，不是"源于""感觉经验"的。"先天"之所以为"先天"，正是它不以感觉经验为转移，而"感觉经验"之所以成为"感觉经验"，"感觉经验"之可能性的"根据"反倒不在"感觉经验""自身"，而在于"理论上"-"道理上"的"先天性"。

以"先天性"为"相同"的"根据",康德似乎可以"打通""概念"与"直观"的"关系",从而使"知识"的"形式"和"内容""结合"起来,使"范畴"有了"直观",也使"直观""进入""范畴",但这种"结合"和"沟通",还只是停留在"理论"上。因而,康德整个"知识论"只是"理论"的,他的《纯粹理性批判》所着力"批审"的只是"理论理性-思辨理性"的"权限"。

康德的"批判哲学"之所以必要,也正是因为他的"知识"只是"理论"的。如果光是"理论知识"当然是有其自身的"局限"的,康德指出"不在时空中"的"事物自身"也"不在理论知识"的范围之内,因而"不可知"。康德的"不可知",应是指"理论"上"不可知",亦即不可能形成一种"规律性"的"理论知识"。

于是,在"理论知识"之外,尚有一种"实践-实际"的"知识",这个知识同样是"理性"的、"先天"的。而这种知识,不是"理论-必然"的,而是"实践-自由"的。

"时空"、"范畴"是"理论知识"的"先天条件",而"自由"则是"实践知识-道德行为"的"先天条件"。没有"时空"、"范畴",就没有"知识"的"必然性",而没有"自由",也就没有"道德律"的"必然性"。

但是,"知识"和"道德"这种"必然性",又完全来自"理性"自身的"先天性",即"理性"有不依靠"感觉经验"为自己的"对象""立法"的"权力"。而"批判哲学"的工作,就是要进一步为"理性"这种"权力"厘定"合法"的"界限":在"知识"领域,"理性"以"知性"的作用为"自然""立法",而在"实践-道德"领域,"理性"直接为"自由""立法"。

"知识的王国"是一个"必然的王国","必然"带有"强制性",因为"理性-知性"是为原本作为一个"异己-感性-非理性"的领域"立法",以"法律"的形式,使"异己""同化"为"自己",成为"理性-知识王国"的"一分子"。"道德的王国"似乎更是一个"必然的王国",甚至是一个"森严的王国",但是在这个王国,"理性"是"自己为自己""立法",因而是"自由""立法","为自己""立法"而不是"为异己""立法"。

这就是说,"理性"无论对于"自然"的"概念",还是"自由"的"概念"都拥有不以"感觉经验"为转移的"先天""立法"的"权力"。"自然概念"和"自由概念"都属于"理性"拥有"先天立法""权力"的"领域"。康德在《判断力批判》里把这两个"领域"叫做"领地-封地-ditio",亦即不但有"管理权-行政权",而且有"立法权","理性"自己"先天立法"使这两个"领地""有序"运作,成为"理性"的"王国"。

"自然"和"自由"既然是一个"有序"的"王国",也就意味着它们的"运行"是"合理的",首先是"合逻辑"的,同时也是"有内容"的。"科学(知识)"和"道德(自由)"都是可以"推理"的,符合"概念-判断-推理"的"逻辑"形式。

然而,"理性"这两种"立法权"在"知识"与"实践"两个"领地"里又是不容"混淆"的,康德的"批判哲学"严格划定了这两个"王国"的"界限",在原则上不得有"双重国籍",更不得"偷越国境"。所以康德把"理性"在"知识"领域-领地里的功能-作用叫做"知性","知性"不是在"理性"之外的另类,而是"理性"顾及"异己""限制"的特定的功能。

但是即使在《纯粹理性批判》里,康德也清楚地看到,要想"限制""理性"是"不可能"的,因为"理性"本是"不可限制"因而是"自由"的。对于"理性"来说,并不是"遵守"了"规则"就"不自由",或者"自由"了就"不遵守规则",恰恰相反,"理性""合理地"就要求"自由",同时"理性""自由"地就要求"合理"。

在这个意义上,就"知识"来说,"理性""合理地""超出界限"。也就是说,"理性"的"僭越-越位"不是"不可思议"的,而是"可以思维"的。

于是,那些对"知识领域"仅是"可以思想"而无"直观"的"本体-物自体"却仍具有"基础-基质"的"地位"——尽管它们不占"时空",不能成为"经验知识"的"对象",不向"感官""显现"出来,但即使对于"知识"来说,也是不可或缺的"理念"。

"理念"在"知识"里只是"思想体",它的"作用"是"消极"的,即给予"知识""(经验)概念"以一种"限制-界限",表明它们只是"理性"的。没有相应的"感性直观",对于"知识"只起"规范-范导"的作用,而不是将"感性直观""规定"在一定的"概念"之下作出相应的"判断"和"推理"那样一种"规定性"的功能。

"理念"的作用在《实践理性批判》里有了根本性的变化。由于"理性"为"自己""立法",作为"思想体"的"理念"则具有了"规定性"的功能。之所以能够如此,乃是由于"理性"在"实践"领域(领地)本身就具有了"现实性",即它的"直观"不需要由"感觉经验"来"提供",而"理性""自己"为"自己""提供""直观",原在"知识"领域里似乎是"抽象"的单纯"思想体"的"理念",在"实践理性"领域-领地里,成为"具体"的,本身就具有"现实性"。

"理论理性"的问题是"理性"为"知识""先天立法","实践理性"的问题是"理性"为"欲求-意志""先天立法"。

在这里,我们遇到了"目的"这个概念,而在"(理论-思辨)知识"领域是从属于"经验概念"的,而就"实践理性"来看,"目的"原本就蕴含了"现实-实现"的意思在内。一个含有"现实性-实现性"在内的"概念",就是"目的"。

"理性"为"欲求-意志""先天立法",使"目的""摆脱""感觉经验"的"束缚",从"附属"的地位"挣脱"出来,成为独立自主的力量,"理性"在"实践"层面使"目的""自由化",同时"目的"概念本身的"现实性"也使"自由""实质化"具有"内容"。"实践理性"的"自由"不仅仅是"形式"的,也是"实质"的,"理性-自由""自己""创造""自己"的"内容"。这个"内容"原则上不是"感觉经验"所提供的"异己"的"材料-感觉材料-sense-data",因而不仅是"知识"的,而且是"价值"的,不仅是"真",而且是"善"。如同"理性""保证"了"知识"的无限进步那样,"理性"也提供了"善"的无限进步的"目的"——"至善"。

二、"概念"的"普遍性"与"现实"的"特殊性"

《纯粹理性批判》和《实践理性批判》都需要"概念-判断-推理",对它们的运用都是"规定性"的,即在"理性"分别对两个领地行使"先天立法"权力以"普遍-必然"的法则来"规定"所"给予"的"材料",使之"有序化",

成为"王国"的合法"成员-子民"。这种"先天立法"以"普遍-必然"为皈依,在强调"自由"的"实践理性批判"也不例外。"理性"为"自然概念"和"自由概念""先天立法"具有"强制性-必然性";然而如同"理念"在"思辨理性"里的"范导"作用一样,"理性"的"概念-判断-推理"原本可以具有自身的"范导"作用,而且,在"规定性"作用上,"理论理性"和"实践理性"、"必然"和"自由"之间不可"沟通",但在"范导性"作用方面,二者的界限似乎是可以-允许"逾越"的。就"理性"的"实践"功能来说,可以"下降"到"现实"中来,而且,"现实-必然"的"知识",也可以在"范导"意义上,"上升"到"实践-道德-自由"上来。这就是说,在"理性"的"范导"的意义上,"理论理性"和"实践理性"、"知识"和"道德"是可以-允许"沟通"的,而这个"沟通"的关键在"审美"与"目的(论)"。

"实践理性"对于"理论理性"具有优先地位,这是《实践理性批判》里明确了的命题,问题在于"理论理性"如何与"实践理性"有沟通的渠道。因为康德在《纯粹理性批判》里为防止"知性"之"僭越"很费了一番工夫,到了《判断力批判》如何又像上个世纪法国德罗兹在《什么是哲学?》中说的,把苦心设置的"界限-障碍"统统"拆除"。这支"拆弹部队"由什么组成,它们又被赋予了何种"权力"来做它们的工作?

原来这支"部队"已经"埋伏-潜伏"在《纯粹理性批判》之中,就是那些作为"现象显现"出来的"事物"的"基础-基质"的"事物自身-事物本质"的"理念"。

"理念"在《纯粹理性批判》中不是认识的对象,是"不可知的","理念"因不具备"时空"形式。它们的"存在"只是一些"单纯的思想","理念"是"思想体",因而"不在""感觉经验"的"世界"之中。于是,作为"理论理性""逻辑"结构-支架的"概念-判断-推理",不允许运用到单纯思想的"理念"来得出"知识-经验"的"判断";"概念-判断-推理"的"逻辑"形式由于其"抽象性-形式性"当然可以运用到"理念"上,但由于缺少"时空"中"感觉经验"的"规定",从而得不到"鉴定-检验-验证",遂造成对于"理念"的"概念-判断-推理"就会陷入"矛盾",从而由自相矛盾而"自行解体"。这就是说,"理性-知性"在"理论思辨"上"不可能"为"理念""立法",盖因"自己立法"而又"自己犯法"使之不成其为"法"。只有到了《实践理性批判》,"理性"由于自身具有"现实性"而无需"时空"之"感觉经验"提供异己的现实材料,此时"理念"在"实践"意义上也具有了"现实性","理念"自己就有能力"规定"自己。

"理念"作为"概念"通过"实践-意志-欲求"的"目的"自身就具有"现实性",因为"概念"而具有"现实性"或具有"现实性"的"概念"就是"目的"概念的基本含义。

在"实践理性"意义上,"理念-目的"都是"自由",这个"目的"由"理性"为"实践理性""先天立法"所"规定",在这个意义上,这个"目的"与经验世界受人的七情六欲驱使的"经验目的"无关,是一个"优先-先天"的"目的",之所以叫做"目的",乃是它的"概念"本身就具有"现实性"而言,是一种"无经验目的"的"目的",是"自由"的"目的"。

于是,在这个"实践"的意义上,"理性概念-理念"通过"自由"的"目的""进入""现实",与面向"经验世界"的"理论理性"有了关联,并由其"优先地位","迫使""经验世界""服从"这个"实践"的"自由""理念"。

这就是说,"实践理性"的"目的",通过自身的"自由","开创"了"自己"的"现实性","实践理性"的"现实性"就意味着"理念-目的"的"现实性",自己"自由"的"现实性",而"自由"的"现实性"也就是"自由"的"创造性"。"自由"就意味着"创造"一个"属于""自己"的"世界"。由于"理论理性"的"目的"本是"感觉经验"所"提供-规定"的,在这个领域中,一切"概念",包括"目的"概念在内,必定要通过"感觉经验"才能具有"现实性",而单纯的"概念"并不具有"现实"的"内容"。因为在"理论理性","概念"就是"概念",尚不具备"现实性",它的"现实性"要以"异己"的"感觉经验"来"补充-结合-兑现(胡塞尔)"。

这样,在"理论理性",所谓"理性-知性"的"立法权"是很有限的,它只"限于""概念"的"普遍性-必然性"。在这个领域,"理性"不能以自己的"立法权""保证"受制于"七情六欲"的"目的"的"现实性",这些"目的"的"实现",只具有"偶然性",不是"必然普遍"的。

在这个意义上,我们看到,无论在"理论"领域还是在"实践"领域,

"理性"的"立法权"都是"限于""概念"的。一方面,"理论理性"的"概念"不具备"现实性",另一方面"实践理性"的"概念(自由)"虽然必然意味着一个"现实",但只是"理念"的"现实性",要"进入""经验世界",仍须"感觉经验"的配合。这样,康德之"理性"为"自然"和"自由""立法",实际是为"自然概念"和"自由概念""立法"。康德的"知识王国"和"道德王国",到头来实际都是"概念王国"。这种"立法权""保证"的是一个"普遍必然"的"王国",它(们)的"子民"都是"受"这个"普遍必然""规定"的。

在这两个"普遍必然"的"王国"中,"概念"是"规定性"的,经过"推理"的"判断"也是"规定性"的,即"判定"一个"对象""归属于"何种"普遍必然"的"法则"。所谓"知识"也就是"理论"的"知识","概念"的"知识",或者是"自然"的"理论-概念"的"知识",或者是"实践-自由-道德"的"知识"。在这个道德领域,"理性""规定"了"道德"上"善-恶"的"概念"。

我们看到,在这两个领域中,"目的"都带有"主观性":在"实践理性"中"目的"引向"至善"的"理念",从而"设定-悬设"一个"最高存在者-神";在"理论理性","目的"是"人"作为"有限理性者"的"意愿"。"自由的目的"须设定一个"神","必然的目的"要设定一个"人"。"目的"须设定一个"目的者"。

《判断力批判》"目的论批判"的意思是要阐述一个没有"者"的"目的论",亦即既没有"人",也没有"神"的"自然"自身的"目的"。于是,从这个角度来说,康德的"目的论批判"似乎蕴含有一个积极的"批判"的意义,即"审定-厘析""自然目的"的"应有"的"意义"。

康德《判断力批判》从"审美判断力批判"入手,涉及从一个特殊事物出发寻求一个普遍的"概念"。这个"概念"虽然不是"确定"的,不是"理论理性""判断"的"谓词",亦即不是一个"客观"的"属性"由"知性"的"先天立法""权力""赋予"这个"自然"的"对象",但这个"非规定"的"判断"仍然有"先天"的"权力"对这个特殊的事物-对象作出"评论",也有"权"要求他人也"认同"他的"判断"因而具有"普遍性"的"形式",

于是"这花是红的"与"这花是美的"虽然具有相同的"判断""形式"，但却具有不同的"性质"，前者是一个"知识"的"经验判断"，后者则是"审美判断"，两者的区别在于：前者是将"特殊的花-这花""判定-规定"在"红"这个确定的"概念"之下，后者则由于"美"不是事物的客观确定的"属性"而不可能被"抽象"出来成为"确定"的"概念"，因而不允许脱离这个被"评判"的特殊对象，于是所谓"审美判断（力）"乃是一种不是可以完全"概念化"的"感性判断-aesthetic judgment-ästhetischen Urteilskraft"。"审美判断"不离开"特殊"与"个别"感性事物。

正是由于这种"特殊-个别"的"感性"特点，"审美判断"的对象才给人带来"愉悦"的"感觉"，而如果"有权"声称这个"感觉"具有"普遍性"而"合法"地要求人人都要"赞同"，则这种"愉悦"的"感觉"就成为一种"鉴赏"。"鉴赏"是对于"美"的"判断力"，"鉴赏"的"愉悦"就不仅是个人的"感觉"的"申述-表述-表达"，而是一种"判断"。

"审美-鉴赏判断"永不脱离"特殊"与"个别"，"美"不能-不允许"推论"出来，因为它的"普遍"的"概念"原是"不确定"的，因而不可能成为"客观"的"知识判断"，而只能是一种"情感"。一种"有权"将其"普遍化"的"情感"，就是对于"美"的"鉴赏"。

"鉴赏"之所以"有权"宣称自己的"普遍性"，其根据在于"情感"也有一条"先天的法则"为其"立法"，只是在这里"理性"的"立法权"不是针对"确定"、"客观""概念"的，而是针对"不确定"、"主观""概念"的，"理性"对于"情感"的"立法"，不是为"客体"的，而是为"主体"的。这就是说，"鉴赏"的"对象"虽然是特殊个体，是"感性"的，但却不仅是感觉经验世界的"实存-Dasein-existence"，而只是一个"主体"的"表象"，"鉴赏"的"对象"实际是一个具有"感性形式"的"思想体"，是一个"具体-特殊-个别"的"理念"。

"感觉经验世界"的"愉悦"的"判断"对具有"（符）合目的"的"结果"的"判断"，是对"客观对象"与"主观状态"的"实际关系"的一种"反应"，但"鉴赏"的"判断"并无"实际"的"功利性"，因而它的"合目的性"不是"实质"的，而是"形式"的，不是"现实-实际"的，而是"理想-理念"的,"具体的理念"就是"理想"。"形式的合目的性"亦即"理想的合目的性",亦即"具体的理念"的"合目的性"。

于是,从"个别"中"看到""一般",从"现实"中"看到""理想",而不是把"个别-现实""归属"于"先天概念-范畴"之下,由此按照"概念-范畴"的"先天法则"作出"推论";也不是把"现实"当作"手段"来达到某种"理想"的"目的"。

"知识-知性"具有"确定"的、"客观"的"概念"却"超不出""经验","鉴赏"只有"不确定"的、"主观"的"概念",却"超出""经验"进入"理念-理想"。

"判断力"成为"理论理性"与"实践理性"的"过渡"的"桥梁"。

"判断力"不仅由"情感-鉴赏""形式-主观"环节与"理念"沟通,而且还通过"自然目的论"的"内容-客观"环节与"理念"沟通,为这两部分设定"界限",以完成对于"判断力"的"批判"工作。

"自然目的论"并不是说"自然"在"客观"上就具有"合目的性","目的"并不是"自然"的"属性",因而"合目的性"不像"因果性"那样是"知性"的"范畴",不是"知识-必然王国"里的"份子","目的"自有"自己"的"王国",但这个"王国"也不是"神"的"王国"、甚至不是"人"的"王国"的"份子"。这里的"目的",不在"神"的"脑子"中,也不在"人"的"脑子"中,而是"在""自然"中,"自然"本身就"应该"从一个"目的"的"理念"去"理解"。

"知性"为"自然""立法","建构"的是一个"理论"的世界,亦即"概念"的"世界","特殊-个别"都"归摄"在"概念"之下,这种可能性由"先天感性形式-时间和空间"与"想象力"之"统摄"所保证;但是这个由"概念""建构"起来的"理论世界"并不是"世界自身","实际的世界"乃是"大千世界",千差万别。这样一个"实际的世界""迫使""理性"要有不同于"理论"的方式去把握它,以免"理性""面对"它而"惘然无序","理性"的功能就是要使"无序"的"混沌"成为"有序"的"王国",而"理性"面对这个"大千世界"除了"自上而下"-"由普遍到特殊"地"建构"起一个"知识王国",而且也要"自下而上"-"由特殊到普遍"地"组织"成一个

"目的王国"。

由于这个"目的王国"是由"特殊"到"普遍",所以也还是"不出""自然"之外,"目的"是"自然"的"目的",而不是"神"或者"人""加诸-赋予""自然"的。"目的"仍在"自然""之内"。如何"组织"这个"在""自然"之内的"目的王国",这是康德为自己的"批判哲学"增加的一项困难的工作。

康德这项工作的难度在于要阐明:"自然"不仅在"理论"上是"有序"的,而且在"实际"上也是"有序"的。这就是说,"自然"不仅在"普遍概念"系统(理论知识)中是"合规律"的,而且在"特殊现实"(具体经验知识)中也是"合规律"的。"自然世界"如此众多的"个别事物"既非"混沌一片",也无需莱布尼兹的"预定和谐","大千世界"千般事物相互之间由一个"合目的性"的"关系""协调"着,使得这个世界,虽然千奇百怪,似乎可使"科学理论知识"却步,但仍然是"相互为用"、"相互适应"的一个"有机""整体"。"理性"虽然不能像以"理论知识"的形式"建构"一个"科学"的"概念体系",但仍然可以从"合目的性"这种关系上来"理解"这个世界,把那些在"理论"上看起来只是"偶然"出现的"适应关系","判断-评判"为一种在"目的"上的"必然性"。鸟的胸腔空洞,是"为了"飞行。这种"目的"的"必然性",在"思辨理性"范围里,则是"偶然"的,"自然"本没有这种"目的",但这个"目的"也不是"随意-有意""加"给"自然"的,不需要一种"有意识"的"目的者(神或人)",因为"自然"作为"自然",本是"无意识"的。

"无意识"的"自然"要具有"有意识"的特点,这种"相同"只能是"相似",是一种"类比"。或许我们可以说,"自然合目的性"虽然是"自然"的,但并不是"自然"的"存在方式",而更多的是"自然""提示"的一种"被理解方式",是"理性""理解""特殊-个别"事物所"必须"的一种"判断-评判"方式。康德的"批判哲学"要为这种"评判-判断"方式"论证"其"合理性","厘定""界限",于是有《判断力批判》的"目的论判断力批判"部分。这个"批判"的工作在于将"判断力""限制"在"反思性"的性质内而与"规定性判断"不同。

康德说,"自然合目的性"的"判断"是一种"反思性""判断",是对"自然"作为"对象"有所"理解-解释",而不是对它有所"认识"。"反思性判断"的基础在于主体的包括"直观能力"在内的"诸认识能力"得到"协调-贯通",而"规定性判断"则将"个别直观""对象""归摄"于"概念"之下作出"规定性"之"断定"。

"反思性判断"是从"个别"到"一般",而"规定性判断"则从"一般"到"个别"。后者使"个别"得到"规定",而前者则使"个别"得到"理解-解释"。后者的问题是"是什么",前者的问题则是"何以是(什么)",即"为什么是(什么)"。中文"反思"有"反问"、"再思"的意思,外文也有一个"re -"再"- reflection"。

"反思性"是"解释性"的,"规定性"是"认知性"的。也许我们用后来的名字更好一些:"反思性"犹如"hermeneutics","认知性"为"可知性-knowable"。"反思性-解释性判断"指的是一种"意义",而"规定性-认知性判断"则"断定"事物的"客观-自然"的"性质-属性"。

"意义"是一种"理念"而不是单纯的"经验"的"概念"。"自然界"是一个"合目的"的"有机体"乃是一种"理念","自然界"万事万物的"普遍联系"都"相互为用","互为""目的"与"手段","连成"一个"整体"。

"整体"为"目的",万事万物皆"在""整体"中"占有""位置",是"整体"的一"部分",但"整体""规范-范导"着"部分"。"有机整体"不仅仅是"部分"之"总和","整体""大于""部分之总和","自然界"万事万物都"为了"-"趋向"这个"整体","整体"是一个"理念",不可为"诸经验概念之总和"所"穷尽"。"整体"-"目的""蕴含-潜在"着"无限"与"自由","蕴含-潜在"着"过渡"到"实践理性"的可能性。"判断力"在"反思"层面成为"理论理性"与"实践理性"的"桥梁"。

三、因果性:机械因-目的因-自由因

康德《纯粹理性批判》强调"原因性"作为一个"知性"的"范畴"来理解,是一个"纯粹的先天概念",而不是"经验概念",不是从"经验"中"概

括"出来的"习惯"。这样,"因果性""范畴"就不是一种"事物"之间的"实践-实际-现实"的"关系",而是一个"理论"的"关系",因为它是一种可以运用到"经验事物"上去的"纯粹概念",因而具有"普遍的必然性-必然的普遍性"。因为"原因"与"结果"既作为"概念",它们之间就有一种"可以推论"的"必然关系"。

"原因-结果"既然是"知性范畴",也就意味着它们是"被允许"运用到"经验"的"对象"上去的。对于这些"对象","原因性""范畴"对于它们,都是"被允许"起到"规定"作用的,我们"有权利""判断""某甲"为"某乙"的"原因","某乙"为"某甲"的"结果",只要"某甲"和"某乙"都是"在""时间"中的。"时间"是"感性直观"的"先天条件",这个"条件"使"感性事物""在""前-后"的"秩序"中,而"原因-结果"的"范畴"就有可能对这一"前-后""秩序"作出"进一步"的"概念"式的"规定",将"前-后"的"直观表象"的"事物-对象","规定"在"原因-结果"的"概念"之下。

在"知性-知识"范围内,作为"事物""进展"的"前-后"关系"长河","事物"的这种"因果关系"是不受限制的,"后浪推前浪",永无止息。因为"时间"作为"前-后""系列"也是不受限制的,因而一事物的"原因"就会是另一事物的"结果","结果"也会是另一事物的"原因","原因-结果"是一个"无头无尾"的"系列"。只是在这个"系列"中,"原因-结果"的"前-后""次序"是不可颠倒的,"原因"总是在"结果"的"前面","结果"总是在"原因"的"后面"。

然而,在"实践理性"的"道德"领域,"原因-结果"的"范畴"不是运用到"自然"的"对象"上,而是运用到"自由"的"对象"上,这个"原因-结果"的"关系"似乎就被"颠倒"过来,而在"实践理性"中,"原因-结果"的"系列"竟然是"有头有尾"的。之所以出现这种情况,关键可能在于作为"实践理性"的"自由"即使在"理论理性"中也是作为"理念-基础""范导-规范-引导(而不规定)"着"理论"的"必然性"的。

"自由"在"理论理性-知性"中不"在""因果系列"之内,因为它不在"时间"序列(形式)之内,"自由"不可能成为世间万事万物之可以"直观"

的"原因",因而也不是"时间"中万物可以做"因果""推理"的"理论上""先天根据";但是在"实践理性"中,亦即在"理性"的"实践"运用中,"自由"却是"道德"的"道理"上(根据法则-de jure)的"先天根据"。在这个意义上,"道德-实践"领域,有一种不同于"知识"上的"原因性""范畴",即"自由因"。"自由因"因其无其他"原因"来"决定-规定",也是"第一因"。

"事物"在"知识"领域并无"第一因",凡事都在"因果序列"的环节中,一个事物既是"原因",也是"结果",只有在"实践-道德"领域才"有-存在""第一因",这个"因"不再受制于其他的"因"而成为"第一"。"第一"就是"自由",就是"道德"的"根据"。

在这里,我们也许可以看到一种有趣的现象:我们甚至可以说,在"知识"领域,万物既是"因"又是"果",既可以把"现实事物"看成原因,"等待"着"结果",也可以看成"结果""回溯"其"原因",而就"现实"的"给定性-既定性-given"来说,则是一个"结果-果"的"系统"。相反,在"实践-道德"领域,因以"自由"为根据,"自由-道德"无需"结果"而自成"体系","成败利钝"在所不计。因而在某种意义上,这个领域,竟然是一个单纯的"原因-因"的领域。

于是,在某种意义上,我们似乎可以说,"经验的世界"是一个"果的世界",而"超越的世界"则是一个"因的世界"。当然,"因""果"是一对相应的概念,有"果"必有"因",有"因"也必有"果",但以"实践"和"理论"作"因"和"果"两种侧重不同的关系来研究,不仅可以强调两个领域原则的"不同",而且能兼顾到它们之间的"联系":"实践"作为"理论"的"(第一)因"而具有"优先"的特点。不是"理论""规定""实践",而是"实践""规范-引导""理论"。在这个意义上看,"超越性"的"道德"是"经验性""科学"的"(第一)因"。

"自由"不可能在"知识"领域作为"原因""规定""结果",道德的"善"不可能作为"理论"的"原因""规定-决定"其"结果",道德上"善"并不能"推论"出"必然"的"幸福"。"原因""好"不一定"结果""好";但"实践道德"的"原因",必定要"通过-下降"到"经验世界"来,才会有

"实际"的"结果"。"自由因"作为"第一因"的"第一",一方面是指这个"因"并无另一个"因"来"决定"它,所以它是"第一",同时也是指这个"因"就其对于"经验""结果"系列来说,是一个"创始性"的,并无其他"结果"来作为它的"因"。对于"经验世界"言,"超越世界"永远为"因"。

这就是说,"自由"永远是"因",而不是其他事物的"果"。"自由"必须也只有通过下降到"感觉经验",才有获得"果"的可能性。理解这个"可能性"的关键环节在"目的"。"自由"的"意志"通过"目的"使"经验性""行为"具有了"目的"性的"结果",无论"成(合目的)败(不合目的)"皆有"目的"的意义蕴含在"结果"中,而不能用单纯的"机械性"的关系得到"充分"的理解。

然而,"经验"的"目的"也是"目的",是一种"感性"支配的"欲求"。在这个意义上,受七情六欲支配的"目的",实际上只是为达到"另一个目的"的"手段",感性欲求系列实际上是一个"手段"系列,万物皆备于我,为我所用。在"合目的性"的关系上的"理论理性-知性"表面上很"客观",但实际上却是后来所谓的"工具理性","知识"为一种"利害关系""服务"。

唯有"实践道德"领域,"目的"才有自己的独立意义,是一种"自由"的"目的"。"自由目的"不是"经验目的"而是"超越性""目的",这个"目的"是一个"理念"。"超越性"的"自由目的"不可能在"经验世界"有"必然"的"结果",在这个意义上,"自由因-第一因"与其"结果",不可能有"必然"的"推理"关系,因为这种"必然推理"的关系只服从"感性世界"的"因果律"。于是,"自由目的"的"理念"对于"感性世界"来说,并没有"规定性"作用,即这个"概念-理性"并不能"规定"其"结果"的"必然性","种瓜得瓜,种豆得豆",但是"好心"未必有"好报"。不过,"德性"虽不"保证""幸福",但当"世间"发现"德性"与"幸福""一致"的"实事"后,即使就"理论"来说只是一种"偶然性",但对于"道德-实践理性"来说却是一个"例证","引导-规范-范导"着人们按照"道德"的"理念""做事",而不仅仅"计较得失"的"利害关系"。

"实践理性"对于"理论理性"的"优先地位"也表现在"道德范例"的"引导-指导"力量,尽管这种力量不足以"保证"在现实感性世界的"普遍必然性"。

"自由-道德-实践"对于"经验世界"的作用是"引导性-范导性"的,即"道德实践理性"的"判断"不能"代替-涵盖""理论理性"的"判断",但反过来,"理论理性"的"判断"也不能"代替""实践理性"的"判断",即不能以"成败"论"英雄"。这就是说,这两个"领域"的"判断"在各自的"领域"都具有"规定性",但不能"相互规定",而只能"相互引导"。在某种意义上,"理论理性"对"实践理性"的"范导-引导"作用,表现在"自然目的论"上,我们也可以说,"实践理性"和"理论理性"的"相互引导-范导"的作用,或许也表现在"自然目的论"上。

"自然目的论"并不意味着将"目的论""还原"为"机械论","目的因"不是"机械因果"关系,也不是把"自然"当作一个"有意识"的"目的"系列,从而"赋予""自然"以"道德"的意义。"自然"仍然是按照"必然的因果律""自己""产生""自己",只是这个"因果律"只涉及"自然"的"普遍性",而不能穷尽其"特殊性",只涉及"自然"的"概念",未穷尽"自然"的"个体";而当"个体"不仅仅"归属"在一个相应的"概念"之下,并且还是这个"概念"的"体现-例证"时,这个"个体"就可以被"看作-评判"为是"合目的"的。在这个意义上,"自然"的"产品"并不需要设定一个"生产者-创造者-人或者神""自己-自然"就可以是"合目的"的。

于是,传统上"有效因(nexus effectivus)"和"目的因(nexus finalis)"就有了一个连接点,在"自然合目的性"中,"有效因"蕴含着"目的因","自然合目的性"成为一个"判断"的"先天性""原则","目的判断"如同"审美判断"一样,"有权""要求""普遍"的"认同"。当然,在这个意义上的"判断",不是一个"规定性判断",而是一个"反思性判断",因为前者是将一个"个体""置于""概念"之下,而后者相反将一个"概念""从属"于"个体"之中(之下),是从这个"个体"出发而作为一个"概念"的"例证"来"判断"。前者思考的是将"个体直观"归于"概念"之间的"关系",后者则在"概念-目的""引导-范导"下来理解-"反思""个体"之间的关系。

"目的"固然是一个"概念",是一个"整体",但这个"整体"又是一个"个体","目的"是"整体性"的"个体",也是"个体性"的"整体"。"整体"为"完整-完成"。因此,"目的因（nexus finalis）"为"终结因","终结"即"完成-完整","完满-完整"体现了"目的概念"的"个体",是一个"理念"的"例证-典范"。通过这个在"经验的自然世界""偶然"出现的"例证","指引-引导"着我们对于这个"自然界"不同于"机械因果关系"的"理解-评判",这个"例证"是为"理念"的"范例",由"范例""引导"着具有理性的人们的"理解",是为"范导"——中文这个词可能比西文的 regulativ（e）在某方面可能更加适切些。

"自然合目的性"由于并不需要设定一个外在于"自然"的"有理性者（无论是有限的理性者-人还是无限的理性者-神）",因而是"自然"的"内在"的"合目的性",是"自然""产品"自身的"合目的性",但是这种"合目的性"在"自然"本身又找不出"客观"的"根据"。因为"目的"并不是"自然"的"客观属性",不是"自然"可以向"知性"提供的"知识对象",其根据只在于"判断力"这个逻辑的环节中。于是,"自然合目的性"虽然无需设定"产生-生产"的"理性产生者",却仍需要设定一个"评判者-判断者",这个"有理性者"根据"判断力"的职能,并不是"规定""自然"在"客观"上有"合目的"的"属性",而是在"主观"上"协调"各种认知能力,把"自然"作为一个"有机整体"来"理解"。

在这个意义上,"自然目的"就不像"人"的"经验目的"那样有一个"客观"对应的关系。因而"自然""有机""产品"的"合目的性"之"目的",就不仅是一个"经验概念",也因其不能"规定""经验材料"而并非"知性概念-先天范畴",从而具有了"理念"的意义。

然而,"自然目的"作为"理念"又是被"评判-判断"为"在""自然"中的一种"关系",一个"整体"的、"有机"的"具体（实际）关系",而不是"机械"的"抽象（概念）关系"。在这个意义上,"自然合目的性"的"理念"是一个"具体",而不是"共体",它的"普遍性"就在"特殊性"之中,"共性"就在"个性"之中。

大千世界,万般风情并非杂乱无章,那个千变万化的"感性世界"首先要被"看成-判断为"是一个"有序-有机"的世界,"相互适应-互为因果"。作为一个"合适的"、"和谐的"、"相互适应"的世界,才是一个"有序"的"王国"。在这个意义上,"自然界""首先"需要作为一个"相互适应"的"合目的"的世界,才可以为"自然王国",在这个"前提"下,人类"理性-知性"才有"基础"进一步探求并把握"自然"的"知识"。于是我们可以说,"自然合目的性"原则的"理念"作为"自然知识"的"基底""引导"着"科学"的"永远"的"探索精神",而不至于在姿态万殊的"自然"的"个体"世界面前却步。

这样,从某种角度来说,"自然合目的论"似乎是一种"先于""知识"的原则。在它的"指导-引领-范导"下,"科学知识"开辟着自己的道路,"建构"着自己的"王国"。

"自然的王国"作"有机体"来看,是一个"目的"与"手段""交相作用"的"王国",既是一个"目的王国",也是一个"手段王国"。众多"个体事物"既作为"目的"又作为"手段"相互结合,相互利用,成为一个"有序"的世界。在这个"观念-理念""指引"下,"理论理性"才有可能将"个体事物""普遍化-概念化"进入"知性范畴"的"必然"体系。"目的-手段"的在"实际"上的"适应性-普遍性"才可能"提升"为"范畴"的"必然性"。在某种意义上,相对于"自然目的王国"来说,"知识王国"似乎是"手段王国"。

"自然合目的性"的"理念",同样不提供"知识"的"概念",因而也不"保证""知识"的"必然性",但却"提供"对这种"必然性"的"信心",使人们"有理由""相信"从"个别具体""事物"中"理性-知性"同样也可以——有理由、有能力——作出"反思性""判断"。对于它们之间的"关系",尽管就"规定性判断"来说,是"偶然"的,但即使是"偶然性",同样也是"有序"的,是"可以理解"的,从而也是"有原因"的。个别-特殊事物之间,通过相互的"目的-手段"的"有机性",提供了在"机械性"的"原因性"之外的另一种"原因性"。这种"原因性"和"实践理性"的"自由"的"原因性"有着"内在-家族"的"相似性",但并不需要设定一个与我们不同的"另类(神的)知性",而"反思性判断"在我们人类"理性"内部诸认识能力之间进行协调,就可以将"个别"与"普遍""结合-贯通"起来,使"普遍"就"在""特殊"里面,即"内在于""特殊",从而具有"类似""直观理智-理智直观"的特点。之所以说仅是"类似（类比）"，是因为"自然合目的论"这里所做的"判断"，不是"规定性"的，它的意义犹如"自由"的"理念"在"理论理性"中的作用那样是"引导性-范导性"的，"引领"着"知识""满怀信心"地开辟自己的道路，在"学理"上"坚定""（科）学无止境"的"信念"。

"自然目的论"是"科学（知识）"的"信念"，而不是"宗教（神学）"的"信仰"，因为这个"合目的性""内在于""自然"，而不设定在"自然"之外有一个"另类的知性-神的知性"，"自然"自己"生产"自己，而无需"创世主"。"自然目的论"并不将"自然界""引向""天国-神城"。

康德"自然目的论"固然由于沟通"理论理性"与"实践理性"从而为"宗教信仰"留下"通道"，但就这个"目的论"限于"自然"自身来说，也有"划出""自然"与"神学"界限的意思在内。"自然合目的论"不是"自然神学"，而在康德看来，"神"之"存在性"问题不是通过自然而是通过"道德"才能得到"证明"。

在某种意义上，"合目的性"如果"扩展"到人类"社会"，则会"引导"到一个"普遍"的"幸福"的境界。因为人的"幸福"正是那"合目的性"的"现实状态"，而在康德，"理性"的"实践道德"是和"幸福""无关"的，"德性"与"幸福"之间并无"理论"上的"推论"关系，它们的"一致"并非理论"必然"，而只是"偶然"的。"道德"的"目的"不是"自然的目的"，而是"自由的目的"，"自然目的"是"现实的目的"，而"自由目的"则是单纯"理想的目的"。"自然目的论"是"知性"的"理解"方式，而"道德目的论"则是"理性"的一种"追求-欲求"方式。"理解方式"的"现实性"无可怀疑，但"追求方式"的"现实性"亦即"至善"作为"终极目的"的"现实性"，则须得"论证-演绎"。因此，在《实践理性批判》中，"灵魂不朽"和"神之存在"就成为"自由"作为"自由目的"在"至善"的"现实性"的"论证"之"根据"；而"自然目的论"并不"需要"这些"根据"来"论证-演绎"其"现实性"。

经过康德"自然合目的论"的"批判"将"（自然）目的论""拉回"到"自然"自身，"从天上拉回（回归）到人间"。

"人"作为"感性的存在者"属于"自然",就"自然合目的性"来看,也可以说"人"是一个"目的王国"的"成员",是一个"追求幸福者"。"人"的"社会"同样也是一个"有机体",各种"感性欲求"可以被"判断-反思"为具有"合目的性"。这样,"人""组成"的"社会"和"自然"一样是一个"自然合目的"的"有机体","利益"的"冲突"得到"自然目的与手段"的"协调"而成为"有序",每一个成员的"幸福"得到"规定-限制",从而各得其所,犹如"大自然"的种种事物由"相互为目的与手段"的调节各安其位。

然而,"人"还是"有理性者",不仅仅是一个"自然王国"的"成员",而且是"道德王国"的"成员",不仅仅是"幸福追求者",而且更是一个"自由追求者"。"人"本质上是一个"自由者",以"至善"为自己的"终极-最终目的"。

"人"这样一种"自然"与"道德"的"双重"特点,使它肩负着"协调"这两个"相异-不同"世界的重任。"人"在"道德"领域作为"自由者"只是一个"目的",而"拒绝"作为一个"手段"存在。一个人作为"自由者"永不可以成为"另一个自由者"的"手段",在"目的论"意义上说,"道德-自由"的"王国"是一个单纯的"目的王国","自由的目的"无需外在的"手段"就具有"现实性","应该"做的,"一定""能够-可能"做到。在这个意义上,"实践理性"自身就有"优越性"。

然而,"至善"作为"德性"与"幸福"的"结合"之"必然性","自由"又通过"自然的合目的性"这条"原理""进入-下降"到"感觉经验世界"中来,"人"在"自然"里"安身立命":如实地把"人"既作为"道德王国"的成员,又作为"自然王国"的成员,"人""生活"在"目的王国"中。

"人""在"自然王国"中""安家"。"人"以"四海为家"。"自然"是"人"的"居留地- domicilium"。

2011 年 2 月 18 日于北京

康德的"批判哲学"与"形而上学"

康德"批判哲学"和"形而上学"的关系长期没有得到学术上的梳理，因为康德"批判哲学"显然是针对或者是"批判""形而上学"的，于是人们普遍认为，康德在欧洲哲学史上的作用主要是将"传统形而上学"的"本体论-存在论""转向"了"知识论"，遂有"知识论转向"之说。这个流传多年的说法，就哲学史的发展说，当有一定的根据。

不过从康德著作本身的思想来看，这个说法至少是可以怀疑的。

康德1781年出版《纯粹理性批判》第一版，通常认为标志着他的"批判哲学"体系的开始，1787年《纯粹理性批判》出了第二版，对第一版作了一些修改，但基本思想没有变化，而在第一版到第二版期间，康德出版了三篇值得注意的大文章：1783年的《未来形而上学导论》，1785年的《道德形而上学的奠基》，1786年的《自然科学的形而上学初始根据》。也就是说，此后仅隔一年，《纯粹理性批判》第二版就问世，期间康德哲学思想，当是很连贯的，没有大起大落的可能。

在1787年《纯粹理性批判》第二版出版的第二年，《实践理性批判》出版（1788年），两年后（1790年），《判断力批判》出版。

康德生于1724年，出版《纯粹理性批判》（第一版）时47岁，此前已经在学术上做了不少工作，出版了一些重要的著作，这部第一批判的出版，我们或许有理由推测，康德全部基本哲学思想已经系统化。也就是说，不妨可以认为，全部体系已经成熟；如果这仅是一个猜测，那么证之以在此后十年内，康德推出的"批判哲学"主要著作,我们也许就有把握说,这个猜测,已经有了事实的印证了。在这一系列的著作中,读者可以发现,康德的学说,思路线索前后照应之慎密,经得住反复对照阅读,或许甚至可以将这个时期的著作当作完整的一本书来读,而修改虽然必要,但毕竟是细节的,在大关节目上,可以经得住严格的推敲。

引起人们注意的是:在《纯粹理性批判》第一版和第二版之间这几年,康德所做的工作,竟然完全集中在"形而上学"这个问题上。

我们可以说,《未来形而上学导论》是为了回答对于《纯粹理性批判》(第一版)出版后引起的一些批评和误解所做的辩护,因而它也可以看作是《纯粹理性批判》的纲要性的"导读",但正如该文题目所示,着重的落脚点是在"形而上学"。果然相继就有《道德形而上学的奠基》和《自然科学的形而上学初始根据》问世。

就这个出版顺序来看,康德《纯粹理性批判》或许是要为"形而上学""开辟"一条不同于传统的"道路"来?过去人们常说,康德的"批判哲学"是要在"知识论"方面"改造""(传统)逻辑",使之不限于思维的"形式",或者在另一方面,是要批判传统形而上学,揭示它的虚妄和僭越,现在我们或许还可以说,他的"批判哲学"在"哲学"方面是要"改造""(传统)形而上学",使之成为"科学"。经过"批判"工作后的"形而上学",是"科学的形而上学"。康德在《未来形而上学导论》中将先验哲学问题归纳为四个:1. 纯粹数学如何可能? 2. 纯粹自然科学如何可能? 3. 一般形而上学如何可能? 4. 科学的形而上学如何可能?

实际上,在仔细考察《纯粹理性批判》之后,我们可以说,后面这两个问题,尤其是最后一个问题,在这个第一批判中,康德已经有了相当明确的答案。

果然,在后世的哲学家中,海德格尔在1927年完成他的《存在与时间》之后,于1929年集辑他的讲稿以《康德与形而上学问题》为书名公开出版。在这本书里,海德格尔正是集中在对于《纯粹理性批判》的研究中,提出康德哲学为形而上学"奠定了基础",而海德格尔这个意思似乎常常得不到重视。海德格尔以他独特的存在论-本体论眼光研究了康德《纯粹理性批判》,在借康德来阐述、发挥自己的思路，另有一层意义在，但就康德自己的"批判哲学"整体来说，尚需从这个哲学的内部加以解析。所以海德格尔说康德关于"先天综合判断"之可能性问题就是为"形而上学""奠定基础"似乎不很容易周全，因为这个问题恰恰是康德"知识论"的关键，"先天综合判断"的可能性引向了"科学知识"的可能性，只有把"形而上学"也理解成一种特殊的"科学知识"，才有理由说这个判断的可能性是"形而上学"可能性的根据-基础；但是，被"批判"过、被"改造"了的"形而上学"，的确成了一门很特殊的、不同于一般"经验科学"的"科学"，而一般仅仅理解成为替"科学知识""扫清障碍-开辟道路"的《纯粹理性批判》怎样又替"科学形而上学""奠定"了"基础"。因而弄清康德"批判哲学"与"形而上学"的关系，就会成为研究康德哲学一个关键性问题。

这里，我们从康德著作自身提供的"思路历程"来试图阐释这个问题。

一、何谓"批判"？

什么是康德意义上的"批判"？康德所谓"批判"是指对"理性"的"批判"，要对"理性"各种不同"功能-职能"加以"界定"。

对于"理性"的"功能-职能"也要加以"审批-界定"，意味着"理性"的"功能-职能"的"明确化"，意味着"理性"的"成熟"。既然"理性"只有依靠"自己"来"审核-批判"自己的"功能-职能"，因而"批判""理性"，也就是"理性"的"自我""批判"。"理性""成熟"到了"有能力"也"有勇气"作出对于"自身"的"权能"作出"界定"，同样也是"理性"的"自觉-自信"，是"理性"自身觉悟的发展。"理性"本"不怕""挑战"，相反，"理性"自觉地进行"自我""批判"。

某种意义上，唯有"理性"能够进行"自我批判"，其他的东西，只能"一个东西""批判""另一个东西"。也唯有"理性"，只能由"理性""自己""批判""自己"。

"理性"的"批判"的工作，也是"理性"的"历史"的工作。康德的"批判哲学"，包容了"哲学"的"历史"，在这个意义上，康德的工作，既是

"理论性"的,也是"历史性"的。"批判哲学"是欧洲哲学发展的历史产物。

某种意义上,欧洲哲学史是一部"理性"发展的历史,是"理性"走向更高程度上的"觉醒-自觉"的历史,也就是"理性""成熟"的历史。康德的"批判哲学",是欧洲哲学"理性""成熟"阶段的标志。

欧洲哲学理性从古代希腊的初创阶段,进入中世纪宗教-神学的"独断"时期,而"独断""崇尚""权威","理性"走向自己的"反面",倡导"盲从",为克服"盲从",冲破"独断权威","感性"成为一种"革命"的力量。欧洲所谓"文艺复兴","人"的"感性存在"争得了自身应有的地位。"理智"的"神性"走下了"至高"的"神坛","感觉"的"人性"占领了这个"制高点","理性-理智"成为"感性存在者-人"的"工具",为"人""存在"得"更好""服务"。欧洲中古的"权威""贬抑-压制-降低"了"理性"。

欧洲社会的这种思潮,从意大利文艺复兴到英国的感觉经验主义哲学,皆无例外,甚至那最为极端的贝克莱主教也在其内,因为他那条"存在即是被感知"无非也是要把"神学"与"感觉论""调和"起来,"神"既然"存在",当然也是"可感知-可以被感知"的,你-我未曾"感知",不能"证明""他人"也"未感知"。必定"有"一个"感知"了"神"的"证人""在"。

贝克莱不愧为"大主教",他"顺应"这样一个"感觉主义"的潮流,使得"感觉主义"这个"理路-理性"为"可以-允许"为"神学""服务"。

然则,"感觉主义"的"泛滥",逐渐地暴露出自己的问题,会将一个"有序"的"社会""砸烂"成一个"无政府"的"混乱-混沌"的世界,而在这个前提下要"恢复秩序",似乎唯有依靠"强力-暴力"。在哲学上,古代希腊苏格拉底-柏拉图揭示的后期"智者"们的"伎俩",以声势夺人,而非"以理服人"。"感觉主义"的发展必有"独断"的"权威"出现,而且似乎会出现更为厉害的"暴君",非此则不可收拾那"肉欲横流"的局面了。

这种情形,在霍布斯等人的政治哲学中有理论上的反映。

于是,建立一个"有序"的社会,则又非"理性"莫属,唯有"理性"作为"秩序王国"的"君主-主脑",才"有能力-有权力"使"人"作为"感性存在者""各就其位-各安其位"。

经过"感觉主义"洗礼的"理性",可以不再是"乾纲独断"的"权威-暴君"，而是一位"开明君主"，中文"开明"一方面是"开通-开放"和"贤明"的意思，另一方面则是"开启""明智"的意思，而欧洲的文字大概就是"启蒙"的意思。

于是，跟随"感觉主义"的是一种"启蒙主义"，是"理性"的"启蒙（enlightment）"。"开启""心智"，使被"感觉""蒙蔽-蒙垢"的"理性""显现"出来，"启蒙"亦即"解蔽-揭蔽"，按海德格尔，即是"真理"。

二、何谓"理性"？

"理性"追求"真理"，而"真理"是"普遍"的，"理性"讲"普遍性"。"理性""讲理"，"有理走遍天下"，"理""放之四海皆准"；"感觉-感性-经验"似乎就没有"理由"这样说，"感觉"因人而异，虽然也有相当的普遍性，但只是"事实"上的"普遍性"，没有"道理"上的"普遍性"，甚至会因感官的构造的特殊性而异。于是有聋子的耳朵、瞎子的眼睛，还有"色盲"只对于"颜色"，至于"经验-经历"，则"大观园"的"林妹妹"和"焦大"自是不同。

在狭窄的意义上，"感觉"是"私人"的（private），而"理性"则是"公共"的（public）。

欧洲"理性"思想的发源地古代希腊，是一个"民主"的"城邦"社会，而它的经济生活因为物产相对贫瘠，活跃的契机在于"市场- agora"。古代的"市场"是一个"公共"的场所，在这个场所，人与人之间进行着"以经济为基础"的"公开""交往"。一些法国历史学家如韦尔南（Jean-Pierre Vernant）认为这种"市场化"的生活方式跟古代希腊哲学的诞生和发展有很大的关系，的确是很有见地的。

"市场"是"交换"的场所，"交换"为什么成为"需要-必要"？又何以成为"可能"？人们之所以"需要""交换"，一则以"匮乏"，一则以"剩余"，相互调剂，于是"交换"成为"必要"，而原始的"物物交换"之所以"可能"，已经设定了"不同的物"之间有"可交换"之处，亦即已经预设了一个"异"中之"同"。这个"同"乃是"交换"之所以"可能"的"根据"。这个

"同"乃是"感觉需要"、"事物自然特性"和"市场价值-交换价值"之外或之上的一个"哲学-思想-哲理"性的"根据"。

"哲学"道理上的"同",乃是"大同",在这个"大同"面前,万物-万人的"异",只是"小异"。只要"进入"这个"市场","万物"皆有"共同性","人人"皆有"平等性"。

当然,现实(事实)上的"市场",充斥了尔虞我诈,"市场"并非中国"君子"的世界,而是一个"战场","兵不厌诈","无商不奸",但现实这一切,并不"取消"这个"公共"世界的"合理性",而这个世界的"合理性"恰恰"保证"了这个"世界"的"现实性"。"公共性"是这个"(现实)市场"的"真理"。

于是有柏拉图"理念论"哲学的问世。

柏拉图"理念论"有种种毛病,不断受到批评,但是他的基本立论似乎不容易颠覆:不是"理念"模仿"现实",而是"现实"模仿"理念"。"现实"是"理念"的"影像"。

"常识"告诉我们,"理念"是从"现实"中"概括"出来的;但是"常识"又提示我们:"现实"又可以是按照一个"理念""构造"出来的。

"市场"固然是人们的"感性需要",但也还要由"共同"的"规则-原则""结构"起来,没有这个"共同性","市场"这个"现实"则"不可能""存在"。如果"市场"是一局"博弈(game)",而如果没有"规则(rules)",也就没有这个"局(面)";而任何"规则"都是"共同"的,"公共"的,凡参与者人人都"必须"遵守。

就"博弈"来说,"思维"或许是"人"的最"普遍"的、也是最"基础"的"博弈"。

"人"通过"感官""接受""事物"的"印象",形成"表象","思维"则以"概念"的"表象",对"接受"来的"事物""表象"按照"概念"的"规则"进行"思考",形成"知识"。在这个意义上,"思维"如作"博弈"观,似可叫做"知识"的"博弈"。

"博弈"有"输-赢","市场"有"成-败","知识"则有"对-错"。

如同"输-赢"、"成-败"那样,"知识"的"对-错"也有多种含义,"塞翁失马焉知非福","得失成败"有个相对性,"知识"的"对-错"也有相对、绝对的区分。相对的"对-错"随"时间、地点"的条件而变化,绝对的"对-错"则是"超时空"的,不变的。这是欧洲哲学在"知识论"上的一个关键问题,涉及到"真理"的"感觉经验"和"理性"关系。唯有"理性""自身"的"认识"才具有那种"超时空"的"绝对性"。这个问题,也是理解康德哲学以及从康德到黑格尔哲学发展的基本问题。

"哲学"之所以"不同于"各门"经验科学"正在于它以研究-思考这种"绝对"的"理性"为主题。

然则,怎样理解这个"理性"的"绝对"性?

"理性"的"绝对性"曾经被理解为"独断"的。

"理性"既然是"普遍"的,则这个"绝对"也具有"普遍性",涵盖世间万事万物,不加"区别"地"放在-置于""理性"的"审判台"前,由"理性""独断"是非对错。"理性"的"权力""无限"。"理性""自身"没有"界限","理性"的(审判)"对象"也不加"限定"。"理性"成为"抽象"的"条条框框(规则)",这些要"用来"经纬"万事万物",则非"独断"不行。

"独断"的"绝对""理性"曾经借着"启蒙"的潮流,大行其道,也曾叱咤风云,乾纲独断,"理性"是"世间"的"最高法官"。

康德说,是休谟打破了"独断论"的迷梦,这层意思还应该深入地体会:"理性"不是"有权""权衡-审核""一切"吗?"理性"的"规则-法律"不是"绝对""普遍"的吗?又何来"独断"?

"理性"之所以会出现"独断"的问题乃在于它作为"绝对"的"理性"原本是"超时空"的,或者是"无(关)时空"的,却"贸然"一下子"进入"到"时空"中来,也就是"理性"原本是"无关""感觉经验"的,却"进入"到"感觉经验(世界)"中来。这样,"理性"就把自己的"绝对性"和"必然性",也当作"感觉经验"的"绝对性"和"必然性",把原本只是"感觉经验"的"普遍性"当作"必然性",把"习惯"当作"绝对",亦即把"时空"中的"经验世界",当作了"理性"的"理念世界"。

休谟以培根、霍布斯、洛克的经验主义哲学背景,以"感觉经验世界"自身的"力量",打破了"理性"这个"独断",为"在时空中"的"经验世界"

争得了自身的"独特"的"权利",使"理性"不得不对自己的"运用-使用"有所"限制"。

"理性"由对"世界"的"审度""转化"为首先对"理性自身"的"审度"。"理性"由"启蒙"早期"初生之犊不怕虎",发展为需要"审度""自身"的"能力"。有了"自知之明",是为"启蒙"的发展,"启蒙"的"成熟"。

在这个"深化启蒙"的发展中,"理性""意识"到,"自己"只能是"超时空"的,即"不在""时空"之内,不"在""经验"之内。

"理性"的"超时空"性,首先意味着它在这个意义上即在哲学的本源意义上并无"经验起源"的问题,也就是说,我们固然可以-允许问:人类的意识如何起源并如何"进化"到"理性思维"的程度,这是经验的人类学合理的"意识起源"问题;但是,这个问题并不在"哲学"的合理的"事业-视野"范围之内,犹如哲学并不具体研究"人"和各"物种"的"起源"那样。按照康德的思路,"哲学"-他的"批判哲学"探讨"经验""何以可能",亦即"经验"的"可能性"的"来源"问题,而这个"来源"不可能"在""经验"之内,必在"经验"之外:"经验"可能的"条件""在""经验"之外,这个"条件"才是"绝对"的,不是"经验"的某一个"环节";而这个"经验"的"绝对"的"可能条件"为"理性"。

于是,在这个意义上,康德是从"经验"的"绝对"的"界限"和"区别"上来理解"理性",他把"理性"和"感觉经验"作了"原则"的因而是"绝对"的划分。这种"分割"使我们理解从康德到黑格尔这样一条理性主义哲学路线的基本切入点,而似乎也是我们理解整个欧洲哲学不可忽略的基本立场。

从"理性"与"经验"的"绝对"界线上说,"经验"是"后天"的,"理性"是"先天"的。这里"先天(a priori)"不是"生物学"上的意思,也不是我国宋代邵雍"发生学"意义上的意思,而是"逻辑学"上的意思,而与它相对的"后天(a posteriori)"似乎倒与"生物-发生"的意思相近,因为它是"经验"的。

"理性"是一个"有序"的"王国",这个"秩序"是"思维"的"规则",而这些"规则"又不是或不可能是从"经验"中"发生-产生"出来的,亦即不是从"经验"中"概括-总结"出来的。

"理性"这样一种"独立"于"经验"之外的性质，使得它很容易被（经验）"架空"而成为一种"形式"的东西，传统的"逻辑"就是研究这样一种"形式"的"规则"，而被称为"形式逻辑"。

然则"理性"又不仅仅是"形式"的，"形式逻辑"不能涵盖"理性"的全部意义。

"理性"从近代的"启蒙"开始已经不限于"形式逻辑"的范围，"理性"的"能动性"早已"冲出"了"形式"的"藩篱"，"进入""内容"的"领域"，甚至"侵入-僭越"到它"无权""进入"的"领域"。

相对于"内容"而言，"理性"的"先天""形式""规则"是一种"法则-法规"，是"为"一些东西"立法"，犹如"博弈""规则"为"棋子-骰子""建立""法规"那样，"理性"在自己的"管区-领地（ditio）"有"先天"的"立法权"。所谓"领地"，意味着在这个"管区"中，"理性""拥有""立法权"。因而，这个"领地"是一个"王国（kingdom）"。

只是"理性"的"领地"并不是不加区别的"混沌一片"，"理性"的不同"职能"拥有不同的"领地"。因此，康德的"批判哲学"，是对于"理性"自身"职能"的"批审"，也是对于"管区""合法"范围的"划分"。

"理性"的"管区"也不是"单纯感觉"的"世界"，而是"理性"所涉及的广大"经验地带"，是"理性""可经验"的世界。康德的三个《批判》，都与这个"可（能的）经验世界"有关，但它们的"关系"又是有"区别"的，"批判"的工作，就是要"划定"它们之间的"界限"和"关系"，所以，"批判"的工作是一项错综复杂的艰巨劳作，"界限"是"严格"的，"关系"又是"复杂"的。诚如海德格尔所言，康德"形而上学"之可能性问题，关键在于"先天综合判断""何以可能"这一核心问题。

三、何谓"感性"？

"理性"自从"摆脱"了那种为"神学"服务的"工具-婢女"地位，"翻身作主人"，拥有了"不受限制"的"自主-独立"的"权力"，世间万事万物都放到了这个"理性"的"审判台"前"接受"它的"裁决"。"理性"是"无限",是"绝对",当年赋予"神"的一切"桂冠"都落到了"理性"的头上。

然而,"理性"毕竟是"理性",而不是"神";"理性"在本性上与"独断"并不相容,尽管它也有导向"独断"的"自然"倾向,于是"理性"需要"审慎-批判"。

"理性"固然以"无限-绝对"为自己的"本性",但是"理性"只要不停留在单纯"形式"上,当它进入"内容-实质"领域时,仍要"受到限制"。"实质"的"内容"给予"理性"的"形式"以具体的"规定性",而不至于流于"空洞"的"形式"。这就是说,"理性"固为"无限",而其"运用到-进入到""内容-实质"世界时,不仅这个世界受到"理性"的"统治-支配",使这个世界"有序"化,同时也使"理性"得到了"限制"。"理性"不是一个"箩筐",把这个世界"装进"来,不是一般意义上的"充实",而是一种胡塞尔意义上的"兑现"。只有"有规定"的具体的"货币",才有"可能""兑现","空头支票"则"无权""兑现"。

这就是说,"理性""运用"的"权力"是"受到限制"、有"规定性"的。"理性"在自己的"权力运用"上有不同的"势力范围"。

"理性"对于"知识-科学知识"的"运用""范围",只能是"感觉世界"。"理性"虽然不是"产自""感觉世界",但当它要为这个世界"行使权力"时,当受到这个世界的"限制","超过"这个"感觉世界"的"范围",是为"理性"的"僭越"。

于是,康德《纯粹理性批判》的问题,也可以理解为:"感性世界"何以"可能-有权"而且"必须-必定""限制-规范""理性"?

也就是说,不仅是"理性"如何可能进入"感性",而且也是"感性"如何进入"理性"的问题;"先天综合"如何可能的问题关键在于"综合"如何又是"先天"的。

这就是说,"感觉"也有其"先天性",这是康德在《纯粹理性批判》中"打通""理性"与"感性"的关键所在;而"感性"亦有一种"形式",康德在 1770 年《论可感世界与理知世界的形式及其原则》这篇"前批判时期"的重要论文中已经提出,那时他把"几何学"称作"感性的知识",而把"形而上学"称作"理性的知识"。

及至《纯粹理性批判》，康德一开始就明确承认，我们的知识都从"（感觉）经验"开始，但紧接着又说"知识"又不仅是来源于"（感觉）经验"。这样，联系到他的"本体"与"现象"的分割，很自然地被归入"二元论"之列，道理是很清楚的；但是做了这样的归类后，还要注意到，他所说的"始于感觉经验"和"源于非感觉经验（先天）"包含了不相对立的两层意思，"开始"说的是"事实上""知识"的"产生"，"来源"说的是"道理上"的"根据"，可以参考 de facto（事实上）和 de jure（权利上）的区别来理解。

从"事实上"来说，我们一切"知识"都要从"接受""感官"的"刺激""开始"，就连"理性"的"活动"也不例外。就是对于事物的"思想"作为一种"事实上"的"思考""活动"来说，同样也要"受到-接受"这样的"刺激"，"思想"的"活动"是"受""内外感觉"的"刺激""激发"出来的，有点像我们古代所说的"兴"，而胡塞尔把这种"思想"的"活动"与"所思"之"内容-什么"原则区别开来的理由。

"事物"对"感官"和"大脑"的"刺激"是一切"知识"的"开始"，这样"一激-一击"，"感觉"和"思想-思维"才都"活动-运作"起来。"生理学"和"心理学"研究这种"刺激"如何"活动"，而"哲学"则研究"感觉"和"思维"在这"一激-一击"的"条件"下，"感觉"和"思维"是"如何""合法（de jure）"地"运作"的，探讨"感觉"和"思维""运行"的"法则"。

如果说，"理性"和"感性"真的分属两个完全不同的"领域"，有着完全不同的"特性"，则它们之间的"沟通"的途径就被彻底堵死，"知识"的可能性就成了一个不能解决的问题。康德的工作目标，还是要是"感性"和"理性"二者得以"沟通"。在这个意义上，康德并不是彻底的"二元论"者。

"感性"与"理性"的关系，就欧洲哲学传统来说，也就是"存在"与"思维"的关系，进而也是"客体"与"主体"的关系这样一个哲学的基本问题。

一个明显的事实是，唯有通过"感官"，"客体"的"存在"才被提供给"主体-思维"，如果不想把"知识性""思维"陷于单纯的"形式"，就必须承认这个道理。

然而,"思维"一旦被"激发",就会"开始""自己"的"活动",因为"思维"的"功能"并不能完全归结为"感觉经验"的"概括","思维"有"自己"不同于"感觉"的"来源"。"思维"就本质言,是"源于"一个与"感性"完全不同的"理性"。

于是,"思维"如果要"运用""感官"所"给予"的有关"事物客体-事物存在"的"材料",使自己不仅仅是一些"形式"的"规则",而且还是一种"有内容"的"知识",这种成果是可能的吗?如果是不可能的,那么我们一切的"科学知识"都是"可疑"的,并不是说"科学知识"会不断发展完善那种未完成性,而是说它在道理上、原则上是"不可靠"的。以休谟为代表的哲学上成熟了的怀疑论并不完全否定"感性"或者"理性"的"可靠性",而是"否定"这两者"结合-综合"的"可靠性"。

康德以何种方式来论证、阐明这种"综合-结合"的"可能性"?也就是他的著名的"先天综合(判断)何以可能"所要解决的问题。

在确定了"理性"的"独立自主"的"先天性"、"纯粹性"之后,解决这个"先天综合可能性"的关键在于如何理解"感性"。

"感觉"原本是"本能"的,是与"客观自然世界"的"直接"的"交流","人"本也是"自然"的一个组成部分,但"人"作为"主体"又"(拥)有"一个"客体世界""存在"。"人""意识到-知道"这个被"感觉"到的"世界""独立-对立"地"存在","人""面对"一个"可感的世界"。

这个"可感的世界""客体"无疑地通过"感官""被感知"而进入"主体",但何以能够允许又被"思考-思维",则就不是"本能-自然"的事,而需要一番"阐述-论证"其何以可能。

在这里,康德提出,"感性""客体-存在"之所以不仅可以"被感觉",而且可以"被思维-被思考"的"根据-理由"乃在于"感性客体存在"的"方式-形式"原来也跟"理性"一样,都"来源-植根"于"先天性"。这种"先天的感性形式"不来源于"感觉经验",而使"人"的"感觉"不仅仅是"自然-本能"的"交往",而成为对于"客体-存在"的"感知"。"人"不依靠"感觉经验"就有能力"知道""有"一个"客体-世界""存在"。

"人"的"感性"不同于"生物"的"感应",不同于"动物"的"本能-自然"的"感觉","人"对"客观世界-存在"之所以不仅有诸事物的"印象",而且有这些"事物""存在"的"直观",乃是因为"人"的"感性"和"理性"的"概念"一样,也有一种"先天的形式"。正是"通过-根据"这种"直观"的"形式","事物"才能以"客观存在"的"方式""提供"给"主体","主体"也才能将"可感的事物"作为"存在的事物""接受"进来。"存在"之所以"能够-可能"被感知,乃在于对"客体-存在"的"感知"的"根据"不在"感觉"本身,而在于一种"直观"的"形式-时间空间"。这种"直观形式"并非"感觉"提供,而是由"先天"的,即并不依靠"感觉",因此,"感性存在"的"根据"在"非感觉",犹如"经验"的"根据"在"非经验"。

在这个意义上,"人(类)"作为不同于"动物"的"有限理智存在者",是通过"自己"的"方式"来"接受""可感事物"的,而这种"方式"不是"习惯"形成的,而是"先天的"。

"事物"的"存在",离不开"时间"和"空间","事物""存在"于"时空"中,"时空"是"感性事物"的"存在方式"。至此,康德的思想并未超出"常识"的范围;但是他却认为,"时间"和"空间"并不是"事物"本身的"客观属性",而是"主体"的一种"直观方式"。这个观点,是康德整个知识论的一个重要环节,也可以说是他的整个哲学思路得以贯彻的基础和核心,也是我们理解康德"批判的""知识论"和"批判的""存在论-形而上学"的关键所在。

康德之所以把"时间"和"空间"规定为"感性的-直观的""先天形式",其理由是说:"时间"和"空间""本身"我们并不可能"感觉"到,只有"在-存在于""时间-空间"中的"事物"才能被我们"感觉"到。这就是说,我们不可能"通过""事物""感觉"到"时间-空间",而是相反,是"通过""时间-空间"这种"方式"我们才能"感觉"到"事物"的"存在"和"存在"的"事物"。

同时,"时间-空间"这种"直观形式"和某些"理性概念"一样具有"纯粹性",即它们无需"经验"的"支持","自身"就是可以理解的。这就是说,"时间-空间"这种"感性形式"就像"因果性-必然性"这样一些"纯粹理性概念"那样,是"先天"的,不是"经验"的。我们无需"感觉经验"的"具体事物",就可以理解"时间-空间",犹如我们无需具体到"水"、"汽"这些事物的变化，就可以理解"因果必然"这些"概念"一样。

按照这个理路，我们就可以说，不必依靠具体的"经验事物"，我们就可以通过"先天直观"来理解"存在"，从而"通向"一种不同于单纯"概念"没有内容的抽象"存在论-形而上学"。这是我们在研究这个题目时，首先要记住的。

就"感性"与"理性"的"关系"来说，康德这个办法就为它们二者清理出一条通道。它们有了可以相通的"根据"：原来无论"感性"还是"理性"，就其"形式"来说，都有共同的根源，不仅"理性"的"形式"是"先天的"，"感性"的"形式"也是"先天"的，它们都可以不依靠"感觉经验"。

在"独立于经验"问题上，"理性"的"先天性"比"感性"的"先天性"好理解些，因为既曰"感性"如何又"独立于""感觉经验"则更需要一番解释。随着这种"阐释-解释"，也会带来重要的结果：由于必须"通过""先天直观形式"这道"关口"，进入"理性"被"思考"的材料，才只能是"现象"，而不能是"事物自身"。因为能够-有权利-有资格为我们"知识"提供"材料"的，不是单纯的"感觉"自身，"事物"只有"通过""感性"的"形式"，即"事物"只有"在""时空"中，才是"可以直观（感觉）"的，而只有"可感-可直观"的"事物"才"可知"，于是"事物自身"并不"在""时空"中，因而"不可感"，也就"不可知"。因此在这个意义上，"感觉自身"一如"事物自身"那样，在康德"批判哲学"看来，是"不可知"的。

"先天直观形式"之提出，本是为了"打通""感性"和"理性"的渠道，但却仍在实际上设置了一道障碍："现象"与"本体"在"原则"上被分割了开来。凡"可感"的事物必"经过""先天直观形式"之"关口"，而"在"这"关口"之外的，则为"不可感"的"事物自身"。

然而，"事物自身"虽然因"不可感"而"不可知"，但它也不是一个"幻觉"，不是"幻想"的产物。

四、"批判哲学"也为"科学形而上学""廓清道路"

康德"批判哲学"，为"理性"的"职能"划分严格界限，《纯粹理性批判》将"科学知识""限制"于"现象界",但这种"限制"并不是给"科学知识"的"发展"在"经验实际"上划定一个"界限",而恰恰是给它指出了一条"无限""发展"的"道路",只是这个"无限"的"发展",一定只能"走在""经验"的大道上,而不可"超越""经验"走到"事物自身-物自身"的"领域"中去,这是康德在《纯粹理性批判》着力甚至不厌其烦地"重复"阐述了的。于是现在的问题就是:"科学的知识"为什么会出现这种"有界无限"或"有限无界"的状况?解决这个问题,需要我们在研究《纯粹理性批判》时,除了注意康德着重论证的"科学-经验知识之可能性"的各种"先天条件"、防止"理性"之"僭越"外,还要注意他并未着重论述但时时出现的问题的另外一面,而这一面其重要性并不亚于他重点说明的方面。同时,这两个方面因其相互之间的复杂深刻的"关联-联系",就尤其不能忽略;只是由于重点的突出,常常"掩盖"的事情的"另一面",致使事情的全貌变得模糊不清,因而这"另一面"的问题,研究的人相对就比较少。

《纯粹理性批判》强调的是一切"科学"的"知识"只"限于""经验"的"现象界",因为"知识"必有"直观",而"直观"必为"感性"的。由"事物"通过"感性直观""给予-授予"我们,因而"知识"的"领地"只限于"感觉世界";而"感觉世界"之所以能够"进入""主体"的"知识王国","接受""知性"的"立法",乃在于"感性直观"也有"先天形式-时间·空间"。这样,作为我们"知识对象"的"感性世界"乃是"感性先天形式"所"给予-授予"我们的那个"样子",亦即向我们"显现"的那个"样子",因而是一个"现象",而不是"事物本身"的"样子"。这样,我们的"知识",只能"限于"这个"现象界",而不是"事物自身"那个"样子-样式"。在这个意义上,康德说,"事物自身""不可知",因其不"提供"给我们以"直观"而不是"科学知识"的"对象"。在划清这个"界限"之后,康德在《纯粹理性批判》里的主要工作就是从各个环节来论证"科学知识"的"结构":如何通过"时空"形式提供的"感觉材料"由"想象力"进入"统觉"与"纯粹知性概念-范畴""结合"起来,使"先天综合判断"成为可能。

然而,康德在《纯粹理性批判》里仍然经常提醒读者,虽然他所阐述的"知识""限于""现象",并不是从此就完全"否定""本质-本体"的意义;恰恰相反，既然我们的"知识"只"限于""现象界"，那就意味着，"必定"有一个"本体界""在"。只是对这个"本体领域"我们在"理论知识-科学知识"上"一无所知"。但不是说"它""毫无意义"。

"本体-事物自身"的"存在"之所以仍有"意义"，乃在于它为"形而上学"留有了"余地"。只是"形而上学"要成为"科学"，而不受"超越幻象"的"欺骗"——这是康德在讨论"纯粹理性二律背反"时充分揭示了的，就必须将"知性"作为自己的可靠"途径"，而"返回"到"经验""领域"里来，使自己（形而上学）成为"知性-经验知识"的"指导"性"原理"，而不去"妄图-僭妄地"把那"本体-事物自身"也当成"感觉经验"的"对象"来"建构"一门"知识"。

"事物自身-本体-本质"因缺乏"感性直观"，不"在""时空"之内，因而只是一个"理性概念"，是一个"理念"。"理念"因缺乏"感性直观"，不与"对象"直接"联系"而必须"借助""知性"才能够与"经验"相关连。这样，康德"批判哲学"的工作，为"知性"设定"限制"而为"理性"的"思考""留有余地"，则这个"余地"在康德意义上就不是一块"领地"。在这个"余地"上，"理性"并无"立法权"，也就是说，"理性"无权在这块"余地"上"建立-建构"起自己的不同于"知识-知性"的"王国"，而只有一种"指导"性的功能。因而"知性（先天）概念-范畴"是"建构性（constitutive）"的，而"理性（先天）概念-理念"是"范导性（regulative）"的。

在这里，康德关于"建构性"和"范导性"之间的区别，显得有特别的重要性。

在康德哲学的意义上，所谓概念的"建构性"作用是指由"概念"的原则可以"建立"一个"直观"的"对象"，最典型的似乎就是按"几何学"的"概念""原则-原理"就可以"作出"一个"直观"的"几何图形"来，譬如按照"圆"的几何原理就可以"画"出一个"圆"的"图形"来。按照"概念"的"原理"可以"建构"起一个"感性直观""对象"来，"概念"的这种功能，就叫做"建构性"的。这种功能，在康德，只有"知性""思辨"的"自然""概念"和"理性""实践"的"自由""概念"才拥有，而在"思辨"、"理论"意义上的"理念"，不拥有这种"建构性"功能和能力，而只具有"范导性"的功能。这就是说,"思辨"的"理性理念"无权"建构-建立"起一个"感性直观"的"对象"来,也就是说,按照"理性概念-理念"的诸"原理-原则","画"不出一个"直观"的"图像"来。"理性概念-理念"不像"知性概念"那样,对于"感性世界-经验世界"具有"建构"作用,"理念-理性概念""超越"了"感觉经验""领域"之外。这时,"知性概念"或"知性范畴"要以自己的"原理原则"为"超越"的"理念""建构"起"感性-客观-直观""对象"来,就是一种不合法的"僭越"的行为。

在康德看来,"知性概念-范畴"和"理性概念-理念"的关系不是前者为后者"建立"一个"对象",而是后者"引导"着前者"趋向""完善","科学""至于至善",而"至善"是一个"理念"。如果说,"知性范畴"作为"科学知识"的形态,而"理性理念"作为"形而上学"的形态,则,不是要"科学知识"做"形而上学"的事,而是"形而上学""协助""科学知识""不断"地做"自己"的"事"。"形而上学"不是"建构性"的学问,而是"范导性"的学问。

康德这个"范导性"观念很值得研究。德文"regulativ"很难译成中文,"范导"着重的也是一个方面的意思:"理念"作为一个"范本","指导"着"知性"的工作,但"理念"因在"经验"之外,对"经验知识"有一种"限制"的作用。这层意思,在"范导"原意中不很突出,理解 regulativ 似乎还要把"范导"两个字拆开来看。"范"固然有"范本-模范"的意思,同时也有"范围-规范"的意思,亦即"限制"的意思,"理念"为"经验""立范",不仅是"立"一"模范"让"经验"去"模仿"——这是柏拉图"理念论"主要的意思,而且是一个"界限","立范"是为"立界"。"令""知性-知识-经验-科学"不得"越雷池一步"。"范导"之"导",也有"引导""科学知识""走在经验的康庄大道上"的意思。当然,"规范"等这样的翻译,也可以作如是讲。

总之,regulativ 说的是"理性"对于"知性"的作用,它不像"知性"对于"感性"的作用那样是一种"建构性"的,即"知性概念"有权利为"经验"的"科学知识""建立"一个"客观"的"对象",但"理性"只有权利跟"知性"有关系。因而是一种"主体""认识诸能力"之间的关系,"理性"只有通过"知性"才能与"经验"有关系,因而"理性的概念-理念"对于"知性"来说,首先是一个"限制","迫使""知性"以"经验领域"作为自己的"领地"。

于是"理性理念"首先是一个"限制"的"概念","理念""限制"知性-经验-科学"知识","知识""限(制)"于向"感官""显现"出来的世界,即"现象界"。

然则,"限制者"必在"限制"之外,既然有"限制",则必有一个"限制"之外的东西"在"。于是康德总是说,"知识"的"限制"恰恰意味着有一个"不受限制"的"领域""在","现象"的"存在",意味着"有一个非现象(本质-本体)"。

康德以"批判(哲学)","限制""科学知识"的"合法""领地",一方面"防止""理性"的"僭越",是一种"消极"、"防范"工作,另一方面也注重发挥"理性理念"的"积极"作用,即对于"知性-知识"的"牵引-引导"作用,以"理念"作为"界限概念"本身的"非限制性",为"科学知识""开辟"了一条"无限制"的道路。

"科学知识"的"发展"并无"尽头"。因为"至善-大全"在"思辨-理论"上只是一个"理念",因而不可能成为"客观"的"现实","科学"须得"不断"地"探索"下去。

"理性理念"对于"思辨-理论"领域中的作用,也就是"形而上学"作为"界限"的"科学-科学的形而上学"对于"经验科学"的作用,亦即一种"非建构性"、"范导性"的作用。"形而上学-哲学"理应"规范"并"引导""科学"在"经验"的道路上"无限制"地"发展"。

五、"科学的形而上学"作为"界限的科学"和"自由的科学"

在《纯粹理性批判》中,康德就人类理性之自然倾向,指出了在"思辨理性-理论理性"的"知识王国-知性领地","理性概念"只是"理念",它的作用要通过"知性"对"知识"作出"规范"和"指导"。我们特别要注意的是在这个"批判"的第二版"先验辩证论附录"这个部分,它涉及到"理念的调节性（范导性）运用"和"人类理性自然辩证论的终极意图"两个重要问题，清楚地表明了康德要防止人们对他"为知识立界"的深层次的"意图"："科学"地理解"形而上学"的作用，亦即"形而上学"的（对）"科学"运用（作用）。

"范导性-调节性"的作用，避免了"理性理念"给"知性范畴""误用"带来的"辩证论""幻象"，指出"理性"要为"理念""建立-建构"一个"客观"的"现实对象"则必陷入不可自拔的"矛盾"，但这只是"理性"的"误用"。"理性"如果把自己的"理念"只当作"范导性"的"概念""运用"到"经验领域"，则必将对"科学知识"起"积极"的作用，而并无"命题"上的"矛盾"（二律背反）产生。

"理性理念"是"科学知识-经验知识"的"界限"。这就是说，"理性"的"概念"（理念）是"知识"要"止步"的地方，"经验知识"无权"进入-干扰-影响""理念"，但"理念"却可以-"应该""影响""知识"，起到"范导"的作用。

"经验之全体"亦即"经验"之"完成（终极目的）"就思辨理性来说只是一个"理念"，不能作为可以向感官开显出来的"现象"观，是一个"本质-本体"，但正因为有了这个在"经验"中不能"完成"而"开显"出来的"本质-本体"，才令"经验"有一个"无限"发展的"前途-未来"。果无"理念"，则人类将"安于""既得"之"现状"，没有"目标"，没有"未来"。在这个意义上，"理念"的"形而上学-哲学""推动-促进"的无限发展，是"科学"不断进步的"根据"。"形而上学-哲学""限制-规范"并"牵引-引导"着"科学"。

就思辨理性-理论理性来说，经过"批判哲学"审查后的"形而上学"是一门"界限"的学问-科学，但"界限（者）"在"（被）界限"之外。在这个意义上，"理念"本身"在""限制-界限"之外，"理性"的"概念"-"理念"为"无限"，为"自由"。于是，以"理念"为"内容"的"形而上学"，则既是"界限的科学"，又是"自由的科学"。这里，康德在做《纯粹理性批判》时心目中当已经有了《实践理性批判》的工作纲要，尽管他后来说，这时尚未要做这个题目。

《实践理性批判》阐述在《纯粹理性批判》作为"理念"对待的"自由"概念,在理性的实践运用中,"自由"成为一个"客观"的"概念",它被赋予了"设立-建构""对象"的权力,这就是"至善"。这个"至善"对于"思辨理性"来说,虽然仍是一个"理念",但起着"范导"的作用,"牵引"这"感性世界"向着"合理化-理性化"方向发展。实践理性的"目的",作为"原因","导向"一个"经验""现实"的"结果","实践理性""影响"着"思辨理性"的"进展",体现着"实践理性"对于"思辨理性"的"优越性"。康德在《实践理性批判》中所说的这种"优越性",亦即《纯粹理性批判》中所谓的"范导性"。

这就是说,"自由"作为"思辨概念"在"知性-认知"活动中,只起一个"范导"的作用。它不能在"经验领域""建构-建立"自己的"客观对象","自由"作为"实践"的"欲求"只有"通过""知性"的作用,才能在"经验世界""产生""结果"。因此,"自由"对于由其产生的"结果"言,当是一个"原因",而又因其为"自由",自身并非"另一原因"的"结果",因而是为"第一因",但是作为"经验领域""因果系列"的一个"环节",则作为"有效应"的"原因",它又允许被"追索"自身的"原因",而那个"第一因"又成为"有意识行为"的"原则",成为一个"行动"的"格言-准则","指导"具体的、经验的"行动"。这样,"第一因"又不是没有"原因"的。在这个前提下,正因为"自由-第一因"在思辨理性看来,只是一个"理念",因而无权将它作为可以"实现"的"目标"。也正为此,思辨理性又须得承认"自由-第一因"作为"理念"永远起着不可或缺的"范导"作用,"引领""科学"在"因果序列"中不断"上下求索"。

于是,"自由"的"概念","限制"着"自然"的"概念","自由""给""自然"以"边界",但这个"边界"又是"开放"的。"自由""给予""自然"的"限制"和"边界",也是"自由"的。

"自由"是一个"纯粹"的"理性概念","实践理性"的"道德""证明"了"自由"的"存在"。它在"实践理性"的"道德领域""先天"地"建构-建立"着自己的"客观对象"——"至善",而这个"至善"在"思辨理性"中则是一个"理念",无权"建构-建立"一个"客观现实"的"对象",因为

"至善"要求一个"大全",而"经验"的"全体"只是一个"概念",而不是"现实",即不是"经验"。

甚至那"经验性"的"概念",如"日月山川、桌椅板凳",都也没有"大全"的时候,感觉经验的世界里也并没有"纯粹"的"山",也没有"纯粹"的"水"。这也许就是从柏拉图到黑格尔、胡塞尔这些称得上"理念论"者的哲学家所强调的要点所在;但康德在这里把这些问题留给了他的"科学"的"形而上学"来处理,而将这些"概念"与"感觉经验"相"综合"的部分,交给了"先验论(transcendentalism)",亦即他的"知性-知识论"来处理。于是,相比起那条纯粹的"理念论"路线,康德哲学对"感觉经验"重视的程度,大大超过他的先辈柏拉图和他的后辈黑格尔和胡塞尔。

由于重视"概念"和"感觉材料"的关系,康德的经过"批判"审定的"形而上学"也要成为"科学"。这就是说,"形而上学"的"视野"并不是全都对准那"超越"的"理念世界","形而上学"的"目光",仍然聚焦于"经验"的"世界"。或者说,"科学"的"形而上学"是在"经验"的"界限"上来"看""经验",亦即在"经验"之外来"看""经验",康德"论证"着这种"超然"的"看法-眼光"的"合法性",因而他的"形而上学"虽为"自由",而又是有"限制"的,不是"海阔天空"或者"天马行空",也不是"神秘"的"内心感悟",而是有"规定"的、是"科学"的。

在这个意义上,康德的"批判哲学"在论证"合理性-必然性"时,常强调其"形式性",在论证"意志自由"时亦不例外;但是康德思想并未"止于""形式",他的"先天综合判断"固然有"形式"与"内容"的"结合",他的"至善",同样也是"自由"的"规定性",而使"自由"具有"现实"之"可能"。

由于这样一个"现实"的目标,康德的"科学形而上学"甚至比他的"知性-知识论"还进了一步。这个"形而上学"作为"规范-引导"着"经验知识"的"基础"和"指南",是"经验科学"的一种"延伸"以"完善-自由"的"先天概念"来研究"自然",而不仅仅"限于""理论思辨"的层面。

康德意义上的"科学形而上学"也要"透过""知性"所建立起来的"现象界"来"看""事物"的那个"知性知识""界限"的"本质"。这样,"形而上学"就成了一门"本质"的"科学",而这个"本质""在""经验"的"界限"上。"本质"并不是"躲"在哪个角落里,而是"在""界限"上,"形而上学"是"临界""科学"。

"临界"的"科学",是"开放"的"科学",是"理念"的"科学","至善"的"科学",也是"自由"的"科学"。

当然,"科学的形而上学"也是"概念"的科学,这原本是"传统形而上学"的意思:"形而上学"是"超越感觉经验"的"概念"的"体系"。康德的"批判"的工作在于通过"二律背反"的"自然倾向""揭示""理性"这种"超越"运用的"虚幻"性,从而指出,要克服这个矛盾,"形而上学"必须"坚守"在"经验"的"边界"上。这时,"理性"的"理念"才有权通过"知性"成为"经验科学"的一个"范导性-引导性"的"科学","形而上学"才能够成为一个没有冲突的"自洽"的"推理体系"。

"形而上学"既然不能为自己"建构-建立"一个"感性客观""对象",只能借助"知性"已经建立起来的"经验对象"产生一种"普遍"的关系。这种关系只是"调节性"的,而不是"规定性"的。它不"建立"一个"经验对象",而只是"引导-规范"诸"自然概念"之间的"协调关系",犹如"自由"的"意志",并不"规定""实际"的"结果"。只有这个"意志"作为"感性欲求"的"目的",并与"知性"的"知识"结合起来,才能为自己"建构-建立"一个"对象-结果";然而"自由"的"目的"——"至善"(在知识是为一个"理念")却"引导-规范"着"现实""结果"的"道德-德性"上的"意义",即"实践理性""规范-指引"着"理论理性"的"意义"。"道德""指引"着"自然","自由""指引"着"自然"。

"形而上学"既然不"建构-建立""经验"的"对象",也就不"增加-扩展"人们的"知识",起作用在于"让-令"人们"明白事理"。"形而上学"的"理",也不仅仅是"(形式)逻辑"的,而且是"有内容"的,因为它通过"知性"与"经验"已经有了的"综合"的关系,"普遍"化成为一种"临界"的"关系"。这样,"形而上学"的"内容"似乎有一种"临界"的、"最大"的"综合",相对于原有"知性综合"而言,似乎-好像有"另一个""知性"在"进行"着这种"普遍"的、"临界"的"综合"。我们也可以说,这种"形而上学"的"知性"做着"科学知识""知性"所无权做的工作，即在"反思"的意义上-而不是在"规定"的意义上，做着"理智的直观"的工作。

这样，"形而上学"是一个"概念（推理）体系"，经过"批判""审定"的"形而上学"同样也是一门"科学"，因为它也是有"内容"的，"综合"的，不仅是"逻辑"的，"形式"的，它通过"知性"与"经验对象"相联系，使"自由"的"理念"得到"概念性"的"普遍"的"规定"，"形而上学"成为"范导性"的"基础""科学"。

就"自然"方面来说，由于"形而上学"这种特殊的性质，即它依靠"知性科学""进入""经验领域"。于是，它对"知性-科学"似乎有一种"依赖性"，这从康德在《纯粹理性批判》后写的论文《自然科学的形而上学初始根据》就可以看出，康德所说的"自然形而上学"深受当时自然科学的影响，随着各门科学的发展，康德的"形而上学"显得越来越不合时宜，而不为人重视。但我们看到，不但他的"批判哲学"并未完全被忽视，他的"科学形而上学"的"倡议"在费希特特别是谢林、黑格尔那里，却发展成了一个影响深远的"科学-哲学-体系"。

遵照着康德"批判哲学"为"理性"职能划清的"先天"、"先验"、"超越"、"经验"——"知性范畴"和"理性理念"等这些严格"界限"，也遵循着康德在这些"界限"之间努力去寻求的各种深入细致的"关系"。从费希特以降，哲学家采取一种"大刀阔斧"的办法，不让"理性理念""局促"于"经验"的"边界"之上，而是由"守卫"的功能，"扩展"成"战斗"的功能。"理性理念"犹如"骑在马上的拿破仑"（黑格尔），高举"理性-自由"大旗，冲破康德设置的层层"障碍（界限）"，驰骋于欧洲大陆。黑格尔的"绝对精神"在费希特"自我"设定"非我"的基础上也踏上"征途"，把康德的"事物自身"的"理念"，经过"矛盾斗争"，在"历史"的发展中"显现"出来。原本为康德"批判哲学"所尽力要"避免"的"理论""命题"的"二律背反-矛盾"，成了"哲学-形而上学"即"理性概念系统"的"科学"的"基石"，在康德为"理性僭越"的"幻象"的"辩证法"，成了黑格尔哲学的"合理内核"（马克思）。

相比之下，黑格尔哲学在"精神"上显得那样的"大气磅礴"，在"学理"

上那样"高屋建瓴",而康德哲学就显得有些"谨小慎微"近乎"迂腐"。也许由于康德特别重视克服"理论""命题"的"系统一贯",把"矛盾"只看成一种"消极"的"幻象",他的"科学的形而上学"也是非常"谨慎"地通过"知性"与"经验世界"发生关系,而作为"经验科学""界限"的"学问"的"形而上学",因其为"理性"的"纯粹概念"而无关乎"感性直观-时空"。在康德心目中,似乎是"永恒不变"的,一如他的"永久和平"论,竟是"纸上谈兵",即"理论"上"推论"出来的。虽然他也"明智"地看到,尽管他已经言之凿凿地"揭示""辩证"的"幻象",人们还是有一种"陷入""幻象"的"自然倾向"。也许正是这种思想,导致他关于"形而上学"的"学说(Doktrin)"并未问世,而只是出版了"导论"、"基础"、"根据"的文章。

当然,按康德自己对于"形而上学"的思路,也并不是在"现实"上要"固守"这个"经验知识"的"边界-限制"的。因为"超越"这个"限制-边界"是"自由","在""时空"之"外"是一个"空"的"空间"和"空"的"时间"。或者说,"空间-时间""本身",并无"现实"的"事物"允许"进入",故只是一个"概念",而无"直观"。这样,"形而上学"作为"科学",并非要"打破""界限-限制"让"知性-经验""进入"那个"空"的"时空",而是相反,"自由-理念"要"进入""经验",来"引导-规范""知性"。这条"进入""经验"的路线,又是和黑格尔一致的。

在做《纯粹理性批判》时康德已经明确地看到,单纯"理论理性-思辨理性"并不能解决"经验""科学"的全部问题,因为它的原理原则是"理论"的,因而是"普遍"的,至于"经验世界"的"特殊性-具体性-个体性",需要"另一个知性"的"另一些原理原则"对于"知性"才"可以理解"而不致归于单纯"偶然"。在这个第一"批判"中,康德显然已经考虑到"目的"和"终极因"的问题。

因此,我们似乎可以有这种看法:康德《纯粹理性批判》里已经蕴含了他的"判断力批判"中的"目的论判断力批判"的主要思路,而这个第三《批判》所增加的(也是康德思想有所"改变"的)只是"审美判断力批判"的部分。

《判断力批判》是康德的"批判"工作的结束,也就是说,经过对于"概念"、"判断"、"推理"的不仅是"形式"而且是"内容"——即"先天综合"原则的"界定","严防""理性""僭越"的工作已经完成,所以康德在这个"批判"的"序言"中最后的许诺,是他要以最快的速度转向"自然的形而上学"和"道德的形而上学"的写作,可惜我们并没有看到这两部"学说性"著作的完成。

然而,在这个最后的"批判"中,我们看到"理性理念"如何在"感觉经验世界"虽非"建构性"的,但却是"范导性"地"规范"着"判断力"对这个"感性经验世界"的"评判-理解","判断"不再是"规定-建立""对象",而是"反思"一个"对象"。因而在"范导-反思"的意义上,"理论思辨"的"世界"就和"自由-道德"的"世界""沟通"了起来,"感性经验世界",成为一个"意义"的"世界"。

可能黑格尔在形成他的"科学的形而上学"体系并非更多关注康德的《判断力批判》,海德格尔在讨论康德的"形而上学"问题时,也并非更多参考这个《批判》,也说明康德在《纯粹理性批判》中已经具有他的全部"批判哲学"的主要思路,但是我们后人在研究康德哲学时,似乎当更加重视《判断力批判》的意义。

一方面,诚如德罗兹所说,康德的《判断力批判》打破了他在《纯粹理性批判》里精心设置的种种"界限"。另一方向,我们也看到,"自由"由"边界""进入""经验世界"的"内陆",如何在"范导-反思"意义上得到"规定",使"自由"得到了"具体"的"内容",同时也使"感觉世界"得到"意义"——人们"有权"对"美"、"崇高"以及"艺术作品"作出"判断"。

《判断力批判》使"形而上学"不仅仅是"概念"的"推论",而且具有"范导-反思"意义上"具体经验"的"现实""内容"。"理性-理念-自由"允许(有权)在"范导-反思"意义上"进入""时空"的"经验世界",这时的问题已不仅是"知识"问题,而且是"评判"问题,是对"经验世界"的"意义"的"判断-评判"问题。

2010 年 5 月 31 日于北京

小文章，大问题
——读康德《论哲学中一种新近升高的口吻》

康德写过一些短文章，都不是散文随笔式的，而是一板一眼的哲学论文，读起来并不轻松，要理解它们，难度甚至超过他的大著作。因为这些短文，虽是针对某一个具体问题，但从他的哲学武库中搬来全套的武器，所以只有理解他的全部批判哲学精神，才能真正弄懂这些文章。当然，反过来说，这些文章也能对理解他的全部哲学精神有所帮助。

我们现在要研读的这篇短文是针对了当时德国哲学思潮中的一个倾向：理性的哲学似乎可以用一种情感或天才的诗意来占领，康德以自己的批判哲学精神很仔细地加以分析批评，批评得很尖锐，也有讽刺挖苦，但理路还是很透彻的。这个问题，对于我们做哲学的，似乎有相当的普遍性，值得我们探讨。

一、"哲学"为什么非要用"概念"？

"哲学"要用"概念"，其理由在于它要探讨"必然"之"理"；而唯有"概念"才有可能形成一个"逻辑"的"推理"体系，亦即"必然"的"推理"体系。

于是，在这一点上，"哲学"和其他一切"科学知识"体系一样，追求的是一种"必然性"。康德的"批判哲学"所做的正是为一切"科学知识"的"必然性"奠定一个合法的基础。也就是说，人们有什么根据说，"科学知识具有必然性"。

康德以三个"批判"的工作为解决这个问题廓清了道路。在这篇短文里，康德强调的是"知性-（科学性）知识理性-思辨理性"只是"推理"的，它之所以能够和"直观"结合起来成为具有内容的"科学知识"，是因为"直观"虽是"感性"的，但也有"不依靠经验"的"先天形式-时空"，所以有"直观"内容的"综合知识"，也能有"先天性"。亦即，不仅"分析判断"有"先天性"，而且"综合判断"也能有"先天性"，所以就知识论说，康德的主要问题是"先天综合判断何以可能"，而"先天性"在康德就是"必然性"。于是，在康德看来，不仅"分析判断"是"必然"的，而且"综合判断"也可以是"必然"的。

当然，"概念"和"直观"也都可以是"后天的"，但它们当中都蕴含着"先天性"，这样才能有"必然性"的"科学知识"。"先天性"的"概念"是康德改造了亚里士多德的"范畴"，而"先天性""直观"是他改造了牛顿的"时空"，而这篇短文则更进一步联系到柏拉图和毕达哥拉斯。因为他们认为"数学"和"几何学"是"理智的直观"，而康德只承认"直观"是"感性"的，而不是"理智"的，只是"感性存在方式-形式"的"时间-空间"具有"先天性"，而"理智-知性"和"感性"具有两种不同性质的"来源"，所以在"科学知识"上是"综合"。

没有"理智直观"而只有"感性直观"是康德"批判哲学"所划定了的"界限"，它们只能"综合"，不能"混同"。

没有"理智直观"意味着，"科学知识"必定要用"概念"而不是仅靠"直观"就能形成一个"必然"的知识体系的。

二、"现象"与"本质"

康德这样一种"区分"——或者如后来所批评的是一种"分割"——带来的后果是很显著的。其中最为引人注目的是把"现象"和"本质"严格分别开来了。因为"知性"、"概念"没有"直观"的能力，而"直观"又没有"概念-判断-推理"的能力，我们用"概念""综合"成的"必然知识体系-科学知识"只能"限于""事物"的"现象",而"事物"的"本质"——"事物自身"——则"不可知",也就是说,我们只能由"感性直观"所提供的"事物"的"现象"形成"科学知识",而不能"直面""事物自身"。因为"知性"没有"直观"的能力而"直观"又没有"概念"的能力,所以我们的"必然性"的"科学知识",这那个停留在事物的"现象界"。

这就是说,只有"理智直观"才能"直面""事物自身",而这篇短文里,康德着重批评了那种天才式的"理智直观"的"哲学",认为这是一种"狂热",只能导致"哲学的死亡"。

欧洲哲学后来的发展,固然是突破了康德所设定的这个"现象"和"本质"、"直观"和"本质"的"界限",沿着"现象学"这条思路发展下去,尽管如此,我们并不可以说康德这里的批评就是毫无意义的无的放矢。

康德这种区分的根据,仍然在于"概念"和"直观"本是来源不同的两件事,"概念"源于"知性"而"直观"源于"感性","知性"没有能力"直观","感性"没有能力(用"概念")"思维",这是康德"批判哲学"花了大力气"厘析"了的。康德在这篇短文中,在肯定了柏拉图的哲学贡献之后,也批评了他的"理智直观"的"理念论"。柏拉图正确地认为"概念"必与"直观"结合才是"有内容"的"知识",所以康德指出他必定要承认一个"先天的""直观"问题,以便把"数学-几何学"归于真正的科学知识,但是他觉得,如果说这种"先天直观"也来自"感性",则"数学-几何学"就会成为"经验科学",于是就会和这门科学的"必然性"发生矛盾,这样他不得不把"先天直观"也归于"知性",认为"知性-理性"也有"直观"的能力。在这篇短文的一个注释里,康德分析柏拉图在这个问题上的理路,竟然令人惊讶地"预示"了以后胡塞尔"现象学"的基本思路,怪不得胡塞尔自己说他是在做柏拉图想做而尚未做好的工作,而要把一切"经验科学-自然科学"统统都"括出去"。

三、"哲学"作为一种"科学"的"劳动"和"工作"

"理智直观"当然是很明快的,一眼看穿事物本质,是一种很高的"境界",但不是"科学",不是"哲学"。

"哲学"不仅要像蜜蜂那样辛勤"采蜜酿制"(培根),而且要像亚里士多德那样对"理性-知性"的功能作出分析。也就是说,不仅有"直观"方面的"工作-劳动",而且也有"思想"方面的"工作-劳动"。在这篇短文中,康德几次强调了这一点:做哲学也是一种艰苦的劳动,不是光靠"灵感"或主观情感"贲发"出来的。

康德这一点,就是后来讲"现象和本质""同一性"的黑格尔也是很注意的。黑格尔不赞成强调"直接同一"的谢林,而指出这种"同一"是理性经过艰苦劳动的成果,是历史性的,有中介的,而不是直接的。

这就是说,在德国古典哲学的范围内,康德所奠定的这种区别,虽有所发展,但仍是一个基础性的界限:"哲学"是"理性"的工作,而不是"感性情感"的产物。

康德"批判哲学"的工作,"分析"出"知性概念"有"纯粹"的部分,即"先天的范畴"。这些范畴不来自感觉经验,它们把通过感觉经验所提供的"直观"材料,"归诸"自己名下,作出"判断",做出"推理",使之具有"必然性"的形式。这样的"知识",可教可学,具有"普遍"的形式,而不是一种"主观"的"感受"。在这个意义上,"科学知识"具有"客观性","让"人人都得承认。

当然,一切"经验科学",如"物理学"等,都要受到"直观"所提供的感觉材料的"限制"和"检验",是"可以改变"的,不是"绝对不变"的。但这种变化,也要"归诸"概念、判断、推理的逻辑形式,亦即通过"知性"的"思想"来表现,而"知性"离开"概念"则不能"思想-思维"。

在这个意义上,"逻辑"也是"哲学"的"存在形式","概念-判断-推理"是"哲学"作为"科学"的"存在形式"。当然,从康德到黑格尔都在做"改造""传统逻辑"的工作,使之"摆脱"其单纯的"形式性",而使之具有"内容"。而在这篇短文中,康德强调了"形式"的重要性,甚至提出形式就是"本质",因为"概念"是"事物"的"现象性"的"本质"。"概念"是"捕捉"事物"本质"的方式和道路。

四、"哲学"和"诗"

"哲学"和"诗"有传统的亲和性,欧洲古代许多哲学思想往往通过韵文的形式表达出来。近世每当"哲学"显得过于刻板教条、枯燥无味的时候,就有人提倡以诗的精神来改造哲学,固然在思潮的解放上,也有其意义,但就其学理言,是大成问题的,对哲学的思维,也是有不利的作用的。康德在这篇短文中着重批评这种倾向,是值得重视的。

不要以为提倡"理智直观"的就一定会崇尚诗的精神;恰恰相反,柏拉图是要把"诗人"从他的"理想国"里"赶出去"的。柏拉图这个意思当然应该做更深入的专题研究,但他的基本的理路是和后来胡塞尔要把一切"经验-自然"的东西都"括出去"一样的:"理性-理智"既然自身就有能力进行"直观",则在哲学的思维-思想中没有"感性-感觉经验"的位置。"理性-理智"自满自足地独立进行哲学的思考工作,建构自己的"知识大厦",排除了"感觉经验"的"哲学",才是"最精密-最严格"的"科学",如同柏拉图的"理想国"把"诗人""赶出去-括出去"后,显得"秩序井然"。

"理智直观"的"王国"是一个"超越"的"知性王国",而不是康德所面对的——作为"科学知识""对象"的"经验王国"。康德这个"王国"虽有"不依靠经验"的"先天直观"和"先天概念""护卫"而具有"必然性",是一个"必然王国",但是在胡塞尔(可能包括柏拉图)看来,还是"超越"不够,不够"精密-严格"。

然而,倒是在康德这种注重"综合"的"批判哲学"精神下,"诗"和"艺术"有它自己的位置。我们在他的《判断力批判》中,找到了"概念"和"直观"之间不同于《纯粹理性批判》所阐述的关系:不是将"直观""归摄"于"概念"之下作出"判断",而是将"概念"置于"直观"之下作出一种不同于"知识"的"审美-感性"的"(趣味-鉴赏)判断"。正是在这个"批判"中,康德提出了他的影响深远的"天才"说。

不过,在这篇短文中,康德却严厉地批评了把"哲学"当作一种"天才"的产物的意图,因为在康德看来,"哲学"经过他的"批判"精神的洗礼,理应成为"理性"的"王国",即使是"审美"的"趣味"领域,"直观"虽不"归属"一个确定的"概念",但仍然是"趋向"于一个"不确定"的"概念",从而才有权利下"判断","审美判断"和"知识判断"才有权采取相同的"判断形式",如"花是红的"和"花是美的",而后者才被允许"要求"他人的"同意","类似-类比"于"科学知识判断"。

"哲学"不等同于"诗","诗(和艺术)"反倒在"哲学"的"科学知识"的"体系"中,具有相当的地位。这是黑格尔哲学对"哲学"和"诗"的关系的理解方式。

五、"理智的直观"和"直观的理智"

"理智的直观"和"直观的理智"这两个说法一般是可以替换的,它们的意思大体相同;但是细分析起来,还是有一定的区别的。

"理智的直观"说的是"理智"本就有"直观"的能力,而"直观的理智"则相反,说的是"直观"本就有"理智"的能力;前者说,有一种"理智性"的"直观",后者说有一种"直观性"的"理智"。前者强调的是"理智",后者强调的是"直观"。

或者我们可以说,柏拉图、胡塞尔、黑格尔依靠的是"理智的直观"这个思路,而柏格森、克罗齐、海德格尔则接近"直观的理智"这种思路。当然,这样的区分他们诸家,是过于简单化了的。

只是在这里,就康德这篇短文的批评而言,区分这两个说法还是有一定意义的。如果说,"理智的直观"还能够开出"超越主义"的胡塞尔来,那么"直观的理智"则更有陷入"神秘主义"的危险。至少对哲学的思维来说,后者不比前者好,甚至更坏,短文中康德所讥讽的大半都应归于后者,而"天才式的"哲学",大半是以"直感"代替艰苦的"哲学思考"的劳动的。

这种"直感"依靠的是"感觉经验",而坚持这种意见的人认为,"直感-直观"本就有"理智-思考"的能力,有一种"直观性"的"理智",不同于"抽象"的、"形式"的"理智"。"高级"的"思维"不是依靠"大脑",而是依靠"身体"。不用"思考"进入"身体","身体"本就会"思考"。"身体"

的"思考"当然不用"概念",据说就因此而避免了"抽象化-形式化"的毛病。

在"直观的理智"的大旗下,"概念"与"直观"相结合的劳动工作也都豁免了,因为无论"概念""进入""直观",或者"直观""进入""概念"都是要费一番劳作的,因为它们在"功能-职能"上不同,"不同"的东西要"结合"起来当然要费时费工的,要将"感觉经验世界""建构"为一个"必然"的"知识王国",只有"不断经营"才有可能的;如今"区别"泯灭,"分工"取消,也就没有"配合"和"结合"的问题,不仅很痛快,而且很悠闲,是一条哲学的"终南捷径"。

这样一条省心(不用概念判断推理)省力(不用思维之劳作)的道路,为许多人所青睐并不奇怪;但是这条道路走出来的是"个人"的"境界",而不是"普遍必然"的"科学知识"。

"个人境界"当然也是很可贵的,就像"身体"不比"精神""低贱"一样;但是"身体"要"维持健康"仍要依靠"科学"的"生活起居"和"医疗卫生",而"个人境界"也还要有"普遍必然"的"道德律"的"规定"。

不错,人人一个"境界",人人的"身体""不同",每个人的"世界"各"异",但各人的"世界"和"文本"也有一个"结合-汇合-融合"的问题。"异"才有"关系","概念"和"直观"本是"异",所以才有一整套"结合"的工夫,如今"直观的理智"实际上泯灭了"异",到头来也是一片"混沌"。

"直观的理智"强调的是"直观-直感-感觉",这个性质的"理智",也是"感性"的,因而只得"归诸""经验",而达不到"普遍必然"性。

你的"境界",我"知"不到,也"学"不来,"高不可攀-深不可测"。由"经验"的个别性,进入"神秘主义",彻底的经验主义必然进入神秘主义。

"哲学"当然是承认"有""神秘""在",就康德批判哲学而言,这个"在"只有"概念",没有"直观",对"科学知识"来说,是一个"空洞"的"概念",感觉经验不能提供"材料-质料"成为"经验对象","空洞的概念"是一个"思想物-本体"。"理智的直观"说,这个"理智-思想"本就是"直观"的,因而也是"对象",是"可知的"。"直观的理智"则说这个"神秘"并非"思想体",而就是"直观-直感",是一个"感觉体-身体",这个"理智"

也限于"直观-直感",因为它并无相应的"概念",则无法"判断-推理",因而也谈不到"逻辑"。

按康德批判精神,"科学知识"要防止"空洞的概念""僭越"至"事物自身",防止"概念"自己提供一个"直观"。"概念"自己提供"直观"是"道德实践"的事情,而不是"科学知识"的事情。

如果"直观"自己就能提供一个"思想",这个"思想"不是"概念"的,是一种"感悟"——亦即"直观性的理智",那么这个"理智"只能说出没有普遍必然性的"感受",在"道理"上是"独断"的,而"保留着""说不出来"的"神秘"。

"哲学"作为一种特殊的"科学",承认这种"神秘"的"在",但不以此为自己的"课题",因为这个"神秘"虽被冠以"直观-感觉-直感"的名称,实际却是"不可感"的,不可成为"客观对象",因而是"无以名状"的。"无名"即"无概念",类似那"开天目"那样的,不知道是真实的"幻觉",还是一个"谎言"。

凡"科学知识"皆有"概念-判断-推理"的"逻辑"和"感觉经验"的"检验",那缺少"检验"环节的,既不能"证明-证实"也不能"证伪"的,只能是一种"不可言说"的"神秘"。

六、"理智"的"在"与"存在"的问题

就科学知识来说,没有"理智的存在",因为没有"理智的直观",于是"在-是"的问题与"在"之"属性-性质"不可分,亦即"是"与"什么"不可分,单纯的"在-事物自身"不是科学知识的"对象",然则,"有""事物自身""在"。康德知识论,并不排斥这个"事物自身"的"在"作为一切"现象""知识"之"基础",这个基础,就其"不可知"言,的确是"神秘"的,但就其为"理性-合理的",则又不是"神秘"的,而是"可思维"的。

"存在"本身的问题是"理智性的直观"的问题,而不是"直观性的理智"问题,因为就科学知识言,"知性"自身并无"直观"的功能,自己不能产生"直观","直观"是"感觉经验"从"知性"外面"提供-给予"的;而仅靠

"感性直观",也产生不出"概念"来,"概念-判断-推理"的功能来自"知性"。

然而,"事物自身-存在"是纯粹的"理智体",而不是单纯的"感觉体","事物自身-存在"是一个"概念",而不是"感觉"。这个"概念"因其缺乏"感性直观对象"而"不可知",但是这个"概念"本身是"可以-允许""思维"的,对它进行"判断"和"推理"是不会产生"矛盾"的。对于"存在-事物自身"可以-允许作出"合法"的、"无矛盾"的"思维",只是这个"思维"。这个"概念"因缺乏"感性直观",是"空洞"的。

康德所揭示的"二律背反"是在把"存在-事物自身"当作一个"现象",即当作"经验对象"时才产生的,而且是必定要产生的。这就是说,当我们对于"事物自身-存在",不仅只是"思考"它,而且要"解释"它"是""什么"时,就必定发生矛盾:"是什么"和"不是什么"同样"合理"。

之所以必定产生这种矛盾,是因为这个单纯的"存在""概念"缺乏"感性直观"的"限制",因而也就缺乏"客观材料"的"检验",其"真假值"只能由"逻辑"自身来判断,而既然"是什么"和"不是什么"没有了对"什么"的"客观""对象性"的"检验",则"逻辑"自身就出现"矛盾"而"瓦解"其合法性。然而"瓦解""事物自身-存在""是什么"的合法性,并没有否定"是-存在"自身的合法性。

于是,"存在"的问题在康德的批判哲学里,仍是一个合法的问题,只是它不是"科学知识"里的"理智性直观",更不是"艺术情感"里的"直观性理智"。就单纯"思想体"的"事物自身-存在"而言,就其仍然遵循"概念-判断-推理"的形式而言,这个问题并没有"神秘"性,而同样具有一种"必然性"。

这就是说,"事物自身-存在"问题因其无直观是单纯"理性"的,因而并无"主观随意性",不是"偶然"的,而恰恰是"必然"的,甚至是一种"纯粹(理性)"的"必然性"。

有"感性直观""规定"的"必然性",或许可以叫做"经验"的"必然性",而单纯"思想体"的"必然性"则是"理性"的"必然性"。

既然凡"经验"皆在"时空"中,则"经验"的"必然性",也可以说是"时空"的"必然性",而"理性"的"必然性"则是"超时空"的"必然性"。

"时间"的"必然性"在康德为"因果","时间"之"前后相继",由"概念"提升为"原因"与"结果";"超时空"的"必然性"按康德则为"永恒",前者是"知识性"的,而后者是"道德性"的。"时空"与"超时空"-"知识"与"道德"是两个不同的"领域",前者是"感性的世界",而后者则是"理性的世界",犹如没有"理智性直观"、"直观性理智"一样,并无"知识性道德",也无"道德性知识"。在这个意义上,只有假设的那个"无所不能"的"神-上帝"才具有"理智性直观"、"直观性理智"以及"知识性道德"、"道德性知识"。在这篇短文中,康德把它叫做"属神的知性","神"他老人家的"知性"本就有"直观"的能力,而"时间"与"永恒"才是一回事。

在这个意义上,凡认为一眼就能"看穿""大千世界",并能"贯穿""过去-现在-未来"的,都有些"神"气,"仙"气。

"人"是"有限"的"理智者",有"感性"在"限制"并"规定"着他的"理性","人"也是"感性"的"存在者",并无"属神的知性"。"人"的"知性"受"时空"的"限制"和"检验","人""在""时空"中。

七、从胡塞尔到海德格尔

是海德格尔把胡塞尔的"理智性直观""属神的知性"转向了"属人的世界",把"人"之"思"牢牢"扎根""在""时空"中,在这个精神上是和康德一致的,尽管他说"人诗意地栖息在大地上",但他的"诗"与黑格尔一样也是"真理"的一种存在形式。海德格尔的"思"并非通常所谓的"直感"或"感悟",既不是"理智性直观",也不是"直观性理智",因为他的"思"需要"语言",需要"语词"和"语法",他的"语言是存在的家"和康德"思想体"虽"不可知"而"可思"可谓异曲同工;只是海德格尔把康德为解决"自由"问题提出的单纯(纯粹)理性的"实践道德"领域作为通向"宗教-基督教"的环节"解散-解构","堵绝"了那条"超时空"的道路,从而也"终结"了胡塞尔的"超越性哲学"的道路,使"存在""在""时空"中,从而把持住了"是什么"的问题,而不使"是-存在"与"什么"分离。"什么"就是"在"的问题,"在"也蕴含了"什么"的问题,并无脱离"时空"的"在",并无

"超越"的"在"。在这个意义上,海德格尔的确是不同于康德,但他的"思"和"诗"并不同于胡塞尔的"理智性直观",并不把"自然的、经验的东西""括出去",相反,如果他也有"悬搁"的问题,则反倒是把那些"属神的知性",把"基督教"的问题"悬搁"了起来。海德格尔"悬搁"了"永恒","思"的是"时间"的"绵延"。

在康德,"永恒"是"道德"开启的"神"的境界,不是"时间"的"绵延",而是"超时空"的。这里我们还可以参考他的同样是"小文章,大问题"的短文《万物的终结》,这篇短文把这层意思说得很清楚。他说,如果"永恒"只是"时间"的"永恒绵延",那"时间"就等于"永恒","时间"本就是"永恒地绵延"下去的,并没有说出"永恒"与"时间"的"区别"来;只有"时间""终结"了,"永恒"才"开始"了。也就是说,才突出了"永恒"的意义;然而,"时间"在实际上-在现象上并不会"终结",于是,"让-令""时间""终结"的只有"道德"。

在"时间"的"绵延"中,"万物"都在"变化",只有在"事物"不再"变化"了,对于它的"道德判断-善恶"才是最后有效的。从这里,康德接通了"基督教""末日审判"的思路,"末日-时间终结"也就是"万物终结"。在这个"终结点上","开始"了"永恒"的"道德审判",将"善-恶"分得清清楚楚,并且"分配"以相应"永恒"的"奖-惩",不差毫分。

然则,这个"末日审判",是"属神"的。只有"神"有此大能,"人"只是"在""时间"的"绵延"中。

在我们讨论的这篇短文中,康德把这个"道德(法则)"称作"理性"的"阿基米德点",一个牢固的"支点",而在他的《实践理性批判》里,也强调这个"批判"是他整个哲学大厦的"拱心石";然而,这个"支点"和"拱心石"被海德格尔"悬搁"起来了,连同"属神的理智"和"神学"也都被"悬搁"起来了,他的"现象学的剩余者"乃是"时间性"的"存在"和"在""时间-绵延"中的"人"。

"事物自身-事物存在"不是"思想体",不需要从"实践"的角度由这个"思想体"自己"产生-设定"一个"直观",不需要这个"实践"意义上的"(意志)自由",当然更不需要从"外部感官""提供"一个"感性直观-目的"——因而不是康德意义上的"（必然）知识"，也不是康德意义上的"（必然）道德（法则）"，而是具有"实质性"的现实的"时间"之"自由"。"自由"不是"人"的"神性"，而正是"人性"。

"人性"都是要"受限制"的。在康德，"人"的"知性"受"感性"的"限制"，因而不是"不受限制"的"属神的知性"，"感性"当然也受"知性-概念-范畴"的"限制"，"客体"要"围着""主体"转的，所以也没有"属物（动物）的直观"。

于是，海德格尔既然只讲"时间绵延"，这个"时间"有没有"限制"？有没有"规定性"？"时间"当然有"计算"上的"规定性"，"时间"自身的"限制"，海德格尔叫做"死"。

"死"是海德格尔的"阿基米德点"和他的思想的"拱心石"，但这个"点"和"石"则完全摆脱了"属神的知性"，是地道的"人性"。因为据（古代希腊人）说，"神"是"不死的"，而"人"是"会死的"。

"人"不是"神"，不是"永生-不死"的；如果"人"也像"神"那样"永生"，由于他毕竟不是"神"，没有"属神的知性"。按照康德，则会永在"因果""锁链"之中，永无翻身之日，如今"死"让这个"锁链""断裂"，使"生（命）""终结"，使"万物终结"。"万物""归于""无"，"万物皆空"，"时间""终结"，"空间""开始"，"此人-此生"不再有"时间"，但还"占有""空间"，"物质不灭"，"坟墓"里的"躯体"尚"在"，"死"的"躯壳""封存"了"断裂"的"时间"。

这时候，海德格尔和康德在哲学精神上是相当一致的。"有理智"的"人"要"挣脱"那个"必然性"的"大箍"，要"争取""人"的"自由"，"自由"的"必然性"要比"因果"的"必然性"更为"高级"，就像"实践理性"相比于"理论理性"具有"优越性"一样，海德格尔的"死""高于-大于-优越于""生"。

并不是说，海德格尔以"生不如死"来麻痹人的斗志，也不是宣扬"人生无意义"，相反的，他在努力"确定-建立""人生意义"的理路上的根据。他觉得，正因为"人"是"有死-会死的"，"人"的"生存"，才是"有意义"的，由此"存在"才是"有意义"的，而不仅仅是在"因果""必然性大箍"中

"生死""轮回","死"是"摆脱""生死轮回"这个"必然大箍"的"自由"。

在海德格尔,"死"开显一种"意义",即"自由"的"意义";并不是"一死百了"那种消极的意义,而是"生存-存在"的积极的意义。

是"终结"的意义,是"完成-全"的意义,也是"开始"的意义。"因果"的"终结"的意义,也是"自由"的"开始"的意义。

同时,也并不是说,"意义"只有在"死"后才"开始",而只是说,"死-时间断裂"使"生"开显一种被"时间绵延""掩盖着-遮蔽着"的"意义",这就像康德的"实践理性"那样,并不是在事实上"理论理性""停止","实践道德"才"开始"。这篇短文中康德也说,"时间"尽管继续"绵延","实践理性-道德法则"也会顽强地行使着自己的权力,"人"不必等待在医学上"终止生命-死亡",就能"提前进入"这个"状态",让"存在(不仅是存在者)"的"意义"开显出来。

"时间"的"意义""在""时间"的"断裂""层-点-处","人"之"死"犹如一个"楔子""契入"这个"永恒的绵延"中,使之不用"属神的知性"就能够-有根据地"理解-阐释"这个"断裂""现象"。在这个"层面"中,"理解-阐释""自由者"之间的"必然"关系,即"自由"的"因果"关系,因为"人"之"死"是"必然"的,因而"人"之"自由"也是"必然"的。

海德格尔的"死"如同康德的"道德-意志-自由"那样,意味着"时间"的"终结-中断-断裂"。只是康德的"自由-道德"领域,是"超时间-超空间"的,而海德格尔的"死"则仍"在""时间-空间"之中;但即使在海德格尔,也并不意味着,"死"是可以"直观"的,并没有一种"直观性的理智"或者"理智性的直观"可以"感受"到"死";但是,"死"毕竟是"可以理解"的,而且是"理解"一切"世间-现象界""事物"的"基础"。有这种"时间"的"断裂","空间"中的"事物"才有"规定性",才是可以理解的。

理解世间的万物-诸存在者之因果必然关系需要"概念"和"直观",理解世间万事万物之"存在性-生存性",则需要"语言","语言"是"属人"的,而不是"属神"的。它的"规则"不是"概念-判断-推理"的"逻辑",而是"生存性"的"逻各斯"。它探讨"时间"中之"断裂-死"之间的"必然性"关系,也就是"自由者-有死者"之间的"必然性"关系。在这个意义上,研究"时间"的"命运",亦即"时间"的"历史性"。

也是在这个意义上,即并无"理智性直观"和"直观性理智"视角的海德格尔之"思",使并不"超越""时空"之外,而就"在""时空"之中。

* *

回到康德这篇短文,联系到似乎和我们传统相接近的海德格尔的思想,再来对我们自己的传统哲学的思维方式做一些思考,当有启发借鉴的作用。

康德的批判哲学,曾经被近代初期我们的哲学家和我国传统哲学联系起来研究,有许多经验和成果,值得我们后辈学习,当然也有值得进一步探讨的余地。譬如我们看到康德强调"道德-义务",就觉得他很像我们儒家的思路。实际上,康德的"道德-自由"的"形式主义"屡屡受到批评,在这篇短文中,康德为自己的"形式主义"做出了辩护,可见在他生活的时代,就有这种批评。他的辩护似乎不很有力,但是他的"形式"意味着"本质",而只有"本质"才能保障逻辑的"必然性",因为"本质"是"概念",通过"概念"才能达到"判断-推理"的"必然性","自由"是一个"纯粹-单纯"的"概念","时空"中并无相应的"直观-客观""对象"。对于这个"概念",我们只"知"其"存在",而并不能"解释"它,"证实"它,因而也不能积极地、肯定地去"证明"它的"存在",而只能消极地指出,设定它的"存在"在"逻辑"上是没有矛盾的,因而是可以"思维"的。它的问题只有在"实践理性"的领域内,才能"论证"出来。像这些层面的问题,是我国儒家未曾涉及的。

与此同时,我国的道家似乎又很像海德格尔的思路;儒家不强调"生死",道家很注重"齐(一)生死",其实它的意思还是着眼于"生",重视"长生久视",有种种办法求长生不老,在时间中永久"绵延-延续"下去,努力做一个"不死"的"(神)仙",从而并未开发出"必然性""死"本身的意义。当然也就未曾研究"人"作为"自由者"怎样从"有死者"到"会死者",再到"要(愿意去)死者"的意义。这样,作为传统儒家的"对立面",道家"消解"了儒家诸如"杀身成仁"的"根据",也"消解"了"赴汤蹈火-英勇牺牲"等波澜壮阔的"历史"画卷。

佛家传入我国以后,"生死"问题的思考得到推进,先与道家结盟,慢慢三教合流,为我国传统思想注入活力,"死-涅槃"的哲学意义被提高升华,

"死"有一种"解脱-自由"的意义;但"生死"仍是一种苦难的"轮回",要由"凡人-众生"通过种种方法"修炼"成"佛",于是就"超越"了这个"轮回"。

"佛家"在我国影响比较大的当属"禅宗"。在某种意义上,"禅宗"将"直观性的理智-感悟"发展到了极端,坚决排斥"概念"和"语言"。由于这样一种"直接性"而受到广大信众和非严格信众的欢迎,宋儒虽有所抵制,但或许由于根植于我国传统深处思想已成定势,在佛家影响下,宋代儒家形成第一轮的"新儒家"。

"直观"已经有了"悟性","感觉"已经有了"理智",也就难说一个"推理"的"必然性",于是就可能缺少一个"理论知识"的环节。"理论知识"被遮蔽了,"逻辑"的形式规则的学问也被遮蔽了。

"直观性的理智-感悟"固然也可以有很高的境界,但是缺乏"必然性"和"普遍性",因而是一种"不可传达性",所以可以不要"语言",而以肢体、眼神等来"意会"。这样一种"可以意会,不可言传"的精神,不是"科学精神",也不是"哲学精神",不是"学"的精神。它不可教,不可学,似乎只能"心领神会"。

"直观性的理智"只是一种真正意义上的"神秘"。

作者附注:康德这篇短文,过去未曾读过,读的是李秋零先生主译《康德全集(第八卷)》的中译,特此感谢。

2011 年 9 月于北京

康德论哲学与数学及其他
——读康德《纯粹理性批判》"先验方法论"想到的

康德的《纯粹理性批判》出名的难读，每读至最后"方法论"部分已经筋疲力尽，虽然这部分篇幅不大，也都以全书概括总结视之，匆匆翻阅，掩卷休息了；然则如果诘问，这部分果何所论，往往为之语塞。今特拣出该章，专门仔细阅读，方觉得其中深意，就理解康德哲学而言，决不可忽略不计。

"先验方法论"涉及康德哲学众多的基本观念，诸如"先天综合"、"先天直观"、"经验综合"、"时间-空间"等等，而最有意义的乃是此类核心问题皆围绕着"数学"与"哲学"之异同展开，对于我们理解这两门学科极为重要，而我觉得这部分乃是进一步理解康德哲学的"方法"和"门径-途径"。

一、何谓"先天直观(形式)"

"先天综合判断"当然是康德在《纯粹理性批判》里重点阐述的观念，这是留心康德哲学的学者不会忽视的；然而，如果对于这个观念只停留在"既是先天，又是综合"或者"理性加经验"这样简单的层面上，固然正确，但尚不够深入。因为，在这个层面，缺少"先天直观"亦即"时间-空间"的地位。"先天综合判断"是康德要论证的目标，而"先天直观"则是这个论证的关键环节。

我们熟知，"先天直观"就是指的"时间-空间"。为什么"时-空"为"先天直观",而非"经验直观"?

在康德看来,"经验直观"乃由对外在事物的"知觉-Wahrnehmung""给予",受之于"天-自然","时-空"的直观则不然,它们不"受之于天",而是"受之于""理性"自身,在某种意义上是"受之于人-人本身"。

这就是说,在康德的心目中,"理性"本身就有"授出-提供""直观"的能力,由"理性"本身"给出"的"直观",当然无关乎"感觉经验",而可以说是"先天的"。

"理性"的功能在于运用"概念-Begriff",于是,所谓"理性""给出"之"直观",就意味着,"概念""给出""直观","概念"本身就有能力"给出""直观"。我们看到,明确理解和把握这一点,不仅对于理解康德哲学,而且对于理解整个德国古典哲学甚至整个哲学的问题,都是很重要的。因为,我们感到,至少德国古典哲学的思路,正是沿着"理性-概念""给出-开出""直观"这样一条"理性主义"道路前进的,这是后面要说的意思,现在这里提上一句,现在再回到康德的议题。

康德说,有"先天直观"的根据在于"数学-几何学"。几何学不光是"概念",而且要有"图形",几何学要"制图"。譬如"三角形",不光有"三角(形)"的"概念",而且有"▲"的"图形",这个▲的图形,是由"概念"直接"给出"来的,是根据"概念""构建-konstruieren"出来的,而不是从"无数""感觉经验"的"印象"中"概括"出来的,所以是"先天的"。

几何学是关于"空间"的学问,它是一门理论的科学,但仍然是有"直观"的,只是这个"直观"是根据"概念""构建"的,而不是"感觉经验"的,所以几何学才是一门"可以论证-可以推论"的学问,具有普遍的必然性。在这个意义上,康德说数学-几何学研究的依据是"概念的建构",而不仅仅是"概念"。

为什么不仅仅是"概念"?因为如果仅仅是"概念",而无"直观",则数学-几何学就只是"概念"的"分析"。几何学如果只是作"概念"分析,譬如从"三角"这个概念,无论怎样进行"分析",绝不可能"越出-超出-超越"这个概念一步,其作用充其量只是在使"概念"更加"清楚-明白",而不能增加任何"知识"。

这就是说，我们对于单纯的"概念"——即仅仅局限于"概念"——所能做的只是使"概念"清晰明了，只能"澄清""概念"，而不"推进-增进"我们的"知识"；康德认为，"几何学-数学"乃是一门"科学"，它仍有能力"增进"人们的"知识"，而之所以有此种能力，关键在于它不仅"分析""概念"，而且也具有"直观"的功能，正是几何学家根据"概念"作出"图形"来，譬如作出▲形来，我们对于"三角形"才能增加许多有关它的"属性-性质"的"知识"，如"三角形三内角之和等于两直角"等。

有了"直观"，对于"概念"来说，就是"综合"的，而不是"分析"的，要"增进"知识，光有"概念"不行，光有"分析"不行，必还要有"直观"，必还要有"综合"。

然而，数学-几何学的"直观"，乃是"概念""给出"的，不是"感觉经验""给出"的，因而，数学-几何学又不是一般的"经验科学"，而是"纯粹理性"的"科学"。"纯粹理性"又是"科学"，既有"概念"，又有"直观"；既有"先天性"，又有"综合性"，于是"数学-几何学"就成为康德著名的"先天综合判断"的范例和基石。

在这个意义上，康德知识论的核心问题——"先天综合判断"如何可能——实际上可以理解为"数学-几何学如何可能"。或者说，"数学-几何学"如何不仅仅是"分析"的，而且还是"综合"的；也就是说，"数学 几何学"不等同于一般的"逻辑学"，不仅是"形式（概念）"的，而且还是有"内容（直观）"的，只是这个"内容-直观"仍是"理性-概念""给出"的，而不是"感觉经验""给予"的。

我们再一次提醒，从康德开始，"理性-概念"就被认为可以"给出""内容"。这样，"数学-几何学"就被"拥戴"上"理性科学"的宝座。

二、哲学作为纯粹理性的科学

数学-几何学作为理性科学的地位确定之后，必定会出现"哲学"与它的关系的问题，因为哲学这门学科，长期以来被认为居于"理性"的巅峰，其地位似乎是不可动摇的；然而，正是在"哲学"领域里，种种纷争不断，相形之下，数学-几何学却显得那样坚如磐石。于是从古代希腊开始，"哲学"竟然明里暗里以数学-几何学为楷模，似乎"哲学"要努力做到像数学-几何学那样在"论证- diskursiv"上万无一失，才算尽善尽美。

在"方法论"这部分，康德的主要着力处在于指出："哲学"与"数学-几何学"虽然同为"理性科学"，同属"纯粹理性"领域范围，但实际上它们是两种不同的学科。

凡"理性科学"，都需要运用"概念"。"纯粹理性科学"就只是运用"概念"，但既曰"科学-知识"，则又非仅仅为"逻辑形式-形式逻辑"，而需要"内容"。此种"内容"，皆须"直观"，而非单纯"概念"。

如上所述，康德认为，"直观"有"经验的"，也有"先天的"。"数学-几何学"就是运用"先天直观"作为自身"内容"的学科，它是"综合"的，又是"先天的"，因为它的"直观"同样是"概念-理性""给出-构建"的。"概念"经过"构建""给出"的"直观"，同样也"超出"构建它的"概念"之外，即单从"概念"自身，无论怎样"分析"，也是"分析"不出这种"直观"的，所以"数学-几何学"仍然可以提供"新知识"，而并非仅仅"澄清""概念"。

康德认为，"哲学"作为"纯粹理性科学"，它的"概念"自身不能"构建""直观"，如哲学中的"实体"、"实在"、"力"等等，由这些"概念"自身不能像"数学-几何学"里的"三角形"那样立即可以构建出相应的"直观"来，"概念"本身不能"提供-给出""直观"。在这个意义上，哲学的概念，是"纯粹概念"，哲学的理性，是"纯粹理性"。"哲学"是"纯粹理性"的学问；"哲学"的"概念"，当然更不能由"感觉经验"来"提供-给出""直观"，那是"经验科学"而非"理性科学"的任务。

既然称作"学问-科学-知识"，"哲学"当需"内容"，这种"内容"又非"直观"不能提供，于是"哲学"的"概念"与"直观"的关系，就成了"问题"。

正是这个"问题"，长期以来给"哲学"带来了无穷无尽的纷争。

康德认为，"数学-几何学"没有这个"问题"，因为它由"概念"自身"构建""直观"。它所作出的"先天综合判断"可由"理性"自身检验，对错分明；甚至连"经验科学"也不存在这个"问题"，因为它由"经验""提供-给出""直观"，自可检验"判断"正确与否。

于是，在一切"学科-科学"中，只有"哲学"有这个"问题"。于是，如何解决这个"问题"，就成了"哲学"的首要工作了。

正是针对这个"问题"，康德提出了他的"批判哲学"："纯粹理性"要想成为一门学问、一种"科学"、一种"知识"，需要"批判"。

欧洲自启蒙运动以来，"理性"原本是"批判"别人的，一切都要放到"理性"的面前来"审判"，如今到了康德，"理性"本身也要受到"批判"了，这又当如何理解？体会康德的意思，按照康德在别的地方的阐述，他会说，"理性"本身受到"批判"，正是"理性-启蒙""成熟"的表现。"批判哲学"是欧洲理性启蒙的继续和深化。

"理性"应该受到"批判"，尤其是"纯粹理性"应该受到"批判"，受到"审核"——他的第一部著作叫做《纯粹理性批判》。那么又是什么样的力量来"批判-批审"理性？按照康德的意思，当然还是"理性"本身，"理性"自己"批审-审核"自己，意味着"理性"的"成熟"。

"纯粹理性"需要"批判"，也就是运用"纯粹理性"的"哲学"需要"批判"。之所以必须对它们加以批判，乃是因为，"纯粹理性"如不加以"批判-限定-受到规范"，就会"超越"自己的职能范围，产生不可遏制的"幻象-Illusion"，从而走向"理性"的反面，陷入不可自拔的"矛盾"之中。

为什么会出现"理性的幻象"？

从上述理路来看，"哲学"的"纯粹理性"、"概念"自身不能"构建""直观"，而"经验"又不能为它提供-给出"直观"——"哲学"的"概念"，诸如"实体-力-无限-大全"等等，不可能由经验提供，于是这些"概念"，就既无"先天直观"，又无"经验直观"，没有这两种"直观"的"约束"。然则，"哲学"的"概念"为要成为"知识-科学"，又必得"超出""概念"，为自己"构建""内容"，在既无"经验直观"，又无"先天直观"的情况下，这些"内容"就可能是一些"空洞"的"幻觉"。康德的"批判哲学"就是要"防范"此类"幻觉"的出现，为"纯粹理性"在科学知识领域指明一条康庄大道。

在"方法论"部分，康德一开始就提出，对于"知识-科学"言，"哲学"

只有"消极""防范"的作用,"哲学"不能为"知识-科学"做"积累"、"积极"的工作,而只能做"消极"、"规范"的工作,而就"纯粹理性"来说,这种"消极"的工作,其意义却不比经验科学的"积累"小。这一点,康德在"方法论"部分作出了很充分的强调,实际上是对他前面的"纯粹理性批判"全部工作的总结。

"理性"自身"限制"自身,乃是"理性"成熟的表现,所谓"限制"是指"理性"对于自身的"职能-功能",有了更加明确的意识,而不是眉毛胡子一把抓。"理性"对自己的"职能",有了"批判-批审"的意识。

"理性"当然是"自由"的,"不受任何限制"的,但这个"自由"和"无限-不受限制",并不是一句空话,不仅仅是空洞的形式,而是有具体内容的。凡事有了"内容",则这个"内容"与其相适应的"形式"就都是相互制约,即相互"限制"的。以为"理性"既然"自由-无限"因而就天马行空为所欲为,乃是因为"理性"尚未成熟,尚停留在"幼稚"的阶段。在康德看来,正因为"理性"本为"自由-无限",就自然倾向于陷入"理性""幼稚病"。这就是说,正因为"理性"为"自由-无限",才需要"批判-批审"。如上所说,"数学-几何学"和诸"经验科学"皆因有各自相应的"直观-内容",在该学科自身,就有能力"纠正错误",避免"幻觉"。而作为"纯粹理性"科学的"(传统)哲学",即使在"批判哲学"已经作出"提醒-警告"之后,仍经常会陷入此种"幻觉",以为它的"实体-力-无限-大全"等"概念",会自己"构成"相应的"直观",从而陷入"二律背反",产生"永久"的"争论"。

康德提出的"批判哲学"旨在为"理性"的诸种不同"职能"划出"界限"。

所谓"理性"的"职能-职权"范围,也就是"概念"的"职能-职权"范围。"数学-几何学"的"概念"自身有"构建-给出""直观"的能力,"经验科学"的"概念"能够从"感觉经验"世界"接受""直观"。也就是说,经验的世界可以为诸"经验科学"的"概念""提供""直观";但是"哲学"的"概念"则无此"权利",它既无"经验直观",又无"先天直观"可供资助,因而"哲学"本身并不能够"增进"任何"知识"。在这个意义上,康德在"方法论"里才特别强调了"哲学"的作用只是"消极"的。

然而,"哲学-传统哲学"常常不满足于自身的"消极"作用,常常企求把自己的职能转化成"积极"的,即企图让自己的"概念"有其相应的"直观",想以此让人们通过"哲学"来"扩大-增进""知识"。康德的"批判哲学"就是要向世人揭示,"哲学"的功能,不在于"增进"人们的"知识"——而这正是哲学从近代培根以来被推崇的主要职能,而在于消除"幻觉"——而这同样也是培根的主要工作。也就是说,"哲学"的职能不是"扩大""理性"的工作范围,而是为"理性"的职能划分界限,亦即厘定-审定理性的工作"范围",使理性的职能得到正当的发挥,理性的运作,走在正当的道路上。

"批判哲学"要"防止-消除"理性的"僭越"。"批判哲学"之所以成为必要,乃在于"纯粹理性"有一种"僭越"的自然倾向。

"纯粹理性"似乎在"数学-几何学"那里受到了鼓励:原来"直观"并不全来自经验,"先天"亦有"直观"在。"数学-几何学"的"直观"就是"数学-几何学"的"概念"自身"建构"起来的,如是,则"哲学"之"概念"当亦可用自身之"概念""建构"起来,从而形成一个"知识-科学"的"判断",即"哲学"可以"超越"自身的概念,由"直观"形成"综合",以增进人们的"知识"。

然则,"数学-几何学"之所以能够由"概念""建构""直观",乃是因为其"概念"并不超越"经验",故其"建构"之"直观"虽为"先天",但亦未"超越""经验"之外。"哲学"之情形则大不相同。

"哲学"之"概念",皆为"超越"的"概念",如"无限-实体-大全"等,如欲"建构"其"特殊"之"直观",则只能得到一种"理念"和"理想",而非"真实-真正""现实"之"直观",故欲以此提供"科学"以"增进"人们之"知识",实属"幻想",这种倾向是人们要努力"防止"的。"批判哲学"的作用,就在于"遏制"此种"僭越"的倾向。

康德的"批判哲学"的工作就在于揭示"纯粹理性概念"无权"建构"一种"先天直观",因而仅由自身(哲学)"概念"不能"建立"一门"科学知识"。"科学知识"必为"经验"的。在这个意义上,康德不仅不回避"批判哲学"的"消极性",而且强调了这种"消极性"的重要性。"哲学"经过"批判"努力"避免-防范"其概念"超越-超出""经验"之外。

然而,康德的纯粹理性批判的工作,并非将"哲学"限制于"纯粹概念"

的范围之内。不错，在康德看来，"哲学"擅长于"概念"之"分析"，一如"哲学"经常"超越-僭越"；"哲学"虽不能建构自身之"先天直观"，亦不能由"经验"为自己的"概念"提供"直观"，却为"可能的经验直观之综合"提供"原理"，也就是"哲学"能为"可能的经验科学"提供"原理"。"哲学"如何能具有此种功能，也是康德的"批判哲学"所面临的问题。

  康德在《纯粹理性批判》的"方法论"中有一处小注提到如何理解"原因"的概念。"哲学"在具体思考这个"原因"概念时，当已经"超出"了"概念"本身，而进入"具体发生之事件－Begebenheit（da etwas geschieht）（此处类似于后来海德格尔之Ereignis）"。但康德认为，"原因"概念本身并不能建构"事件"为其"直观"，而是首先进入"时间"之"先天直观"形式，然后才能显示这种"直观条件"和"原因"概念完全一致，故而就哲学言，仍按照"原因"概念进行思考，而不涉及"具体事件"之"直观"。至于此种"具体事物"之"直观"，乃是"经验"提供的，因而只是"经验科学"之内容，而非"哲学"所当过问的。这就是"哲学"为"经验直观之综合"提供"原理"的意思所在。"哲学"之"概念"乃是"经验综合"的"原理"，"哲学"所论证之"原因律"是"经验科学""因果推论"的"根据-原理"。

  康德这里涉及他的哲学的一个基本观念："理论-思辨"性的知识乃是"推论的-diskursiv"，对"实质的-material"而言，乃是"形式"的。"具体发生之事件乃是"实质"的，是"质料-matter"，不是"量料-quantitas"。一切"必然"之"科学"，皆只涉及"量料"，而"质料"则是需要"具体问题具体解决"的。"纯粹经验"不可能"理论化-思辨化"。在这里，休谟所提出的问题，康德并未忽略不计。

三、科学-哲学与形而上学

  从康德的"方法论"部分，我们看到"批判哲学"如何成为"纯粹理性"的必然产物以及它的规范-限制理性的重要意义，但是，联系到康德的《纯粹理性批判》的整体思路，我们感到，在"方法论"部分，康德对于"哲学"的理解，仍放在"形而上学"的框架之内。亦即，他从前面以"批判"为核心的"先验原理论"部分进入如何以"批判"的精神理解作为"形而上学"的"哲学"的意义，所以他在"方法论"上所说的"哲学-纯粹理性概念"实际是传统"哲学"的"形而上学"的"概念"，而不是"原理论"中的"知性""范畴"。然而，如上所述，他又在小注中以"原因"概念为例，而"原因"在"原理论"的"先验逻辑"部分，正是主要的"知性概念-范畴"。

其实，康德在"先验逻辑"部分所言之"知性概念-范畴"都是传统形而上学的"概念-范畴"，如他在"十二范畴表"中所列的。在这个意义上，我们可以把他在"方法论"部分所论之"纯粹理性-概念"，理解为不仅包括了"理性概念-理念"，而且包括了"知性概念-范畴"，甚至主要涉及的乃是"知性概念-范畴"，而不是主要涉及"神-不朽-自由"这些"理念-理想"。康德"方法论"的主旨在于，进一步阐述"哲学"作为"纯粹理性"的"科学"，与"经验科学"和"数学-几何学"不同，不是积极地"积累""知识"，而是"消极"地"防范""越位"。

在这个意义上，对于传统"形而上学"的种种"理性概念"，需要以"批判"的精神，"审核"它们的"职能-职权"范围，将它们一分为二：一为"知性概念-范畴"，一为"理性概念-理念"，后者"超越"了"经验"范围，不是"知识"的"对象"。前者则只"限于"在"经验"范围内才有合法的权益，才能"增进""知识"的"财富"。《纯粹理性批判》的"方法论"部分针对的仍是"知性概念-范畴"的运用范围，防止传统哲学-形而上学"越位"，"超出""经验"范围之外。为防止"纯粹理性"的"越位"倾向，康德提出这个"理性"本身需要一种"训练- disziplinieren"，即在"批判精神"指导下的一种"理性自制"能力，而并非像"经验科学"那样"增进""知识-文化- Kultur"。

这种"纯粹理性之训练"不能"增进""经验之知识"，只能为"经验知识"提供"原理"和"根据"。这个意思也就是，为"经验知识"作为"科学（知识）"之合法性提供"根据"，即"论证-证明""先天综合"之可能性。

"纯粹理性概念"中的"知性概念-范畴"，因为它们并不"超越""直观"，亦即并不"超越时空"，因而"有权-可能"形成"综合"，因而也"有权-可能"在这个范围内作出"先天综合判断"，形成"科学"之"推论-论证"；而那些"超越""时空"之"理性概念",如"神"、"不朽"、"自由",因不可能有相应之"直观",只是单纯的"概念","无权"形成"先天综合"。如果将"知性概念""越位"到"理性概念"的层面,譬如将"原因"的概念运用到"神-不朽-自由"上,则产生"幻觉",乃是"理性"之"僭妄",正需要"批判哲学"之"训练"。当然,如果将"理性概念"中的"神-不朽-自由""降格"为"知性概念-范畴",则与"(理性)概念"给予它们的自身的"定义"相矛盾,就"思辨理性"来说,"概念"本身不能成立,而就"实践理性"言,则正是《实践理性批判》一书所要做的工作。

纯粹由"理性"自身产生之"概念"无经验之"对象",因其绝无"直观"之可能。盖因此种"概念",经验不能提供直观,则产生理论上之二难命题,遂摧毁其"概念"自身,使之不能自圆其说,此在理论推理上不能成立。此种"概念",如前所说,亦不具备产生"先天直观"之能力,而企图以数学-几何学为榜样,求概念自身之直观而不得。于是,哲学-形而上学之"概念",就既无经验直观,又无先天直观,乃是无任何直观之可能的"空洞概念",以此类"概念",企求"综合"为一门"科学知识",如传统形而上学所做的那样,实属徒费精神,无任何果实可以收获。

然则传统形而上学之错误,不在于运用了"科学知识"的"逻辑范畴"以"建构"一门至高无上的"学问",乃在于对于这些逻辑范畴之误用。并非此种"范畴"不可用,而在于传统形而上学将这些"范畴"用错了地方,用错了领域。

康德认为,经过"批判哲学"的规范,这些"知性概念-范畴"只在"可能的经验范围"有效。

譬如上述"原因"范畴,乃是"知性概念"中最为重要的,它的运用范围,只限于"可能的经验范围",而不能运用到"神-自由-不朽"这些"理性概念"上去。盖因此种概念,完全超越时空,既不提供经验直观,又无先天直观,故而只是一些"理念-观念",而无直观之"对象"与其相应。

就康德的"批判哲学"精神言,"原因"固然是"先天"的,它的运用范围只在"可能的经验"范围。

在这个重要范畴的理解上,我们注意到,康德强调"原因-结果"关系之

"先天必然"之"可推论"性，并非教导我们：知道一个具体"原因"，就必定"推论"出具体"结果"来，或已知具体"结果"，就能单凭"推理"，必然就知道具体之"原因"。康德只是肯定地教导人们：凡事必有前因后果，欲知具体的原因和结果，尚须具体问题具体研究，亦即，尚须具体的"经验科学"来做。这一点对于理解康德的"批判哲学"，理解康德的知识论，理解康德的"先天综合判断"，相当重要。

康德在"方法论"部分仍以"以前坚硬之蜡因热熔化"为例，具体解释他的"因果"范畴对于"经验科学"提供"原理"的意义。这一点，跟前述小注中的意思完全一致，即因果知性概念，之所以对于"可能之经验"有效，乃是由于它们与"时间"之"先天直观"密切相关。

"原因"与"结果"为什么与"时间"之"先天直观"相通？"原因"与"结果"的范畴恰恰与"时间"之"前-后"顺序相合，"时间"中之任何"事物"，"必有""前因-后果"。只是在"有原因在前-有结果在后"这一点上，康德的"批判哲学"是能提供绝对的不可动摇的"证明"的，而不是说，"批判哲学"肯定具体的"原因"和"结果"是"能够"从"原因-结果"的"概念""推论"出来的。这里，"批判哲学"为"经验科学"做出了理论的-哲学的"保证"，提供了"原理"，但并不能"代替""经验科学"。上述"坚硬之蜡"之所以"熔化"，到底是何种"原因"，需要"经验科学"去做具体观察、研究，到底是何种的"热"使其"熔化"，甚至"蜡"遇"热""熔化"这一知识判断，也还是经验的，经过多次试验观察得出的"物理学"的"结论"，而非"批判哲学"所能提供的。

"批判哲学"所能教导的，只是："凡事（物）""必""有""前因""后果""在"，既然该事物是"在""时间"中。

也许我们可以仿借"数学-几何学"的模式，以"量料"和"质料"的关系来理解这里的意思。虽然我们已经强调，康德反对把"哲学"与"数学-几何学"等同起来。

我们可以说，"批判哲学"作为"哲学"，只是管"事物-经验事物"的"量料-quantitas"部分，即"可以量化的材料"，而将"质料"部分留给了"经验科学"，亦即，"批判哲学"涉及的是"时空事物"之"同质"的"可以推论"的部分。这一部分,是"必然普遍"的,譬如一个"事物","必定"有其"原因",也"必定"有其"结果"。这一点,也仅仅是这一点,是允许"推论"的,至于到底是何种"原因",又产生何种"结果",则"批判哲学"无权过问,它是"经验科学"的工作,不能"越俎代庖"。

这样,也就是说,康德的"批判哲学",并不排斥"时空"中"事物"关系之"偶然性",而充分考虑到休谟所提之问题,即"质料的世界-实质的世界"充满了"偶然性"。"批判哲学"肯定此种"偶然性"同样也是"知性概念-范畴",而只是强调,就在那充满"偶然性"的事物-实质世界"中,仍有"必然性"在,"实质"的"偶然性"并不排斥"理论"的"因果必然性"。

反过来说,"因果"只是"理论"的,不是"实质"的。

在"批判哲学"的范围内,"因-果"是"必然"的,只是意味着,"有因必有果",反之亦然;至于具体究竟是何种"事物"为"因",何种"事物"为"果",尚须"经验科学"根据具体"经验对象"所提供之具体"材料"加以整理,得出具体的结论。此种结论,虽有先验"因果律"作为"原理"保障其"推论"之合法性,但并不保障其绝对不犯错误,因而此种"结论-判断",并非"必然""正确",故需"经验实际"之"检验",对此休谟已有详细论证,康德给予之充分地位,而绝无推翻之意。盖康德并不认为,他的"批判哲学"一出,诸"经验科学"就可以绝对避免"错误",而仅"理论推导"就能增进"知识"。"批判哲学"只是在"理论"上提供"原理",使得"经验科学"之推论有一坚实之"基础",而并非意欲"越俎代庖",囊括一切科学于己身。

进而言之,"批判哲学"之"因果律",固然是一"先天综合判断",肯定"原因"与"结果"并非"分析"出来的"同一""事物",而是"不同"之"两件""事物"。亦即,我们无论怎样"分析"原因事物的"概念",决然得不出结果事物之"概念"来,而必须有"直观""综合"进来,方可有"另一""概念"。

"原因"与"结果"之所以能够形成"先天综合",能有所"直观",并非"接受""经验直观"之故,因此种"经验直观"只能从"外部"进入"概念",乃是一种"质料","质料"在康德绝不可为"先天的",而是"后天""给予"的;"原因-结果"之所以可能为"先天综合"的,乃在于它与"时间-空间"

的"先天直观形式"不可分，它是在"时空"基础上进入的"范畴"，故而必定是一种"先天"而又"综合"的形式。

根据"批判哲学"，"先天直观"既为"直观"，当有"可能经验"之"对象-Gegenstand"，凡进入"时空"之"事物"，皆为"感性-可感"之"对象"，已非抽象之"概念"，犹如"几何学"之"图形"、"代数"之"数"，虽为"符号"，而实为一个可感之"对象"，故而康德的"知识论"从"感性"至"理性"亦需"想象力"与"图式"。知识论中之"图式"或可相当于几何学之"图形"，说它是"概念"，它又是"可感"的，说它是"感性"的，它又不是具体事物，乃是"事物"之"一般"，它是"一般之事物"，而非"具体之事物"。康德的这个"事物一般"观念，实是对于几何学深入思考之结果，不是凭空生造出来的。

就"批判哲学"之"因果律"言，其对象既然为"时空"给予，而且为"先天之综合"，则仍只能作"事物一般"解，并不是"事物之具体"。它是介乎"概念"与"经验直观"之间的"一般事物"，是"先天直观"、"先天综合"，而非"经验直观"、"经验综合"。没有这个貌似"玄奥"的"事物一般"，诸"经验科学"就会失去"先天综合"之保障，科学就无准则和鹄的，就会成为应付各种外界"挑战"的"权宜之计"，而限于一种经验的技术技巧。这是经验主义从休谟直至实用主义所走的道路：只承认逻辑之先天必然，不承认经验之中亦有必然之根据。

以此之故，"事物一般"在"批判哲学"以至整个欧陆哲学中实是至关重要的观念，只是因为对于康德的"先天直观"、"先天综合"之理解不够深入，才觉得那是一种迫不得已的"遁词"，是一个"抽象"的"设置"，才以为这个观念并无多大意义。事实上，这个观念不仅对于理解康德的"批判哲学"，而且对于从康德到黑格尔以及此后进入胡塞尔现象学时代，都是十分重要的。

为了理解方便，我们上文用了一个与"质料"相对应的词："量料"。"量"如果为"直观"，则也要"（材）料"，只要不作"抽象"之理解，"质"与"量"皆需要"料"。"质料"为"建构-konstruieren""质"的"料"，"量料"就是"构成""量"的"料"。有"料"就有"直观"，而不是抽象概念。就康德来说，"质"的"料"是"经验"授予的，"量"的"料"则是由"理性-概念""建构"的。因此，在本性上，"质"和"量"的"料"是不同的。

既曰"料"，既曰"直观"，就必有"事物"；"质料"涉及"具体事物"，而"量料"则涉及"一般事物-事物一般"：前者为经验的，后者则是先天的。

于是，在这个意义上，如果承认"事物一般"也是一种"量料"，则"哲学"之"概念"，也应如同"数学-几何学"一样，具有"先天的直观"能力；"哲学"自身，也应如同"数学-几何学"一样，有能力形成自己的"先天综合判断"。这样，"哲学"也应如同"数学-几何学"那样可以成为一门独立的"科学-形而上学"，然而只是在"批判哲学"意义上的"形而上学"，其"概念"受到"限制"，不得"超越""可能的经验"范围之外，不得涉及"神-自由-不朽"这类单纯的"理性概念-理念"。

这也就是说，"哲学"的"概念"必限于"知性概念-范畴"之内，此种"范畴"，可以通过-运用"时空"之"先天直观形式"，对于感觉经验提供之"质料"，给予"形式"之"建构"，犹如"数学-几何学"将"质料"作为"同质"之"量料"而"建构"为一"必然"之"（推论）科学"。"哲学"亦将感觉经验之"质料"，"转化-形式化"为"可以量化"之"推理"，作出"形式-理论"上的"必然"之"判断"，对于"知识"的"对象世界-现象界"形成一"科学体系"。

问题在于：按照康德的思想，"哲学"之"概念"，即使是"知性概念-范畴"，自身并不直接建构"直观"，它的"直观"必依靠"经验"提供，而其所以尚有某种"先天性"，全靠"时空"之协助。于是，"哲学"如要得到"直观"，必须接受经验提供之"直观"。这样，"哲学"如要成为"科学-知识"，必须"降为""经验科学"，"哲学"作为"科学-知识"形态，必须存在于诸"经验科学"之中。"形而上学"只是"经验科学"之基础，而不能独立地成为一门"科学-知识"。在这个意义上，"形而上学"并无独立存在之"合法性"，"哲学"只是"批判哲学"。

四、"哲学"作为一门"特殊"之"科学"

"哲学"必从"经验"取得"直观"，亦即，"哲学"必须"降为""经验科学"而后得到"直观",其"先天性"只来自"时空"之"形式",但"哲学"又非如同"数学-几何学"那样为一种"形式"科学,"哲学"既曰"包罗万象-包容一切直观",则不能仅停留于"形式","哲学"需要"内容";也就是说,"哲学"不仅需要"量料",而且需要"质料","哲学"在"量(料)化-理论化-推论化""世界"时,不"舍弃""质料","哲学"面对的是"真实的现实世界",而不是"符号"的世界。

然而,"质料"的世界,在康德看来,绝不可能是"先天的",哲学的"理性概念"不可能"建构"自己的"直观",因而,不可能"建构"自己的"先天的质料"。"哲学"要保持自身"推论"的"必然性",就只能从"质料"中"退"出来,"止于""量料"的"形式"。于是,康德哲学,被后世批评为"形式主义"。

"哲学"为"质"的学问,而绝非"量"的问题所能"限定"。只有"质"才将"哲学"引入"现实(实际)世界",而不是"理论(形式)世界"。"哲学"的作用,也不能仅仅限于"批判哲学"之"消极性"。不管如何强调这种"消极性"有如何的重要,"哲学"也并不"安于-止于"这种"消极"的"限制",而要"积极"地"建构"。康德已经看到了这个"积极"的倾向,只是他认为这种倾向是需要"遏制"的。康德努力"劝说"哲学家"安于""消极"的地位,做一个"消防队员",而不是去建新的房屋。

康德所"担心"的局面果然出现了:从费希特到谢林,特别是黑格尔,"哲学"的功能又由"消极防范"转换成"积极建构","形而上学"在新的面貌下重新进入"科学-知识"的宝座。

"哲学"要重新成为"科学",不仅仅要坚持使用"概念",因为一切"经验科学"也必须使用"概念"来"思维",而且还要与"直观"相结合,才能推动并积累"知识",亦即"概念"要"超出"自身,才能"扩展"开来;而"哲学"的"概念"并不能"超出"自身,它们没有任何"直观"与其相结合、相对应。"哲学"的"理性概念"不是"知性概念-范畴",绝无相应之"直观""从外部"与其"对应",而按康德的思想,这种"理性概念"自身又不能像"数学-几何学"那样"有能力-有权利""构建""先天的直观"于其"内部"。这样,"哲学"之"纯粹理性概念"就毫无"直观"可言,就仅仅是一些"理念",而即使以其个别形态言,也只是"理想- ideal",而不可能有"可能的经验直观"。就是说,"经验-现实世界""不可能""存在- exist"。于是"理念"与"存在"分裂,"理念""在""观念"中,只是"观念"的"是什么",而不是"实存"的"是什么","是- being, Sein, einai"只是"系动词"而非"存在动词"。只是"是",而非"存在"。

康德的这种观念,使人们想起古代希腊柏拉图的"理念论",柏拉图之"理念",任何现实的"事物"不能与其"相应",它是一个"终结目标-目的",是一个"至善"的"观念-理念"。康德的"理念"不关乎任何"现实事物"之"存在"。"理想性"与"现实性"相割裂,"思维"与"存在"不"同一- Identität"。

康德当然也有"至善-终极目的"的观念,但是并不在他的《纯粹理性批判》中,而在他的《实践理性批判》中。康德的《实践理性批判》,将《纯粹理性批判》里的"遗留问题"加以处理,开出了"伦理道德"的另一番"境界"。许多被《纯粹理性批判》搁置的"形而上学"的问题,在《实践理性批判》里"接着说"了。

当然,《实践理性批判》仍然是"批判哲学",仍然是为"理性""划定""职权"范围,仍然是"防范"性的工作,但是它的意义已经不是"防范""纯粹理性"之"越位",而在"防范"它的"降格"。《纯粹理性批判》为防止"纯粹理性"进入"超越经验"领域,《实践理性批判》则相反,为防止"纯粹理性"进入"经验"领域。

"实践理性"已非"思辨理性",不涉及"知性范畴"与"直观"的关系问题,因而康德的《实践理性批判》不着重讨论"实践-意志-自由"问题中的"直观"问题,因为显然它们与"直观"无关;然而,如果从整个哲学之"形而上"的性质来看,亦即把"哲学"看做一门"学科-科学",则这个问题是不可避免的。

在康德的"实践理性"范围中,"直观"问题转化为"现实"的问题。"实践理性"固然是"纯粹理性",但原先在"思辨理性"中不具备"直观"因而不具备"现实性"的"纯粹概念",在"实践理性"中,通过"实践-行动",在"时间"的"绵延"中,具有了"现实"的内容。这样,在"实践理性"

中,"自由-不朽-神"的"悬设- postulate"才是"纯粹理性"的"必然"。这些"悬设",虽然就"思辨理性"来说,超出了"经验"的范围,不具有"合法性",但是,就"实践理性"来说,却也并非仅仅是一种"形式",不仅仅是"抽象概念",而且还是"纯粹理性概念"自身的"内容"。

"自由-不朽-神"的"概念",在"思辨理性"领域中,的确是"空洞"的,没有"内容"的,因为它缺乏相应的"经验(直观)"。到了"实践理性"中,它作为"纯粹理性"的"概念",不同于"知性概念-范畴",则仍然具有"空洞形式"的"缺陷-缺少""内容"。

不过,诸"理性概念(自由-不朽-神)",虽是不具备"经验"的"现成"的"内容",却"必然"随着"时间"之"绵延",而具有"形成中"的"内容",而并非"止于""形式"。在这个意义上,后人批评康德的伦理学为"形式主义"固然有其合理的一面——为与"思辨理性"划清界限,康德的伦理学的确"强调"了诸"理性概念"之形式的一面,但在康德的"实践理性"中蕴涵着的"内容"常常被忽略。康德的伦理学并未完全忽略"实践理性"中诸"理性概念"的"内容"的一面,只是这种"内容"需要"时间"的"绵延"。

我们看到,这里的关键,果然在于对"时间"的理解。

在"思辨理性"里,"空间-时间"为"先天直观形式",它是一种"直观",而且是"先天的",但它只是一种"形式"。与"空间"形式相对应的学科为"几何学",而与"时间"形式相对应的是"数学"。我们前面说过,它们之所以是"直观的先天形式",乃在于它们的"对象"虽为"经验的",却是"同质的"。因而,它们的"直观"不是"质料",而是"量料",是提供"量"作"计算-推论"的"材料"。"数学-几何学"无关乎"事物"的"质",则总还是"形式"的。因而,康德的"思辨理性-知识论",只是"理论"的,"思辨理性"即"理论理性"。

就"时间"来说,康德的"知识论"所涉及的,只是"时间"之"形式",它是各个"点"按照"先天原理"的"组合",这样,"时间"之"前-后",才与"原因-结果"的"知性概念-范畴"接续起来。康德"思辨理性"内的"时间",不是"不可分割"的"绵延",而是"可以分割"的"点"。在这个意义上,我们看到,康德知识论的"时间"观念实际上是"不动-静止"的,它的

"活动",只是"理论""推演"的"逻辑过程",而不是"现实"的"进程"。

实际的"时间"乃是"不可分割"的"绵延",是"实践"的,而非"理论"的;是"现实"的"过程",而非"理论"的"结构"。

"自由-不朽-神"这些"理性概念-理念"不在那"理论"的"结构"中,而在"实际"的"过程-绵延"中。"不可分割"之"时间绵延"是"现实"的,不是"理论"的。"理论"的"对象",是"同质"的,只需要"量料",即使原本为"质- material",也转化为"量"的"概念",成为"性质- quality",即"质"所以为"质- materiality"。"抽象的性质-同质的量"不是"空间"中的"事物",而只是"概念"。在"理论"意义上的"空间",也是"抽象"的,它不是"时间"中的"事物",而只是"几何学"的"图形",亦即"抽象图形"。在这个意义上,康德"思辨理性"意义上的"时间"和"空间"是"分裂"的,而"现实"的过程,乃是"质-量"统一的过程,"时间"与"空间"是统一的。"时空"的统一,才是"现实事物"的"存在方式"。

"实践理性"中"自由"的"理性概念",并不应该"止于""摆脱一切感觉经验"的消极意义——如果说,在"思辨理性"中需要着重阐明"批判哲学"的消极意义的话,那么,到了"实践理性"领域,应该强调的就是"纯粹理性概念"的积极意义。"纯粹理性概念"的积极意义在于,此种理性本身有其"实践能动"的"职能"——它"开创"自己的"世界","建构"自己的"对象"。套用"思辨理性"的话来说,"纯粹理性概念",在"实践理性"领域,有能力"建构"自己的"直观"——不是接受来自经验的直观,而是"创造"自己的"直观"。

这层意义,康德自己没有完全阐明出来,真正开发出来,是后人着重去做的;但是,应该说,康德的三个"批判",已经蕴涵了这层意思的"契机"。康德在《实践理性批判》和《判断力批判》中都已经为这种阐述留下了"伏笔"和"阐发"的余地。

从黑格尔到尼采直到海德格尔(以及他的同学马克斯·舍勒),都为这种阐发做出了巨大的贡献,将欧洲的哲学推向了更深入和更广阔的天地。

黑格尔在改造传统形式逻辑时所做的工作,已经将重点从康德的"知性概念-范畴"转移到"理性概念-理念"上来,认为康德的"知性概念"是"静止的"、"片面的",以这种概念进哲学,反倒是传统形而上学的错误;黑格尔的"理性概念-理念"则是"辩证的"、"发展的"。这种概念,在黑格尔看来,恰恰是真正的"思辨概念"。因此,他的目标,正是在这种"思辨概念"的基础上,"建构"起"哲学"的"科学体系","哲学"成为"思辨概念"的"体系","理性概念"的"体系",亦即"理念"的"体系"。

在"哲学"成为真正"科学"的道路上,黑格尔的工作具有重要的历史贡献。

在康德哲学中,"思辨概念"等同于"理论理性概念",即"知性概念",这种"概念",按照他的"批判哲学",不能"超出""可能经验"的范围,如果超出这个范围,能够"合法"运用的,只有"实践理性的概念-自由",而这个"自由"概念,不能形成一个"知识体系",而只是"道德"的事。

"理论"与"实践"在康德那里的分裂,到了黑格尔那里,被他用"理性辩证"的精神统一了起来,黑格尔的"思辨概念"是"辩证的概念",而唯有"辩证的概念",才是真正的"科学"的概念。这样,黑格尔的"思辨概念",就不仅仅是"理论"的,而且是"实践"的;不仅是"形式"的,而且是"实质"的;不仅是"量料",而且也是"质料"。从我们上述的论题来看,黑格尔的"思辨概念-辩证概念"就不仅仅是单纯的"概念",而且有自己的"直观"。"理性的思辨概念-辩证概念",乃是"概念"与"直观"的统一。

在康德哲学中,"哲学"的"理性概念"因缺少相应的"直观"——既无经验直观,又无先天直观——而不能形成"科学知识";而在黑格尔哲学中,正是"哲学"的"理性概念"将"概念"与"直观"统一了起来,将"经验"与"先天"统一了起来。"哲学"的"辩证法-辩证的理性概念"克服了"知性概念"的"片面性",它是"全面的",乃是一个"大全",并不"缺少"什么环节。

然则,黑格尔这个"大全"的"理性辩证体系",并不是"现成"的,而是一个"发展过程",不像"知性概念"那样是"静止"的,而是"运动"的。我们看到,康德在《实践理性批判》中已经涉及的"时间"的"绵延"观念,在黑格尔这里得到了长足的发展。

在康德那里,"时间之绵延"已经不再是"知识"范围内作为"先天直观形式"的那种时间,不是"现象"的事情,而具有"本质-本体"的意义,因为它已经是"实践理性"范围里的事情；我们看到，黑格尔也正是走在这条道路上。

"时间的绵延"乃是一个"过程"，没有这个"过程"，"本质"得不到"开显"，"概念"得不到"直观"，"哲学"当不成其为"科学"。康德的"批判哲学"正是缺少了这个"过程"——对于"时间绵延"思之不深，阐发不明，则只能停留在"知性概念"的领域里，不敢越雷池半步——不敢承认"理性概念"之"僭越"。事实上，在黑格尔看来，"理性"恰恰具有"僭越"的"合法性"，因为"理性"的本性在于"自由"。

"自由"意味着"开创"。"自由"的"理性概念"，并不像"知性概念"那样"等待"着"接受"感觉经验"授予""质料"，而是"开创""自己"的"质料"，即在康德意义上"建构"自己的"直观"，但又不是"数学-几何学"，而是"哲学"。

就黑格尔的"辩证概念"言，"数学-几何学"的"概念"也是"形而上学"性质的，是"静止"的、"形式"的，缺乏"内容"，而"哲学"作为"科学"，是有"内容"的。

"哲学"作为"科学"，不仅有自己的"概念"，而且有自己的"直观"，在"哲学"的"科学体系"中，"概念"与"直观"是有"过程"地"统一"起来的。"哲学"的"直观"内容，是"哲学"的"概念"自己"建构"起来的，但这种"建构"，不仅"建构"康德意义上的"先天直观"，而且也包含了"经验直观"，将"先天"与"后天""结合"起来，才称得上"全（面）"。

然则，这个"结合"需要"过程"才能达到"全（面）"，没有这个"过程"，只能停留在"片面"上，"哲学"就会降为"数学-几何学"的层面。而这个层面，康德早已指出，"哲学"的"纯粹理性概念"已经"超越"了这个领域，黑格尔只有在"过程"中，即在"时间"的绵延中，才能求得这种"超越"的"直观"。"超越"的"直观"，乃是"超越""先天-后天"的"知性结构"，"超越""片面"，进入"全面"。

"概念"要"进入""过程"，则"概念"本身不是"静止"的，而要是"能动- active"的。"概念"如何"能动"，乃是黑格尔需要认真阐明的问题。黑格尔说，"辩证的-思辨的概念"本身就"能动"。

康德的"知性概念"固然也有"能动性",但它的"能动性"只限于"建构"从外部"接受"过来的感觉经验的"质料",使其"量化",将"质料""整理加工"为"量料","构成""知识理论体系"的一个"部分"。黑格尔的"理性概念",则由"概念"自身"开创"出"质料"来,由"概念""开创"一个"世界",而不仅仅是"理论知识体系"。

"理性概念"之所以具有"知性概念"所不曾具有的"能动性",乃在于它是"自由"的,"概念"自身不能"限定"自己,因而是"不受限制-无限"的。当然,这层意思康德也是看到了的,他的"自由-不朽-神"的"概念",也都是"理性概念",是"无限"的。正因为如此,康德才认为这种概念绝无"经验直观"与其相对应,因为"经验直观"都是"具体"的,"有限"的,只有"知性概念-范畴"才有合法的权利进入这个"有限"的领域。不过,这层意思,到了黑格尔那里,有了进一层的意义:康德理解下的"无限-理性概念"被认为同样是"抽象"的,"片面"的,因为他把"无限"和"有限"僵硬地"对立"了起来,似乎站在一边的是"无限",而站在对立一边的为"有限","有限"与"无限"好像是两件完全不同的事情、两个完全不同的事物,而事实上,"有限"与"无限"是相"统一"的,是一件事的两面:任何事物都具有"有限"和"无限"两个方面,对于事物的"概念"也应如此理解。

在黑格尔看来,不仅"理性概念",而且"知性概念",甚至是"经验概念",都是"有限-无限"的"统一"。也就是说,一切的"概念",一切的"事物",都应作"有限-无限"的"统一"观。也许可以说,"经验概念"是"有限"中孕育着"无限",而"理性概念"则是"无限"中孕育着"有限"。一切"经验事物"都在"变化"中,"是"都会转化成"非",而"非"也会转化成"是","今是而昨非",因而一切具体事物都是要"消亡"的,相反,事物也都在"生生不息"。

"理性概念-无限概念"为要摆脱单纯的抽象空洞性,也要在"经验的世界""体现"自己,"无限"须得"进入-开显"为"有限","理想"须得"转化"为"现实"。基督教的"三位一体"说明了"神"进入"现实世界",取得自己的"荣耀";佛家要"普度众生",以"成""正果"。只有"进入""大千世界"的"理性概念",才能克服自身的"片面性",在"有限"中"体现"

"无限"。

无论"有限"的"毁灭""体现""无限",或者"无限"之"降格"进入"有限",皆非主观"意志"的一种"需求",而是一个"客观"的"历史-时间""过程"。"概念"之所以"必定-必然"地进入这个"过程",乃在于它本身就是"矛盾"的。

"概念"本身从不是单纯、单一因而"片面"的,"概念"是"有限-无限"的"统一",亦即"矛盾-对立"的"统一","概念"为"统一体",也是"矛盾体",康德的"综合"理应在这个"对立统一"的"矛盾"意义上来理解。

有"矛盾-对立""必定-必然"有"斗争","矛盾-对立"之"斗争",乃是"事物""变化-发展"的"动力-动因"。这是从古代希腊赫拉克利特以来的哲学教导,追究"事物"变化-发展之"原因-源泉",同样也是柏拉图、亚里士多德哲学的内容。黑格尔继承发展了这个思路,将其运用到"概念"的"辩证-发展"中来,使得这个传统发扬光大。

"斗争"并非"人为""制造"的,"人为制造""斗争",乃是假借"哲学"之名,达到"整人"的目的,把"对立-矛盾"之"统一"与"斗争"降为一种"实用"的"手段",美其名曰"实用理性",实在离康德、黑格尔哲学传统之距离,已非能以千里计,但不应以此而讳谈"矛盾-对立-统一-斗争"。其实,所谓"实用理性",恰恰将"理性""降格"为"知性概念",甚至"降为""经验概念",在这个意义上的"哲学",成了"争权夺利-钩心斗角"的"手段",足以扼杀那"理性精神"自身之"活泼"的"创造和自由力量"。

"理性概念"以其"矛盾-对立"性质"开创-创造"自己的"世界",使自己的"理想"转化为"现实"。缺乏"现实"的"理想",是为"空想","真正"的"理想""终归经过艰苦奋斗的过程""有能力""成为""现实"。在这个意义上,康德在《纯粹理性批判》里所谓"缺乏直观对象"的"理念",恰恰"有能力"在"过程-时间的绵延"中"成为-完成为""现实"。于是,在黑格尔的意义上,"理念"为"现实"的,"现实"的也是"理念"的,两者也是"对立-矛盾"的"统一体-综合体"。

黑格尔哲学并不满足于在"有限"的经验现实世界寻求变化、发展的过程,它还要追求这个世界的"终极目的","纯粹理性"由于自身的"矛盾",借助自身的"创造力",骑在"绝对精神"的马背上,"周游""世界","闯荡江湖",使自己"外化"出来,最后"衣锦荣归",又回到自身。这时的"理性-纯粹-绝对","拥有""全体-大全"之"经历","概念"得到"现实-直观"之"充实",可谓"尽善尽美",此一"圆满-至善"之"概念",正是"哲学"之"概念","绝对"之"理念"。"哲学"在"世界"的"宝塔尖"上,由"概念"自身"开显"出来,对于经验的实际世界言,"哲学"为"头足倒置的世界"。

我们看到,在黑格尔哲学中,经验的现实世界当然是"在时间中"的,是变化发展着的,但是那个"头足倒置-至善-圆满"的"理念世界",那个"哲学"的世界,却是"超时空"的,它"在""时空"之外。黑格尔的哲学,由"实际"的转向了"逻辑"的,他似乎认为,不加以"逻辑化",就不容易使"哲学"成为"科学","科学-知识"总要"归结"为"逻辑"的"结构"。"科学体系"就是"逻辑体系",尽管此时的"逻辑"已非"形式"的,而是有"内容"的。于是,在黑格尔哲学中,康德的"时间绵延"转化成为"逻辑的推演","实际"的关系转化成为"概念"的关系,"质料"的关系又被"简约"成"量料"的关系。

更有甚者,黑格尔认为"概念"要比"实际"更为"本质",是"真正-本真"的"存在"。一切"有限"的"事物"都是"存在"与"非存在"的统一,"朝是而夕非","存在与非存在"、"是与非"是相互转化的,只有事物的"概念"是超出于"是非-存在非存在"之上的,乃是"事物"之"本质"——"现象"千变万化,"本质"则"常驻"。在这里,"存在-本质"与"时间"分离,"存在-本质"向"逻辑""概念"靠拢,其结果,也使"存在"和"本质"分离开来,似乎"存在"只是"表象","本质"为"本体"。

于是,遂有海德格尔出来强调"本质"之"存在性",将"时间"引入"本体-本质",使"概念-思想-理性"与"存在-本质-本体"进一步"统一"起来。

五、"时间"进入"本体"——海德格尔的工作

海德格尔的哲学工作,奠基于胡塞尔的现象学,而又直追康德、黑格尔,

它在西方哲学中的影响范围之广泛、程度之深入，也是开创了一个时代的风气的。

海德格尔对于欧洲哲学的贡献，主要在于他"颠覆"了一个问题：按照欧洲传统的形而上学观念，从古代希腊以来，都认为"现象"是千变万化的，只有"本质"常驻，遂有"芝诺悖论"，指出"运动"之虚幻，"不可理解-不可证明"，于是也就有"第一因"、"不动致动"等说法。这种观念，到了康德似乎有了变化，因为他把"自由"引入"本体"的领域，而"自由"就有可能"动"起来。不过，就康德哲学本身来说，他的"自由"多带有"形式性"，而"形式"就不容易"动"起来，但是上述康德强调"时间之绵延"，可以看做"自由"必然"运动"的回应，只是在康德哲学中未曾加以发挥，只是打破一个缺口，这个缺口至黑格尔自是越来越大，他的"自由理性概念-绝对精神"皆因"矛盾"而自身"运动"，但这个"运动"，又归于理念的"逻辑体系"，因而减弱了其"现实性"。思路到了海德格尔，问题就越来越明确，原来以为"寂静"的"本体"，恰恰是真正-本真的"变化-运动-发展"，而"表象"的"结构"是要被"解构"的。"现象"的"变化-运动"原来是有"本质"的"根据"的，"本体"的"运动""引起""现象"的"解体"，"现象"之"运动""开显"了"本体-本质"的"运动"，"本体-本质"绝非"寂然不动"。

"本体"与"存在"之同一，不是康德的思想，而是黑格尔的哲学，但是黑格尔最终经过"全体之过程"，将"本体-绝对-理念"归于"超时空性"的"理性概念"，则又使海德格尔的"存在之时间性-时间性之存在"更"接近"康德。海德格尔相当称赞康德在《纯粹理性批判》中将"存在"与"时间"结合起来考虑。

康德的"存在"具有"经验性-对象性"，是现实的具体"事物"。此种"事物"俱在"时空"之中，"时空"是它们的"先天直观形式"，这种"直观"本身可以形成独立的理论科学——"数学"和"几何学"，前者研究"时间"，后者研究"空间"，而又因其为"直观"，则它们也如"经验科学"一样，可以使"知识""积累-增加"，而不仅仅是"逻辑"。"时空"不仅仅是"先天"的，而且也是"直观"的，只是在"直观"的性质上不同于诸"经验科学"："数学-几何学"的"直观"来自"理性"自身的"建构",因而是"先天"的,而诸"经验科学"的"直观"则来自"感觉经验"。对于"理性"来说,它们是"外在"的,因而是"给予"的,"后天"的。

我们看到,无论"先天直观"或"经验直观",凡有"直观"皆属"现象-表象"世界,都"限于""感觉经验"范围之内,而不是"超越"这个"可能经验世界"之外的"本体"世界。"现象"与"本体"的区分界限是康德哲学坚决划定了的;我们也看到,这个界限和区分,到了黑格尔那里,"边界"就"打通"了,"本质"是可以"显现"的,"现象"是"显现""本质"的。于是,"时空"就理应不仅仅是"现象"的,也应是"本质-本体"的。"本质-本体"是"现象"之"全体",亦即"经验"之"全体",但这个"全体"却"在""经验"之外,它仍如康德所言,乃是"超越"的。"本体"不受"时空"作为"(先天)直观形式"的"限制"。

海德格尔既然要把原来在康德、黑格尔那里为"超越"的"本体","拉回"到"现象界"的现实事物中来,则他的"时间-空间"就不再是"无限"之"绵延",而是"有限"的。"本体"的"时间性",带来"本体"的"有限性"。

其实,在康德的《纯粹理性批判》里,"时空"在某种意义上原本也是"有限"的,因为它们是"直观形式",而"直观"无论"先天""后天"都是一个"限制",没有"无限"的"直观"。"界限"是康德哲学的重要观念,连"理性"本身的诸种"职能",都要由"理性"自身的"批判"精神加以"厘定"其"界限","直观"岂能"豁免"这种"限定"?

实际上,在某种意义上,海德格尔是在把黑格尔改造康德的工作继续推进下去,打破了那种"大全"、"超越"的框框,犹如后来德勒兹所说的,使得"真实的世界"从笼罩着的"天幕""裂缝"中"绽露"出来,从那"超越"的"云端"里"降"下来,"回到""真实-现实"的"人间-世间"。"本体-神-不朽",统统"下"来了,"诸神""下凡","神"有了"人"气,"人"也有了"神气-精神"。"现象"是"本质的","本质"也是"现象的",都"在""时空"之"中"。这是不同于黑格尔的"现象学",是无须归结为"理论"、"逻辑"、"概念""推论体系"的"现实"的"现象学"。

在这个"现象学"中,"时空""直观"贯彻始终。在这个"现象界"

中，"事物"就是"事物自身"，"事物自身"就"在""时空"中，而不是"超越""时空"之外。"事物"已不再是康德意义上的"知识"的经验"对象"，这种"对象"，固然是"具体"的、"时空"的，但也是"概念"的、"范畴"的。它是"知识体系"的一个"环节"，因而连"时空"也只是"先天的形式"。尽管它们是"直观"的，为使这个"概念"成为真正有"内容"的，"事物"需要"解体"，成为"大全-全体"，"本体"即"全体"。于是，"事物""不存在"了，剩下了"理性概念-理念"以及由此种"理性概念""构成"的"逻辑-哲学"。

作为"现实"的"事物自身"，"在""有限"的"时空"之中，而不"超越""时空"。"事物自身"并不需要"解体"，却"有始有终"，因为它是"有限定"的。"事物""自身"的"始-终"，亦即"事物"之"大全"，不需要"另设"一个"绝对"的"超越的""全体-超越体"。没有"超越"，只有"时间"，"时间"自己"超越"自己，"时间"是"变-运动-发展"，"时间"为"事物"之"产生-发展-终结"，"时间"为"有限"。

"时间"如为"无限"，则无法"超越"，"超越无限时空"是一个自相矛盾的命题；要"超越"，必先设定"时空"为"有限"，但并非再设定一个"理性"来"超越""有限时空"。"时空"并非"框架"，"时间"本为"动-力"，则"有限"之"时间"作为"动-力"，必然"自身""超越""自身"。"时间"自身具有"超越性"，则具有"神圣性"。"时间"的"神圣性"，意味着"事物"的"存在-本质"的"神圣性"，海德格尔后来讲"天-地-人-神"，"存在"乃是"本体论"之"大综合"。

"事物"并非单纯"知识"的"对象"，也不是"实用"的"工具"，满足"欲求"的"填充物"，"事物"之"存在"，乃是"人"作为"存在者"的"邻居"，"人"与"事物""相邻"而"居"。"人"与"天-地-神""相邻"而"居"——"人诗意地栖息在大地上"。

这时候，我们-人已经"离开"康德的哲学相当"遥远"了——"人""离""理性概念-理念""越远"，就"离""事物""越近"，海德格尔说过，没有比"事物自己"离人更近的了——"人"与"事物"为"邻"，而那些"结构"起来的"理念论"、"先天论"，却是"以邻为壑"，拒"事物"于"千里"

之外，自以为借助"高科技"之种种手段，"有能力""缩短""时空"，实现古代"缩地法"的梦想，实际上只是在"量料"方面改变了"时空"的"距离"，而并不能泯灭"时间-空间"在"质料"上的"界限"。

2005年2月20日于北京

康德之"启蒙"观念及其批判哲学

1784年,在康德出版他的《纯粹理性批判》(1781年,第一版)三年之后,在当时的《柏林月刊》杂志第四卷第12期发表了应征文章《答复这个问题:"什么是启蒙(运动)"?》,而在同卷第9期,该杂志已经发表了一位犹太哲学家默西·门德尔松的同类文章《关于"什么叫"启蒙(运动)?》,按后来康德在发表自己文章时加的小注说,他如果当时已读到这篇文章,就会扣发他自己的文章,"现在本文就只在于检验一下偶然性究竟在多大程度上能带来两个人的思想一致"①。

两百年后,我们再来阅读两位先哲为回答同一题目的文章,固然也会像福柯(Michel Foucault)那样注意到正当是德国社会背景下,犹太哲学思想,如何融入进德国哲学思想的大趋势之中②,但也会感到这两位哲学家在对于"启蒙"成熟性问题的取向上有所不同。

相比之下,门德尔松的文章在行文上似乎比康德的更加清楚明白,这也许是当时月刊编者更加倾向于门德尔松的答卷的原因。

门德尔松的文章一开始就将"启蒙-Aufklärung"、"文化-Kultur"、"教养-Bildung"作了区分,认为"启蒙"重在"理论","文化"重在"实践",而"教养"是二者的综合。门德尔松这种"理论"与"实践"的区分,也许真

---

① 康德:《历史理性批判文集》,何兆武译,商务印书馆1996年版,第31页。
② *Foucault Reader*, edited by Paul Rabinow, Pantheon Books, New York, 1984, p.20. 福柯这篇同名文章,注意到了康德"启蒙"论文和他整个哲学之间的联系,并从历史本体论视角理解康德哲学中的"界限"观念,是很有启发性的。

的表明了犹太思想接受古代希腊哲学到当时德国哲学后并进一步深化的大的哲学背景，康德哲学正是建立在这种"理论"与"实践"相分立又结合的哲学思路上的，而自此以后，费希特、谢林直至黑格尔，莫不在这样一种思路的框架之中。也许，正是在这样一个基本点上，康德觉得门德尔松与自己的哲学有相同之处；不过我们将会看到，在文章的结尾处，门德尔松提出了一个康德"启蒙"文章中未曾涉及的方面，而门德尔松明确指出，这种观念乃来自于犹太作家的教导，即，任何高尚事物愈趋完善，腐败后就愈加丑陋①，残花丑于朽木，同样为"尸体"，"兽尸"不若"人尸"可恶②。这个问题，的确如门德尔松自己说的，需要另作讨论了。

而我们觉得，康德关于"启蒙"的观念，不是孤立地对一个问题的见解，而是和他的整个哲学的观念密切不可分的。一篇很短的论文，紧密地和他的整个"批判哲学"思想联系在一起，就会显得太精炼，太概括而不容易读懂，这也许就连当时那《柏林月刊》的编者也不能例外。

一、何谓"启蒙"，何谓"成熟"？

因为是问题回答，所以康德论文第一句就是："启蒙（运动）就是人们脱离自己所加之于自己的不成熟状态。"那么何谓"不成熟状态"？紧接着第二句话就是："不成熟状态就是不经别人的引导，就对运用自己的理智无能为力。"③

"启蒙"作为一种思想潮流或运动，它的旗帜上写着"理性"。这是欧洲经过文艺复兴、宗教改革之后进入的一个崭新的历史时期。

文艺复兴为人的感性欲求争取合法地位。这同时意味着，中世纪教会也曾以"理性"的名义行使着自己的权威，托马斯·阿奎那的哲学说明了这一点。18世纪启蒙运动的"理性主义"，借助路德宗教改革反对外在教条权威的思路，展示了"理性"的新的面貌。"理性"与外在权威的决裂，形成自身的

---

① Je edler ein Ding in seiner Vollkommenheit, desto gräßlicher in seiner Verwesung.
② 门德尔松的文章作为附录收在康德《历史与哲学文集》后面，见 Vandenhoeck & Ruprecht in Göttingen, 1994年，第4版。
③ 康德：《历史理性批判文集》，何兆武译，商务印书馆1996年版，第22页。括号为引者所加。

内在权威，亦即，"理性"与"自由"同一。

"自由"乃是"自己"。一切出于"自己"，又回归于"自己"。

"启蒙"精神，乃是"理性"精神，"自己"精神，"自由"精神，乃是"摆脱""外在"支配，"自己"当家做主的"自主"精神。所谓"外在"，乃是"他者"，包括了"人-他人"和"事-客观世界"对"自己"的支配；"摆脱"一切羁绊，也是"自由"的基本意义。所以康德谈论"启蒙"，强调的是运用自己的理解力——理性之一种职能，来认知世界，而不是仅仅依靠"他者-他人"的指导。"启蒙"精神是"摆脱-不需要""他者"指导的独立自主精神。

这样，康德就把自己的"启蒙"观念和传统的"启蒙"口号——"敢于认知- Sapere aude"——联系起来。"敢于认知"就是敢于自己运用自己的"理智"去独立地"认识"事物，而不依赖也不需要那些外在的"监护者-指导者-Vormünder"。康德很生动地揭示那些依靠他者指导过日子的懒汉，既然已有现成的食谱，何必再费自己脑子。所以康德认为，懒惰（Faulheit）和怯懦（Feigheit），乃是"启蒙"、"成熟"之大敌。

"启蒙"之所以需要"勇气- audere"，是因为要使自己的理智-理性"成熟"起来，并非一帆风顺，而是有一定的"危险"的。人们是冒着"风险"使自己"成长-成熟"的。一切都在"指导者-监护者"引导之下循规蹈矩，常常是最为安全的，自己独立行事，则要付出代价，要面对客观事实和指导者-监护者的双重"惩罚"。于是常常是只有少数人才有这种勇气去让自己"成熟"起来，而多数人宁愿永远在监护者的"襁褓"之中，享受"恩赐"的安康。

"人"虽生而"自由"，但一旦我们的祖先已经把这种"自由""托付"出去，我们就得付出相当的代价把这种原属于我们自己的财宝赎回来。赎回这份财宝，不仅需要物质的力量——社会发展的一定程度，而且需要精神的力量。人们要有克服"懒惰-怯懦"的勇气。

既然是一种"赎回"，则乃是"监护者"和"被监护者"双方的事情，"监护者"中有那开明的、有见识的，认识到时代的进步，感觉到这种步伐，从而向人民逐步的"发还"原属他们的自有权益。于是也有那哲学家，向欧洲的君主呼吁"讨回"这种"自由"的，康德以后费希特就曾做过这项工作①。君主们之所以允许还"自由"于民，不仅仅是因为他们的开明和见识，而是社会发展到一定阶段，还自由于民乃是促进社会发展的重要手段。没有全体人民的创造性的工作，社会就得不到进一步的前进，也就创造不了更大的物质财富，而这种财富，当然也是君主们所最为喜爱的——这个观念，也是康德这篇短文已经表达了的。

于是，康德在阐述他的"启蒙"观念时，强调的正是这种"自由"的条件。康德说，"这一启蒙运动除了自由而外并不需要任何别的东西，而且还确乎是一切可以称之为自由的东西之中最无害的东西，那就是一切事情上都有公开运用自己理性的自由。"② 康德许诺，只要允许这种自由，公众的启蒙和成熟，不仅是可能的，而且几乎是"不可避免的（unausbleiblich）"③。

"自由"是康德哲学里最为核心的概念。当然，"自由"这个观念并不始于康德，康德的工作是对于"自由"这个概念做了深入的哲学分析，使其明晰化而进入哲学的基础层面。

"自由"是"理性"的本质属性，是"理性"的存在方式。

"理性"曾经被理解为与"必然"同一。"理性"是"规则"、"逻辑"、"法律"和"权威"。中世纪为使神学带有更大的"必然性"，为神学问题的理性论证煞费苦心；而文艺复兴为了冲破神学的权威转而求助于"感性"。然而自从笛卡儿揭示感觉经验之"可疑性"以后，"理性"的问题又从哲学的基础层面凸现出来；然则，此时的"理性"，为与感性的可疑性划清界限，则强调了一种"摆脱"、"解脱"的意义——从"感性经验"的束缚下"挣脱"出来，获得"自由"。"理性"与"自由"有了天然的联系。在这种思想下，"必然"、"偶然"、"可能"等等哲学范畴，有了新的理解方式。"自由"不是"放任"和"逍遥"，不是"回归自然"，而是"理性"的"创造性"职能。

在论"启蒙"的文章中，康德进一步区分了"自由"、"理性"的两种运用，一种是"公开的"，一种则是"私人的"。康德说："必须永远有公开运用

---

① 费希特：《向欧洲各国君主索回他们迄今压制的思想自由》，收中译《费希特著作选》（梁志学主编）第一卷，商务印书馆1990年版。
② 康德：《历史理性批判文集》，何兆武译，商务印书馆1996年版，第24页。
③ 同上书，第23页。

自己理性（der öffentliche Gebrauch seiner Vernunft）的自由，并且唯有它才能带来人类的启蒙。私下运用（der Privatgebrauch）自己的理性往往会被限制得很狭隘，虽则不致因此而特别妨碍启蒙的进步。"① 在这里，所谓"公开的"和"私下（人）的"，康德说明了具体的含义。康德紧接着说："而我所理解的对理性的公开运用，则是指任何人作为学者（als Gelehrter）在全部听众（ganzen Publikum der Leserwelt）面前所能做的那种运用。一个人在其所受任的公职岗位（anvertrauten bürgerlichen Posten）或者职务（Amte）上所能运用的自己的理性，我就称之为私下的运用。"②

在这里，康德在运用"公开的"和"私人（下）的"这两个词上有自己的用法，因为通常"私人-私下"带有"个人-隐私"的意义，恰恰是与"（社会）公职"相对立的。而康德的这种用法我们只能在哲学的理论上找到根据。康德把经验的社会职务，一概归为"Privat"，它和最为广泛的"普遍性-公众性"也是对立的，这种哲学上的"普遍性-公众性"是"无限"的，是人人得而参与和享受的，而一切社会的"公职-职务"，无论其职权范围有多大，也都是"有限"的。

康德正是在"有限"、"无限"这样一个哲学的层面来理解和运用"私人-私下"和"公开-公众"这两个词的。

"理性"按其本质来说，固然是"无限"的，但是在现实世界，在经验世界，却是"有限"的，划清这两者的"界限"，并探讨这两者的关系，正是"启蒙"的表现，"成熟"的表现："理性-自由"在"本质-本体界"，是"无限"的，而在"现象界"，则是"有限"的。

在关于"启蒙"的论文中，康德强调划清这种界限，以呼吁给予-允许-鼓励"理性"在公开运用范围内的不受任何限制的自由，而指出这种公开发表思想观点的自由，并不会妨碍在实际生活中、在各种公务中的恪守职守，行使自己的职权。这里已经蕴含了后来费希特呼吁的"思想自由"。

这是康德关于"启蒙"论文中所涉及的"界限"观念；我们这里要进一步讨论的是：这种思想，与康德整个哲学思路的内在联系，了解了这种联系，对

---

① 康德：《历史理性批判》，何兆武译，商务印书馆1996年版，第24页。
② 同上书，第24—25页。

于我们进一步把握康德哲学的精神当有所帮助。这种关系,在上面提到的福柯的论文中已经提出,但需要从哲学层面进一步阐述。我们会看到,康德哲学的"纯粹性",原本不是仅强调"抽象的形式",而实在是很实际的,是从一个"纯粹"的哲学层面,时时都在关切着现实的问题,因而一提到"纯粹",就好像一定会脱离实际这样一种担心,是一种历史的误解。

二、何谓"批判哲学"?

康德把自己的哲学叫做"批判哲学",所谓"批判-Kritik"当然不是我们过去常说的"大批判"的意思,"批判"乃是"批审-厘定"的意思,而所谓"批审-厘定"正是指"划清界限"而言。"界限"观念是德国古典哲学从康德到黑格尔的一个核心的概念;而"界限"的确立,乃是"理性""启蒙""成熟"的标志。因而,就哲学的意义言,在康德看来,过去的传统哲学-形而上学,其弊病就在于"界限"不清,从而是不够"成熟"的。于是,"批判哲学"就不是眉毛胡子一把抓,而是有"界限"的、"成熟"了的理性哲学。

就康德的哲学观念来说,"哲学"的领域,犹如一个"王国"。这个王国由"理性"来统治,因而是有秩序的,而不是"无政府"状态[①];然则"理性"也不是一位"独裁"的"君主","理性"并不是不加区别地集众多权力于一身之"集权"的专制者和独裁者,而是有区别地在不同的"领地-领域"行使相应的"权力"。种种不同的"权力",是"有限制"的,因而"理性"在行使自己的权力时,也有个"僭越"问题,划清"理性"在哲学的不同领域之不同的"权限",不使其自身"越位-僭越"或者"降格-不到位",乃是康德"批判哲学"的首要任务。于是,在康德眼里,哲学的王国,也如同现实的王国那样,最为理想的政治,乃是"共和制"[②]。

我们知道,康德"批判哲学"含有三大"批判",第一部《纯粹理性批判》是这个哲学的奠基之作,具有划时代的影响。哲学史家认为,此书开启了近代

---

① 康德:《纯粹理性批判》第一版序言,Aix。
② 参阅康德:《永久和平论》,收《历史理性批判文集》,何兆武译,商务印书馆1996年版,第106—109页。

哲学认识论的方向。

《纯粹理性批判》涉及哲学的"知识"领域，在康德看来，这首先是"理性"的一个"领域-territorium）"，在这个领域里，理性概念拥有"立法权"的部分，是为"领地-Gebiet、ditio"，而"知识"在这个部分，即在理性拥有"立法权"的"领地"上，才谈得到"必然性"、"普遍有效性"的"科学体系"，而其他部分，则只是经验概念的"居住地-domicilium"，虽然它们要"符合"理性的规律，但是并没有对客体的"立法权"，因而经验概念带有偶然性，而不是科学的必然概念①。康德在《纯粹理性批判》一书中所致力的，正是论证"理性"如何在"知识"的"领地"拥有"立法权"，而"离开"这个"领地"再要行使这种权力，则为"理性"之"僭越"，理性就失去了"合法性"。由于有这种思路模式，我们才可以顺利地理解康德在批判哲学的著作中，为何大量运用当时的法学概念这一现象。

在这个意义上，康德首先把已经为休谟充分揭示的"经验概念""领域"和他的"科学知识""领地"区分开来。在学术上，康德并不全盘否定休谟所做的工作，而是指出他的理论的适用范围，即肯定"经验概念"的合规则性的确是经验的概括的结果，而并不具有"先天的-a priori"的"必然性"；然而康德所要指出的，乃是"知识"虽然来源于"经验"，但并不"止于"经验。"理性"本身并不"依赖于""经验"。

"理性"不依赖于"经验"这一命题，也是可以普遍接受的，休谟也承认逻辑和数学并非"习惯"产物，而是"先天的-a priori"，问题是此种"先天的形式"如何与"后天的内容"结合起来，而且这种"结合"中，仍然保持了"理性"的"先天"性，则是需要加以阐明的，因为休谟的工作，相当强有力地指明了这种"结合"的不可能性。于是，"先天综合判断"何以可能，就成为康德《纯粹理性批判》需要阐述的首要问题。

用我们这里关注的角度来说，"先天综合判断何以可能"的问题，也就是"理性"何以不仅拥有一个"领域"，而且还拥有一个"领地"——在这个"领地"上，理性通过"自然概念"对于感觉经验材料拥有合法的"立法权"，理

---

① 康德这层意思，贯穿三个"批判"之中，可以参看《判断力批判》的"导论"部分。

性这种职能，康德叫做"知性（Verstand）"——于是，"知性"为"自然"立法。

我们看到，在《纯粹理性批判》中，康德竭尽全力揭示"理性"如何通过"时空"先天直观形式和"范畴"的概念形式对于感觉经验材料加以"建构-constitute"，以成为"理论"的"必然知识"。这就是说，"科学知识"由概念体系组成，这些概念有"经验"的，也有"先验- transcendental"的，因而"知识"也有"经验"和"先验"之分，"先验知识"是那具有普遍必然性的知识，没有这一条，"科学知识"的大厦（王国）将倾颓坍塌。康德认为自己的工作，为挽大厦之将倾，救科学于危亡，使"科学知识"的王国得以"合法"存在。

康德在这项拯救性工作中，完成其"哥白尼式的革命"。

"知识"何以可能的关键在于"主体"与"客体"-"概念"与"对象"何以能够有"一致性"。康德认为，以往哲学知识论的失误在于"主体"围绕着"客体"转，"主体"力求"符合""客体"，以取得关于"客体"的正确知识-真理。这样的知识论路线，在康德看来，不可能真正得到"主体-客体"、"概念-对象"的"一致性"。如今把这个关系颠倒过来，使"客体"围绕着"主体"转，亦即，"对象"围绕着"概念"转。这样，在"知性概念"的"立法"职能（Vermögen, faculty）下，二者才能真正一致起来。这样我们也就可以理解《纯粹理性批判》里康德的一句名言：经验可能的条件也就是经验对象的可能条件。这就是说，在"理性"为"自然"立法的"条件"下，"经验"与"经验对象"原本源于同一的条件。"知性"的"立法"职能，不仅使经验知识成为可能，而且使经验对象成为可能：通过感官提供的杂乱的感觉材料- sense data 成为可能的经验对象。

这就意味着，"知性"的立法，为"经验科学知识"提供了合法的"（可知）知识对象"。同时更进一步，既然"知性"的立法作用，根源于理性自己，而非根据外部提供的感觉材料，则只有那些"通（得）过"理性立法的材料，才能合法地成为"理性知识王国"的"合法""臣民"，那些通不过这些法律的，则被拒绝（拒签）于这个王国国门之外，不得合法地进入该王国的领地-领土。

在这种法律条件下,如有那"不法分子""偷渡"入境,一经查出,当被驱逐出境,这一检查的职能当属"批判哲学"。而如有那"越位"的"立法者",将那些本不是"经验对象"的"份子-观念""接纳"入境,则是为"理性"之"僭越",而对此种"僭越"的审查和揭示,亦属"批判哲学"的职权之内。

"理性"在"知识王国"的领地-领土内所能接纳的"臣民",只是那些能够进入"时空直观"、可以为诸种"范畴"所"建构"的"经验对象",诸如那些"神"、"不朽"、"无限-经验之大全"等等"超越(经验)"之概念,皆非"知识王国"之合法臣民。这些概念虽是理性的,但在"知识"的领土内并无"立法权",因而不能"建立"起"经验对象",则"无权"成为"知识";于是,在"知识论"领域内,即在知识王国的领土(领地)内,康德宣布它们只是一些"理性"的"观念-理念",而"不可知"。

我们看到,理性在知识领域,作为"自然的概念",其"立法权"是受到"限制"的,厘定理性自然概念的职权范围,是"批判哲学"的工作。"批判哲学"为理性自然概念的合法权力辩护,也对理性在自然概念上的非法僭越加以"限制"。

"理性"对自己的"职权"范围有了更加清楚明了的"界限","理性"对自身有了更明晰的认识——"理性""成熟"了,这正是康德"启蒙"的意思。

在"知识"的领域里,"理性-知性"为"自然"立法,把"自然""建构"成"(可知)知识"的"对象",这样,"知识"的"领域",就成为理性自己的"领地-领土"。在这块领土上的"臣民-自然概念",就拥有合法的权利,"构成"一个和谐的王国,因为"统治者-理性"及其"臣民-(经由时空直观进入范畴之)概念"原是"一体";而那些未"进入""时空"的"感觉材料-混沌"和"理性观念-神、不朽"等,或可"居住-滞留"在"知识王国",但并非"自然概念",不是该王国的合法臣民,不拥有合法之权利,"理性-统治者"对它们也没有"立法"的权力,虽然它们也会"符合"理性的"规则",也可以进行合适的"推理",在形式上"符合""逻辑",但是这些"符合",或者只是经验的"习惯"因而是"偶然"的(休谟),或者是"超越""时空",因而是空洞的无内容的"理念"(神学)。对于它们,"理性-统治者"只是起到一种

"调节-规整- regulativ"作用，而不能将它们"建构- constitute"成一个知识的"对象"。我们看到，康德对于"调节"和"建构"所做的相当难懂的区别，在这个视角下，也许会变得清楚起来。

"理性"在"自然"的领地，无"自由"可言，它是"必然"的领域，尽管在这个领域，"理性"同样是从自身出发行使"立法"的权力，而并非从外在的感性材料出发制定"知识王国"的"法律-法则"的；这样，在"知识王国"，理性的"自由"是"受到限制"的，是"有限"的，就如同"自由"在"私下-私人"范围内受到限制一样。"自然（物理）知识"和"社会职务"都受到"经验"的限制。

"知识""止于""经验"，超出这个范围，理性要"妄想"行使"立法权"，乃是理性的"越位-僭越-僭妄"，而"理性"之"僭越"乃是"理性""不成熟"的表现。传统形而上学妄图将"神-灵魂不朽-意志自由"诸观念也当作"自然概念"一样，纳入理性的"知识王国"，正是这种"不成熟"的一大例证。揭示此种做法的"不成熟性"，乃是康德批判哲学的奠基性的工作。

于是，遂有康德那句名言：限制知识，为信仰留有余地。

三、理性为"自由"立法

"自由"在"自然-知识"领域，没有合法地位，它当然可以"居住"在这个领域，因而理性并不完全排斥去"思想-思维""自由概念"，但是，"自由概念"在"知识领域"却无权像"自然概念"那样起到"立法"作用，因为在"自然-知识"领域，"自由"无法进入时空直观，因而在经验世界，它是"无对象"的，理性无法为它"建构-建立"一个经验的直观对象，因而它的概念，虽然可以被"思想"，但却不可形成一个知识-科学的概念理论体系，而只是一个"观念-理念"，因而对于"思辨理性-理论理性"，"自由"为"不可知"；然而到了"实践"领域，亦即到了"道德王国"，则理性正是通过"自由概念"来为这个王国立法，它拥有合法的"立法权"。

"理性"这样一种"立法"的权力的区分-权限，对于康德的批判哲学来说，是至关重要的。

在道德领域只允许"自由概念"有"立法权",乃是划清"德性"和"幸福"界限的重要途径,是康德道德哲学的基石:"德性"与"道德律"有关,而"幸福"则与"自然律"有关。

"道德"涉及"实践"和"意志"领域。"实践"是按照"概念"实现"因果",但有按照"自然概念"实现因果的,也有按照"自由概念"实现因果的,二者有"原则"的区别:前者遵照"自然"的原则,而后者则遵照"自由"的原则,只有按照"自由概念"实现的"因果",才是"道德实践"的,而按照"自然概念"的"实践"事实上仍然属于"理论"的范围,因为它们遵循的仍是理论知识的原则,按照理性"自然概念"的立法原则行事,而与按照理性以"自由概念"为"道德实践"立法,有原则的不同。

康德对于"自由"观念之深入分析-批判,在欧洲哲学史上的贡献是十分巨大的,某种意义上,可以说是具有划时代的意义。或许我们可以说,康德通过"自由"的"批判",即对于"实践理性"的"批判",把欧洲哲学-形而上学,推向"成熟",推向"启蒙"。

什么叫"自由"?"自由"是"不受限制","自由"即"无限"。

"无限"的观念,在欧洲哲学史上并不陌生,但却是相当含混的,也是相当抽象的。

具体科学以"有限"为研究"对象","哲学"以"无限"为"对象",这好像是一种天然合理的划分,然而,这种把"有限"-"无限"分割开来的截然区分,使传统形而上学走入了死胡同。按康德的"批判",这种传统形而上学,是理性的僭越行为:"哲学"一方面把自己限制于"理论知识"的层面,另一方面,又要把自己的触角伸向在经验知识领域不可能有任何实际内容的"无限"观念。这种"无限"观念,实际上是理论-推理上的一个"跳跃",因而只是"想象"的产物。

"无限"观念必以"自由"为其内容,"无限"即"自由",而"自由"是"实践"的,不是"理论"的。"实践"的"自由"-"自由"的"实践"乃是"道德"之所以成为"道德"的基础。没有"自由",就没有"道德"。

"实践"涉及的领域为"意志","意志"为"欲求";有"自然"的"欲求",也有"自由"的"欲求"。"自然"的"欲求"受"自然律"支配,"自由"的"欲求"受"道德律"支配，前者为"幸福"，后者为"至善"。康德严格划分了这两者的区别，这种区分是"原则性"的，"幸福"遵守"自然律"，"德性"遵守"自由律"。

表面上看，康德把"意志自由-自由意志"的"不受限制-无限"看成"理性"为道德实践的形式的"立法"，毫不涉及经验内容。这一点的确反映他未能完全摆脱传统"无限"观念的阴影，因此也常常受到批评；只是我们还应该看到在他的形式主义道德学和自由论中，仍然包含有趋向于"现实"的精神，他的自由论-道德哲学并不"止于""形式"，因而他的"无限"概念，也并不是抽象的、无内容的，而是"趋向于"现实的，这里已经孕育着黑格尔后来的"无限-真理"作为一个"过程"的意思在内。

没有内容的"无限"，乃是一个空洞的概念，"至大无外-至小无内"只是语词概念的延伸。这种意思，正是康德在《纯粹理性批判》里批评过的"理性"脱离内容要想"扩展"其"知识内容"而实际上不可能有这种内容的"观念"，是"理性"的"僭妄"；只是到了《实践理性批判》，"无限"与"自由"相结合，而此时"自由"乃是"意志"之特性，属于"实践-行动"的领域。也就是说，在实践领域，"理性"本身就有能动-行动的力量，亦即"理性"有能力按照一个"概念"来行动，而不是非理性的机械活动。这种按照"概念"的活动，又可以分成两类：一种是按照"自然概念"的，一种则是按照"自由概念"的。"道德"行为既然是按照"自由概念"的行为，则在这个意义上，"自由"也就意味着"行为-行动"，而不仅仅是空洞的、软弱的单纯"观念"形态。

"道德"既然是一种行为，而"行为"总是"现实"的，要在经验中显示出来，可以直观的，在康德意义上，它是"现象"的，因而也是"符合""因果律"的；然而，道德行为又是按照"自由概念"的行为，而所谓"自由"，是"不受限制-无限"的，于是此种行为虽然"符合""因果律"，而又是"不受""因果律""支配"的，"自由"的"行为"，乃是"因果系列"的"断裂"，是古代的"起始者-始基"，是亚里士多德的"第一因"。

"自由"不受任何感觉经验的支配，从自身的概念出发，"产生""行为"，在这个意义上，"自由"的"行动"，就已经是一种"创造"。

何谓"创造"?"创造"是从"无"到"有",在欧洲哲学思想中是一个由犹太-基督教带来的新观念。"神"为"创世主","神"从"无"到"有"地"创造"了这个世界,而这个世界,乃是由物质材料组成的,这些物质材料有其"必然性"。因而,在这个意义上,"神"也"创造"了这种"必然性"。于是就哲学的观点来看,"神"超越于"自由-必然"的观念之上;而"人"不是"神",他只能以理论知识的形态"把握"自然-物质材料的"必然性",保留着自己的有限的自主权-立法权,不得僭越,也只能在形式的意义上拥有"自由-道德"的自主-立法权。自由-道德既然完全不依靠任何的感觉经验的材料,而又不可能"无中生有"地"创造"这个物质世界,于是它就只能"创造"一个"意义-价值-德性"的世界。"德性"不创造"物质财富",却创造"精神财富";"德性"不创造"幸福",却创造一个"配享幸福"的世界。"自由-道德-德性"乃是一种"精神性"的"创造",这是"人"作为"有限理智者"所能行使的具有现实性的"权力"。"理性""有权"在"自由-道德"的领地"立法",但这个"立法权"只限于"形式",而不像在"自然"领域,有相应的"内容"。这就是康德道德哲学常常被批评为"形式主义"的原因。

然而,尽管康德理应接受这个批评,但是他还是可以有自己的辩解,事实上,他也曾做过辩解的。我们看到,他在1793年的一篇题为《论通常的说法:这在理论上可能是正确的,但在实践上是行不通的》文章中,在回答一位教授的批评时说:

> "按我的理论,则既不是人类道德本身也不仅仅是幸福本身,而是世界上最可能的至善——它就在于两者的结合与一致——才是创造主的唯一的目的。"①

这个"至善"观念,在康德的《实践理性批判》中有比较详细的论述。康德哲学意义上的"至善"并非一般所谓的"最高"的"善",而是"德性"与"幸福"相结合的"配享幸福"的最佳境界。在这个世界中,"德性-幸福"有

---

① 康德:《历史理性批判文集》,何兆武译,商务印书馆1996年版,第169页。

一种可以相互"推论"的必然关系，因而"道德"的"自由"和"现实"的"自然（必然）"，是为一体，不可分割。这样的境界，在尘世间一"人"的世界只是偶然迸发出来的思想闪光，而在另一个世界，在"神"的世界——在"天国"，则是实实在在的"现实"，它"必定-必然"为"现实"。在这个意义上，康德的"至善"为"完满-完成- Perfection"，是一种"宗教"的境界。

然而这个"宗教"的境界，在康德的哲学中，倒也不是"想象-幻想"的产物，而是由"人"的理性的"自由"保证了的一个理路。"自由-道德"必然导向这个境界，这个境界的出现，是理性的必然"悬设- Postulation"。

无论康德哲学的理路如何，它不"止于""形式"，这一点是很清楚的。它的"至善-完善-完成"观念，说明了康德道德论在意图上的"现实性"；不仅如此，我们还看到，康德为强调他的"至善"的这一特点，甚至拿来与中国老子"至善"观念的"虚无性"作对比。康德在1794年《万物的终结》一文中在批评"神秘派"时曾说：

> 由此便产生了至善就在于无这一老君体系的怪诞，亦即就在于感觉到自己通过与神性相融合并通过自己人格的消灭而泯没在神性的深渊之中这样一种意识。为了获得对这种状态的预感，中国的哲学家们就在暗室里闭起眼睛竭力去思想和感受他们的这种虚无。①

康德对于老子的批评，固然可以商榷，但是他是为了强调他的"至善"观念原本是一个"现实"的概念，因而是清楚明了的，不是一个"混沌"，是一个"理性"的概念，而不是"想象-幻想"的产物。

何谓"现实"的概念？"现实"概念必定是"有内容的"，因而是"具体"的，不是抽象的、形式的。因而，"至善"是"具体"的，不是"抽象"的，不是"天人合一"，不是把"个人-个性-个体""融化"于"天地"之中；而正是通过"个性"，通过"自己"，通过"自由"，按照理性的道德律，通过"无尽"的"修善"，"进入"一个"至善"的"现实世界"。

---

① 康德：《万物的终结》，见《历史理性批判文集》，第90页。

在道德的世界,理性的进程与知识的世界正好相反,它遵循的是一条"自上而下"的途径,由"抽象-形式"走向"具体-内容"①。

就我们的论题,康德这个思想意味着:"无限"必须在"有限"中才是"现实"的,"有限"中的"无限",才是"现实"的"无限",或者说是"真实"的"无限"。换句话说,也就是只有在"必然-自然"中的"自由"才是"现实"的、真实"的"自由",而"实现"这样一种"真实-现实"的"自由",不是"理论"的过程,而是"实践"的过程,因而是一个"时间"性的问题。"过程"需要"时间","过程"就是"时间"。在康德看来,是那无尽的时间绵延的修善的可能性,保证了"无限-自由"终将具有"现实"性,普遍的道德律,才能与"个体"的"修善"结合起来,而不至于理解为"个性-自由"的"消灭"。

没有"个体"的"自由",犹如没有翅膀的天使,它混同于万物之中,实行"天人合一",乃是一种"泛神论"、"自然神论"。在此视角下,"自由"等同于"自然",遂使人有一种幻觉,以为只有"回归自然"才是最大的"自由"②。

"自由"的"创造",是一个"从无到有"的过程,"无"和"有"在"过程"中得到统一。"从无到有"的过程是一个从"无限"到"有限"的过程,"无限"只有达到了"有限",才是具体的,现实的,才是"完成"的,"完善"的。"从无到有-从无限到有限"是一个"现实"的、"实现"的过程。从"自由"到"至善"也是一个"现实-实现"的过程。"至善"为"完成"、"完满"、"完善","完善"中的"无限",是"有限"中的"无限",只有这种"无限",才是现实的、实现了的、完成-完善了的"无限",才是真正的"无限",而再不是抽象的、形式的"无限-自由"。我们在这里可以看到,黑格尔关于"好的无限"和"坏的无限"的原则区别,在康德这里,已经有了思想的雏形。

然而,康德认为,这种"好的无限-至善",这种"现实的-实现了的无限",只是"神城-天国"的事情,在"人间-人的世界"是不可能达到这种

---

① 康德:《实践理性批判》序,参阅关文运译,商务印书馆1960年版,第14页。
② 于是,我们看到,"灵魂不朽"的问题,才有了一个既非一般迷信又不同于希腊苏格拉底的思路,被康德将其与"意志自由"、"神的存在"并列为实践理性的三大"悬设",这个问题需要另文评说。

"至善"的。康德认为，既然《实践理性批判》已经找到了"至善-神城-天国"的理路根据，人们就有理由实行"不断修善"把"至善-神城-天国"作为"目标"，"相信"它的"存在"。因为这个"天国"既然不是空洞的抽象概念，不是幻想迷信的产物，而是有内容的"具体现实"，因而它也是的的确确的"存在"。对于这个"存在"，作为有限理智的存在者-人既然不可能在经验世界找到它，从而不能形成"科学知识"，于是，它只是"信仰"的"对象"，不是"知识"的"对象"。凡能成为"对象"的都是具体的，现实的，因而是"受限制"的；只是"至善"这种现实性却体现了"时间-实践"的"无限绵延"，在"不断地"修善过程中，人们有理由"相信"这个"无限"的"现实性"，于是，这种"信仰"，就有了"理性"的根据和保障，而不是一般的迷信。

于是我们看到，"理性"为"自由"立法，按照"自由概念"的实践理性，本身虽是"无限-不受限制"的，但是"自由"要成为"现实-具体-实现了"的，则仍需与"有限"相结合。

单纯的"无限-自由"仅仅是人类的一种想象，这种想象，有时会是很美丽的，但却也是种种"独断"的根源。康德"批判哲学"所"批判"的目标，主要针对着一切形式的"独断主义"亦即"教条主义"，为"有限-限制"找到哲学上的根据，乃是康德"批判哲学"的巨大贡献，而这种贡献在德国古典哲学从康德到黑格尔的发展中尤其清楚地展现出来。

"限制"的哲学意义的发现，意味着"哲学"也由"驾临"一切之上的抽象形而上学的"宝座"上跌了下来，面对着"有限"，面对着"现实"。哲学的现实性，意味着哲学的"启蒙"，哲学的"成熟"；"哲学"摆脱"他者-神学"的统治，而"成熟"地运用自己的"理性"。成熟的理性不是独断的理性，而是有分析、有区别地运用自己。"理性"之所以成为"理性"，不在于它是"独断-独裁"的。"独裁-独断"乃是"理性"的"误用"和"僭妄"。"独断-独裁"的"理性"陷于"孤家寡人"的"形式-抽象"，终究会是"空洞的"。

2004 年 5 月 16 日于北京

"哲学"如何"解构""宗教"
——论康德的《实践理性批判》

康德在哲学史上的地位,尚未真正梳理清楚,他的三个"批判"的内在关系,也还需要进一步地阐发。我们常说,康德的"实践理性"是引向"宗教"的桥梁,这话不错,但具体都有哪些内容,其中关键的核心问题又是哪些,所知并不十分确切。应该说,康德《实践理性批判》的意义,远不仅在于确立与"理论理性"相对应的另一种"理性"之功能,而更在于:此种理性功能之开发,扩充了自柏拉图、亚里士多德以来的哲学传统,使它有了新的内容。即:将已深入欧洲人心的基督教思想,融贯到以希腊为传统的欧洲哲学思想中来,使其不再游离于哲学之外,不再有一种若即若离的关系,而化为哲学体系的一个不可或缺的组成部分。将基督教宗教问题接纳到哲学中来思考,或为基督教问题寻求哲学的理解、辩护方式。这个工作,许多的哲学家、思想家——像中世纪的奥古斯丁、安瑟伦、托马斯等等,近代的笛卡尔、斯宾诺莎、莱布尼兹等等,都做得不少,但集其大成者是康德。

一、"神存在之证明"的反驳

在《纯粹理性批判》中,康德对于历史上"神存在"的几种著名的"证明",提出了反驳,指出不可能从理论上、知识上、科学上来"证明""神"的"存在",当然也不可能从这些方面来"否定""神"的"存在"。在反驳这些（本体论、宇宙论、自然神论）"证明"中，康德说，最核心的是对"本体论证明"的反驳，其他的"证明"，都蕴含着"本体论证明"的基础。

我们看到，从形式推理来说，"本体论证明"是很强有力的，由安瑟伦完整、系统地提出来后，受到哲学家的重视，斯宾诺莎更以几何学的方式，进一步"完善"了这个"证明"。他认为，既然"神"被设定为"无所不包"的一个"大全"，则如说"神""欠缺"（不）"存在"，就是"自相矛盾"，因此"神""必然""存在"。至此，斯宾诺莎认为，"神之存在性"，已经"证毕"。

"本体论证明"这种逻辑上的"魅力"，来自于"证明"与"证实"的区别和界限：可"证实"的，未必都可"证明"，而可"证明"的，也未必都可"证实"。一件"事实"（事件）的"目击者"（witness），未必都能对"事件"做出逻辑推论；而几何学的一些定理，只能在"抽象"的意义、"象征"的意义上来"证实"，如圆周与圆心联结的任意直线皆相等之类的，因为世上并无绝对的圆，其与中心的直线距离可能不等，更何况，连"直线"也是虚设的，世界上也并无绝对的直线。康德当然很熟悉这一切，他在反驳时也都指出了几何学抽象概念与经验世界之间的对应关系。然而，"神（学）"不同于"几何学"，"神"也许是唯一只能"证明"，不能"证实"的东西，因其不能"证实"而否定其"证明"，是要费一番工夫的。

应该说，康德在《纯粹理性批判》中，主要也还是从"证实"方面来否定"本体论证明"的，因为他强调"存在"是一个"综合判断"，因而必然要与经验相对应的，不可能以单纯的"逻辑的推论"来"证明"出来。这就是说，关于"神"的"证明（论证）"可以没有矛盾，在理路上很"通"，但仍然得不出"存在"的结论来，即"前提"和"结论"固没有矛盾，肯定"前提"，必肯定"结论"。不过康德说，如果连"前提"一起否定，则此种反驳，也没有矛盾。康德不是说"神""不是""大全"，而是说，"神是大全"这"前提"无关乎"存在"，"存在"不是"神"的一种"性质"，也并非"分析"出来的。"存在"的问题不是"推论"的问题，而要有"证实"，要在经验世界里有相应的"直观"，这一点，是"本体论证明"做不到的。

不过，这一点，大概许多神学家也都已考虑到，因而在逻辑的证明以外，尚有"天启"（revelation）之说。托马斯认为"天启"是神学的重要部分，

"神"是可以"显现"出来的。"天启"不是"推论",不是"证明",只是在某种意义上的"证实",这种"证实"又如何为"理性"接纳,是康德在《实践理性批判》里要做的工作。

二、《实践理性批判》的工作

康德在《纯粹理性批判》里已经指出,所谓"大全"、"无限"……只是一个"理念",而没有客观性、现实性,因而不能"证明"-"证实""有"一个"神""在";在《实践理性批判》里,康德则要从"实践"、"道德"的方面,把"大全"、"无限"……"证明"-"证实"出来,即让"有一个神在"这个"结论",从"实践"上,具有客观必然性。

一个合理的推理,一方面要有合法的、合逻辑的形式,同时也需要有一个合适的内容,而在思辨理性里关于"神"的"本体论证明",就只是一个"空洞的形式",因为此时的"大全"、"无限"——"神",只是一个"理念",而不是一个"客观对象"。从这方面来看《实践理性批判》面临的任务,就在于如何确定这个"理念"同时也是一个客观的、必然的"对象",使"有神在"不至于徒具"形式"而无"内容",于是像"真有那样一个对象在"这个判断"并不是空洞的,而是确有所指"。① 换句话说,如果在科学知识领域里,康德的问题是:一个必然的知识判断(先天综合判断)如何可能,则在道德实践领域里他的问题就是:一个必然的道德判断——虽无经验综合,但却是客观的、现实的、有对象的判断——如何可能。

在进入本题前,要理解《实践理性批判》的工作,首先还要弄清楚:为什么"实践"会成为与"理论"完全不同的领域,而和"道德"(德性)必然地联系起来。因为通常"实践"的领域很宽泛,从古代希腊以来,包括了个人的、社会的、实用的、科学的等等,并非只和"道德"(德性)相关,康德把"实践"厘定为"道德的",在哲学史上也是很重要的贡献。

在理论、知识的领域,我们有先天的直观、范畴形式,我们是"立法者"、

---

① 康德:《实践理性批判》,关文运译,商务印书馆1960年版,第139页。

"主动者",但,同时也是"受制者"——受制于感性的物质材料,我们要为它们"立法",但它们的"存在"是不以我们的"立法"为转移的,感觉材料必须"给予"我们,才有"立法"问题,尽管此种"法"早在它们"给予"之前、而不依赖它们的"给予"就有了的,就像"移民",在进入某国之后,才有遵守该国法律的义务,尽管该国的"法"早在移民"移入"之前,而"移民"也早在"移入"之前就都已存在了。总之,知识的、科学的王国,是"双向的",既是分析的,又是综合的,然而,人的"理性"并不满足于"规范"、"管理"此种"给予"的材料,一切感性的东西——哪怕是由我们的理性"制作"出来的东西,我们的"理性"总是不满意的,总可以说"不"。我们有理性的人之所以有"行动",要"改变"、"改造"这个世界,而不像动物主要只是"适应"这个世界,其根据就在于"理性"不受感性世界任何"给予"的限制。

这就是说,"理性"自身就有"实践"的功能,恰恰不是由感性来支配,而是对感性世界的一种"摆脱"——一种否定的力量。"世界本不该如此",乃是植根于"理性"的实践功能之中,"物自体"的观念,也不仅是单纯思辨理性的产物,不是人类"好奇心"、"求知欲"的驱使,而是就在人类理性的最为直接的实践功能之中。

这样,基于理性的实践功能的"物自体"本已具有"道德"的意义,因为它来自于一个单纯的"应该";而摆脱眼下感性的现实世界(包括人自身的感性欲求),根据理性的"应该"行事(行动),就是一种"德性"的表现。于是,"物自体"问题的提出,根源于人的"德性",而不单纯是科学知识推进的结果。这或许还可以说明,为什么我们的古人相对讲并无多少现代意义上的科学知识,却有着非常强烈的探本求源的精神,而现代高科技条件下的人们,竟反倒可以没有此种觉悟。从这个角度,我们也可以体会出,康德为什么要说"实践理性"比起"思辨理性"来具有"优越性"的缘故。于是,物自身"在"实践(德性)中,不仅为"理念",而且为"客观对象",则仍可有门"学问"来"研究"它。

三、"自由"观念进入哲学的核心

"自由"当然是很古老的观念,希腊人有"自由民"之说,是一个政治身份的概念,在社会地位上是很重要的,但似乎并没有进入哲学的最核心的层次。在柏拉图、亚里士多德的著作中,未见着重讨论,而他们的哲学问题是如何达到"真知识"——"真理"。中国还有"随心所欲而不逾矩"以及"庖丁解牛"的故事,但也是知识、技术到了纯熟阶段的一种"得心应手"的境界。

哲学上的"自由",是由"实践理性"引导出来的,亦即由"道德"、"德性"引导出来的。"自由"是"道德"的基础,是和"自然"在原则上不相同的一个领域。

说来有趣,希腊的"真理"($ἀλήθεια$),按海德格尔的解释,是把"遮蔽"($λήθης$)的东西"解开"($ἀ$),有一种否定的意思。而康德的"自由",倒是那"摆脱""现象"(知识、经验科学)的力量,出来的也是那"真理"——"本质"、"物自体",不过这种力量不是经验科学的,而是道德的、德性的、实践的。

"自由"意味着不受感性欲求的制约,是"不受制约者",因而是感性世界因果系列的"断裂",从而展示出不同于感性世界的"另一个"世界,有着不同于感觉世界的"另一类"问题。

当然,"自由"不仅是消极的"否定"力量,同时也是一个积极的"肯定"力量,因为"自由"是一种"发动"行为的能力,不受感性欲求支配的"行为",乃是"自由"的"行为"。此种行为,才有"道德"问题,才有"善"、"恶"问题——受制于感性的行为,是"不得已而为之",不分"善","恶",则无关乎"责任"。饥饿的人要吃、要喝,乃是"自然"的,取之以"宜"(义),是"合乎"道德,而"不食嗟来之食",就更有"发乎(本乎)"道德的意味。作为有理性的自由的人的行为,不但要"合乎道德",而且要求"本乎道德"。"本乎道德"的"行为"才是"自由"的"行为"。本乎"自由"的行为只有在最高的意义上才同时是"本乎职责"的行为。经验世界也要求人们各守其职,完成社会分配的"任务",能做到这一点,因其克服了一己之私利而显示出的人格高尚,也理应受到尊敬。然而,"本乎自由"的行为则尚有更高的要求,即甚至是社会各个团体的集合"理想",仍是"限制"不了的。即"自由"理应"摆脱""一切"感性世界的限制,不论是具体的,或是概括的,不论是小的,或是大的,不问概念"外延"之大小,都是"限制"不了哲学意义上的"自由"的。于是，这样的"自由"就完全是"形式"的，而不是"实质"的，它在一切行为之先，也在一切具体"理想"、"概念"之先，迫使人们的行为没有任何"借口"来逃脱"责任"。"军人"不能以自己的"职责"来为自己参加不义之战开脱"罪责"，在最终意义的"自由"面前，人们无权说"无可选择"。一切集团的具体"职责"，固然不是个人的，但仍是经验的，它固然要求个人为这个"职责""牺牲"一己私利，但此种"牺牲"是为了一个"更高"的（经验）利益，而不是"摆脱"（无关乎、无涉于）一切经验功利的"纯粹"的"道德"行为。世间的一切"任务"，也都要求"审慎"行事，"效果"是主要的；道德的行为，对行为的道德评价，则基于"意志（意愿）"，而"意志"理应可以不受一切经验条件的制约。一切"审时度势"的考虑，都掺杂了知识、技能的因素在内，而真正的道德行为，则的确是最纯粹的"成败利钝"在所不计的。

这也不是说，本乎经验"职责"行事的品德对于哲学的"自由"毫无意义，相反，世界上任何民族都赞美"舍己为公（人）"的行为，正因为它"透露"了"自由"的信息，说明"人"不是纯粹感性的存在者，而是一个有理性的存在者，只是当人们把高尚行为所泄露出来的"自由"信息牢牢把握住，加以透彻地思考，"自由"才"上升"为超越的哲学理性的高度，真正和经验的、自然的、必然的世界划出明确界限来，以便更进一步地开发其深刻的意蕴。

四、"自由"与"自然"——"德性"与"幸福"的关系

我们说，人作为有理性的存在者，在根基里蕴藏着理性的自由，蕴藏着道德的慧根，但人不能仅仅依赖"自由"生活，因为人又是感性物质世界的一部分，必须遵守自然的必然规律。人为了能够生活在自然的世界中，要学会对付自然的挑战，制服各种自然灾害，为了过更好的生活，人要利用自然，改造自然，在这个过程中所发生的各种利益冲突，要有社会的法制和伦理的规范来调节，以求得平衡发展。这一切都是由自然的必然性所支配的。

然而，"自由"因是另一个领域里的事，所以并不能保证有德性的人必定在经验世界有相应的"幸福"。在这里，"德性"与"幸福"之间并没有一定的

因果关系，不能从"德性""推出""幸福"，同样，也不能从"幸福""推出""德性"，而世上恰恰充满了有德之人得不到幸福，而有幸福的却并无德性。康德说，这在构架上，就像在《纯粹理性批判》里的"二律背反"一样，只有把它们当作两个原则上不同的领域里的事来看，才能避免这种矛盾。

所谓"避免矛盾"，乃是说，这种矛盾实际并不存在，而只是理论上的一种"幻象"。如果我们按"实践理性"和"理论理性"之原则区分来严格划分自由与必然（自然），则"德性"是"自由"的事，而"幸福"则是"自然"的事，本是两回事，不可同日而语；它们各自在自己的领域里起作用，"碰不到一起"，何来矛盾可言。

这是就道德与知识、自由与自然分属两个领域来看，的确如此。然而，此种消极的划界限的方式并不能完全"平服"理性的追问，因为实际上，人们仍不断地追问道德和幸福的关系，追问在二者之间有无"公平"（justice）。希腊人从产生哲学思考的兴趣初期，一直到柏拉图，"δίκη"（公道、正义）就未曾离开哲学之左右。然而"公正"问题，如与宗教问题结合起来思考，则又会有另一番天地。

只是纯形式的"自由"，不能保证、许诺人的幸福；只有充足的物质财富，当然更不能说明拥有者之"德性"。要使"德性"与"幸福"不但不产生"矛盾"，而且相互之间要有（必然的）因果关系，康德认为，在这里，人们需要宗教。所以宗教并非完全盲目产生，而是有一种理性的根据。只有在宗教-基督教的思路中，"德性"和"幸福"才真正有了"因果关系"，这样，才能保证，人能够按照他的"德性"，分配到他应享有的"幸福"，同时也能从他享有的"幸福"，推想出他的"德性"来，而且，此种"分配"和"推想"，都可以精确到不差分毫。在这里，宗教-"神"，不仅是个评判者、判断者，而且是个"分配者"，这一方面是康德当时社会风气之反映，同时也说明"自由"与"自然"王国之间的沟通，亦有个"量"的问题，在"量"上也要十分精确。

无论如何，宗教-"神"终于把"自由"和"自然"两者统一了起来。人们对"公正"的需要，"创造"了宗教，或"类宗教"，这似乎也是世界上许多民族思想上共同的趋向。

然而，哲学的任务仍要在推理、理论的层次上，把宗教问题纳入一个理论的框架。康德为"自由"、"德性"和"自然（必然）"、"幸福"的关系，设定一个"至善"观念，就是在自己的哲学框架中来解决宗教问题的一个途径。

五、关于"至善"

我们看到，两种"至善"观念是康德完成其由"道德"到"宗教"过渡的关键。康德说，通常把"至善"理解为"至高无上的善"，是作为道德行为的动机来理解的，这个"善"乃指摆脱一切感性制约的道德动机，因而"至高的善"就是"自由"，乃是道德的"自律"。而康德在《实践理性批判》中指出，还有另一种更为深刻意义上的"至善"，指一种"最高圆满"的"境界"，亦即"道德"与"幸福"——因而"自由"与"自然"相和谐一致的王国，这个王国乃是"神的王国"，是宗教的境界。这个王国，因有"至善"的设定，故不是虚无缥缈的海市蜃楼，而是实在的客观对象。因为有了"至善"作为"道德圆满"的"对象"，"神的存在"这句话，也就成了一个有内容、有客观意义的"判断"。

康德指出，"至善"在实践理性意义上作为"对象"的设定，并不能扩展我们的思辨理性的"知识"，因为在"知识"和"科学"的体系中，"至善"只是一个"理念"，而并无经验的"对象"。在"实践理性"中，由于"自由"的引入，使作为"动机"的"至善"和作为"结果"（幸福）的"至善"发生了分化，而理性之所以并不放弃将两种"至善"合一的希求，乃是因为可以借助"宗教"之力，使"自由"的"原因"与"必然"的"结果"结合起来，从而向人们保证：合一以后的"至善"，才真的是一个有客观意义的"对象"，从而人们可以合理地说，"全知"、"全能"、"全善"的"神"是"存在"的。这样，康德在反驳了关于"神"的"本体论证明"后，又把这个"证明"的"推论"部分，引入了实践理性的"悬设"（postulation）。在这里，康德所谓"悬设"，不同于"逻辑"的"证明"，不同于"经验"的"证实"，也不同于康德所谓"先验的演绎"（transcendental deduction）。这里所谓"悬设"，就其推理的必然性来说，"类似"于逻辑的"证明"，就其"有对象性"来说，又"类似"于经验的"证实"；它不具有思辨理性的推理的必然性，而具有实践理性的推演的必然性。

这就是说,"实践理性"从"自由"、"德性"出发,要能把握它们与经验幸福之间的因果关系——亦即"自由的因果关系",则必然要承认"至善"作为一个"对象"的客观意义,否则,所谓"自由"只是"形式"的、"空洞"的,"德性"只能隐藏于"内心"(内在)的"动机"之中,看不出"现实"(外在)的"效果"来。在康德看来,"至善"是实践理性的必然的设定这个意思,是从理性的实践功能中必然地开发出来的,否则,实践理性也就无从对思辨理性真正具有"优越"作用,"自由"(德性)也就无从真正"规范""自然"(幸福)。

这样,我们看到,由于"至善"作为实践理性"对象"的确立,又必定要"悬设""不朽"和"神"之"存在"。之所以要"设定""不朽",是因为如果人的人格、精神、灵魂随"时间"而消失,则一切的"向上行善的努力"也将失去意义,"至善"就不可能成为一个"圆满"之"对象"呈现在"理性"面前,而流于"幻象"。于是,"实践理性"的"不朽",不是经验世界的"时间"的"无限绵延",因为此种"绵延"乃是"思辨理性"的一个"理念",并无"客观对象"的意义;"实践理性"的"不朽",按康德的说法,是"不在时间中的延续"[①],不是经验时间上之"不朽",而是在"超越"意义上有一个"过去"、"现在"、"未来"之"延续性"。在道德、实践的领域,所谓"责任"正是针对"过去"和"未来"而言的,如果没有"过去"和"未来",则"责任"亦将消失。"自由"作为纯形式的、否定、消极的因素而言,只是"当下"、"眼前"、"现时"的,但作为"积极的""自由"因素而言,则不能"逃脱""过去"和"未来"。

至于"神"的"悬设",乃是宗教的最核心的部分,也是"至善"的一个必然的推演。"至善"要靠"全知"、"全能"、"全善"的"最高存在者"来成为一个有可能实现的"客观对象"。只有"悬设""神"之"存在","公正"地按人的德性来精确地"分配""幸福"才是可能的。

---

① 康德:《实践理性批判》,关文运译,商务印书馆 1960 年版,第 139—140 页。

六、人的王国与神的王国

从康德在《实践理性批判》所做的工作中，我们可以看到，"神"——基督教的"神"，不能从"自然的王国"推演出来，而要从"自由的王国"推演出来。

从"自然的王国"推出"神"来，世界上各个民族有很多的经验和尝试。古代希腊人和古代中国人都曾是这方面的佼佼者。由"形而下"上升为"形而上"，有一个"大全"、"公正"的"绝对观念"，乃是从"自然王国"推演出"神"——宗教的基本道路。这条道路，是和"形而上学"（metaphysics）同步进行的。柏拉图的"理念"论，亚里士多德的"存在"论，以及中国传统的"天道"观，都是"形而上"的产物；虽然中西哲学在"形而上"问题的理解上，有很多不同，但就连儒家的伦理、道德观念，因为缺少"自由"这个"度"，而仍以"自然王国"为其根基。

古代希腊人也一样。亚里士多德从宇宙之和谐见出"造物者"之伟大、庄严，但这个"造物者"只是以自己的睿智将物质的材料(ὕλη)安排得"神奇"、"美妙"，"神"是"秩序"的"创造者"，而还不是"世界"的真正的"创造者"。

基督教产生的时代，人们并不能如此安详地俯仰天地，它是在"世界"的不公、无序中诞生的。基督徒们只能借助于自身的道德的"自由"（德性），"悬设"出一个"神"，来"设定"它是"全智"、"全能"、"全善"的。它的"王国"，不仅是"理想"的，而且也是"现实"的。因为它是从"无""创造"出这个世界来，它是真正意义上的"创造者"，而不仅仅是一个"设计者"和"制造者"。套用康德的话来说，"知识"、"科学"固然需要外在的物质提供感觉的材料，但"道德"、"德性"则完全用不着借助这些材料来完成自己的使命。"自由"首先就是从"无"开始，是"始作俑者"。

所以，我们说，从"自然的王国"推出的是一个"理念"性的"神"，是一个"智慧"，一种"力量"；而从"自由的王国"推出来的则是一种"德性"，一个"人格"，则既是"理想"的，又是"现实"的。同时，"理念"可以是

"一",也可以是"多"。这是柏拉图曾面临的问题,因而从"自然王国"推出的"神",不能保证为"一",而从"自由王国"推出的"神",则只能是"唯一"的。

不错,在"自由的王国"中,"人"是"自由者",而"自由者"就是"有理性者";不过"人"不可逃脱地又是"自然王国"的一分子,因而它只是"有限的理性存在者"。作为"有理性者",他在"自然王国"里向"自然""立法","人"是"自然"的"立法者";而在"自由的王国"中,"人"或可谓"为自己立法",但在"神的王国"中,"人"则只是"臣民",它要"服从""神"为这个"王国"制定的"法","神"是这个"王国"的"立法者"。不但如此,因为"神"是"唯一"的,所以它又不仅仅是"立法者",而且还是"执行者"和"审判者"——"神"是"人"及其"世界"的最高"统治者"。在这个意义上,"神"就不是"人"的"自我"的绝对升华,而是对"人"来说是"异己"的"他者"的升华,即列维纳斯(E. Lévinas)说的那个"绝对的""他者"。正是这个"他者",使我们人类"看到自己不得不那样远远地(in solcher weite)与理性世界沟通起来"①,而"我们如果尽力奉行善事,那么我们就能够希望一种自己无能为力而从别处惠临我们的奇遇"②,因为在感性的现象世界,德性与幸福的契合,"只是偶尔才有的"③,而只有通过宗教,基督教及其"神",这种"契合"才是"必然"的。因此,我们看到,在"自由的王国",在"道德的王国","人"并不向"自然"颁布律令,而是由"理性"向"人"自己颁布律令,所以是"自律",康德对"道德"的"自律性"之强调是不遗余力的;但在通往"神的王国"过程中,"道德"之"自律",将让位于"宗教"之"他律","人"只是"神的王国"中的一个"臣民"。

1997 年

---

① 康德:《实践理性批判》,关文运译,商务印书馆 1960 年版,第 118 页。
② 同上书,第 18 页。
③ 同上书,第 130 页。

重新认识康德的"头上星空"

在康德的墓碑上刻着他《实践理性批判》最后"结论"部分开头第一句话:"有两种东西我们愈经常愈反复思想时,它们就给人灌注了时时更新、有加无已的惊赞和敬畏之情:头上的星空和内心的道德律。"①

这句话因为它的崇高的境界,学哲学的人几乎无人不晓,甚至也可以说,每当我们想起这句话时,我们自己内心原被压抑着的美好的情操都会被调动出来,感到自己的人格得到了净化。然而,最近我在温习康德著作,读到这一句话时,在赞叹之后,发现我们——至少我自己——在很长时期内对这句话的理解是不很正确的。我们常常把这句话的两部分分别理解为:前半句中"头上星空"指康德在《纯粹理性批判》中所研究的"自然律",而后半句当然指本书《实践理性批判》研究的"道德律"。这种理解表面上看不出问题。可是这次我读康德的书,是先读他的《判断力批判》,然后再来读《实践理性批判》的,我发现,康德在这句话中用的两个词,"惊赞"(Bewunderung)和"敬畏"(Ehrfurcht)是很有讲究的,不是随便用的。

"敬畏"是对道德律而言,是《实践理性批判》主要论题之一,这方面的理解,没有偏差的余地;但"惊赞"则在《纯粹理性批判》中没有多少地位。《纯粹理性批判》探讨的是人类知识中逻辑性因素和非逻辑性因素、知性与感性之间的关系问题,它的主要问题是"先天综合判断如何可能",即原本是综

---

① 汉译见一九六〇年商务出版关文运译《实践理性批判》,参照原文,译文有些修改。提到这个墓志铭的,可参阅 Rudolf Eucken, *Die Träger des Deutshen Idealismus*, 1915 Allien & Co. Berlin, S31.

合性的自然科学知识，为何会有普遍性、必然性。在回答这个问题时，康德强调知性之能动作用，并在此基础上将经验及其"对象"统一起来，使经验可能的条件也就是经验对象之所以可能的条件，以求科学知识之真理性有一可靠的基础。知识问题是必然性问题，还谈不到"惊赞（惊羡）"这类的感情（Gemüt），所以我感到，康德在《实践理性批判》中所说的"头上星空"，不是指"自然的必然性"，而是指"自然的目的性"，是《判断力批判》中所研究的问题。我们知道，在《判断力批判》中，特别是在"目的论判断力"部分，"惊赞（惊羡，Bewunderung）"是一个重要的概念，其地位相当于"道德律"的"敬畏"（Ehrfurcht）。

我们知道，康德的《判断力批判》试图对被他分裂开来的《纯粹理性批判》（知识）和《实践理性批判》（道德）作某种沟通，康德这个工作常被理解为适应他的体系的需要而补充出来的，因而未受到足够的重视①。实际上，康德的《判断力批判》不仅是对前两个"批判"的必要的综合和补充，而且本身也是一项基础的工作，像康德自己在《判断力批判》序言里说的，这项工作是"第一层的根基"（die erste Grundlage），要把它打好，不致使建筑的全体因根基不固而倒塌下来。

康德在他最后的"批判"中能说到这个程度，是很有意义的事。因为按照他实际的思路；他是先有一些纯而又纯的东西，然后再把它们综合起来，而当他把这些纯粹的东西综合起来之后，才发现原来综合的东西才是最基础、最根本的东西。于是在理论上，康德三大宝塔形的批判底部为《纯粹理性批判》和《实践理性批判》，而《判断力批判》在宝塔尖上；而实际上，康德的三大"批判"乃是一个"倒宝塔"，由《判断力批判》的塔顶为底部根基，在这个基础上生出（建筑起）《纯粹理性批判》、《实践理性批判》，即在"生活的"（活生生的）世界，生出（科学）知识和（实践）道德。从这个理解来看，康德哲学的道理，不仅和费希特、谢林、黑格尔相通的，而且也是和胡塞尔、海德格尔相通的。

康德是二元论者，他把理性与感性在原则上割裂开来，但他没有完全否

---

① 参阅 Stephan Körner 为 E. Cassirer "*Kant's Life and Thought*" 英译导言，Yale University Press。

定感性，而是强调感性处于服从理性的地位，这在康德的意义可以理解为：感性不能影响理性（的纯粹性）但理性却可以而且必定要影响感性的实际方式。"人"是有理性的，但又是"具体的存在者"，是"Dasein"，不是一个纯粹的"理智者"。"人"不是一个"纯粹者"，"单一者"，而是"综合者"。就科学知识言，"人"通过"时空"感性直观形式和先天的"范畴"来认知客观对象，就道德实践言，"人"通过对"道德律令"、"职责"的"敬畏"，来接受"意志"之"自由"；而就"人"自身的"生活"言，则通过"愉悦"和"惊赞"来体验宇宙之美和和谐。三个"批判"总起来都在说明"理性"在三种不同的方式下对"感性"起着何种的主导作用及其对"人"作为"感性存在者"所产生的特殊影响。在"知识"为"静观的"，在"道德"为"敬畏"，在"生活"为（"愉悦"和）"惊赞"。我们这里要引申的是：令人"惊赞"的"自然"，吸引着人去探索"自然"之奥秘，于是就有科学知识——请参考亚里士多德一切知识来自好奇心（θαύμα）的说法；而令人"敬畏"之"他人"（英雄行为），使人见出理性自律之伟大。于是，在某种意义上说，对包括"自然"在内或对广义的"自然"的"生活世界"的那种"赞美"（惊赞和愉悦），乃是我们人类——作为"有限的存在者"、"感性的存在"、"Dasein"之最为基础性的"心境"（mentality）、"情感"（Gemüt）也就是海德格尔所谓的"心境"（Befindlichkeit），befindlich 来自 befinden，为"发现"之意。"发现"什么？"发现"宇宙、自然之美和和谐，"发现""生命"之"活力"，"发现"由各种"偶然"事件"综合"起来的"合规律性"和"合目的性"。

所以，康德把"美"和"目的论"放进同一个"批判"中来讨论，其关键的问题在"评鉴"（urteilen），所以这个"批判"叫 Kritik der Urtheilskraft——"判断力批判"或"评鉴力（鉴赏力）批判"。

"评鉴"和"知识"不同，"知识"的任务在于建立一个普遍必然的概念体系，而"评鉴"则是寻求"合规律"的"范例"，前者为从个别提升到一般，后者则是由一般求个别；前者为"建构"，后者则为"发现"。由"合规律性"得到了"范例"，则为"合目的性"，"范例"的"发现"，也就是"合目的性"的"发现"。

当然，知识论里也有"目的"，通过"概念"来实现因果律，已包括了

"目的"在内,但知识论中之操作性"目的",按康德的意思,乃是一种机械性的技术目的,它归隐于机械因果性的一个环节,成为知识体系的一个部分,对这种"目的"的认知,是理性的,静观的,不是"评鉴性"的,技术(科学性技术)乃是理论性知识的一个延伸。因而,人们在探寻知识的过程中,也会遇到令人"惊奇"(Verwunderung)的事。令人迷惑不解(Zweifel)的事比比皆是,当此种怀疑消除后,"惊奇"亦即打消;但"目的论"中所谓的"惊赞"(Bewunderung),则即使在种种怀疑消除后,仍有此种"惊奇",因此前者之"惊奇"乃源于"不合规律",当"合规律"性一旦明确后,则人心复归平静;而后一种"惊奇",恰恰在于其"合规律"性而不落入机械性,于"不必然性"、"偶然性"(Zufälligkeit)中见出"合规律"性,见出一种有机的"设计"和"安排",见出"造化匠心",则此种"惊赞",为永远性的,是无怀疑的、确定的"惊赞",此时 Verwunderung,则为 Bewunderung。

知识的概念体系可以"建构"得"天衣无缝",面对必然性的概念知识体系,人们可以看到人类理智之缜密,各"概念"在知识理论体系中的"地位"是相当确定的;但就世上的一件件具体的事件(Zufall,event)而言,其存在之方式则又有相当之偶然性。从知识眼光来看,诸事件之间有一种机械的、必然的因果联系,而从"评鉴"的眼光来看,则我们又可"发现",在机械的必然的因果性之上(或之外)尚需一种"合目的性"的视角才能使万事、万物之间那种实在的、具体的"合规律"性成为可以理解的、符合理念的合规律性,于是具体万物的合规律性,才使作为感性存在的"人"感到"惊赞"。

就知识来说"知识对象"可以与"知识的概念"相吻合——真理是可以得到的,而得到这种知识真理,并无令人"惊赞"之处。因为"知识"的"对象",原本是与"知识的""概念"建立在同一的先天条件基础上,因为"理性"同时建立了"知识对象"和"知识"本身,故我们的"知识"只限于"现象界",至于"物本身",则在知识领域只是我们理性的思想——康德的"本体"乃是"思想体",noumenon,是"(可)思想的",并无"直观"、"对象",不能"显现"出来成为"现象"(Phenomenon),至于那不计成败利钝的"德性",当然是理性的、思想的,是"本体"界的事,故它同样没有"直观"、"对象"。实践理性的"无条件命令",乃是因果系列中的"断裂"部分,道德的典范"粉碎"了机械的因果系列，使"自由"的问题突现出来，从而成为"道德世界"之所以可能的根据，所以世上除了"人"作为一个有理性的存在者有能力、有资格"粉碎"、"断裂"那个机械的因果系列外，一切都在这个系列之中。这样，在康德看来，"道德律令"不能成为一种对象性的现象，只能是"内在的"。任何人——包括道德的英雄人物在行动时，同时也在事实上"符合"着"自然律"，他的行动仍是因果系列中的一个环节，然而，道德英雄之所以为道德英雄乃在于他的行动能向另一个人或一些人表现出他只听从他内心的道德律令，而置"自然律"于不顾，尽管他的行为并不能在"自然律"之外。英雄人物以自己的模范行为树立了道德典范，此种典范的"意义"，只向另一个人或一些人——同样有理性的存在者"显现"出来，所以只有"人"才受到另一个或一些人的"敬畏"。

在道德领域中，"自由"是对"自然"的否定，但"自由"要对"自然"发生实际的作用，则必定要符合"自然律"。"人"作为有理性的存在者"生活"于其中的"自然"，不仅"显现"了"自然"的因果性，而且还"显现"了"自由"的因果性，尽管此种"自由的因果性"是只向"人"——作为有理性的存在者——"显现"出来的。此时的"自然"，就好像一件"艺术品"，康德叫做"艺术之类似物"（ein Analogen der Kunst）或者"生命的类似物"（ein Analogen der Lebens）。

作为有限存在者的人类对自己生活的世界可以有一种"合目的性"的"评鉴"，并不意味着自然的世界在事实上真的有一种合目的性存在，老鼠生下来并不是为了给猫吃的，然而同样明显的事实是：世上一旦出现了"人"这样一个有理智的种属后，自然物之间的因果关系，就向"人"显现出另一种"意义"。此种意义说明，万事万物之所以"是其所是"，即在那种因果必然性所赖以体现出来的诸种偶然性中，"似乎"有一种有目的的、含有理（智）的"有效"的"设计"，因而在"有效的联系"（nexus effectivus）外，尚有一层"有目的联系"（nexus finalis）意义在，亦即现代有些人（如利科）叫做"思辨知识"之"多余者"，即"多"出来的东西，surplus。有了这一层意义，才能"满足"我们的理智对圆满解释"自然万物"之所以如此的要求，是我们对"自然"的一种"理解"，而不是我们人类对"自然"的一种"知识"，所以康德说，在这种理解下的"自然"是"艺术"、"生命"的"类似物"，而不是"自然"真的成了"艺术品"，也不是说"自然"就是"人"（生命）。这样一种对"自然"的"把握方式"，叫做"评鉴"，是"人"作为"有限"而又"有理智"这样一种存在者的"情感"（Gemüt），"心境"（Befindlichkeit）。

单纯因果性乃是一种"有效性"（wirkende, effective），而"目的性"则是"有意识的有效性"（absichtlich—wirkende, intentional—effective），有了这种"有意识的有效性"，才能在"不必然性"中见出"必然性"。在"可能性"中见出"现实性"，就现实的世界来说，这种"有意识的有效性"乃是"最后的"，即在多种可能性中起主导的决定性的一种，所以此处"目的"用 final 或 end 作双关的解释。这就是说，对我们人类的理智来说，"自然"不仅是"决定了"的，而且是似乎"选定了"的。所以"自然之'现实'"的原因，也就是"最后"的，"最高"的原因。在康德看来，这个"最高"、"最后"的原因在"理论"上是不能成立的，即在原因的"概念"系统中我们找不出一个"最后"的、"最高"的环节来，但在"现实"的、"实践"的领域中，这种"最后因"、"最高因"，亦即"目的因"，却比比皆是。这种"有意的原因"固然不能在"理论"上提供给我们直观的对象，但在我们"理解"、"评鉴""自然"时可以给我们以"惊赞"的感情，我们会"发现"，在我们面前的现实的"自然"是如此的和谐、美好，似乎是一位艺术大师的杰作，所谓"江山如画"是也。

不仅如此，康德不仅把"目的论"和"审美论"放在一个"批判"里讨论，而且把它们分成两个部分，其中可能蕴含着这样一个意思：那真正的艺术品因已知有人创作，所以给人以"美感"，而那并无人创作的大自然本身的杰作，才引起我们的"惊赞"。"艺术之类似物""高于"艺术品本身；而按我们的说法，就是从这一点来看，也可以说明"艺术品"是"自然"的"模仿"，"艺术"反倒是"自然的类似物"。

无论如何，我看康德在写"头上星空"和"内心道德"时，是把《纯粹理性批判》中所讨论的"科学知识"问题"括出去"了，将必然性的理论知识括出去之后，剩下一个"自由的世界"，对这个"自由的世界"，我们人类作为有限的存在者不可能有理论上、知识上的把握，即不可能有必然性的概念的（科学）体系，但却可以在我们"生活的世界"中通过"自然"的无限多样性和偶然性，见到那最高的必然性，即在"选择好了的"世界中见出理性之"自由"，在那因果必然联系中由自然之多样性、偶然性见到那"生命"的流动。这就是"理性"通过"知性"（因果必然）对感性世界（自然）所施加的影响，也就是为什么人类作为有限的理性存在者与"自然"的关系不同于"动物"与"自然"的关系的主要根据。

"人"与"动物"不同，"动物"只把"自然"——"动物"当然也是"自然"的一部分——当作"手段"，来"维持"自己的存在；"人"则不仅仅把"自然"当作"手段"，"人"在"改造""自然"中"发展""自然"的特性，"人"按照"自然"自身的特性来"改造"、"重建""自然"，所以只有"人"才能在"自然"中也看出"人"自身的"目的"。这样，"人"才能在"自然"中得到"自由"，在有限制中见到无限制，所以人不仅"赞美"那高楼大厦、千顷良田，而且更加"赞美"那日月山川和原始森林。

康德的《纯粹理性批判》发表于 1781 年，《实践理性批判》发表于 1788 年，时隔七八年，而两年后，他的《判断力批判》就出版了，所以我们有理由相信，在写作《实践理性批判》时他关于《判断力批判》的思想业已成熟，《实践理性批判》"结论"这句话，可以理解为预示着一个新的批判——"评鉴"批判即将诞生。

另外，我们从 1787 年 6 月 25 日康德给一位耶拿教授许茨的信中读到，他的《实践理性批判》已经完成，即将付印，并说到他不能评论赫德尔的《思想》，因为他马上要做《判断力批判基础》[①]，看来康德对于《实践理性批判》和《判断力批判》所涉及的问题，几乎是同时考虑的，应该说，卡西尔注意到了这封信的内容[②]，但他似乎也未曾由此明确看出《实践理性批判》"结论"那句话的预示性。

"惊赞"和"敬畏"是康德理解"人"之所以为"人"的基本立足点，懂得"赞美"世界，能够"服从"道德律令的"人"，才是高尚的人，有"人格"的"人"。康德这种人生态度，不是"乐天知命"，而是"敬天畏人"，表面上

[①] 参见李秋零译《康德书信百封》，上海人民出版社 1992 年版，第 106 页。
[②] 参见卡西尔《康德的生活和思想》，耶鲁大学出版社，第 271 页。

看，把"人"——个体的"人"——置于一种压抑、服从的地位，但此种对"个体"的贬抑，却发扬了超越"个体"的"理性"的精神，因使"个人"得到升华。不过康德叫做"Bewunderung"的又不同于我们的"敬天"。Bewunderung 字干为 Wunder，原本是"奇迹"(miracle) 的意思，大自然不仅是科学知识的"对象"，而且对我们人类展现为一个"奇迹"，它不是"有限理智"的"人"的作品，而是"最高智慧的无限理智"的"神"的"作品"。"神"不是知识的"对象"，但"人"却把大自然当作一个"奇迹"来"赞赏"。康德这种有神论思想当然应受到批评，但他在《实践理性批判》"结论"中所谓的"头上星空"不指科学知识之对象，而预示着《判断力批判》所述内容则似乎是很明白的了。

1996 年

论美学在康德哲学体系中的地位

康德57岁（1781年）发表了《纯粹理性批判》。无论是该书的体系或许多具体段落（特别是"辩证篇"的许多部分）都暗示着他的思想体系的两大支柱——理论理性和实践理性的问题——已经考虑成熟了，但还没有多少地方说明他关于《判断力批判》的内容有多少成熟的看法。这并不是说，关于"情感"问题康德尚未考虑过，早在1764年他就发表了发挥英国经验主义者柏克思想的《对于美和崇高的情感的观察》，但直到《纯粹理性批判》出版，康德思想中与后来《判断力批判》所涉内容相呼应的甚少，在《实践理性批判》出版（1787年）以前，有一篇《论目的论原理在哲学中的运用》发表，两年以后（1789年）才有《判断力批判》问世。

我们将会看到，这样一个思想发展过程并不意味着第三个批判和前两个批判有什么原则性修改的地方；相反，康德的《纯粹理性批判》虽然没有给《判断力批判》留下多少暗示，但他的《判断力批判》却处处与前两个批判呼应，所以我们并不能发现第三个批判与前两个有多少明显矛盾的地方。应该看到，康德这三大批判是一个相当严密的体系，到了《判断力批判》，康德的哲学思想已是相当完整、相当成熟的了。我们只是说，在康德哲学思想中，"美学"是他的哲学体系的逻辑"逼"出来的，是他的哲学体系的需要，而不是他对艺术问题有多大兴趣，或者对艺术有多高修养。除了上述发挥柏克思想的论文外，康德似乎没有写过什么有关艺术的专论。从他的著作目录来看，他早年侧重于自然科学的研究，这种兴趣贯穿了他的学术工作的始终，但他对宗教、道德也逐渐表现出相当的关心。也许我们可以说，康德虽然力图贬抑科学知识，但他自己恰恰是通过研究自然的道路，即通过科学的道路来探讨哲学问题的。①

也许是哥尼斯堡这个穷乡僻壤的环境，也许是卢梭崇尚道德、贬抑艺术文化论文的影响，也许是他个人那种孤独生活的原因，康德与艺术的缘分很少，他不懂绘画、讨厌音乐，连他比较熟悉、也比较推崇的诗，似乎也没有表现出有多高的鉴赏水平。然而，就是这样一位脱离生活、沉寂于抽象玄思的学究，却构造出了人类历史上第一个有影响的美学体系，②系统地提出了一系列重大美学理论问题，而在他的《判断力批判》中对一些具体美学和艺术现象也有相当敏锐的看法，尽管读者的立场观点可以和他完全不同，但读起来仍是兴味盎然。

然而，正因为有上述这些原因，我们也应该指出，思想史上这样一个成大气候的美学体系，却也有其先天的局限性。也许，我们再也找不出一本美学著作像康德《判断力批判》那样晦涩，那样枯燥无味的了。《纯粹理性批判》讨论知识和形而上学，《实践理性批判》讨论至上命令、意志自由，这些问题本身就够抽象的，康德使用那种拖沓枯燥的语言已令人烦恼，竟然在讨论美、艺术这样一些理应趣味横生的问题时，仍然用那一套语言，则令人难以忍受了。所以，读康德的《判断力批判》需要很大的耐心，才不至半途而废。

《判断力批判》关于美学部分的兴趣完全是哲学性的、理论性的，这里显示了哲学本身的巨大力量。尽管康德哲学本身是唯心主义的，他是以唯心主义的立场、观点、方法来解决所提出的哲学问题，是和我们马克思主义辩证唯物主义完全对立的，但他提出的问题本身，包括关于美和艺术的哲学问题在内，都仍值得我们从我们自己的立场、观点、方法去探讨。

一、理性的原则与情感判断

从 1770 年开始，康德在他的学位论文《论感觉世界和理智世界的形式和

---

① 这种情形相当类似古代希腊的苏格拉底，他也是总结了自泰利士到阿那克萨哥拉的早期自然哲学的漫长道路提出自己的"理念论"哲学的。
② 一般说，"美学"（Aesthetic）由沃尔夫学派的鲍姆加登提出第一个体系，但他的思想早已没有多大影响，自不能与康德美学同日而语。

原则》中把感觉与理智从原则上分别开来,他的思想重心就由考察自然(感觉世界)转向考察人的理性(理智世界)。既然如休谟已经指出的,感觉世界不可能给我们提供必然可靠的知识,那么,这种知识根源就不能从人的感觉中去寻找,而要从人的理性中去寻找,于是考察(分析、批判、研究)人的理性就成为哲学的最根本的课题,这就是康德在哲学上的"哥白尼式的革命"。

"理性"(Vernunft,reason)是人作为主体不同于感官感觉的理智性功能,感官感觉向人提供外部世界的材料,理性向人们提供规整这些材料的规则,给这些材料以形式,这本是从亚里士多德以来的古老的哲学问题,当时德国从中世纪以来的亚里士多德主义到变革了的沃尔夫学派都没有离开这个传统多远;而离这个传统较远的则是从文艺复兴以来经培根批判亚里士多德哲学、工具论以来的经验主义思潮。康德的工作在于把这种在当时是新的、经验主义思潮引入德国并与德国传统的理性主义相结合,既规范了发展至怀疑论、主观主义的经验主义,又改造了传统的理性主义。在知识论中的"先天综合判断"的成立,就是这种结合的表现。然而,这种结合,又是不彻底的,不是一种原则上的结合,即感觉经验和理智理性遵循着不同的原则,有完全不同的来源。理性的原则不可能来自感觉经验的概括或归纳,虽然我们可以有"桌子"、"椅子"等经验的概念来自同类事物的概括,但它们都不是绝对的;经验材料不可能不来自理性,虽然它们可以有一些习惯的观念(意见),但它们只能是相对的。理性是一种绝对的原则,不依赖于经验,不是经验的归纳、概括。用现代欧洲分析哲学的语言说,理性是确定、建立必然要遵循的"规则"的能力,像"博弈"一样,"规则"必须在"博弈"之前就确立完毕,而且是绝对必须遵守的。应该说,康德心目中的"理性",就是这种确定普遍、必然规则的能力,没有这种能力,人则无异于动物。

然而,理性原则固然不能不来自感觉经验,但却要对感觉经验发生作用,否则这些原则又是空洞的。这样,感觉经验与理性原则、即客体与主体之间的关系,构成了整个所谓"先验哲学"的核心内容,而"批判哲学"的主要任务,就在于"批判"地划清理性对感觉经验的不同作用,即主体对客体的复杂关系的各种具体内容,一句话,即"批判"理性的不同的功能,划清它们的界限,并正确地指出不同功能之间的联系。

这样，在纯粹的理性能力这一总的题目下，按照它的不同的功能，即按照它的不同的可能的适用范围，可以分成不同的部门，这就是通常研究康德哲学时所谓知识、情感和意志三大领域，以相应于康德自己的三大批判，而研究这三者之间的关系，是研究康德思想的重要课题。

我们看到，知、情、意三者的关系，正是康德《判断力批判》的主要问题，康德以"情感"为知识和意志的桥梁，这当然是康德在这个问题上的核心命题。现在的问题是，康德在论述这种联结作用时，在理论上是如何与前两个领域的批判相呼应的，这是我们理解康德心目中三者关系的关键。

我们认为，理解"情感"的桥梁作用的关键性观念应是《判断力批判》1790年第一版序中着重提到的理性的两种不同的功能：构成性的（konstitutiv）功能和调节性的（regulativ）功能。这两者的区别，是《纯粹理性批判》的主要论题之一，但或许我们可以说，在第一个批判里，康德主要着力于论述理性的构成性功能（原理），论述科学知识的普遍性、必然性，而在《判断力批判》中，则继续这一思路，着力于论述理性的调节性原理（功能），以研究"情感"的普遍性。

我们已经提到，在康德看来，理性的本质在于它的先天的"立法"作用，即不依赖经验给出规则、制定规则的作用，而由理性所给出的规则，可以是构成性的，也可以是调节性的。所谓构成性与调节性的区别，在康德看来，最本质的在于前者为客观的对象给出规则，后者则只给理性各功能之间制定规则，而没有该规则制约的客观对象。因此，构成性的原理有它自己独特的领域，而调节性原理则不然，这就是说，它所涉及的范围是和构成性原理相同的领域，不过在这个领域中它不为客体立法（制定规则），而只是为主体立法（制定规则）。

在第一个批判中，理性为科学知识制定规则，通过先天的感性直观形式（时间、空间）、知性的十二个范畴，知识的必然性就有了根据。这种先天的、必然的形式和范畴使感性的自然界成为科学知识的对象，"构成了"自然的秩序和法则，理性的知性功能在自然中有制定规则的权力（立法权），否则自然就成为只能感觉而不能理解的东西，就无科学知识可言。

在这个批判里，康德分析了传统的"形而上学"问题。自亚里士多德把

"存在的存在"问题放在"物理学"之后,"形而上学"(metaphysics)就成为探讨"本体"("存在的存在")的一门学问,因而几乎与"哲学"同义。① 康德在指出形而上学问题不是知识问题、不能用科学的直观形式和知性范畴去套之后,承认了理性概念(理念)的合法性,即形而上学的诸概念(如自由、第一因等)虽系借用于知性,但不是构成性的范畴。这就是说,理性在运用这些概念时,并不是要为自然界制定什么规则,因而在自然界中永远找不出"第一因"来,但它们却对主体的各种功能起一种调节的作用,对我们的知识,起一种规范的作用,可以推动我们的知识不断往前进步。在康德看来,只要承认理性这两种功能的不同,形而上学仍有其不可磨灭的意义。

理性概念(理念)对科学知识来说是调节性的作用,但对实践意志而言,则是构成性的,即它有一种客观的、"树立一个对象"的制定规则(立法)作用。前者是自然的世界,后者是自由的世界。在自然的世界,"理念"只是调节的作用,在自由的世界,"理念"则是构成的作用。理性在实践领域里为意志制定规则,没有这种规则,意志就只能是感性的欲求,人的欲求(意志)所必须遵循的理性的规则,是无条件的命令,是意志自由。在"形而上学"里的诸"理念",这里成了真正的理性概念,它们是意志的客观法则(规则)。"那个只在欲求能力的领域内有构成性先验原理的理性,就是实践理性。"②

这样,就理性的构成性原理而言,我们有两个独立的领域:自然的领域和自由领域,它们遵循着完全不同的规则(原则),前者由理论理性给定规则,后者由实践理性给定规则,而理性的理论的运用和实践的运用是两种完全不同的"制定规则"的作用,有不同的概念、不同的规则、不同的对象。

但是,理论的规则和实践的规则,同属于一个"理性",只是理性的不同的功能,那么在这被分割开来的不同的功能背后,有着"理性"的统一的"制定规则"的作用,于是自然与自由、理论与实践的两种不同的理性功能之间的关系,如果要形成一个完整的哲学体系(不一定是知识体系,即不一定是形而

---

① 古代希腊早期,"哲学"为"爱智",本无"形而上学"之意;但欧洲思想传统崇尚自然科学式的"知识"体系,"爱智"的重点移在"智"(理智)上,所谓"爱智"则意味着他们喜欢一种无所不包的知识体系。康德原意大概是要破这种体系,但欧洲人始终没有能真正突破这个体系,现代分析哲学采取简单的办法,完全否定"形而上学",但他们仍然"爱"无所不包的知识体系如故。
② 《判断力批判》1790 年序。

上学体系）的话，就应该加以调节、协调。于是，在理论与实践、知识与道德之间，有一个情感的中间环节。在这个环节中，理性的功能只能是调节性的，不能是构成性的，即"情感"没有自己的特殊的领域，没有自己的独特的对象，这样才能起到沟通知识和道德、理论和实践的作用。

正如"理性"有三种制定规则的功能因而涉及知、情、意三个方面一样，人的感官（感性，aesthetic）也涉及三个方面：感觉、情感和欲求。① aesthetic 在知识方面是被动的、接受性的感觉材料，在意志方面是低级的欲求，这些都是人的生理的、自然的功能，除了这两种低级的生理功能外，人对外界还有一种"愉快"和"不快"的反应，这种反应，我们知道，正是一方面和感觉印象另一方面和低级欲求相联系的。现在的问题是，既然人的理性为感觉材料和低级欲求制定了普遍的、必然的规则（立法），那么理性是否还具有一种功能，能替"快"与"不快"的情感制定普遍的规则呢？康德的回答是肯定的，并且通过对情感判断的先验原理（即理性的制定规则作用）的讨论，提示了它和前两种制定规则功能之间的关系，沟通了理论与实践、知识与道德之间的关系，恢复了理性的统一区分原则；但我们将会看到，康德把理性统一的基础放在"情感"领域，则并非是安全、坚实的基地，所以才有后来费希特、谢林、黑格尔哲学这一系列的发展。

然而，无论如何，康德终于抓住了一个沟通理论与实践、自然与自由的中间环节，他按照逻辑学的系统，以"判断力"来命名理性的这一部分的制定规则作用。

从大的方面说，康德的三个批判所涉及的问题，恰恰是"概念"、"判断"、"推理"三个方面，当然每个批判里都含有这三个方面，但核心的问题自然有所侧重。《纯粹理性批判》研究知识问题，科学知识由先天综合判断组成，其核心问题是经验的知识、经验的概念如何可能，即先天的范畴如何与经验的直观结合的问题；《实践理性批判》所涉及对象，无感性直观可言，纯属（理性）

---

① 因此，在康德哲学中，aesthetic 不可译成"美学的"，也不可译成"审美的"，或"美感的"，因为在康德哲学中，"审美的"或"趣味的"判断，固然是感性的（aesthetic），但并非一切感性的都是审美的、趣味的。因此，通常认为康德在第一批判中认为 aesthetic 不能有先验原则，而到第三批判改变了这个论断的看法是不确切的。因为在第一批判中，康德的 aesthetic 当然是指认识性的感觉材料，这种材料本身就康德哲学言，自无先验原则可言。

概念之间的"推理"关系，是理性为自身立法。《判断力批判》则是理性如何对个别事物的直觉仍可以有先天的立法作用，即人如何对个别事物的感受可以作出具有普遍性的判断。正如"判断"是联结"概念"和"推理"的环节，理性对于判断力的立法作用也就成了前两种立法作用之间的杠杆。

应该指出，康德这里所谓的"判断力"，既非知识判断，也非实践判断，而是情感判断。知识判断和实践判断都涉及概念，前者涉及经验自然概念，后者涉及超验自由概念，都不是感性的（aesthetic），它们具有普遍必然性，是很容易理解的；但情感判断是感性的，即不涉及对象的概念，它既非对自然的认识，也非对自由的知识，而是不离开具体感性直观的（无论是现实的或想象的）"快"与"不快"之感。于是，康德的问题是，对于这种"快"与"不快"之感，理性有没有先天的制定规则的作用？康德对此的回答是肯定的，但理性在为情感判断制定规则时又有许多特点，《判断力批判》的任务就在于研讨这些特点。

在康德看来，和人的认识能力和意志能力一样，人的情感也有高级的、为理性制约的和低级的、为身体制约的之分。人的感觉印象由于先天直观形式和知性范畴的规范而成为经验知识，人的低级生理欲求因理性概念而提高为道德情操，而人的快与不快之感则由于理性的协调作用，成为一种普遍性的判断——即对美的判断，或鉴赏判断。这里，问题的复杂性在于：鉴赏判断既是感性的，永不离开感性直观，那么，为什么不是私人的（private），而会成为公众的（public）？[①] 康德在《判断力批判》导论里说："令人惊异和产生分歧的地方就在于它不是一个经验概念，而一个愉快的情感（因而完全不是概念），但却通过鉴赏判断使每个人都承认它，好像它是一个和客体的认识相结合的宾词，并且它应该和它的表象联结着。"[②] 从情感判断与知识判断的联系和区别来说，康德这一段话道出了问题的核心。这就是说，鉴赏判断，作为判断来说，在形式上与知识判断一样，如"这花是美的"和"这花是红的"一样；但前者似乎只表示了一种私人的情感，于是就要来探究：为什么这类性质的情感判断会有权以知识形式出现，因而不像"这道菜是好吃的"那样纯属借用知识

---

① 我们看到，这样一个现代西方分析哲学中讨论得很热闹的问题，实从康德而来。
② 康德：《判断力批判》导论，第七节。

判断形式，而是有一种内在的根据，所以它有权要求人人都同意。

我们知道，按康德哲学原则，只有概念具有普遍性，因而关于美的判断（鉴赏判断）既然具有普遍性，则它的直觉表象必定与知性的概念有某种关系，这种关系由理性所调节，使知识与想象力得到和谐，才有鉴赏判断的普遍性。

于是，我们看到，理性的制定规则作用，在情感领域里起着一种调节的作用，使直觉的能力与概念的能力，即诸认识能力，得到协调和谐。在情感判断中，判断离不开直观表象，因而想象力是核心的环节，而知性的概念则不像在知识判断中那样确定，因而我们在欣赏花时，并不需要对花有许多生物学的知识，但也不完全排斥这些知识，而是通过想象力与花的概念相协调，因而"这花是美的"和"这花是红的"区别不仅仅在宾词上，而且还在主词上，两句中的"花"并非是同样的确定的经验概念，它们具有不同的含义。理性并未为鉴赏判断确立与知识判断不同的概念形式（"花"仍是"花"），因而情感判断没有自己不同于知识判断的领域，理性在这里的立法作用，只是调节性的，它只为想象力和知性的关系制定调节性的规则。

由于理性的调节性功能，使直观与概念得到统一，"概念"不像在知识判断中是确定的、独立的，而是属于直观之中，一般存在于个别之中。这个"一般"，同时也就不是自身独立的、确定的；在这里，个别体现了一般，直观中蕴含着概念，因而这个直观就又非单纯的快与不快之感，而成为高级的鉴赏，是一种判断。"花是美的"不是对"花"作知识判断，并非指出在"花"这个经验概念下诸种属性（如"花是红的"，"红"为"花"之一种属性），但"花是美的"却蕴含着更加广阔的概念，与鉴赏者整个经验有相当的联系。这就是说，在作鉴赏判断时，是以"花"这个具体直观表象激发了想象力的活跃，与鉴赏者的更丰富的经验知识相联系，虽然这些经验在"花"这样一个具体的直观形象中不能得到确定的表现。

然而，美的内容（即更丰富的经验）和美的形式或美的寄托（依托）之间的联系，又不是完全任意的，它们之间虽然不是由理性的知性功能必然规定了的，但却也有一种经验的必然性。在这里，康德引进了理性的合目的性原则，即美寄托于个别的、具体的自然表象之中，这种表象不仅从属于确定的知识范畴体系之中，而且本身体现了一种统一性，不必抽象为知性概念，而就在现实的表象中，即可见出一种规律性的统一。概念本身具有现实性即为目的，所以在个别之中见出一般概念式的规律，即是一种合目的性。这样，在康德看来情感领域中理性的调节功能就是理性为情感（判断力）制定一种合目的性的规则。自然本身无所谓"目的"，所以"目的"不是理性的知性功能制定的规则，即科学知识中没有"目的"的地位；但理性却为判断力制定了"目的"规则，人们以鉴赏态度把握自然时，就体验到这种合目的性的愉快。所以康德说，"判断力必须把目的安置于自然中，因为知性在这里不能对自然提供规则。"①

二、合目的性——自然与自由的统一

关于康德美学中"合目的性"部分历来被认为是很不好懂的；② 因为他要把传统的目的论纳入他的先验哲学体系，或者说，要利用目的论来沟通理论与实践、感性世界与理性世界的关系，不能不赋予这个理论以新的、独特的含义，而弄通这一部分又是理解康德美学在他整个哲学体系的关键，因而是不可忽视的。

问题还是离不开语言的日常含义。所谓"目的"，就是要把头脑中精神性的东西变成客观现实的东西，预备转化成现实的概念，即是"目的"。这样，"目的"的概念就不是一般知识的概念，知识的概念没有现实性这个特点；目的概念也不是一般低级生理欲求，因为低级欲求固然有现实性这个特点，但却可以是无意识的、不自觉的，因此"目的"是概念，不是本能。就其自觉性、概念性而言，目的是理智界的事，而就其现实性来说，目的又是感觉界的事，这样，目的就是介于理智界与感觉界之间的环节。

我们知道，康德把整个哲学分成两大基本领域：即理论的和实践的，前者根据必然的自然法则，后者则是自由的道德法则，前者涉及的是经验的感觉世界，后者则是超经验的理智世界，这两个世界在原则上是分割开来的，各自根据着不同的原则，即理性为感觉世界和理智世界所制定的规则是完全不同、不

---

① 康德：《判断力批判》，导论，第6节。
② 参见 H. W. 卡西尔（Cassirer）《康德〈判断力批判〉评注》，1938年伦敦版，第121页。

能通用的；然而，它们虽然在原则上不能相容，在实际上却是有联系的。这就是说，它们显然同出于一个统一的先天的理性，在康德看来，虽然感觉世界不能影响理智世界（否则就不是先天的了），但理智世界却可以而且必须影响感觉世界。实践理性本身就有一种现实性，即在感觉的世界实现自己的自由，虽然这对知识来说，仅是一个"理想境界"即"理念"，但却是道德的一道命令。

于是这两个对立的、不同的系列——自然系列和自由系列——就有了一种关系，从根本上说，自然系列是达到自由系列目的的手段。然而，理性要达到自己的目的，要使自己的概念具有现实性，必须符合自然本身的规律，因而，目的的现实性本身必须包含以自然的必然规律为自己的内容。这就是说，目的概念与自然概念之间有一种同一性，目的必须符合自然概念。在这个意义上说，理性又不仅把自然当作手段，而且把自然的原因系列本身当作目的系列来把握，这就是康德说的，根据自然概念的实践。这个实践，正如康德所指出的，与根据自由概念的实践有本质的不同，但却是理性要实现自己的必不可少的基础。康德哲学的问题在于只承认实践理性对理论理性的影响，而未曾涉及理论理性同样也可以影响实践理性的问题。

康德研究过多年的自然科学，他并不认为自然界本身有什么"目的"，他指出在理论知识的领域中无目的可言，知性不能把"目的"引入自然界，因而"目的"系列不像原因系列那样属于科学知识范畴；但是"目的"作为按照原因系列得到其现实性来说，又不是道德的事，因为实践理性要求道德的意志自由，是完全不受原因系列支配的，就这个系列来说，它要求"第一'因'"，而就"目的"系列来说，它要求"最终'目的'"（Endzweck）。这样，如同感觉世界的无穷尽的原因系列那样，无穷尽的"目的"系列就成为介于感觉世界和理智世界之间的环节。然而理性并不能在自然和自由之外创造出第三个世界，理性除自然和自由这两个客观对象之外，没有可以用概念（对自然是知性概念，对自由则是理性概念）来把握的领域，所以关于合目的性的判断只是一种"反思性"的判断，而不是"规定性"的，即不是以先天规则树建一个客观对象的判断。

这样，在康德心目中，所谓"合目的性"概念，只是理性替判断力所制定的规则。这就是说，我们（理性）在评定一个个别自然现象时，固然不能从科学上、知识上证明它必然、充分地表现某种普遍规律，这是在理论上不能证明的，因为个别永远不等于一般，但却可以而且必然把这个个别评定为以某种方式体现了一般，这样，整个自然界就不再是个别现象的堆积，而像一个有机体那样，在杂多中具有一种统一性。换句话说，自然界不仅可以用"原因"、"结果"的知性范畴去把握，而且可以用"目的"、"效果"的判断力的合目的性概念去把握，但后者并非是科学知识，而本质上只是一种情感。①

自然的合目的性原理在康德看来，并不是理性的知识（理论）功能发现的，也不是理性的纯粹实践功能发现的，而是实践功能通过判断力在自然界体会出来的，同时也是通过对"快"与"不快"感作理论的分析得出来的。

所谓"快"与"不快"的情感，离不开目的的实现与否，但低级的情感，只是低级的欲求的满足，与理性无关；而鉴赏判断的快感，却具有知识判断的形式，要求普遍传达，要求人人同意，②因而并非实际的目的的现实，而以合目的性立场来"观"（体验）自然，从而得到一种特殊的快感。所以，在康德心目中，鉴赏判断的快感是一种高级的或理性的快感，它不是在感觉材料上（实际上）满足欲求的结果，而是在各种理性制定的规则上（形式上）得到统一协调的结果。换言之，这种情感的态度，在自然的合规律性、必然性中，看到了自由，或者在自然的杂多的个别性中看到一种统一性。自然不像在科学知识中成了知性概念的系统，而是保护了自身的个性，保持了自身的丰富多彩的现象，激荡着想象力，使之自由驰骋，但知性的规律又在规范着这些直觉，使之合规律。在这种情感的升华中，人们仿佛捕捉到了自然最深的本质（物自体），但却不是真正的知识，不能科学地加以传授，所以鉴赏判断必须亲自去体会；同时在这种境界中，人们也体会到一种自由，但却不是严酷的道德命令，以贬损自然（感官欲求）显示自己的独立性，而是在自然的现象中体会出

---

① 康德《判断力批判》包括了"目的论"部分，在该批判的"导论"中也有"自然的合目的性的逻辑表象"一节，认为自然合目的性不仅是感性的情感，而且也可以与逻辑概念联系起来，但就在这一节中，他指出："在一个判断力的批判里，包含情感判断的部分是本质地隶属于它的……"，关于《判断力批判》"目的论"部分，当另文讨论。
② 但实际上并不可能人人同意，因而鉴赏判断又不像知识判断那样具有必然性，而只是在道德命令影响下（不是决定下，因而也不是命令）的一种"要求"。关于这个问题，可参阅罗吉尔生（K. F. Rogerson）《康德美学中"普遍价值"的意义》（《美学和艺术批评》杂志，1982年，第301—308页），该文介绍了西方学者对这个问题的争论和作者本人的意见。作者指出，西方一些学者认为这里的"要求"，不是知识性的"期望"，而是道德性的。

这种自由。所以对美的鉴赏,既非冷静之知识,也非严酷之命令,而是一种合目的性的愉悦。

这样,鉴赏判断里的合目的性,一方面与知性的原因系列相联系,另一方面又与理性的"终极目的"相联系,而不是与具体的实际的目的相联系。我们欣赏齐白石的虾,当然可以联想到虾的美味,但作为鉴赏判断本身,却与这种"美味"之感无关。与鉴赏判断联系着的,一方面是作为自然对象的生意盎然的形象(意象),另一方面则由这种生机中体现出来的(艺术家"看"到的)更为广阔的社会内容,表现了对一种更为深刻的规律的捕捉,体现了一种合规律性的自由,或自由的合规律性。

我们都知道,在知识论里,康德否认有"理智性的直观"的存在,因为他从二元论立场出发,认为理智与感觉各有来源,所以知识不可能是绝对的,所谓绝对知识(形而上学)只是一种"理念",而"理念"是找不到直觉作根据的。但是,我们觉得,在情感判断领域里,在鉴赏判断中,在对美的鉴赏中,康德应该承认"理智的直觉"的合法权利。从以上论述看,这种"理智的直观",是通过"合目的性"这个环节实现的。如前所述,"目的"既是概念性的,又是感觉现实性的,虽然"目的"的真实的实现,不是绝对的,因而知识并不是绝对的,但无限地要求"目的"的实现,这却是理性的一道绝对的命令,因而理性有一种必然的倾向提出"终极目的"。这样,在艺术欣赏中,在美的鉴赏中,人们就有可能通过相对的、有限的、特殊的形式,体会出绝对的、无限的、普遍的内容,虽然对美的鉴赏,既不能代替科学,也不能代替道德,但却有利于促进二者的发展。

康德认为,除客体与主体之外,除自然与自由之外,理性不能有第三个对象,即美不构成理性的独特的对象,"目的"的世界就存在于客体与主体关系之中。然而,我们看到,美仍然有其独特的"领域"(或"范围"),即合目的性的领域,这个领域也可以叫"技术的"("艺术的")世界,即包括了自然美(技术)和艺术美的世界(艺术)。

"技术"是把目的变为现实的实际能力,如康德所说,这种实际能力所需要的锻炼各有程度不同,有的需要极少的锻炼,一般谈不到技术,但无论多么简单的操作,都需要克服一定的物质材料上的困难,因而都需要广义的"技术"。"技术的世界"是人的作品，是人类物质劳动的产物，这是人们把客观世界当作合目的性的作品来欣赏的物质基础。康德在《判断力批判》里推崇自然的自由（随意）的美，但所谓自由美并非最基本的，而是人类物质文明和精神文明发展到一定成熟阶段的产物。艺术史上旧石器时期的自然主义风格早于新石器时期的几何图形风格即是反映了这个发展过程。实际的技术世界是情感的艺术世界的物质基础，后者是前者的反映。人在自己的物质创造物中看到自己的目的的体现，看到了人的物质和精神力量，这是一切情感判断的客观基础。并不是"判断力"把"目的"引入自然界，而是人类的劳动把"目的"引入客观世界。人们的情感判断由直接的劳动产品扩展到非直接的产品的自然界（即不仅是实用的产品，而且是鉴赏的对象），则的确是人类精神文明进一步发展的产物。这样一种"自由的自然美"由于没有直接的实用意义，没有确定的自然概念，从而使想象力具有更加广阔的活动天地。在鉴赏中，的确是有一定的优越性；但又由于它离开人的社会生活（各种劳动、斗争）较远，所以它与人生（作为实践理性的体现）的联系就相当间接，所以作为艺术的题材，也有其局限性。在这一点上，也反映出康德本人的鉴赏力上的不足之处。

  实际的技术世界，是物质的世界、工业的世界，是按照人的实际的需要，按照实际目的创造的世界，人和这个世界的关系，是实实在在的、确定的，它虽然体现了实践理性影响下主体的自由，但却凝聚于实际的客观的自然概念之中，因而可以作为科学知识的对象，研究这个对象，就是社会学、历史科学。然而，除了实际的技术外，人们还有美的技术，它既不是按照自然概念的实践，也不是按照自由概念的实践——由于"自由"意味着摆脱一切感觉原料，因而无"技术"可言；而是按照"情感观念"[①]来进行创造的技术，美的技术（美术），即我们通常所谓的艺术或美的艺术。

  在这里，我们应该强调指出"情感的观念"这一概念在康德美学中的重要性，实际上，所谓"情感的观念"实即在康德所谓在知识领域达不到的"直观的理智"或"理智的直观"，因而是理解美（艺术）和知识、道德关系的关键。

---

① 一般译为"审美观念"，在康德哲学中不妥，理由已如前注所说。

三、美（艺术）与道德、知识之间的关系

所谓"情感的观念"，即又是感性的，又是观念性的。这样的结合，在知识判断里和在道德判断里都是不合法的，即理性没有权利给知识和道德制定这个规则，理性没有这个功能。因而它在这两个领域里是"不合规则的"，如果把"情感的观念"滥用于知识和道德领域，则正如现在西方分析哲学代表人物莱尔（G. Ryle）在他的名著《论"心"的概念》所指出的，是犯概念（范畴）性错误（category mistake），① 即把不同性质的事混淆了。② 理性替科学知识制定了一套规则，按这套规则，感性与知性虽可统一，但各有其来源，因而没有"理智的直观"，也没有"直观的理智"，因而不可能有绝对的知识。理性又为道德实践制定了另一套规则，按这套规则，意志不顾一切利害，摆脱一切感性羁绊，是为纯粹自律、自由，因而道德也不可能有"理智的直观"或"直观的理智"，它是绝对的命令，而无须咨询知识和顾及人间的幸福。然而，理智和感觉这两种对立之源泉（故康德是二元论）在鉴赏判断和艺术创造中，却得到了统一，这种统一，名之谓"情感的观念"。

我们知道，"观念"（Idee，idea）这个字在西方近代哲学史上起过很微妙的作用，显示了哲学用语和日常用语之间的一种复杂的关系。在近代，首先把这个概念引入哲学的是英国的经验主义，但英文的 idea 在日常语言中只是一种"看法"、"意见"的意思，离"真知"、"真理"尚远（"It's just an idea"，"这只不过是一种看法"），所以研究感觉、印象、观念的英国经验主义，终于导致怀疑主义。"idea"这个基本意义，似乎一直保留在康德哲学体系中。《纯粹理性批判》"分析篇"和"辩证篇"都用了"Idee"，前者指不能以知性范畴规范的偶然"想法"、"意见"，后者则与柏拉图的"ειδος"（"理式"、"理念"）相接，是很高的或最高的理性概念，但我们发现两篇中的"Idee"仍有一个相通处，即都不能用知性的范畴来规整，因而不可能成为知识、科学，而这正是

---

① 莱尔：《论"心"的概念》，1958年伦敦版，第18页。
② 我们看到，莱尔所谓"概念性错误"实即康德所谓"理性之僭妄"。

日常语言中"idea"的基本用法。①

在鉴赏判断和艺术创造中，所谓"情感观念"具有两方面的意义，一方面是情感的、感性的，因而离不开直观的形象、直接的体验；另一方面又是理性的，是一种观念或理念。我们已经说过，鉴赏判断不是知识判断，它的感觉不受确定的知性概念的规范，但它又不是单纯的感觉印象，而同样是理性的判断，因而不可能不涉及任何概念。鉴赏判断是通过直觉能力（想象能力）和知性能力（不是概念本身）的和谐体验到更高的概念，即理性的概念——观念或理念。然而，正如康德在《纯粹理性批判》里告诉我们的，理性概念之所以成为"观念"（或"理念"），正因为它没有相当的直观和它结合（如感性世界找不出"上帝"、"第一因"、"终极目的"来），因而人不能是"全知、全能"的。然而，理性却给了我们一种权力，即理性尚有一种功能，在鉴赏判断中，在美的欣赏中，在艺术的创造中，使理性概念（理念、观念）塑造出（或"观照出"）一个理性的直观形象来。当我们把自然当作一件艺术品来鉴赏时，我们心中的想象力冲破了知性概念的框框引向了理性的观念。我们在欣赏花时，萦绕心中的并非花的自然的属性（概念），而是品味着世界、人生的更深一层的意义，这种意义，我们当然不能用知识的形式表达出来，使人人都能通过我的判断来学得，而只能直接通过对花的欣赏，来分享这个鉴赏判断。② 正是在这个意义上，康德说，所谓"情感观念"的方向正好与"理性观念"相反（或是"理性观念"的一个"对称物"）："理性观念"是概念找不出相适应的感性直观，而"情感观念"则是直观找不出相应的知性概念。③ 这就是说，美的直观形象，知性无法用自己的概念去规范，使之成为科学知识，它似乎是直接与道德的实践理想相结合的。

于是，我们在这里接触到康德提出的一个重要而饶有兴味的命题："美是道德的象征。"

我们已经指出，"情感观念"（"感性观念"）是感性与理性的结合，即实践理性概念虽然找不到一个知识性、理论性的直观与其相适应，但却有美的直

---

① 所以在翻译康德哲学时，有人把 Idee 译成"理念"，有人译成"观念"；有人把"分析篇"中的"Idee"译成"观念"，"辩证篇"译成"理念"以示区别，但割断了联系。《判断力批判》中的ästhetik Idee，也可译为"感性理念"，本文还是译成"情感观念"。
② 这里我们似乎可以说，要知道花的美，请亲自看一看花。
③ 康德：《判断力批判》，第49页。

观（或为自然的，或为艺术家创造的）与其相适应，而美的直观，虽无确定的理论的、知识的概念与其相适应，却有实践的、道德的概念与其相适应，在这样间接复杂的关系中，感性与理性得到了统一。美的直观，已非单纯感觉，而是理智的感觉；美的观念，已非单纯的概念，而是充满情感（感性）的概念，只是这种结合，在康德看来，不可能是知识性的，也不可能是实践性的，而是艺术性、鉴赏性的。

于是，康德在他的《判断力批判》中，从这个前提出发，进一步追问道德和美（艺术）到底是什么关系，即为什么在美和艺术中这种感性与理性的结合不能成为知识性的，而只能是鉴赏性的，其中区别何在。正是针对这个问题，康德提出了"美是道德的象征"这个命题，这里的关键在于对"象征"（Symbol）这个概念的理解。

我们知道，在知识范围里，同样也有感性与理性结合的问题，康德的《纯粹理性批判》的主要任务就是要论证这种知识性的结合，以批评经验主义、怀疑主义。但是，康德认为，理性在知性范畴所制定的规则是知性的先天范畴，这些知性概念与先天直观形式（时、空）相结合，使感觉经验材料（印象、知觉……）成为一种"图式"（Schema），从而可以使之纳入知性范畴的体系之中。这就是说，在知识中，"图式"是知识性感觉的概括，使之与知性概念结合；但在鉴赏判断和艺术创造中，感性与理性的结合，不以"图式"为中介，而以"象征"为中介，即在对美的鉴赏中，感性的直观形象，不是理性的"图式"（如花作为植物标本，或几何图形作为空间的图式等），而是一种"象征"。反过来说，理念的世界（实践理性概念、道德理想）虽然在现实世界（感性世界）不能找到"图式"从而成为一种知识体系，但却可以找到（或塑造出）它的"象征"。康德指出，"象征"与"图式"的区别在于：前者是"类比式的"，后者是"证明式的"，或"指证式的"。"象征"中的感性形象与理性概念只有"类比"的关系，而"图式"中的概念则可以在感性直观中指证出来。[①]

[①] 我们在《康德研究》1983年第2期中读到一篇书评，评论一本关于康德美学的文集（Ted Cohen和Paul Guyer合编），其中谈到柯亨（Ted Cohen）的文章《为什么美是道德的象征》，评价者说，柯亨指出德性和美之间的两点相类似处：1. 善良意志与美的对象相似；2. 道德体验与美的体验相似。评价者说，如果美的情感与敬重的情感相似，则美就可以象征道德。我们没有见到柯亨原文，果如评价者所言，则似未抓住康德"美是德性的象征"这一命题的核心意思，因为康德在这里的"类似性"是与"象征性"分不开的。

这样，康德就把"美是道德的象征"这样一个平常的意思①纳入了他的哲学体系，成为他的哲学体系中的一个环节，从而使"象征"这个概念得到了哲学的、美学的意义。②

在这里，还有一个问题需要探讨。我们知道，按照康德哲学，感性和理性在知识领域中之所以不能完全结合，不可能有"理智的直观"或"直观的理智"是因为它们有不同的来源，感觉来自"自然"，而知性范畴来自"理性"（的制定规则的作用）。在实践理性中，道德律出自理性自身，完全不顾感性的要求，在这两个领域里，我们看到感性和理性的坚硬的对立。但在美的鉴赏中，感性和理性似乎找到了它们的"同源性"，"自然"和"自由"出自一个来源。"自然"不再是"现象"，作为现象，自然受知性范畴的规整，受"时间"、"空间"的规范，而艺术中的时空是虚拟的时空，因果关系也带有虚拟性，从而使得活跃的想象力可以把"自由"引入"自然"，艺术家似乎可以"自由地"处理时空、因果，即按照一个道德原则、自由的原则来处理它们。"自由"也再不是纯粹的理性概念，一个理念、观念，而是体现在自然之中的，有自然作为它的现象。一句话，"自然"成了"自由"的象征，而"自由"成了"自然"的本质。这就是说，那个在知识领域里看不见、摸不着的"物自体"，却在美的鉴赏中看到了、摸着了。无论咏梅也好、诵海也好，花和大海都不再只是一个现象、一个知识的对象，而是体现了一种本体的意味，或者用哲学的语言说，它们象征着（表现着）"物本身"（本体）。于是，"自然"也好，"自由"也好，在美的鉴赏中，都出于一源：对"物本身"、"世界本质"、"人生真谛"的把握。

然而，在康德看来，感性与理性在美的鉴赏中的这种结合毕竟不是知识性的，因而没有什么客观必然性（这只有科学知识才能保证的）可以保证它们一定相结合，因而它们的结合就知识言则带有偶然性。在这里，康德把美的鉴赏和美的创造（艺术）作了一定的区别，前者侧重于判断力，而后者则侧重于想

---

① 康德这一提法也许是针对卢梭把道德与美术对立起来，认为美术之虚饰败坏道德淳朴（类似我国所谓"玩物丧志"）这种观点而发。
② 同时我们也可以看到，从哲学上区别"象征"与"图式"，对于艺术家的创作也是有意义的。艺术品不是道德线条的"图解"，而要在作品的具体形象中体现出深广的社会意义，这种意义，并非一般社会的知识或科学体系所能代替的。

象力；前者因更借重知性而强调"陶冶"，而后者则因更接近理性而强调"天才"。康德的"天才"（Genie）论的根据，仍在于上述美的领域中感性与理性的结合带有偶然性这一前提，这就是说，在康德看来，在艺术世界（美的世界）中，"自然"与"自由"这种结合，不是知性范畴所规定了的，因而人们不可能通过知识的积累——即"学习"，必然达到这种结合，因而能够把"情感观念"创造出来，体现美的理想的艺术家，似乎是"自然"的一种"恩惠"，不是学历所能及的。这种才能，对知识来说，是带有"神秘性"的，即艺术家如何发挥其天才，创造出美的艺术品，这类问题，并不是科学知识的对象，任何人不能据"作文指南"成为作家。一句话，在康德看来，能够进行"理智的直观"或"直观的理智"的人，只是少数"自然的宠儿"，这种能力不是人人具有的。事实上，我们看到，所谓"天才"，就是抓住"现象"看"本质"的能力，即在具体的感性存在中体会出世界本源、人生大意的洞察力。学识可以启发这种洞察力，但确不能保证（人们必然有）这种洞察力，古希腊哲人说"博学不等于智慧"（赫拉克利特）大概就是这个意思。其实，按康德的哲学，艺术创作固需要"天才"，美的鉴赏力何尝不要一点"灵气"，鉴赏力需要艺术的陶冶，同样需要那种透彻万物本源的洞察力和敏感能力。

这里，我们讨论了艺术（美）与道德（实践理性）的联系（"美是道德的象征"），而强调了艺术与知识（理论理性、科学真理）的区别，那么艺术与知识（科学）到底有什么联系，在康德哲学中是否有类似"美是道德的象征"相对称的话来概括美与知识的关系呢？我们认为有一句话可以与"美是道德的象征"并列说明艺术与知识的关系，虽然这句话康德本人似乎并未作这种并列的探讨，而是在《判断力批判》的导论中提出的，这就是："自然的合目的性概念"是"形而上学智慧的箴言"(als Sentenzen der metaphysischen Weisheit)，我们借用这句关于一般自然合目的性概念的话来说明美是科学、知识、真理的升华。

康德在《纯粹理性批判》中告诉我们，一切知识都离不开经验，但又不限于经验，因为有理性为经验世界、感性世界制定的规则，因而这个世界就不仅是可感的，而且是可以理解的，这样理性的理论性、知性的功能，只限于经验世界，超出这个界限，则为理性之僭越；由于这种知性的制定规则作用并不依赖于经验,是理性本身的功能,所以我们对物的世界(感觉世界)本身只限于认识它的现象,而不能认识物自体(本体);然而传统的形而上学却正要以知识的形式掌握这个本体,所以康德指出,形而上学的一些概念,如第一因、无限、本源……,就知识来说,只是一些"理念"("观念"),并不能在感性世界得到"证实",而传统的形而上学却把它们当作知性范畴来用,如"上帝是存在的"等等,则犯了"概念性错误",把不同领域、不同性质的事混淆了起来。但是,"寻本求源"却是人的理性推理的本性,因而只要明确形而上学不以知性范畴为对象而以理性概念(理念)为对象,则仍有其价值。然而,形而上学总不免于自身的内在矛盾;它作为一个无所不包的知识体系,必定要借用知性的范畴,以科学的、经验的知识形式出现,以这种形式来探讨"物自身"的"本体性问题",当然是不适合的,因而康德把这些问题置于实践理性批判之下,指出形而上学作为绝对的知识体系不能很好完成的任务,在道德实践领域能得到适当的解决。在道德领域,理性概念自身构成体系(概念之间的推理),而不涉及感性直观和知性范畴。

然而,在美的鉴赏中有一点不同于道德实践而与知识形式相同,即它本质上不是实践性的,而是静观性的、知识性的,鉴赏判断以知识判断的形式出现,而不以道德行为的形式出现。我们认为,按照康德哲学和美学的理论,鉴赏判断、对于美的鉴赏,应体现了形而上学的智慧,即体现了对本体的认识,虽然它只是形式的认识,而不是真正的知识判断。

鉴赏判断不表达知性的经验知识,这一点已如上述。鉴赏判断当然必须适应知性的规则,但只是作为一种形式来适应,它的内容所表现的则不是经验的、自然科学的真理,而是形而上学的真理,即对世界本质、人生大意的认识。鉴赏判断既然包含了一种"情感的观念",因而它可以用知识的、科学的语言形式表现出来,但只是利用知识语言的形式,其内容却不是知识性的,而是哲学性的。康德在比较"情感观念"与"理性概念"时曾指出,"情感观念是想象力中的表象,它产生许多思想,却没有任何确定的思想,因而没有任何特定概念与之切合,也没有任何语言能够完全企及它,把它表达出来",[①] 这

---

① 康德:《判断力批判》,第49页。

里已包含了后来维特根斯坦所谓的"不可言说的"与"可言说的"之间的区别。只是康德把这种"不可言说"性限于对美的鉴赏中,而且还加上了"完全地"(völlig)的限制词。

所谓"妙不可言"、"可以意会,不可言传"这种美的境界,并非是绝对地不可言说。因为事实上鉴赏判断采取了知识判断的形式;而只是表示,这种知识的形式不能"穷尽""美"的一切意味,因而除了语言形式的艺术外,我们当有绘画、音乐、舞蹈等其他形式。但鉴赏既然要成为一种高级的、理智性的活动,则又离不开作为人类理智基础的知性的、语言的结构。艺术形式,无论绘画、音乐、舞蹈都需与结构-逻辑的形式相协调。不仅如此,按照康德的思想,我们不仅用知性概念(范畴)来思想,而且也用理性概念(理念)来思想,可思想的与可认知的并非一回事,但理性概念的思想方式却仍然必须借用知性的逻辑形式。正是因为这种错综复杂的关系,我们天天在说那"不可言说的",讨论、研究那"妙不可言"、"不可思议"的艺术美与自然美。

正是从这个角度,康德告诉我们,没有关于美的科学,即没有关于美的知识,美不能当科学知识来传播,一切关于美的学说,不能"保证"人们一定能提高鉴赏力。这里我们应该补充的是:我们有美的哲学,康德《判断力批判》前半部正是一部美的哲学;不仅一切关于美的学说,而且包括一切关于自然的学说(科学)、一切关于自由的学说(道德)都实际上有助于鉴赏力的提高。正如哲学不许诺或不保证人们一定成为物理学家、生物学家,但却有助于自然科学的发展,具体自然科学也不许诺一定供给哲学的智慧却有助于激发这种智慧一样,美学(美的哲学、艺术哲学)并不许诺或保证一定会造就多少艺术家,但却有助于艺术创作的发展和鉴赏力的提高。

1983 年 12 月 26 日于北京

康德的先验宇宙论的二律背反

康德在《纯粹理性批判》"辩证篇"里提出了三个先验理念问题——灵魂、宇宙和上帝,事实上在这三个本体论问题中有一个基本的问题,即宇宙论的问题。宇宙论问题是解决宇宙的根本问题,解决宇宙的界限、起源问题,在经验的宇宙论范围之内是自然科学问题,在经验的宇宙论之外,即先验的、理性的宇宙论,面对的就是灵魂不灭、上帝的问题。因此,宇宙论问题在康德《纯粹理性批判》"辩证篇"里,占有核心的地位,也可以说,先验宇宙论是了解康德对整个哲学形而上学的态度的关键。

一、宇宙论理念的提出

康德之所以提出先验宇宙论的二律背反问题,有三方面的情况应该加以探讨,首先是从康德理论的内部,从先验的幻象如何引出这个问题;其次是当时理性主义的宇宙论与经验主义的宇宙论之间的争论;最后就是康德关于先验宇宙论的思想与整个哲学史的关系问题。

首先从理论方面来说,康德在"分析篇"中提出了对整个现象界、自然界知识的普遍性、客观性的问题,把逻辑的范畴和非逻辑的现实内容[①]结合起来以解决科学知识既有普遍性又有客观性的问题。在谈到先验的幻象时,康德已

---

① 用左黑尔(Zocher)的说法,我们认为,这样来概括康德"分析篇"的思想有简明的优点。参见《康德的基本学说》,1959年爱尔朗根版,第29页。

经指出，理性并不停留在现象的、知性的阶段，理性进一步要求现象后面的根据，于是出现了理念，理念是纯概念，是在现象界，在经验里没有相对应的存在的，但又不是主观任意的幻想，而是理性的一种自然的趋向。因此，理性按其本质来说，不能只限于现象界，不能只停留在自然科学的认识阶段，理性要求解决本体问题，解决哲学、形而上学问题。

现象界是受时间、空间直观形式和各种逻辑范畴规范的，而自然科学的研究表明，它的对象——自然——在时间上是无穷系列，在空间上是无穷集合，在因果关系上是相互作用的无穷的长河，这对自然科学来说问题只能提到这个程度，但理性却不满足于此，它对这个"无穷"还要作进一步的追问，于是理性超出了自然科学、经验的范围，它的问题是超验的、形而上学的哲学问题。

因此，我们可以说，康德的"先验宇宙论"问题，其基本的问题就是这个"无穷"问题，或者说，把经验科学里的"无穷"问题转化为哲学上的"无限"问题。因此哲学上的"宇宙论"并不是指宇宙（自然）在时间上的起源问题，而是宇宙的总的"根据"问题，是逻辑上的总的条件问题。

康德把整个宇宙（自然）看成一个系列，就经验科学来说，这个系列的每个环节，都是被条件规定了的，是有前因后果的，这个被条件规定了的一环，其条件系列和结果系列是无穷的。我们的认识就是根据这个系列的必然的联系，掌握它们的因果关系，这是自然科学的任务，而这个任务是永恒的、没有终止的。

理性的哲学任务却正是要在自然科学、经验知识终止的地方开辟出一个新天地来。康德指出，理性宇宙论的一个基本命题就是：

"如果被条件限制者是给定了的，那么条件的总和，即作为被限制者之所以可能的绝对不受条件限制者也是给定了的。"[①]

这就是说，理性必定要提出一个绝对不受条件限制者的问题来。理性之所以提出这个问题，不是诡辩论式的主观随意性，而是有其根据的，这就是条件系列

---

① 康德：《纯粹理性批判》，德文版（下同），A409。

的推演问题。

对于一个系列,有两种推演办法,一种就是由因求果,一种是由果求因,前者是顺溯的,后者是逆溯的。由因求果在康德看来是经验的事,可以无穷地推下去,不是理性所要求的[①],但由果求因,由受条件限制者推出条件系列就不同了,理性总想推出一个条件的全体来,推出一个绝对不受条件限制的东西来。这就是哲学上的"无限"。

这样,在"先验分析篇"里作为"限制"概念被暂时搁置起来的本体问题,在这里成为着重研究的对象。

对于这样一个形而上学的哲学"无限"问题,康德指出有两种不同的态度,一种是理性主义的,一种是经验主义的,这两种态度在康德看来都是不对的。关于宇宙论问题,当时基本上有两种学说,一种是以莱布尼茨为代表的理性主义宇宙论,一种是以休谟为代表的怀疑主义宇宙论。康德对这两种学说都提出了批评。

我们看到,在自然科学方面,康德最初深受牛顿的影响,牛顿在自然科学、经验知识的范围内以自然的因果律解决了数学、物理学的哲学基础问题,但是他并没有很好地解决宇宙论问题,因而保留了"上帝之一击"作为宇宙的总的根据。然而,经验主义进一步的发展,已由培根、牛顿、洛克发展为休谟的怀疑主义。怀疑主义否定经验的普遍性、必然性,扼杀了理性的一切逻辑必然的要求,所以康德说怀疑论是纯粹理性的"善终"(Euthanasia)[②]。事实上,在宇宙论问题上,康德对经验主义的批评是相当严厉的,他认为经验主义固然重视感性材料,但如果否定一切理性的权利,同样也可以成为独断论,而这种独断论,比起理性主义独断论更是错误的,他说:"如果经验主义本身对于观念(如常发生的那样)的态度成为独断的,冒然否定一切超过其直观知识范围的东西存在,那么,它自己也犯了不谦虚的错误,因为这个错误对理性的实践利益带来不可弥补的损失,所以更应该受到谴责。"[③]

当然,在宇宙论问题上,康德的主要矛头还是对着当时德国流行的莱布尼

---

① 康德:《纯粹理性批判》,德文版(下同),A409。
② 康德:《纯粹理性批判》,A407。
③ 康德:《纯粹理性批判》,A383。

茨-沃尔夫理性主义哲学体系的。康德认为，流行的理性主义哲学，一方面在经验知识问题上，在科学问题上忽视了感性的作用，忽视了概念、范畴必须与感性直观相结合，必须涉及对象，才有客观性，而只重视思想的逻辑形式；另一方面在宇宙论的问题上，在形而上学哲学问题上又没有超出经验、科学的范围，企图把哲学上的"无限"，降低为经验的一个环节，用知性的范畴和感性的直观形式往"无限"上套，这样就必然出现先验的幻象，出现二律背反，出现矛盾。

在康德看来，哲学上的"无限"，既然是经验之"全"，是一切条件的总和亦即"绝对的无条件者"，那就应该在经验之外，不在经验之中。事实上，康德在这里区分了两种意义的"无限"，一种是经验的，自然科学范围内的无限，即"无穷"，这种"无限"是一个系列的全过程，所以可以叫做"潜在的无穷"；另一种是哲学上的"无限"，即在经验系列之外，是一种绝对的无条件者①，这种"无限"在经验中、在自然科学中没有它的地位，没有相应的直观，而只存在于理性的概念中。

因此，从哲学上讲，康德认为不能用知性的范畴和感性的直观形式去套这个"无限"。"无限"既在经验之外，因而也就在时间、空间之外，在因果系列之外，"无限"本身也不是"实体"等等，而理性主义者则总是要用这些形式和范畴去套，于是就出现宇宙在时间上有无"始基"，在空间上有无"极限"，在因果上有无"第一因"等等问题，对这些问题的回答无论"是"或"否"都没有意义，因为它们是由先验幻想引起的不能解决的矛盾问题。

按照康德的意见，哲学上的"无限"并不是知性概念（范畴），而是一种理性的"理念"。这就是说，它在经验中没有相应的直观，它和经验概念相比，一方面它没有确定的直观所以显得太小，一方面又超出了经验之外所以又太大，因为"只有与经验相结合，才能显示理性判断的全部光辉"②，所以这种理性的理念只有理想性没有现实性，不受感性直观和知性判断的制约，只接受理性本身的支配；但理性又常常用知性的范畴和感性的直观形式来对待"无

---

① 康德：《纯粹理性批判》，A418。因此斯密司（Smith）认为康德对这种"无限"没有分清的看法是不对的，参见《〈纯粹理性批判〉评注》，第480页。
② 康德：《纯粹理性批判》，A462。

限"，从而引起不可克服的矛盾，理性把理念认作了知性概念，把本来是属于物自身的条件的理念世界当作了知性立法的现象界，就产生了幻象，产生了矛盾，正如康德自己所说的："宇宙论观念中纯粹理性的二律背反只是辩证的，幻象的矛盾，这种矛盾之所以产生，是因为人们把只是物自身的一个条件的绝对的全体的理念运用到了现象界，……"① 康德认为，就一个无穷的条件系列来说，在感性和知性的领域里不能完结的，作为条件系列的"全"，作为绝对的无条件者只是一种理念存在于理性之中，如果把这种理念误认为经验的形式和范畴，则矛盾就成为不可避免的了。

这样，康德就从根本上动摇了当时理性主义所争论的问题：即关于宇宙的起源问题，无限分割的单子问题，第一因的问题等等，认为这些问题是不可能用一般的经验科学的概念来解决的。

我们认为，康德的先验宇宙论的理论，不仅有着理论上、当时哲学争论实际上的背景，而且有着深厚的历史渊源，这一点常常为一些康德的研究者和注释家忽视②，事实上，康德关于先验宇宙论的思想是从他的先验主义立场对哲学宇宙论的一种总结，指出了一种不同的方向，是具有重大的历史意义的。

我们知道，宇宙论问题，关于宇宙的起源问题，在哲学史上是由来已久的。古代希腊哲学整个前苏格拉底阶段，主要的就是要在感性物质世界寻找宇宙的起源，寻找宇宙的最初的原因。他们所提出的问题是哲学的，他们要找出一个万物的"άρχη"（"始基"或"原则"），但他们的方法却是自然科学的，即经验科学的，他们都限于具体的物质世界来寻求这个"始基"。围绕着这个宇宙论问题当时基本上分成了两大派，一派是米利都学派主张以"水"为万物的"始基"；一派为南意大利学派主张以"火"为万物的"始基"。前者包括了泰利士、阿那克西曼德、阿那克西美尼③，后者包括了毕达哥拉斯、希帕索

---

① 康德：《纯粹理性批判》，A507。
② 保尔生（Paulson）曾经指出这方面的历史意义，他把宇宙论的四个二律背反分成：一方面为理性的独断论，一方面为经验的怀疑论；一方面为理想的方向，一方面为物质的方向；一方面为柏拉图的路线，一方面为伊壁鸠鲁的路线，认为这两种倾向在古希腊哲学中已经有了。（参见《伊·康德》，第 207 页）
③ 泰利士首先提出"水"，阿那克西曼德把"水"解释成"无定形的"（άπειρον），阿那克西美尼发展为"无定形之气"，实为"水气"。

斯、赫拉克利特①。这种朴素的宇宙论思想受到爱利亚学派的冲击，分化为多元的原子论（恩培多克勒、阿那克萨哥拉、留基波、德谟克里特）和早期智者学派（普罗泰哥拉、高尔吉亚等）。原子论者继续从具体的物质世界中寻求万物的"始基"，按照自然科学的路线，得出了不少积极的科学成果，其中特别是像德谟克里特这样的古代百科全书式的人物，对科学史和哲学史的贡献是很大的。

但是哲学思想的进一步发展，表明了在当时的自然科学的条件下是不可能解决宇宙论问题的，古希腊哲学从米利都学派和南意大利学派在"始基"问题上的一元论走向多元论，说明这个问题的复杂性，因为事实上当时绝不可能找出某种或某些具体物质作为宇宙的最初的"始基"或"元素"。在这种条件下，产生了苏格拉底、柏拉图的"理念说"。这就是说，在苏格拉底、柏拉图看来，宇宙的"始基"不在具体的物质的存在，而在于抽象的"理念"，具体的物质的世界不过是抽象的、理想的"理念"的影子（或摹本）。在这里，我们看到古代哲学和近代哲学的极为相似的思想发展线索②。

康德认为，在具体的感性世界寻求万物的"始基"是一种理性的僭妄，因为感性世界是一个无穷的长河，其中任何环节都不能是绝对的。无论米利都的"水"也好，南意大利的"火"也好，恩培多克勒的气、土、水、火也好，从德谟克里特的"原子"到莱布尼茨的"单子"，都不是绝对的，把这些具体的物质存在形态宣布为万物的"始基"，只能是一种独断的主张，是经不住推敲分析的，只有返求诸内，在理性本身，在现象之外，在经验之外来寻求宇宙的"始基"，才能体现哲学的真义。从这里我们也可以看出，康德自诩为"哥白尼式的革命"实际上早在古代希腊已经开始。当然，近代的康德要比古代的苏格拉底在思想深度上大大提高了一步，康德已经不像苏格拉底那样纠缠于"鞋子"和"鞋子的理念"之间的关系，而是直截了当地把

---

① 赫拉克利特的"火"及"λόγος"来自毕达哥拉斯，但他的思想是集米利都学派和南意大利学派之大成者。
② 正是在这个意义上，新康德主义者温德尔班把康德称作"近代的苏格拉底"，认为哲学史上苏格拉底和康德是两个里程碑。（参见 *Präludien*，第 1 卷，1924 年图宾根版，第 117 页。）

他的"物自身"当作整个的本体,整个宇宙的"无限"①,而这个"物自身",这个"无限",是非感性的,超感性的,不是知性范畴和感性直观所能掌握的,它只是一个"理念"。"理念"不是经验科学的对象,而是哲学的对象、宗教的对象、道德的对象,因而这个"无限的理性概念"就不能用感性直观或知性范畴来套,从而是一个不可知的理性对象。康德说:"事实上,感觉的直观能力只是一种感受性,在某种方式下被刺激而伴有表象,表象之间的关系是空间、时间的单纯直观,(我们感性的纯粹形式),当这些表象按照经验统一的规律,联结于这种空间和时间的关系中并在时间空间中得到规定性,就叫做对象。这种表象的非感觉的始因,对我们来说是完全不知道的,因此这种对象既不能在空间、也不能在时间中得到表象。"② 这就是说,从泰利士以来从具体感性事物中找"始因"全都错了,因为这种"始因"根本不是感性的,而是理性的理念。这种理念不是知识的对象,不是科学的对象,而是哲学的对象。

二、康德的四对宇宙论"二律背反"

根据康德对于先验幻象的理论,即使在揭穿这种幻象的实质之后,理性仍然不可避免地会产生这些幻象,即把感性的直观形式和知性范畴这些只适用于现象界的手段运用到理性理念问题上去,理性总是要追问宇宙系列的时间上的起源、空间上的界限等等属于哲学的"无限"问题。由于这种理性的自然的倾向,在宇宙论问题上必然地出现对立的论断,对立双方都无法以知性的逻辑说服对方。因而就知性来说,即就经验知识、自然科学来说,双方既可以是对的,又可以是错的。

在宇宙论问题上,康德提出了四对"二律背反"。这四对"二律背反"是:

1. 正题:宇宙在时间上有一个起始,在空间上有一个界限。

---

① 因此左黑尔认为康德的"物自身"与"本体"不同是不对的。(参见《康德的基本学说》,第32页),当然,费希特批评康德没有摆脱经验对象的个别性是进一步发挥了康德关于"全"和"无限"等思想的结果。
② 康德:《纯粹理性批判》,A494。

反题：宇宙在时间上没有一个起始，在空间上没有一个界限；宇宙无论就时间或空间说都是无限的。

2. 正题：宇宙中一切复合物体都是由单纯的（不可分的）部分组成的，因此宇宙中除单纯物体及由其组成的物体外别无他物。

反题：宇宙中的复合物体不是由单纯物体组成，宇宙中并无单纯物体存在。

3. 正题：宇宙并不仅仅依照自然的因果律，同时也还要依照自由的因果律。

反题：并不存在自由的因果律，宇宙中一切事物只依据自然的因果律。

4. 正题：宇宙之中或宇宙之外有一个绝对必然的存在。

反题：无论宇宙之中或宇宙之外都没有一个绝对必然的存在。

康德从当时所能达到的理论和历史的高度，把宇宙论的问题总结为这四对矛盾的命题，这在当时是有很高的概括水平的。他以"分析篇"的范畴表为蓝本，从时空、实体、因果、必然这四个方面概括了宇宙论的最根本的问题，这在当时来说，还是比较全面的。黑格尔后来批评康德只看到四种矛盾，而不知道"在一切的表象、概念和理念中发现矛盾"。[①] 当然是黑格尔对康德哲学的批判和发展，也是黑格尔对辩证法的重要贡献；但是就康德来说，他所揭示的矛盾当然也不仅仅限于这四对，他在理性心理学和神学里都揭示过各种矛盾，所不同的是，康德是注重本体的矛盾，或理性的理念与知性范畴、感性直观的矛盾，黑格尔则坚持了矛盾的普遍性，认为无论感性、知性、理性里都有矛盾，矛盾无所不在，这当然是一个很大的进步。

康德对宇宙论这四对矛盾的具体论述同时都用了"反正法"，因为这些知性概念涉及的对象都是超感性的"无限"，涉及到宇宙的最根本的问题，所以只能用"反正法"来说明相反主张之自相矛盾。在这里，康德所运用的具体论证方法已经失去了它的重要性，从维钦格开始，就有许多注释家指出过康德的具体论证有许多矛盾的地方，但康德在这里所提出的哲学问题，仍然值得重视。

---

① 黑格尔：《小逻辑》，贺麟译，商务印书馆1980年版，第132页。

康德把这四对矛盾分成数学的和力学的两种，第 1 和第 2 对矛盾涉及时空的数量关系，第 2 和第 3 对矛盾则涉及力学的关系。康德这种区分，后来有些注释家认为带有武断的性质，[①] 但在康德本人来说，他还是很重视这种区别的，因为数学的关系只涉及时空感性直观，而力学的关系涉及因果的范畴概念，离理性更接近了一步，其意义当然也就有所不同。康德认为，"无限"、"绝对无条件者"既然不在时空之中，所以第 1、2 对矛盾中只能有一个是对的，而事实上对立双方又都有同样的权利坚持自己的主张；第 3、第 4 对矛盾涉及到力学的因果关系问题，因而正反二题都可以是真的。康德这种区分，我们看到，已经引起了相当的混乱，有的人认为数学的矛盾只涉及现象界，力学的矛盾则可以涉及本体界[②]，叔本华认为"只有反题的论证事实上根据了我们知识能力的形式，即如果我们客观地说，是根据必然的、先天的确定性的、自然的最普遍的法则"[③]，保尔生则又说，前两对矛盾是"aut—aut"（或-或）的问题，后两对矛盾是"et—et"（和-和）的问题，即前两对矛盾只能有一个对，而后两对矛盾正反二题都可以是对的[④]等等。

事实上，我们统观康德思想的全貌，他的基本倾向是要用他的先验主义来改造正题的，也就是说，在"无限"的问题上，他是比莱布尼茨-沃尔夫学派更加理性主义的。

关于反题，显然是经验的、自然科学的命题，正如叔本华所指出的，只有反题才是符合自然的客观普遍性的。从自然科学的眼光来看，整个自然界是一个无穷系列，在这个系列之外没有任何物质的存在，在这个系列之中，没有任何环节是"无条件"的，自然无论在时间上或空间上都是无穷的。自然界任何物体都是可以无限分割的，古代希腊哲学家芝诺提出的无限分割的悖论，在自然的范围内是不存在的，自然界没有几何的"点"，现实世界不存在 0＋0＋0…成为一条直线的问题。近代数学更进一步用微积分的"极限"概念解决了点线的关系问题。自然界根本没有莱布尼茨所说的不可再分的"单子"。自然界又是一个因果系列的无穷长河，一切事物都是互为因果的，就一个环节

[①] 斯密司：《〈纯粹理性批判〉评注》，第 511 页。
[②] 同上书，第 510 页。
[③] 转引自斯密司《〈纯粹理性批判〉评注》，第 482 页。
[④] 保尔生：《伊·康德》，第 211 页。

来说则既是因又是果。无论是顺溯或逆溯都不存在一个"第一"或"终结"。宇宙论的力学问题与数学问题其解决原则是完全相同的。古代希腊的"*archē*"不仅有数学上的意义，同时也有力学上的意义，"*archē*"是生化万物的"始基"，在时间上它是起始，空间上是一个系列界限（上限），在因果系列上它又是"第一因"。这种绝对的"*archē*"在自然界是没有的，自然界不会出现"至大无外"，"至小无内"的情形。因此，从自然科学、经验知识的立场来看，反题是正确的。

可是，康德并没有从理论上放弃哲学的"无限"，因而他对于正题同样是倾向于肯定的，不过他要用他的先验主义来改造正题，我们甚至可以说，康德先验宇宙论的主要思想，就在于改造当时莱布尼茨-沃尔夫学派的正题。在这个问题上，康德先验主义的特点表现在：他认为关于"始基"、"单一者"、"第一因"、"绝对必然者"这些概念既不是经验的一个环节，也不是现象系列的潜在的无穷，而是在时空之外、在自然因果系列之外的理性概念即理念。莱布尼茨-沃尔夫学派用普通的逻辑范畴即知性的范畴来解决这种属于哲学的"无限"的问题，实际上仍然用经验概念来解决纯理性问题，这样正题与反题所用的范畴就完全一样。事实上，在康德看来，正题与反题涉及到两个完全不同的领域，不能用同一种范畴来解决，正题需要用理性的理念来改造，只有反题才能运用知性的范畴和感性的直观。

宇宙并不是在时空上有无起始和界限，而是在时空之外有自己的纯逻辑的条件，即在感性直观之外有一个绝对的无条件者。这个无条件者只存在于理性之中，现实世界是不存在的，"至大无外"、"至小无内"，只是一种理念，一种存在于思想中的理想境界。

从自然科学角度，自然界是可以无限分割的，因为自然界的事物无论如何小，总要占有空间，因而总是复合体，总是可以再分的。单子论者反对事物的无限分割，提出一种不可分割的实体——单子，但在康德看来，莱布尼茨既然把单子叫做"实体"，而实体是知性范畴，是由感觉所给予的，因而它就不可能是单纯的事物。因而莱布尼茨的"单子"论是自相矛盾的，而康德自己认为："世界上没有单一物的存在——在这里只意味着：绝对单一的存在不能由经验或知觉（不论外部的或内部的）来证明，绝对单一只是一个单纯的理念……"① 这就是说,"至小无内"只是一个理念。

所谓"在时间空间之外",当然也不能从时间和空间的意义上去了解,并非在时间之外还有时间,在空间之外还有空间,而是同一个系列所根据的原则(原理)不同,从知性来看,这个系列处于无穷的时空之中,就理性而言,这个系列又是超时空的,存在着一个绝对的始基——这是一种理性的理念。

同样,同一系列两种根据的思想在解决后两对矛盾时表现得更加清楚。

整个自然界处于严格的自然的因果锁链之中,这个锁链的任何环节都不能是绝对的,而是互为因果的,但就在这个同一系列中,除自然的因果性之外,还有一种自由的因果性在起作用,即这种因果性是自发的,原始的,第一性的,不需要别物作为它的原因。而不像莱布尼茨把"充足理由律"与"排中律"等置于同等地位,甚至沃尔夫把"充足理由律"消溶于"排中律"之中;同理,作为现象的系列,每一环节都是受条件限制的,因而都是偶然的,一个无条件的必然者,只存在于理性之中,是一个理念。

这样,康德在先验宇宙论问题上实际是把莱布尼茨—沃尔夫学派的理性主义发展到极端的地步,把正题和反题绝对地割裂开来,正题和反题涉及的是两种完全不同性质的问题,一个是现象的问题,一个是本体的问题。

三、康德哲学中的认识论与本体论

爱尔朗根的左黑尔在研究康德的"分析篇"时曾说:"总起来人们可以说,'分析篇'提供纯粹知识的积极的批判(证明、立法),它意味着由结合牛顿物理学原理中关于(纯粹知性)概念把学派的本体论转变为立法的'纯粹'自然科学。"② 可是,在研究康德的"辩证篇"时,左黑尔并没有看到正是在这里康德又从认识论(自然科学)转变为本体论,虽然左黑尔曾经强调康德重视形而上学,以区别新康德主义重视实证科学(实证主义)③。

从以上分析可见,康德在对待宇宙论问题上同样运用了他一贯的手法,即

---

① 康德:《纯粹理性批判》,A435。
② 左黑尔:《康德的基本学说》,1959 年版,第 22 页。
③ 左黑尔:《康德的基本学说》,1959 年版,第 11 页。

绝对割裂了现象与本体,把宇宙论的问题分成两个部分,一个是可认识的现象界的无穷系列,一个是不可认识的独立于现象界的本体,这个本体就宇宙论来说则是"始基"、"单一者"、"第一因"、"必然者"①。哲学形而上学就是要研究这些问题,虽然这些问题是经验科学不能掌握的,但却是哲学、宗教、道德的必然的对象。

这样,康德就在先验唯心主义的基础上,改造了莱布尼茨-沃尔夫学派的本体论,更新为一种新的、更加理性主义的形而上学。在这里,康德关于宇宙论问题的理论,本质上已经超出了传统意义的宇宙论范围之外,已经不是解决宇宙的时间上的起源、空间的界限等问题,而是真正意义上的先验主义的形而上学本体论。康德自己有一段话说得很清楚:

"当我们规定我们的理性概念只以感性世界中条件的总体为目的,考虑在涉及感性世界时什么条件能对理性有所贡献,那么我们的理念虽然是先验的,但却是宇宙论的。但是,一旦我们把不受条件限制者(现在我们正是涉及这个不受条件限制者)设置于完全外在于感性世界因而外在于一切可能的经验的世界,那么这种理念就是超越的。"②

在这里,康德把自己的先验主义的理性主义与历史上一切普通的理性主义区别了开来。我们已经说过,苏格拉底和柏拉图曾为"鞋子"与"鞋子的理念"伤过脑筋,莱布尼茨当然也认为感性世界是理性世界的不太清楚的反映,就像柏拉图认为现实是理念的摹本一样,但康德则截然地、绝对地、亦即在原则上把感性世界和理念世界完全割裂开,使它们遵循完全不同的原则。康德接着说:

"超越的理念不仅服务于完成经验上理性的运用(这种运用本身又是不能实现而又不断追求的理念),而且完全与这种经验的运用相脱离,自己形成一个对象,这个对象的材料不是从经验得来,其客观的现实性,也

---

① 就整个哲学"无限"来说则是"灵魂不灭"、"宇宙本体"、"上帝"。
② 康德:《纯粹理性批判》,A565。

不依赖于经验系列的完成,而依赖于先天的纯粹概念。"①

康德的理性的理念,与柏拉图、莱布尼茨的"理念"、"概念"不同,不是个别事物对象的经验概念,而是在现象的经验概念之后的本体概念,是一种"无限"的理念。这里,我们看到,康德把理性主义的传统更加精致化、系统化了。

按照左黑尔的说法,康德在"分析篇"把莱布尼茨-沃尔夫学派理性主义的本体论"降为"认识论,即把逻辑的概念范畴限于经验的现象界,使逻辑的形式与非逻辑的内容结合起来,建立了先验主义的认识论,批判了莱布尼茨-沃尔夫学派脱离经验对象的独断主义;但康德绝没有放弃形而上学本体论的问题,在"辩证篇"进一步发挥了现象与本体有原则区别的观点,使理性完全脱离经验现实,专门解决"无限"的问题,从而建立了先验主义的形而上学。

当然,康德在"辩证篇"同样提出了"形而上学如何可能"的问题,康德从否定方面作了回答,但康德的意思是指"形而上学"在经验上是不可能的,即在经验的范围内,用知性概念是不能建立形而上学的,但就理性的本质来说,"形而上学"不但是可能的,而且是必然的。这就是说,形而上学作为知识来说,是不可能的,作为哲学本体论来说,则是必然的。在康德看来,莱布尼茨-沃尔夫学派正是把这两个不同性质的问题混淆起来了。认识论问题,知识问题,本来只涉及并必须涉及经验的对象,是经验对象给予的,同时对象又受先天直观形式和知性范畴的规范,所以既有客观性又有普遍性,但莱布尼茨-沃尔夫学派却把知识归结为纯逻辑形式推理,而排除了非逻辑的内容。本体论问题,形而上学问题,本来只涉及并必须涉及"无限"的理性理念,完全不是经验所提供的,但莱布尼茨-沃尔夫学派反而把经验的概念运用到这些问题上,引起了混乱。这样,在康德眼里,莱布尼茨-沃尔夫学派把整个的关系完全颠倒了,在该强调逻辑形式与非逻辑的内容相结合的知识论问题上,莱布尼茨-沃尔夫学派过于理性主义;在该强调纯粹理性的自发性、能动性的本体论问题上,莱布尼茨-沃尔夫学派又显得不够理性主义。

---

① 康德:《纯粹理性批判》,A565。

康德认为，只有他的先验主义，才能把现象和本体，认识论和形而上学原则地区别开来，才能使理性的运用各得其所，不至于发生僭妄的错误。康德说："如果如实地看待现象，即不把现象看成是物自身，而只看成按照经验规律结合起来的表象，那么现象本身就还要有不是现象的东西作为它的根据。"[①]

这个作为一切现象根据的本体，不是感性的，而是理性的，是一个纯理智体，是不以时空、范畴为条件的，如果说它本身也有"根据"、"条件"的话，那么它是以自身为"根据"、"条件"，所以它是"自由"、"自律"、"自发"。这样一个纯粹自动的、能动的理智体，就是后来费希特的"纯粹自我"、"纯粹主体"，不过在康德那里，这个"纯粹自我"只有理念的概念，没有知性的范畴，因而是不可知的。

于是，我们看到，在这里，康德就把认识论和本体论原则割裂了开来，康德认为现象界是可知的，本体界则是不可知的。现象界是认识论的对象，本体界是形而上学的对象。

当然，现象与本体遵循着不同的原则，二者有原则的区别，并不等于它们之间任何关系都没有。事实上，本体是现象的根据，也就是说，本体是现象的最后的条件。但是，要把已经割裂开来了的关系重新建立起来，康德是煞费了一番苦心的，他在《纯粹理性批判》里没有弥补好的空隙，由《实践理性批判》特别是《判断力批判》继续来弥补。在《纯粹理性批判》中，康德也已经指出，理性的原则和经验的原则，如果不是各得其所，至少是不矛盾的，理性强调"无条件者"，并不妨碍经验系列的无穷性，恰恰相反，理性的要求正是保证了这种无穷的综合。康德说："人一方面自身是现象，另一方面，就其某种能力来说，又是一个单纯理智的对象，因为人的行动不能完全归结为感性的承受性。我们把这种能力叫做知性和理性，特别是理性，我们以非常特别的、非常有力的方式把它和一切为经验所限制的力量加以区别，因为理性只按照理念来考虑它的对象，并按照理念来规定知性，然后知性以其（的确也是纯粹的）概念运用到经验中去。"[②]

由此可见，康德先验主义的特点在于在理性与感性之间，提出一个知性来

---

① 康德：《纯粹理性批判》，A537。
② 康德：《纯粹理性批判》，A546。

使理性与感性之间的关系更加精致、更加复杂化。知性，一方面使理性在认识论领域中得以更具体地与感性相结合，成为一种结合的力量，另一方面在本体论上，又成为理性与感性之间的分离的力量，使理性的理念保持其纯粹的性质，不能直接受感性的干扰。知性为自然立法，理性又为知性立法，因而起着一种规整、制约的作用。知性对感性来说，是一种立法的构造作用，具有直接的现实性，理性对知性来说只是一种规整的制约作用，具有理念的理想性。经过知性这堵墙，本体和现象就可以各按自己的规律并行不悖。康德说："当然，知性并不允许在现象中有任何条件本身在经验上是不受条件限制的。但是，如果我们除了一个（在现象中）受条件限制者外还能设想一个理智的条件，它不是作为一个环节属于现象系列之中，而至少又不因此中断经验的条件系列，那么就能容许承认一个经验上不受条件限制者，从而对于经验的继续追溯来说，不会发生任何中断。"①

这就是说，在康德看来，本体论原则与认识论原则不但没有矛盾，而且是认识论的最后的根据，在理性的规范下，经验得以进行无穷的扩大和综合。

然而，我们看到，康德的惯用手法是把首先已经割裂开来的事物设法再衔接起来，这种手法当然不能真正揭示事物之间的联系和区别，现象和本体仍然僵硬地对立着，它们之间没有任何的转化关系。当然，康德在讨论了认识论问题之后，着重指出本体论问题的特殊性，亦即指出哲学形而上学问题的特殊性，并不因为经验科学的发展而完全取消哲学的根本问题，即古代哲学家早已提出而近代哲学家着重讨论了的哲学基本问题：第一性的问题，使这个问题不仅具有认识论的意义，而且具有本体论的意义，在哲学思想发展的当时的历史阶段还是具有一定的历史作用的。我们知道，德国古典哲学进一步的发展，克服了康德把认识论和本体论绝对割裂开来的错误，费希特、谢林、黑格尔把这二者统一起来，使认识论和辩证法、历史和逻辑逐渐统一起来，实际上是沿着康德所提出的思路作进一步的发展，使康德的认识论具有本体论的意义，而使康德的本体论又具有认识论的意义，也就是使感性与理性更进一步地结合起来，这个方向，是康德所揭示的。

---

① 康德：《纯粹理性批判》，A531。

与古典哲学发展的方向相反，现代资产阶级逻辑实证主义，从新康德主义那里接受了被歪曲了的康德思想，以更加精致的经验主义来否定康德的理性主义，根本取消本体论的哲学问题，宣称"第一性"的问题早已是过时了的或者甚至是"假问题"，他们用纯粹的概念分析代替康德所开创的德国古典哲学重视现实内容、经验对象的综合的传统（维特根斯坦、艾尔等）。最近一些资产阶级学者利用近代数理逻辑和数学分析、语言分析方面的一些成果，在研究康德的宇宙论时认为康德错误地提出了宇宙论问题在经验上是不可判定的，如斯特劳生在他的颇有影响的《感觉的界限》一书中说："关于空间和物体本性的某些错误信念、通常在这些领域中对经验研究本性过于狭窄的概念，使得康德忽视了这样一个事实，即宇宙论的问题，或宇宙中的某些问题，完全能像无可争辩地属于自然科学领域里的其他问题一样可以为经验所解决。"[①] 可是，就在一大堆迷信经验万能的主观唯心主义学派（语言分析、结构主义等）中，美国最近所流行的乔姆斯基的生成语法学派，表明了形形色色主观唯心主义经验主义学派的绝境。乔姆斯基在多年研究结构主义语言分析学以后，决定回到理性主义立场，公开宣称生成语法结构的先天性，大肆鼓吹笛卡儿、莱布尼茨的"天赋观念"和"有纹路的大理石"。现代资产阶级哲学家在简单的唯心主义经验主义和简单的唯心主义理性主义之间摆来摆去，他们已经不可能认真对待康德开创的德国古典哲学的优秀传统，这当然是资产阶级日益腐朽的阶级特点决定了的。

四、从认识到实践的过渡

本体论问题既然不是理论思维、科学知识所能掌握、但又是人类理性不可回避的问题，于是康德就把它归于实践的领域。宇宙的根本问题，不能在理论上、认识上判定，但可以而且必须在实践中加以体会。从这里，康德由认识论转到了实践论。在《纯粹理性批判》中，对于"实践理性"康德并没有作很多的发挥、阐述，这个工作留待他的《实践理性批判》来做了。但在《纯粹理性

---

① 斯特劳生（Strawsen）：《感觉的界限》，1966年伦敦版，第200页。

批判》里，基本的方向已经指明，本质的问题也已作了阐述，作为向《实践理性批判》过渡的环节，也已经有所发挥。

应该指出，康德所谓的"实践"不是一般的活动，而是理性的自由的活动，是"实践理性"，康德认为只有自由才是"实践"的本质。于是，这个实践问题的提出，是和宇宙论二律背反后两对矛盾紧密相联的。

我们已经说过，康德在本体论上倾向于肯定正题，用他的先验主义改造了一般的理性主义正题，关于自然的因果性和自由的因果性亦正是如此，在康德看来，因果性本来是现象界的事，但现象界和本体界本来就是同一个系列，只因根据的条件不同，其意义才不相同，所以同一个事件，同一个活动，我们同时可以看成既是自然的因果性，又是自由的因果性，就其按自然的规律实现自己言，它是必然的，就其按主体的自律性言，它又是自由的。这里的主要前提是人作为理性的主体，本质上是自由的、自律的。

康德说："那种不能以自身为根据、而永远受条件限制的现象的存在要求我们探求某种不同于一切现象、从而是结束了一切偶然性的一个理智对象的存在。"① 这个理智的对象正是理性的"自我"，这个"自我"在现象之外，而又作为一切现象的根据，它就不能再受现象界规律的制约，因而是自由的主体；但他又要通过受理性制约的知性范畴掌握对象，因而他同时又是自然的，当然就其理性本质来说，是自由的。在这里，自由和自然是一个系列的两个不同的方面，因为它们根据了不同的原则。在康德看来，感性世界与理智世界固然有着原则的区别，但感性世界是现象，是理智世界（本体）的现象，"因此，自由和自然在它们的完全的意义下，在人们把它们和它们的理智的或感性的原因作比较之后，就会发现它们同时存在于同一个行动中而无任何矛盾"②。在这里，康德举出道德上"谴责性判断"来证明理性是自由的。对于一个错误的行为，尽管可以分析产生这个错误的客观原因，包括家庭、教育的环境、肇事当时的环境等等，似乎这个错误的行为是"自然的"，但人们仍然可以谴责这个错误，因为即使有这一切客观条件，肇事者仍然可以不犯这个错误，因而人们是按照肇事者的自由意志对他进行谴责的。这样，同样一个行为，既是自然

---

① 康德:《纯粹理性批判》，A566。
② 同上书，A541。

的，又是自由的，把自由与自然对立起来，只是一种先验的幻象，"自然和从自由来的因果性至少是不矛盾的"。①

另外，理论的理性既然对于宇宙的根本问题无能为力，在两种对立主张之间无所适从，作为实践的主体，就不能容许这种状况持续下去，而理性为了实践的利益，必须迫使人们作出抉择，这种抉择本质上是自由的。康德说，纯粹理性宇宙论的二律背反，"对于思辨来说，是不幸的，但对于人的实践本性来说，可能是有好处的"②，这就是说，这种矛盾，给实践理性提供了自由的条件。尽管思辨理性徘徊于二律背反，"然而，当人们要去行动时，这种单纯的思辨理性的游戏就会像梦中的幻影一样消失，而他会只按照实践的利害关系选择他的原则"。③ 这种选择，是出自理性的实践的命令④，它的根据不是现象界，不是为应付当下环境作出的处理决定，而是根据道德的命令，根据对理性的理念的信仰，即使这种理念，在现象界根本没有也不可能存在，道德的绝对要求仍然迫使人们按照理念的信念办事，按照道德的原则办事，按照实践的命令办事。

本体不是知识的对象，作为自由实践主体的道德性，也不是知识的对象，"因此，行为的真正的道德性（功与过）甚至我们自己的品行，对我们来说，完全是一个秘密"⑤。我们通常说，康德在道德哲学上是动机论者，这是指他认为动机、意志是本体的，是行为道德性的决定因素，并不是说康德主张按照动机（作自由意志解）来评判行为的道德性，恰恰相反，康德认为作为自由意志的动机是不可知的，它只是一个"理念"，是行为的绝对条件，而不是知识的对象。所以我们只能以这个"自由"的"理念"作根据，通过行为在现象界的结果系列来追究责任。康德的意思是，我们自己的自由本质对我们来说是不可知的，"完全是一个秘密"，"我们只能对经验的特性追究责任"⑥。我们评判行为的"功"、"过"，只能根据他们在现象界的效果（包括具体的经验的目的），我之所以能够并应该表扬功绩、谴责过错的最后的根据，如上所述，是

---

① 康德：《纯粹理性批判》，A558。
② 同上书，A464。
③ 同上书，A475。
④ 同上书，A551。
⑤ 同上书，A551。
⑥ 同上书，A551。

因为行为者是自由的。弄清这个关键问题,对理解康德的《实践理性批判》是很重要的。史密司在注释康德这一段思想时,由于没有坚持本体、道德主体的不可知,因而对道德实践的自发性表示怀疑[1],这是没有吃透康德哲学的基本思想的缘故。

1981 年

---

[1] 史密司:《〈纯粹理性批判〉评注》,第 518 页。

哲学须得向科学学习
——再议哲学与科学的关系

哲学与科学原本大概为一家，远古的文化，或许是一种大综合型的，连宗教情感，也都包括在广义的哲学之内；随着岁月之推移，各门具体的学科和文化部类，渐渐地分化出去，哲学的独特问题越来越明朗化，作为学科也越来越专业化，哲学有自己的传承，这对于一门学科的发展，当然主要是好事，但是哲学的专业化和书斋化，也的确带来一些负面的影响，哲学似乎可以完全脱离其他文化部门和科学学科，关起门来闭门造车，出门就能合辙似的。殊不知，如今实际生活一日千里地飞速发展，各门学科也都发展得蓬蓬勃勃，哲学如要取得自身的更大进步，当不可脱离生活和科学进展的大趋势，而必须努力向生活学习，向各门科学学习，向各文化部类学习，方可不使自己钻进象牙之塔。须知"哲学门"外之"辙"，如今已是纵横交叉，有的被覆盖，有的被重置，如德里达所言，"轨迹"已模糊不清，"哲学"出门要找到"辙-轨迹"，也须得下一番功夫。

于是，20世纪诸激进哲学学派，有"哲学"与"非哲学"之议，谓"哲学"原本来源于"非哲学"，"非哲学"原是"哲学"之根，而脱离根本，哲学之花枝无论如何美丽，终将凋谢，这话不假；只是我们也不可忘记事情的另一面，如果"哲学"沉溺于"非哲学"之中而不能"自拔"，用我们的话来说，如果"在""非哲学"中，"哲学"不能-没有能力"保持住""自己"，则"哲学"也终将游骑不归，迷失于生活和众多学科之汪洋大海中。

难矣哉，哲学。生活难，做学问难，做哲学似乎更难。"难"不仅难在能够"躲进小楼"，"闭门造车"，而且更难在要能够"出门合辙"；不仅难在"守拙"，而且难在须得"工后之拙"；不仅要"从无到有"，而且要有"从有到无"的功夫，要能够从大千世界中抽身出来，还要能做到进入大千世界后保持住自身，于是"进出自由"。这样"进进出出"乃是"哲学"的学问，"哲学"的修养，"哲学"的功夫。

一、哲学与科学的思维方式-逻辑

哲学作为一门学科，诞生于古代希腊；当然古代其他一些大民族，都有很深入的哲学问题，但作为学科，起于希腊，而希腊是逻辑思维很发达的民族。

逻辑是形式化程度很高的学科，它不完全等同于一般实际生活里的"道理"和"理路"。实际生活里的"理路"是具体的，"理"和"事"不很能够分开，它常常蕴含在"经验"之中，而"逻辑"则是"非经验"的。对于"经验"来说，它是一个"飞跃"。"逻辑"表现了"理性"的"规范"作用，亦即"制定规则"作用。

"逻辑"真正是"闭门造车""出门合辙"。它之所以能够如此，乃是它完全是从"实质-质料"问题上脱离出来，完全是"形式"的。

古代希腊人对于科学性思想方式的第一大贡献就在于为这个形式性的逻辑思维方式奠定了基础。赫拉克利特的"逻各斯"和亚里士多德"分析篇"固然尚未有"逻辑-logic"这个词，但基本框架已经具备，他们都是要把原本是非常"综合"、纠缠在一起的"经验""分析"出来，总结出一套"形式"的"体系"来。"形式"就跟"数学—毕达哥拉斯学派"以及"几何学"那样，也成了一门"学问-科学"。

有一段很长的时期，"哲学"似乎就是"逻辑"。"逻辑"讲"概念-判断-推理"，"哲学"当然也离不开这样一种"形式"。逻辑用概念-判断-推理，哲学作为知识论为要理解世界，同样要用这些形式。

就古典哲学知识论来说，人们舍去"概念"则无法"思维"，因而也就无法"理解-认知"作为"知识对象"的世界。

在哲学的意义上，所谓"认识"一个"对象"，含有两层意思：一方面我们要有能力"感觉-直观"这个"对象"，另一方面，我们要有能力对这个"对象"进行"思考"。这是在"理论理性"上"知识-科学"所具有的意思。

在这里，我们看到，知识这两个方面具有很不同的性质："直观"是属于"感性"的，而"概念"则属于"理性"的，而为"感性"提供"对象"的"材料-质料"的，更是不依赖人的"主体"而存在的"客体"，这样一些各自有自身来源的独立因素，要在"知识-科学"体系里结合成为"一体"，就需要"论证-演绎"，而并不是一目了然的。"知识"与"知识对象"何以能够统一，即"真理-真知识"何以可能，自古就是一个难题。康德的知识论，在这个"结合-统一"方面，作出了不小的贡献，也留下了不少的问题。

康德解决这个问题的办法是将"感性"的"直观"与"理性"的"概念"都各自严格划分为两种：一种是依赖经验的，一种是不依赖经验的，即先天的，他在论证这种区别时，也遇到各自的问题。首先，"感性"如何也会有"先天性"，就是一个大问题，因为，"感觉"与"经验"人们已经很习惯地联系在一起不可分离了，为何"感觉"中却还有"不依赖经验-先天"的部分，的确需要加以澄清。康德《纯粹理性批判》的"感性篇"主要就是以数学和几何学为蓝本，阐明为何"感性"也有"先天-不依赖经验"的"形式-时空"。康德这个阐述对于哲学知识论有很大的意义，它不仅在"不依赖经验性-先天性"方面与"概念-理性-逻辑"寻求到一个共同的基础，而且还蕴含着"感性-接受性-被动性"之中也还具有"主动-主体性-非经验-精神性"的意义在，在某种意义上，揭示了"被动"与"主动"之间的辩证关系，也为"存在"与"诸存在者"之间的关系作了铺垫工作，尽管他自己在书中并未作进一步的阐明。

康德知识论大量的工作是为"概念论"转换一个视角，将原本是仅具形式意义的，使其同时具有内容的意义。这就是从康德到黑格尔这个系统的德国古典哲学从哲学上对于传统逻辑的"改造"工作。

的确，"哲学"并不"止于""形式"，亦即不"止于"（传统意义上的）"（形式）逻辑"；然而，"哲学"作为"知识"，却决不能"舍弃""逻辑"。古典哲学的工作是要在"逻辑"的"框架"内，来"充实-扩展""逻辑"，使

"逻辑学"与"知识论"结合起来。

不脱离逻辑来充实逻辑的内容,也是有理由的,因为古典哲学坚信正如不借助"时空"形式就无法"感觉""对象"一样,不借助"概念"也就无法"思考""对象"。现在的问题在于:"概念"如何与"对象"一致起来。

就哲学知识论言,经验概念与对象的一致性不会存在问题,因为既曰"经验概念",这个"概念"原本就是从"经验"中"概括"出来的,它们之间当有一一对应的关系;问题出在"先验概念"上,这些"概念"是"不依赖经验"的,它们如何能够做到"闭门造车"而又"出门合辙"?两个不同来源的事物,如何能够有"一致性"?莫非真的如莱布尼兹所言,有那"预定的和谐"?在哲学知识论中,如果有这种"和谐",当不是"预设"一个"神"来做这件事,而"概念"和"对象"自己就有能力-有权力做。在哲学知识论中,人们无需借助"神"力,单凭"人"力——人的"理性-精神"之"力",就能使"先验的概念"和"经验的对象""和谐"起来。

何谓"先验的概念"?在康德,所谓"先验的概念"就是"范畴",康德知识论中的"概念论"也就是"范畴论"。

对于"范畴",人们常常用得很宽泛,似乎稍微"大"一点的"概念"都能说成"范畴",而不很注意康德从亚里士多德继承并改造了的"完全"的"范畴表",并且,在许多年来,我们对于康德的"范畴论"研究得很少很少,而这一部分,恰恰是康德哲学知识论着力甚多的地方。康德说:

"不通过范畴,我们就不能思维任何对象;不通过与那些概念相符合的直观,我们就不能认识任何被思维到的对象。"①

康德在《纯粹理性批判》第一版里说:

现在,这样一些先天地包含有伴随每个经验的纯粹思维的概念,我们在范畴那里找到了,而如果我们能够证明一个对象只有借助于范畴才能被

---

① 康德:《纯粹理性批判》,邓晓芒译,杨祖陶校,人民出版社 2004 年版,第 110 页。

思维，那就有了对范畴的一个充分的演绎，以及对范畴的客观有效性的辩护。①

"范畴"就是作为理性认识功能-知性的"纯粹概念"，康德《纯粹理性批判》第二部分第一编第一卷第一章第三节第一个小标题就是"纯粹的知性概念，或范畴"。

与普通逻辑的判断相对应，康德在开列了逻辑判断的表之后，开列了"范畴表"。为此他指出两点，一是这些"纯粹知性概念"（范畴）"先天地指向客体，这是普通逻辑所做不到的"②，二是既然普通逻辑判断已为那个判断表所穷尽，则这个范畴表，也"完备地包含了知性的一切基本概念"③。康德这个"范畴表"包括"量-质-关系-模态"四大类，每类下分三项，囊括了哲学知识论的"先天概念"，亦即认知"经验事物对象"之"不依赖经验-先天"的"必然"的"判断"和"推论"，而不仅仅是"依赖经验""概括"出来的"通常习惯"之"普遍适用性"。康德以其"范畴论"完成他的知识论的"先天综合"。

康德之"范畴表"所列，都是"先天综合"，而康德称作"先天综合判断"的，在他看来，也只有他的表中所列那12项，有如"纯粹感性直观""形式"只是"时间"和"空间"两项那样，这12项也是囊括了一切"纯粹知性概念""形式"的。

这12项范畴是"先天的"，因而它们犹如"传统形式逻辑"一样，是"必然"的，不依赖任何感觉经验，自身就是"必然"的，"可以推论"的；但是它们又不同于一般传统逻辑，并非仅仅是一些"形式"，不仅是"分析性"的，而且是"综合性"的，而所谓"综合"也就是与"经验内容""不可分割-不可分析"的。不是"分析性"而又具有"必然性"，这正是康德知识论用力的地方，也是与休谟怀疑论不同的地方。

不错，"形式逻辑"原本是一个"工具"，也是要"运用到""实际"中去的，但它本身却可以"符号化"，脱离开具体经验事物，自成体系，在自身的

---

① 康德：《纯粹理性批判》，邓晓芒译，杨祖陶校，人民出版社2004年版，第113页。
② 同上书，第69页。
③ 同上书，第75页。

体系内，它具有"推理"的必然性，但进入到实际事物，它的"必然性"似乎就被"打了折扣"，要按照"事物"的"具体情形"来说话，作不出"必然性"的"推论"来，至少，"逻辑学"不"保证-许诺""实际事务""完全"按照自己的规则运行的。这是休谟的看法。

然而，如果人们不能在任何意义上"保证-许诺"在"经验知识"的"基础"处有作出"必然性""判断"和"推理"的能力和权力，那么一切"经验知识-科学知识"就会失去坚实的基础，而建立在沙洲之上，随时都有坍塌的危险；康德的努力，正是为人类的经验知识-科学知识寻求一块坚实的"绿地"，使之能够心安理得地发展成长。康德批判哲学首先是为"科学-经验科学""鸣锣开道"的。

康德在"范畴"中找到了这块"绿地"，这块绿洲，同样也是"知识"由"先验"向"经验"过渡的基地和跳板。原来，康德在传统的"范畴"中，看到了一种"综合"的因素。

"范畴"属于"逻辑学"范围，原是思维-理性的一些"形式"，在亚里士多德那里，或许有"令事物有所归属"的意思，但又和柏拉图的作为"事物种类"的"理念"不同，其意义更倾向于"形式"，而不具备"事物原型"的含义。

康德在改造"传统形式逻辑"的同时，也改造了它的"概念论-范畴论"，使这些"范畴"不仅具有"形式"的意义，而且也具有"内容"的意义，这就是说，这些"范畴"，不仅是"分析"的，而且同时也是"综合"的。"先天综合判断"之所以可能的"秘密"，在于"范畴"。

我们知道，康德在《纯粹理性批判》"感性篇"里，阐明了"时间-空间"作为"感性"的"形式"何以是"先天"的，"不依赖经验"的。在这里，康德进入"思想形式-逻辑"领域，与"感性篇"相比，他的任务正好相反：他要阐明，原本是思想的逻辑概念形式，何以能够是"综合"的。这就是说，"概念-范畴"何以不是"分析"的，而是"综合"的，但又保持着"不依赖经验"的"先天性"。

只有阐明了"范畴"的这种"先天综合"性，康德才有理由在这个基地上使"范畴"通过一些环节如"图式"，"进入""经验"，使"经验"的"知识"，具有"科学性",即普遍必然性。

"感性直观形式"分为"时间-空间"、"内-外"两种,作为"理性-知性思维形式"的"范畴"则分四大类,下又各分三小类。

四大类中为首的是"量"。"量"的范畴并非倚靠经验积累概括出来的,"数-量"是一种"纯粹"的"思维形式","数-量"的重要性,古代希腊毕达哥拉斯学派已有深刻的认识,曾经被称为"万物的始基",但如何理解"数-量"之本性,一直是争论的问题。"数-量"观念之经验起源,如同人类"意识"之经验起源一样,不是哲学研究的题目,哲学着眼于作为"思维形式"之"数-量"概念-范畴,对于科学知识具有何种意义。

在康德看来,"数-量"观念并不依赖经验,相反,恰是"经验"之所以成为"经验"的"条件"。

如果说,通过"时间-空间"的直观形式,使得万物作为"流动-混沌"的"感觉材料",得以成为"事物"之"存在",成为我们人类意识之"(直观)对象",亦即,使得"存在"成为"存在","存在"作为"客体",与"主体"相"对应",则通过"数-量"概念-范畴,使得已成为"直观对象"的"事物"具有了"数-量"之"区分",使原本"混和"在一起的"事物"相互在"数-量"上"分析-厘析"出来,使"相同"的"东西"也有了"区别"。

然而,在康德看来,"事物""数-量"的关系,也并不是"分析性"的,他的著名例子"5＋7＝12"这样简单的算术,我们并不能够从"5"和"7"的"概念"中"分析"出"12"的概念来,两个数的相加答数是"综合"的。不论此后数学中对此有何种异议,康德这个看法,具有他批判哲学的理路,这一点是不可忽略的。他的主旨并不全在于论证"数学"作为一门形式科学的性质,而在于要以"数-量"概念的综合性,阐明他的"先天综合判断"之可能性,在于阐明"纯粹知性形式"——范畴,不是"分析"的,而是"综合"的,但又是"不依赖经验-先天"的,在于阐明他的"先天综合判断"如何可能,亦即"经验科学"如何可能。

我们看到,原本"混沌-杂多-混杂"的"感觉(之流)",经过"先天-不依赖感觉经验"的"直观形式"进入"存在(者)-对象",成为"可感的";又经过"先天-不依赖经验"的"纯粹知性形式-范畴",使"可感的""对象"

转化为"可知的-可理解"的"对象"。

康德经常讨论的范畴是"原因"与"结果"这一对，属于"关系"这一大类。由于这一对范畴在哲学史上的重要性，康德多加讨论是很自然的。亚里士多德认为，所谓对于一个事物拥有"知识"，也就是了解该"事物"的"原因"，把握了事物的"真原因"，也就是把握了事物的"真知识"；然则，"原因"与"结果"之间到底是一种什么样的"关系"，却是一个有争议的问题。这个问题，经过休谟的怀疑论的考问之后，其间的必然推理关系已经岌岌可危。

休谟否认一切"非分析性"判断的"推理必然性"，而他指出，"原因"与"结果"之间的"关系"不是"分析性"的，而是"综合性"的，我们不能从作为"原因"的事物（的意义）中"分析"出作为"结果"的事物（之意义）来。

这就是说，作为"原因"的事物并不必然"蕴涵"了作为"结果"的事物，它们之间的关系，不是"蕴涵"关系——如同"逻辑前件""蕴涵""后件"那样，而是一种"扩展"的关系，需得通过经验积累，对于"原因"加以"推广"，才能得出"结果-结论"。人们通常之所以认为从"原因"能够"推导"出"结果"，或者反过来，由"结果""推导"（回溯）出"原因"来，只是一种习惯的力量，并无"逻辑"、"分析"之"必然性"。

康德承认休谟一个前提，即承认"原因-结果"不是"分析"的，而是"综合"的。这一点其实对于康德是非常重要的，康德正是利用休谟强调的这一方面，将"因果关系"牢牢放在了客观经验的领域，从而为他的"科学-经验知识论"服务。但他同时指出：并不能由"因果律"之"综合性"就得出它们必定就不是"先天"的结论来，它们既是"综合"的，又是"不依赖经验-先天"的，而正是由于这种特性，才使得人们在"经验知识-科学知识"中有权利运用"因果律"来"理解-认知""客观事物"。

正如人们要对"相同"事物说出个"一、二、三"来，必有"数-量"作为"先天条件"那样，人们要对"不同"事物说出个"来龙去脉"，则必有"因果律"作为"先天条件"不可。舍此，人们无以"理解"事物，而只会陷于"混乱"。

"混乱"乃是一个"无政府"状态,不是"知识王国"的状态,是"混沌",不是"有序"。"混沌-无序"状态,在康德乃是他那不受规范、不受归化的"物自体",它不进入"时空"直观领域,不成其为"存在者-对象",因而也不受诸"范畴"之"规范-归类",反过来说,"范畴"不能运用到"物自身-事物本身"的领域内。

这也就是说,康德的"范畴"不仅仅要如传统逻辑那样只要求保持思维"自身"的"一致性",止于"自身""推论"之"无矛盾性",同时还要求能够运用于"对象性"的"经验",使"对象-事物"成为"可理解"的,使"经验"成为"经验"。

"范畴"使"混沌""开显"为"现象";在知识论中,康德使"存在者""显现"为"有序"之"表象",此种"表象"组成一个"知识-科学"的"王国"。

二、"超越"与"经验"

由德国古典哲学奠定和相当完善了的这条哲学路线,使"哲学"既"超越""逻辑",也"超越"一般的"经验-自然科学"。

"逻辑"作为"理性"的"思维方式",本身是"形式"的,也是"分析"的,它的"综合"需要"外来"的"感觉经验""材料";然而,被康德改造了的"先验逻辑",本身就是"综合"的,这种"逻辑",就不仅仅是"形式"的,因而不是"分析"的,而是"综合"的,但又是"先天"的,"不依赖经验"的,因而为"先天综合判断",康德整个"知识论"的问题就在于"先天综合判断"如何可能,这个问题,也就是"纯粹知性概念-范畴"如何可能。

康德将被他改造过的"逻辑"叫做"先验(transcendental)逻辑",而不是"超越(transcendent)",乃是因为,他要限制这种逻辑只能应用在"经验领域",而不能"超越"出"经验"之外。

我们看到,从某种方面来说,"形式逻辑"并无此种限制之必要,它只管内部形式推理之一致性,至于它的"符号-概念"是否有一个相应事物——对应,则是"实际经验"上"证实"的问题。保证形式上的一致性,乃是"形式逻辑"的要务；而"先验逻辑"则在"知识论"上需要一种限制，以防止这个逻辑也像普通逻辑那样脱离具体经验而限于单纯形式，同时又因为这种逻辑原本被规定为是"综合"而有"内容"的，从而反倒比普通逻辑更容易引起误解，以为凡在逻辑上"合适"的，都是在"经验"上"可证实"的。

于是，为防止可能发生的误解，防止"先验逻辑"进入"超越-非经验领域"，对于"先天综合判断"必须加以限制，也就是对于"知性（概念-范畴）"的合法应用范围给出"规定"，"限制知识（知性）"，乃是"批判哲学"的要务。

"先验逻辑"的"范畴"已经是具有"综合"的意义，即不是"分析性"的。这里的"综合性"替这些"范畴"打开了通向具体的"经验"之路，而不会被"封闭"于"单纯形式"之内，像"形式逻辑"那样，成为一种单纯的"符号-记号"体系，而这种单纯的记号，对于任何的内容，只要求"形式""意义"的合乎"规则"，因而重要的在于逻辑常项之间的关系，譬如"A 是 A"，不论"A"指称（referent）为何物，都是正确的，因为前后两项"A"互相等同，亦即互相"包容"，"重言式"永远正确的。

当然，这种"分析"与"综合"在逻辑判断里的划分受到了蒯因的批评，认为是经验主义的一个"教条"；但是我们并不能够将"分析"与"综合"的界限完全泯灭，也不能将一切"综合"都归于"经验综合"，康德"先天综合"仍坚持着自己的合法"权利"。

如果说，在"范畴"的"量"、"质"方面其"先天综合"性质不很突出的话，那么在"关系"和"模态"方面，其"先天综合"即"非经验综合"的特点就比较明显。

"关系"中"原因"与"结果"前面已有涉及，下文还有讨论，如今我们研究"模态"方面的问题。我们看到，如果只承认"模态"之"经验性"或只承认它们的"经验综合"，则此种"模态"将失去"逻辑"的资格，成为为常识设定的一些"实用"规则。蒯因大概正是这样贯彻的。

然则，"偶然-必然"、"可能-现实"等种种"模态"，仍是"理性-知性"的"功能"，而不仅仅是"经验之总结"。它们是"先天综合判断"，即它们的判断和推理，有"不依赖经验"的"必然性"，亦即，它们是我们"理解-认识"这个世界所"必须"的,而非为了"方便"设定出来的"权宜之计"。

诸"模态范畴"之具有哲学-形而上性质而非单纯经验概念已为欧洲哲学之发展所显明,不仅古代亚里士多德已有阐述,而且近代以及当代哲学诸家也已有不小的推进。试想,如无"偶然-必然"之"形而上"之意义,亦即它们如不是"先天综合",又何来尼采如此强调"偶然"之范畴,而在此基础上建立了他的"超人"观、"道德"观?尼采立身处世之"哲学原则"离不开对于这个范畴的信念;只要我们不打算将尼采当作一个经验的学问家,而把他当作一个哲学家看,则他对于"偶然性"在哲学上之执着态度,他那种对于"偶然性"之彻底态度,岂不是更加清楚?

再则,关于"可能-现实"更是欧洲哲学的一对重点范畴。这对范畴从康德到黑格尔从未被忽略过。如果说,康德似乎更加重视"可能"这一方面,他常常提出"可能条件"、"之所以可能"这类的问题,带有很重的逻辑意味,而不是一般经验性的概念;那么,黑格尔对于"现实性"的范畴之阐明,当是一大发展。黑格尔将"矛盾-辩证-发展"观念引进哲学,使"可能-现实"成为一个"逻辑-辩证发展"的"过程",至今仍是非常值得重视和研究的题目。在黑格尔哲学中,"经验"已不再是一个个孤立之"事物",而是一个"现实"的"过程"。在这个意义上,"经验"之"过程","现实"之"发展",也就是"概念-范畴""推演"的"过程",因而"经验"作为"过程"观,就是从"可能"向"现实"的"过渡",而"可能""蕴涵"着"现实","现实"也"蕴涵"着"可能",这样的"范畴"就有"权利"进行"判断-推论"。在黑格尔哲学里,"概念-范畴"也是"现实"的,或者说,只有"概念-范畴"才是"现实"的"本质","现实"才不仅仅被看作"单纯经验"的。

在这对范畴中,更加强调"可能性"的是海德格尔,而其精神是和黑格尔相当一致的。海德格尔的"Sein"强调的是其"可能性",因为这个"存在"常常被误解为"单纯经验性"的"诸存在者";他的那个"Dasein"正可以理解为这对范畴中的"现实性","Dasein"同样不仅是"单纯经验的""诸存在者",而是"诸存在者"中很特殊的一种:"人"。于是,"Sein"和作为"Dasein"的"人",都不是一般意义上的"诸存在者",就康德意义说,不是单纯经验的,而是"先天综合"。当然,海德格尔并不用这种词汇,而是强调了"Sein-

Dasein"的"历史性-时间性",将"时间性"引进"哲学-形而上学""本体论",开"历时性"之先河,也改造了传统的"本体论-存在论"。这是海德格尔的贡献。但如果联系起康德、黑格尔的"范畴"论,在哲学层面,当有深刻的关系。在某种意义上,后来的哲学也会"包容"前人的主要成果,包括前人的"范畴"。

"纯粹知性概念-范畴"与普通形式逻辑范畴还有一个重要区别:由于它们是有内容的,因而它们就不被允许运用到"经验"之外,也就是说,它们虽然是"transcendental",但却不是"transcendent",而在普通形式逻辑此种运用同样是合适的,只要它们的推理在形式上不产生"自相矛盾"的错误,这样,普通形式逻辑是被允许运用到"经验"之外的,譬如,关于"神"的"存在"与否问题等等,这些问题,之所以多少年来纠缠不清,正在于受到了"形式逻辑"的"保护",才使这些问题披上了一件"合法"的外衣,而在"先验逻辑"看来,这些问题是"不合法"的,因为它们"超越"了"经验可能"的范围,在这个领域内,知性无权以自己的范畴来获得"科学知识"。

何谓"经验可能"的范围?一切经验都具有"感性"的基础,这就是说,必经"时空""直观形式"之"审定",不通过这道关口,知性无权接纳它们进入"知识王国",它们不是"科学知识"的"要素";而"感觉经验"经过"时空"整理的,只能是"现象",至于那些未获准进入"时空"的"材料",则为"事物"之"原始""本质",而事物之"本质",因其不"展示-显现"其"本来面貌"——因其"本来-原始本质"并没有"面貌","本体""本"无"体-body",因而被康德宣布为"不可知"。在康德看来,那些"可能-现实"、"原因-结果"、"偶然-必然"等等范畴,用不到"神-不朽-自由"这些问题上,不能问"神是偶然的还是必然的"、"神是可能的还是现实的"这类问题。

"物自身-事物自身"对于"经验科学"来说,"不可知"。

三、科学发展与哲学之形态

康德说出"物自身不可知"的话以后,受到了各个方面的批判。不但哲学内部,黑格尔给予这种"不可知论"以全面的否定,从"绝对精神"的"辩证"发展方面打通康德所设置的理性"诸功能"之间的屏障，而且在哲学外部，自然-经验科学的发展，似乎也在相当的程度上和康德的思想背道而驰。

自然-经验科学走的正是一条向"事物自身"进军的道路。科学自身的发展，不是任何条条框框所能限制得了的，科学的发展也未曾在康德设置的藩篱面前却步。康德哲学的确试图为经验科学指出一条"康庄大道"，无奈科学的精神，却不畏惧那崎岖小路，为探索事物之"奥秘"努力攀登，相信古代希腊哲人向往的"看不见"的"真理"，就在那"曲径通幽"之处。"科学"之神圣使命，正在那"把握""事物自身"。

事实上，哲学家从未忽视过向科学学习的任务，康德本人也不例外。康德自身的科学素养以及他的批判哲学之精神都是很值得后人重视的，萨特说康德哲学是"工程师"的哲学，也有相当的道理，而他的"时空"观念，曾被人为过于局限于牛顿力学的影响，也就是过于"形式化"了。黑格尔哲学受进化论的影响也是很明显的，当然他们都有哲学自身内部发展的逻辑，不全是科学经验之哲学总结，但他们勇于面对科学所提出之问题，不回避这些问题。勇于面对科学的问题，也就是勇于面对现实实际的问题。"不回避问题"是科学的精神，也是哲学的精神。

然而这种精神需要振奋，需要鼓励，而不是抑制。不幸的是，历史上常常出现抑制这种精神的时期，科学史上有，哲学史上也有；不同时期重点可能有所不同。

与我们这里讨论课题有关的，譬如现代科学发展中提出的种种问题，哲学在相当一个时期内，并未认真研究，甚至采取了回避的态度。"科学"进入"事物自身"领域，"哲学"反倒限于事物的"表象"；"科学"进入了"自由"的领域，"哲学"反倒停留于"形式""必然性"而沾沾自喜。

现代科学对于推进哲学的发展，有着不容忽视的作用；哲学的态度是虚心学习，认真思考，既不是将现代科学成果仅仅作为某些哲学理论的佐证，也不是以哲学的教条来抑制科学探索。哲学以科学成果来"启发"自己的"思考"。

"相对论"和"量子论"的出现，对于哲学有很大的冲击力，它们一个在"宇观"世界，一个在"微观"世界，为哲学打开了不同于一般"日常生活""现象-表象"世界的领域，"逼近""事物自身"。表面上看，这两大世界，似乎"挑战"了"人文-生活"世界，因为没有"人""住在""宇宙"上，也没有人"生活"在"中子-质子"各种"子"中；然而，无论"宇观"还是"微观"，居然都在实质上"离不开""观察者"。没有一个"观察者"，这个"世界"就会"隐匿"起来，而"不同"的"观察者"，居然会有"不同"的"世界"。于是，一个时期，"主观主义-唯心主义"帽子就随时等待着这些科学研究，这些帽子不见得能够阻止科学，但却使哲学一时间畏缩不前，搁置了对这个问题的思考。

随着这"两论"而来的，尚有许多令人头疼的问题，其中最为严重的莫过于"宇宙-物质-时空"有无"起源-创生"问题，亦即"有限-无限"问题。

传统的哲学观念，"宇宙-物质-时空"当然是"无限"的，对它们提出"起源"问题，是不合法的，或者是陷入了"犹太-基督"的"创世"说的泥沼；然而现代科学却执着地探索着这些问题，而它的倾向却恰恰是承认这些事物之"起源-有限"，而又能够与宗教观念划清界限，使"宇宙-物质-时空"在"自然"中有一个"自产生"的阐明，而可以"不需要"一个"超越"的"全知-全能"的"神"。这"两论"如今已有很细节的研究，来阐明"宇宙"和各种"子"的"创生"过程，在解决过程中的难题时，表现了科学的一丝不苟的精确性。

如今"宇宙大爆炸"的理论对于解释"宇宙-物质-时空""创生"具有相当优势，其中涉及"热力学第二定律"的描述，是一套很精确复杂的演算，而在这个定律支配下，"宇宙-物质-时空"倒是既有"生"，也有"死"，足使哲学的相对宽泛的但却不可颠覆的原理———一切有限之物必将——消亡得以充实，只是这个消亡过程以亿万年计，或可"忽略不计"了。

据说，"量子论"认为，在极其"微观"的世界，各位"子"们都很"自由"。也就是说，的确有"从无到有"的事情，而这种"有"，并没有"原因"；只有这些"子"真正成为"们"，即聚集为一个"团体-集体-整体"，则才有了"因果关系"。这个观念，与我们人间诸事又何其相似乃尔！

"人"作为"个体-个别"，作为"精神-灵魂"应是"自由"的，这是我们哲学从康德以来经过论证，确信无疑的，否则道德的"责任"就无所依据。"人"作为"道德者-责任者"其基础在于他是"自由者"；然则，这个"自由者"进入"社会",与"诸自由者"有了"关系",凝聚、组合成各种"团体-集体-集团",则就会是一个"原因-结果"的"必然""整体"。于是,"必然"是一个"开显"出来的"现象",而骨子里面是"自由"。

"现象""必然","本质""自由",于是我们又"回到了"康德;而这二者"结合"起来,"自由"通过"必然"表现-开显出来,又是黑格尔的"精神现象学"。

"自由"之"本质",而"本质"是"真实的存在",于是,"自由"之"本质",正是"自由"之"存在"。"存在"而又"自由",岂非又感到了海德格尔"Sein"之涌动?

"物质不灭"曾经是科学与哲学的共同信念,或许哲学向科学学习的结果;如今科学自己质疑此种观念,在"宇宙-物质-时空""创生"观念上走得已经很远,那么,哲学的观念又该当如何?

哲学似乎找到了"存在"。"存在"不是"物质-质料-材料","存在"也不是静止之"物","存在"为"事",乃是海德格尔后来的"Ereignis","事"当然离不开"人为",但是"事"也有"不依人的意志为转移"的"自己"的"运行轨道","事""自为之"。"事"之"自为","事"自己的运行,是为"历史",是为"时间",而"时间-历史"正是海德格尔动态之"存在"观念。海德格尔改造了哲学中传统"存在论-Ontology",或许也免除了"物质不灭"受到质疑之困。"物质""有生-有灭",并不会陷于真正的"虚无主义",不会"泯灭""有-无"之"辩证"关系。"存在"既为"时间-历史-过程",则"有-存在""无-非存在"正是"相反相成","有无相生","生""什么","生""事"耳!于是"存在-非存在"、"有-无",乃是"事"之"同一个过程"而"异名"而已。

"存在"是"本质"的"过程",也是"自由"的"过程";如何理解"自由"哲学已有很多阐发,然则科学按自己的历程,也有发现,足资哲学思考。

从某种意义说,哲学也许走在了科学的前面,有一种超前的意识。

按照康德,人们只能以纯粹知性概念-范畴来理解世界,而且舍此世界变得不可理解-不可知;而"自由"不在知性概念之内,因而不能以此获得"知识",此议到黑格尔已有批评改变,自由为理性-精神之本质,一切"现象"之根本皆在此自由，自由"使"事物变化发展，也使事物"存在"，变化发展了的事物，是为"真-真实""事物"，而非空洞之"事物-存在"概念。于是，在这个意义上，我们可以说，为其引进"自由"的纯粹理性概念-理性范畴，"事物"才有可能"真-真正-真实"被理解。

科学自身的研究正朝着这个方向进展："自由"——与"因果"相对应的"自由"，是"理解-认知"某些微观粒子（亚质子）的关键。这些"子"的产生，并无"前因"，乃是"自发"、"突然"出现的。科学里有相当严格的推演计算，而就哲学言，这种现象，说明了"自由"范畴的重要性。如果我们沿用康德、黑格尔的思路，舍范畴无从理解-认知事物，则除列举四组十二个范畴外，尚需"自由"作为"理解-认知"某些微观现象界的"（小）事"。当然，"子"虽"小"，却有"关""大""事"。"大""事"表面上看也许是"必然"的，但其极小之"组成部分"，却是"自由"的。"必然"由"自由""组成"，"必然"乃是"诸自由者"之间的"综合-组合"，各自相"异"的组成部分，"合"起来似乎井井有条，纪律森严，但根基里却是由"绝对的""异""结合"而成，因而，并无万古长存不变的"秩序"。

康德向往的是那有条不紊的"秩序"，尼采向往的是那永恒提供机会的"混沌"。康德崇尚循规蹈矩的绅士，而尼采或许更看重"乱世"的"英雄"。

我们常常说"乱世出英雄"，"乱后而治"；然而在科学里，如何由"混沌-无序"开出"秩序-有序"来，却是一个大难题。"混沌"问题，"混沌学"向哲学提出了"挑战"。"混沌"问题是一个"开天辟地"的"大事"。

按照"热力学第二定律"，"熵"的最大值为"热寂-热死"状态，这种状态并不是"乱"，而是"死寂-不动"，"熵"不可避免地增加，则宇宙必定归于"死寂"，那时为绝对之"平衡"，那么除非真有那麦克斯维"小妖"从外部将其"搅动"，这个"死寂"之"平衡"状态，如何打破，则成为绝大之难题。

"死寂"状态，当无"自由"，盖"自由"乃是"创造"，乃是"行动"，而"绝对"之"死寂"则各种"子"都"各安其位""不分彼此"，稳则稳矣，"动"不起来了，而"自由"乃是"精神-活力"，于是乎，"打破""热死-死寂"状态的，岂非"人"乎？

又于是乎，人们似可不必"外求"麦克斯维"小妖"，这个"小妖"又岂非在"人""自己"身上?"人""天生"并非"圣贤",而倒是"小妖"!这岂不又是尼采的意思?"小妖"和"超人"几乎是一个意思,它对于"死寂"状态言,乃是"捣乱者","始作俑者"。

于是,"自由"又是"绝对平衡"的"破坏者",它介乎"死寂"与"秩序"之间,在这个意义上,它也是"秩序"的"创始者"。

作者后记:长期做西方哲学研究工作,深感缺少各种具体学科的知识,尤其对于逻辑和物理学,缺乏基本常识,对于做哲学研究,非常不利;近年有"科学与宗教"课题,有意识补读一些科学书籍,很感兴趣,但底子太薄,不敢深谈。这篇文章,譬如习作,敬请读者批评。

2006 年 9 月 14 日于北京

康德的"自由"、"物自体"及其他

与清华大学彭刚君一起读康德《判断力批判》,他用一个新的英译本,我用过去对照德文原文读过的中译本。我们逐句地研读、讨论,读到"导论"第二节"哲学的一般领域"中有一段话:

> 然而,这两个不同的领域,固然不在它们的立法中,但却在它们关于感觉界的诸效用中不断地相互掣肘,不构成一个领域,原因是:自然概念固然在直观里表述它的对象,但不是作为物自体,而是作为单纯的现象;与此相反,自由概念固然在它的对象里表述一个物自体,却不能使它在直观里表现出来,所以两者中任何一个都不能从它的客体里(甚至于从思维着的主体里)获得一个作为物自身的理论认识,或者,如物自身那样,成为超感性的理论认识,人们固然必须安置这个观念作为一切经验对象的可能性的基础,却不能把这观念自身提高扩大成为知识。①

这段话的总体意思是康德常强调的基本思想,并不难懂,说的是自然和自由、现象和本体(质)之间的非立法性制约关系。康德先说自然作为对象固然可"直观",但不是"物自体",只是"现象",这个意思也好懂,但他接着说"与此相反,自由概念固然在它的对象里表述一个物自体,却不能使它在直观

---

① 康德:《判断力批判》,宗白华译,上卷,商务印书馆1964年版,第12页,译文无大误。

里表现出来",这句话的前半句,如何理解?"物自体"不能在"直观"里表述出来,这是康德常说的基本意思,好懂;可是那句一带而过的"自由概念固然在它的对象里表述一个物自体"却要费点思考,而康德在这里似假定读者已经很懂得的样子,未多作解释。我在这句话上,作了一些发挥,彭刚君觉得有些意思,建议把它写出来,于是就有这篇短文。

为什么说"自由概念固然在它的对象里表述一个物自体"?"自由"与"物自体"是什么关系?当然,我们都知道,康德的"物自体"不可知,不是"知识"的事,——"因为"它不是知识的事,"所以"它就是"实践"的事;"知识"讲"必然"、"自然","所以""实践"就讲"自由"、"道德"——过去的理解,似乎就是这样的"推论"出来的。显然,这种"因为"、"所以"的关系,不能平息我们的问题。为理解这个问题,我们首先要理解什么叫"自由"。

康德意义上的"自由",首先是一个"否定"的力量,不是那种"随心所欲不逾矩"的怡然自得的"境界"。"自由"是要"摆脱"些东西,从那些东西里"解脱"出来,那么,"摆脱"、"解脱"些"什么"?"自由"是"摆脱"、"解脱"那眼前的、现成的东西,"自由"就是对那眼前、现成的东西(现实)说:"不"、"不对"、"不行"。这是"自由"的基本的、哲学性的意义。从这里,我们可以引申出一些有意义的意思来。

首先,这个意义上的"自由",说明了、显示了一个更高级的"理性"领域在。"自由"不仅是"随心所欲",不仅是想干什么就干什么,它只是表明:支配人(的行为)的,不仅仅是眼前的、当下的现成的"事实"。譬如说,人饿了要吃东西,如果眼下有面包,那么,拿起来就吃;如果没有,就去找,就去买,总之,我们受"饥饿"的支配。然而,如果在一些条件下,譬如,是敌人给的面包等等,那么,我宁可饿死也"不"拿来吃,于是有伯夷、叔齐的故事。这个故事,说明人受一个比"饥饿"更高级的"律令"支配。"饥饿"是"自然"的,但那更高级的"律(令)"则是"非自然的"——"理性"的。所以,我们说,恰恰是人们在说"不"字时,最为清楚地显示了人不仅是"自然"的,而且是"理性"的。

其次,我们还看到,"自由"这个"否定"的力量,还是不受任何限制的,因而是"无限的"。"无限"不是1,2,3,4,5……的"无限",所以不是

"无限膨胀",为所欲为;"自由"(理性)的"无限",是说"不受任何限制",就是人们"可以"对一切现存的、眼前的事实(事物)说"不"——虽然人并不总是说"不",但人天生就是"被"许可(可以)对一切现实、现有的东西说"不"的。"不"(否定)是人作为人的天赋的权利,所以"自由"也是一种(理性)的力量(power)、权利(right)。人,只有人,保留了对一切现成的东西说"不"的权利,尽管他并不总是在用这种权利,或者甚至说,多数人、在多数的时候,并不使用这种权利。

那么,这种对"自由"的理解,和"物自体"又有什么关系?

当人们运用这个"自由"权对现存的东西说"不"字时,蕴含了这样一个意思:这个现存的东西"不对头"、"不合适",总之"不行"。"不对"、"不行",乃是说,它——这个现存的东西,"本不该(不应)是这个样子",它——这个现存的东西,"本该(应)"是"另一个"样子的。

这样,我们就贴近了我们要解决的问题了:这个"现存的东西",原来只是"现象";那个由"自由"显示出来的"本该"、"本应""另一个样子",乃是"物自体" - Dinge an sich。Dinge an sich 就是那个"本",那个"该",那个"应""是"的东西。

所以,从"自由"的角度来看,那些既成的、当下的事实、事物,不过是一些"现象",是一些表层、表面的东西,而还"应"有一些深层次的、"本来"的东西在"现象"的背后;那么,这些在既成事物(现象)的"背后"的"应是"的东西又是些"什么"东西?

康德告诉我们,这些"应是"的东西,是"不可知"的。在康德看来,我们能够知的,只是那些"现象"。这里所谓"知",是"对象"提供感性的直观,人"接受"过来,按照必然的规则来加以综合,因而一切的"知识",必须要有感性把材料提供出来,形成"直观";但那"应是"的东西,源出于(理性)"自由",它只是提供对感性、现存的东西说"不"的权利,至于具体到底"应是"些"什么",它并不过问。当然,康德也承认,人们可以从对现存事物的知识中推测——预见到事物——现象变化发展的前景,或者可以有一个合乎科学知识的设计方案,以自己的劳作,将其实现出来,这时这些"方案"、"前景"可就是"知识"的产物,自然是可以"直观"的。不过,这些在康德看来，都属于"科学知识"、"现象"的范围里，而并非"物自身"，理由是：一旦这些方案、前景"实现"了，"自由"的"理性"仍然有权对它们说"不"，仍然可以说"不对"、不行"。所以这些比较而言更为"完满"的现实事物，仍不是"物自体"。"物自体"仍在它们的"背后"，不能得到"直观"。"物自体"不是"比较"出来的，因而不是"相对"的，而是"绝对"的。

"本应是些什么"，当然也可以理解为一种"理想"，但它们不是一些具体的、可以直观的观念——设计方案、前景，因为"自由"要保留它那不受限制的"否决权"，所以它并没有具体的、可以实现的"理想"，而是坚持着对现实事物说"不够理想"。在这个意义上，"自由"永远是"理想的"，不是"现实的"。

"自由"的"理想"，也不可"想象"（imagine）为一个"大而无当"（或通常意义上的"至大无外"）的"全（体）"，不可"想象"为无限"膨胀"的"气球"。"自由"的"理想"（ideal），不是"意象"（image）；因此，它的"无限性"，也不仅仅是"无限大"，而只是"不受任何限制性"。按照通常"理想"的"模型"制造出来的任何东西，同样也"限制"不住"自由"的理性和理想。这样，严格意义上的"自由"的"理想"，不可能是一个经验的"概念"，因而永不能转化为经验的"对象"，不可能提供经验的"直观"。"自由"的"理想"性，不可"想象"，没有"意象"。所以，哲学上所说的"无限"，绝不是"想象"的产物。

在这个意义上，"理性"赋予"人"以"自由"，这种"理性"和"自由"，在"人"对现存事物说"不"、"不行"里，显示出来，因为在"理性"看来，现存之万物，都"本不应如此"，"原本可以不是这个样子"的；至于"应（该）是一个具体的什么样子"，则是人类不断的努力劳作的过程，是人类生活、生产、科学、技术不断发展的过程。这个过程当然是无限的，但人类生活、生产和科学技术发展的无限的可能性，正说明人的理性的自由是不受任何限制的，人的自由和理性赋予自己的生活、生产、科学、技术无限发展的权力。

人的自由的理想不会在哪一天完全"实现"，作为"自由"的"目的"（目标），只是悬设的"目的"，而不会是现实的"结果"，因而就是那个"目的"

之所以为"目的"那个东西，是为"目的性"。这个最为根本的"目的性"，因其不会成为"结果"，而永远"悬设"在那里，它是"思想体"——noumenon，不会成为"现实体"——phenomenon。"思想体"因其"非现实性"而成为"理念"（idea），"物自体"是一个"理念"。"理念"因为没有一个相应的"对象"而永远被"悬设"在那里，因而是"悬念"postulation。所以，"物自体"固然也是一个名字（name），也有"意义"，也有"所指"，但"指"的不是具体的现实的事物；但也不是一个抽象的概念（abstract concept），不是从具体事物中"抽"（abstract）出来，或"（综）合"（con-）起来的。在这个意义上，"物自体"这名字，就像"自由"的意思那样，原本也是"消极的"，而不是"积极的"，"物自体"意味着"现象"的"否定性"。"理念"、"思想体"意味着"经验概念"和"现实性"之"否定"的方面。"是什么"总是意味着"本不该是什么"，而对于"该是什么"，似乎在科学知识上没有一个正面的、肯定的回答。康德还指出，如果要为"本该是什么"这个问题给出正面的、肯定的回答，则一定会出现"矛盾"。"物自体""本应是什么"以在理论知识上的矛盾性保持自身的独立性和独特性，并"防止"说"本不应是什么"这种"自由"权利被"剥夺"——使之"不受限制"，不受"侵犯"。

"矛盾"性使"物自体"这个"理念"变得"玄暗"起来，它不可能完全"透明"，在理论上它始终是一个"问题"，而它又是结结实实的"物（自己）"，而不是一个"幻影"。

不仅如此，"物自体（自己）"不仅不是"虚无缥缈"的，而且是居于"支配"地位的。也就是说，"物自体（自己）"的"理念"，"保证"了人类的"自由"权不受侵犯，从而促进-吸引着人类不断地努力劳作，努力奋斗，在这个意义上，竟是"物自体（自己）""支配"着人类作为"自由者"的"族类"的历史"命运。"

这就是说，"物自体（自己）"的问题，只有"自由者"（不受限制者）才提得出来。"饥饿的人"在填饱肚子之后，不再追问"食物"，只有"自由者"才会保持住"否定"的权力，才会有"本应是什么"的"理念"（理想），才会永远"悬设"一个"目的（目标）"，而不至于放弃对现存事物的追问。

"物自体"向"自由者""显现"出来，表明它不会成为"现象"的一个部分，不会被人的经验概念体系所"把握",也不受运用于经济世界的法制的支配,"人"无权为"物自体""立法","物自体"不是"人"的经验世界的"居民",不服从为这个世界制定的法则。人,即使作为"自由者"有充分权力说"本不应这个样子",而并无充分权力说"本应"何种"样子"。

康德说,"物自体"不可"知"(erkennen),但可以"想"(denken)。因为"物自体"不能成为一个经验的对象来"提供-给予"人的感官;而"想"则不需要有这个条件。当然,"知"要"知"些"什么","想"也要"想"些什么。但,这两个"什么"(was, what)是不同的,"物自体"作为"什么"不向人的"感官""显现",而只向人的"理性""显示"(sign, mark)。

不仅如此,"物自体"似乎只有人在发现"自己"无知时,才"显示"出来。"物自体",在康德的意义上,是"知识"的"界限",是"知识"的"终止",但却不是"思想"的"界限",恰恰相反,"物自体"是"思想"的"开始"。

对"物自体"的"思",在康德那里已经有所指示。"物自体"对"自由"显示,而"知识"、"科学"只把握"必然"的领域。由"自由"指示的"物自体"不是知识和科学的"对象",但它却是"理性"的"对象",而倒也不是一种朦胧、神秘的"感觉";恰恰相反,它是纯粹理性的,即不杂存任何感觉经验的。这样,对"物自体"的"思",不同于经验的知识和科学,但却是最为理性的,是纯粹理性的。这种"思",不是从感觉经验所给予的"材料"出发,而是从纯理性的"自由"出发。

康德以后的德国古典唯心主义的发展,都在努力克服康德的"物自体",要把"本质"与"现象"结合起来,但其出发点不是康德的知识性"必然",而是理性的"自由"。他们都不能不正视康德所指示出来的问题。费希特在建立其主体先验知识论体系时,首先提出"A 是 A"同一性的优越性,因为不问"A"存在(实存)与否,"A 是 A"的这一命题都是有意义的、对的,以此"摆脱"一切感性材料之必然性,来建立他的"知识学"——他的"Wissenschaft",已不是经验之科学知识,而为自由的、理性的"思"。

黑格尔努力要把握康德"物自体"的意向是非常明显的,他要使"本质"在通过矛盾、斗争的历史发展过程中自己显现出来,使"自在之物"(物自体)转化为"自为之物",从而可以以思辨的哲学体系去把握自己,但他的"哲学思辨"和（经验）"科学理论"也是完全不同的。在黑格尔看来，只有在克服了感性的限制之后，"科学理论"才能提升为"自由理性"的"思辨"，而"自由的理性"或"理性的自由"正是"精神"（Geist）之本性。

看来，必然性之经验科学思维和自由性之理性思维之间的原则区分，在上述思路下已被认定为确定无疑。在这个思路上，我们遇到了本世纪的胡塞尔和海德格尔。胡塞尔提出要"回到事物本身"，表面上看是针对康德"物自体"不可知的，但实际上他是主张把一切的经验科学-自然科学的知识都要"括出去"，"悬搁"起来，"事物本身"——胡塞尔用的是 Sach——才显现出来，所以他的以"事物本身"为追求目标的"现象学"——一门"严格的科学"——仍是康德意义上的对"物自体"的"自由"的"思"。

在本世纪把这个问题想得最清楚的是海德格尔。正是海德格尔仔细研讨了不同于科学性理论的历史性、时间性、自由性的"思"，他有专门的论文——《什么叫思》——讨论这个问题；也正是海德格尔，写了非常精练的短文《对事物（Ding）之追问》，在文中他用一种平易的方式指出，再没有比"物自身"（Ding an sich）离我们更"近"的了。说当代的科技发展，可以把最"遥远"（包括空间和时间的距离）的事物，呈现到我们面前来，但它们对"物自体"却无能为力，高科技的进步并无助于"什么是物"这个问题的回答。在这个意义上，海德格尔说，"科学"不是"思想"。海德格尔同样是将经验的自然的科学"悬搁"、"括"起来，严格划分"诸存在者"与"（存）在"，使"思"与"在"在"摆脱""在者"（使"在"自由）的基础上，"同一"起来，乃是海德格尔的一个主要思路。对 Sein 的追问，实际就是对 Ding an sich 的追问，而追问 Sein 的"思"，就不是抽象概念式的（经验）科学体系，而是历史的、具体的同时也是"自由"的"思想"。"自由"在海德格尔为"让（使）其存在"（Sein-lassen），而不是"使""诸存在者"存在，就"诸存在者"（Seiende）言，"存在"（Sein）为"什么也不是"（Nichts）。和"悬搁"、"括出"一样，这里仍需一种"否定"的精神，没有此种"否定"精神，"物自体"、"理念"（Idee）、"存在"（Sein）的问题出不来；而"否定"精神，又蕴含着追问一个"应该"和肯定答案，尽管这个答案不是任何经验科学在原则上即能给出的；而如果特别着重从这个"应该"的角度来思考，那么又会有另一个思路。

康德把"实践理性"置于"优越"的地位,他所考虑的侧重点正是那个从纯粹的(形式的)理性出发的既有否定、又有肯定意味的"应该",但它因其"纯形式"而是空洞的。从积极的"应该"出发,把海德格尔"Sein"中的"应(如何、如此)"着重地来考虑,这似乎是法国列维纳斯的思路。他似乎认为既然 Sein-il y a 是因为自由的"应该"才显示出来的,那么研究"应该"的"伦理学"(ethics)则要早于"存在论"(本体论,ontology)。

这里,我们对于康德这句话的讨论可以暂时告一段落了。康德此处只概括地提到这个意思,因为他估计读者都已读过他前两个"批判"。但这句话不是随意说的,它蕴含了康德的一个基本思路,而我们作为后来人现在再来读它,更觉得这个思想是欧洲大陆的哲学家、思想家所一直重视思考的。

1997 年

哲学作为爱自由的学问

在欧洲哲学的摇篮古代希腊,哲学被称作"爱智","爱"为"欲望-追求","哲学"为对"智慧"的"追求"。古代智者们心目中的"爱"固然更有一层"理智"的意思,但"爱"仍不易离开感性的层面,所以黑格尔要把它"提升"为一门特殊的"科学",是对事物的一种"理性"的"把握方式",而不仅仅是"爱"。其实此前康德已经重提古代"哲学"作为"至善之术"这一思想,而源自柏拉图的"至善",并非经验概念,而是一个"超出经验之外"的"理念",对于此种"理念"的"追求-欲望-爱",则非"感性"的"欲求",而是"理性-精神"的工作,于是有"柏拉图式的爱"。如果把"感性追求"叫做"肉欲"的话,则这种"理性追求"或可叫做"灵欲";"灵欲"的实质意义也就是黑格尔的"科学";而把"智慧"作为"灵欲"追求的"目标",正是"哲学"所要做的事情。

然则,在"爱智- philosophy"这个词中,把"目的"和"手段"颠倒过来考虑,"爱智"作为"关于""爱"的"智慧","爱"作为"目标",而"智慧"则是一种"手段",或"途径"来理解。"爱智-哲学- philosophy"则是"关于""爱"的"智慧-学问"。就我接触到的哲学方面的材料,这是上个世纪末法国诸学者,譬如列维纳斯提出来的思路,他们是要重新恢复"爱"所含有的"感性"因素,而又要将它置于"智慧"的光照之下,使之亦具有"超越性",使"爱"也"智慧"起来。

的确,"哲学"自"娘胎-摇篮"里就带来一个"矛盾","爱智"原本是把两个矛盾的东西"结合"在一起,无论"以爱求智"或是"以智求爱",都蕴含着"智"和"爱"的矛盾。

"智"与"爱"的矛盾,是"理性"与"感性"的矛盾,在这二者的矛盾中"求-欲求""统一",乃是"哲学"的"灵欲",也正是古典哲学所谓的"思维"与"存在"的"同一性"。"同一性-identity"并非"铁板一块",而恰恰是"异"中之"同","同""在""异"中,是对立-矛盾的"同一"。"同一"非(单纯的)"一",而是"(相互)指证",这原是"identity"的意思。"思想"与"存在""相互""指证",则既非将"思维""等同""存在",亦非将"存在""等同""思想",而是"指证-指认-认出-识得""思想"是"存在"的,"存在"也是"思想"的,即:"思想"是(关于)"存在"的"思想",而"存在"又是"被""思想"的"存在"——贝克莱的"存在即是被感知"发展为"存在必可被思想"。

"智""爱"、"思维""存在"之所以会有这种"同一性",其根据皆在"理性"之"自由","理性"具有"自己""设定-悬设""自己"的"功能"。也就是说,"理性"虽为"思想-思维",却具有"现实性","理性""本身"具有"现实性",亦即"理性"具有"感性"的"能力",或者说,"理性-智慧"原本是一个"灵欲"。

"灵欲"不是"肉欲"。"肉欲"是"必需-被迫"的"欲望",而"灵欲"则是"自由"的"欲望"。"爱智"即是"爱""自由",如果"哲学"为"爱"的"学问-学术",则也可以说,"哲学"为"爱自由的学问-学术",或者"关于自由的学问-自由的学问";或者"关于矛盾-对立"的"同一性"的学问。

这样,"哲学"作为"自由的-矛盾的学问-学术"则又不是一门"静态"的"学问-学术",而是"动态"的"学问-学术"。有矛盾才会有运动,才会有变化,才会有发展。在这个意义上,"哲学"作为"爱智",就不仅仅是一个单纯的"思想",而且也是"活动- action",是一种"工作- work",甚至也是"劳作-labor"。只是"哲学"这项工作与其他的工作又有不同,一般的工作常常是"迎接挑战"或者"迫于需要",而"哲学"的"爱智"作为"灵欲",乃是"自由"的"工作",而所谓"挑战"和"需要"皆"出自""理性""自己",而不"受制"于"感性欲求-肉欲"。于是,康德所谓"至善之术",黑格尔的"科学体系",也就是"理性""自己"给"自己"提出来的"任务-工作",盖因"至善"乃是"理性"自身的"悬设（康德）-设定（费希特）",于是关于"至善"的"学术-科学",亦即关于"理性"本身的"学术-科学",在这个意义上,也就是"自由"的"学术-科学"。

这样,"自由"就成为"哲学-爱智"作为"学术-科学"的最为核心的概念和问题,或者称作"哲学"这门"科学"的"对象"也可以。

"自由"作为"哲学"的主题,有一个历史的发展过程,人们（哲学家）对它的认识,也有一个深化、成熟的过程。

一、"自由"的"知识"

"自由"的"知识"相对于"实用"的"知识"而言。

人类"迫于生存",积累经验和技巧,迎接各种挑战,形成种种实用的知识,相互学习传授,或者代代相传,以增强"生存""能力","知识就是力量","知识"乃是"征服""自然"和"环境"的"能力"。培根强调的"经验-实验""知识",以"综合-归纳"为"知识"之重心,在亚里士多德也曾涉及,只是他放在了较低层次,因为希腊人所强调的"知识",还有另一个层面,即"摆脱""实用"的"压迫",以"知识""自身"为"追求""目标"的精神,即"追求""自由的知识","爱智"乃使"智慧"成了一个"追求""目标",这种"爱",仍是一个"灵欲",而非"肉欲"。于是,亚里士多德虽然批评老师柏拉图,但他仍有《形而上学》传世,这本书虽为后人所编,无疑仍是亚里士多德的真实思想,"哲学"由"爱智"成为"形而上学",在亚里士多德本人称之为"神（圣）学- theology","自由知识",乃是比"实用知识"更为"神圣"的。

为什么说"哲学"的"自由知识"要比"经验"的"实用知识"更加"神圣"?

"摆脱"了"当下""实用""束缚-逼迫"的"自由知识"是一种更为"普遍"、更为"持久"的"知识",而在古代希腊人的观念中,"神"是比"人"更加有力、更加长久的一个"族类":"神"是"不死者",而"人"是"有死者"。

作为"有死者"的"人族-人类"为了"生存",须得积累一定的"实用知识",这种知识本质上是一些"技能-技术",以"维持""生存"。

古代希腊人为"人族"作出的伟大贡献之一,在于他们并不"止于"这种"实用性"的"技能技术"。他们"摆脱"这种"实用"的"关系"而"让""自然"不仅仅为"谋生"的"工具",成为了"观察-思考"的"对象","使""自然"从"人"的"浑为一体"中"分"了出去,使"自然"成为他者,而"人"成为"自我",于是形成了一种"主体"-"客体""分立"的思想方式。

这种"主客分裂"的思想方式,经常受到很严厉的批评,当然也是有理由的,但是当其时也,未尝不是一种进步。我们从某种视角来看,正是这种"分离-分裂""促进"了"科学-知识"的思想方式的发展,使人类-人族向"神族"逼近;正是这种"分立-分离""使-令""自然""自由"地成为"对象-客体",也"使-令""人""自由"地成为"自我-主体","使-令"原本是"纠葛-混""在"一起的,都"解(脱)放(开)"了。

"混在一起"并非哲学上的"同一","分"中才有"认同-指证"问题。"同一""非一","异(化)"而"同一"才是"自由"。

这种"自由"的"求知"态度,促成了"理论"性"知识"的形成,"科学知识"的形态是"理论"性的形态,是"理论"性"知识"。"理论知识"由"概念-判断-推理"构成体系,科学知识奠定在"理论"的"基础"上,古代的希腊人把这种基础的理论知识揭示、维护、发展起来,作为"提升-升华""人族"的重要环节,使"人族"也具有了某种意义的"不死性-神圣性"。

"科学"这种"自由"的"理论体系"努力把自己"提升"为"超越""时间-地点""局限"而具有更高"长久性"的"普遍""原理"。

古代希腊人努力使"知识""摆脱""时间"之"绵延"而进入"永恒",尽管当时的"永恒"观念还相当含混,而是随着欧洲哲学历史发展才逐渐明朗起来的。

也正是在这个条件下,欧洲的"哲学"亦以"科学"的形态诞生于古代希腊。"哲学"作为"自由"的"学问-学术",由"诗"进而"戏剧-对话"再进而"论说",可以看出一个在形式上适应其内容的"进化"过程,"哲学""依附"于"概念-判断-推理"的"理论"形态。

"哲学""追求""自由",亦即"追求""不死-不变-永恒","哲学"不"局限""一时"、"一地",而"放之四海皆准"。这是古代希腊人,包括柏拉图、亚里士多德在内的基本思路。

柏拉图的"理念"、亚里士多德的"真知识- alethe episteme"都是寻求"变幻"的"现象"之后的"真相-真理",预设了"事物"之"现象"不居,而"本质"常驻;"表象"为"变",而"概念""不变"。

"变化"总须"在""时间"中,"时间"之"绵延""瞬息万变","变"为"异","沧海桑田","昨是而今非",尝令诗人浩叹,哲人之不同于诗人,寻求"常驻"之"真理",而"超拔"于"现象-红尘"之"外",是为"超越"。"超越"于"时空"之"外",之"上",故曰"神圣","哲学"为原本意义上之"神(圣)学"。

"阴阳不测是为神",中国古人大概也感到事物人事幽冥,变化莫测;只是我们执着于这个花花世界,智者精力集中于要"破解""变幻之象",化"不测"为"可测",于是有种种"预测""阴阳"的"技术-技巧",真的想要做那"神仙"才能做到的事情,而似乎在上述意义上的"科学"方面,照顾得不很够,慢慢的相比之下就吃了亏,甚至"中国--度科学不发达"也成了一个问题。

我想,欧洲如果没有希腊哲人的伟大贡献,也会在"知识-科学"问题上较长时间纠缠于变化万千的"现象",而不能直面事物之"本质",从而不能由一般的"经验技术""提升"为"理性"的"科学"水平。只有"理性""暂时""摆脱""现象",关注"本质",才能"真正""把握""现象"。"人族"的"智慧"只有在获得了"摆脱-否定""现象"的能力之后,才有可能"直面""本质",而"摆脱-否定""现象"、"直面本质"也就是"摆脱感觉""回到理性本身",亦即"理性""自觉-觉悟"到"自身"的"自由",才有真正意义上"科学"的诞生,而一旦"科学"意识自觉,甚至"神-诸神-神圣性"也不能"逃脱""逻各斯-概念-科学"的"命运"。"诸神"也是一门"学问","神圣"成为一门"学问-科学",是为"哲学-爱智","爱-追求-欲望"也成为"智慧-

学术-科学"。在"逻各斯"面前,古代好斗的希腊"诸神",个个都要"偃旗息鼓","鸣金收兵","等待"着"基督"来"一统天下"。

从某种意义上说,"哲学""唤起-揭示"了"科学"的这种"自由","哲学"为"理性"之"自觉"。

柏拉图说,唯有"理念"为"真理-真知识",而芸芸众生皆为"过客",皆为"假相";按照柏拉图的哲学路线,是从"理念""下降"为"现实",而并非"现实""上升"为"理念":"现实"要"模仿""理念",并非相反。柏拉图这个路线被合理地批评为"唯心主义",因为"经验概念"都从"感觉经验""概括"而来,并非只有"下降"的路线,也有"上升"的路线。

然而康德后来指出,有一些"概念"不可能从"感觉经验"中"概括"出来,他有著名的"三大理念":意志自由、灵魂不死和神,它们在"感觉经验"中没有"一一对应"的"对象",但又非"胡思乱想"的产物,而是"理性"自身的"悬设- postulation"。

不过,即使是"经验概念",同样也有一个"理性"自身"设定"的问题在,因为康德自称的"哥白尼革命","让-令""客体"围着"主体""转",说明了"主体"-"理性"在"经验知识"领域内"拥有""立法权",这个"权力"是从古代希腊哲人那里就"赋予"了的。

古代希腊哲学"赋予"了"科学-知识"一种"自由"的"权力":从单纯经验技术中"摆脱-解放"出来,"回到自身",以"理性"的"概念体系""把握""事物"的"本质";"把握"了事物的"逻各斯"(赫拉克利特),亦即把握了"事物"之"理";"理"固在"事"中,但需得以"概念体系"的方式"揭示-显示"出来。在这个意义上,也是"理"在"理性"中,"理"在"自身"中。"理""自"成"体系"。于是"理"也是"在""时空""绵延"之"外"、之"上",而"不在""时空"之中,"理"为"超越"。

甚至"时间-空间"也"服从""理"之"立法"的"权力",因为这种"立法权",并非"权宜之计"的"人间"的"法律- law",而是"先天- a priori"的,"理"、"法"是为"天条-天律",是为"必然性"的"规律"。

然则这个"天律"就知识-科学来说,本身只是"形式"的,它的"内容"需得"感性经验"作为"知识对象"来"补充",来"兑现",在这个意义上,在"科学"的"理论性""知识"领域,"理性"的"自主-自由",是"有限"的,它受"知识对象"的"感觉材料- sense-data"的"限制",只有那些无需"感觉材料""补充-兑现"的学科,如"数学"和"几何学",才是"理性"完全"自主"的,而广义的"物理学"是一门"经验科学","理性"在这个领域里的"自主-自由""权"是受到限制的,而那完全"不受限制"的"数学"、"几何学",却又如同"逻辑"一样,是"形式科学",被亚里士多德放在了"自然-物理"科学之外。

二、自由的道德

"理性""进入""感性世界",亦即"进入""时空""绵延",得不到"完全"的"自由","受制"于"瞬息万变"的"感觉材料",于是"理性"所"建立"的"科学知识体系",终究只能"保证-许诺"在"理论-形式"上的"可靠性"、"普遍性"和"必然性","理性"没有权利-不可能由"自身"就"推算-推衍"出"感性世界""实质性"的"变化-发展"。"科学"不是"算命","科学"对于"时空绵延"的"认知"只是"理论"的、"形式"的,"科学"不能"把握""时空""本身",亦即无权"把握-认知-认识""事物""自身",这个"自身"乃是"不可感"的"本质","科学"不支持对于"超感"事物之"把握"。在这里,"理性"为"自己"在"知识"领域的"权力-作用-功能""设定"了"界限",超过这个界限,康德叫做"理性"的"僭越"。

康德自己说,他"限制""知识"是为"信仰""留有余地",实际是为"理性""自由"的"升级-提高""开辟道路"。这个"升级",不是"理性""离开-脱离-拔高""自身",而恰恰是"回到""理性自身"。此话怎讲?

在"知识"领域,"理性"以"先天自由"之身,"进入""感性世界",发挥自身的"主观能动性",到头来,只能将"异己"的"感觉材料"加以"规整"、"概括",使之"概念化"而"建构- constitute"一个"理论体系",对于那些"不受归化"的"顽固分子-异己分子","理性"只得"悬搁"起来,"置"而不论。然则这个"感性世界""自身"却始终保持着对于"理性"的"吸引力","引诱""理性""僭越"。"本质-自身"的"存在"不断地"提醒"

"理性",似乎该"搁置"的不应是"事物本身",而是"事物"的"感觉表象"。这大概是康德已经揭示而为黑格尔、胡塞尔所开发出来的思路。

康德"限制"了"知识",为"信仰""留有余地",谁"限制"了"知识"?是"理性""自己"。这个"余地"又"在"何处?"在""理性""自身"。"信仰""在""理性"中,即,"信仰"也是"理性"的,甚至"最是""理性"的,因而也就"最是""自由"的。在康德的意义上,"信仰"让"理性"从"感性世界"中"摆脱"出来,"回到""理性自身"。

康德这个"限制知识为信仰留有余地"的思想受到很多很严厉的批评,但是如果人们注意到,康德之所以提出这个论点尚有另一层意义,即将"信仰""置于""理性""自由"之中,避免通常的"盲目性",从而对"教会"的"权威"具有一种"抵制"的意义,当有一层好的意义,才会引起"官方"的警觉,下达什么"缄默令"。

康德通过"道德""引向""宗教-信仰",在"道德"领域,"理性"直面"自由",而不必像"科学-知识"那样"进入-通过"一个"感性世界"。

"道德"是一个"责任"的世界,而最"严格"的"责任"却来自于"自由",单纯"感觉世界"并无"职责"问题,说到"道德",决不允许"掺杂"半点"感觉经验"的因素。

这样,相对于"感性"领域而言,康德的"道德"领域是一个无需、也不允许"感觉材料""补充-兑现"的最为"形式"的领域。

康德这种由"纯粹形式"引申出来"纯粹内在"的"动机论"道德观,受到严厉的批评,也是很应该的。相对于"实际"的"感性世界"的"干预"来说,康德的"道德自由"的确是一个"软弱的善良愿望"。

然而我们如果先将以"感性世界"为"对象"的"科学-知识领域""搁置"起来,则康德的"道德世界"本身倒也不仅是"形式"的,而是有"内容"的;只是这个"道德"的"内容"无需、也不允许、不可能由"感觉材料""提供-供给"出来,如"科学"那样,"感性"给"理性"一种"限制",而恰恰是"理性""自己""提供"出来的。

就康德的思想来说,"自由""自身"就"有权-有能力"为"自己""设定-悬设""对象","提供""内容",于是,在某种意义上,这个"对象"和

"内容"也就是"理性""自身""自由"地"创造"出来的。这就是康德强调的"实践理性"本身就有"现实性"的"能力-力量"。

"道德-责任-实践理性-理性的实践功能""悬设-创造""至善"作为"自己"的"对象"。

感性世界皆在"自然"的"关系"之中，本无"道德"可言，"道德"乃是"人"作为"自由者"、亦即"理性者"的"必然"问题；"人"不仅"生活""在""感性"中，而且"生活""在""理性"中，甚至不仅"生活""在""感性"和"理性"的"关系"中，亦即不仅"生活""在""知识"中，而且"生活""在""道德"中。"人""有"一个"道德-伦理世界"。

"知识"，特别是"经验实用""关系"中有"好-坏"之分，"道德-伦理""关系"中则"分""善-恶"；"不好"不完全等于"恶"，"身体不好"固然也可以说成"身体恶化"，通常"病"也是一种"恶"，但是"病人"不等于"恶人"。日常语言到了需要区分时，也还是不容含混的。

"善-恶"并非通常意义上的"自然属性"，而是"道德属性"，是"理性-意志"的"概念-本质"，这种本质，出自"理性""自身"，因而是"自由"的，"咎由自取"，无可"推卸"。盖因"理性-意志-动机"全由"理性""自己""决定""自己"，而不受任何"外来"因素"左右"；全出自"主体-自由"，而无"客体"借以"依傍"而可以"推诿"，"善-恶"皆是"理性""自己""设定""自己"。

通常意义上，经验的"自然""属性"由"经验概念"加以"概括-规范-把握"，固然有"主体-理性-自由""立法"之作用在内，但是尚不可说全由"主体-理性"所"决定"，在"知识"领域，"主体""立法权"尚属"形式"的，在这个领域内，事物之"属性"尚需"主体""根据""感性对象"所提供之"材料"，分析研究，加以"判断"，此种"判断"是否"正确"，尚需由"客观对象"来"多次""检验"。而道德"对象"既然原本是由"理性"自身所"悬设-设定"，则此种"检验"的工作，同样"完成"于"理性""自身"，是"理性"的"自身-自我"的"检验"，因而"道德"的"检验""标准"，是"理性""本身"，是一种"自由"的"检验"。而"善-恶"作为"道德"的"属性"，则是"自由"的"属性"，如果我们像通常那样，把"自然"的"属性"叫做"必然"的"属性"的话。

这样,在"道德"领域,一切"概念"都是"自由"的"概念",不止是"关于""自由"的"概念",而是一切"概念"——包括通常所谓的"自然"的"概念"都有"自由"的意义。于是乎,凡"日月山川"至"桌椅板凳"不仅"属于""科学-知识"领域,而且"属于""道德"领域,"属于""道德世界"。"万物"无不打上"人"的"烙印"。

"万物静观皆自得",就"万物"言,它们由"原始"的"天人合一"中"解放"出来,成为"知识""对象",而由"理性主体"的"立法"作用,将它们"连接-综合-组装"在一个"必然性"的"大箍"中,直至"道德"意识的出现,"万物"得到"第二次解放"。"道德世界"的"万物"之"属性",纯由"理性""自身"所"设定-悬设",全是"理性""自身""建立"的"对象",在这个意义上,全是"理性"的"理念"。

康德哲学只承认"意志自由-灵魂不死-神"为"理念",而从黑格尔到胡塞尔,峰回路转,人们又回到了柏拉图,认为由"哲学"之视野观,目之所接,无不为"理念"。

"小桥流水人家",并非"指示- zeigen - made a sign""此地有什么",固然"房屋"、"河水"和"桥梁"皆为"事物",可以加以"研究",也必有"研究"之后,才能"知道"。但无论我们"知道"这三件"东西"有多详尽,并"概括"或"分析"不出那"诗意"来,即使那《兰亭序》里的"此地有崇山峻岭",也不仅仅是一个"指示牌-路标",而即使是,则也是"道德世界"的"标识"。

海德格尔说"诗人""历数-列举""神圣"之"事物",经"诗人"这一"列举",则为"事物""二次""命名- name"。这次"命名"出来的不是"经验概念",而是"理念",是"理性"自身"设定"的"自由""概念"。

只是这里所谓"第二次"是按照"哲学史"的历史顺序说的,要按纯粹哲学的视角,或许应该颠倒过来,"理性""自由"的"命名"应是最为"原始"的,"理性""觉醒"的"第一个""世界",乃是"理念的世界",而"科学-知识"的"感觉的世界",反倒是"后来""派生"的"事情"。

在这个意义上,"自由"的"道德世界"是最为"原始"的"世界",这或许就是康德所说的"实践理性"相对于"理论理性"具有一种"优越-优先"的特点吧。

三、自由的存在

无论"自由"的"知识"或"自由"的"道德",尽管在不同的程度、不同的意义上"设定-创造"了各自的"对象",但是这些"对象",似乎离"实在-实际"的"存在"越来越远,因而从各方面来说,也似乎越来越"形式"化,越来越"抽象"化。于是在古典哲学的视野中,无论"知识"还是"道德"连同它们的"对象"都是"超越""时空"的;它们不是"穿越""时空"的"存在",而是"超越""时空"的"理念",于是人们很有理由说,它们——这些"对象"——"不存在",或者为"非存在",然而古典哲学却说,这些"理念"是事物的"本质",比事物的"表象""更""实在",从而似乎"不存在-非存在"比之"存在(者)""更加""实在-现实-存在","理念"的"存在"乃是"永恒"的"存在"。

诚如康德所说,我们作这样的"思想-理解"固无"逻辑"上的"矛盾",但是却有"实际"上的"矛盾",我们要从"不存在-非存在""推论"出它们的"存在"来,不是不可以,但是"需要-缺少"一个"过程",因为我们不允许将两个"矛盾"的"概念""立即""等同"起来而在"思想-理解"上不产生"抵触",而"消除"这种"矛盾-抵触"则"需要""时间"。

于是,"理念"的"实际"的"存在"性,"需要""过程","需要""时间",这项工作由黑格尔"开始",至海德格尔总其"大成"。

就这项工作来说,黑格尔之所以仅仅"开始",乃在于他还拘泥于"概念-推理"的"逻辑""过程",将"历史""纳入"他的"逻辑""体系",似乎"历史"的发展冥冥中正是那"概念-理念-推理"的"逻辑""过程",因而"时间"的"绵延"为"逻辑推理""过程"所"扬弃","历史"的"时间"性为"哲学"的"逻辑"性所"扬弃","时空"为"超时空"所"扬弃"。在这个意义上,"理性-理念-自由"仍被"架空"于"时空"之"外"或之"上"。

就这方面来说,海德格尔的工作与黑格尔的思路进程相反,他牢牢抓住

"时间-时空"而"扬弃"了包括黑格尔在内的欧洲传统的"逻辑""框架",使"理性-自由-理念-永恒"以及"概念-判断-推理"都又"回到""时间(空间)"的"绵延"中来。

于是,在海德格尔那里,"时间"与"存在"为"同一","存在"即是"时间","时间"亦即"存在",引申开来,"理念-自由"就不仅仅是一个"理性""按照逻辑""必然"的"悬设-设定",而是实实在在的"存在";"理念"固是"理性""自由"的"设定",但却是实实在在的"在时间中"的"创造"。"时间"即是"自由"的"存在",亦即"创造"的"存在"。

海德格尔这一思路,就欧洲哲学的历史言,具有变革性的意义。他"使"传统的"存在"概念由"静态"转变为"动态",正如许多人指出过的,必须要从"动词"的原始意义上来理解海德格尔的"存在"。实际上,海德格尔"使"一切的"名词-概念"都"动"起来,"时间""使-令"一切"事物"都"变"。于是,海德格尔也转变了一个观念:过去认为唯有"不变-不死-永恒"才"存在",如今人们看到的恰恰相反,唯有"变-死-时间"才"存在"。

我们看到,从这个思路出发,海德格尔就不能把"时间"看成"绵延",而必须看成"有死的"。这样,海德格尔自觉地直接古代希腊哲学的源头。在他的思想中,"人"作为"Dasein"最根本的特性乃是"有死者",或者如他强调的"会死者-有能力去死的"。

"死"的问题,是现代人非常关注的,而古人大概忙于"生计"无暇顾及,或者大都以豁达的机智加以"化解",难以切中要害。海德格尔从"时间"之"断"——"有时间性-有时限性"——的角度去揭示"死"的意义,发人深思。

从"Dasein"之"会死性-有时限性"海德格尔提出一个著名的论断叫"向死而生","死"为"终结-完成-目的"而"大全"。

海德格尔这个论断受到很多的批评,有些批评并不着边际,只是觉得这个结论下得过于消极,但却是言之凿凿,似乎说出了人们不愿意接受的"真理"。

然而我们要说,海德格尔这里的论断似乎也有"片面性"。

"人"作为"Dasein""固有一死","人"的"精神"与"肉体"也是一并"死亡",随之而来的,"人"之"理性-自由"也"会终止"。某种意义上,"人"之"死"为"回归自然"而"天人合一"了。

不过我们这里愿意进言者，"人"作为"自由者"不仅仅是"一"，而且为"多"，"我""自由"，"你"也"自由"，"他"也"自由"，"存在"作"自由"讲亦复如是。"存在-自由"这个"多"的"层面"自海德格尔之后，已有一些人揭示出来，上世纪末法国激进诸公多有论述，而最为集中成系统的，莫过列维纳斯。

列维纳斯着重讨论"我-他"的关系，扭转"自我"中心论，也以此扭转-颠覆包括海德格尔在内的欧洲"存在论"传统，能否成功，尚可争议；但是他在"他-我"关系之"外"或之"上"提出一个"第三者""群"，作为"哲学"之"根源"，颇有启发作用。

我们暂时搁置列维纳斯的"人"作为"人质"的论断，仍将"人"作为"理性-自由者"来考虑——因为列维纳斯的"为他者"作为"责任者"或许根据正在于"人"为"自由者"，则他的"第三者群"则仍可作"自由者群"理解。

有了"自由者群"，"人"仍然"固有一死"，但却能-会-有能力"再生"。"我""在""他者"中"再生"。

在这个意义上，我们就可以-有能力把被海德格尔"舍弃"的"宗教-基督教"的"问题"——"拯救-再生"，吸收到"哲学"中来，加以"化解"，海德格尔这个"Dasein"的"意义"就不仅仅"限于""有死者-会死者"。

更有甚者，"时间"的意义，也就不仅仅"限于""有时限性"，而"回到"它的"绵延"。

这样，海德格尔那个备受批评的"向死而生"就同时也可以说成"向生而死"，"死"也许就会有一层很积极的意义了。

由此而来的变化，就是在海德格尔那里，"积极"的东西似乎都"存在"于"消极"的东西里："生""在""死"里，"提前进入死"；"存在""存在"于"非-不存在"里，"存在""在""思-诗"里；"语言是存在的家"，"存在""住""在""语言"里，等等。

我们未尝不可以把这些话"颠倒"过来说："非存在""在""存在"中，"死""在""生"中，"语言""住""在""存在"中。凡此种种，"消极"就"在""积极"里，则"化消极为积极"了。

这就是说,"要消亡-有死的-会死的"就"在""不死的"里,不仅仅"生""在""死"中,而且更是"死""在""生"中;"存在""在""非存在"中,更是"非存在""在""存在"中。用海德格尔的话引申开来说,也就是不仅仅"存在""在""存在者"中,而且更是"存在者""在""存在"中。

于是,我们看到,"死东西""在""活东西"中;正是"活东西""保存-存留"了"死东西",而不仅仅是相反。"活东西""让-令""死东西""复活-再生",亦即"让-令""非存在""存在","使(之)存在",这正是海德格尔要强调的"存在-Sein"的"动态"的意义。

之所以"人""有能力""让-令""死东西""再生-复活",乃在于"有""另一个自由者""在","自由"之"在",并非"数量"上之"唯一","他者"的"自由""拯救"了"我"的"自由","他者""使-让-令""我""存在"。

"他者""令""我""回归""自由",亦即"回归""时间"之"绵延"。无论医学对于"死亡"作何种界定,"我"之"死",仍"会-有能力""继续""活""在""他者"之中。按海德格尔,这种"会""死"的"能力",只有"人"作为"Dasein"才具备,但与海德格尔的思路相反,"人"的这种"能力",并非在"生时"就"预见-觉悟-意识"到"死",而是更进一步,在"必死"的基础上"预见-觉悟-意识"到"死"后之"复生-永生"。在这个意义上,人人都不仅是"向死而生",而且更是"向生而死"。

就这一方面来说,并不是"死""大于-高于-重于""生",而是"生""大于-高于-重于""死";并不是"必然""大于-高于-重于""自由",而是相反。这里用得上康德那个"实践理性"对于"理论理性"具有"优先性"这个思想而加以引申,我们可以说,"生"、"自由""大于-高于-重于""死"、"必然"。

"向生而死"揭示了"死"的"积极"意义:"死"是"为了""生","生"是"目的";"死"是一种"手段-工具","死"并非"终结"、"大全",而只是"生"的一个"环节"。

"生生不息","时间"是"永恒"的"绵延";"自由""在""时间"中,"在""绵延"中。"自由"为"创造",为"无"中"生""有","生"即是"创造"的"力量-能力",由"非存在-无""生"出"存在"来,"生-时间-自由"的这种"能力-力量"具有"起死回生"的作用。"我"之"死",为"他者"之"生""留有余地",给"他者"以"创造-自由"之"机会-机遇",是为尼采之"永恒轮回"。这个"轮回"固是"生死轮回",而更是"生生轮回",亦即"生生不息"。"生生不息"乃是"创造"之"不息-不灭","时间"之"永恒""绵延"亦即"永恒"之"创造","永恒"之"自由"。

康德认为"时间"之"绵延"并非"永恒",因尚有"事物"之"变""在",而唯有"终止"一切"变化",对之进行"终审",此种"道德判决"方是"永恒"。然则此时(末日)之"道德""善"则"善"矣,惜乎仅为"理念"。

"时间绵延"之"永恒",乃是"存在"之"永恒",亦即"自由"之"永恒","创造"之"永恒"。"存在"之所以具有"动态",乃在于它以"自由"为"根基"。"自由-存在-时间"为"一",这个"意义"的"一",但是"数量"却是"多"。

"理念"以"自身"为"对象","理性"为"自己""设定""对象";"存在"则以"他者"为"对象"。"我""固有一死","他者"-"另一个自由者"则"不死-永生","永生"即"永存"。在这个意义上,"自由者""永存"。

"他者-另一个自由者"为"群体"。"另一个自由者""使-令""我""再生",而这个"一"既然又是"多",则这个"自由者群"则"有权""给""我"以"公正-justice"。"自由者群""公正地""使-令-让""我""存在",而且"无待""我"之"死",已经在"行使""他们"的"权力"。不是"我",而是"他者""令""我""提前进入死亡状态"。而这个论断如从"向生而死"来看,其"积极"意义在于,无待"我""死",就能-有能力"看到""他者"并非"我"的"杀手",而是"我"的"再生父母"。

"我""相信"——对此"我"绝无形成"科学知识-经验知识"之可能——既然"有""他人""在","我"之"死"就不可能完全"夺去""我"之"自由"之"存在","我""创造-开创"的"绩业-工作"仍会"存在","继续""发挥作用",这也许就是伽达默尔所说的"有效应的历史"?

2008 年 10 月 14 日于北京

论"事物"与"自己"

自康德着重划分"现象(表象)"与"物自己(物自身,物本身,物自体,自在之物)"之原则区别以来,凡思考形而上学问题者,不能绕道而行。

一

无论中外之语言,"Ding an sich (thing itself)",并非指在"物(Ding, thing)"之外或背后,尚有另一个"物"为其"自身","物自身"就是"该物自身",为"同一物"之"自身"。故"现象"与"物自身"之分,并非"一物"分为"二物",乃是"同一物"之不同的意义。它们的区别不是经验的,而是形而上学的,即海德格尔所谓的"本体论(ontological)"的"差别(difference)"。

"同一物"(Identität)之分为"现象"与"物自身",说明"物自身"问题的提出,不是"想象"的产物。不是"想象"在"该物"的"现象""后面"还"躲藏"着"另一个""该物自身",而是说,我们在"理性"上,在"道理"上,必得承认有一个就是"该物"的"自身""在"。

既然"物自身"乃是"同一物"之"自己",于是,"物"与"自己"实不可分。我们说到"该物"时,说的正是"该物""自己",而非指"其他"的"另一物"。"物自身"乃是"真实"之"物","真"的为"该物"。故"物自身"为"物"之"真理(Wahrheit)"。"现象"不是"物自身",就"自己、自身、自体、本体"即是"物"的意思来说，"现象"严格说并非"物"，故"现象"乃是"表象（appearance, representation）"。因此，我们当注意，执着于"表象"的思维方式，人们不及"物自体"，实在也就是"没有接触到""自己"，也就是"没有接触到""物"；"表象式思维"乃是"无自己的思维"，乃是"无物的思维"——thinking without itself, thinking without thing。在这个意义上，当今世界，为哲学家们担心者，倒不是世人沉醉于"物"，乃是世人沉醉于"表象"，而失去了"物""自身"，"目中无物"，也就是"目中无己"，可谓"物我两忘"。

二

按康德的思路，"同一物"被分成"现象"与"本身"两层意义，乃是"同一物"既是因果系列的一环，是必然的，又是自由的，"自为原因"的，"自因"的。

以"因果"系列观之，"物"在"他物"的网络的必然关系中；以"自由"、"自因"观之，则"物"又有其"自己"、"自身"之系列。前者受"他物"之限制，后者不受"他物"的限制，是为"不受限制者"、"无条件者"。

因此，"物自身"出自"自由"。

我们知道，在康德的哲学中，"物自身"因其"自由"故在"知识论"中只有"推论"的必然性，如果不作"辩证"的"推论"，则"物自身"问题可以回避，尽管在康德这种"回避"似乎只是暂时的"悬搁"，而就人们的形而上学的倾向来说，又是不可避免的。追问"物自身"乃是人们"形而上学""推论"的必然的"幻象"。这就是康德"矛盾"、"二律背反"在思辨理性、理论知识领域里的处境。

然而，在"实践理性"里，"物自身"的问题，则不仅是"推理"的，而且是"现实"的，是不用推理的过程直接出现的。康德《实践理性批判》的核心概念是"自由"——在"思辨理性"里作为"界限"概念出现的"自由"，在"实践理性"里随着道德"应该"的出现而直接必然地向人们提出。从这个意义来看，在"知识论"中，"物自身"虽是人人可能达到的不可避免的"理念",但却可以(按康德是"应该")在"知性"的努力工作中,暂时予以"忘却";但当人们进入道德领域,悟到"自己"为"自由者"时,则"我"为"自由者","物"也必为"自由者"——"我"不受"他者"的"支配","他者"亦必非为"表象"在"诸范畴"之必然的"关系"中,而有其"自身""在"。

"自由者"不受"表象"支配,"自由者"向一切"表象"说"不"。在"自由者"看来,现存的"表象"世界,"原本"不"(应)该"如此这般——"表象"不是"物自身",不是"真实"之"物"。

然而,在"知识"上人们对于"物自身"无能为力——"物自身""不可知"。于是,"世界"作为"表象界"、"现象界"原是"理性"为其"立法",它"服从""理性"为其制定的"法则(律)";但"理性"对"自由者"并无此种"立法权"。"自由者"为"自律",各自为"自己""立法"——"自由者""自因"。按斯宾诺莎,"自因"(causa sui)为事物之"本质"(essentia)即包含"存在(existentia)"。essentia 即"是其所是",即"自身"。故,"自因"即"物"以其"自身"而"存在",不是以其"表象"而"存在"。

在康德思想里,"自由"在道德、实践里必然立即出现,因道德之"责任"必定以"自由"为前提。从道德入手讨论"自己"、"自由",固然简洁明快,但"我自身"与"物自身"仍然"分离",二者固需统一,但将在遥远之"绵延(灵魂不灭)"——"至善"。由此,从"实践理性"导出宗教之设定。依康德的哲学理路,"宗教"为必定之归宿。也就是说,只有在"神的国度"里,"物自身"才真正出来——显现出来,如斯宾诺莎所说的,"是其所是",essentia 成为 existentia。

这就是说,"自己"、"自身"、"自因",因包括"人"在内的"万物"皆"各就各位"成为"自己",则他们之间的相互关系反倒需要进一步的设定和理解。

诸"自由者"组成的"王国",如无莱布尼茨的"预定的和谐"或中国传统的"天命"、"圣贤",则如何成为"宇宙(和谐,cosmos)"而非"混沌(chaos)",就会是一个问题。

三

诸"自由者"之间的关系,不仅限于"人"与"人"的关系,而且也包括了"人"与"物"的关系。康德在《纯粹理性批判》中主要涉及"物自身"这个"界限",在论述纯粹理性的"二律背反"时,所涉及的也是事物之"起源"、"界限"、"自由因"的问题。就现象(表象)系列看,一切"事物"皆为"未完成者",是 apeiron。但自亚里士多德以来,"事物"就是"事物",不是 apeiron。故就一事物言,虽为现象显现之事物,但之所以已是一事物,盖业已"完成"为"该事物"。

"事物"如处于"表象"之关系网中,则永不得"完成","该事物"常"转化"为"他物",未得保持其"自身",所以,欲求其"自身"之"同一性"——"身份(identity)",则不当由"表象"之"诸关系网"中得之,其"自身",当别有来处。

"物自身"为"物自在"-"自在之物"。"物自在"意味着从"诸事物"之整体(totality)中"脱离"出来,成为"自己","完成""自己",并"持续"(尽管只是一个短期,a while, weilen)为"自己"。在这个意义上,"自己"是有"时间性"的,不是"超时间"的,因而是"显现"出来的"存在",不是只"在""思想"里的"思想体"(noumenon)。

然而,康德已经在《纯粹理性批判》里将"时间"和"空间"归于"知性""知识"的统摄之下,成为"表象"-"经验对象"的先天(a priori)条件,所以他的"物自身"就"显现"不出来,而永远"躲藏"在"背后"。

长期以来,西方的哲学家们觉得康德这个永不露面的"物自身"是个"麻烦",想了各种办法"让""它"出来。

康德以后,费希特把目光集中到"我自己",要这个大写的"我自己"来一统天下,这是 19 世纪德国(古典)哲学解决这个问题的方法,后来黑格尔,固然补充了客观的历程,但"物自身"的"显现"过程,仍是"我自身"-"理性自身"、"绝对精神自身""显现"的过程。这条思想路线,直到新康德主义的"人类学哲学"、"文化哲学"、卡西尔的"符号哲学",莫不如此。

在这条路线下,"物自身"被"取消"了——被"消解（de-）"了,而不是"让"其"显现"出来。

当然,新康德主义者原是想要使"自在之物""显现"出来的,但他们总觉得这种"显现"要借助些什么东西,而不能"直接""显现"。譬如卡西尔就要依靠他的"符号（Symbol）"系统将"事物"之"真相"揭示出来并保存起来。而"符号"是一种思想形式,对"事物本身"来说,是"外在"的。这就是说,"事物"只有依靠"外在"于它的"思想形式"才能"呈现"在人们面前,而以"思想形式""呈现"的则又是"表象"（representation, appearance）,并非"物自身"。说"物自身""在""表象"中,也就是说,"物自身"实际并不"（存）在"。在这个意义上,我们才说,新康德主义者是把"物自身""解（de-）"掉了,仍把它"化"为"表象"系列,"物"及其"自己"仍是"在""思想"、"文化"的"产品"里,故有"文化哲学"、"人类学哲学"之说。

四

真正让"物自身""存在"而又"显现"的是海德格尔,而海德格尔的思路来自于他的老师胡塞尔所创立的现代"现象学"。是胡塞尔改变了新康德主义"现象学"的方向,"撤消"了"物自身"和"显现"之间的"表象",而使"事物""本身"（Sachenselbst）"显现"出来。胡塞尔斩钉截铁地说,事物自身无需任何外在的符号直接地"显现"出来,所以他的现象学也无需"建构"一套"概念"（符号）体系,而用"还原法"、"悬搁法",将一切"经验自然科学"所"建立"起来的"思想体系"都"括出去",则"事物自身"就会"剩余"下来。

我们看到,胡塞尔这个思路具有极其重要的意义,可以说是奠基性的,没有这个思路的筑基,以后海德格尔的思想也不容易出来。不过胡塞尔的思想还是不很彻底的,他的现象学侧重把"事物自身"理解为"理念"（Idee）。

我们要说,胡塞尔现象学的这种"不彻底性"并不是他的学术功力不够,或者他的学术工作没有做完,而是说,按他的思路,他只能"止于""理念",

所以，不是没有做完，而是没有事可做了。

胡塞尔的现象学虽然强调"显现"的直接性，但他仍然陷于"感性"、"理性"、"知（悟）性"这样一些对立中。既然现象学的方法在于将"自然"的东西全部都"括出去"，也就是将"感性"以及与之相关的"知（悟）性"都"括出去"，则这个"现象学的剩余者"就只能是"理性"的"理念"。胡塞尔的"理念"当然不是"表象"，因为"表象"是离不开"自然"、"感性"的，但总还是"思想性"的，不是"存在"性的，至少，这个在胡塞尔现象学里的"理念"像在黑格尔哲学体系里一样，侧重点在其"理性"方面，而不在其"存在"方面；尽管胡塞尔和黑格尔都很清楚地意识到这个"理念"同时就是真实的"实在"，而不同于"经验科学"的"（感性）对象"。

这就是说，在胡塞尔的现象学里，"事物自身"如何真正成为"实实在在"的"存在"的东西，仍是一个问题。

五

在这里，我们想说，只有到了海德格尔，"事物"才不仅仅作为"知识"——无论"感性"的或"理性"的——的"对象"（Objekt, Gegenstand）"存在"，而是作为它"自己（自身）""存在"。

1950年海德格尔在巴伐利亚科学院作了一个非常有趣的演讲，题目叫做"对事物（Ding）之追问"。海德格尔说，现在的科学技术发达得很，无论在时间和空间上有多大的"距离"都能用科技的方法消除这些"距离"，所以，在现代科技的支配下，那过去十分"遥远"的事，都会像在"眼前"一样。科技的世界，是一个"无距离"的世界，好像一切都是那样的"近"，好像就在我们"眼前"发生的一样。

然而，海德格尔却指出，这样一个世界，并没有使我们"离""事物（本身）""近"一分一毫。海德格尔这个说法，初看很不好懂。实际上，他的这种思想，有着整个哲学史对这个问题的思考在"支持"、"印证"它。

我们知道，海德格尔在这个演讲中，从对什么叫"事物"的独特分析开始，导引出天、地、人、神"四大"在"事物"中的"自由"结合，然后从

"事物"的"动态"（事事）到动态的"近"——"近"者"使之近"，或"近者近之"，说明"事物""自身"之"存在"，内容是相当深入的。

然而，我们尚可从更为直接的角度来理解他的意思，即现代科技力图将"时间"、"空间"之"距离""缩小"，恰恰随着时间、空间"距离"之"缩小"，"事物""本身"却"离"我们越来越"远"，而当一切都"呈现"于我们"眼前"时，"事物自身"则"隐藏"了起来。这就是说，时空"距离""消失"之日，也就是"事物自身""消失"之时。为什么可以这样说？盖因"事物自身"原"在""时空"之中，"无""时间"、"空间"之"距离"，也就没有了"事物自身"。这是海德格尔的中心思想。

所以，在海德格尔看来，现代科技所做的这种"缩天（时间）"、"缩地（空间）"的工作，不会使"事物"离我们"近"一分一毫，反而使"事物"离我们越来越"远"。现代科技在这方面所做的工作——"缩地法"，不会将"事物""呈现"给我们，反倒会将"事物""掩盖"、"埋藏"起来。现代科技让我们"看到"的不是"事物""自己"，而是经过科技"处理"过的"事物"的"本质"——"本质"成为"超时空"的东西，所以不是"事物""自己"。"本质"与"存在"被现代的科技"分隔"了开来。"本质"出来了，"存在"躲藏了起来。"事物"和"自己"也被分裂了开来，"事物"似乎"出来"了，"自己"倒"躲藏"起来了；或者竟是"自己""出来"了，"事物"却"躲藏"起来了——这个"自己"，就不是"事物""自己"，而是"人"的"自己"——大写的"自我"。人们透过现代科技"看到"的，乃是"人""自己"，"人"的"自我"。

六

从这个角度来说，我们生活在现代科技的时代，如果执着于"无距离-无时空"性，则我们实际上就"没有事物"，就会"失落"掉一切"事物"。如果真的生活在"无事物"的"世界"，我们将会是一种什么情形？我们看到，19世纪、20世纪西方哲学家们所殚精竭虑的正是这个"无事物"的处境。"实存主义者"从"人"之"实存性（Existenzial）"来思考这个问题，海德格尔则从"事物自身"之"存在（Sein）"来考虑，所思所虑的乃是同一个问题。

"人"生活于"无事物"的世界，一切都"虚拟化（virtual）"，甚至"数字化"，"事物"作为"整体"都"远离""人"而去，海德格尔所谓"漂浮"出去，"人"被"悬"在"空"中，"飘忽"不定。

自古以来，"人"都生活在具体的时空中，依赖着大地，仰望着天空，栖息于日月山川之间。"事物"与"人"是如此之"亲近"；忽然间，原本"坚实"的"事物"，变得"漂移"起来，变得"不可依赖"了，于是，茫茫大地，何以为"家"？现代西方人那种"无以为家"、"无家可归"的感受，原来却是"无事物世界"（the world without thing, thingless world）的一种折射。

"无事物"不是真的一无所有，"无事物"乃是"无事物自身"，乃是"无自己"。

没有了"事物自己"，光剩下"人自己"，岂非绝妙佳境？

的确，现代科技正想把人带入这样一个迷人的境界，可惜，这样一个"境界"，不"在"地上，而在"天上"。因为只有"神"－"唯一之神"才能仅仅靠"自己"而又"（存）在"。因为世上"一切"都是他老人家从"无"到"有""创造"的；而作为"有限的存在者"－"人"，失去了"物自身"，最终也就失去"我自身"。没有"他（者）自己"，也就没有"我（者）自己"

现代的科技，特别是现代的高科技——实际是"高技术（high-tech）"有时候正企图做那本该是"神"做的事。如果我们说"前现代"的科技的目标在于"改造世界"，那么，在某种意义上，"现在的科技"，或"后现代的科技"则目标在于"创造世界"。"改造世界"是有"对象"的，"对象性"的；"创造世界"则是"无对象"的，"非对象性"的。而"对象"虽是"表象"，但它却是由"事物"提供的，"现象-表象"有"事物""支撑"着。故在此意义下，"事物"为"实体（substance）"。这个"实体"虽在"现象"的"背后"，但它是"现象"的"支持者"。这是从古代希腊以来在科学思想基础上建立起来的哲学观；如今的"高科技"，的确"消解"了这个躲在背后的"实体"，因为"高科技"的工作，本不在于"让"躲藏在后面的、玄暗的"事物"（本身）"显现"出来。用海德格尔的话来说，它的工作不是"诗意的（poetic）"，而似乎是"创造"（productive）的，它"让"没有的东西有。虽然它事实上做不到这一点,但它努力要做到这一点。

就知识论来说,现代的高科技预设它自己是有可能不犯错误的,也就是说,至少是"近乎""全知"的。譬如,高科技可以坚持医生的诊断是"绝对准确"的,因而可以万无一失地施行"安乐死";高科技也可以保证"毫无错误"地"制造"出"人"来,而不至于因失误而成批生产出战争狂人来,等等。

同时,现代高科技对"道德"的信心也是很坚定的,它相信它能"完全公正"地"惩恶扬善",而且在"尺度"上不差分毫。

这就是说,过去人们在理想上"赋予""神-上帝"的"全能"、"全知"、"全善",如今都还给了为高科技武装起来的、现实的"人"。"人"成了"神","人"失掉了"自己"。

七

"人"就是"人",既非具有某种特性的"动物",也不是"下了凡"的"天使"。这是胡塞尔现象学、克尔凯郭尔的存在论所强调了的意思,但如何去理解、思考"人"就是"人",仍然需要追问。

海德格尔在许多问题上是从现代的角度发展古代希腊的传统,在"人"的问题上,表现尤为突出。在这个问题上,我们看到海德格尔如何将希腊时代已经想到但还很不清楚的思路,大大展开出来,成为现代的一个核心问题。

希腊人从科学的眼光来看作为"感性存在者"的"人",则"人"在变幻之中,既有生,就有死。死是一个自然现象;只有那些超自然的"神",才是"不死者"。在希腊早期神话时期,奥林匹亚山上诸神所谓的"不死"概念,并不那样严格,无非是比"人"活得更长些,更有力量些,或者更聪明些,等等;但后来随着希腊哲学思想的成熟,所谓"永恒"问题,才有了严格的意义。

希腊哲学后来发展侧重在探究"永恒"方面的问题,而将"死"作为一个生理和医学的问题来对待,在哲学上反倒被"搁置"了起来。"死"的问题的哲学意义是基督教发展以后"逼"出来的。基督教不仅从形而上、超越"自然"的角度思考"神",而且还从伦理道德的角度来理解"神",因而"生"和"死"也就不仅有"自然"的意义,而且有了"伦理"的意义。这就是说,"有死的""人"不仅在"超越""自然"之外,要设定一个至高无上的"神",来协调世间的一切,而且要在"伦理"、"价值"之外,设定一个至高的"善",来作为规范世间一切行为的最后根据。基督教力图使人们相信,"身后的是非"不是没人"管得"了的,而是真的"被管"的,而这个"管理者",就是那全知、全能、全善的"神"。世上每个人的"灵魂"都要经过"神"的"审判","神"因其"至上"而集立法、司法和行政三权于一身,因为原是设定好了"神"永远是"对"的,"神"永不会"犯错误"。因为有"神""管"着,所以不是"死了""百了","死"才有了"伦理"、"道德"的意义,"死"才"重于泰山"。

然而,哲学在希腊传统的光辉照耀下,人们仍然注视着思想的永恒性——超时空性,而直到本世纪以来,"死"的问题才在新的基础上重新提了出来。20世纪的哲学家都在各个不同的侧面,在不同的程度上讨论了这个问题。"死"似乎成了该世纪哲学不可回避的问题之一。

由于"死"的问题在哲学层面上的深入思考,人们对于"自己"的问题,又有了一层新的意义。人们看到,人生在世,许多的事情你可以做,我也可以做,当然你做得一定会比我做好,但并不是非你不可。"彼可取而代之"可谓通则。而且,即使是我做的事,就这件事来说,也有其他人的劳动成果在内。好,并不可以"贪天之功据为己有";做错了,也有个"客观原因"。世上只有一件事完全是"自己"做的——"死"。另一个人不能"代替"一个人去"死"。"死"是绝对的"自己"。

八

"死"提示着一个无可"推卸"的"自己"。"我"可以有各种"身份"——"我"可以为帝王将相,"我"也可以为普通百姓;而帝王将相"彼可取而代之",平头百姓自是人人得而"分有",所有一切之"身份"都不是"真我",不是"我自己"。于是,现代哲学遂有"我是谁"之问。推究其理,度想其情,"我自己"居然在"死"之中,就"身份"而言,古人遂又有"盖棺论定"之说;不过以现代的眼光,"盖棺"未能"论定",因"死"而"未了","死"还提示了"他者"的存在。"死"不仅提示了"我自己",而且提示了"他自己-物自己"。

一方面,"死"意味着"解脱",这是传统的一种看法,因为"摆脱"了"世界";另一方面,"死"却驱使着"忏悔"。"忏悔"伴随着"自己"。"在世"时一切的"推脱"、"借口",在"死"的面前显得那样软弱无力——"死"将"责任""强加"于"我"。所以古人说,"人之将死,其言也善",虽非人人如此,就像并非人人都有真诚的"临终忏悔"一样,但"忏悔"与"善意"对于"死"来说,仍可为一理路上之定则。

康德从伦理道德之"自由"来论证"责任"之不可推卸,使千头万绪的伦理道德有了一个坚实的理性基础。寻康德的理路,由"自由"而"自己",又由"自己"而至"死"之思考,则"有限之理智者-有死者"之道德实体由此而得到实际验证。"死"乃是"自由"、"自己"之"证"。

然而"死"不仅"验证"了康德的"我"作为"有限的理智者"之"自由",而且同时也"验证"了"他者"之"自由";"死"不仅提示着"我自己",而且提示着"物自己",这又是事情的另一方面,而为康德所未曾深究者。康德固然在《实践理性批判》中从理性在道德命令上之绝对性揭示出"物自身"之客观必然性,其启示之功不可没;但他将"物"与"自己"分开,说到"物"只限于"现象界",对于"自在(自由)之物"则存而不论,实在是留下了一个非常重要的领域未曾开发,而留待胡塞尔把这个次序颠倒过来,将"经验(表象)""存而不论",括了出去,"剩下"的正是那"事物自身"(Sachen selbst)。

这个"事物""自身"、"自己"的"自由(自因)",不是"另一个""自我"的"自由",而是绝对的"另一个自己"。在这个意义上,"我"也"自由","物"也"自由";"我"的"自己"的出现,必连同一个"他"的"自己"一齐出现。

如何理解"物"的"自由"?当然,"自在之物"不断地在转化成"为我之物",但由于"我"不是"神",而是"有(会)死者","物"始终坚持着他"自身",在最终的意义上,"物"就是他"自身"。"物"客观地、不以人的意志为转移地"存在"着。中国古人所谓"功成身退"乃是一个普遍的法则，不想"退"也得"退"。"物"作为"现象"的"必然性"为"我"之"自由"留有余地，而"我"之"退出"之"必然性"也为"物"之"自由自在"留有余地。在这个意义上，"我"为"必然的自由"，"物"为"自由的必然"。

所谓"自由的必然"就是"自由的因果"，"自在之物"也不是没有"原因"的。

九

"自由的原因"就是"自因"。世上万物客观存在，都有"自己"的"原因"，而不以"我"的意志为转移。"我"可以"改造"它使之附和"我"的"目的"；但在"改造"的过程中也要使"我"的"目的"附和"物"之"规律"，否则"目的"则成为"空想"。这是科学的不移之论，是科学的真理。但此处所谓"自因"还有一层哲学意义。所谓"物"之"自因"，乃是"物"所以成为此"物"的"原因"，乃是"物"之成为其"自己"、"自身"的"原因"。

为了便于理解，我们将"事物"之"原因"系列，暂时分为"横向"的和"纵向"的两个系列。"横向"的，为"空间"的，"纵向"的，乃"时间"的。我们看到，粗略说来，"空间"的，是"必然"的"原因"，而"时间"的，则是"自由"的"原因"。

所谓"空间"性"原因"说的是"在场"的"原因"，而"时间"性"原因"则是"不在场"的"原因"。

"事物"不仅"在""空间"中，而且"在""时间"中。"时间"为"过去"、"现在"、"未来"。然而，"过去"已不"在"，"未来"尚不"在"，"现时"为"瞬间"，飘忽不定，事物之"现象"－"表象"瞬息万变，于是科学所能把握的只是"普遍"之"规律"，而"规律"之运用于具体事物，尚有各种条件。科学之"规律"（"定律"）是"无""时间性"的，而事物又只能"存在"于"时间"（及"空间"）之中，于是，在这个意义下，科学不及事物之"存在性"。由此，科学-经验之科学又只限于"现象"，而不及事物之"自己"、"自身"。所以经验科学之所以侧重于普遍规律之探求，实因"现象"之变幻不居，而自己又只能限于这个领域之故。

然而，事物之不尽于"现象"，而尚有其"自身""在"，从经验科学之限制处已能体验出来。平常之所以将"物自身"置于事物之"后"，皆因此种"自身"不在"现时"的度中，而为"不在场"。事物之"现象"（现时）有其"前因"，也有其"后果"，而这里的"前"、"后"，不是"逻辑"的（前提和结论），而正是"时间"的，因而都是"不在场"。

因其"不在场"，故而"看不见"。

长期以来，西方哲学的传统，是"看"（"视觉"）的"智慧"传统。柏拉图的"理念"—ideas，与"看"密切相关，所以在古代希腊，以"空间"关系为研究对象的几何学，是一切学问的范本，这个传统，一直到斯宾诺莎，甚至康德，都还是严格遵守的。而"时间"（以及不能脱离"时间"的"运动"）因其"看不见"而显得很"神秘"——赫拉克利特说它像"骰子"，还有那著名的芝诺悖论。在希腊人看来，似乎只有把"时间"也"空间"化了，则"时间"才是"可以理解"的。于是所谓"前因后果"中的"前"、"后"，才突出了"逻辑"的意义。

随着"时间"问题在20世纪的深入探讨，"时间"不可归约于"空间"的那些特性，日益显示出来。柏格森在这方面的工作有相当要紧的意义，而物理学、天文学本身的发展同时也揭示了"时间"的诸多性质，引起了人们的重视和思考。

海德格尔提出一个本该早已注意的方面：与"看"的"智慧"相对应的尚有"听"的"智慧"，而不该将"听"完全归约于"看"，就像不应将"时间"完全归于"空间"一样。

海德格尔在《对事物之追问》一文里说，

> 科学的知识在自己的领域里，即在对象的领域里，带有强制性，但却已经早在原子弹爆炸之前消灭了作为事物的事物。原子弹的爆炸只是对早已消灭的事物作了再一次的肯定，作了一次最大的肯定：即事物作为事物仍称阙如。事物作为事物仍被掩盖，仍被遗忘。事物之本性未曾明亮，它尚未得到倾听。

我们看到，"倾听"这层意思的开发，对于西方哲学传统来说，意义太大了。并不是说，西方人从来没有注意过"听（觉）"的问题，而是说，"听"在哲学上的意义开发得不够，"听"被局限于"看"的"工具"和"手段"——对于"看"的"描述"，而"听"到的，都要"还原"为"看"到的。并不是说，这种"还原"错了，而是说，光有这种"还原"不够，尚有那"还原"不了的"在"。

事物有其"自己"的原因，乃是说，事物有其"历史"，有其"始终"，而不仅仅"在"它当下眼前的位置。事物之所以成为事物，不是当下眼前的位置决定的，而是它的"历史"决定的，事物的"根据""在""时间"，"在""历史"。"时间"、"历史"使事物成为事物"自己"。然而，"时间"和"历史"都"不在场"，不能形成"在场"的"对象"（Gegemstand），因而唯有通过"倾听""得知"其"存在"。不仅如此，我们应该说，唯有通过"倾听"才能"得知""事物自己"，"得知""事物"的"来龙去脉"。

十

"倾听"的引入哲学层次，开启了一个纵向的天地。人们再也不"只顾眼前"，而要顾及事物的"过去"和"未来"。人们认识到，我们面前的事物，都有它的"过去"和"未来"。事物面对我们，都在"诉说"着它的"过去"，并"吐露"着它对"未来"的"设计"，问题在于我们能不能"听懂"（verstehen）它的"话"。

"事物"当然如眼下向我们显现的那个"样子"，但眼下这个"样子"之所以成为这个"样子"（ἰδέα, idea），乃是"历史"持续下来的，它"有一个""过去"；它还会这个"样子""持续"一个阶段（a while, Weile）。于是，它也"有一个""未来"。而事物的"过去"、"现在"、"未来"综合在一起，才是该事物成为该事物的"全貌"——"大全"，才是"事物本身"，而不仅仅是我们"看到"的眼前的事物"表象"（现象）。

于是，不仅"看"，而且"听"，是对事物的一种理解方式，可能还是更为重要的一种理解方式，是理解"事物自身"的一种方式。

这个"拥有""过去"、"现在"和"未来"的事物才是真事物,是事物的"真理"(Wahrheit)。因此,"真事物"、"事物之真理"在于事物的"历史"、"时间"中,这一点已非常之明显了;而"过去"和"未来"皆"不在",因而为"视觉"所不及,人们则依靠"听觉"来把握之。于是,我们体会到,为什么海德格尔要说"语言是存在的家"这样不好懂的话。如果我们将上述意思联系起来考虑,则海德格尔这句话就很顺理成章了。"存在-物自身"不"住在"视觉的"形象"(表象)里,而"住在""听觉"的"话语"里。

当然,"视"与"听"自不可分,但对"事物自身"来说,它们都需要"理解",是"理智的直观","直观的理智"。"倾听"辅助着我们的"目力",使我们"看"得更深,更远,不仅"看到"事物的"现在",而且"看到"事物的"过去"和"未来","看到"事物的"真相","看到""事物自身"。

就"目力"的意义来说,我们"看"事物,不是"站在"事物的"对面"(gegen-),不是把事物当做"对象"来对待。也就是说,不是立足于事物的"现时"来"看"事物,而是立足于事物的"未来"或是事物的"终结"、"完成"处来"看"事物,则事物之"过去"和"未来"尽收眼底。这原本是奥古斯丁解决时间问题的一种很有意义的思路:在"神"的"眼里",人间的"过去"和"未来",都是"现时",所以人间一切(过去、未来)都在他老人家的"眼皮子"底下。在这个意义上,对于"神"来说,一切都是"永恒的现时"。

"人"不是"神",因而不可能有现实意义上的"永恒的现时","人"不可能在真正意义上"超越""时间",进入"永恒","人"必定"在""时间"中。但是,正因为"人"不能"超出""时间"之外,"人"必定"有"一个"过去"和"未来",所以,"人"也可以"自由"地出入于"过去"和"未来"之间,"人"可以思"前",想"后"。这就是说,"人"可以用"过去"的眼光来"看""现在"和"未来",也可以用"未来"的眼光"看""过去"和"现在"。当然,更可以用"现在"的眼光"看""过去"和"未来"。

"事物"是有其"始"有其"终"的。从"始"的眼光来"看",事物是"始"的"过程",呈现为一种意义;而从"终"的眼光来"看",则事物为"终"的"过程",呈现的又是另一层意义。譬如曹操领大军胁迫孙吴这件

"事",从"始"的眼光来看,是何等之气魄。当其时也,舳舻千里,旌旗蔽日,曹公横槊赋诗,意气飞扬;然而如从"终"的眼光来看,则灰飞烟灭,这件"事"又是另一种"样子",呈现出另一种意义。后世苏东坡得其机理,前后《赤壁赋》将这件"事"的"全过程",描写得淋漓尽致。对于这件"事"来说,苏氏居于"未来"。而当事人曹操,同样可以居于"未来"的角度来看这件"事"的全过程。我们从留下的诗作来看,曹操可说是中国历史上很有"未来"意识的政治家。他的诗,具有很深沉的历史眼光,以其事功之盛,能有这种眼光,倒是很难得的。

中国有句俗话叫做"当局者迷,旁观者清",除了利害关系障目外,尚有"时间"的问题在内。如果"旁观"是"置身"于历史的"未来"来"看"事物的"全过程",这样"看"出来的"事物"是"完整"的"事物自身",是"真""事物",而不是"片面"的、"片段"的"现(假)象"。

于是,"旁观者"与"事物"的"距离",不但有"空间"意义上的,而且有"时间"意义上的。高科技的发展,可以使"空间"意义上的"距离"或"空间"化了的"时间""距离""缩短"甚至"消解",但按海德格尔的意思,这种"缩短"并未使我们与"事物"的"距离""接近"分毫。或许,我们甚至要说,"眼前"的"事"越多,"过去"和"未来"则越"不清楚";"空间"越"广阔",则"时间"就越"隐蔽"、"晦暗"。这就是说,"眼前"的"事"越"大",越"多",就越顾不得"身后"(身前)的"事"。我们的"对象"越多,"事物"就越少。在某种意义上,我们"看见"的越多,我们"倾听"的就越少。

十一

就"事物"作为可认知的"对象"来说,"理性"按照自己的法则向"事物"提出"质询","理性""责令"它的"对象""回答"所提出之"问题";"对象"按照"理性"的提问,向"理性"敞开自己的"结构",以便"理性"掌握并加以利用。所以康德说,"理性"向"自然""立法","自然"按照规则回答理性提出的问题,从这些回答中,"理性""获得"经验的"知识"。"自然"向"理性"提供"信息"（材料）。

在这个意义下，作为"对象"的"自然"，是"理性"的"臣民"，服从理性制定的法律。"自然"不是"自由"的。

当然，按康德的意思，"理性"向它的"自然""臣民"，也不能提出超出其范围的问题，譬如"无限"、"大全"这类超出经验"自然"范围之外的问题，一旦如此，则所得到的回答将是"自相矛盾"的，混乱的。康德说，这不能怪这些"臣民"，而要怪"理性"自身的"越位（越权）"。

于是，我们可以顺着康德的思路，体悟出这样一个道理：这些不该向"经验现象"质询的问题，只有向"事物自身"提出来，才是合适的。然而，"物自身"不是"（经验）知识王国"的"臣民"，没有"责任"向这个王国提供任何信息，所以，在康德看来"物自身""不可知"。

这就是说，"人"作为"有限的理智者"，不可能有"物自身"的"经验知识"。不过，"物自身"虽然不回答"有限理智者"向它提出的"知识性"问题，不按照思辨理性的要求提供自己的材料，但却并不是和作为"有限者"的"人"毫无关系。

"物自身"作为"自由者"，"有权""拒绝"回答向它质询的问题，但却也"有权"或"需要"提出自己的"质询"，从而"寻求""回应"者。"人"——作为"有限的理智者"，作为"Dasein"，正是这样一个"回应者"。"人""倾听""物自身"的"倾诉"，作出自己的"回应"。

"人"作为"有限的理性者"，在经验知识领域对那些"不自由"的"感觉材料"有"立法权"，"人"通过"理性"向"自然""立法"。"人"因"物自身"为"自由者"而"无权"向其"颁布法令"，"人"与"物"处于"平等"、"对等"的地位，是"自由者"之间的关系。他们同属于"自由的王国"，他们的关系就是"平等""对话"的关系，"自由""讨论"的关系。

"自由"是纵向的"时间"，是海德格尔所谓的"历史性（Geschichtlichkeit）"，"自由者"之间的关系是"时间"的关系，"历史"的关系。我们知道，海德格尔所谓"Sein"是"时间性"、"历史性"的，而"Dasein"也是"时间性"、"历史性"的。那么，如果我们粗略地将"Sein"和"Dasein"的关系理解为"事物"与"人"的关系，则"事物"与"人"的关系也就是"Sein"与

"Dasein"的关系。"Dasein"和"Sein"同是"Sein",但"Dasein"多出一个"Da"。"Da"是"具体的"意思,但"Dasein"是"具体"的,并不意味着"Sein"是"抽象"的。"Dasein"之所以强调这个"具体",乃是突出其"现时性"的意义,也就是说,"Dasein"是"Sein"的"现时",是"Sein"的"现在时"。"Dasein"是"Sein"的"在世"时态。

这样,作为"自由者"的"事物"(Sein)和"人"(Dasein)的"对话",就是"古""今"的对话,"历史"的对话。

有了"对话者"就不会有"孤独"感。如果"人"将"事物"只当做"现象"、"表象"、"对象(Objekt)"来对待,则虽富有四海,也是孤家寡人。此种"人""拥有"的只是"事物"的"表象"——"事物"的"仿真品(similitude)",而不是"真事物(authenticity,Eigentlichkeit)",实际上他"得到"的只是一个"真事隐"。"事物自身"总是"躲"着他,于是遂有"漂浮"、"无家可归"之感。一旦我们把"人"自己置于"Dasein"的地位,亦即将自己作为"历史"的一个"环节"——"在世"的形态来对待,则"事物自身"就会向你"敞开"(它的"心扉"),"倾诉"它的"衷肠",要求你的"理解"。

"对话"(dialect,dialogos)就是为了相互"理解"。在这个意义下,"理解"(understanding,Verstehen,νοεῶ)就脱离了康德的知识论的限制,其任务不仅为"建构"(constitute)一个"经验知识"的"科学体系",而进入更高的层次。德文 verstehen,原就是"听懂—理解"的意思,verstehen 就是"自由者"之间的"理解"。"听懂"不仅仅是"语词"上的,而且也是"意义"上的。这就是伽达默尔在他的《真理与方法》一书里开始提出来的"解释学(Hermeneutics)"的核心问题:解决"理解"如何可能。就"理解"言,将康德的限于"知识论(epistemology)"提高到"解释学"(释义学,Hermeneutics)层次,应该说也是一个飞跃。从"解释学"的层面来重新梳理、并进一步发展康德的思想方面,伽达默尔做了系统的工作,甚至创建了现代意义上的"解释学",形成了一整套学问体系,但这个思想基础,是他的老师海德格尔奠定的。

1998 年

| 第二部分　哲学史上的康德 |

重新研究德国古典哲学

哲学是一门很古老的学问。欧洲哲学起源于古代希腊，至今已有两千多年历史。哲学又是一门很特殊的学问，不以古老而陈旧，因其探讨的问题，绵延长青，不至过时。这个特点，给学习哲学的人带来困难，似乎不能忽略历史上任何阶段甚至任何人物，即使是"解构主义"者，"解构"尽管"解构"，不敢言柏拉图和亚里士多德之哲学可以忽略不计。于是学哲学的，做哲学的，爱好哲学的，都面临一个"皓首穷经"的问题。

然而哲学尚有一个特点可以对这个难题稍加补救，即哲学既然是探讨一些历时长青的问题，则每一个哲学家思考的主要问题，大体都有一些共同点，因而哲学本身就是一门历史性的科学，如果不怕说得过头一点，甚至可以说，每个大哲学家的学问似乎都包含了一部浓缩了的历史-哲学史。这样，选定一个断代、一些哲学家甚至某个哲学家，都可以进入哲学的殿堂，这也算是一个门径，一个"捷径"，当然是一个不得已的办法。

从哲学历史发展的长河中，从众多的哲学派别中，从浩如烟海的哲学典籍中，我们可以有所选择，选择一个最佳的入门途径，可能每个人都会不同，就我自己的体会来说，研读德国古典哲学仍不失为一个好的选择。这种选择，至少有两个理由可以支持它。一方面，从理论上来说，哲学历史发展到了这个阶段，已经成为一门相对独立的学科，研究的对象和思考的问题都比较明确，而且经过康德、费希特、谢林，特别是黑格尔，形成了一个"科学体系"；另一方面，就我国哲学学习和研究的实际来说，德国古典哲学由于和马克思主义的关系,也是在比较长的时期内,相对受到重视的一个阶段,研究的人员和资料较多,成果也不少。只是由于种种原因,这方面的研究,一度不够开放,条条框框较多,这样更增加了我们现在重新研究的迫切性。

这也是我选择这个题目的原因。

一、哲学在"认识你自己"的道路上

哲学作为一门科学,研究什么问题,以什么为对象?它的问题和对象与一般的科学又有什么区别?

欧洲哲学在它初起的古希腊阶段,以寻求宇宙之"始基(arche)"为目标,也就是以"始基"为对象,探讨宇宙万物的"最初"的"基质"。一般的科学知识,研究万物的"因果"关系,知道了事物的"原因"也就有了事物的"知识";哲学不仅如此,要探寻事物的"第一"及"原始"的"原因",也就是"始基",事物-万物的"原始"的"原因"是什么。

这个"第一"不需要另外的事物做它的原因,没有别的事物和它相对,它就是"绝对"。哲学要寻求一个"绝对"的东西,哲学以"绝对"为对象。

最初人们向外寻视,找到了"水",然后又找到"火",等等,慢慢发现,这个寻视方向有问题。从"自然界"找出"水-气-火"等做"始基",总还有个"人"在与它(们)"相对",找出来的东西还不是"绝对"的。于是古代智者学派提出"人是万物的尺度",阿那克塞哥拉提出"努斯-理智"来做"始基",直到苏格拉底借用德尔菲神庙墙上的格言"自知-认识你自己"使哲学的思路有了一个很大的转向。认识"自己",就是认识"绝对"。

"人"是很复杂的存在者,他有自然感觉的一面,也有理性精神的一面,两者关系错综复杂,按古代希腊的一般观念,"人"是一个"谜"。

作为"自然"的"人",有自己的生物-动物的自然结构,研究这方面的问题,是生物学-动物学-人体科学-医学等等的任务;"人"的理性-思想-精神有没有自己的特点和结构,则是哲学要探讨的问题。

思想理性精神固然有受"自然"支配的一面,但也有自己的"能动性",这个能动性,还不仅仅表现在对自然的加工改造使之适应人的需要,而且表现在理性思想也有自己的"结构","思想-理性"以自己的结构方式来把握世界,对世界作出自己的"解释-理解",这种"理解"并不仅受"人"的"自然需要"支配,相反,人的自然需要"应该"接受、服从这种"理解"的支配。

于是在古代希腊有柏拉图的"理念论":自然要以自己的"理念"为"范式"。于是"理念"与"存在"(亚里士多德)的关系-"思维"与"存在"的关系,成为哲学的基本问题。

德国古典哲学是在更加发展的基础上推进了这个问题。

二、康德的"批判哲学"

康德(1724—1804)哲学思想主要表现在他的三个《批判》中:《纯粹理性批判》(1781、1787)、《实践理性批判》(1788)和《判断力批判》(1789—1793)。从书名可以看出,他的"批判"是对"理性"的"审批","厘定""理性"具体的"权限",划定"理性"在"知识"、"道德"和"情感"不同领域的"权利"界限-范围。

抽象来说,"理性"的"权力"似乎是"无限"的。从启蒙运动以来,"理性"拥有"无限"的"权力",一切都要放到"理性"这个"审判台"前来接受"最后的审判";康德的"批判哲学"指出"理性"的各种功能-职能是具有"规定性"的。"批判哲学"就是要具体分析"理性"的不同职能的"权力""界限"。

"批判哲学"使"理性"对"自己"的认识不停留在抽象的水平,而深入到自身的内在的规定性中。

康德的第一部批判《纯粹理性批判》主要涉及科学的理论知识问题。康德认为,"理性"在这个领域是以感性经验世界为限制的,"理性"的运用,不能超出这个领域。所以者何?不是感性真的能"限制""理性","理性"本性原是"不受限制"的,但是如果要得到"科学的知识"而又超出感性经验的范围,譬如要把"意志自由-灵魂不朽-神"这些"观念-理念"形成一个知识体系,则"理性"自身就会"自相矛盾"——发生"二律背反"。因为"理念"只是一个"观念-思想体",在感觉经验世界没有相应的对象,得不到它们的

"规定"和"检验",而"自相矛盾"则等于"自己否定-毁灭-取消自己",为避免"理性""自身毁灭","理性"必须-不得不"限制"自己。在这个意义上,这个"限制"是"理性"自己加给自己的,"理性"的"自我限制"是"理性"成熟的表现,以及"认识自己-自知"的深化的表现。

"理性"承认有一个"异己"的感性世界存在,"理性"固然"有权""接纳"这个世界作为经验知识的"材料",但作为"经验知识科学",必须接受这个"检验标准",使"经验科学"不仅是"符合逻辑的",而且是"符合实际的"。

康德为把这两者——感性与理性——结合起来,很费了一番功夫,也提出了很重要的知识论问题,如"时间空间"作为"先天直观形式"以及诸"先天概念-范畴"之间的关系等,至今也还是值得研究的。

除了"科学知识","理性"还有"道德"和"情感"的"功能"。

康德的《实践理性批判》探讨"道德"的理性根据。在知识领域,康德强调的是"必然",而在道德领域强调的是"自由","自由"是"道德责任"的道理上的根据,世间之所以有"责任",乃是由于任何行为都是"自由"的。

"自由"首先是摆脱一切"感觉经验"的"限制",是不受任何限制的。"自由"不是感性的为所欲为,相反,"自由"是"理性"的,是"克服-摆脱"感性欲求的"绝对命令"。"自由"不仅是"选择",甚至是"无可选择","自由"是"无条件"的"应当"。仅就这个意义来看,康德的"自由"的确是"形式"的,所以受到许多的批评。

在知识领域,"理性"当然也是"自由"的,因为不仅范畴是"先天"的,连"时空"直观也是"先天"的,所谓"先天"就是不来自于"感觉经验"的,是"理性""自己自生"的。康德以这种"理性"的独立自主的"先天性"完成他自称的"哥白尼式的革命"——不是"主体"围着"客体"转,而是"客体"围着"主体"转。但是在道德-实践-行动领域,问题已经不是"谁围着谁转",而是"谁产生谁":"实践-行动""产生"一个"道德"的世界,"主体""产生"着"自己"的"客体"。由于这种"产生"是"自由"的,因而这个"道德-价值"的世界是由"主体-理性-自由""创造"出来的。

人们对"理性"的认识,由"知识"的"必然"到"道德"的"自由",

由"理论"的"能动性"到"实践"的"创造性",则又有进一步的深入。

《判断力批判》被认为是前两个《批判》的过渡环节,是把"知识"和"道德"结合起来的部分。这部分的特点是以"知识"的"形式"承载着"道德"的内容,亦即"必然"的形式中有"自由"的内容:一方面就主观来说,是情感的,因而是"审美"的-对"美"的"判断";另一方面就客观来说,则又有"自然合目的性"的判断。康德关于"美"、"艺术"的学说,影响很大,而对于"自然合目的性"则受到忽略,原因可能是前者得到不少艺术家和艺术理论家的共鸣,而后者缺乏自然科学家的支持,认为是很落后的、向神学妥协的思想。事实上,康德"自然合目的性"正是"阻止"神学"进入""自然"领域的一种学说,他强调的是"自然"本身的"合目的性概念",这个概念的引入,使得大千世界形形色色的"特殊性"和"偶然性"成为"可以理解"的,而无需求助一个至高无上的"智慧者-神"。

理解这个问题的关键在于明确康德对于"理性"的"规定性"和"范导性"两种作用的区别:"规定性"作用是"建构"你的"知识","范导性"作用则是"引导"你的"理解"。包括"目的"和"美"在内的"理念",虽然不是"客体"的一种"属性",但却"引导"着人们对于客体的"理解"。"属性"涉及的是事物的"普遍性",而"美"和"合目的性"则涉及事物的"个体性-特殊性",使得"理性"对于世界的把握不仅是"概念"(知识和道德)的,而且也是具体的现实的。万紫千红的大千世界,也是我们人的"理性""可以理解"的世界。

康德通过他的"批判哲学",将理性的人如何进一步"认识你自己"推进到新的阶段。而这个阶段又是有欠缺的,因为康德限制"知识-科学"在"理论"范围内,"理论理性"所能把握的"自己"只是它的"现象",而"事物自己"的"本质"只是一些"思想体-理念",没有经验对象可以"对应-检验",因而是"不可知的"。

三、黑格尔的辩证法

由康德"批判哲学"开辟的这条"认识你自己"的道路上存在的缺点和问

题，经由费希特、谢林、黑格尔的工作，逐步加以克服，成为一个完整的"知识-科学体系"。也就是说，哲学要"认识"的这个"自己-绝对"是可以并应该由一个"科学-知识体系"来完成的。这个"科学"之所以为"体系"，是因为它要把康德"分别-离析"出来的三个"理性功能""统一-同一"起来，而康德只是在《判断力批判》中试图打破他自己在前两个"批判"中设定的坚硬的条条框框。

于是哲学的新任务，就在于对这个"自己-绝对"有一个"统一-同一"的把握。

这种"统一"性的工作，是从费希特开始的。费希特的"统一"工作建立在康德《实践理性批判》的基础上，推广扩大这个基础，使之成为一个完整的"知识体系"。他以"自我设定非我"这个命题作为"知识论"的基础，发挥了康德"实践理性"本就有"现实性"的意思，使之囊括了康德"理论理性"的问题。因为，在康德，"理论理性"的"现实性"是受感性直观规定的，而费希特则认为，这个"规定"原是"理性"本身的"功能"，是"主体-理性-自我-我自己""规定-设定"了"客体-非我-感觉经验"。这样，费希特就把康德的"二元论"转化为"一元唯心论"，"理论理性"和"实践理性"走向"统一"。

费希特的"自我-大我"已经开始"吞噬""自然"，使得关注"自然"的谢林不很满意，他在康德的《判断力批判》中找到自己的出发点，在这个"批判"中，找到了他的"同一哲学"的依据，"自然哲学"和"艺术哲学"是他关注的重点。

只是费希特和谢林虽然"一元化"了康德哲学，而真正在"知识-科学"上有所建树的是黑格尔。黑格尔的发展依据是康德的第一个、也是他的主要的"批判"工作——《纯粹理性批判》，也就是说，黑格尔建立了一个"理性""认识你自己"——"理性"的"自我认识"的"科学知识体系"。这个"体系"之所以得以"建立"，完全应归功于他的"辩证法"。

辩证法是与哲学同样古老的学问，但被黑格尔注入了新的生命力。它不源于感性世界，不是上下左右、阴阳、向背这类的问题，而是"理性"本身的问题。这个问题原也是康德揭示的，黑格尔很肯定他的功绩，但康德是从反面来说的，黑格尔要从正面肯定这个"二律背反"。因为黑格尔的哲学不像康德那样把知识限于"现象"，而是要把握事物的"本质"，"知识"就是要"知"那个"本质"。但按康德，要"知"那个"本质"是"不可能"的，因为必出"二律背反-矛盾"，因而那个对"本质"的"判断"势必"不攻自破"，无权"立"为"真理"。黑格尔要"立"一门对于"本质"的"知识-科学"，就要解决这个"破"和"立"的关系。原来，"真理"就在这个"破-立"的辩证关系中，"理性"正是在"否定-破"中"发展"出来，"立"起来。不仅是感觉经验世界有"变化"，"理性"本身也有"发展"，"道理"也在"变"中。"道理"的"变"正是"矛盾"的本意，亦即"二律背反"：不仅是感性世界变了，道理跟着变，而且道理本身就有能力有权力变，而且非变不可，但非"矛盾"又不能让道理变。所以，"辩证法"不是"感性"的，而是"理性"的；是必然的，不是偶然的。"理性"本身"必然"会出现"矛盾"。

"理性"按辩证的"规律"，"否定""自身-自己"，又重新"肯定""自己-自身"，这样，"理性"不断地"发展"自己，"理性"自身推动自身前进。

"理性"是一种"运动"，是一个"过程"。

按康德的意思，"理性"自身不应出现"矛盾"，因为有一个外在于它的感性世界制约它，可以检验它的正确与否，只有在缺乏客观检验的时候，理性才会出现矛盾。从费希特以来的"同一哲学"已经把那个感性世界（非我）作为"我-大我-理性""设定"的，理性并不受感性的制约和检验，恰恰相反，理性通过意志-实践"应该"制约着感性。这种思路被黑格尔转换成"理论概念"自身就有能动性，使自己成为感性现实。

而"概念"又有"现实性"，本就是"矛盾"的，因而"概念"并不是"抽象"的，而是"具体"的；不是僵死的，而是能动的。这种概念，不仅是一般的经验概念，也不仅是先天概念，而是"辩证的概念"，黑格尔叫做"思辨概念"。概念本身就是一个矛盾的统一体，"概念"蕴含着"非概念-现实-存在"。"概念"是"存在的概念"，或"概念的存在"。"概念"是"事物"的"本质"，"本质"是"理念"。但"概念"既是"存在"，则"理念"也是"存在"的，不仅是"思想体"，而且也是"现实体"。"思想体"与"现实体"同一，"思维"与"存在""同一"。"思维与存在同一性"是一个"辩证"的命题。

"科学知识"是由"概念"体系组成的,而"辩证-思辨"的"概念"建构起来的"知识体系",就是"哲学"。在这个意义上,"哲学"是由"辩证概念"组成的"科学体系"。

由"辩证概念-思辨概念"组成的"科学体系",是一个蕴含着"矛盾"的体系,是"按道理""自我否定"的体系,也是"按道理""自我肯定"的体系。"哲学"的"道理"是"道理""自己"发展的"过程","道理""自己""解构"又"自己""建构"的"过程",而这种"破-解"和"建-立"又都是"合理的",是"按道理"进行的。这样,"辩证法"在这个意义上是更高于"形式逻辑"的"道理"。

从康德开始,哲学要克服"传统逻辑"的"形式"性,要赋予其"内容"使之成为"科学知识"的"逻辑",谓之"先验逻辑"。实际上,康德"先验逻辑"的"内容"是"外来"的,是"异己"的,它和"理性"的"区别"和"鸿沟"由"理性"的"先天权力"来弥平;黑格尔要解决的是"理性""自己"的"矛盾",不是"异己"的,因而是"内在"的,不是"外来"的,克服"理性""内在-内部"的矛盾,需要"理性"更大的自觉性和能动性。

"理性"需要更加"深入"地"认识自己"。

"理性""克服"传统形式逻辑,并不是置它于不顾,而是扬弃它,超越它。康德为克服传统逻辑的形式性,从感觉经验的对象中找到它的内容。这个内容对理性来说是外在的异己,逻辑以自身形式的"必然性""规定"这些异己的对象,使之成为"必然性"的科学知识。然而"理性"又是"自由"的,这些"异己"的"客体"是要"围着""主体"转的,主体、理性有独立的自主权,康德叫做"立法权"。"理性""自主地-先天地"为"经验自然""立法"。在康德,"理性"的"形式"和"内容"本有两个来源,然后才"结合"起来的。于是,在"结合"的意义下,"理性"又是受到限制的,不是自由的,而是必然的。康德把理性在知识领域运用的功能叫做"知性"。知性的逻辑自身,仍是形式的必然性。

为克服这种知性的逻辑,黑格尔把限制理性的异己力量转变为内在的自己的因素。理性自身不仅是一些形式,而且也是有内容的。理性的逻辑是内容的逻辑，思想的逻辑就是存在的逻辑-事物自身的逻辑，亦即是"客观"的"规律"。

在黑格尔，"理性"是"自由"的，"逻辑"也是"自由"的。"自由"的"逻辑"，也就是"自由"的"必然性"。

"逻辑"运用"概念-判断-推理"："概念"是"普遍"的，"普遍性"是"逻辑"的基本要求；"知性逻辑"以一个外在的异己为对象，而"理性逻辑"则以"普遍性"自身为"对象"，亦即以"概念"本身为"对象"。"对象"原来是"外在化"了的"概念"，"外在化"了的"普遍性"，乃是"具体的-对象化"的"概念"，是一个"具体共相"。

按照康德，理性的"自由"乃是摆脱一切感觉经验的，在这个意义上，又是最普遍的，"自由"仍是一个"普遍性"的"概念"，就因为这层意思，康德把它排除在"科学知识"之外。在知识领域，"自由"只是一个"无对象"的"理念"。黑格尔既然把客观的具体对象也理解为是"外化"出来的"概念"，于是在康德那里原本是"无对象"的"理念"自身也可以成为"对象"，"自由"这个"普遍概念"当然也可以"外化"出来成为"对象"。"对象化"了的"自由"，也成为"具体共相"。外在化了的"自由"，并未丢失其"普遍性"，而是在"特殊性-具体性"中"保持着"这种"普遍性"，"保持着""概念"，"保持着""逻辑"的"必然性"。

在黑格尔，"理性"超越了"知性"，不单纯以外在"感觉经验"为"对象"，而把这些"外在于理性"的"对象"理解为"理性-自由"本身"开显"出来的"现象"，因而"现象"不是在"本质"之外，而是"在""本质"之内，犹如"花-果"原本蕴含在"种子"之内。

在康德，从"现象"不可能看到"本质"，而到了黑格尔，我们才可以说"透过现象看本质"。

"透过现象看本质"也可以理解为"透过必然看自由"。"自由"既然成为"理性"的"对象"，也就不仅仅是"意志"的先天形式条件，而且也是"科学理论知识"的"内容"。"自由"的"理念-概念"成为"认识"的"对象"。

"透过必然看自由"，"通过必然掌握自由"也就意味着"认识了的必然就是自由"，这里的意思不仅是指"熟能生巧"，而且是指"通过异己来认识自己",即"认识你自己"这个古训的进一步深化：在"必然"中"认识""自由","哲学"是以"自由"为"对象"的"科学知识"。

"哲学"是"理性"的"自我认识",而"理性"之所以有这样的"能动性",有这样的"能力-力量",按黑格尔,乃是由于"精神"是一种"自由"的"创造性"力量。"理性"是很古老的观念,常常被误解为一般的"知性",而"精神"则是一种生命的活力,它维护着"理性"的"自由",维护着"理性"的"辩证法",而不至"僵化"。

理性的辩证法回复到"辩证法"的原始意义,"说两面-对立的话（dialectic）","道理"上的"辩证法",而不仅仅是"感觉"上的对立。"理性-道理"上的"对立",意味着"概念"的"对立","逻辑"的"对立",因而是"本质"的"对立"。"本质"的"对立-矛盾""规定-支配"着"现象"的"千变万化",使大千世界的"变"是"合理性"的,是"合逻辑"的,是"有规律"的。"本质"的"矛盾""进入到-外化为""现象",形式的逻辑成为内容的逻辑；抽象概念的逻辑,成为存在的本质的逻辑；"逻辑"成为"辩证法",成为"逻各斯"。

古代赫拉克利特看到感性世界的流变,要在流变中找出"逻各斯",在这个基础上才形成亚里士多德的"逻辑"。"逻辑"是"不变"的"规则","逻各斯"是"流变"的规则。

长期以来,哲学家认为只有"现象"才"变","本质"是"不变的-永恒的"。亚里士多德的"存在"也是从诸存在中抽象出来的,是一个抽象的"属性"。康德说,"存在"不是"宾词",只是一个抽象的"主词"。实际上,"存在"这个"主词"就蕴含了"属性"的"宾词",因而"主词"的"概念"不由外面附加一些"宾词"来"充实"它,因为"宾词-属性"原本是"主词-本质""开显"出来的。"主词"蕴含着自身的"宾词"的"概念",相对于形式逻辑单纯分离的概念来说,是一种"集聚","逻各斯"的"概念""汇集-集聚"着"主-宾"于一身,"主词"的"规定性-宾"就在"主词"自身,这个概念就是"矛盾-对立"的"概念"。因而,在这个意义上,"逻各斯"就是"辩证法"的"逻辑"。

于是,"辩证法-逻各斯"就不仅是"思想"的"逻辑",而且是"存在"

的逻辑,"本质"的逻辑:既是"思想"的"逻辑",也是"存在-现实"的"逻辑";既是"本质"的"逻辑",也是"现象"的"逻辑"。

"哲学"作为一门"科学-知识"正是以这种"综合-集聚——矛盾-对立统一"亦即"绝对"为"对象",从而是"逻辑科学",是"辩证法"。

黑格尔从"精神""现象学"开始他的"哲学"。Phänomenologie,这个"现象"的"学问-科学"是"逻各斯",是"主体-精神""开显-外化""自己"成为"现象"的"逻各斯"。"开显-外化"的"过程",也就是"逻各斯-逻辑""推理"的"过程",是"思想"的"过程",也是"现实"的"过程"。

"过程"必有"时间"。按照康德,"时间-空间"是"现象-感觉经验"的"存在方式",于是在黑格尔意义上,"时间-现象-现实"的过程,也就是"逻各斯"意义上"逻辑"的"推演"过程。因而,黑格尔的"现象学"蕴涵了"本质学","逻各斯"是"现象的逻辑",也是"本质的逻辑"。

* *

德国古典哲学特别是黑格尔哲学逐渐在西方受到了猛烈的攻击,叔本华、尼采将哲学的重心由"知识"转向了"意志",认为一切的"规定"都是外在的,强加给意志的,于是他们的"意志"都很"痛苦":叔本华最终要在"理念"中求得"和解-安宁",而尼采则蔑视一切外在的强制,"意志"必须牢牢掌握自己的"权力"和"命运"。

不过在欧洲,"现象学"经过胡塞尔(1859—1938)得到公认的地位,成为一种主流的意识。尽管没有实证的材料说明胡塞尔如何研读黑格尔的著作,但是从学说本身及其影响来说,这两个"现象学"应有实质的联系,只是胡塞尔强调"本质"与"现象"的"直接"的"同一",而无需"辩证"的"过程",他认为这样才能让"现象学"成为一门"严格的科学"。如何理解胡塞尔现象学作为知识体系的"逻辑范畴"关系,应是我们进一步研究的问题。

胡塞尔的学生海德格尔(1889—1976)大概是上个世纪最有影响也最有争议的哲学家。他很重视从康德到黑格尔这段古典哲学的学说,在他最初的主要著作《存在与时间》1927年出版后两年,出版了《康德与形而上学问题》,并在1930—1931年在弗赖堡大学讲授"黑格尔精神现象学"的课程,去世后出版了讲稿(1980)。

海德格尔一直承认他并没有离开他老师开创的"现象学",但他强调的把"本质"与"时间"紧密结合起来理解是以黑格尔的哲学精神对胡塞尔"现象学"的发展,因为有"时间"就有"运动-变化-发展",就有"过去-现在-未来",以"时间"的角度"看-理解"世界,则世间一切都会"动"起来,"本质-存在"也会"动"起来,一切"概念-范畴"也都"在""运动"之中。

海德格尔虽不说"辩证法",但是他的"动态"的"时间"仍是一种"辩证"的"运动",不是"机械运动"。海德格尔的"动"是"有无之变",是"存在"与"非存在"的"变","存在-有"固然"蕴含"着"非(不)存在","非(不)存在"更是"蕴含"着"存在"。换句话说,"存在"正是"在(保存在)""非存在"中,"存在""在""时间"中,亦即"在(保存在)""过去-现在-未来"中。"存在"是一个(时间-历史)的"过程"。

"存在""在""非存在"中,被上个世纪法国的激进哲学家理解为"存在"自身的"解构",一切"理论"的和"现实"的"结构"都会"自行""解体"。似乎黑格尔的辩证法又有值得重视的价值。

凡是合乎理性的东西都是现实的;

凡是现实的东西都是合乎理性的。

黑格尔这句备受批评的话,也有两面的道理:一方面,一切符合道理的事情都会成为现实的;另一方面,一切现实的东西都可以从道理上去理解它,它的存在,是有一定理由的,并不仅仅是为现存事物"辩护"的意思。

"辩证法"体现的是一种积极的否定"精神",或者否定的积极"精神",是一种"发展"的"精神","自由"的"精神"。

2011 年 3 月 28 日于北京

为什么还要读康德的书？
——康德逝世 200 年有感

康德已经逝世 200 年，对于他的哲学的研究，似乎只有历史知识的意义，在理论上为什么还要对他的哲学思想认真学习、研究和探讨，这本身或许还是一个会引起怀疑的问题。

康德逝世以来的 200 年间，欧洲哲学有了相当大的发展。从康德到黑格尔，已经有了一个飞跃，黑格尔以后，除了马克思的世界性革命变革外，在欧洲哲学范围内，也有相当的进展，特别是十九世纪到二十世纪以后，欧洲哲学出现了胡塞尔的现象学运动，影响之深远，是有目共睹的。在这个思路中，海德格尔又是独树一帜，与尼采、克尔凯郭尔等，汇集于上个世纪后半叶的法国前卫哲学，正在扩展着自己的影响。欧洲哲学的晚近的发展，似乎已经离开康德哲学很远很远了。

然而，当我们不是按照实际的时间进程，而是按照哲学理论推演的逻辑来看这个发展，我们就会感到，晚近欧洲哲学的运动，似乎仍在康德哲学的大的影响范围之内。对于理解这种新近前卫的哲学，研究康德哲学不仅只是一种辅助手段，而且还是必不可少的学养基础。

在这 200 年间，康德哲学当然也受到很多批评，许多批评也是很有道理的，譬如尼采对康德道德哲学的批评，说它的"自由意志"缺乏"创造"的力量，就是很中肯的。持这样批评态度的思想家，当然不是尼采一人，而是有相当的代表性的。

只是学术又经过很多年发展后的今天，或许人们会看到，康德道德哲学的"自由意志"，固然未能把它的"创造"性的力量充分阐发出来，因而在某种意义上使得理想与现实有所脱节，但是这种创造性意义，原本已进入到康德的视野，并未完全被忽视掉，而只是在某种程度上被掩盖了。

康德既然在哲学理论上确定了"自由意志"的意义，而又认定这个意义上的"自由意志"为"纯粹形式"的，不具有任何感觉经验的内容，那么他自然也就不能回避这种"形式"如何会具有"被动"的问题。因为，他在知识论里所做的主要工作，正是要把"先验"知性形式（以及时空的先天直观形式）与经验的内容结合起来，从而改造传统"形式逻辑"使之成为"先验逻辑"。在这个意义上，我们不能想象，康德会允许他的道德理论终止于"纯粹形式"的概念之上，而康德的"实践理性"与"理论理性"之间一个带有原则性的区别，正在于"自由"在"理论理性"范围内，只是一个"观念-理念"，是没有经验内容的，而只有到了"实践理性"范围内，"自由"才具有"实践"的能力，而不是空洞的"概念"。而所谓"实践"的能动性，也就可以理解为一种"创造"的能力，是"创造"一个新世界-道德世界的能力，而不仅仅是向他在"理论理性"里所做的那样，"理性"的能动性"限于""理解-认知"经验的对象。

这个思路，康德一方面在《判断力批判》里有比较详细的表述，另一方面，他把他的"实践理性批判"的工作，看作是引向理解"宗教-基督教"的先声，其目标当是为"宗教-基督教"开导一种哲学的理解方式，使哲学有能力化解宗教的思路。这个思路，实际上已经为从费希特到黑格尔的哲学体系的发展比较充分地开发出来了。

这个问题，在晚近欧洲哲学的发展中，一直占有相当的地位，"自由"概念已是欧洲哲学中挥之不去的挑战。当胡塞尔谈到他的"内在的绝对显现"时，当海德格尔讨论他的"诗意地存在"时，无不有"自由"观念作为基础的支架来使自己的思想走在欧洲哲学的广阔道路上；更不用说像克尔凯郭尔这样的存在主义者，以"ex-"使"人"的生存从"万物"的实存中"剥离-脱离"出来，使万物之实存的必然的锁链，产生"中断-断裂"，"人"使万物有了"跳跃-飞跃"，而"人"的这种"自由-飞跃"，在克尔凯郭尔那里，同样具有

"审美-宗教"等阶段和层面，并非空洞的"上帝之一击"。

人们更会想到，法国新近过世的对于康德有独到研究的德勒兹，在他晚期的《什么是哲学?》一书中，提出"哲学为创造概念"的说法，得到许多人的重视。然而如果不是从哲学深层次意义上理解"自由-创造"，那么"创造概念"就会流于"生造一些谁也不懂的名词概念"（鲁迅批评过的）这类的意思，果如是，则"你雅虎了吗"就会变成最好的"哲学创造"了。

说到这里，回过头来看康德，我觉得，使"自由"在"哲学"里安身立命，乃是康德哲学给我们留下的最为丰富的、尚待开发的遗产之一。

我读康德的书，从大学开始，算来已经五十年了，断断续续，没有多少专门的研究，也不敢说就真的读懂了，但是我每读一次，总觉得有一些新的体会，常常恨自己：为什么以前没有看（读）出来！

固然，哲学中许多古典著作，都会给你有常读常新的感觉，但是康德的书却有与众不同之处。一般觉得，康德的书很难读，这也是事实，康德著作的文字不很好懂，但是它的意思却是清楚明白的，是循序渐进的。康德倡导"批判哲学"，而反对"独断论"，它决不叫读者死记硬背什么东西，而是按照理路，提出问题，然后顺着问题自身的发展，推衍开来，只要问题抓得对，就能顺藤摸瓜，追问到问题的源头，从而抓住问题的来龙去脉。所以，康德书难读，是形式的，内容是清楚的，不必因义字的隔阂而却步。这是我常常跟年轻的学者强调的我的一点体会。

2004年6月21日于北京

列维纳斯面对康德、黑格尔、海德格尔
—— 当代哲学关于"存在论"的争论

向"存在论"提出挑战,最为尖锐的,当以列维纳斯为代表,他因此也可以说是当代法国激进的"异"类哲学的精神之父,因为他不仅一般地强调"异-difference-différance",而且把这种"异"推到了极端,推到了与"存在"相"异"——"不同于'存在'","'存在'之外"。

列维纳斯这一"推广-扩展"具有"革命"性的意义,它不仅在根本上"颠覆-推翻-悬搁"了传统的"存在论-知识论",而且"开创-显示"了一个"异域","另一个""不同于""存在-世界"的"领域",即"价值"、"伦理"和"宗教"的"领域"或"界面"。

这不是说,传统哲学中没有这些界面和领域。实际上,从古代希腊哲学以来,哲学讨论"价值-伦理-宗教"问题的论著多如牛毛,各种"哲学体系"大都包含了这方面的内容。但是,"哲学"总以"存在-知识-真理"为皈依,常在"存在论-知识论"的框架内讨论这些问题。就"哲学体系"说,则努力将它们纳入一个"存在-知识-真理"的"体系"内,作为它的一个"环节"或"部分"。

也就是说,无论持何种观点,"价值-伦理-宗教"都在哲学的"存在论-知识论-真理论""之内"。列维纳斯的哲学,则把这部分的问题放在了"存在-知识-真理""之外",所谓"异-不同"正是"异于"、"不同于""存在-知识-真理"。

为什么会"异于-不同于""存在-知识-真理",列维纳斯有很深入细致的讨论和分析,他的两大支柱性著作:《全与无限》、《有别于存在和存在之外》可谓当代欧洲哲学的经典,很值得深入研究。

他的这一思路还意味着一种"颠倒":传统将"价值-伦理-宗教"纳入"存在-知识-真理"框架"之内",则引向将后者作为前者的"基础"来理解,一切感情、道德以及权力政治原则上均需"服从""真理"。列维纳斯强调以"存在-知识-真理""之外"来理解"价值-伦理-宗教",于是就有一个理路可以把前者奠定在后者之上,即不是"存在-知识-真理""支配-决定""价值-伦理-宗教",而是相反,是"价值-伦理-宗教""支配-决定""存在-知识-真理"。这样我们看到,上个世纪法国激进思想家强调的"权力"支配"真理"的理论,得到了哲学深层次的支持——我们才有上述的判断:列维纳斯某种意义上乃是法国激进思想家精神之父,尽管他似乎并不属于严格的"后现代"激进哲学家。

列维纳斯的核心思路:"价值-伦理-宗教""不在""存在论-知识论-真理论""之内",以及他为此作出的论证和推论,对哲学家具有很大的吸引力,因为他的工作并不是完全"脱离""哲学传统"的"另起炉灶"地进入"经验领域"的各种社会学,而是从哲学传统中"走"出来,或者说是"批判"了传统存在哲学的诸种环节,层层推进,并未偏离"形而上学"的"纯粹性",甚至还是更加"纯粹"的"形而上学"。按他自己的说法,"形而上学-元(原)物理学-超越物理学- meta-physics"本应理解为"伦理学"。在这个意义上,他已不仅把"价值-伦理-宗教"牢牢奠定在"形而上学"的基础之上——这一点,以"存在-知识-真理"为皈依的哲学体系也能做到,而是强调"伦理学""就是""形而上学",甚至"只有""伦理学""才是""形而上学"。

一、"他者"之"异"

"他者- other"的问题,当然是上个世纪以来法国激进哲学的共同思路。这个思路,跟德国强调"我-你-他"区别之马丁·布伯密切相关,而布伯的思想又和海德格尔相关,海德格尔也是列维纳斯十分尊重而又加以批评的先驱。

法国激进哲学强调"绝对"之"异",也就是"绝对"的"他者":"他"不是"另一个""自我"和"我-你-他"的"关系",乃是"绝对"的"异"。

然而,如果我们说,"我-你-他"只是在"存在"的"不同形式"的意义上相"异",则,我们只能在"相对"的意义上理解这种"异",因为"我-你-他"仍有一个"共同"的基础——"存在",于是这种"异"也就不是"绝对"的。只有当"异"的观念深入到"存在"问题时,即"动摇""存在"时,"异"才是"绝对"的。

不过,我们知道,过去的哲学家并没有完全忽视这个问题,他们已经考虑过"存在"与"非存在"的关系,而且从这个关系的思考中,产生出非常深刻的哲学思想来。黑格尔如此,海德格尔更是如此。

列维纳斯要贯彻他的思路,必须挑战黑格尔和海德格尔,必须认真面对他们的问题。作为严肃的学者,列维纳斯对于黑格尔和海德格尔的问题做了认真的批判。

"他者"并非"另一物"或"另一人"。"另一物-另一人"都是"人"或"物",只是"人"-"物"之间的"不同",而不是"非物"、"非人"甚至"非物"可以为"人",而"非人"亦可为"物",总之是"存在"之内的不同,是一种相对的否定。正如斯宾诺莎所说的,任何"否定"都蕴含着"肯定",对于"一物"的"否定",必意味着"肯定"为"另一物":不是"张三",或是"李四",总是"某物-某人"。用哲学的话来说,"物"当有"经验之物"和"超越之物"之分,康德、黑格尔作此原则的区分,后来海德格尔亦有"诸存在者"和"存在"之分。

这个区分就哲学来说是非常重要的。"经验之物-诸存在者"是"物理学-自然学"的"对象",而"超越之物-存在"乃是"哲学-形而上学"的"问题"。哲学家为区分和理解"超越之物-存在",可谓殚精竭虑。

康德《纯粹理性批判》的工作重点,在于论证"经验之物"如何"合法地"成为"经验知识-经验科学"的"对象",而把"超越之物-(事)物自身""括"了出去,指出这些"超越之物-(事)物自己"只是一些"理念",不可进入"时空";没有"直观",因而无权成为"(经验)知识王国"的"公民",不成其为"经验(知识)对象"。

既曰"经验之物-经验对象",当然是"变化"的。这个变化,在康德意义上,归根结底,受"因果律"的"必然性"支配,因而对于经验知识-经验科学来说,是"可知的":知道了"原因",就知道了"结果",反之亦然;"原因"虽不"包含""结果",但可以"推论",故为"先天综合"。康德的知识论重点工作在于阐明这个"先天综合"如何可能。

在这个意义上,康德的"变化"观念,和他的"知识"观念一样,只"限于""经验之物",因而只是"一物"与"另一物"的"转换"。这个观念,我们可以叫做典型的经典科学对于"变化"的观念,它是一种在"有-存在"之内的"变化"观念。这里也有"他者"的观念,但这种"他者",仍在"诸存在者"之内,乃是"他物",仍是"同中之异"。

然则,"在""有-存在"之外,又复何如?也就是说,"变化"不"限于""经验-知识-物理-诸存在者"之内,而是"超越-超出"了"诸存在者"之外的情形是个什么样子?

二、"存在"与"非存在"

哲学早已考虑到这一层关系,尽管这一层面最初是宗教向哲学提出的挑战。这种挑战集中在"无中生有"这一命题中。

哲学的"超越之物"迎接了这一挑战。

"超越之物"仍为"物"——广义的"有-存在",但"异"于"经验之物"。

这种"超越之物"就"经验科学-经验知识"视野看来,正是那个"无"。对于"经验存在者-诸存在者"来说,它是"绝对的""异";但就哲学来说,它仍可以理解为"存在-有"。这已是黑格尔的思路。康德奠定了"超越之物-(事)物自身"的"无"的地位——它(们)是"理念"的领域,为"空洞"的"思想-概念",在知识范围内,不蕴含"直观"之"内容"。而黑格尔则使这个"超越之物"的"无","有"了"内容",成为"哲学知识-哲学科学"的"对象",只是这个"对象",并非"静止"之物,而本身就是"变化-发展"的。在这个"过程"中,在康德那里因缺乏"直观"而"永不显现"的"理念-绝对",得以"开显"出来,成为"世界"的"历史-历程"。这样,"哲学"作为一门"科学",才有权利以这个开显过程为研究思考的"对象"和"主(课)题"。

这样,黑格尔就将"无中生有"这个命题"化解"为一个"从无到有"的"开显-显现""过程",于是他的奠基之作就叫做《精神现象学》,阐述"绝对精神"如何从"一无所有",通过艰苦的矛盾斗争,"回到""自身"的"世界历程"。

正是黑格尔,在他的"无所不包"的"哲学体系"中,"他者"占据了重要的地位。"绝对精神""外(在)化-异化"为"世界",这个"世界"作为"他者"与"精神""对立",没有这个与"他者"的"对立","精神"乃是"空洞"的,"无内容"的,"片面的";而反过来,"精神"如"在""他者"中"失去-丢失""自己",则同样是片面的,将"物"仅仅作为"观察-静观"的"对象",所得到的仅是"片面-一个方面"的"知识",而非"全面的""真理"。只有"在""他者"中仍能保持住"精神""自身-自己"的,此时"精神"才能"拥有四海"而又"独立自主"。

"精神"为"自由",是一种"有内容"的"自由",而非康德意义上"摆脱一切感觉经验"的"形式的""自由"。

"自由"进入"哲学",引起哲学思路的大变革。

哲学既为"科学",则当以"必然"为追求目标;然而"自由"的进入,使哲学在真正意义上有别于经验科学,"超越之物"有了一个深层次意义上的"归宿":"哲学"以"自由(理性)"为核心,但此种"自由",又是经过与"他者-必然"之"斗争-结合"过程的"结果-果实",而非空洞想象的产物。"超越(之物)"与"经验(之物)""结合"了起来,"自由"与"必然""结合"了起来,"空"与"实""结合"了起来,"我"与"他""结合"了起来。

在黑格尔,有了"他者","精神-理性"作为"自我"才有了内容,有了经验,有了"世界",而不是单纯的"孤家寡人","哲学"才不仅仅是"内在"的"(内省)心理学",而是"(超越)科学",是"元-原-超越-物理学-形而上学"。

传统"形而上学"引进了"自由"的观念,不仅"诸存在者"在"变",

"本体-存在"也在"变";"诸存在者"按"因果律""必然"地"变",而"本体-存在"则"自由"地"变"。"本体-存在"为"自由"的"变"。

按列维纳斯的看法,从动态的角度来理解"存在-本体",乃是海德格尔对哲学的重大贡献。然而我们知道,黑格尔已经在形而上学的层面,相当彻底地考虑了"变"的问题,而不把"变"限制于"经验"的层面,甚至就"他者"问题来看,黑格尔比海德格尔更加强调它"充实""本体"的"变"的"内容",给予"本体-存在-自由"以"现实"的"规定性"的作用,将"自由"与"必然""统一"起来,成为一个"全面"的思想体系。

不过应该说,黑格尔虽然也讲"有-无"之"变",指出"空洞"的"有-存在"实际上和"无-非存在"是一个意思;但是他对"他者"的视野,基本上还是限于"经验存在者-诸存在者"之内,他的"变异"也还是与"自我"相对立的"异己"的意思多于"绝对"的"异"。因此,他的"无-非存在"很容易地落入了"存在-有"的总体范围之内。这一方面的意思,受到列维纳斯的批评,也是可以理解的。

也正是在这一方面,海德格尔不同于黑格尔。海德格尔紧紧地抓住"存在"与"非存在"的关系,而不是限于"存在"与"经验存在者-诸存在者"这一层面,展开自己的思想。

与"存在"对应的"他者",或者说"异"于"存在"的"他者",当是"非(不)存在",是"存在"的"否定"。这里的"异"和"否定",仍保持着哲学-本体论-形而上学的"绝对"意义,而不是日常经验的。

就日常经验来说,我们也可以指出"世事"犹如"过眼烟云"、"沧海桑田","帝王将相-才子佳人""如今安在哉"?这种感叹,易于导向寻求一种"永恒"的东西,"不变"的东西,传统"形而上学"正是走的这条思路,而为识者认为"此路不通"。

在竞相寻求出路的众多尝试中,海德格尔阐明有一种东西可以"使""非存在-不存在""存在",而且指出,"存在"原本就是"使-(之)存在"的意思。"时间-历史""有能力""使""非存在-不存在""存在","时间"和"历史"就是那个"动态"的"存在"。

在海德格尔,"存在"不仅"存留"了"过去",同样也"蕴含"了"未来","过去"和"未来"同样是"存在"的"存在方式"。"存在-现在""蕴含"了"过去-未来",意味着"存在""蕴含"着"非存在","存在""包容"了"他者"。在这个意义上,"存在""大于""非存在","大于""他者",这也是列维纳斯要着力批评的地方,尽管他对海德格尔怀有很高的敬意。

列维纳斯采取了一种反向的思路:不是"存在""包容"了"他者",而是"他者""包容"了"存在",因为实际上,"存在""包容不下-包容不了""他者",因为这个"他者"不在"存在"之内,而在"存在"之外。"他者""大于-强于""存在"。

"存在"不是"诸存在者",不是"经验必然",而是"时间-历史"。法国从19世纪柏格森就有把"时间"和"自由"联系起来思考的传统:"时间"乃是"自由","历史"按其本质来说,也是"自由"的"历史",不仅是"诸事件"之间的"因果"系列。在这个意义上,"自由""大于-强于""必然"。然而按照列维纳斯,这个关系就应该"颠倒"过来,"必然"要"大于-强于""自由",因为"他者""大于-强于"作为"自我-自由"的"存在"。只是在列维纳斯这里,"必然"并不回到"经验"的层面,而是比"本体-存在"更加"超越"的"形而上学"问题。列维纳斯认为,"形而上学"不能"归结"为"存在论-本体论",而应是"伦理学"。在这个意义上,"必然"作为"正义(不是希腊意义上的公平、公正)"——"大于"作为"自我"的"自由"。"责任"不是来自"自由",而是来自"正义"。

"伦理学"是比"本体论-存在论"更加"超越"的学问,正是"形而上学-meta-physics"的本意。在这里,胡塞尔批评的欧洲哲学"超越不够"的毛病,得到了明确的"克服"。

应该说,在列维纳斯的哲学中,伦理学问题得到了哲学上大幅度的提升。"他者"摆脱"存在论",既不是"经验的存在者",也不是"超越的存在","超越"这两者,乃是"绝对的超越","他者"问题不"在""存在"和"诸存在者""之内"。"诸存在者"固然"包容"不了"他者",那表面上无所不包的"存在",也包容不了它。

既然黑格尔、海德格尔已经把"存在-非存在"、"有-无"之"变"在哲学上"捆绑"在一起,列维纳斯的"他者",就既非"存在",也非"不(非)存在"，非"有"，非"无"，而是处于"有-无""之外"的问题。我们似乎甚至不能说"他者""在""有（无）""之外"，因为它不是"在"与"不在"的问题。

三、"存在论"与"哲学"作为一门"学问"

列维纳斯并不是完全否定"存在论"，而是把"存在论-真理论"和"价值论-伦理学"的"关系""颠倒"了过来，将"存在论-真理论"置于"价值论-伦理学"的"制约"之下，认为前者不能包容后者，而后者则可包容前者。然则，就哲学来说，这种"颠倒"并非简单的次序排列问题，这种"颠倒"带有根本性，涉及到"哲学"到底是一门什么样的学问，因为"哲学"原本是一个"第一-原始-根源"性问题，"第一"涉及"哲学"的"根基"，因而涉及它的"性质"。

我们之所以用"学问"二字，只是想承认前贤的种种努力，把"哲学"与一般经验科学做一些区分，同时也意味着，既然是"学问"，也还可以理解为一门"特别的""科学"。广义地来说，"哲学"当是一门"科学"，或者说是"超越的科学"。

我们愿意把被列维纳斯"颠倒"了的顺序再颠倒过来："哲学"在超越的层次上包容了"艺术"、"伦理"、"价值"和"宗教"，而不是相反。在这个意义上，也就承认了"哲学"是"形而上学"，当承认"存在论-本体论"的"第一""地位"：盖因包括"哲学"在内的一切"科学"，皆以"存在"为"对象"——"哲学"的特点，或者如海德格尔所说，可以"非存在"为"对象"，而此"非存在"仍是"存在"的一个本质的方式，"时间-历史"正是"存在"的"形态"与"方式"。"哲学"不可放弃"有""无"之"变"。

"哲学"作为一门"学问"，当然有自己的特点而不同于一般日常的"知识"。这种"知识"，常常可以并需要"简约"为一个或多个"概念体系"，成为可以普遍传授的，可以重复的，因而在某种意义上是"非时间"性的"科学-学科"，从而按照某些人的观点，"经验科学"可以形成某些"范式"。在一些"范式"指导下，多数科学家做着"常规性"的工作，以积累经验，检验

"范式",到一定程度产生"范式"性"科学革命"。严格意义上说,"哲学"并无这个"积累"的过程,"哲学家"的工作,总是在进行一种"创造""范式"的工作。哲学家当然也有"积累",但此种"积累",并非"经验-常规"性的,而是一种"创造性"的"累积","创造性"的"承续"。哲学也有"历史",哲学史上的种种"哲学体系-学说",乃是一座座"范式"性的"丰碑";研究哲学史,也就是研究诸多"范式-体系-学说"之间的"创造性"的"关系"。

所谓"创造性"的"关系",乃是"自由者"之间的"关系",不仅仅是一种经验的"继承"或逻辑的"推理"关系。

正因为有这样一个特点,"哲学"研究、思考的"问题",不同于一般的经验科学:它不以日常经验之物为"对象",但决不是没有"对象";"哲学"的"问题"常常不能完全"概念化"为一个"论题- theme",但绝非毫无"主题-subject"。

"哲学"作为一门"学科",仍以"存在"为研究"主题",仍以"存在"为思考"对象",只是这个"存在"作为"对象",并非完全在"客体"意义上来理解,而仍是一个"主题-主体":不是片面地"在那里-在手边-面对着-Gegenstand-Vorhand",该存在不仅展示为一物,展示为一"属性",而且展示为一种"意义"。一句话,作为哲学"主题-对象"的不是"诸存在者",而是"时间性的-历史性的-自由的""存在"。

"哲学"即使作为"形而上学",也并不排斥"存在论-本体论"。

同样,"哲学"作为"学问-广义的知识"体系而言,不拒斥"概念"。按德勒兹的话说,"哲学""创造概念"。"概念"既是"思想"与"诸存在者"之间的"桥梁",也是"思想"与"存在"之间的"桥梁"。"概念"体现了"思维"与"存在"的"同一性"。

"思维与存在的同一性"是黑格尔哲学的一个核心思路,也是海德格尔的中心思想。康德被认为是否定这个命题的,但我们将看到,康德这个否定,是在有限的范围内起作用的,亦即在他的《纯粹理性批判》的"辩证篇"里,明显地否定了这种"同一性",因而被批评为二元论。只是到了黑格尔,"先天的范畴"和"经验的概念"又被"结合"起来,通过历史的"过程",由"相对"走向"绝对",由"片面"走向"全面",达到"同一"。

"存在"作为一个"历史性过程",已不再是单纯的"经验之物",不是由各种"属性"结构而成的"万物"之"一物",也不仅是"非时间"的"必然""大箍"中的一个"铆钉";"历史过程"就是"存在过程",即"使存在"的"过程",也是"使不存在"的"过程";是"生长过程",也是"消亡过程";"使之有",也是"使之无"。"存在"即"有无之变"。

这个"有无之变"的"全过程",才是"哲学"所追求的"真理"。"学问-科学"以"真理"为"目标",哲学理解下的"真理",就是哲学理解下的"存在"。黑格尔说,"真理"乃是"全体",这个"全(体)",并不"封闭","全(体)"乃是"全面",恰恰就是"无限"。"真理"为"存在","存在"为"无限"。

"无限"的哲学意义乃是"自由","不受外在因素之制约":"自由"为"自因","自己""决定""自己",因而又是"创造"。"存在"为"自由",不断"创造""自己";"真理"也不断"创造""自己",不断"创造""新""概念"。"思维存在同一性"命题与"历时性"之"异"的观念之间,并无理路上的抵触。

当然,这并非否认"矛盾"。恰恰相反,黑格尔是运用"矛盾"的专家,海德格尔着力分析"存在"与"非存在"的"转化"关系,同样不是回避矛盾的态度。

他们只是指出:人类"理性"或"Dasein""有能力"将"非存在"、"经验之物""化解"、"接纳"到作为"真理"的历时性-历史性过程"存在"中来,将"必然""接纳"到"自由"中来,使之"在""自然-必然"中,"保持着""自己-自由"——"掌握了的必然是为自由"。

"理性"作为"自我""有能力"在"他者"中"保持""自己",而且"必须""在""他者"中"保持""自己"。

"知识论-真理论"是如此,那么,"价值论-伦理学"又复何如?

四、康德是否完全支持列维纳斯?

列维纳斯对黑格尔、海德格尔给予了很大的敬意,但将康德引为先驱,当然也是很有理由的；但我们仔细体会康德《实践理性批判》的思路，问题尚待进一步研究。

我们应该承认，康德的批判哲学，的确可以启示出列维纳斯的绝对"他者"的思路来。

康德限制知识，同时也就限制了"存在"。在康德批判哲学特别是第一批判——《纯粹理性批判》——中，"存在"只"限于""诸存在者"，即"经验的存在"、"经验之物"。

"存在"必具有"现实性"，就康德意义上的"经验知识"言，这种"现实性"乃是"经验性"。而凡"经验之物"，必具"时空性"，只有"在""时空"中的，才能是"经验之物"。就知识论来说，经验之"对象"，不仅仅是"概念"，而且必须有"直观"。可以"直观"，才能成为"存在"，成为"经验知识-经验科学"的"对象"。康德的"存在"、"经验之物"，一定要进入"时空"而成为可"直观"的"对象"。"存在"不是"抽象概念"，必通过"时空"具有可"直观性"，因而必具有"现实性"。

康德知识论的主要工作，在于阐述科学知识中的"概念"和"直观"，不全是"经验"的，而是要有"先天-先于经验"的因素作为其"必然性"的"根据"，否则，一切"经验科学-经验知识"都将失去"必然性"的"基础"，而如同休谟那样，被归约为"经验之习惯"。

按照康德思想，"概念"可以是"经验"的，也可以是"先于经验-不依靠经验"的，"人手足刀尺"、"日月山川"这些都是"经验"的概念，是从经验中"概括-综合"出来的，是为"约定俗成"。但是"因果性-可能性-必然性"等"范畴"，却不可能从"经验"中"概括"出来，它们成立的理由，不在经验，不依靠经验。但是这些范畴，又不是"分析"出来的，不是单纯形式的逻辑推论所能涵盖的。知识"范畴"，不是"分析"，而是"综合"。把握这一点，对于理解康德知识论是十分重要的。

"原因"与"结果"，当然是一种"推理"的关系，但这种关系，并非"分析性"的。"原因"并不"蕴含"着"结果"，反之，"结果"也不"蕴含"着"原因"。从作为"原因"的"概念"，譬如从"水-加热"这类"概念"，"分析"不出作为"结果"的概念"气"来。"原因"与"结果"的关系，不是

"分析性"的，而是"综合性"的。

何谓"综合"？"原因"与"结果"的"综合"关系，意味着"原因"与"结果""互为""他者"，"原因"与"结果"就"经验之物"言，乃是两个"不同"的东西。

但是，"原因"与"结果"作为知识"范畴"又是"必然"的、可以"推论"的，从"原因"能够"推论"出"结果"来，反之亦然。"因果律"的必然性，说明了"先天综合"的可能性。"先天综合"意味着"他者"之间的"同一性"，"他者"之间具有"可以推论"的可能性，这种可能性，建立在"理性（在康德知识论为知性）""先天性-不依赖经验"之基础上。所以，按康德批判哲学，"他者"-主体与客体-思维与存在，在"知识论"内，具有"同一性"。

这种"他者"之间的"同一性"，不仅由"知性范畴"之"先天性"来保证，而且也由"时空"之"先天性"来保证。

如果说，"知性概念-范畴"具有"先天性"尚比较容易理解，那么"时空"作为"感性直观"同样也具有"先天性"，就相当地费解了。

然而，正是在"时空"特别是"时间"的问题上，康德受到了海德格尔的特别表扬，认为是非常有价值的部分。之所以如此，大概正是因为在论述作为"感性直观"之"先天形式""时空"这一部分时，康德史加着重地把"时空-时间"与"存在"联系起来："存在"必"在""时间（空间）"中；而"时空"之"先天性"实际上意味着"存在"就不仅仅可以理解为"经验性"的"诸存在者"，而且意味着理解为"超越性"之"存在"的可能性，尽管康德的"先天直观"得自于"几何学"和"数学"的模式；而在《纯粹理性批判》中，将"自由-不朽-神"这类"本体""观念-理念""驱逐"出"存在"的领域，成为在"知识"上绝对"不可知者"，成为绝对的"他者"，它与"理论理性-思辨理性"没有"同一性"。

在这里，也许正是列维纳斯引进康德作为"存在之外"或曰"外（于）存在"的理由所在。通过列维纳斯，我们不仅有了"存在-非（不）存在"的"对应-对等"关系，这种关系虽"相异"而又"同一"，乃是"异中之同-同中之异"；而"外存在"与"存在"的关系，则是"不对应-不对等"的关系，它们之间没有"同一性","外存在"乃是"绝对"的"异"。

又如康德那样,列维纳斯这个"绝对"的"他者","绝对"的"异",进入到与"知识论"绝无雷同的"价值论-伦理学"。

然则,康德"伦理学"对列维纳斯能够有多大的帮助?

康德在知识论里详细阐明了"诸存在者"作为"知识对象"的合法性,但是"悬搁"了"存在"作为知识对象的权益,如果人们将超越意义上的"存在""下降"为经验意义上的"诸存在者",则很有理由认为康德已经将超越性"存在"问题完全"驱逐"出哲学的范围以外,而为"伦理学-价值论"另辟蹊径,因而当仁不让地作为"外存在论"的历史先驱而载入史册。从这个角度来看,列维那斯的确有很充分的根据把康德引为先行者。然而康德的整个哲学旨趣又很重视"本体-事物自身"问题,虽然在知识论中将其悬置,但并未完全判定它们为虚妄,并认为思考它们是完全合理的。从这样一种态度,我们又可以对上述列维那斯对康德哲学的理解,产生怀疑。

康德的知识论,当然已经限制在经验"现象"之内,只有"(诸)存在(者)"才是知性知识合法的"对象"。然而,由此是否就有权利推出康德在他的"伦理学-道德哲学"里同样也把"本体-事物自身""悬搁"了起来而另起炉灶?可能不是这样的。

我们说过理解"存在"——不论经验的"诸存在者"还是超越的"存在",有一个"共同点"把它们联系在一起,那就是它们都需要具有"现实性",它们是实实在在的,而不是"抽象-空洞"的"概念",不是单纯的"形式"。

那么,康德的"伦理学-价值论"是不是仅仅为单纯的形式呢?一般而言是这样,所以才引起许多合理的批评。然而,仔细体会康德的思路,仍能看出,他也并不满足于一种形式主义的立场,而是仍想把他的"伦理-道德"思想向前扩展。道德的概念虽然不能为经验知识提供"扩展"的材料,但却能为"伦理道德"做这种工作;只是这种工作的性质和这些可供"扩展"的材料之来源不同于在知识论里的情形。

我们知道,在康德知识论里,知识的材料来源于"感觉经验"。经过"时间空间"审核的感性材料,进入"知性概念",形成"综合",成为"经验知识-科学知识"。可是到了伦理学道德论,由于实践理性与思辨理性之不同,道德伦理之根据在"意志自由",而"自由"为全无感觉经验之限制,因而已经将一切的感觉经验排除在外。这样,就"知识"角度来看,"实践理性"之"自由"当是完全没有经验材料的,因而是纯"形式"的,这一点已经受到种种严厉的批评,也是应该的;只是康德的思路并不"止于此",康德还有下情下文。

在《实践理性批判》一开始,康德就一再强调"理性"本身就有"实践"的能力,这一层意思,很值得我们着重地加以体会。

这就是说,在康德看来,"知识"的"材料"由"感觉经验"所"提供",而"道德伦理"的"材料"则由"理性"自己"提供"。"知性-知识"的材料是"外来"的,而"伦理道德"的材料则是"理性""内在-自有"的。这样,知识的"现实性"由"感觉经验"所"保证-担保",而"伦理道德"的"现实性"则由"理性"自己就可以"担保-保证"。

这样,康德才说,由于"理性"在"知识"中的材料是"外来的",到底何种"材料""合适"进入,则要有个"界定",所以,理性在"知识论"中的作用要加以"限制",不能由感觉经验提供的材料,理性就"不合适-无权"作"知识"来处理。但是,理性在"实践-伦理-道德"的运用,就没有这种限制的必要,因为它所需之"材料",原本是理性自己提供的,理性自己就有能力为自己提供材料,而使理性具有"内容",具有"现实性"。

康德这个"纯粹理性"本身就具有"现实性"的思想,在他的《实践理性批判》一开始的序言中,就明确提出来了。为回答他的《纯粹理性批判》为什么不叫"思辨理性批判"这个名字时,康德特别强调了"纯粹理性"在"实践上"具有"现实性",就具有"实际"的能力。他说:

> "因为,它(指实践理性——引者)如果作为纯粹理性,实际上已有实践能力,那它就已借着事实证明它自己的实在性和它的各个概念的实在性,而反驳它有成为实在的可能性的一切辩难就是徒然的了。"①

---

① 康德:《实践理性批判》原序,关文运译,商务印书馆1962年版,第1页。

这里，实际上康德已经反驳了对于他的"实践理性"缺乏"实在性"而陷于"纯形式"的这种批评，他整个的《实践理性批判》的主旨之一，就在于阐明"实践理性"如何有能力具有"实在性"。所以他接着说：

"这个批判的任务在于指出，纯粹实践理性是存在的，并且为了这个目的而批判理性的全部实践能力。它如果在这一点上成功了，那它就无需批判纯粹能力本身以求发现理性在作这样一种要求时，是否过分僭越、超出自己的限度（如在思辨理性方面那样）。"①

纯粹理性本身就具有"实在性"，这个命题要能够成立，在康德哲学思路中，必须克服双重而又有联系的障碍，即"因果"与"自由"的关系。它们之间的关系，在知识论中，是被康德切断了的。

在知识论里，康德将"因果"限于"现象界"，亦即感觉经验的世界；超越的领域，无"因果"可言，康德将这个领域归之于"自由"；而"自由"在经验-科学-知识中，只是一个"纯思想"的"理念"，而无相应的"感觉经验"与其对应。"自由"与"经验"无关。

那么，在"理性"的"实践"方面，"自由"是否仍与"因果"无关呢？表面上看，好像是没有关系，所以人们常常批评康德将二者割裂开来，这一点，连黑格尔也不能例外。

仔细体会起来，康德可能已经注意到这个问题的存在，而且也已经作了安排，只是他当时的主要任务在于两者之间的区别，在知识论里强调它们之间的截然不同，而到了道德伦理领域里又着重强调"自由"自身的特点，两者之间的进一步关系就语焉不详，但也并非完全被忽略掉了。

与上面这段话相呼应，后面康德又说：

"……因而理性世界的实在性就会给我们建立起来，而且就实践方面而论还是明确建立起来的，这种明确性就理论的目的说虽会超越经验以外，

---

① 康德：《实践理性批判》原序，关文运译，商务印书馆1962年版，第1页。

而就实践的目的说却是寓于经验之内的。①

在这里，康德不仅回应了"实践理性"对于"理论理性"之"优越性"问题，而且也回应了"超越"与"经验"之间的进一步的关系问题。在康德看来，不是"感觉经验""决定""超越理性"，而是"超越理性"亦即"实践理性"——理性的实践功能——有能力"决定""感觉经验"。被"超越理性""决定"了的"感觉经验世界"，乃是一个"道德的世界"、"价值的世界"，实践的"目的"，就是要在"经验"中"保持"住"理性"的"价值"。

由"超越理性""决定""感性世界"，也就意味着前者可以-有能力"进入"后者，"转换"后者的"意义"。我们看到，这条路线，就是黑格尔以及后来的解释学、现象学所遵循的，只是由于把重点转移到这条路线上，就不像康德那样比较简单地提到，而是有详细的论证展开。"决定"或"影响"，也就成为"开显-显现"，是"超越理性-绝对精神""在""感觉经验世界"如何"开显"出来的问题了。黑格尔、狄尔泰、胡塞尔沿着"开显"之路，做出了大文章，但是文章的开头，是康德做的。万事开头难，康德创始之功，不可没也。

我们也应该看到，康德这个"开头"，也并不仅仅是一种"提示"，他也有一定的阐述。他说：

> 惟有自由概念，才允许我们不必舍己外求，就能给"受制约者"和"属感性者"发现出"无制约者"和"属理性者"。②

这里何谓"不必舍己外求"？这就是说，不必像在知识论-必然论那里一样，要"在""理性"之外寻求"理性""自身"的根据，亦即"在""感觉经验"世界"依靠""感觉经验"的"材料"来"证明-明证""自身"是"属理性者"，是"无制约者"。"自由"作为"理性"的概念，以自身的"实在性"就有能力"证明-明证""自己"原本是一个"存在"，是一个"者"。这就是康

---

① 康德：《实践理性批判》原序，关文运译，商务印书馆1962年版，第108页。
② 同上。

德为什么在《纯粹理性批判》和《实践理性批判》里，都很强调"自由-不朽-神"这些"理念"虽然在"知识方面"没有相应的"对象"而"不可知"，但是"思维-思想"它们却完全是"合法的"之原因；这种"合法性"甚至不完全在于它们的"无矛盾性"，而且也在于"理性"在"实践"方面的运用"保证"了它们的"现实性-实在性"。

那么，"自由"又何以在"理性"的"实践"方面具有"实在性"？又何以能够就"进入""森严"的"经验世界"而又保持住"自身"的"自由"？亦即，"自由"又如何与"必然"的"因果律"相结合-协调起来？康德自己说：

"……理性在这个原理（指实践原理——引者）方面就不再呼求别的东西，以为其原因性的决定根据，而只凭借那个原理就已在自身包含了那个根据，因而它在这里作为纯粹理性自己就有实践力量。"①

于是，以"自由"为核心的"理性""实践"方面的原理，自身就是一种特殊的"因果性"，这就是康德经常讲到的"自由"作为"第一因"的意义所在。

"第一因"问题从亚里士多德以来，常常受到诟病，自有其存在的缺陷，因为除了"上帝之一击"将其束诸高阁外，人们未能解决"诸多""第一者"、"诸多""自由者"之间的"关系"问题。然则在康德那个时代，"第一因"不仅仅说明"自由"之"无制约性"，而且说明"自由"如何能够"进入""因果""必然"的"知识""对象"系列，从而使"自由"也具有"内容"，具有"实在性"。"自由"转化为"（第一）因"，从而跻身于"因果"系列，当然是居于"最高"的位置。

当然，应该说，康德在为"自由-第一因"进入"经验"留下通道之后，似乎并未在这条道路上走多远，他仍然在自己设置的障碍面前停了下来，即他不能阐明在"第一"进入"第二-第三……"之后，这个"意义-价值-伦理-道德"的世界，又如何与"因果"的"必然性"调和起来。实际上，在康德的

---

① 康德：《实践理性批判》原序，关文运译，商务印书馆1962年版，第108页。

"价值-伦理-道德"世界中"经验"与"超越"仍然是壁垒森严地对立着,这样,他能够"看到""德行"与"幸福"僵硬地"对立"的一面,而将它们"结合"的"必然性"归于"宗教",认为只有在"神城"里,这二者才是可以互相"推论"的,因而二者才具有"因果"关系,对于尘世间的这种关系的"必然性",只有"神"才有能力"看到",才能"知道"。

在这个意义上,我们倒是可以说,康德的"神",也不仅是"道德"的,而且同样是"知识"的,只是这个"神"是"通过""道德-伦理-价值-自由"之"门"被引进来的,而不是从"自然-必然"这扇门被引进来的。"神"是"最高"的"德性",也是"最高"的"智慧"。

既曰"智慧",在古代希腊也含有"实践"的意义在内,而不仅仅是"理论-思辨"的,因而总是含有"实在性"的意义在内。作为"最高""智慧"的"神",当也包含着"最高"意义的"实在性"在内。

在这个意义上说,康德虽然将"诸存在者"意义上的"存在论""限制于""知识论",但就强调"实践理性"自身之"实在性"言,"自由-伦理-道德-价值"之"实在性"和"存在性"在康德当无疑义。

* *

这里,我们打算暂时结束这篇文章,我想,这篇文章已经把我们关于列维纳斯对于"存在论"所作的思考有一个回应,我觉得列维纳斯当然作出了非常深刻的阐述,但是要想在哲学上"颠倒"这个传统的"次序",尚须进一步的探索。

2006 年 8 月 17 日于北京

欧洲哲学视野中的"知识"和"道德"

——读列维纳斯《存在之外》一些感想

列维纳斯这本书的书名 *Autrement qu'être ou au-delà de l'essence* 就很难翻译，英译 *Otherwise than Being or Beyond Essence*，也是勉为其难，中文就更加难译，"另类存在"当然不对，"非存在-不存在"也不对，"不是存在"勉强可以，但牵涉问题也很多，如果按照一些人的用法，"存在"应译成"是"，则就会是"不是是"或者"不是个是"，那就太"不是个东西"了。不得已，我经常用"存在之外"来说列维纳斯的意思，它和英译"Beyond Essence"也有点接近，只是"Beyond"或可以认为是"transcendent"，那欧洲哲学传统中原本就有"超越的存在- transcendent Being"，而这个意思显然不是列维纳斯的，所以我还是用他自己常用的"outside of ..."或者"other side of ..."来说"存在之外"。这个"存在之外"的前面，当然不可以按中文的习惯再加上一个"在"字。所谓"存在之外"，或者也可以说"外于存在"。

之所以有这些困难，正在于列维纳斯要打破欧洲哲学的这个"存在论-知识论"，将"道德-伦理"驾临于这个传统之上，但也包容这个传统在"道德-伦理"的意义之中，在"存在"和"知识"之"外"为"形而上学"寻求一个更加原始、更加坚实的"基石"。

在这条思路上，列维纳斯工作得非常出色，他以自己的博学和才智，将欧洲哲学的基本问题融会在自己的思路之中，系统地、清楚地、不厌其烦地阐述自己的思想，同时也将自己的思想奠定在当代欧洲哲学的新近成果中，特别是从近代德国哲学到上个世纪法国激进诸哲学家的基础上，显示出他融会贯通、博大精深的思想功力，甚至可以略显夸张地说，他作为哲学家，在众多的杰出人物中，竟是少数几个能与康德、黑格尔、胡塞尔、海德格尔媲美的一个代表。

列维纳斯著作很多，最为重要的大概要算《全与无限》和《存在之外》这两本书。我较早地读过《全与无限》，最近才读到《存在之外》，其实这也是他上个世纪 70 年代的作品了。

这本书和列维纳斯其他著作一样，就文字来说，是很清楚明白的；但思想却非常细密，要读懂，也是很难的。我想一切大哲学家的著作都有这个特点：文字不是主要难点，主要的难处在于理解它的思想。就文字来说，哲学家的著作也各有特点，据说英文中培根、休谟、罗素的文字是为佳作，德文中叔本华能写"美文"，而康德的《纯粹理性批判》在文字上出名的别扭，他的哲学圈外的朋友就有所抱怨，后来两个"批判"文字上有所改进，或许也不能算是好文章。

我的外语程度不够评判文字的资格，列维纳斯用法语写作，文字方面当由专家评议；而且我大多还是读的英文或者中文译本，只是觉得他在文字表达上，也是很简洁明了的，这当然也跟他的思路清楚、缜密不可分，他的论断在细密处也同样斩钉截铁。能使不很清楚、难以清楚的地方清楚起来，是思想的功力也是文字的功力。

一、"存在""以外-之外"复"如何"？

我们不可以问"存在""以外""复何如"，"何如"的意思里有一个"什么"在内，问的是"是个什么样子"。"复如何"问的就可以没有这个"什么"在内，是问一种"方式-道路-理由-理路"。用英文来说，前者"问""what"，后者则问"how - why"。因而这个"如何"的意思不是"如同""什么"——在这个意义上，"如何"就是"何如"，是"how to do"中的"how"，"why do like that"中的"why"，不是"问"一个具体"目的-什么"，而是"问""根据"、"问""理由"，是一种并无"目的"的"动机"。

"问""如何"而避免首先"问""什么"是欧洲形而上学传统的一个"问题"的"转向"。

欧洲形而上学源于古代希腊,是一种科学性思想体系的"升华",或者这种科学性思想体系倒是奠基在这个"形而上学-哲学"的基础之上的,是为"原-物理学"-"元-自然学"。这门学问的核心乃是"追问""自然""是""什么"。

"自然"是一个"花花世界",五彩缤纷而又变化万千,从感觉直观人们就能够-有能力体会出这个世界的"什么"经常在"变",甚至"瞬息万变",似乎容不得人们去"追问"一个稳定的"什么"。这就意味着,当人们"追问""什么"时,人们已经"超出"了那个"变化万千"的"感觉世界",而进入一个"理性"的"概念世界"。因而这个"什么"的问题,乃是人类"理性"的"觉醒",本身就是一个"理性"的"问题",是一个"超越"的"问题",要在"大千世界"里寻求这个世界的"稳定"的"基础",寻求一个"形而上"的"安身立命"之所。也就是"在""时间"中寻求一个"空间",一个"立足之地","以不变应万变"。这一片"稳定"的"空间"就是"超越""万有-变化万千""诸存在""以外"的"根本性-本质性"的"存在"。就欧洲哲学传统来说,是"概念性"的"存在"。欧洲哲学-形而上学的传统也就是这个"概念性"的"存在论- ontology"传统。"存在论"传统乃是"概念论"传统,也是"空间科学-几何学"的传统。古代希腊哲学家认为,"空间"既然可以"简约"为一种"先天性"的"理论推理"科学,则"在""时间-变化"中的"自然"世界同样也可以"简约"为一些"概念"加以"理论推理",使"变化"成为"可理解-可知"的。在这个传统中,"可理解"的"知识",除去奠定在"存在论"基础之上,别无他途。"知识论"与"存在论"在"形而上学"的框架内得到了"同一性"。

欧洲这个由"追问""什么"为核心的"形而上学"传统,虽经种种曲折迂回(detour),几经"打破"、"批判"甚至"摧毁",但"万变不离其宗",种种"破"的工作,仍然"回归"到"立""存在论"这个"大海"中去,就是康德、黑格尔、胡塞尔甚至海德格尔,也不能完全例外。列维纳斯的工作正是努力"遏制"这个"回归"的趋势,使"存在论""一去不复返"。而"彻底""堵塞"这个"回归"之路的良策莫过于将这个"回归"的"轮回"纳入一种"不复回归"的"一往直前"的"汹涌波涛"之中，成为一些"自身封闭"的"涟漪"：表面在"运动前进"，实际仍在"原地"作"自我扩散"。也就是说，列维纳斯的"外于存在"的思路，恰恰"包容"了"存在论"的"历史路程"："存在"的"问题""源于""外于存在"的"问题"，"何如""问题""源于""如何"；传统认为最为第一的"什么""问题"，却是派生的"问题"。

"问题""令人-让人""思考"，"什么"的"问题""使"人"思考""世界"的"意义"，从而"使""世界"成为"可以理解-可以认知"。但是在列维纳斯看来，要"使"世界成为"可理解-有意义"的，并不一定非"问""什么"不可，甚至主要-最初并不是"问"出个"什么"。不"问""什么"反倒是世界"可以理解"的更为根本的方式。把"问题"的方式由"问""何如"转变为"如何"，也就是不通过"问""什么"就直接地"问"世界"如何-何以""有""意义"，是一种更为直接、更为原始的提"问"方式。

胡塞尔说"想"总要"想"些"什么"，"意识"总要"意识"到些"什么"（consciousness of ...）。这个"什么""虚位以待"，"等待着""兑现- cash in"，而这个"兑现"过程，也就是"知识""演进"的过程，这个"什么"也就是一个永远"填不满"的大"钱柜"。"什么"永远是一个"问题"，是一个得不到"绝对""解答"的"问题"。因而，这个"问题"竟是一个"怀疑论"的"陷阱"。为扫除这个"陷阱"，胡塞尔用一种"悬搁-存疑-*epochē*"法，以求"现象学的剩余者"，一切经验的自然-变化万千的世界都被"括了"起来，还"剩余""什么"？人们既然把一切"可疑分子"全都"拘禁"起来，"剩余者"当"无可怀疑"。胡塞尔的"剩余者"为"什么"、为"理念"，而海德格尔为"存在"，于是我们又"回归"到欧洲哲学这条"思维与存在的同一性"的传统上来。

然则，人们在"问""什么-理念或存在"之前，尚有一个"不可怀疑"的"问题"；在"人"与"自然"的"关系"之前，尚有一个"人"与"（他）人"的"关系""问题"。这个"问题"一经"发问"，"答案"已在其中，也就是意味着，这个"问题"本身已带有"绝对"的"答案"："为了""他人"，"为他"，亦即"外于存在"。

"存在"具有"存在论-本体论"的"同一性","存在"是"本体论-存在论""范畴",也是"知识论""范畴",世界经过"理性"的"统摄","归于"一个"贯通古今"的"概念"之中。这种理性的统摄作用,能够将一切"过去"通过"记忆""表现-显现"成为"现时",亦即经过"概念化"成为"知识"。"存在论-知识论"在"现时性"的基础上"归于""同一",也是在这个基础上,将"时间性""简约-归于""概念"的"逻辑""推演"(黑格尔);而这个"理性"的"统摄"功能,亦即是一个"同一"的"我-大我"(费希特)。在这个"理性""先天的""基础"上,我们一切的"知识"皆得以"派生"出来。

然而,这个作为"理性""同一性"支柱的"我-大我",却并非铁板一块:"我-大我"中"蕴含"着"非我","存在"中"蕴含"着"非存在","蕴含"着"思维"。这一点并不待列维纳斯来揭示,乃是德国古典哲学以及海德格尔所深刻地考虑过了的,他们的"理性"和"存在"都是一个"矛盾体",因而是"能动-active"的,"能够-有能力""揭示""自己"的"反面",将这个"反面""开显"出来,因而"存在"、"自我"这些观念都"有能力""设定-开显"一个"非存在"、"非我"的层面来,于是"现时""有能力""开显"出"过去"来,"理性""有能力""开显"出"自然-非理性"来。

这一层工作,是传统的哲学家们很认真地做过了的。

然而,"不可开显"的"反面-他者-异者"又"如何"?那个"不可开显"的"异",乃是一个"绝对"的"异","我"与"他"不具备"同一性","他"不是"我"的"开显",不是"另一个""自我"。这种"关系"就不是"存在-知识"的"关系",而是"伦理-道德"的"关系":前者是"同一-平衡"的"关系",后者则是"不同一-不平衡"的"关系",而这种"关系"比起"同一"的"平等""关系"更为根本,更为深入,因为它"深藏"在这种"同一性"之中,"使"这种"同一性""破裂","使""自我-理性-自由-创造-能动"等"知识论-存在论"的"权威"发生"动摇"。

在这个意义上,不是"存在-知识""支配"着"伦理-道德",而是相反,"伦理-道德""支配"着"知识-存在"。

"权力""支配"着"真理",意味着"他者""支配"着"自我"。因此,

"形而上学"的"旗帜"上书写的不是"自我",而是"他者"。"我""为他"。

形而上学的"为他"不仅仅是经验伦理学的一种"利他主义"的道德箴言,而是必然的原则。"我""本来"就是"为他"的,"他""决定"了"我"。

"我"在"为他"中"形成","存在"在"道德"中"建立";"为他""使""我""存在",也就是使"我""意识"到"我是我"。胡塞尔的"consciousness of ..."、"self-consciousness"建立在"为他"之上,以"为他"做前提。表面上"同一"的"我"实际上为"异-他"所"支配","我""在""时间"中(海德格尔),并非"在世-在时间"能够"保持"着"自身"的"同一"(黑格尔),"我"既受"他者-异己"支配,则"我"亦为"异","日新日新日日新","我""在""异时性"中,"我"是"异时"的- diachronic。

如此,则"他者"又"如何"?"他者"也不是一个"什么","他者"不是"我"的"知识对象",不是"在""我""面前"的"一物","他者"与"我"是一种"伦理道德"的关系,"我"在"认知""他"之前就已经"决定-立意""为他""服务","我""天生"就是"为他"的。

"我"对"他""负有""责任";但这种"责任-义务"并非如康德所说的出自"我"的"自由",恰恰相反,正是"我""为他""负责","我"才"自由"。"责任-义务"早于"自由"。于是"理性-自由-自我"不是"道德"的基础,而是颠倒过来,"道德"乃是"理性-自由-自我"的基础。"他者""决定""自我",亦即"为他"的"责任"决定"我"之"理性-自由"。

在这种"道德-形而上学"的观点-视角下,"自我"就完全不是"能动的",而是绝对的"被动的"。列维纳斯为强调这一被动性,再三说这种"被动性"是比一切"被动"还要"被动"的"被动性"。"被动性"被赋予了强烈的"形而上学"的意义。这种"绝对被动性"推演下来,导致了"我"作为"人质"的观念。"人质"的"命运""操"在"他者"的手中,而"人质"乃是"无辜者"。"无辜"而"受罚"乃是"代人受过"。作为"抵押品","人质"是"绝对"的"为他"者。

从一个理论的-形而上的前提推导出这样一个非常现实而又可怕的观念,虽然冠以"人性-母性"之类的美名,我们也不得不再三检讨这种理论本身。

二、"知识"与"道德"的"辩证"关系

列维纳斯的"道德-形而上学"思路，走到"人质"这一步，不能不引起人们的三思，他的思路或者有什么可以商讨的地方。

实际上，大凡经过认真严肃地思考过的思想体系，可以商讨的往往不在细节，而在基础的地方，列维纳斯的哲学也是这样。这个哲学的问题，也在一个基本点上："哲学"是否可以"绝对""外于""存在"，"道德"是否可以"绝对""外于""自由"，更进而言之，"哲学"是否可以"贬抑""自由"？

列维纳斯很清楚地知道，欧洲哲学为了维护"理性"的"自由"，做了大量深入的思考，从康德到黑格尔直至胡塞尔、海德格尔，"自由"概念由"形式"到"内容"，由"抽象"到"具体"，由"理想"到"现实"，由"观念"到"存在"，"理性"的"自由"已经成为哲学的核心概念，要将它从"哲学王国"的"王位"上"颠覆"下来，殊非易事。列维纳斯很想将康德引为知己，但康德的批判哲学恰恰不能在根本上帮助列维纳斯。

不错，康德的《实践理性批判》提供了一幅"至善智慧"的哲学图景，但这幅图景恰恰是"至善"的"存在-现实"之路，亦即"自由"与"幸福"相结合之所以"可能"的根据。康德的"至善智慧"也就是"自由""开创"的"现实"之路，是"使""自由""存在"之路，而不是"外于存在"之路。

同样不错的是康德在《纯粹理性批判》中"限制"了"知识"，他自己说是"为信仰"留有余地，我们也不妨说，是"为道德"留有余地。在这个意义上，"道德"的确在"知识""之外"。

然而，我们知道，康德"限制"的"知识"是"经验知识"。当然他认为一切"知识"都"来源于经验"，他的《纯粹理性批判》致力于寻求并建构"经验知识"的"先天性""原理-原则"，以保障"经验知识"的"必然性"，从而保障"科学知识"的"权利"。在这个思路指导下，康德强调知识的"经验性"，也强调知识的"先天性"，"经验性"通过"先天直观"和"图式-schema"与"先天范畴""结合"，成为"先验知识- transcendental knowledge"，这样使得"自然科学-物理学"成为可能。

在康德批判哲学中并不排斥"知识"的"偶然性",并不认为一切"知识"都是"推论"出来的。康德虽然论证了"先天综合"的可能性,但认为"知识"都是"综合"的,因而是"经验"的。

康德的"先天范畴"最为主要的是"原因"和"结果"——因为亚里士多德已经指出,所谓"认识"一个"事物",也就是"认识"它的"原因"。康德也论证了二者之间的"必然性",但这并不是说,一切现象的"原因"和"结果"都是如同数学-几何那样全是"推论"出来的,"推论"只"限于""理论性的- theoretical",至于"实际-现实"的"因果关系",则不是仅依靠"先天的推论"就能"认知"的。"经验知识"不仅依靠"证明",而且依靠"证实",而"证实"永远只是"经验"的。

这样,在"经验知识"中,"原因"和"结果"并不是靠"推论"就能"知道"的,因为"经验"总是"不完全"的,"经验"不可能"提供"任何事物的"全部"的"原因"和"结果",因而"经验科学"是一个"开放"的"过程",是不断探索的过程。"真理"是一个"过程",而不是一个"完成"的"经验事实"。

在这个意义上,我们的"经验知识"总是"有限"的,在这个"经验"的"限制"的地方,在这个"经验""却步"的地方,"蕴藏"着"道德"。"必然性"的"终止","产生"了"自由"。

不是吗?既然我们的"经验"不可能"全",则我们的"知识"要在"经验""系列"之"不断"中作出"判断",我们不可能在"穷尽"一切"因果""系列"之后再作出"知识"的"判断",我们总是在只有"一定-有限"的"资料"时就"作出判断"。科学家有"权力"在"一定-有限"的"资料"基础上作出"科学"的"论断",这个"论断""有权""要求"人人都"认同"。也就是说,科学家是在提出一个"必然性"的"论断",但在实际上,这个"论断"决不是"教条"。

这样,科学家在"不断"中"作出""论断","使""不断""中断",也"使""复杂-纷乱"的"原因"成为"有序-系统"的,亦即"分清""主次","作出""选择",就是科学家的"责任"所在。

科学家"作出"这样的"论断",已经"超越"了"经验","超越"了纷繁复杂的"必然""关系"。"打破"这个"锁链",依据一个"自主-自由"的原则,也就是"理性"的原则,他的"论断""行为-作为",已经是一个"始作俑者",是一个"创始者-自由者",因而也是一个"责任者"。"科学家"对自己的"论断""负有""责任"。

"科学-知识"总是在事物的"因果关系"尚未"显现"或还在"显现-开显""过程"中时,"作出""判断","揭示""事物"的"原因"。"科学"的这种"揭示"工作,有"科学家"的"自由""权力"的"保证","科学家""有权""作出"这样的"判断",因此也就有一种"责任"。"责任"来自"自由",而不是相反。"科学家"为"揭示""因果必然"的"自由权力"而"负有责任"。

科学无需-不能"等待""一切""因果关系""全都""显现-呈现"出来才"作出""论断","科学家""拥有"这个"自由""论断"的"权力",一如"哲学""无待""经验"之"全"就"有权""思考-理解-认知"这个"无限",对这个"全"作出"判断"。"科学"与"哲学"都"拥有""自由"的"权力",科学家和哲学家"作出"的"论断"都有"道德"的意义。任何的"作"都不仅是"理论性-推理性"的,而且是"实践性"的。

康德认为"科学知识-经验知识"运用的是"经验概念",譬如"日月山川、人手足刀尺",就其与"感性直观世界"有"一一对应"的关系来说,它们是具有"经验性",是从"经验"中"概括"出来的。但是古人并不是在"穷尽""全体"的"杯子"后"概括"了"杯子"的"概念",中国的王阳明的"格竹子",希腊柏拉图的"鞋子"的"理念",都蕴含了这个问题:任何"概念"——包括通常所谓"经验概念"在内,都有"理念性",而并非只有康德那三个"物自体-自由意志、灵魂不灭和神"。一切的"概念"都含有"理念性",这也就是胡塞尔为什么要说我们直接"面对"的世界,就是一个"理念的世界"。而对于"感觉"的"分析"——"经验科学"乃是在这个"理念世界"基础上"发展"出来的,把这一切"后来者-后天的""括出去","剩余"的,也正是那个作为基础的"理念世界"。而按照康德,"理念"就会是"过渡-飞跃-提示"到"道德-实践"领域的"契机",在"理念世界","知识"与"道德"是"同一"的。

"理念"是"理性""自己"的"事业",是"自由"的"设置"——在康德《实践理性批判》中叫做"悬设- postulate","理念"不是"经验"的"概括",而是一个"飞跃",一个"创始-创造"。就"因果"环节系列言,"理性""判断"的出现,乃是这个"无尽""系列"的"中断"。在这个意义上,"理性"的"判断"正是对于"第一因"的"揭示",而所谓"第一因"亦即"原始因",于是正是"原因"之所以为"原(始)因"的含义所在,亦即希腊人所谓的"始基- arche"的意思。"始基"乃是诸种"谱系"之中的"原始-第一",中国人所谓"鼻祖-祖师爷"。亚里士多德把"智慧- sophia – wisdom"包括两个方面:一是"始基- archas",一是"原因- aitias – causes",而"aitias -causes"原本就有"肇因"、"负责"的意思在内,在"无限"的"系列"中"断"出"原因-元凶",犹如"法官"的"判决",自然是责任重大的事情。

于是,即使是"理性"的"知识""判断",仍然"蕴含"着"道德-责任"的"因子"。这就是说,"理性"在"知识"问题上是要"揭示"一种"必然性",但这种"必然性"却是离不开"理性""自由"的基础,是在"自由"基地上"产生"出来的一个"理论体系"。在"知识-经验知识-科学知识"领域,"理性-自由""让-令"这种"必然性""开显"出来,或者说,经过"理性-自由"作出"论断"从而"建构-建立"起来的一种"理念-概念体系"。"建立"一个"科学王国"一如"建立"一个"现实王国",都是要"负责"的,因而都是"道德性"的。

"科学家"是要"负责"的,正因为他是"自由"的。科学家的"自由"并不是由"外部""赋予"他的,不仅仅是一种"社会责任",而是"科学-知识-经验"本身就蕴含了的,是"科学-知识"本性所"决定"的。"科学-知识"要"判断-论断",就必定要"自由",必定会"超出""经验-知识"进入"道德"。在这个意义上,"道德""基于""知识","基于""真理","基于""存在",而不是"外于"它们。

在这个意义上,"知识"和"道德"有一种"辩证"的关系,它们都在"存在"的基础上具有"同一性"。它们都奠定在"存在"的基础上,也就是奠定在"理性"的基础上,奠定在"自由"的基础上,而不是从"存在-自由"

"之外"再寻求一个"正义"来"规定-开显""存在-自由",认为这种"他者"的"正义"才是"道德","自由"是在"正义""支配"之下才"被意识"到的"什么"。

的确,康德的《实践理性批判》让人感到他理解的"自由"带有过多的"形式性"和"抽象性",他的"应该"与"实在"之间不允许"转化",也说得过于绝对,这些都常为后来者所批评。但就康德思路进程,他原本"应该"将他的"哥白尼革命""进行到底",事实上在"实践理性"这个"领地"里,"理念"已经有了"现实性","应该"的意思也就是"应该"是"实在"的。这就是说,"自由"原本意味着"创造"一个新的"现实"。康德在《实践理性批判》一开始就说过,因为"实践理性"本身就有"现实-实现"的"能力-功能",所以才用不着像他的第一部"批判"那样加上"纯粹"的字样。这就是说,在康德看来,"理性"在"知识"领域,需要"接受"一些"外来"的东西-感觉经验的材料才会有"现实性",所以需要"审批-批判"的是"纯粹理性"的"能力-职权范围",而"实践理性"的"现实性"原本就是"理性"自己"赋予-悬设-创造"的,他的"职权范围"没有"限制","纯粹理性"本就有"现实性"的"权利"。

按这个思路,"纯粹理性"本就具有"实践性-现实性","实践理性"比起"理论理性"不是更加"抽象",更加"脱离现实",恰恰它本身"就是现实",就是"存在"。"实践理性"-"道德"的"自由",就具有"现实性","应当"本意味着"应该""存在",而"该""存在"正是海德格尔的"使-令""存在",乃是"自由"的"道德"的"存在"。

于是我们看到,就康德"批判"哲学来说,在《纯粹理性批判》里我们看到"自由"的"趋向",而在《实践理性批判》里,我们看到"存在"的"趋向":前者从"存在者""走向""自由",后者则从"自由""走向""存在者",二者"统一"于海德格尔意义上的"存在"——"现实"的"自由"、"自由"的"现实"。在这个意义上,"道德"也就是"存在"的,"存在"也就是"道德"的。

在这个意义上,"知识"蕴含着-趋向着"道德","道德"也"蕴含着-趋向着""知识"。由"经验知识"的"超越",进入"自由-道德",由"道德"

又"回归""知识",将"经验知识""提升"为"理念"的"知识"、"自由"的"知识",是为"哲学"的"知识",这是康德以后直到黑格尔总其成的思路。

这条思路之所以可能,乃在于康德奠定下的基础:"限制知识"。我们且搁置"信仰"问题,将后面的话改成"为道德留有余地"。"知识"这种"限制"并不意味着"科学-知识"之"无能",而恰恰是显示出"知识""进步"的可能性,揭示着"知识"的"发展"的可能,"知识"本身"蕴含"着"超越"自身的"趋向","自由"源于"知识"之"飞跃"。

"知识"——包括一切用来提供"资讯"的"科学工具"不可能提供任何事物的"全部""原因-因素",任何事物的"知识",皆必需一个"断定"。这个"断定"的"契机",乃是"自由"的"萌芽",是"不可能"中的"可能",是"多"中之"一",是"混沌"中的"有序"。"建立"一个"有序"的"王国"-"科学王国",又是"自由"的产物,因而也在"有序"中"保留"了"自由"。"科学的王国"是"有序的王国",也是"自由的王国"。

"知识"的"自我""蕴涵"着"自身"的"反面","蕴含"着一个"他者-异","蕴含"着"道德-自由",但这个"他者-异"又"揭示"着"知识-自我"同样是一个"自由者",甚至康德也正是由此而有理由-有权力在"知识"领域进行一场"哥白尼式的革命",揭示出"理性"在"经验科学"这个"封地"上的"立法"位置、"自主""权力"。"先天性-a priori"原本是"理性""自由-自主"的一个"知性""职能";只是出现"道德"问题后,在进入"实践""领地"之后,一切"感性"的"事物"都转化成为"理念",一切"存在者"皆为"自由者",问题就开始从如何"管理""感觉经验"的"材料",转化为如何"协调""诸自由者"之间的"关系"。

列维纳斯所缺乏的正是这种"诸自由者"之间的"平等""关系"。

三、历史的知识与历史的论断

"历史"是"人""创造"的,而"人"本质上是"自由者","历史"是"诸自由者""关系"的"发展""历史",也是"真实""存在"的:"历史"是

"存在"的"发展",也是"自由""在""现实"中的"发展"和"开显"。"我"与"他"的"关系",同样也是"自由者"之间的"关系",而不是"主-客"、"主-奴"的"关系"。"我"与"他人"乃是一种"自由"的"平等""关系",乃是"人人为我-我为人人"这样一种"理念-理性-自由"的"关系"。"历史-自由"的"发展"固然有许多"曲折",因为"自由"要"开创"为"现实",道路并不是笔直的,"周道如砥",乃是诗人的理想,但是"方向"是"使""自由"逐渐地"成为""现实-存在"。

在这个意义上,"历史"倒不仅仅是"趋同",而且也还是"趋异"的;并不仅仅是"万物归一",同时也还是"一生万物":"历史"是"自由"的"发展",也就是"异"的"发展",而"异"的"发展",也就是"历时性-异时性"的,"历史""保护-发展"着"自由",也就是"保护-发展"着"多"。"历史""使""世界""更加""丰富多彩","历史""使""自由""存在","使""异""存在","历史""使""人人"都成为"自由者"。

这样,"历史-历时性-异时性"就不仅仅是"道德",而且也是"存在",也是"知识",它们在"存在"的基础上有一种"对立统一"的"关系"。

"历史""知识""何以可能"？按照列维纳斯的理论,我们对于"历史"只有"道德"的"感受-sensibility",而并无通常意义上的"知识",或者说,这些"知识"总是人的主观概念"结构"起来的,而不是"真实"的"历史-历时性-异时性",因为"知识"总以"存在"为"对象",而"历史-时间-异时性"乃是"外于""存在"的。

"历史知识"同样是追问、探讨"历史事件"之间的"因果关系"的,"寻求""历史事件"的"原因",如同一切"知识"那样,是"历史科学"的"可能性"的基础。但是也如同其他一切"知识"一样,"历史事件"的"因果关系"是"无尽"的,于是按照康德的哲学,"历史本身""不可知",如同一切"事物"的"本身""不可知"一样。

"事物-历史""本身""不可知",亦即"历史-事件"的"arche-始基-始因""不可知"。按照康德,"始因-第一因"原本不是"知识"的问题,而是"信仰"问题;然则又如德国古典哲学在康德以后的发展那样,这个"始因-原因"成为"可知"的了,理由正在于"始因-原因"不是"外于""存在","始因-原因""存在",只是这个"存在"乃是"蕴含"着"道德"-"自由"的"因素-原因-始因""在内",恰恰不是"外于"而是"内于""存在"。

"历史学"是"科学",不是"信仰",也不仅仅是"道德"。"历史学"当然不仅仅是"编年史",而且还要在这个基础上"寻求""历史事件"的"前因后果",使之形成一个"科学体系"。"历史学"揭示"历史事件"的"必然性",寻求"历史""发展"的"规律"。"历史学"寻求"历史"的"有效因",使"历史"成为"有效应"的"历史"(Wirkungsgeschichte-伽达默尔),亦即在众多"起因"中寻求"有效因(efficient cause-亚里士多德)"。

然而,"历史"既然是"人""创造"的,而"人"又是"自由"的,对于"自由"的"必然规律"的"知识",当然就更多一层困难。"历史知识"、"历史科学"的"对象",乃是"自由"的"存在者",蕴含着"诸自由者"之间的"关系",这种"关系"乃是"自由"的"因果关系",而且这个"关系"既是"对象-客体"的,也是"主体"的。

就"客体-对象"来说,"历史事件"-"过去的事实"之间的"因果关系"也不是"单一"的,而是"复杂"的。对于"历史事件"我们同样不可能"穷尽"它的"全部"的"起因-原因",要在"可能的""众多""起因"中"作出""决定性"的"判断-论断",乃是"史家"的"决断"。于是如同其他"科学家"一样,"史家"不仅是一个"科学家",也还是一个"道德家","史家"的"判断-论断-决断","笔下"有"千钧"的重量。

作为"道德者","史家"不仅"断定""事实",而且"断定""德性"。"史家"不仅"判断""事",而且"判断""人",或者"通过""事"来"判断""人",或者"通过""人"来"判断""事"。但"判断"总是"判断""什么","判断""什么""事","判断""什么""人"。"史家""断""事"和"断""人",都要"负责任"。

对于"断""人",中国"史家"有深厚的传统。《春秋》以"大义""褒贬古人",严格"划分""善-恶"、"忠-奸",所谓"春秋笔法"、"微言大义",在行文细小处也要见出"抑扬褒贬"。"因果关系"亦即"道德关系"。

只是这个"判断"乃是"史家""作出"的,他"作出"这个"决断-评判"有自己的"选择","史家""断史"是"自己""断"的,尽管"形成-造成"他这个"自己"的"决断"也有种种"时代-社会-个人"的"因素",但就"评判""对象"言,他既不能"掌握"该"对象"的"全部因果",则必定是"自由"地"作出""自己"的"判断"的,因而他这个"判断"并不能"保证""人人"都会"认同",盖因不能"趋同","决断-判断-裁判"才有"责任"。如果都像"形式科学(逻辑-数学)"那样具有"普遍性",则"责任"问题当可"淡化";对"不全"的作出"全"的"判断",于是"责任"问题就会出现-显现。

"责任"在于"于不全处"作出"全"的"论断"。"什么""人",要看他"做""什么""事"。"事"分"大小巨细","评判者-史家"不可能"事无巨细""全部""掌握"了之后再下"判断"。甚至"事"之"大小"虽有通常的"标准"可寻,但是何者为"大"、何者为"小",即何者为"有效因",也是由"评判者-史家""作出"的"选择",当对其"抉择""负有责任"。

试想果有"人"能"知"一切之"因果",则无论"古往今来",凡"事"对他说来皆为"命定",他或可无需"作出""自己"之"判断",一切皆为"自明",全无"责任"可言,亦无"自由"可言,而这种"设想"之"人-存在者",是为"全知","全知"即是"知全",则舍"神"其谁?吾辈凡人——史家也是凡人,故只能在"不完全"的"资讯"条件下,"作出""完全"的"论断"来,"判定"某某"是""什么""人",对于这个"论断"当有相当的"责任",而涉及"历史人物",则更有"历史"的"责任",这种"责任"之"警示",当为"篡改-伪造""历史"者戒。

一般来说,人们"占有-掌握""事物"的"资讯"犹如"韩信将兵、多多益善"。不过"资讯-资料"越多,要求"判断者-科学家-史家"的"素质-才能"就"越高",要负的"责任"也就"越大",的确如同"将兵",班、排、连长和师长、军长以及元帅、大元帅的"才能"和"责任"是不同的。"资料"太多,或许会让某些人"束手无策"。军事家、史家也都属于"科学家"的大范围,其理也一。

事实上,情况可能是:"知"之"越多","断"之就"越难";而"全知"就"无需""断"。这也许就是基督教那位"全知"的"神",对于"人间"——他的"创造物"的一切"罪恶"并无"责任"问题的理由所在。在这个意义上,"神"倒是"外于道德"的。

于是"知识"与"道德"的"辩证法"还表现在:"知"固是"德"的基础,"不知者不罪","动物"没有"监狱",但"知"之"增长"也增加"德"之"断"的"难度"。有些"历史人物"当我们"掌握-占有"的"资料""增多"之后,往往会使原来的"判断"发生"动摇"。"知识"常常"化解-理解"着"道德",因此"科学-哲学"也"化解-理解"着"宗教",尽管这个"化解-理解"过程不会"终止",从而没有可能"泯灭-消灭""宗教",更何论"道德"。

当然,道德评判的变化,也反映了"标准"随时代社会而变的问题,但是就在相同的经验标准下,因"资料"的增多,也会影响道德评价的"判断"。

史家常常感叹"人事幽冥",往往令史家不易"作出""是什么"的"判断",或者由于"新材料"的"发现","动摇"了"原有"的"是什么"的"结论-断定"。这种"动摇",并非"史家-评判者"的"主观""理由",而是"对象""客观"上的"理由"。出现这种情况,乃是因为"评判者-史家"不可能"穷尽""古人"所"行"的每一件"事情",更不可能"知道""古人"在"行事"之"时"的"动机",而只能根据"行事"所根据的"准则"来加以"判断"。但这个"准则"又是根据"事"的"因果关系""判断"的,多层的"因果""判断",影响到它的"准确性",从而很难"做到""盖棺论定"。当人事的"幽冥"一点一点"揭示"出来后,则往往总是"论"而"不定"。

"事情""发生"的越近,则资料一般也越多,要求"断者"的"去粗取精-去伪存真"的"功夫-素养"就越高,但尚有那"远古的""事情",资料太少,同样也要求"断者"的"眼光"和"决断"的能力。孔子觉得"证不足"的那些时代,难于"断"。因此远近、多少都有难处,这个"难处"不仅仅是"知识性",而且包含了因"知识性"在内的"道德性"。

这个问题推至极处,就有列维纳斯的"不可记忆"的"远古"问题出来。所谓"不可记忆"并不是时间太久被"遗忘",或是"记性"能力不够的问题,而是"不可能记忆",即"不可能""呈现"为"现时"由"主体-理性"加以"综合-组合-组装- assemble"起来成为"知识",于是"知识"被"括"了出去,只"剩余"下"道德"。

其实,这个"不可能记忆"的"远古",也就是"未曾出现"的"原因",是"需要""断者""作出""判断"的"原因"。在这个意义上,并不是只有"现时"才可以"断定","过去"和"未来"也都是可以"断定"的;"断定"的并不是"现时",而恰恰是"事物"的"过去","原因-始因"本就是"过去"的。

四、"说"与"什么"

"断定-判定"也就是"说(语)"。"说"总要"说"些"什么","断"也要"断"点"什么"。"说-断"出个"什么"来,"不说出个什么"来,不叫"发言",而叫"发声"。"发声"一般无"责任"可言,"犬吠"、"鸟语",皆为"无辜",唯有"言者"自有"责任""在"。盖因上述的理由,"说-断"皆含有"自由"因素在内。固是"言者无罪",但"言者有责","罪""责"固有轻重之分,但因"言""获罪"者不可胜数,"言者"可不慎哉!于是不仅是"闻者足戒",而且是"言者足戒"。

当然,"语言"的功能有多种。就基础论,"语言是存在的家","语言"住"在""自己""建筑-建构"的"家"里。这个"家"就是那个"什么",那个"存在"。

列维纳斯既然要把"道德-形而上学"当作"外于""存在",则"语言"也就"外于""存在",于是"说"在"说"(said)些"什么"之前,尚有一个似乎"单纯"的"说"(saying)。这个"单纯"的"说",不是"无辜"的,而竟然是一种"单纯""道德"的"说"。

这个"单纯"的"说",似乎也不是"单纯"的"自言自语",而是"有对"的,是"对""他者-他人"而"言"。按照列维纳斯,"不说什么"的"说"乃是"对""他人""责任"的"承诺",似乎这个"说"只有一个短句:"有我在- Me voici - I am here - there is me"。

然则,我们知道,"承诺"预设了一个"前提":"他者-他人"为"孤儿",为"赤贫",因而"我""必须"——这个"必须"为"公正-正义"所"决定"——从我嘴边把面包给他。

"我""说""他者-他人"为"孤儿-赤贫",此时"他者-他人"已是一个由"我""断定"的"什么",是一个"said",而不仅仅是"saying"。"我"的"责任"不在于"我"是"我","他"是"他",而在于"我""说""他"是"孤儿-赤贫","我"就"有责任""服务"于"他"。"责任"来源于"自由"的"知"和"自由"的"断"。你既然"说""我-他者他人"是"孤儿-赤贫",那你就得"服务"于"我-他人"。不管你的"断"有多少"资料-根据",你的"最后"的"资料"是"无资料","最后"的"根据"是"无根据",因而你既然"作出"这个"判断",你就得"负责任"。

"我"为"自己""作出"这个"判断"——"我""说""他"是"孤儿-赤贫"——所"找出"的"理由-根据-资料"越多,"我"的"责任"似乎就越少,但是"我""找"不出"充分"而又"足够"的"理由"来为"自己"的"判断-说法""辩护","我"无论"说""他"是"什么",并无"充足理由"来"维护""我",因而"我"并无"理由""逃避""责任"。"话出如风,驷马难追"。

在这个意义上,"言-说"也是"行"的一种方式,于是,列维纳斯"said"与"saying"之"距离"也就越来越缩小。"说"是一种"断定-决断"的"行",犹如"法官""断案",相对而言,"断者-法官"的"责任"竟然"大于""行者"。"断者-法官"的"判决"乃是"行者"的"动机",按照康德的意思,"善-恶"全在于"动机","责任"也果然在于"断者-说者-言者"。

或谓"诗人""无辜",诚哉斯言。

包括"诗人"之"言"在内的一切"言-说",皆是一种"思想"的表现,也是"自由"的表现,而"自由"必为"无辜",是"思想"的"先天"的"权利"。"自由"为"有责""无辜"。"责任"是对于"另一个自由者-他人"而言,"自由者"之间的"关系",也是"自由"的"关系","责任"也是"自由"的"责任","思想"的"问题",必得用"思想"来解决,而不可以用"武器"来解决。"思想"的"批判"固然"代替"不了"武器"的"批判",但是反过来,"武器"的"批判"也"代替"不了"思想"的"批判"。

"自由"是一种"开放""状态",也是一种"开放"的"存在"。"自由"的"断",乃是"在""不断"中的"断",因而不是"武断",不是"武器"的

"断",而是"思想"的"断",因而是"开放"的"断"。"自由"必须"承认""异"的"存在",亦即"另一个""自由者"的"存在",即使是"我""自身",既为"自由"之"身",则也是"开放"之"身"、"异化"之"身"。"我"的"断",乃是"不断"之"断"、"异化"之"断",无论这个"异断"是"我"自己"作出"的,还是"他者-他人""作出"的。

在这个意义上,"我"与"他者-他人"乃是"自由者"之间的"关系","主体间"乃是"自由间",是"平等-对等"的"关系"、"协商"的"关系",相互承认"存在权利"的"关系"。

"我"对"他者-他人"并非"母子-父子"的"关系",按中国传统伦常,"母"固然很可以为"慈爱",但愿"慈母"不要"转化"为"严父",而"父子"就在"君君臣臣父父子子"的"主-奴""关系"网中,演变下来,还是相当"可怕"的。中国历史上"因言获罪"的"文字狱",或多或少是从这种"严父"关系中"发展"出来的,而不是从"自由者"之间的"关系"中"发展"出来的。

2008 年 6 月 9 日于北京

"他者"与"自我"
——再读黑格尔《精神现象学》的一些感想

"黑格尔哲学"有自己的"命运",说来颇为坎坷。

黑格尔在世时据说也曾辉煌过,叔本华虽然极尽讽刺挖苦之能事,但未能撼动其地位。不过此后不仅尼采接过叔本华的"大棒",其学派内部也的确按照黑格尔之辩证法发生了"分化",从此一蹶不振。只有马克思这样有大智慧的人,才能公正地评价其哲学的历史地位。

黑格尔哲学还受到来自另一方面的批判。这个学派在英美的影响,激起像G. E.莫尔这样的实在主义者的反击,流风所及,直至后来的实证主义及逻辑分析学派。而欧洲大陆的哲学,后来虽有三个"H"(黑格尔、胡塞尔、海德格尔)之说,但是克尔凯郭尔"实存主义"之兴起,尼采之复苏,黑格尔哲学似乎又要成为"死狗",于是海德格尔才要为其作出辩护。

我们这一代的中国学人,从学习马克思主义哲学,上溯其来源,一个时期相当重视批判地研究黑格尔哲学。在从康德到黑格尔的"德国古典哲学①"范围内,按马克思,对黑格尔评价最高,故受到更多的重视;但研究的思路受到相当的限制,在前苏联的某些影响下,不免有简单化的毛病。

这样,到了80年代初期改革开放,拨乱反正,对黑格尔哲学的研究和思考,被新一代学者"搁置"起来,一时间遂有"重康德,还是重黑格尔"

---

① 或谓西方只有"德国唯心论"而无"德国古典哲学"一说,我觉得"德国古典哲学"一词有其合理之内涵,故仍沿用之。

之议。

事情又经过二十多年。这几年我反复-来回再读黑格尔的书,思想似乎又回到了"过去",只是不像"过去"那样"简单化"——我深感,过去我对黑格尔哲学的理解,过于浮浅,而做哲学,最忌一个"浅"字,因为"哲学"原本是"在""深处"的学问。

一、黑格尔哲学对康德哲学的推进

我们并不着眼于区分康德和黑格尔的"优劣",就评价言,他们犹如伦勃朗与毕加索那样不能以"优劣"来评论。只是为了理解思想的历史发展线索,我们要看看黑格尔在哪些方面"推进"了康德的思路。

我认为,从康德到黑格尔这条"古典哲学"路径的发展基础,是奠定在对"人"的"精神世界"、"理性世界"的理解上,也就是"人"已经将自己的"自然"方面暂时地"搁置"起来(用后来胡塞尔的话)以后,来看"人"的"精神世界",或作为"理性"的"人",它的"世界"的特点及其"能动性"的问题。这是一个理解的"前提"。在这个"前提"下思考"精神",思考"理性",因而它的重点就不仅仅是在"吃饭-穿衣"这些物质的方面;不是说这些方面不重要,而是说,除此之外,也还有一些堪称"重要"的问题。有了另类的重要问题,才可以理解"杀身成仁"这类的精神性、理想性问题,也才会有"奉献"、"牺牲"这类的问题。正如黑格尔在《精神现象学》开头不久说的:"在文化的开端,即当人们刚开始争取摆脱实质生活的直接性的时候……"①

这两类问题当然是密切相关的:"物质-自然"的问题,必定"上升"为"精神-自由"的问题,而"精神-自由"的问题,也必定会"下降"为"物质-自然"的问题。然则,我们理解"德国古典哲学"或"德国唯心论",当以"精神-自由"这个世界为"立足点"与"归依"。它认为,真正的"历史"从这里"开始",此前则是"人"的"史前"阶段。"人"不是"动物","人"的"历史"不是"动物史";"理性"也不仅仅是"工具",就对应"自然"挑战的

---

① 黑格尔:《精神现象学》(上卷),贺麟、王玖兴译,商务印书馆1962年版,第3页。

"手段"言，动物在总体上固然相当低级，但在某些方面，甚至比人类还更高明。然则，"动物"没有"德国古典哲学"意义上的"理性"，因为它们没有这层意义上的"自由"。

"理性-精神"之本质在"自由"。"德国古典哲学"的核心问题，在于理解"自由"的发展历史，其中当然涉及这个"自由"与"自然"的关系，在他们的意义上，涉及"自由"与"必然"的关系。然而更重要的，也在于"自由（者）-自我"与"另一个自由者-他者"的关系。德国古典哲学这一理路，是对于"理性启蒙"思潮的发展、深化和成熟。

"自由"这个问题固然在奥古斯丁那里已经被提到了相当的高度，但是将其引进哲学的深层次，成为一个哲学的核心问题，始于康德。康德将"自由"观念置于他的"批判哲学"的"顶峰"，作为"道德-实践理性"的"根据"和"基础"："理性"在"实践"上原本就有"能动性"，道德行为只有出自"自由"（因），谈论"责任"，才是有"根据"的。

康德这个"自由"，被后人批评为形式主义的，因为它与一切感觉材料无关，完全脱离"现实"，因而是"无内容"、空洞的。康德在"知识论"里批评那种"空洞无物"的形式主义，但是到了道德-实践领域，却倡导理性的形式主义，引起批评，当是很自然的事情。哲学的工作，当然不仅仅在于指出一种"失误"，而且要在自己的工作中自然地"消除"这个"失误"。康德以后，费希特、谢林正是做了这样一种工作，而黑格尔应是总其大成者。

克服康德的形式主义，并不是要抛弃"自由"的观念，而是深挖康德对于这个观念尚未见到或不很清楚的方面，即"自由"的"内容"方面和"自由"的"现实"方面。

其实，康德并非完全忽略了"自由"的"现实""内容"方面，只是他把这种"充实""自由"的"内容"的"现实性"，推向了遥远的"天国"，认为只有在这个假想的王国里，"自由"才有"充实"的内容，"自由"才是"现实"的。康德实践-道德由"自由"通向"宗教-基督教"。

这就是说，在康德意义上的"现象界"，"自由"只与"必然-自然""对立"。就"自由"言，它是"唯一的"，"自由"不允许有任何"界限"。

然则，按照康德的"启蒙"观念，没有"界限"的"理性"，乃是"不成熟"的表现,他在"知识论"里所作的工作,就是为了"划定""理性"对于"知识王国"的"职权范围"。

"自由"固然不受任何外在的"限制",但是它仍然可以是"具体"的,有"内容",因而有"界限"的;"另一个自由-他者""限制"着"这一个-自我"。"自由"不是"唯一者","自由(者)""之间",也有"关系"。"自由""在""自由(者)"的"关系"中。

有了"关系",才能成"体系-系统",才能成"王国"。

黑格尔的哲学,正是这种"自由(者)"的"体系",是"自由(者)""之间"的"关系",是"自由(者)""之间"的"逻辑""关系"。

于是,这样的"逻辑"就不仅仅是"形式"的,而是"现时"的、有"内容"的,是"自由"的"逻辑"。

康德哲学也以改造传统逻辑为己任。康德甚至认为,传统逻辑之所以自亚里士多德以来直至休谟进步甚少,正在于它止于"形式"而缺少"内容"。于是他的知识论讲的是"先天综合",既是"先天",又具有"经验内容"。这样,他理解的"知识",才不仅仅是"形式"的,而是含有"经验知识"的"科学"。

然则,康德之"先天综合"也只是止于"经验科学",至于真正的"实践"领域,人生道德实践、社会实践和人类历史发展,只有在可以简约为"经验科学-因果系列"的范围之后,才具有可以推理的必然性。这样,他尽管申言"意志自由"乃属于"理性",甚至是最高的、最纯粹的理性,但是他的"自由"却和"逻辑"无关。而在此意义上,黑格尔的改造传统逻辑的工作,就比康德彻底得多——不仅"自然界"有"逻辑",而且"(由自由者组成的)自由界"也是"合逻辑-有逻辑"的,因而是"合理的-有理性的"。①

这样,黑格尔的工作,就不仅将"自由"问题更加牢固地置于"理性"的范围内,而且还将"逻辑"的"合理"精神,贯穿于整个"哲学"的体系,而避免了康德只限于在"知性"范围内讲"逻辑"的局限性。在这个意义上,黑格尔的《精神现象学》也可以说已经意味着"精神-理性"的"逻辑学",他后来从《精神现象学》到两部《逻辑学》的过渡,也就很自然了。黑格尔《精神

---

① 从这里,似乎也可以看出,为什么叔本华极力诋毁黑格尔,而保持了对康德应有的崇敬;同时也可以理解,叔本华为什么反对将"自由"理解为"第一因",反对"充足根据律"。

现象学》已经蕴含了他的"逻辑学"的"体系"①。

二、"自由(者)"之"间"的关系:"自我"与"他者"与"精神"

《精神现象学》有一篇很精彩的"序言",并不是解释何谓"现象学",而是强调"精神"的"历程"何以开展为一个科学发展的过程,亦即:有一个合理的"逻辑"过程,而这个"逻辑推理""过程",与"现实"的"历史""过程",又是"同一"的。这就是说,"精神"的"理性"发展过程,不是"偶然"的,而是一个"可以理解"的"科学历程"。

然后,黑格尔从"意识"出发,陈述(解释)从"感性确定性"开始的这个"精神"历程:经过"外在""知觉","意识"进入"自我意识",然后进入"理性","精神"回到自身,遂有伦理、法权、信仰至启蒙到"绝对知识",这样一个"圆圈"式的发展过程。

为什么是一个"圆圈"?黑格尔这个"圆圈"引起种种批评,也是理所当然。然则"圆圈"之所以"必要",乃在于"保持""精神""自由"之"身",在"过程"中"保持""自身"。而这个"圆圈"之所以未曾"封闭",乃在于在"过程"中,"自由"、"精神"并非"止于""原点","止于原点"并非"圆圈",而只是一个抽象的"点","圆圈"之所以为"圆圈",是在于它"运动""不止"。于是此种"圆圈",被正确地理解为"螺旋"式的,或谓只有"螺旋"式的,才是真正的-并无止境的"圆圈"。当"精神-自由"表面上"回到""原点"时,它已经得到"提高-升华",已经"充实"了"自己"。

"精神-自由"在"回到"、"保持""自身"中,得到"内容"。"自由"、"精神"不是形式的、抽象的,"圆圈"也不是形式的、抽象的,而是充实的、有内容的。

黑格尔这层意思,倒并非说"精神-自由"就没有"形式"。

应该说,黑格尔的"自由"仍然保持着康德那种"摆脱一切感觉经验材

---

① 这种蕴含关系,我们在后来胡塞尔哲学里,似乎也能发现,只是次序是颠倒了的:胡塞尔的"现象学",蕴含在他的《逻辑研究》中。

料"的基本含义，黑格尔的新贡献在于"自由"并不"止于""形式"——"自由"自己"创造"自己的"内容"。此话怎讲？

黑格尔意义上的"自由"，并不完全"消极"地"对待""感觉经验材料"，而是同时也要以一种"积极"的态度将那与"我-自由""坚硬对立"的"自在"的"外在""存在""转换"成"为我"的"内在""存在"。"我"作为"自由者""发现-意识到""有"一个"外在"的"存在者"与"我-自由者""对立"。我们不妨理解为，这是"意识-觉醒"的"第一步"。此时，"我-自由者""意识到"有一个"不同于我"的"他者""存在"，这个"存在"是"给予""我"的，是"既定"的，它与"我""对立"。然则，与此同时，于这个"他者"的被发现同时，"我-自由者"也"意识到""有"一个"自我""存在"，这个"自我""可以-有能力""摆脱""感觉材料"之"给予"，它是"自由"的。

在这个意义上，"自我"与"他者"同时"被意识"、"被发现"，"自由"与"自然"同时"存在"。

在这"意识"的"初阶段"，这两种"存在"是"坚硬""对立"着的，而此种"对立"，同样也是一种"关系"——"自由"并不是在真正的意义上与"自然""脱离-摆脱"了"关系"。"自由"虽"摆脱-脱离""自然-感觉经验"，但仍"在""关系"中；只是这时的关系，乃是"抽象"的，"片面"的，所以才叫"僵硬-坚硬"的"对立"，这是一种"外在"性对立关系。这就是说，在这个阶段，不仅"自由-自我"是"形式"的，"自然-感觉"也是"形式"的。

在某种意义上，康德没有彻底克服这种"形式主义"，即使在他的"知识论"里，尽管强调"科学知识"必须具有"感觉经验"之"内容"，但他为"批判哲学"与"经验科学"划有严格界限，前者只为后者的"可能性"作出理论的论证，于是使"哲学"停止在广大的"经验领域"的门外，对康德来说，"哲学""止于""批判"。

与此不同，黑格尔在这个基础上，将"哲学"推进广大的"经验领域"，从而扩大了"哲学"的"领地"，但又不将"哲学""下降"为"经验科学"，而是将"经验""提升"到"哲学"的层面来思考。

"哲学"这种"提升"的"能力"，来自"对立统一"和"对立转化"之

"辩证法",在黑格尔,这种"辩证法",乃是"精神"的"特性"。

何以"需要""精神"?"精神"是从哪里出来的?

"自由-自我"要"有能力"在"自然-他者"中同样不丧失自己,在"他者"中"保持"住"自己-自我",在"自然"中能"保持"住"自由",在黑格尔看来,只有"精神-Geist"才能"做"到。"精神""有能力"在"对立"中"保持""自身同一"。

黑格尔这一伟大思想,揭示了"人",也唯有"人",才"有能力"在"自然"中,在"大千世界"中,不"丢失""自己",不"丧失""自由"。"人"靠什么"有"这种"能力"?靠"精神"。

同样的,正是有这种"精神","人"才"有能力"将作为"他者"的"自然""吸收"进"意识",使"意识""提升"为理性。于是,"人""有能力""获取""知识",这样,"自然"才有"条件"成为"知识"的"对象"。一切"知识",都"贯串"着"精神",在黑格尔,则都是"精神"在不同方式下和阶段中的"显现",于是才有"精神现象学"。

于是,由于有了"精神","自由"进入"自然",不当不会"丧失""自己",而且会将"对立面""消解-吸收""回来","充实""自己",此时的"自己-自由-自我",已"今非昔比",它是有"内容"的,有"实质-材料"的,这样的"自由",才是"真实"的,"现实"的。康德意义上的"自由",因其为"形式"的,也仅是"理想"的,它不"现实",因而为"非-存在"。黑格尔的"自由",才是"真实-现实"的,因而是"存在"的。

在这个意义上,"精神"的"力量",也就是"(使)存在"的"力量",即"保持""存在"不使"消亡"的"力量"。

当然这不是说,强调"辩证法"的黑格尔竟然要否认"事物"之"变化-消亡",这种"感性具体事物"之"生灭变化",远古的人就能有很深的体会,不待黑格尔赘述①。黑格尔的贡献还在于揭示"精神"之有"力量"在"幻灭"中"保持""自己",黑格尔的主要工作恰恰不在于指出"人生如梦"、"幻灭无常",而在于指出在这种"生灭(轮回)"中,有"永恒-常驻-无限"(之

---

① 过去我(或者还有不少和我同时代的人)理解黑格尔,常常着重在或"止于"他的"变化-发展"思想,现在觉得是片面了。

"力量")"在"焉。

"精神"是一种"保持"的"力量",也是一种"摧毁"的"力量"。"精神""摧毁""自我-自由",进入"自然-他者"。"自然"原本"自在",只是在"精神"之"关联"中,"被意识到"为"他者",亦即:"精神"之"力","使""自我"与"他者""对立",就"人"原本为"自然"言,"精神""使""自然""一分为二"。

"精神""摧毁"那朦胧的、原始的"天人合一"。

"精神""使""自然"与"自我""对立"——在这个意义上,"精神""创造"了这种"对立","精神"的本质在于其"创造性","精神"于是也"使""自由"与"创造"结合起来。

然则,"精神"又在"他者"中"保持""自身-自我",在"自然"中"保持""自由","精神"正是这种"使""对立面""同一"的力量。

简单的、直觉的"天人合一",并不展现"精神"的"力量",只有通过"对立"之斗争回归为"同一",才是"精神"的"力量"。既曰"斗争",就有"过程","精神""力量"之展现,也是一个"过程"。由"过程"之漫长,积蓄之"力量"才可言其"大","精神"之"力"也才不是"抽象"的,而是"现实-具体"的,才有"量"可言。

关于"精神"之"力量",黑格尔在《精神现象学》中有很深入的阐述,在谈到否定物时他说:

"偶然的事物本身,它离开它自己的周围而与别的东西联结着并且只在它与别的东西关联着时才是现实的事物,——这样的东西之能够获得一个独有的存在和独特的自由,乃表示否定物的一种无比巨大的势力,这是思维。纯粹自我的能力。死亡,如果我们愿意这样称呼那种非现实的话,它是最可怕的东西,而要保持住死亡了的东西,则需要极大的力量。柔弱无力的美之所以憎恨知性,就因为知性硬要它做它所不能做的事情。但精神的生活不是害怕死亡而幸免于蹂躏的生活,而是敢于承当死亡并在死亡中得以自存的生活。精神只当它在绝对的支离破碎中能保全其自身时才赢得它的真实性。精神是这样的力量,不是它作为肯定的东西对否定的东西根本不加理睬，犹如我们平常对某种否定的东西只说这是虚无的或虚假的就算了事而随即转身向他不再闻问的那样，相反，精神所以是这种力量，乃是因为它敢于面对面地正视否定的东西并停留在那里。精神在否定的东西那里停留，这就是一种魔力，这种魔力就把否定的东西转化为存在。"①

之所以长篇引证，因为我觉得这一段话很值得多加体会。

"死亡"是纯粹的消极性。就一般事物的"消亡"说，"死亡"乃是从"一事物"向"另一事物"的"转化"，就该事物言，是由"有-存在"到"无-非存在"。"事物"发展，由"生"到"灭"，有"始"有"终"。"事物"之"终结"，往往就是"向另一事物"之"开始"。

然而，"终结"除了此种消极-消亡的意义外，还有一层积极的意义，这层积极的意义体现在"完成"这样一个观念中。人们说，一件事情"完成"了，并不意味着该事物的"消亡"和"终结"，而恰恰是意味着该事物的"开始"。日常语言中"完了"观念的这种消极和积极的双重意义，说明了事物存在与非存在两种形态的辩证方面，而在黑格尔看来，"精神"的发扬，使人们有能力加深对事物的对立意义之理解。

一方面，"精神"从其自身"无限"之特性，可以见出一切有限事物必终归于消亡。"精神""透过现象看本质"，透过"存在"看到"非存在"，无论多么辉煌伟大之事物，即使在其"鼎盛"时期，"精神"皆有能力看出其逐渐走向"消亡"之趋势，亦即，看到它的"内在矛盾"，必将使其"自身""分化瓦解"。一切"有限事物"，不可能"永恒"。

然则另一方面，"精神"除了这种"否定"力量外，尚有一种"肯定"的力量。过去我只是重视"精神"的这种"摧毁"性的作用，把世间万事万物都看成仅仅是"过渡性"的。任何丰功伟绩，皆会"灰飞烟灭"，到头来，都是"万事空"，而嘲笑那执着于"事功"孜孜于尘世功名富贵的，为"看不开"。且不说一种美其名曰为"豁达"精神之空洞无物，或尚有一点"酸葡萄"的味

---

① 黑格尔：《精神现象学》上卷，贺麟、王玖兴译，商务印书馆1962年版，第21页。后一段引者改变了字体，以示重点。

道；就其对人类"精神"能力来言，也具有相当的片面性。

上引黑格尔那段话，却是很中肯地阐明了"精神"的积极的、对世上种种美好伟大事物之"保护"性意义。

"精神""有能力""保持"住事物的"终结"，使"完成"了、"终结"了、"消亡"了的"事物""长存"。"精神"不仅"促使""事物""消亡"，"精神"还"阻遏"事物之"消亡"。

"精神"这种"力量"，来自于它不同于一般"理智-知性-知识"的特性，如上文所引。当"知性-知识"告诉我们，"该事物""正""存在"时，"精神"看到其"正""非存在"；同理，当"知性-知识"告诉我们，"该事物""已""非存在"时，"精神"却"有能力-有理由""宣称""该事物""尚""存在"。

当然，"精神"并无"能力"-并无"权力"把"活"的说成"死"的，也无"能力"和"权力"把"死"的说成"活"的，"精神"不会"指鹿为马"；"精神"只是在"意义"上注重对立面转化的辩证法，揭示"事物"自身的内在对立矛盾的两面，"精神"这种"能力"和"权力"来自"事物""本身"——"事物本身"之"存在"与"非存在"之"统一"，"精神"因其"不受限制-无限"性——即不受任何"片面性"之"限制"，"限制性"即"片面性"——而"有能力-有权力"揭示"事物"之"全面"之"真实"本质。

就个人之存在来说，"生"-"死"乃是个人"生命"之"始"-"终"，任何"物质"的力量不能"阻遏"这个"过程"，"精神"在"物质"上也没有能力阻遏它，"精神"不能在物质实际上阻止"死"的到来——人类的科学技术固然有能力，也有必要"控制"人类自身（以及其他生物甚至非生物）"生"-"死"的"速率"，可以延缓或加速这个"过程"，但绝无能力"避免"这个"过程"；但是"精神"却可以-有能力在"意义"上"超越"这个"过程"。

这就是说，"精神"不是在实际上阻止这个"过程"，相反的，它实实在在地"承认"这个"过程"，而不是将"生"-"死"作为一个"无内容"的"点"，任其"稍纵即逝"。"知性"执着于"事物-生命"之"质-点"的理解方式，"生"就是"生"，"死"就是"死"——"存在"就是"存在"，"非存在"就是"非存在"；"精神"之辩证法在于将僵固的知性的"质-点"观念，转化为"质-过程"的观念，"生"-"死"为"同一"之"过程"。因此，"事物-生命"之"质"原本具有内在矛盾,"同一"之"事物""一分为二"。

在这个意义上,"死"固然为一"质变-突变",但仍有"(一)生"之"量(变)"之积累,"死"蕴涵着"(一)生",凡说到"人"之"一生",往往意味着斯人已然逝去,"一生"为"终生"。

"精神"全面把握"质"和"量"的关系,也全面把握"点-线-面"的关系,使"知性"之僵固的抽象关系"流动"起来,成为一具有内在"不可分割"之同一个"过程","生-死"不仅在抽象意义上"不可分割"——诸如"没有生哪有死"之类的意思,而且在真正的"实际上""不可分割",亦即因"生""死""相互包容"才使它们"相互转化","生"的"过程"与"死"为"同一"个"过程","存在"与"非存在"作为过程"看",原本是"同一过程"。

"死"作为一个"点","稍纵即逝",但作为一个"过程",就会跟"生"一样是一个"绵延",就具有被"持续-保持"之可能性。那个"无限(制)"的"精神",把那"稍纵即逝"的"抽象"的"点"交付于"知性",而将这个充满内在矛盾、"存在-非存在"相互纠葛着的"过程"收回到"自身"中来。"精神"勇敢地承认、面对"死"这个"最严重"的"质变""点",如实地将其"收回"到"过程"中来,使其不会"稍纵即逝",而得以"绵延",得以"延续",得以"保持"。

在这个意义上,一个人虽然"死"了,但他一生之"事业"并未随着"瞬间"作为一个"点"而消失,所谓"死而不亡"当是指此种意思。而通常所谓"精神不死",并非"死者"真有什么"精神-灵魂"游荡于太空之间,而应是人们之"不死"观念,盖来源于"精神"之辩证法。"精神"于"他者"中"看到-保存""自我";于"死"中,"看到-保存""生"。"精神""面对-肯定-直面""死",也正是"面对-肯定-直面""生";"保存""死"正是"保存""生"。

黑格尔说,"精神"需要很大的力量保存住"死",因为"精神"所要"保存"的不是一个"点",而是整个的"过程"。"精神"的力量越大,其"保存"的"过程"就越长,而其持续性也就越远。

"精神"之所以有能力和有必要"保存""死",乃是因为有"他者""在"。

"自我"已经"终结","他者"尚"在""开始"。

从上述意思来看,"知性"或能"保存"一个"点",譬如某人"生于""何年何月何日",又"死"于"某年某月某日";如果此人重要一些,或也能将其一生"事功-事实""载入史册"。然而"知性"之"历史事实"乃是将该人"一生""简约"-"抽象"成"事功-事实"之间之"因果必然"联系,从而对其"一生"作"经验科学"之把握。"学习"此种"历史"之"他人",并非真正之"自由者",他"无权"对于"事实"之"因果联系"作出"改变"和"选择"。此时"他人"亦是"自我",在种种"条件""限制"下,"事实"只能-必然"如此这般"地"造成",任何人不得"例外"。这种"经验科学"性的"保存",乃是将"连续性""切断",将"人世"作"一点"、"一点"的"累计",以此求它们之间的"因果-推理"的"关系"。

"精神"对于"生死""一世"之"保存",不是将其作为"必然环节"的"保存",而是作为"自由绵延"之"保存"。

我们说,唯有"精神"之"保存"为"真正-真实"之"保存",乃是"意义"之"保存",而非"事实"之"保存"。"既成事实"只能"保存"于"过去"之"记忆",只有"意义"之"保存",才"贯穿""过去-现在-未来"——"人生"之"意义",只有通过"(自由)精神"之"提升-陶冶",才能"穿越""个体"之"死","进入""未来",从而,这个"死",才"带着"它的"意义",对于"生者-未亡人-他者"起到现实实际的"影响"的作用,于是伽达默尔有"有效应历史"之说。

只有一个"自由者"才能真正"理解""另一个自由者";只有"精神"才能"保留-存留""自由",使"自由者""死"而不"亡",使"自由者"不至仅仅"简约-抽象"为"一个点",仅仅为"一个必然"的"环节"。"精神"之"大能"在于"使""自由""存在",而海德格尔所谓"存在"乃是"使(之)存在",在黑格尔的意义上,乃是"精神""使""自由""存在"。"精神"不仅"使""生""存在",而且也同时"使""死""存在";或者甚至可以说,既然"人固有一死",则唯有"有能力""使""死""存在",也才"有能力""使""生""存在"。

"精神""使""自由""存在",即"精神"有能力揭示、展示"死"的

"积极"的"意义","死"将"一生"的"完整""意义""保存"下来,亦即将"一生"之"自由"——"一生"之"兴衰-荣辱-矛盾斗争""全面"地"呈现"出来,而这种"意义"的展示,当会"影响""另一个(些)自由者",与"他们-他者"有一种"活"的"交往",遂使"死者""虽死犹生",从而如黑格尔所言,"精神"有"大力量-大能""保持住""死",不使"湮灭"。

三、"精神"、"自由概念"与"逻辑"

在黑格尔,"精神现象学"必趋向"精神辩证法",亦即"精神逻辑"。"现象学"与"逻辑学"统一。

如何理解黑格尔的"逻辑学"是一个艰巨的课题——康德对于"哲学"止于"批判",而黑格尔却能按照这条道路,通过"精神现象学"走进"逻辑学"的领域,使"逻辑学"有一个彻底的观念上的转变,也使"哲学"作为一门"学科-科学"有了一个自己"安身立命"的地方。

黑格尔之所以能够将传统"逻辑"的"改造"工作向前推进,乃在于他将他的"精神"的意义贯串进通常的"逻辑"形式之中,使之有"另一种"面貌。

我们知道,通常的"逻辑",乃是"思维"的"规律-规则",涉及的是一般"符号"之间的"关系",而逻辑"符号"虽有"变项"、"常项"之分,但并不涉及其"所指"的"存在"与否。也就是说,"逻辑"只是关乎"符号"之间的"形式"关系,而将它们所指"对象"的"存在"关系"悬搁"起来。

不错,康德之改造"形式逻辑",对于所指之"对象"在他的"先验逻辑"中是被接纳了进来,因而,他的这种"先验逻辑"也就是"知识论"。而正是在他的"知识论"范围内,康德讨论"存在"问题。"存在"问题必与"经验"有关,这是康德所坚持的,因而他的"先验逻辑"不同于"(传统)形式逻辑"。"逻辑"形式要进入"经验",才能成为"(科学)知识"。于是,康德将"(传统)逻辑"改造为"知识逻辑","经验逻辑","(经验)科学逻辑"。所以,康德哲学已经不再单纯涉及"思维"问题,而同时涉及到"(经验)存在"问题。

不过，康德哲学以后的发展，显示出这种改造工作尚未彻底：康德固然考虑到"思维"和"存在"两个方面的问题，但他认为，这二者都有各自的"来源"，"知识论"的工作，只是把它们"结合"起来，只有二者的"结合"，才有"先天综合"的出现。在这个意义上，我们看到，康德仍然拘泥于"逻辑"的"形式"性："逻辑"是"先天的- a priori"，而"综合"是"经验"的，"存在"是"后天"的。对于这二者的"结合"，应该说，康德竭尽了全力，只是他将二者"定位"于"两个来源"，这种"结合"工作，就其哲学意义言，虽不能说"劳而无功"，也总是"事倍功半"了。

这种"思维"与"存在"不同一的二元局面，到了费希特已经被打破了。

费希特说，"A 是 A"这个恒等式-重言句，固然不问"A""存在"与否都是有效的。但是，两个"A"因在句子中的"位置"不同，而"意义"也是不同的，前一个"A"在"主位"，为"主语"，后一个在"宾（客）位"，为"宾语"。

"A 是（等于）A"与"A 不是（不等于）非 A"同值，进一层的意思是："非 A"原是"A"的"否定"，它们"同是""A"，只不过一个为"肯定"，另一个为"否定"而已。"A"与"非 A"同出一源，而不是两个来源。

这样，我们对于"思维"与"存在"的关系，就可以有一种不同于康德的理解。

"思维"为"主体-我"，而"存在"为"客体"；如果"思维-主体-我"相当于"A"，则"存在-客体-经验存在"就是"非 A"，于是"我"与"非我"在康德那里"分离"的两个原则，在费希特这里就成了一个原则，它们有同一个来源。在这个意义上，费希特才说"自我""设定""非我"。

我们看到，黑格尔虽然批评费希特"A 是（等于）A"这个命题的抽象性，缺乏进一步的发展环节，但是这个"思维存在同一性"思路的基础，当是费希特奠定的。

什么是黑格尔的"进一步"的工作？

黑格尔的辩证法要在"他者"中"保持"住"自我-自己"，并将"他者""收回"到"自我-自己"这样一个"过程"，这个辩证法同时也保证了"思维"在"存在"中"保持"住"自己"，并将"存在""收回"到"自己-思维"中来。这样,"思维"就是有"内容"的,而"存在"也就是有"意义"的。也就是说,"思维"有"存在"的"内容","存在"也有"思维"的"概念"。

黑格尔哲学强调"概念",经常在《精神现象学》中批评谢林的"直觉"把握方式是"无概念"的。说"直觉"为"无概念",不难懂,但是他还说"知性"也是"无概念"的,就令人费解了。可是他在《精神现象学》"序言"一开始就指出:"再者,在这样一种不配被称之为科学的知识堆积里,谈论目的之类普遍性的东西时所采用的方式,通常也就是叙述内容本身如神经、肌肉等等时所使用的那种历史性的无概念的方式,两者(另一种是黑格尔前面批评的只重结果不重过程的方式——引者)没有什么不同。"①

上引"解剖学"的方式,为什么在黑格尔看来是"无概念"的?难道"经验科学"不运用逻辑"概念"?黑格尔哲学意义上的"概念"与通常逻辑意义上的"概念"有何区别?又怎样去理解这种区别?

我们已经意识到,黑格尔哲学的"概念"必定有不同于通常逻辑"概念"之处。

我们也理解到,普通逻辑里讲的"概念",是"抽象"的,而黑格尔的"概念"不是"抽象概念",而是"具体"的,是"具体共相",这当然不错。只是我们还要进一步追问:如何理解这个"具体共相"?"人、手、足、刀、尺","日、月、山、川"这些"事物"不就是又"具体(有所指)",又是"共相(抽象)"吗?这些"概念"与经验事物不都有"一一对应"的关系吗?

于是想到,黑格尔哲学意义上的所谓"概念",必另有所指。

原来,黑格尔之所以不仅批评"直觉-直观"为"无概念",同时还批评"知性"为"无概念",乃在于他之所谓"概念"是与"存在""同一"的,亦即:在"他者"中"保持"住"自身",在"思维"中"保持"住"存在",在"存在"中"保持"住"思维"的意思。

"概念"是"思维"的事,但它却是"存在"的"本质"。"存在"要"保持"住"自己"的"本质",必为"概念";而"概念"要有"内容",则必为"存在"。"思维"与"存在"之"同一性",表现为"概念"与"存在"的"同

---

① 黑格尔:《精神现象学》(上卷),贺麟、王玖兴译,商务印书馆1962年版,正文第1页。

一性"。"概念"为"存在"之"本质",而如果"本质"乃是最"真实"之"存在",则就有理由说,唯有"概念"才是最"真实"之"存在"。黑格尔这种道理,至少杜绝了那种以为头脑里一切"幻想"出来的"概念"似乎皆可为"存在"那种误解,关键在于,黑格尔哲学之"概念"有自身含义,有自己的理解。

"存在"要"守住"自己的"本质",也就是要"守住"自己的"概念"。

我们已经可以看出,"概念"这种"守护"的"力量",来自于"精神",来自于"精神"的"自由"之"力量"——即在"他者"里"保持"自身。"精神""阻遏""事物"之"分崩离析",避免陷于"混沌"而保持事物之"界限",使"事物"成其为"事物",即保持"事物"之"本质"。"精神"要发挥如此的"力量",则非"概念"莫属。

"概念""行使""精神"之"自由""权利",在"非概念-他者"中"保持"住"自己",在"大千世界"中不"迷失""自己",在"瞬息万变"之"流"中"树立""自己"之"标识"。"精神"通过"概念""留住""事物"之"本质","留住""事物自身";"精神"通过"概念""阻遏""事物"之"瓦解"。"精神"通过"概念"使"事物""存在-存留"。

通过这个"精神"的"自由"发展,黑格尔使"概念"与"存在",使"思维"与"存在"达到了"同一"。在黑格尔的哲学理路中,既然"事物"之"本质"才是真正的、真实的"存在",则作为"事物本质"的"概念",就正是那真正-真实的"存在"。

于是,黑格尔由"精神"之辩证法,进入"概念"的辩证法,而这种辩证法,又是真正的、真实的"存在"之辩证法。由此,黑格尔哲学从"现象学"进入"逻辑学",而它们的基础,又皆为"存在论-本体论"。

"现象学"已经奠定"存在论"之基本意义,现在的问题则是:"逻辑学"又如何与"存在论"成为"同一"的学问,亦即:"概念"如何在"逻辑"系统中,成为"真实-实在"?

"逻辑"涉及"概念"、"判断"、"推理",其关键在于"概念"。"改造""(传统)逻辑"的关键,也在于"转变"对于"概念"的理解。

"逻辑"的一个基本形式为"主宾(表)结构"。当这个结构运用于日常经验知识时，它的"主"和"宾（表）"有不同之"所指"，而且由于它们性质不同，在理解上不可、也不必"置换"："主语"不等于"宾语-表语"。譬如：

"（这）桌子是圆的。"

"他（这人）是工人。"

"主语"为一"实在"的"个体"事物，而"宾语-表语"则更加宽泛，乃是一个普遍的"概念"。这时作为"宾（表）语"之"概念"，并无"实在性"；对于"主语"这个"自我"来说，为一"他者"，为"非我"。

然而，在黑格尔哲学里，"精神"有力量在"他者"里"保持""自我"，并使"他者""返回""自我"。这个"精神"的原则在"逻辑学"里的贯彻，就使得"逻辑""主-宾""格"的关系有了新的层面，它们那种"对立"的"矛盾"关系会发生"转化"："主宾-主表"的"格位"，可以而且必定"置换"。

这就是说，"桌子""在"非常宽泛的"圆（性）"中"保持"住"自己"，"桌子"仍是"桌子"，不会在"圆（性）"中"消失"；同时，"精神"还能将"圆（性）"这个宽泛的"概念""吸收"回"主位-桌子"中去，使"主位-桌子"也得到规定，成为"圆桌"。这样"相互制约"、"相互转化"的"主-客位"的"运动"，就成为"概念"的辩证法。在这个辩证的"精神"理解中，作为"个体-实在-实体"之"主位"，把那"宽泛的"宾位"吸收回到"自身，也就使得"宾位""概念"得到"主位"那样的"个体 实在 实体"性，而不仅仅是"宾位"之"概念"；使得"主位"之"概念"得到"规定"而成为"具体-现实"的，连那更加宽泛的"宾位""概念"（圆、白等属性），也得到"具体-实在"性。

于是，不仅"主位"的"东西-人、手、足、刀、尺，日月山川等"可为"实体"，就连那"宾位-表位"的"属性-偶性-红黄蓝白黑、软硬方圆等"，如"有能力""返回""主位"，则都具有"实体性"。这就是说，有了"精神"，表面"抽象"之"概念"，皆可经过"辩证发展"，转化为"存在"。

并不是说，单单"属性-偶性"就能"存在"，单纯"概念"就已经是"存在"；"概念"之"实在性-存在性"需要"精神-自由"的力量。这需要一个"辩证发展""过程"。

后一个例子，"他（这人）是工人"能更加清楚地显示了这一发展过程。

就这个"判断"本身来看,"工人"的"概念"要比"他(这人)"的"概念"宽泛得多。但是按照上述意思,"他(这人)"如能(有能力)在"工人"这个宽泛的"概念"中"保持""自己",则这个"判断"当然仍然成立,但意义则不相同。哲学理解这个"判断"着重于"自我"与"他者"的"对立和转化"。

"自我-他(这人)""经过"努力,成为"工人",但"他(这人)"在"工人"中"保持""自己-自我"之"独立人格","他"仍是"他自己"。这时,在"他"成为"工人"的同时,"他"又将"工人""吸收"到"他"自身中来,使"他"有了"具体"之"规定性",丰富、充实了"他"自己。在这个意义上,"工人"的"他",才是"他"的"本质",才是真正的、真实的"他自身"。

这样一种辩证的关系,说明了"真正的概念"和"真正的存在"是完全"同一"的,只是这个"真正同一"需要付出"大能量",不是"一蹴即就"的。设想"他(这人)"如果缺乏"精神"的力量,缺乏独立之人格,则"他"将"随波逐流",使"自己""湮灭"在更为广泛的"汪洋大海"中,没有了"他自己"。

另一方面,"他(这人)"之所以有"可能"将"自己""保存"于"他者-非自己"中,乃在于这个"他者-非自己"原本是"自己""设定-建立"的。"他(这人)"只有"经过""努力-奋斗",才能成为"工人"。"工人"不是"天生"的。正因为"工人"是"自己""奋斗"的"结果","自己-我"才"有可能"将其"吸收""返回""自己",而不至于"滞留"于单纯的"结果"中,"转化"为"他者","丧失""自己"。这就是说,经过"回到自身","自身-自我""保存"的不仅仅是一个"点-结果",而是一个"过程",一个"历史"。

于是,在黑格尔哲学意义上的"概念",又是"历史性"的,因而,"存在性"与"历史性""同一"。

黑格尔在《精神现象学》中几次提到有关"上帝-神"的判断(命题),他说:"上帝是存在。在这个命题里,宾词、存在,具有着主词熔化于其中的那种实体性的意义。"[①] 康德说过,"存在"不是宾词,因为它不是事物的"属性-

---

① 黑格尔:《精神现象学》(上卷),贺麟、王玖兴译,商务印书馆1962年版,第43页。

偶性","存在"只属于"主词","主词"为"实体",而黑格尔说,"实体"也是"主体(主词)"①。这就是说,"上帝"作为"实体性""主词"也必有"宾语"加以"充实","上帝"之"存在",必"在"其"本质"之开显"过程"中。所以黑格尔指出,如果人们只说出"上帝"这个"词","只是一个毫无意义的声音,一个空洞的名称。只有宾语说出究竟上帝是什么之后,这个声音或名称才有内容和意义;空虚的开端只在达到这个终点时,才是一个现实的知识。"②

"现实的知识"就是"(全)过程"的"知识",是"终始"的"知识",是"界限"的"知识",也是"历史"的"知识"。于是,"存在"为"过程",为"终始",为"界限",为"历史",而这一切,同样又与"概念"相通。黑格尔意义上的"概念"就是"过程-终始-界限-历史",而这种"概念"离开"抽象"式、"符号"式意义上的"概念"已经相当远了。

黑格尔的"概念"乃是"现实"的"概念","存在"的"概念"。如果说,"符号-抽象"式的"概念"乃是(达到)"真知识"的"工具"的话,那么,就某种意义言,黑格尔的"辩证"的"概念",就是"真理-真知识-真实""本身",就是"事物本身","事物本质"。黑格尔"概念"的"现实性","保证"了"辩证法-哲学性逻辑"的"真理"性。

这样,与"经验知识"或"实用知识"对比,"哲学知识"或者"哲学逻辑",似乎是"颠倒"了的:不是"概念""符合""对象-他者",而是"对象-他者""符合-返回""概念","他者-对象"的"发展","必然-合乎逻辑"地"符合""辩证""概念"的发展。"现象""必然-合乎逻辑"地"开显""自己"的"本质"。

"事物"之"变化"、"发展"是有"规律"可寻的,也是"合乎逻辑"的,人们以"概念"的"界限""判断"事物,以"推理"的"规则""推论"事物,以求事物变化发展之"规律",也以此"划分""真相"与"假相"之"界限"。"概念"给"哲学"以"智慧",以便在纷繁的世事中,"区分"哪些是"表面现象",哪些是"本质",亦即:哪些是"非存在"而

---

① 黑格尔:《精神现象学》(上卷),贺麟、王玖兴译,商务印书馆1962年版,第10页。
② 同上书,第14页。

徒具"存在之表象（假象）"，哪些则是"真存在"，即使它还"尚未存在-非存在"。

在黑格尔哲学，"概念"之"必然性"，亦即"历史"之"必然性"。

2005 年 9 月 30 日于北京

从康德到列维纳斯
——兼论列维纳斯在欧洲哲学史上的意义

康德哲学在近代欧洲哲学史上具有承前启后的作用,随着历史、时间的推移,并未见淡化,相反的,在 20 世纪,直至 20 世纪末,居然有逐渐增强的趋势。如今新世纪刚刚开始,围绕对康德哲学的理解,回顾欧洲哲学前一阶段的发展,或许会有新的收获。

康德哲学向我们提出了什么有意义的问题?

研究康德哲学是一个专门的学术问题,从历史的、社会的、逻辑的诸多方面,中西学者都已经积累了大量的研究成果,其中也有很具哲学水准的大著作。我们的着眼点,则是探讨康德对于后来欧洲哲学的影响,这些影响集中表现在一些大哲学家的哲学思想中。也就是说,我们的研究,不仅注意专门家的研究作品,而且更要注意后世的大哲学家是如何读康德的,他们的注意力集中在康德的什么问题上。这对于哲学史的研究工作来说,就是把历史的研究和哲学的研究结合起来的一条途径。

过去的哲学史的研究,常常认为康德在哲学史上的作用,在于把欧洲哲学重心由"存在论"推向了"知识论",这当然是有根据的。

如果有哲学家的"原意"的话,康德自己当然是十分重视知识论的。他的"批判哲学"的转折点集中体现在他的第一部"批判"——《纯粹理性批判》——中，而这部书，集中解决"科学知识"如何可能的问题。这个问题，凡学哲学史的，都是很熟悉的。康德自称的在哲学知识论中的"哥白尼式的革命"——由过去"主体"围绕"客观"转，转变为"客体"围着"主体"转——实际上正是把"存在论"转变为"知识论"。

然而，这种"革命-转化"仍是限制在"传统-希腊哲学传统"的框架之内进行的。这个传统，无论"存在"或是"知识"，都是静观的、空间结构性的，可谓"知识几何学"。

在这个框架内，康德的贡献在于寻求到"知识"的"先天的（a priori）"根据。这个根据，不仅管了"概念"，而且管了"直观"，并通过"范畴"，把"感性直观"和"悟性概念"结合起来。

"直观"也能归"先天"管起来，这一点很重要。我们知道，感官的材料总是要由外面进来的，而外面这些材料是未经理性整理过的，是"杂多"，如何使这些杂多的材料进入"有序"的"知识王国"，则找到"直观"的"先天"根据就是关键性的一步。康德提出"时间"、"空间"作为感性直观的"先天形式"，固然有牛顿学说的背景，但是把它们作为理性的、不依赖经验的形式引进哲学，仍是康德很大的贡献，其作用有如"上帝的一击"，使得"杂多"成为"有序"-"宇宙"，建立（创造）了一个"世界-王国"。此后康德知识论的任务，就是如何管理好这个知识的王国，凡进入这个王国的"子民-分子"，都要听命于"理性"的法令，都是"必然系列"的一些"环节"。

在这个意义上，康德的所谓"哥白尼的革命"，乃是把过去"法律围着子民转"改为"子民围着法律转"。进入这个王国的子民，要听其言、观其行，看它的"表现"，至于这些子民到底"本身"是"什么"，知识的王国则没有"权力"去追问。

这样，康德知识论中就出现了"本体-物自体"和"现象-表象"的二元分裂。

"本体"为什么"不可知"？因为它不为感官提供直观。也就是说，它不进入"时间"和"空间"，不受"时空""直观先天形式"的"管理"，不遵守（或无关乎）知识王国的法令。遵守这个法律，一切都按照规则办事，一切都是"必然"的；而"本体-物自身"不遵守（或无关乎）这种法令，不按照这种法令办事,那么它就不是"必然"的,而是"自由"的。

于是,和"必然"相对应的"自由",就成为康德批判哲学的另一支柱——这是他《实践理性批判》所着重论述的问题。

康德的"自由"与一切感觉经验无涉,是理性摆脱一切感觉经验的纯粹的品质,没有这种品质,人类的一切道德伦理的善恶和责任义务将化为乌有,一切都在"必然"的锁链中,道德伦理的问题将无由产生。因此,道德领域乃是完全不同于知识领域的"另类"。相对于"知识王国"来说,"自由王国"乃是"另一个",乃是"他者"。

然而这个"他者"在康德却是"自己-物自身-我自身"。于是,在这个意义上,"自身"乃是"知识-科学-经验"的"他者"。也就是说,"伦理学"乃是"知识论"的"他者"。这一点,康德哲学已经有了提示。

知识的王国之所以是"必然的",一方面是因为它经过了"先天""逻辑"的"形式化",另一方面也是因为它的材料来源于感觉,而感觉在知识论中,必定带有接受性和被动性,因而它是"受限制"的、"有限"的、"有条件"的,因而是"被决定"的:"前因""决定"了"后果","时间"的关系,化解为"因果"的关系。

与此相对应的,道德伦理领域则是"自由"的不受任何感觉经验限制的"无限"、"无条件"王国,在康德看来,是纯粹"形式"的。

在这两个王国里,"知识论"是涉及"存在"的。在康德哲学里,"存在"不是宾词,并不是某种"属性-偶性",说某物是存在的,并不给某物增加什么,但是它却与该物的一切属性有关,它使某物成为"直观"的"对象",成为"科学知识"的"对象"。因而,"存在"必定是"感性"的,必定"在""感觉世界"。说到"知识",都是关于"存在"的"知识"。关于"存在"的知识,就是"存在论-论存在",就是 ontology。

"自由"则不然。在康德哲学中,"自由"是"纯形式"的,它"不-非存在",而"非存在"就是"非知识",不是关于存在的知识,就是"非-存在论","非-不是论存在的"。于是"伦理学"不是"存在论","ethics"不是"ontology"。

这是康德哲学已经蕴含了的一条思路,也是列维纳斯从自己的哲学背景中相当充分地开显出来的新的形而上学之路。然而这条思想路线,也不是直接的。

从康德到黑格尔

从康德到黑格尔,其间经过费希特,而谢林比黑格尔活得还长。

我们看到,费希特已经开拓了从"伦理学"到"知识学-存在论"的道路,他以康德的《实践理性批判》作为自己的出发点。也就是说,他以"自由"作为自己"全部知识学"的"基础",而不是像康德那样,先从"经验知识"入手,然后超越到"自由"上来,"自由"不是"知识""留有"的"余地",而恰恰是全部哲学的"出发点"。这是康德哲学尚未清楚阐明出来的。

以"自由"为出发点导向"知识",使得"知识"中的"感性直观"、"对象"部分有了新的视角。

康德虽然已经指出,"经验"的条件也就是"经验对象"的条件,但是其意义限于"立法"方面,即理性的法则不仅决定"经验知识",而且决定"经验对象";而"感觉"的接受性,仍是经验的原始的来源,因而它保持其"自身-自己"而永不向"经验知识""显现",皆因它和理性的形式不是一个来源。

实际上,费希特是把康德那个理性"立法"条件贯彻到底,使它成为一种"创造"的力量:整个感性世界原本是"自由"的理性或"理性"的自由"创造"出来的。这就是费希特在他的《全部知识学的基础》(汉译收于梁志学主编商务印书馆出版的《费希特全集》第一卷中)中的所谓"绝对无条件的原理(则)"。在这个原则下,"知识"的基础不在于从"外面"接受些什么来作为加工的"原材料"然后整理规范,而是从理性"自身-自己-自由"的"同一性-绝对性"出发,"开出"整个的知识对象的世界来。费希特以逻辑的同一命题"A 是 A"说明它本与 A 在感觉世界"存在"或"不存在"无关,无论"A"存在与否,这个命题都是正确的。从"A 是 A"不仅可以推出"如果 A,则 A",而且可以推出"A 不是-(非)A",也就是说,"(非)A"也是从"同一"的"A"推出来的。这就是说,"一"可以"推出""一分为二"。

费希特从这样一种抽象的问题开始力图说明:我们面对的大千世界——作

为科学知识对象的感性世界，原是从"同一""原则（理）""创造-开发"出来的。这里，费希特排除了康德作为感觉材料的"被动性-接受性"，不是从两个"源"，而是从一个"源"——"理性的自由-自由的理性"作为惟一的"出发点和基础"来解释"全部"的"知识论（学）"。也许我们可以说，在费希特看来，"不是理性的东西"，即"非理性的"、"感性的"东西，同样是从"理性"那里"推导"出来的，而并没有其他的来源，就像"A"跟"-（非）A"的关系那样。

这样，在费希特这个理路里，就没有藏在"表象-现象世界"后面的"不可知"的"物自体-本体"的"余地"。"（大）我-主观"设定了"非我-客观"的世界，这个"非我"既然是"我""创造"的，它就不会像古代希腊哲学家那样感到"自然"总是"隐藏"着什么，而是随着"我"的"创造"，不断地"开显"着"自己"。

"创造"乃是"自由"的本性，"自由"正是"从无到有"；而"创造"又是"行动"，是"实践理性"的领地。在这个意义上，道德、伦理、意志"创造-建立"了知识。于是我们看到，在这个方面，费希特的哲学很有些"后现代"的超前意识。

费希特在"同一命题"中揭示出来的对立和矛盾，同样被黑格尔当做他的哲学体系的奠基石。黑格尔的"绝对"怎样能够"动"起来，离不开"绝对"本身含有的对立和矛盾。因为"绝对"乃是"无对"，并没有什么外在的东西和"绝对"对立，所以黑格尔常把他的矛盾称做"内在的"。这样，就既保持了"绝对"的纯洁性——不受感觉经验的"污染"，而又赋予了一种"创造"大千世界的"能动性"，使"绝对"绝不"受动"而又"能（够）动"起来，其根据即在它那内在的矛盾和对立。

就其是"内在的能动"来说，"绝对"是"自由"，是"自己"产生"（非）（自）己"。又因为这个"绝对"是以逻辑的"同一命题"为基础，则"绝对""开显（创造）""自己（非己）"，就同样可以被理解为一个"逻辑"的"推演"过程。于是我们看到，"历史的"与"逻辑的"在这里统一了起来。

既然是"逻辑的"，则黑格尔的"绝对哲学"就很容易成为超越的知识论，"自由"与"真理"完全同一。"自由"的开显和创造，也就不再带有意志动机的意思，不再是限于伦理道德，而是"客观真理""发展"、"完成"自身的一个伟大的历程。这就是黑格尔哲学从《精神现象学》到《逻辑学》的发展轨迹，"精神"固然是一种生命的原创力，但是在《逻辑学》中，只是"绝对知识"发展的一个中间环节。

"知识"以"存在"为"对象"，它们在"绝对"的意义上是"同一"的，并不是"知识"以"人"作为"载体-主体"，而"对象"为"客体"；"绝对"乃是二者的"同一"。这样，"知识论"和"存在论"在黑格尔的"绝对哲学"中，得到了统一。"伦理精神"自身带有"片面性"而为"绝对精神"所克服。康德的《实践理性批判》真的被"下降"到"精神理性批判"领域里，在康德那里充满矛盾的"理念（论）"，堂而皇之高踞于黑格尔"知识-真理"的宝座上。

现象学与海德格尔的"存在"

在这个方面，胡塞尔和海德格尔仍是在这条道路之上。

近代"现象学"起于黑格尔：新康德主义为了让康德的"物自体""开显"出来，也提出"现象学"；胡塞尔之所以领一代风骚，可能与他强调"理念"之"直接性"而符合了19世纪"直觉主义"之潮流有关。

胡塞尔两位杰出的学生海德格尔和舍勒，后者从现象学原则批判康德"形式主义"之伦理学，倡"实质伦理学"，可惜早亡，未能充分弘扬其学说。海德格尔则置康德《实践理性批判》于不顾，仍抓住《纯粹理性批判》，特别是"时间"、"空间"作为"先天直观形式"，为自己区别于"诸存在者"的"存在"作论证，可谓用心良苦，也的确有所发明，成为20世纪最有影响的人物之一。

就哲学史的眼光来看，海德格尔的思想道路，基本上和黑格尔相近，都是努力在康德的《纯粹理性批判》范围内做文章，不过黑格尔侧重以"辩证篇"之"理念"来统摄全部真理，而海德格尔则侧重阐发"先验感性论"的含义，因为胡塞尔已经强调了"理念"的直接性，遂使在康德那里原就消极的"辩证"发展过程成为"多余"。

当然，海德格尔和康德又有很大的不同，从某种意义上说，与其说是海德格尔接近康德，不如说更为接近黑格尔。

我觉得海德格尔把"时间"观念引进"形而上学"，遂使传统形而上学的"存在"观念有了新的意义。"存在"不再是一个抽象的"概括-概念"，而是具体的、历史的、时间的，"存在"保留着动词的意义，"存在"即"使存在"，而"人"则是"存在"的一个特殊的部分，但它又不是一般的"经验的存在者"，海德格尔用了一个最普通的德文字"Dasein"。这个字中文很难翻译，最近我勉强把它译成"该在"。一方面，"该"具有"指示（zeigen）"的意思，跟德文的"da"接近；另一方面"该"还有"应该"的意思，可以理解为"到时候了（zeitigen）"①。"Dasein"作"人"理解，就意味着"人"为"该（存）在了"，亦即，"人"（到时候）"该""出现"了。后来，海德格尔常说"事件（Ereignis）"，可能和他想强调"该-到时"的思想有关。

"Dasein"不是抽象的"人"的概念，也不是经验里的工人、农民、学生等等，因为这些也还是概念式的人，胡塞尔的现象学要寻求的是本真意义上的人、"活生生"的人，海德格尔的"Dasein"正是那不会和"肉体"混淆起来的"活生生"的人。"Dasein"属于"Sein"，不属于"Seiende"，是"Sein"的一部分，也是"Sein"的"发现者"，因为只有"人"到了"Dasein"的层面，才会提出"Sein"的问题，才会"追问""Sein"，才有这种"发现(Befindlichkeit)"。"Dasein"之所以会"追问""Sein"，乃是因为它们共享一个"（-）sein"。"Dasein"的"Da"，使"Sein""明"起来，使"Sein""到了""明"起来的"时候"。

"Dasein"使"Sein""明"起来，原本也是胡塞尔现象学的基本原则："意义（理念）"只向"人-活生生的人"开显出来。不过，胡塞尔这里的"直接性"为海德格尔的"时间性"所代替。海德格尔的"Sein"是一个"动态"的"过程"。

如何理解这个过程？也就是说，如何理解"时间性"？海德格尔很强调它的"有限性"。他说，我们通常理解的"无限时空"乃是经验科学的产物，本

---

① 这个意思是我的同事黄裕生先生提出的。

原意义上的"时空"是"有限的"。海德格尔这个说法，保证了他的"该在-Dasein"和"存在-Sein"的现实性，而不陷于空洞的形式。这样，他的"时间性-Zeitlichkeit"就不同于康德的"先天直观"，也不同于柏格森的"无限绵延"。

以"有限"来保持哲学的"现实性"，是黑格尔也用过的方法。黑格尔强调他说的"无限"乃是"有限"中的"无限"，而不是脱离"有限"的另有一个抽象的"无限"——这种抽象的"无限"，黑格尔贬之为"恶的无限"。正因为"有限"中孕有"无限"，所以"有限"才是"变化"的、有生有灭的。也就是说，"有限"才成为"有限"。

如今海德格尔的"Sein"本就是动态的，因而也是有生有灭的，也是"有（存在）"和"无（非存在）"同一的。

"有""无"之相互转化，突出地表现在"Dasein"的"生"和"死"的关系上。

"人"作为"有死者"，乃是古代希腊哲学的传统观念。海德格尔按照自己的思想把它理解为"会死者"——即"人"作为"Dasein"是"有能力死"的。海德格尔说，动物没有死的能力，动物的"死"，是自然的"消亡"，是由一种物质形态转换为另一种物质形态；作为"Dasein"的人，就不像这样简单。"Dasein"有一种"能力"，在它还没有"消亡-死亡"的时候，"提前进入死亡状态"。

这就是说，人作为"Dasein"不同于动物，并不在于人是有意识、有思想的，"知道"总有一天自己要死的，由此或者烦恼或者达观，作出了人生态度的选择等等。在这里，不是一个"意识"问题，而是一个"存在"问题；既然"存在"是一个"过程"，那么，"非（不）存在"也是一个"过程"，而且，这两个名称不同的过程，实际上乃是"同一"个过程。"生"的过程，也就是"死"的过程；"有"的过程，也就是"无"的过程。"使之有"和"使之无"为"一"。于是，我们看到，在动物身上乃是两种完全不同的事情，在人身上却可以是"同一件事情"。在这个意义上，我们既然说人"有能力"去"生"，当然也就有理由说，它也"有能力"去"死"。"生"、"死"、"存"、"亡"，为"有限"的"同一"过程。

从这个思想出发,海德格尔致力于开发"有限-有时限-时间性"的意义,不仅"Dasein"为"有限",以此开显出来的"Sein",同样是"有限的"、"时间性"的。这样,就"过程"来看,"存在"和"非(不)存在",也是"同一"的,是同一件"事"的两个不同的视角和名称,因其强调"有限"而理解侧重点当在"非(不)存在"这个方面。在这个意义下,海德格尔的"Sein"就不但本身不是"无限",而且也并不像黑格尔那样"蕴含"着"无限"和"精神"。海德格尔从"死"的角度来理解"大全"、"终结"——"自身"的"完成(Ereignis)"。

不讲"无限",也就不必讲"超越"和"理念",只有那"自己""开显""自己"的"物自体"——海德格尔说,没有比"物自身"离我们更近的了,实际上并没有那"不可知"的"物自体"。当然我们也不必向黑格尔那样让哲学"回到""绝对"自身,"把握""无限",尽管这种把握需要经过在"有限"中艰苦的斗争。"有限"不是哲学需得克服的障碍,而恰恰是(哲学)思想的"基础"。

列维纳斯——在海德格尔的影响下

海德格尔在刚刚过去的那个世纪,显示了越来越深入的影响。说它"深入",是因为不仅逐渐引起了专家学者的注意和研究,而且也为具有独创性的哲学家所研究和吸收,逐渐融入新一代哲学思想的潮流中去。法国的列维纳斯就是一个很好的例证。

1995年去世的列维纳斯,出生在立陶宛,但长期生活在法国,以法文写作,他的思想是法国当代哲学的一部分,而在人才济济、群星灿烂的20世纪的法国,列维纳斯闪烁着自己的光芒。

尽管列维纳斯与海德格尔的政治立场截然相反,在哲学理论上也有完全不同的思路,但他始终保持着对海德格尔的学术上的敬仰,海德格尔被放在了他开列的少数他认为最值得重视的名单之中。我们也觉得列维纳斯的思想是在法国背景条件下对海德格尔思想的改造和推进,从而开创了欧洲哲学的一个新的天地。

也许我们可以说，当代法国哲学以强调"他者"这个向度为自己的特色之一。这个"他者"，固然受到马丁·布伯的启发，但是布伯的"他者"是一个客观的外在力量，而列维纳斯则把它接纳到他的"形而上学"中来，是说得最哲学、最形而上的哲学家。而相比之下，海德格尔的"Dasein"因其为"Sein"的一个部分，缺少了"他者"这个度。

承认"他者"而又不使之落入"经验科学""客观对象"的领域，从而能在哲学的层面探讨"他者"与"自己（者）-自我"的关系，乃是列维纳斯哲学理论主要着力之处。①

我们看到，从黑格尔（包括谢林）到海德格尔，他们强调的是一种"同一哲学"，着力于理解"同一性"，当然他们也看到"多"，但是是在"同一"的框架下来理解"多"。在黑格尔，"多"是"一"的"历程"，最终回归于"一"；在海德格尔，"Dasein"既是"Sein"的一部分，则仍归于"Sein"，"Dasein"之间的关系，乃是"Mit-dasein"。

这个"同一"思想，使黑格尔对于"绝对"的把握，最终归于"概念（Concept）"。海德格尔在胡塞尔"直接-直觉"的影响下，强调"诗意"，强调对"思"的存在性的理解，但因为他的"存在"是"一"，遂使其尚待进一步的"开显"。海德格尔的思想中"他者"的向度，尚待开发。

强调"同一"意味着"自身-自己-自由"为"同质"。与"自由""相异质"的则为"必然"——经验科学的世界。现在要问：能不能设想"异质"的"自由"？能不能设想，不能回归"一"的"自由"？按照列维纳斯以及包括萨特在内的法国现象学存在主义者的理路，我们不但能够设想"异质的自由"，而且"自由"本就是异质的。"自由"为"多"——不可回归为"一"的"多"。

"自由（者）"为"多"，而且正因为是"自由（者）"，就不可能约束为

---

① 列维纳斯早年研究胡塞尔现象学，1930 年出版《胡塞尔现象学中的直觉理论》（*La théorie de l'intuition dans la phénoménologie de Husserl*），从书的题目来看，颇具法国哲学的特色，也反映了当代欧洲哲学关注的热点问题。1947 年发表《从存在到存在者》（*De l'existence à l'existant*），这本书显示了海德格尔对他的影响，以及他和海德格尔的分歧所在。早在 1961 年列维纳斯出版了他的主要著作《全体与无限》（*Totalité et infini*），加上他在 1974 年出版的《存在的另类，或本质之外》（*Autrement qu'être ou au-delà de l'essence*）构成他的哲学思想的主要基干。列维纳斯的著作很丰富，有几种文集出版，还出版了专门研究犹太教《塔木德》的专著，和利科、德里达等人的著作一起，显示了欧洲哲学的新的趋向和汲取的新的养分，很值得我们重视和研究。

"一"。于是，不是在"自由"与"必然"之间分彼此——分"我"（你）"他"，而是在"自由（者）"之间分"我""他"。

这种"自由者"之间不可归约的关系，根据在于"他者"并不能归结为"另一个自我"，"他者"与"自我"的关系是"异质"的。哲学既然要克服古代希腊传统的"量"的"几何学""形而上学"，就会建立一个"质"的多样性的哲学系统。

"量"的哲学为"同质者"建立秩序；"质"的哲学则为"异质者"建立"秩序"。前者是"必然"的秩序，后者则是"自由"的秩序。

"形而上学"为"伦理学"

这种"质"的哲学，列维纳斯称之为"伦理学"。"伦理学"必定涉及"关系"，涉及"自由者"之间的关系。"诸自由者"的关系是"伦理"的关系。"自由的王国"乃是"伦理的王国"。

列维纳斯说，以"诸自由者"为基础的"伦理学"正是"形而上学（metaphysics）"的本来意思。

我们知道，过去人们理解的"形而上学"是"物理学之后"或者"原（元）物理学"、"超越物理学"等等，其思路是引向"存在论（ontology）"，要寻求"万物-物理学对象"的"本源"，"诸存在的存在"。海德格尔在哲学上的巨大贡献在于他把原本是无时空、不变的"本体-本质"理解为"有时限"的、"历史的"，把"时间性"观念引进了"存在论"。然而"存在论"仍是"存在论"，尽管他后来不用任何的"论-主义"来称呼他的学说。

列维纳斯则对"形而上学（metaphysics）"有全新的理解。他认为，所谓"超越-原-元-后物理学"之所以"超越"是因为它本不是"物理学"，不是讲"存在-实体"的，而是讲"关系"的，是"伦理学"。"伦理学（ethics）""早于-超越""存在论（ontology）"。所以，就源头来讲，我们主要在没有"存在论"（干扰）的时候讨论"伦理学"。这时候，"伦理学"就是"形而上学"，而且才是真正意义上的"形而上学"。

列维纳斯这个说法，正是根据他的"他者"不能归约为"另一个自己-自我"这一根本前提，"他者"和"自我"之间，是一种"异质"的关系。

"存在论-本体论（ontology）"讲"同"。列维纳斯对于海德格尔的"存在（Sein）"的理解，很有启发性。一方面他强调"Sein"的"暗-玄"，同时他又强调它的动词的意义。早在 20 世纪 40 年代中，他就把"Sein"译成"l'exister"①，干脆用法文的动词原型来译，比英文的动名词 Being 好，也比德文的 ist 好，因为 l'exister 没有人称，是一个纯粹的动作，因而本身是"暗"的。

"Dasein"当然是明的，但是在列维纳斯看来，"Da"既然是具体的，则就带有经验的性质，而同时强调"Sein"，仍是建立在"同（一）"的基础上。他的作为"形而上学"的"伦理学"则是"异"，为"多"，"他者"不可归约于"另一个自我"。

"（异）质"的思维方式，不同于 17 世纪以来的机械的几何式的"量"的思维方式，而这种思维方式，在哲学上根源于古代希腊的几何学式的思维方式。

"量化"的思维方式对于人类的实际生活有很大的贡献，它促进了经验科学的飞速发展，数学君临一切学科，就连哲学也在它的光环照耀之下。以"空间"涵盖"时间"，"存在论-本体论"以及与其相应的"知识论"成为哲学的主干。

"异质"思想随着"时间"进入哲学，日益强化。在这方面，海德格尔并不能代替柏格森的作用。是柏格森的"时间"观念，活跃了法国的"异质""热"。柏格森认为，"时间"绵延的任何"断裂"，皆是"异质"的，因而"可以分割"的"空间"乃是"异"，不是"同"。

列维纳斯把"异质"观念引入"形而上学"，指出那"超越""存在"的"善"，不是一个普遍的"理念"，而正是由"异质"的"自由者"组成的"伦理学"。

"自由""保证"了"异"，"异质"的"自由者"使其成为"多"，而不可

---

① 见 1979 年出版的 *Le temps et l'autre* 各处。

归约于"一",也不是由"一"加起来的"数-量"之多,乃是"质"之"多(multiple)"。

如同"存在论"研究"存在"如何从"混沌"到"有序"——成为一门"学问-Logos","伦理学"也是研究"自由"如何从"混沌"到"有序"——成为一门"学问"。"自由"和"存在"一样,原本是"暗"的,"玄"的。在形而上学的意义上的"伦理学"和在这个意义上的"物理学-存在论"一样,并不是研究经验世界(包括物理和伦理)的"秩序",而是对这个"混沌-时间-人(或物)"的"理解"——"理解""形而上学"意义上的"人(或物)"乃是哲学的任务。

列维纳斯与中国传统哲学

列维纳斯以"伦理学"为"形而上学",对于欧洲哲学的传统本是一个很大的冲击,但是他却强调他的哲学源自柏拉图,近取康德,而与东方哲学传统无关。

列维纳斯自觉地把自己的哲学直接柏拉图,认为柏拉图的"至善-最高的善"的理念,就已经蕴含了"善""超越""存在"的意思,而不同于巴门尼德的学说。他的哲学明显地与康德的《实践理性批判》相衔接,这也是不可否认的。这其中的关系,很值得进一步研究,也是无可怀疑的。

我们这里想补充的是:正因为列维纳斯的思想的彻底性,他理应以"好客(hospitality)"的态度,"接纳"中国传统哲学的问题,以大量的不同于欧洲传统的哲学思想资源充实自己的学说。

既然列维纳斯——如同许多欧洲哲学家那样,没有较多机会接触中国传统哲学材料,中国的学者当来"替他"把这件事做下去,把他已经走到"边缘"的路,继续走下去,以收资源共享、相得益彰的效果。

中国是一个"好客"的国家,在学术、在哲学上也是如此。

中国古代以儒、道互补为精神思想支柱,及至佛教进入中国,经过长期磨合,儒、佛、道三家合流,佛家中国化了,儒、道两家也得到了丰富发展,加之社会历史的演变,遂有宋儒的诞生,儒家有了新面貌。中国近数百年来,西学东渐,由科技而哲学,由逻辑而形而上,又有20世纪"新儒家"学说的问世。新儒家受到大陆学者的重视和研究,当有其思想的根源。

盖因几十年来,学者学习马克思主义哲学理论,兼及其源头德国古典哲学,及至改革开放以后,百废俱兴,在弘扬民族文化的旗帜下,中国传统哲学得到广泛重视,曾有结合二者的"大成智慧"之说,可见这已经成为一种趋势。在此种氛围下,"新儒家"学说之被重视,乃在意料之中。

就哲学理论来说,现代新儒家也可看做中西哲学会通融合的一种成果,从贺麟先生将宋儒与黑格尔哲学结合的尝试,到牟宗三先生以康德哲学为主要借鉴,探讨儒家哲学传统,思路已经相当深入。

自从中国实行改革开放政策以来,中国哲学之"好客-兼容并蓄"的传统得到发扬。

我们将学习我们所需要学习的东西,譬如西方与分析哲学有关的思路,像严复当年那样,重视引进西方科学性思想方式。有些则是我们需要借鉴的,对于深化我国哲学传统大有好处的,譬如欧洲大陆哲学的传统,以及它的当代的形态。上述列维纳斯,就是我们要重点学习的一位。

应该说,中国近十几年来重视研究海德格尔,并非偶然。海德格尔重视"历史性"、"时间性"以及"人诗意地居于大地上"这类思想,能够比较容易为中国人所理解。对他的研究,也促进了对中国传统哲学的进一步思考。

我们看到,从海德格尔到列维纳斯这条思路的进一步推进,对于理解中国传统儒家哲学则更有参考价值。

即使从表面上来看,列维纳斯的立论已经和传统儒家思想相当接近,它们都是以"伦理"作为自己学问的基础。

中国传统重伦理,而西方哲学重物理,这本是相当明显的区别,几乎成为常识。如今西方哲学家出来说,根据他们的传统,他们的"形而上学"正是"伦理学",则迫使我们不能对这个问题停留在表面的层次上。

我们过去研究中国儒家传统的伦理观和康德相当接近,都有一个超乎个人的"至善"为其核心。然而我们也感到,我国儒家传统并不具有康德那种"纯形式"的"绝对"和"自由"的观念,遂使二者在精神实质上不容易沟通。

如今列维纳斯说,"自由"并不是最原始的,而是"被赋予"的——萨特也说，"自由"是"被注定"的，在"诸自由者"之上，尚有"正义（justice）"，"正义"高于"自由"，如同"他者"高于"自我"一样。"正义"、"他者"和"自由"、"自我"之间是一种"不对称"的关系。

列维纳斯这种思路，当然也是可以和康德衔接的，因为康德的"自由"是通向"至善"的必要条件，而"天国"的至善，乃是"正义-公正"的最高裁判所，上帝掌握着这个最高的"权力"。"天国"高于"道德王国"，"宗教"高于"伦理"。

列维纳斯说，这个"上帝-神"正是"绝对的""他者"。"他者""赋予""自我"以"自己-自由"；不是"自由"是"公正-正义"的条件，相反，"正义-公正"是"自由"的条件，"他者"是"自己"的条件。

这样，中国儒家"仁"就可以得到"形而上"的理解。"仁"不是一种抽象的、绝对的"自由"，而是一种"相对"的"自由"，是在"君君臣臣父父子子"的"关系"中的"自己"，是"他者"与"自我"关系中的"自己"。"君君臣臣父父子子"固然是一种经验的社会关系的等级，但仍可以作"形而上"的理解，即，守住这种"关系"，也就是守住了"自己"。

这就是说，"自己"并非抽象"同一"，而是"异"中之"同"；守住了"异"，也就守住了"同"；反之，守住了"同"，也就是承认了"异"，而不是"同"外有一个"异"，也不是"异"外有一个"同"。

中国儒学中的"诚"、"性"等等观念，都应作如是观。所谓"慎独"，也不是一般的经验道德修养，而是有一层"一"与"多"的形而上意义在内。即，表面上是"自我"的"独"，实际上仍有一个大于"我"、强于"我"、多于"我"的"他""在"。"他"使"我"成为"自己"。

"他者"与"自我"的"不对称性"，使得"被动性"进入"自由（者）的王国"。哲学的传统，历来致力于"纯粹主动"之思考，贝克莱说出"存在就是被感知"，受到狄德罗的嘲笑，然而，"被动"问题终于进入了哲学-形而上学。哲学同样应该追问"被动"之所以成为"被动"的"根据"。康德道德情操的"敬畏"，已有形而上的意味，不是客观的知识。"被动性"问题进入哲学，也意味着"感性"进入哲学，从而"存在"才实实在在地而不是抽象概念地进入哲学，只是这一切的根据，乃在于有一个"他者"不可归约的"自我"。

这样，此种"被动"才不是单纯的镜像式"反映"，而是一种实质的"关系"。

在这种关系中，也只有在这种关系中，人保持着"自己"——"保持自己"，即"保持自由"；而在关系中的自由，就不仅仅意味着"责任-忠"，同时也意味着"恕-宽恕"："忠于"自己的"职守"，和"请求""（他者）宽恕""自己（的越位或不到位）"。既然你给了我这种"自由"，则我的一切行为皆有无可推卸的"责任"，但是既然"自由"不在知识领域之内，而"不知者不罪"，我"有权（有根据）"请求你的"宽恕"。这是道德哲学研究的问题。"责任"和"宽恕"都是由形而上进入形而下的"通道"。"职责"保证社会的稳定，"宽恕"保证人民有改变的"权利"。"忠恕之道"乃是"治国安邦"之形而上根据。

列维纳斯的这条思路有许多对于欧洲哲学来说很新的论说，他是把柏拉图已涉及而后来没有开发出来的领域重新挖掘了出来，我们只是想补充：在他重新开发出来的界面中，中国传统哲学已经经营了数千年，理应有相当的参考价值。既然他们已经开出了这个境界，早晚也会以"好客"的态度重视研究中国的传统。

当然，欧洲哲学在另一个角度上经营了数千年，这样长时期的思考经验，维护着这个新界面保持在哲学形而上的层次，这个经验对于理解中国哲学的传统的作用，近数百年来，从未被中国学者忽视过。

2002 年

论哲学的"创造性"
——重谈德国古典哲学

哲学的思维需要创造性,大概没有人会否认;然而何谓"创造性",看法就会有不同。或许有人说,你说一个正题,我说一个反题,就是"创造"。正题和反题的对立当然可以是创造性的,但也可以是"抬杠性"的,甚至是"哗众取宠性"的。

哲学的创造性,当然包括了"发前人所未发",说出自己的"新"意思、"新"观点这类意思在内,最好是达到"不作第二人语"。不过,哲学的创造性虽然含有这些意思,但却不止于这些意思。

再者,做任何学问都需要"创造性",似乎"哲学"并没有什么特别的,这个意思一般说来当然也是对的。不过我这里要强调的是:惟有"哲学"一定要"创造",没有"创造"就不是"哲学","哲学""处于""创造"-"创始"、"原始"处。"哲学"的创造性是"哲学"的本性决定的。

一

《圣经·旧约全书》开宗明义说:"起初,神创造天地……神说,要有光,就有了光。"

可以想见,当年希腊、罗马人听到这句话必定大惑不解,因为这和他们的传统观念"无中不能生有"完全相反,而基督教徒们也为这个"无中生有"的思想，煞费了一番苦心来加以解释。

这时候，希腊的哲学起了作用。

希腊哲学是欧洲思想的基础。在受到犹太-基督思想冲击以前，欧洲人受希腊哲学的支配。

希腊哲学早年以"自然哲学"的形态出现，对于宇宙万物有一种"自然"－"生长"的观念，于是有"始基"的学说，至巴门尼德有"存在就是存在（有就是有）"、"不存在就是不存在（无就是无）"之说。实际这是一种"无中不能生有"常识的升华。

哲学固然不排斥常识，但不满足于常识。早在米利都时期，阿那克西曼德就说"始基（水）"是"无定"的。哲学不愿意耗散在"无尽"的大海中，于是柏拉图特别是亚里士多德就明确地否认了这个"无定"为哲学研究的目标。这样，柏拉图有"理念"论，亚里士多德有"第一（哲学）"论。

所谓"第一"表面上看仍是"有"——所以亚里士多德提出"诸存在之存在"论，后世名之为"ontology（本体论，存在论）"或"metaphysics（形而上学，元物理学）"。不过，既曰"第一"，则已有"从无到有"的意思在内。所谓"第一因"，就是说它本身没有别的因，它是从"无"来的。柏拉图的"理念"也好不了多少——"理念"不从"现实事物"来，反倒是"现实事物"要从"理念"来。"理念"就是"原始"、"原型"；"理念"就是"第一"。

于是我们看到后来基督教两位神学家、大师奥古斯丁和托马斯是如何地借重柏拉图和亚里士多德就不足为怪了。

二

正如海德格尔经常说的，基督教神学家离不开希腊哲学。

基督教神学利用希腊哲学，来为它的"上帝创世"说作"论证"，让它好有个"理路"使众人理解，于是，"哲学"在欧洲中世纪一度沦为"神学的婢女"。

欧洲文艺复兴以后，基督教神学逐渐式微，常识抬头，一切感性的七情六欲，都得到辩护，为节制此种感性之泛滥，遂有理性的"启蒙主义"出。这就好像古代希腊由"自然宇宙观"进入到了"理念论"、"存在论-形而上学"

阶段。

由此，"哲学"不仅挣脱了"神学婢女"的枷锁，而且自己登上了思想的宝座，大有"取代""宗教神学"之势。

这种"取代"，不仅是实际的，而且也是思想的。这就是说，"哲学"必须处于"创造"、"创世"的地位。

同时，"哲学"又毕竟是"哲学"，不是"宗教"，不是"神学"。于是，欧洲哲学在古代希腊特别是柏拉图、亚里士多德哲学的基础上，进一步成熟、丰富了自己，成为一门专业性很强的学问。而这门学问，不同于其他学问，因为它本身就处在"创始"、"创造"－"创世"的地位。"哲学"思考"（绝对）的开端"。要在不是"宗教"的层次上来说清楚这个"绝对开端"的含义，就是欧洲哲学在一定时期的专业课题。这个时期在德国近代表现得最明显。我们平常所说的"德国古典哲学"从康德开始，经费希特，到谢林、黑格尔都是如此，甚至以后从叔本华到尼采以降，直至胡塞尔、海德格尔，还可以和这个传统接续起来。于是我们可以理解费尔巴哈为什么说"思辨哲学的秘密则是神学——思辨神学"[①]。而费尔巴哈这里的"思辨哲学"，相当于我们说的从康德到黑格尔的"古典哲学"，特别是黑格尔哲学。

三

费尔巴哈是在批评的意思上来揭示这个系统的哲学之神学本质的，这个揭示很准确，很深刻。我们这里有所补充的只是这种把神学问题"化解"为哲学问题的做法，对于哲学固有其从神学中"解脱"出来的一面，而对于神学无疑也具有相当的冲击作用。原来，"至高无上"的"宗教"也是"哲学"的一个"环节"，或者说是"重要环节"也可以。不是"哲学"是"宗教"的一个部分，相反"宗教"反倒是"哲学"的一个部分。这种观念的转变，在初期还是有积极作用的。

更何况，哲学从宗教的挑战中也学到了东西。"哲学"没有白白呆在"宗

[①] 费尔巴哈：《关于哲学改造的临时纲要》，《费尔巴哈哲学著作集》，三联书店 1959 年版，第 101 页。

教"门里当"婢女"。从"宗教"的山门打出来的"哲学",已不能和古代的希腊哲学同日而语,真是今非昔比了。

哲学的"始基"再也不是那些独断的"水"、"气"、"四根"、"种子";"第一"也不是从"结果"回溯上去"推"出来的设定,它是一个地地道道的"创始者"——像基督教的"神"一样是"创造者"。然而哲学又不是一个"信仰"的"宗教"体系,而是一个把"信仰"、"神"、"宗教"也当做思考理解"对象(问题,课题)"的这样一种"学科","哲学"是一个"知识"体系。这是"哲学"从古代希腊以来的传统定位,"哲学"的发展并不是要放弃自己的位置,把自己也变成"宗教"或其他什么,而是要"消化""异己"——如"宗教",来充实自己。"哲学"不是要否定古代对"始基"的寻求,而是要对这个"始基"进一步深入思考,它不仅要被理解为"生长"系列的"始祖",而且要被理解为"创始者",在"绝对"意义上的"创始者"。

于是"哲学"的任务不是"改变"了,而是"加重"了。

四

首先我们来看康德如何来执行这个加重了的任务。

我们知道,康德的主要著作为三大"批判",其目的在"审定""理性"在"知识"、"道德"和"艺术(广义)"里的合法"职能"。那么,就我们的研究问题来说,在哪一部分"理性"是"绝对的创造者"?

就"(经验科学)知识"领域来说,"理性"固然非常重要,但却还没有"资格"当"绝对"意义上的"创造者"。因为,"理性"必须就"感性"提供的材料(质料)来"创造",而"感觉材料"不是"理性""创造"的。在这个领域,"理性"的作用是"受限制"的,"理性"不得"僭越"。"理性"为"自然(感觉材料)""立法","理性"起着"规整"、"建构"、"赋形"等作用。"理性"是"自然(质料)"的"改造者"。

我们看到,在这个部分,康德是古代希腊思想的继承者。希腊的"诸神",乃是一些高级"工匠",它们"巧夺天工",把世界"结构"得如此"奇妙",而从这个"奇妙"的"宇宙",就可以"推断",必有一个或一些"最高级"的

"大匠"-"神""在"。所以，后来萨特说康德的哲学是"工程师"的哲学，当是指这部分而言。从这部分，出不来基督教的"神"。

从"知识论"开不出"至高无上"、"绝对"的"创造者"-基督教的"神"来，那么从哪里能开出来？康德说，从"道德"领域必定能开出来。这就是说，在道德领域，必定会设定一个"至高无上"、"全知、全能、全善"的"神"。而且，因为在知识领域只能得出一个或一些希腊式的"（诸）神"，所以，也只有在道德领域才会得出基督教式的"神"。

康德曾经从很多方面说明为什么只有从道德才能通向"宗教"，这诸多的方面，当然也是相通的。这里与我们的论题有关，我们想发挥这样一个意思：只有在道德领域才能将"神"推向"绝对的创造者"，只有在道德领域，"神"（或者"理性"）才真的是"从无到有"。

我们已经看到，在知识领域不行。这个领域里的"感觉材料"不是"理性""创造"的，而要构成知识，没有它们又不行，所以在这里"理性"只得把它们"综合"进来。于是，在知识领域，"理性"就不可避免地有了"接受性"、"被动性"，而不是"纯粹主动（pure action）"，而这个"纯粹主动"乃是自亚里士多德以来西方哲学的"第一原理"。

可是到了道德领域，情形就很不一样。按康德的意思，理性在"实践-道德"领域完全是"形式"的，绝不受一点点"质料（感觉材料、感性）"的支配和影响，这个（些）"形式"也不像在知识领域里那样要把"感觉材料""综合（接收）"过来。道德行为只问"动机"、"原则"，不问"结果"。这个"动机"也不是平常我们所理解的那种心理和意识的"目的"、"打算"，它只是"形式"的，因而就康德的意思来说，"动机"本不是知识领域里的事，"动机"也"不可知"。

这样，在康德哲学意义下，就知识论来说，"道德-动机"是一个"无"。我们看到，正因为它是一个"无"，它才能够"无中生有"，才可能具有"绝对的创造性"。"无"把"理性"放置到"创造"的地位。

从一个最为直接的意义上也能看出这个"从无到有"的过程。在知识领域，我们跟自然的关系，是理论的或是实际实用的；而只有在伦理道德的领域，才有严格的善、恶价值问题。于是，我们就可以说，世上一切伦理道德价值都是"被创造"出来的,正是"从无到有"。

请大家注意,康德的"实践理性"到"创造价值"这一步还没有结束,从"创造价值"通向"创造世界",才是康德《实践理性批判》的真正目标,所以我们说,康德是通过"实践理性"通向"宗教"。

要打通这个通道也不容易,但我们看到,这将是近代德国哲学的"必由之路",康德的工作,奠定了这个基础。

五

康德既划分了"知识"和"道德(实践)"两大领域,西方哲学传统的"现象"与"本质(体)"的区别在理解上也得到了进一步的明确和深化。原来纠缠在"知识论"范围内,"本体(本质)"问题或被"知识化"为具体事物之"共同性质",成为一个"属"、"类"问题,或者按此上溯至至大无外的"全(体)",于是有康德"物自体"不可知之说。康德的"知识论"把"本体、本质-物自体""括出去"了。

"括"到了哪里?"括"到了"伦理道德-实践"里。"事物""本来"的那个样子(本体、物自体、物自身),是"事物""本来""应该"是的那个样子。

"理性(神)""创造"了"物自身-本质、本体"。"物自身-本体、本质"也是一个"世界",而不是一个抽象的"概念"——"概念-范畴"是"知识"领域的事。所以康德《实践理性批判》中很难懂的是他阐述实践理性的"现实性"那部分,他说这种"现实性"是道德修善在永恒的时间绵延中必定会出现的,这是他的实践理性通向"神"的"天国"的重要步骤。从哲学的意义来说,康德展示了由"理性""创造"的"本体-本质""世界"的一幅"纯净(pure)""境界(ideal)"。这个"世界"是"现实的",同时也是"理想的",达到了"是其所是"、"是其该是"的境界。然而这个"世界"-"境界"不是"天生-自然"的,而是"理性""从无到有"地"创造"出来的。

这样,我们看到,基督教的"创世说"经过那种哲学的改造,就具有了另一种意义。"被造者"不是经验世界里的芸芸众生、山河大地,而是"超越经验"的"本质世界"。这个世界也有"物",但不是经验现象的"物"——由

"感觉材料""组合起来的""物",不是"感觉的组合",而是一切"物"的"自己"——"该是什么就是什么"。

我们看到,康德所开示的这个方向,一方面导向了基督教的"天国",另一方面也为"哲学"指示了"自己"的"天地"——一个"超越"的、"绝对"的天地。而正是"理性""创造"了这个"自己"的"天地-世界"。

以后德国哲学的任务就是要进一步琢磨这个理性自己创造出来的"世界"。

六

康德说,这个世界不可知,因为它不是由感觉提供的材料,在经验的世界没有对应的"对象";但是他又说,实践理性的悬设是有现实性的,不是概念而是一个世界,于是,这个世界就是可以"直观"的。在这个意义上,"直观(Anschauung)"就不仅仅限于"感性"——由感觉材料通过感官提供的,而且也是可以由理性自身提供的。于是,费希特就赋予了"理智直观"、"直观理智"在哲学里的合法地位。

近代德国从费希特开始,"直观"又进入了哲学的层次——"直观、直觉"摆脱了"感觉材料"的垄断,进入"理性"的领域,同时也使"理性"本身的意义有了变化。"理性"的"创造性"就不再仅仅是对于"感觉材料(直觉、直观对象)"的"规范"、"整理"作用,而是一种"创造"的作用——这就是说,在这个"本质"、"本体"的世界,"直观"的"对象"也是"理性"自身"创造"的。惟有这样,"理性"的"能动性(activity)"才达到了"纯粹(pure)"的层次,而不夹杂一点"被动"的成分。

"理性"既然有了"直观",自然就不再是"纯粹思想概念(noumena)",而必定具有"现实性"。康德既然承认"实践理性"有"现实性"的趋向,则就必须同时承认"本体"、"本质"的"可知性"。有了"理智的直观"或"直观的理智",就保障了"本质"和"本体"是可知的。这是费希特继续(也是改造)康德要做的工作。所以费希特把他的哲学旗帜鲜明地叫做"知识学"。

康德认为"知识"需要"直观","直观"是由"感觉材料"提供的,而物质的"感觉材料"是天生的,不是"理性"所"创造"的。在这一点上,康德不同于基督教的"创世说"。物质世界非为"理性"从"无"中"创生",这是哲学家与神学家不同的立场;然而,哲学家却可以主张"理性""创造"了一个"超越的世界",一个"精神的世界",这个世界,同样是可以"直观"的,而不是一个"抽象的概念世界"。"理性"所"创造"的"世界",麻雀虽小,五脏俱全。

同时,康德的"不可知论"还有一个说不通的地方:既然"本质"、"本体"世界为"理性"所"创造",为何"理性"连自己的"创造物"都不能认知了?

"理性"认知"本质"、"本体",原是"自己认识自己",是"理性"的"自我认识"。康德当然知道这个道理,但他认为"知识"需要"综合",这种"自我认识"是一种"同一性",而"同一性"是"分析"出来的,不能以此构成"知识"。

费希特说,"理性"的"知识",的确是"同一"的知识,因为"创造者"与"被创造者"原为"同一者",但是,这个"同"中却仍有"异"在。"A 是 A"同时也是"我""创造"了"非我"。"我"-大写的"我""创造"了"他者",而这个"他者"恰恰不是"分析"出来的,于是"A 是 A"这个同一命题,在"我创造非我"的意义下,也就有了"综合性"。在这个意义上,"理性"的"自我认识"也就不是逻辑形式的"分析",不是空洞的,而是有"具体内容"的了。

同样在这个意义上,我们竟然可以说,经验的知识是从"现象到本质",由"感觉材料"的"搜集",经过"理性"的"整理",总结出普遍的规律来。而"超越的知识"的路线恰恰相反,是由"本质"、"本体"出发,"创造"出"现象"来,这条路线,后来叫做"显现"——胡塞尔、海德格尔都是在这条路线上,叫做"现象学"。这也就是为什么海德格尔一再强调古代希腊的"$\phi\acute{\upsilon}\sigma\iota\varsigma$"不仅是"生长"的意思,而且是"开显"的意思。现在我们可以看到,"生长"是经验的意思,而"开显"才是"本质"、"本体"-"存在"的意思。

七

哲学思想的发展,各个阶段有千丝万缕的联系。所谓"创造性"不仅仅在于别出心裁——这当然也很重要——而且是要抓住"哲学"原就在"创造"的地位，它的问题就是"创造性"的。

从具体学说上来看，谢林和费希特固有不同，谢林有自己的独创性，但就我们后人来看，谢林的"同一哲学"出于费希特者甚多。

应该说，我们过去不是很重视谢林，觉得他只是一个过渡的环节。把他作为从康德到黑格尔的过渡环节来看，并没有什么错，只是不能因为是过渡就轻视他。正如费希特对谢林的影响很大一样，谢林对黑格尔的影响也是很大的。譬如我们过去一直认为，黑格尔的《美学》是直接温克尔曼的《古代艺术史》的，实际上黑格尔的美学体系和温克尔曼的书的体例全然不同，而和谢林的未完成的《艺术哲学》却有相当的类似之处。当然，黑格尔的美学受当时浪漫派艺术观的影响也是明显的，虽然在理论上黑格尔并不赞成浪漫派。我们也可以从席勒的美学著作中看出黑格尔的来源。或许当时是知识圈子里经常讨论的问题，相互都有影响。

说这些，只是想说明，所谓"创造"，并不是哲学家自己发明一套谁也不懂的语言，去表现无根无据的幻想，而是想指出：哲学的"创造性"，是在问题的本身；而说的话，竟然也是可以大同小异的。谢林的"同一哲学"，出自费希特的学说，其中轨迹是很明显的。

谢林是哲学史上少有的早熟者，他出版《先验唯心论体系》时年仅25岁。不要小看这部少年之作，它是把康德以来特别是经过费希特发展以后的哲学问题作了深入、细致思考的杰作。

在《先验唯心论体系》中，谢林非常严格地一步一步从康德的二元对立，经过费希特，把哲学推向了"绝对"、"同一"，将从"理性"到"现实"的"创造"思想贯彻到底，亦即从康德的原则出发，走到康德的反面，由二元论复归于一元论。谢林说，康德给我们出了一个难题："我们要有理论的确实性，就得失去实践的确实性"，反之亦然，"在我们认识中存在着真理性同时又在我们的意志中存在着实在性，这是不可能的"。①

---

① 谢林：《先验唯心论体系》，梁志学、石泉译，商务印书馆1977年版，第14页。我应该说，志学（存秀）两位这个译本，现在读起来仍然显示着译者对于古典哲学的深入理解和翻译时的认真态度，鉴于现今的某些译本已相当缺少这个学养和态度，故特此标出，以示对译者的感谢。以下引用谢林的《先验唯心论体系》，皆出此译本，简称梁译本。

紧接着，谢林指出，"这个问题无论是在理论哲学当中，还是在实践哲学内部都是不能解决的"，也就是说，在康德哲学的范围内，是不能解决的，"只有在一种更高的哲学之内才能加以解决"。① 这个"更高的哲学"，乃是彻底的"理性""创世论"，从而把康德曾为之苦心经营的"（经验）知识论"全部"括了出去"。"括去"了"理论理性"，在康德哲学中，就剩下了"实践理性"，而这个理性，在康德的理解中，是一点"被动性"也没有的。所以，还是紧接着上面的引文，谢林说，"在意志中表现出来的正是一种创造性的活动；一切自由行动都是创造性的，不过都是有意识地进行创造的"②。

"自由"是康德"实践理性"-"道德命令"的核心概念，康德强调的是它"不受任何限制"这层意义，以和"理论理性"中"要受限制"的"必然"作原则的区别。在谢林这里，此种区别依旧——这是不能否认的区别，但它的意义得到了进一步的深化："自由"不是空的，"自由"必定要和"创造"相联系，"自由"就是"创造"。

"自由"即是"无（没有）""他者"对其"限制"，一切发自"自己"，正是在这个意义上，"自由"作为"创造者"，乃是"从无到有"。"自由"的"创造"，不需要外在的条件（物质材料），不需要外在的"有"作为"创造"的条件，因为一切的"有"都是它"创造"出来的。"创造"是一个行动、行为，"创造"总要"创造"些"什么"来，这个"什么"就是"被创造出来的世界"，也就是我们前面说过的，"本质""显现"出来的"现象界-世界"。既然是"现象"，就是可以"直观"的，可以"认识"的，在"自由创造"的意义上，康德的"不可知论"不攻自破，因为"创造者和被创造者是同一个东西"。③

这样，我们就有了一个与康德不同的一元论哲学。这种"不同"，与其说表现在康德哲学做错了，不如说做得不够，没有把自己的原则贯彻到底。在"知识论"里用一个外在的"感觉材料""限制""理性"的"创造性"，所以他才说出"限制知识为信仰留出地盘"这样的话来。实际上，只有"理性"作为

---

① 谢林：《先验唯心论体系》，梁译本，第14页。
② 同上书，第14页。
③ 谢林：《先验唯心论体系》，梁译本，第34页。

一个"自由的创造者"——而不仅仅是一个"整理者"、"规范者"——"信仰"和"理性"也才会"同一","信仰"才不是"盲目"的,而是"自由"的。

从康德经费希特到谢林,"理性"不仅有了"形式的自由",而且也有了"实质的自由"、"有内容的自由"。谢林说:"每个用心地随着我们思路来到这里的人,都会亲自看出,这一哲学的开端和归宿是自由,是绝对不能加以证明的东西,这种东西只能由它自身来证明。"①"自由"的"证明"在于"自由"自身的"开显",整个世界,全部历史,才是"自由"的"证明"和"明证"。

这个"全部历史"的"证明"和"明证"——"显现"、"开显",乃是黑格尔所着重的工作。在这方面,我们所做过的研究工作,远远超过了对谢林的研究。

于是,我们回到前引费尔巴哈对黑格尔和谢林所完成的思辨哲学的批评——"思辨哲学"为"思辨神学"。

当"理性"的"自由",不仅"创造"一个"道德""境界"(康德),而且"创造"一个(超越)"世界"时,"哲学"在自己的领域内完成了对"宗教(基督教)"的"解构"和"取代"。

八

"(德国)古典哲学"到此(谢林、黑格尔)已经"终结",但哲学的问题并未结束。康德、费希特、谢林、黑格尔这些"古典哲学大师"受到了批评甚至讽刺和嘲笑,但理性(或其他什么)的"创造性"问题依旧,因为"本质(本体)"与"现象"的关系依旧。

继费希特、谢林、黑格尔之后考虑这个问题的哲学家中有叔本华、尼采,他们被称为"(唯)意志论"者。

其实,从康德开始,"意志"就比"知识"更具有"能动性",真要

---

① 谢林:《先验唯心论体系》,梁译本,第41页。

"创造"世界,还非"意志"莫属。费希特从康德"实践理性-意志"出发,前引谢林的《先验唯心论体系》同样涉及"意志",只是他(以及黑格尔)强调"绝对同一",而不强调"知"、"情"、"意"之严格区分,只强调一个同一的也是更高的"理性",这一点大概就是让叔本华特别讨厌的地方。

叔本华又回到了康德。叔本华的哲学,完全直接从康德出发,而置费希特、谢林和黑格尔以不屑一顾的地位,这从我们后人来看,颇感其态度之偏激。从叔本华自己的理论来看,他既从改造康德哲学入手,虽力图越过费希特、谢林和黑格尔,但仍是一种"哲学的创世说",只是他强调这种创造的力量不是"理性",而是他强调的与"理性"对立的"意志"。

"意志"原本是康德《实践理性批判》中的核心概念,也是费希特、谢林、黑格尔所承认的,只是从康德起,这个"意志"就和"理性"不可分割,而且惟有作为"理性"的"意志"才是"自由"的,而感性的"欲求"是受限制的,不自由的。不仅如此,"理性"之所以要强调到"意志"的程度,正是为了突出"理性"的"创造"作用,因为"意志"有一种"向外开拓"的趋向,但即使在康德那里,"意志"虽无关乎"知识",但也不是"盲目"的,因为它是"理性"的。

然而,叔本华却把"意志"和"理性"彻底分割开来。他的理由是:你既然说"意志"与"知识"无关,则也一定与"理性"无关。在叔本华的思想里,实际上已将"理性"限制于"知性"的范围,于是在他看来,"理性"是为"意志"服务的,因而它不是原创性的东西。

除此之外,我觉得叔本华还是很严格地按照康德的路子走的。

首先叔本华认为康德哲学最大的贡献在于区别了"现象"和"本质",所以他自己的主要著作《作为意志和表象的世界》就把这两大部分明显地标志出来。他标举"意志"为"本体"和"本质"来与"表象(现象)"对应。他的"表象"界,就是康德的"知识领域",是理论理性所管辖的地方。叔本华指出这个领域完全受"时空"和"因果"的控制,亦即我们通常译做"根据(因果)律"的制约。这个思路是康德的。

不同在于对"本体"的理解和"本体"和"现象（表象）"的关系。"本体"不是"理性"，而是"无理性"的"意志"。叔本华说："惟有意志是自在之物。"①

如何理解这个"无理性"的"意志"？按叔本华的意思，这个"意志"是在人类（理智、意识）出现之前就早已有了的"一切事物向上冲动的东西"②，是一种比"自然力"还要更本质的东西，因为"自然力"还是"表象"的，而"意志"则是"本体（自在之物）"的。或者我们可以发挥说，叔本华的"意志"乃是最原始也是最普遍的"力"。这个"力"因其没有"表象"而没有"动机"－"目的"，所以一定是"盲目"的、"非理性"－"理性"出现之前的。"理性"出现之后，"世界"成为"人"的"表象"，但"意志"作为"自在之物"并未泯灭，那么，什么是"人"的"自在之物"的"意志"？叔本华说，"如果把我的身体是我的表象（这一面）置之不论，那么，我的身体就只还是我的意志。"③

于是，在叔本华那里，"自在之物"、"本体"从"天上"掉到了"地下"。这个（隐藏）在"地下"的"意志"，保持了"自在之物"的一切特性，只是排除了"理性"。"意志"是一种不可知的"创生力"。

那么，这个"自在之物"的"意志"又是"怎样""创造""世界"的？叔本华告诉你，对于这个"怎样"的问题无可奉告。也就是说，"意志（所创造）的世界"是"不可知"的，我们人类所能知的，是"理性"根据"时空"、"因果"的"根据律"建立起来的"表象世界"。"意志"不在"根据"之内。这也是叔本华批评康德的地方。叔本华认为，康德把"本体"当做"现象"的"原因（根据）"，"自在之物"被推论到"根据"，则产生混乱④，"意志"在"根据"之外。

这就是说，"意志""创造""世界"是"无根据"的，是货真价实的"盲目"的，"盲动"的。"意志"甚至不是"第一因"，因为"第一因"仍然是"因"，仍在"根据"内，而作为"自在之物"的"意志"，乃在"三界"之外。

---

① 叔本华：《作为意志和表象的世界》，石冲白译，商务印书馆 1982 年版，第 165 页。
② 同上书，第 187 页。
③ 同上书，第 155 页。
④ 同上书，第 238 页。

所以在某种意义上，叔本华的"意志"倒似乎是真正的"无"，他的"创世说"才真的是"从无到有"。

然而，叔本华这个"创造性的"但又"盲目盲动"的"意志""创造"出来了一个"什么"，是谁也不知道的，是"不可知"的；而可知的世界，仍须康德的"理论理性"来加以建构，但"理性的本性是女性的，它只能在有所取之后，才能有所与"①，和康德一样，在"现象（表象）界"，"理性"只是"来料加工"，不是"创造者"。

然而，"意志"又是那样的"盲动"，不可能"开显"出一个清明的"世界"来。"意志"被叔本华从康德的"天上"拉到"地下"去，也就从"神"变成了"魔"。

"意志"是"人"要加以"克服"的东西，"无欲是（人生的）最后目的"。② 从"意志"的克服、泯灭中，"人"得到（暂时的）"解脱"，此时，人因不受"意志"的支配而"自由"地面对事物，而事物就对人开显出"诗（艺术）"一般的境界来，"哲学"也在这种"解脱"的境界之中。于是，"创造"的"哲学"（及诗和音乐），走向了"静观"。"创世说"被送还给"宗教"，"哲学的创世说"也随之"终结"。

"魔"不是"创造者"，它同样也是"被造者"，只是它被设想具有超常的"力"，因其"不可知"而带有"神秘性"。叔本华的"意志"，一方面很像我们说的"七情六欲"，因而常常被形容为"贪得无厌"的欲望，就"无厌"而言，的确如此。然而，我们也应该说，叔本华的"意志"还有另一方面的"本体"、"自在之物"的意思，而不是感性的情欲。

其实一般的情欲是可以"认知"、可以"规范"的，调节好了并不可怕，"情欲"是"动物"，而不是"魔"。"魔"是"本体"的，它"不可知"，"不可规范"，即使是动员欧洲希腊以来、东方佛祖以来的智慧，加上一切艺术的、音乐的天才，都只能"暂时""摆脱""魔掌"。所以，叔本华的"意志论"的确带有很重的悲观色彩。

---

① 叔本华：《作为意志和表象的世界》，石冲白译，商务印书馆1982年版，第89页。
② 同上书，第220页。

九

　　康德、费希特、谢林、黑格尔以后，一些青年哲学家都深感他们的学说"高高在上"，要把他们的"理性"从"天上"拉下来，拉到"人间"来；从"神"的位置上拉下来，拉到"人"上来。费尔巴哈说，"神学的秘密"在"人学"，这是当时的一个比较普遍趋向。本来，天、地、人，"哲学"总要有自己的立足点。"人"在"天""地"之间，得乎其中，是"哲学"最为合适的"安身立命"之处。从某种意义上说，康德和叔本华代表两个"哲学"的极端：康德"高入云端"，叔本华"深至地府"。叔本华把康德的"意志"拉过了头，由"神"成了"魔"，是尼采把"意志"还给了"人"。不是"神"在"创造"，也不是"魔"在"创造"，而是"人（的意志）"在"创造"。在这些哲学家中，尼采不信"神"，不信"（魔）鬼"，因为"神鬼"都是"人""创造"的。就"创造"的角度来看，不是"神""创造"了"人（世间）"，而是"人""创造"了"神（天国）"，当"人（中之杰）"突显之后，"诸神"就要"退位"。"人"是"神"的"创造者"，也是"神"的"杀手"。尼采把"神"的"创造性"还给了"（超）人"。

　　尼采的思想和叔本华有许多相近的地方，但在哲学的精神上是不同的。尼采要人们放弃天空，注视大地，但尼采的"意志"并没有埋在地底下，而是在"地上"发挥作用，体现这个"意志"固然仍是在"感觉"、"精神"之"背后"的、"住在'身体'里"的"自我"①；而且他也认为"意志"不是作为"（第一）原因"来"创造"的，而是作为"自由"来"创造"的，所以也反对自斯宾诺莎以来的"自因"说。② 这些都是和叔本华相同的。

　　但是，尼采既然把"意志"集中于"人"，所以他就批评叔本华的"意志"过于"单纯"，即过于"普泛"，因为既然是"人"的"意志"，就不能不考虑

---

① 尼采：《查拉图斯特拉如是说》。我用的是美国早年出的"世界名著现代书库"中"尼采哲学"的一个英译选集，原书没有出版年月，可见是印刷多次的一个普及本，此处引文见该书第 33 页。本文以下引尼采的都出自这个本子。
② 尼采：《超越善和恶》，第 403 页。在这里，尼采明确批评了他的前辈的"哲学"的"专权"，要做"第一因（cause prima）"来"创造世界"，同是一种"权力意志"，见第 389 页。

到"思想"的问题,因而,尼采认为"意志"是一个"复合体"。① 在这个意义上,尼采的"意志"不像叔本华那样盲目盲动,那样的"非理性",而甚至是更为高(级)超(越)的"思想情感",是向着一个个更高的"目标""奋进"的一种"创造性的动力"。

"意志"既然是一个"复合"、"综合"的力量,则它所"创造"的就是一种新的"价值",它"创造"的是一个"价值世界"。于是,在彻底与费希特、谢林、黑格尔决裂以后,问题又回到了康德,因为康德"理性"的"绝对创造性"只在"实践理性"里发挥作用。然而,康德也难逃尼采的批评,因为康德的"理性"在"道德伦理"里是"自上而下"的"道德命令",就必定要"上(溯)"一个"神"来。尼采的"意志"是"人"的,不需要"神""高高在上"的"命令",康德就被批评为"孔尼兹堡的伟大的中国人只是一个伟大的批判家"②,而康德的"绝对命令"竟被讽刺为莫里哀笔下的伪善者(Tartuffery)③。

其实,康德的"绝对命令"只是"形式"的,它也"不创造"感觉经验的世界,而只是"创造""善"、"恶"的价值;而且不是先有一个"善"的概念,然后按照这个概念的要求去做,不是中国的"君君臣臣父父子子"这个意思。康德的"绝对命令"并不具体叫人"应该"做些"什么",而是揭示一个理路,叫人如何去理解伦理道德的问题。这一点后来萨特弄得比较清楚。

无论如何,尼采的"意志"是"价值"的"创造者",是旧价值的颠覆者,新价值的创造者。这是他在许多地方强调了的,在《查拉图斯特拉如是说》中随处可以读到。

尼采既将"意志"还给了"人",而"神"又被"人""杀死",但"人"不是"一",而是"多",于是有尼采的"超人"说,以将"人"不断推向前进。什么叫"超人"?"超人"不仅有"高贵"、"叱咤风云"、"蔑视平庸"这类意思,而且还是一个"动态"的、"不断超越"的"人"。"超越""谁"?"超

---

① 尼采:《超越善和恶》,第399~400页。
② 同上书,第514页。
③ 同上书,第385页。

越""人"。所以和康德相反,"人"不是"目的",而只是一个"桥梁"①,"人是某种要被超越的东西"②。

说到这里,我们看到,尼采已经在相当彻底的程度上否定了(或代替了)基督教的"创世说"。在尼采看来,要说"创造",根本不需要基督教的"神"。"哲学"也不必像康德、费希特、谢林、黑格尔那样煞费苦心地为这个"神"乔装打扮、涂脂抹粉,它已经被"创造"了它的"人"杀了。尼采甚至带有点民族主义情绪地批评英国从培根以来的传统,认为他们的"哲学"不行,所以"需要"基督教来"训练"他们③,而德国因为有从康德以来的与其针锋相对的强有力的"哲学",在克服了这个哲学传统的缺点之后,就可以宣布"神已经死了",不断超越自己的"(超)人"才是"创造者"。

1999 年 8 月 25 日于北京

---

① 尼采:《查拉图斯特拉如是说》,第 220 页。
② 同上书,第 48 页。
③ 尼采:《超越善和恶》,第 565~566 页。

哲学作为创造性的学问

我们仍然要回到反问哲学自身的问题上来：哲学到底是一门什么样的学问？

"哲学"在其初创阶段——古代希腊——是指这样一种学术活动：它不像其他学科那样有自己的特殊的对象，观察、研究这种对象，掌握它的特点、性能，然后可以更好地利用它；"哲学"似乎没有什么特殊的"对象"，而又好像拥有一切、全体的对象。"哲学"的"对象"上至天文、下至地理，包括"至大无外"、"至小无内"，通通在"哲学"的视野覆盖之下，哲学的对象无所不在。我们看到，古代希腊的贤哲们果然创建了他们的"宇宙论"和"原子论"，而二者也都遇到了各自相应的困难。

于是人们想到，"哲学"原本是"爱智"，是对"智慧"的一种热爱和追求。这就是说，做哲学的有一种"爱好"，"追求"的"目标"不是金钱、名誉、地位，而是"智慧"。这的确是一种很特别的"爱好"，因为我们通常说到的"追求"、"爱慕"，大多发自一种"情感（情欲）"，但"智慧"却是"理性"的，是一种"理解力（Verstand, understanding）"。我们说一个人"聪明"和说一个人"力气大"有很不同的意义。

在这里我们想强调的是：在"哲学"的原始的"爱智"含义中，已经孕育了"爱好（爱）"同样也可以是"理性"的这层意义在内。然而，我们发现，对于"爱（感情）"这种深层次的理性意义，不论在古代还是现在，恰恰经常被忽略。

一

我们从近代说起。

我们知道，欧洲哲学从近代开始，力图把"理性"和"感性"的东西分别开来，出了一些有很大贡献的二元论者。近代哲学的创始人（之一）笛卡儿从"怀疑"入手，把"感性（知识）"排除出去，或者悬搁起来，认为"我"的一切"感觉"不能"证明""我""存在"，而只有"我"的"（在）思（想）"，才能"证明""我"的"存在"。

笛卡儿"我思故我在（cogito ergo sum）"虽说有中世纪本体论的传承，但在当时应是一种振聋发聩的命题：它似乎和"常识"完全相反。在常识看来，凡被"我""感到"的，无疑是"实在"的，如今你却说它是"不实在"的，反倒是看不见、摸不着的"思想"会是"实在的"，这是一种奇谈怪论。

难道"眼见"不是"实"，反倒"耳听（语言——作为思想的载体）"是"实"？

笛卡儿"我思故我在"这个命题，之所以没有被"常识"的嘲笑所埋葬，正说明它有自己的意义。尽管人们可以批评，而事实上后来这个命题也确实受到了许多应有的批评，但人们却不能不"认真"对待它所提示的意义：原来，"思想（理性）"和"存在（感性）"是有着深层次的联系的，甚至"思想（理性）"竟然被利用来"证明""存在（感性）"，不是"感觉"是"思想"的"根据"，相反，倒是"思想"是"感觉"的"根据"。

康德是批评笛卡儿这个命题的，他说，"思想"是"理性"，"存在"是"感性"，二者有"原则"的区别，绝不允许混淆它们的"界限"。于是康德成了另一种类型的二元论者。

康德批评笛卡儿"我思故我在"所用的理由是不能以"思想""证""存在"，"脑子里的钱"不等于"口袋里的钱"，是大家所熟悉的。然而，就康德哲学来说，这个批评有一个前提："存在"不是"属性"，"存在"不是"宾词"。这就是说，只有涉及不是属性的"存在"时，我们才不能用"思想（理性）"来"证明"其"实在性"和"可靠性"，而一切"经验属性"，在康德看来，必定也只有用"思想（理性）"来"证明"其"可靠性"、"实在性"。这就是康德著名的一切"经验知识"之可能性的理论。正是在这一点上，康德把自己和包括笛卡儿、休谟在内的怀疑论区别了开来。

事实上，康德《纯粹理性批判》的工作重点在于论证各种经验"属性"之间"关系"之"知识"的可靠性，也就是"科学知识"的可靠性、真理性。然而，在这一点上，在论证经验知识的可靠性上，康德所依靠的理由，仍不出笛卡儿左右，即仍是以"思想（理性）""证（明）""感性（经验知识）"。康德的意思是：关于感性经验对象的知识之所以可靠，乃在于有理性的先天形式（a priori）的建构（constitute）作用在内。请注意，"理性（思想）"在康德那里，成了"形式"的东西，好像是些条条框框（律，law，Gesetz）。这些条条框框本身并不能构成知识，只有和感觉的材料结合起来，才能成为"科学知识"。在这里，康德告诉我们，"科学（知识）"，必定要有感性的东西，只讲"形式"的"逻辑"，不是"科学"，因为它不涉及"感性"的材料，而只有"科学知识"才有"真理性"、"现实性"问题。形式逻辑如此，那么不同于形式逻辑的"哲学"又何如？

按传统，"哲学"对任何东西都"爱好（研究、探究）"。"哲学"研究"存在（作为存在）"，研究"世界作为一个全体、整体"，研究"无限"。康德说，这些东西都不可作"经验直观"，因而"哲学"不可能成为一门"科学"——"形而上学何以可能"的答案似乎一定是否定的。

康德没有说"哲学"就是"形式"，更不甘心把"哲学"等同于"（形式的）逻辑"，他甚至要改造传统的"（形式）逻辑"，使之成为"（有内容的）科学"。他把他的"哲学"的工作叫做"批判"。然而，我们不难发现，康德的"哲学"，做的是类似于逻辑的工作。所谓"批判"，乃是"厘定"、"审核"的意思。康德的哲学，要为"理性"的诸种"功能（function）"划定有效、合法的界限，尽管这些法则（范畴）是为运用到经验自然对象中去而先行制定的，不是从经验自然对象中抽绎、归纳出来的。"合法性"在康德知识论中为一条铁律。

康德之所以认定"哲学"不能成为"科学"，乃是根据"存在作为存在"、"世界作为全体"不可能有相应的"直观"，不能"进入""感觉世界"，只能

"留在"了"本体（思想体，noumena）"。"存在作为存在"只是"思想体"。

然而，康德在批评笛卡儿"我思故我在"时，却把"存在"归于"可感的东西"，这样才能说，"思想"是"不可感的"，因而不能用来"证""可感的"。"存在"与"可感"的关系，已是贝克莱主观唯心论的标识，所以康德才在《纯粹理性批判》第二版加了一节特意与贝克莱的主观唯心论划开界线。然而，"存在"既不是经验属性，则当是理性概念，不是"感觉体"，就是"思想体"。"存在（作为存在）"，成了康德意义上的"不可知的""本体"、"物自体"。从这里，我们可以看到，在康德学说里，"存在"似乎已经被一分为二：感性的如"属性"之类，而理性的则为"物自身"，前者属于"现象"，后者属于"本质"。康德的二元论，在对"存在"的理解上，已经有所表露。

二

在康德"物自体"意义上的"存在"，乃是"思想体"，而"思想""不存在"，我们不能说，"思想""（存）在"什么地方，甚至不能说，"思想""（存）在""脑子"里，连孟夫子也只敢说"思"是"心"的"功能（官）"。于是，在康德意义上，"存在"就是"不存在"。而正如海德格尔所指出过的，任何科学都要以"存在（者）"为"对象"，"科学"不能以"不存在（无）"为对象，所以"哲学"不是一般意义上的"科学"。我们看到，在这一点上，海德格尔和康德是一致的。

不过康德执着于这个本体的"思想-不存在（无）"来否定"哲学-形而上学"作为"科学"的可能性，则不仅与海德格尔绝不相类，也受到了费希特、谢林、黑格尔的批评，海德格尔的思想，正是在从康德经费希特、谢林到黑格尔这一德国哲学传统的支持下，建立起来的。

康德是近代德国哲学的开创者，许多关键的哲学问题是他清楚地界定的，至今我们还要在一些问题上"回到"康德。不过康德思想因其界定、厘析的绝对性而需要同样也是他经常强调的"综合"。康德以后德国哲学的发展就是沿着一个"辩证综合"的道路延伸的，就连康德本人，在他完成第二"批判"（《实践理性批判》）后，很快地就有《判断力批判》问世，说明他不仅在经验的知识论、而且在整个哲学的领域也在强调"分析"的同时，已经意识到"综合"的必要。

就康德哲学的专业研究来说，我觉得该是着重研究《判断力批判》的时候了。

并不是说，从来就没有人研究过康德的第三"批判"，而是说，相对其他两个"批判"来说，无论中外，专业的研究都少得多，和这个"批判"的哲学理论意义以及它在历史上的作用完全不相称。

过去，康德的第三"批判"，曾受到研究美学的学者的重视，这当然很好。康德以其思想之深邃，对艺术（天才）现象之洞察，对近代西方美学有很大的影响，理应得到重视。但我们从整体的哲学理论问题的深处，对它研究、理解得就相当肤浅。

我们甚至可以这样说：如果在第一、第二"批判"里，康德对于"哲学-形而上学"的可能性有一种否定的态度，那么，在第三"批判"里，这种否定的态度却有所转变。如果说，在前两个"批判"中康德做的是分析厘定的工作，在第三"批判"里，则正是在做"综合"或"弥合"的工作。于是，人们甚至可以说，前两部书为"批判"，而第三部书则为"哲学"。在这个意义上，我们竟然可以说，康德的真正的"哲学"，在《判断力批判》里。

我们说过，"哲学"作为一门"科学（学科、学问）"，需要涉及"感性世界"。"感性"不进入一门"学问"，则这门学问就只是"形式"的，所以在古代希腊，亚里士多德就不把"数学家"归于"自然哲学家"之类，就是因为在亚里士多德看来，"数学"只涉及事物的"形式"，而"哲学"不仅仅是"形式"的，而且是有"内容"的。

我们也看到，康德的《纯粹理性批判》是有内容的，其内容来自感觉经验-感觉材料，但康德指出，这里涉及的不是"哲学"，而是"经验科学"。这个第一"批判"，就要解决"经验科学如何可能"的问题；而"哲学-形而上学"所涉及的都是一些感觉经验世界所找不出来的东西，像"本质"、"全体"、"无限"或"意志自由"、"时间永恒"、"至高上帝"之类，只能是些"理念（观念，ideas）"，是不能"直观（anschauen，intuit）"的。

然而，到了《判断力批判》里，前两个"批判"所划定的界限，在某种意义上全都被打破了,所有这些"理念",又都是可以"直观"的了。在这个"批判"里,"理念"不是抽象的概念,而是具体的"理想(ideal)",是可以"看"出来的,而不只是潜伏在"思想"里。康德认为,这就是我们会"感觉到"世界之"美"与"和谐"的根据所在。对于世界——"感觉经验世界"——这种不同于经验科学的"把握方式",不只是"私人"的感受,不只是"感觉"的,而且同时也是"理性"的。

康德在《判断力批判》里的主要问题是:原本是表达私人感受的美不美(愉快不愉快)的问题,却可以以命题判断的形式出现——"这是美的",好像"美"是对象的一种客观"属性"似的。也就是说,关于"美"的判断,是有"普遍性"的。康德这个问题的提出,就意味着:在"美"的问题上,"感性"是有"理性"的,在这里,"感性"和"理性"是结合的,统一的,是另一种意义的"综合"——它的确是"经验"的,但也是有"先天(a priori)"的。只是在美的领域,"先天的"理性形式不是以接受来的感觉材料"建构(constitute)"成一个"经验科学知识体系",即把"感性"提高为"知性",而是相反的,从一个普遍的规律出发,去寻求发现"合规律"的"例证-象征、典范"。这样,个别性、具体性的事物,就能保持其自身而体现(象征)着一种更加普遍的观念(理念)。普遍的规则"遇到了(发现了)"适合于自己的例证,"理念"在"经验世界"也"找到了"自己的象征。于是,本来在"感觉经验世界"不能"显现"出来的"理念","显现"出来了,这就是这个"感性世界"的"美"和"合目的性"。

"理念"终于能够"显现"出来,能够被"直观"到了。"理念"与"直观","理性"与"感性","思想"与"现实"之间的界限,终于被消弭。这个被消弭界限之后的"世界",不是杂乱的"质料(matter)",等待着理性先天形式去建构一个秩序,而是一个感性和理性相和谐一致的现实的"生活的世界"。"感性经验世界"向我们"显示"着一种深层次的"意义"——一种"哲学-形而上学"的"意义"。对于这个世界的把握,正如康德自己说的,乃是一种"形而上学智慧的箴言(als Sentenzen der metaphysischen Weisheit)"[①]。

---

① Kant, Kritik der Urteilskraft, Reclam, Leipzig, S.34;宗白华中译本,上卷,第 20 页。

形而上学的智慧终于得到了承认,然而哲学-形而上学作为一门"科学"和一门"学问",仍然是一个问题。

三

"科学"是"理论性(theoretical)"的,而"智慧"则更具有"实际性、实践性(practical)"的意味。这就是说,"智慧"离不开"具体性"和"个别性",体现了"处理""具体事务"的聪明才智。在某种意义上,"智慧"高于"科学",因为她更需要一种把"理论"和"实际"结合起来的那种"恰如其分"的能力。一般来说,"科学"更需要"勤奋",而"智慧"多半要靠"天才"。"科学"为"知识",而"知识"靠积累;"智慧"为"天分(自然的分配、给予)",而"天分"是强求不得的。

按照康德的思想,科学-经验科学,固然离不开"感觉"所"给予"的"质料","形而上学的智慧",更是对个别与一般结合、综合的洞察;不过前者是把感觉材料"为我(理性)所用"地加以建构,而后者则保持着具体事物之独立性,让其"自由自在"地"在那里(being there, Dasein)"为理性所"观照(contemplation)"。在"理论理性(经验科学)"中,"理性"为"感觉材料(自然)""立法","感觉材料"被"归化(移民)"进来,所以这些材料是"不自由"的,它们一定要(必然,需要,necessity, Notwendigkeit)服从"理性"为它们制定、颁布的"法令(laws)"。反过来说,"理性"在这个领域里的作用也是有限制的,"理性"不能"越出""经验"、"可感觉"的范围而"超越(transcendent)",在"知识"领域内,"理性"不能"僭越"。

在这个意义上,在"经验科学"领域内,"理性"和"感性"都未获得充分的"和谐性、协调性的自由"。希腊人所追求的"自由的知识",实际上是"有限制的",而只有"道德"才是"理性"充分发挥其"自由"的领域,但"道德"的"自由"在康德看来,又只是"形式"的,这种"自由"没有"内容",因为"自由"不能被"直观"。既然"自由"不可"直观",则"自由"就不可能为"知识"的"对象","自由""不可知"。我们不可能有一门关于"自由"的"科学"。这是康德《实践理性批判》的奠基的思想。

然而，在《判断力批判》里，我们"看到"了"自由"——在"世界之美"里，在"世界之合目的"里。"自由"有了"直观"，于是"自由"就有可能成为一门"科学"——一门不同于以感觉经验为对象的特殊的"科学"，康德把她叫做"形而上学的智慧"，后人就叫她为"哲学"。"智慧"只在于"美、艺术和自然的合目的性"，"哲学"作为"智慧的科学"，则就是"理性""自身自由"的"知识"。这样一种"哲学知识-哲学科学"，在近代德国，大概就是从费希特开始，经谢林、黑格尔所要致力于建构的一门学问。

四

康德在《判断力批判》里之所以强调"智慧"，美和艺术、自然的和谐这些情感虽接受理性的指导、规范，但仍不是"科学"，乃是因为他看到，理性在这些范围里所起的作用只是"协调性（regulative）"的，而非"建构性（constitution）"的。对感性世界的艺术、审美态度，并不要求作为对象的感性世界作为材料进入理性自身的先天形式，"构成"一个普遍的知识体系，人人得而学之，而是使"理性"和"感性""协调"起来，产生一种"愉悦"的情感。所以它不是单纯的"知识"，也不是单纯的"意志"，而是介乎两者之间的"情感"。现在，费希特、谢林、黑格尔要把这被分割开来的三者"统一"起来，形成一门"统一（综合）"的学问，使"三权分立"成为"三权合一"，则必须在"理性"、"感性"、"自由"、"自然（必然）"这些问题上，有一种新的理解。

费希特、谢林、黑格尔的工作重点在于继续追问"理性"、"思想"、"自由"等这些观念的意义，使这些概念有一种新的理解，然后进入感性世界、自然世界，使其意义也发生变化。

在费希特、谢林、黑格尔这些人看来，康德的问题出在对于"理性"、"自由"、"思想"过多地从静止的、形式的方面来考虑，只着重其"合规则"、"合法性"，而忽略了它的"创造性"、"主（能）动性"。

如果像康德那样，把"感觉世界"只看成为"理性"提供材料，那么，不仅"感觉"是"被动的"，而且"理性"也就会有"被动的"成分，因为"感觉"是必须"被给予的"。按康德的想法，"理性"好像静观地坐等在那里，"等候"来料加工。有了材料，"理性"才会"主动（活动）"起来，用这些材料，"建构"起什么来。"理性""被""感性""刺激"地"动起来"，这种"理性"仍是"被动的"，不是"主动的"。这样的"理性"，也就不是"自由"的"理性"。

"理性"无需"感觉"的刺激，原本就会动的，"理性"本身就"自动"、"主动"。"理性"本身就是"生命"，就有"活力"；"自由"也不只是"形式的"，"自由"不只是"缺乏"，它不仅"摆脱"什么，而且要"创造"什么。这样，"创造"的观念，就被引进到"理性"、"自由"的观念中，也就是被引进到"哲学"中，为"哲学"灌注了新的生命力，使"哲学"、"理性"、"自由"、"思想"具有了"现实性（reality, Wirklichkeit）"，而"现实性"是一门"学问"、一门"科学"所必备的品质，"哲学"也不能例外。

"理性"、"自由"、"思想"通过自身固有的"创造性"而具有"现实性"。

康德的知识论受到许多合理的批评，因为他"限制"了"知识"，坚持"物自身"不可知，其原因一方面是他要为"信仰"留下余地，一方面也是他无法解决"主体"、"客体"，"思想"、"现实"，"理性"、"感性"之间的关系的缘故。康德坚持这两个对立的方面有各自不同的来源——所以康德被称做"二元论者"，那么，它们之间的关系如何协调、如何一致，就一直是个难以解决的问题。康德自诩的"哥白尼式的革命"，无非是把关系颠倒了一下，并没有涉及"来源"问题。无论从"客体"到"主体"，还是从"主体"到"客体"，无论谁围着谁转，它们都是两个不同"源"的东西，它们如何"碰到一起"而取得"和谐"，则最终要靠"天意"——莱布尼兹的"预定的和谐"。在这个意义上，康德在知识论里保留一个不可知的"物自体"，是他二元论的必然产物。因为物自体-本体，乃是"思想体"，不提供以"感觉材料"为"来源"的"直观"，所以它一定不可知。

五

现在，我们的问题似乎可以问：是不是"直观-直觉（Anschauung,

intuition)"一定来自于"感觉材料（sense-data）"？也就是说，"直观"就一定是"感觉性"的？有没有"理智性"的"直观"？我们看到，这是19世纪德国哲学从费希特经谢林到黑格尔所要着力解决的问题，也是对康德哲学着重批评的地方。扩大开来说，把"直观-直觉"自由地而不是受制地引入哲学-形而上学，使"直观-直觉"具有形而上的意味，乃是19世纪直至20世纪以来西方哲学的重要课题之一，做好这个课题，才能使已经被康德分割开来的"哲学"重新获得它的完整性。

其实，这个问题，康德自己已经提示了一个重要的方面，不过被他过于强调的"物自体-本体"不可知的论证所掩盖了。这个提示，被20世纪的海德格尔发现并揭示了出来，这就是海德格尔在出版《存在与时间》这本大作以后正式出版的第二本著作《康德与形而上学问题》①中所着重探讨的。实际上，康德在《纯粹理性批判》里已经着重分析了"时间"和"空间"作为直观形式的"先天性（a priori）"，可见"直观"也可以是"理智的"。

"理智的直观（intellectual intuition, intellektuelle Anschauung）"是康德以后德国哲学用以纠正康德哲学的重要的观念转变。

"理智的直观"并不是说，把"理智"和"直观""结合"起来，因为这样的"结合"，康德也是强调了的，否则就不会有他的知识论；"理智的直观"是要说，"直观"本就是"理智"的，而不是"感觉（材料）"的。"理智的直观"就是"非感觉的直观"。②

强调"直观"的"非感觉性"、"理智性"，其意义在于强调此种"直观"的"非被动性"和"能动性"。这就是说，"理智的直观"不是"感觉"提供、给予的，而是"理性"、"理智""创造"的。"理性"不仅"创造""概念"，也"创造""直观"；不仅"创造""一般"，也"创造""特殊"、"个别"；"理性"不是"抽象"的，而是"具体的（concrete）"。于是，康德的二元论转变成一元论，两个来源成了一个来源——全都来源于"理性"。

"理性"的"创造"，就是自身"一分为二"，自己为自己"设置""对立

---

① 参阅本书《论海德格尔如何推进康德之哲学》。
② Heidegger, "Unsinnliche Anschauung ist intellektuelle Anschauung", *Schellings Abhandlung über das Wesen der menschlichen Freiheit*, Max Niemeyer Verlag, Tübingen, 1971, S. 53.

面"——"非理性-感性-直观"。这就是费希特的"自我""设立""非我",黑格尔(以及谢林)的"绝对""外化"为"自然"(以及"社会")。

"直观"摆脱了"感官"的"接受性"、"被动性",成了"理性"的"创造物";"理性"就像"上帝"一样,"创造"了一个完整的、现实的"世界",而不仅仅是"创造"了一个抽象的"理论体系"。基督教的"创世说",在德国哲学那里得到了"理性"的"阐明","哲学""化解"了"神学",也成了"神学"的"影子"。[①]

"理性"为自己设立了对立面,"自我"转化为"非我","绝对"转化为"相对","思想"转化为"现实","自己"转化为"他者"。"理性"在德国哲学里,特别是在黑格尔哲学里,展开了一段轰轰烈烈的"创始"历程,"理性"为"创建"自己的"家园"而历尽艰辛,终于在"哲学"里回到了"自身"。

为克服康德哲学的缺点,为使"哲学"成为一门"科学"而不仅仅是"批判","理性"就不能只是"抽象的",而要使自己成为"具体的"。"理性"自身要有"现实性",这样,"理性的科学-哲学",才有可能。"非感觉的直观"使这种"可能"成为"现实",它使"哲学"也成为一门"科学"。这门"科学",当然不同于一般的"经验科学",它把"被动的""感觉材料""排除"在外,用胡塞尔的话来说,就是把它们"悬搁"起来。把"感觉材料""悬搁"起来之后,"剩余"的不是一些"抽象概念",而是"理智直观"和"直观理智"。因为作为"创造性"的"理智",作为有实践能力和活力的"理性",本身也不再是僵死的抽象概念,而是活生生的现实力量,因而是生动直接的,不是静观的。直观是创造的,理智同样是创造的。

六

"创造性"观念的引入哲学,"过程"、"实践"、"时间"的观念也就相应地进入哲学,不仅使这些观念自身得到了哲学的洗礼,使它们具有了形而上的意味,而且还使原有哲学的传统观念,都"动"了起来,成了一个"过程",而

---

① 参阅本书《论哲学的"创造性"》。

不是现成的、僵死的东西，从"动"的、"过程"的、"创生"的角度来重新思考"存在"、"真理"、"实体"、"本质"这类传统哲学的概念，又使"哲学"有一种新的面貌。

按照传统的理解，"存在"、"真理"、"实体"这样一些哲学的基本概念都是些静态的东西。"存在"被巴门尼德描述成铁板一块的"大箍"，"真理"是一些"正确的""命题"，只有亚里士多德说到"实体"也可以是"可感的"，但它和那"不可感的""实体"是什么关系，则语焉不详。而从中世纪以来，"实体"一直被看做与变化着的"偶性"对立着的"永恒不变的"东西。其实，这些概念如果僵死地被看做固定的，实际上就会进入一个怪圈，产生自身的矛盾。

我们说"存在"，如果指具体的感觉的东西，像贝克莱所说的"存在就是被感知"，那么"存在"就是一些具体的属性（偶性），也就逃不过笛卡儿的"怀疑"。如果我们所说的"存在"是指一切"存在者"的"共同属性"，那么这个"属性"只"存在"于"思想"中，而"思想"并"不在"任何地方，这样，"存在"就成了"不（非）存在"，这又是违反巴门尼德的本意的。

"真理"也有类似的情形。"真理"原意并非专指命题的对错。按海德格尔的说法，古代希腊"真理"为"揭蔽"，于是为"显现"——后来有的古典学者指出这用法在古代少见，而该词主要的意思为"忠实（loyal）"、"实话"，果如是，也有以"行"验"言"的意思。有"现实"、"实际"的含义在。如果只限于命题自身的真假、对错，则只是逻辑问题，虽然重要，但于实际的"存在"无涉。"真理"从希腊文译成拉丁文（veritas），也是"真实（reality）"的意思。在我们这里着重讨论的德国哲学里，"真理"为"Wahrheit"，"wahr"加上抽象化了的词尾"heit"，意谓"真（的）"之所谓"真"，而并不光指命题的对错。中文的翻译比较容易引起误解，"真理"好像指"正确的道理"这类的意思，我们在这个意义下用得太久了，习惯成自然，"真理"就和"真命题"、"真道理"、"正确的理论"这类的意思分不开了。其实，我们不妨把"真理"理解为"真"之所以为"真"的"理由（reason）"、"根据（ground）"，这样就和上述德文的哲学意义一致了。

"真理"不是永恒不变的命题、道理，"真理"是"真实"的"存（实）

在"。在德国哲学中,黑格尔很强调"真理"是一个"过程",而不是一个现成的东西。应该说,黑格尔这个思想,对于哲学思想发展的影响和意义都是非常重要的。

我们知道,从古代希腊直到近代笛卡儿,哲学家们心目中重视的、追求的是那"不变的东西",对于那变化的东西,总是心存疑虑,人们想出那些"真理"、"实体"、"存在"以及"逻各斯"之类的词来,原本是一种"确定性的追求"(杜威语)。实际上我们看到,"不确定的东西"固然会是"过眼烟云",而那"永恒不变的东西",却也会是"镜花水月"——它们只是一些"思想体(noumena)",只"在""思想"里。

"真理"不仅仅"在""思想"里,"真理"是"实在"——"真实的存在",它要在现实的世界中显露出它的"真相"来,不仅成为可思想的,而且也是可直观的。"显现"需要一个过程,需要时间,需要努力,需要劳作,需要实践。"真理"的"显现"需要"创造"。在这里,"显现"就是"创造"。按照黑格尔的理论,"理性"从最单纯也是最抽象的"存在(者)"出发,去"打天下","开创"自己的事业,历经艰辛,回到自身,这就是"真理(真实存在)"的"全过程",所以黑格尔说,"真理"是个"全"。

所谓"创造性"的"全",就要有个"头"、"尾",有"始"有"终"。那种"无头无尾"、"无始无终",黑格尔叫做"恶的无限",而真正的"无限"就在"有限"之中。"有限"就是"具体"的,因而是"可直观"的,不是抽象的,而恶的无限才是只"在""思想"里的"抽象"。"有限"里的"无限",才是"真实"的"无限",才是"真理"。

七

黑格尔关于"无限""显现"于"有限"、"真理"为一"全过程"的思想,我们可以在海德格尔那里看出其影响来。海德格尔本人并不避讳这种影响,他在关于黑格尔《精神现象学》的讲义中有明白的表露。[①] 如果真如学

---

① 参阅我写的《"哲学"须得把握住"自己"》。

术档案材料所显示的,海德格尔的老师胡塞尔未曾研读过黑格尔的著作的话,那么,海德格尔正是在"过程"、"时间"、"历史"方面,和他的老师分道扬镳,使胡塞尔所创立的现代"现象学",摆脱了"直接性",进入到"历史性"。

海德格尔思考的重点问题在"存在"。黑格尔从"理性"、"精神"的"创造性"来理解现实世界的意义,"理性"、"精神"在黑格尔那里好像"从天而降",来到现实世界开创自己的事业,他的"理性"、"精神",在某种意义上,带有浓厚的"神学"意味;海德格尔强调的则是"现实世界"-"存在""自身""开显(open, öffnen)"出来,于是"存在"本身就是"时间性"、"历史性"的。在这个意义上,我们可以说,海德格尔的"存在"不是"从天而降",而是"拔地而起",是克尔凯郭尔的"Existenz",是从"(大)地"里"开显"出来的。也就是说,是现实世界"自己"在实在的"基础"上"开显"出来的。

"开显"是"过程",是"时间",是"实践"。不过,在黑格尔哲学里,"开显"的"过程"是"理性""征服""世界客观对象"的"业绩",因而"理性"在客观世界里看到(直观到)的是"理性""自身",是"理性"自身的"丰功伟绩",是一种自我观照,自我欣赏,像"上帝"从自己的"被造物"里看到、显现自己的"荣耀"一样。在这个意义上,黑格尔哲学的确是基督教神学的"影子"。

海德格尔所理解的"开显",是"存在""自身-自己"的事,不需要一个"至高无上"的"理性"来"推动"。不错,在《存在与时间》里,海德格尔着重从一个"Dasein"的角度来阐明"存在(Sein)",但这里的"Dasein",在海德格尔心目中,不仅仅指有思想、有意识、有理性的人。海德格尔的"Dasein"当然是指人,不过他之所以坚持用"Dasein"这原本泛指具体存在的词来指谓他与"存在"对应的"人",乃是他要强调"人"与"存在"的一致性、同源(构)性,而不像黑格尔那样把"人"看成一个"精神"实体。不把"精神"、"思想"和"现实事物"对立起来,是海德格尔对黑格尔所曾经阐述了的"思想与存在同一性"命题的进一步的发挥:"现实事物-Seiendes"和"Da-包括了'思想'这个度"原本有一个共同的"基础(Grund, ground)"——"存在(Sein)"。"Dasein"并不是"思想实体",而只是"Sein"的一种形式,它从"Sein"中"突显(ex-Da)"出来,也许,Dasein 是 Sein 的"现在"、"现时"、"在世"形态。Dasein 是一种"存在状态",而不仅是"思想状态",并且,我们还可以进一步说,正是这种"存在状态""决定了-规定了""思想状态"。

所以,应该说,海德格尔并没有泯灭德国哲学传统的"理性"、"意识"这个度,而是把它建立在"存在"这样一个同一的基础(基地)之上,使其有了"存在"的依据。理解海德格尔这个思想,我们需要对海德格尔的"Dasein"有一个观念上的改变:我们不能把 Dasein 理解为"人"的一种自然的、天生的、没有意识到的意识状态;Dasein 是人的一种自觉的意识状态,是一种"觉悟- Befindlichkeit",人必须自觉地把自己放到 Dasein 的位置,具有这种觉悟,那时(不论客观上适时、正当其时与否),"存在- Sein"(的问题)才会显现出来。

"理性"、"意识"、"思想"这个度,"控制"、"生长"在"存在"这个"基础(基地、地基)"上,因而就不是抽象的,甚至在"开始"时,也不是像黑格尔想象的那样是"空洞"的,"存在"只不过是一个没有"内容"的词。

八

有"内容"的"存在",是"有限"的:"Dasein"是"有限"的,"Sein"也是"有限的"。所谓"有限的"也是"有时限的",不是"无限的"。海德格尔说,所谓"无限"的观念是传统形而上学的产规物,它的思想模式恰恰是经验科学的,不是哲学式的,不是本体论的。在这里,如同他在思想和存在的关系上所做的那样,海德格尔也把无限和有限的关系颠倒了过来——或者叫把它们的关系"纠正"了过来。在海德格尔看来,"无限"的观念来自"Seiende -存在者",而包括它的特殊形态"Dasein"在内的"Sein"是"有限的","有时限的"。

这就是说,在海德格尔看来,所谓"无限",全是黑格尔意义上的"恶的无限",是空间上的无限扩展,时间上的无限延伸,实际上,时间和空间都是"有限"的。这样，海德格尔就把"有限的时间性（Zeitlichkeit）"提高到哲学本体论的层面来思考，使哲学形而上学在20世纪有了一种新的面貌。

我们看到，海德格尔在这个"有限"、"无限"的问题上并没有完全否定黑格尔，相反地，他牢牢抓住了黑格尔强调"有限性"本身的形而上意义，把在黑格尔哲学中已经蕴含了的"有限"也具有"本体-存在"的意义这一层意思，着重发挥了出来，甚至于黑格尔关于"一切有限的东西"都会消亡这一思想，也没有被海德格尔忽视。

"存在"既然是"有限"的，则是一定会"消亡"的，"有（存在）"必归于"无（不-非存在）"。

Seiende的世界，或者我们说的"质料"的世界，是"永存"的，它的"变化"只是物质形态的转化，它的"无"只是一个否定词，不是绝对的。按过去的说法，一个人没有钱，但至少他会有空气和阳光——现在"空气"和"阳光"的拥有也是一个问题了——没有这种东西，会有那种东西，总会有一点什么。所以，海德格尔才说，一切的（经验）科学都要以"有（Seiende）"为对象，而不能以"无"为对象；而恰恰是"哲学"的"思"，可以而且必定包括了以"无"为"对象"，因为"存在"既然是"有限"的，它就一定会归于"无"——一切的"有限者"都要归于"无"。

"存在"是"有时间性的"，"在""时间中"，总是"从无到有"，也是"从有到无"，"存在"是"（使其）有"的过程，也是"（使其）无"的过程。在这个意义上，思考"有"，也就是思考"无"，因为它们是同一个过程。

我们看到，"从'无'到'有'"正是最严格意义上的"创造"。

只有"有限"才允许、需要"创造"，"无限"不需要"创造"。"Seiende, 存在者"原本就在那里，不需要"创造者"；只有"有限者"才是"被造者-creature"。

然而，德国理念论者（idealists）的"理性"既然被海德格尔归化于"Dasein"的度内，它自身也成了"有限的-人的有限的理智"，它那"创造者"的地位也就丧失殆尽，"存在"作为"有限者"、"被造者"的"创造者"是"谁"？或者是"什么"？或许我们可以说，这个"创造者"，就是"存在""自己（Selbst，itself）"。

九

"自己"就是"自因",就是"自由"。

我们注意到,"自由"的问题,从中世纪基督教哲学到近代,经斯宾诺莎至康德已经进入哲学的核心部分。康德在《实践理性批判》里关于"意志自由"的论述,把"自由"的概念放到了他的批判哲学的宝塔尖上。与希腊那种古典式的"自由"不同,康德的"自由"才是与一切感性无涉的纯粹理性的东西,而"纯粹理性"一涉及感性领域,就只能是"必然"的,"自然"的,而不是"自由"的。"感性经验"的领域,没有"自由","自由""超越（transcendent）"于"自然（必然）"之外,要在"经验自然"的领域寻求"自由"因而"超越"的知识,是为理性的"越位",所以,康德的第一部"批判"之所以名为"纯粹理性批判"乃是为"纯粹理性"在"经验知识"领域划一界限,使其不得"僭越",并不意味着根本没有"纯粹理性"的问题,于是有第二部"批判"来处理"纯粹理性"自身的问题,这就是"（意志）自由"的问题。在这个"批判"中,康德的工作与第一部"批判"相反,是要防止"理性""降格",降到经验世界来,而"自由"只是"超越（transcendent）"的问题,不应沾染任何感觉经验的成分。

应该说,康德对于"自由"的厘定、分析是很严格、很精细的,但却是"纯粹形式"的,缺乏任何经验的"内容",至少康德在《实践理性批判》里的工作重点,是要从"自由"的角度和"自然-必然""划清界限",就像他在《纯粹理性批判》里从"自然-必然"的角度和"自由""划清界限"一样,只是采取了相反的途径而已。

康德这种形式性的"自由"观,受到了从费希特、谢林到黑格尔的批评是理所当然的。陷于"形式"的"自由"虽然"高高在上",但却"软弱无力";只保持着自己的"清高",有一种"超然物外"的道德境界,却缺乏"改造世界"、"征服世界"的"创造力"。

其实,如前所说,康德至少在写《实践理性批判》的时候已经强调了"实践理性"对于"理论理性"的"优越性"①，所以在《判断力批判》的"导论"里康德就指出，"自然的概念"虽然不能影响"自由的概念"，但"自由概念应该把它的法则所赋予的目的在感性里实现出来"。② 所以我们可以说，在这里，康德自己已经意识到问题所在，也作出了一些补充，但没有费希特、谢林、黑格尔那样系统深入，而"哲学"要成为"创造性"的同时又是一门智慧的科学，成为一门"知识"，则非要抓住"自由"和"自然"的结合-综合不可。

"自由"必定要"显现"出来。不显现的自由为"不存在"，是一个"形式的""思想体（noumenon）"，它没有"直观"，不可知；显现出来的自由才是可知的，才能成为一门学问，一门知识。关于"自由"的"知识"如何可能，也就是"自由"如何"显现"，这个问题是"哲学"如何可能的根据。

"哲学科学（知识）"如何可能的基础在于"自由"本身的"创造性"。如果"自由"真的像康德所厘定的那样"纯粹"，那么对于"哲学科学"的可能性问题的答案只能是否定的。

"自由"就意味着"创造"。"创造"就意味着"存在"。海德格尔说，"自由的本质（存在-Wesen）"是"让（令）存在（Sein lassen）"③，也许我们可以粗浅地说，海德格尔的"存在"，就是"自由"与"自然"的结合、综合。

我们甚至可以设想，如果海德格尔懂得中文——他曾经和日本学者说到不懂东方语言的遗憾，可能会觉得中文的"自由"和"自然"这两个词具有很恰当的哲学含义。④ 所谓"自由"可以理解为"自己"成为"自己"的"理由-根据"；所谓"自然"是指"自己""已（然）""成为""自己"。"自己"在"未然"之时已有"根据-理由-由头""在"，从这个"根据-由头-源头"，"开显-显现"出"自己"来。"自由"是"待""开显"的"自己"，尚"隐藏"着的"自己"，"自然"则为已经"完成"、"已然"之"自己"。从"自由"到"自然"，乃是"自然而然"的"存在"的"过程"。

---

① 参见《实践理性批判》关文运中译本，第124页。
② "nämlich der Freiheitsbegriff soll den durch seine Gesetze aufgegebenen Zweck in der Sinnenwelt wircklich machen"，这里译文用了宗白华的中译，只是将"Gesetze"改为"法则"，有"法令"、"律令"的意思。
③ 海德格尔：《论真理的本质》（*Vom Wesen der Wahrheit*，1954，Vittorio Klostermann），第14页。
④ 参阅我写的《漫谈庄子的"自由"观》，载《道家文化研究》集刊第8期，上海古籍出版社1995年版。

在这个意义上，我们可以说，"哲学"是关于"自由"的学问，也是关于"自然"的学问；是关于"思想"的学问，也是关于"现实"的学问；是关于"创造"的学问，也是关于"存在"的学问。

2000 年 5 月 7 日于北京

作者附记：这里之所以提到我过去写的几篇文章，是想请读者了解我的思想过程。

论海德格尔如何推进康德之哲学

不论对海德格尔的思想持何种的态度,他可以被列为本世纪最富有创造性的哲学家、思想家大概无多少疑问。

然而,海德格尔又是本世纪最博学的哲学家之一。他倒也不是上自天文,下至地理,通统都搞,但他对哲学史(当然是西方的)诸多方面的阐述,可以和专家媲美。尽管古典学家有所褒贬,他对古代希腊哲学的研究,理应得到更多的重视。

有创造性的哲学家,往往容易从自己想好的一套去"理解(有时是曲解)"古人的意思,把自己的意思强加于古人,海德格尔基本上没有这个毛病。

海德格尔对待古人,当然也有自己的眼光,但他研究古人的思想途径,是按照其自身的思路,引导出适当意思来。这样,前人的思想,就可以自然而然地做了自己思想的根据和支柱,而后人也就会觉得,海德格尔的富有创造性的思想原来都是从前人那里"发展"出来的。

我们现在要来讨论的这本书,就能很清楚地表明这种"继承"和"发展"的关系。

海德格尔的《康德与形而上学问题》出版在《存在与时间》问世两年之后,应该说,是他自己思想已经成熟以后的作品,因而体现了他对康德哲学的不同于新康德主义的独特解释,这是很自然的。我们这里要研究的,不仅仅是海德格尔自己的独特性,譬如,新康德主义(卡西尔等)强调"知识论",我就来强调"存在论",你说一个东,我就说一个西。要做出这样表面的"对立"、"不同"是很容易的,只要有一定的小聪明就够了;我们要研究的是:海德格尔如何从康德本身的思想,推导、体会出另一个天地来,并指出,这种天地之所以没有被彻底明了地开发、开显出来,是因为康德本人虽已接触到(遇到)了它但并未充分阐发出来,所以,就需要后人把康德自己想说而没有说清楚的问题进一步地澄清。这也就是说,在海德格尔看来,卡西尔等人固然做了不少工作,有很多的成绩,但只是把康德已经做得很清楚的工作,继续做下去,增加了工作量而已;问题正在于要从康德已思考到但尚不清楚的地方入手,才能开出新天地,解决新问题。这才是"创造性"的工作。

一

海德格尔这本书的书名,说明了他对康德哲学——特别是《纯粹理性批判》——的取向:"形而上学"是康德所要探讨的问题,而我们知道,这个取向,也不是没有争议的。

康德哲学以批判传统形而上学为己任,这是大家公认的,但在批判了传统形而上学之后,康德是否想建立一个自己的形而上学体系,这个问题在研究者中并无定论。

康德的《纯粹理性批判》限制"知识"于"经验"的领域,而批判传统形而上学之"僭越",即"理性"在"知识"领域"超越"了"经验"的界限,妄图以经验知识的形式把握超越经验以外的"无限",只能得到一些"理念",而无经验之"对象"与其相应。

康德在抑制了理性在知识领域的僭妄之后,集中阐述了经验知识如何有确定性、必然性。康德面临着一个艰巨的任务。

因为在康德之前,英国的休谟已经确切地指出,知识如果光靠经验,则无必然性可言。经验自身不能提供"知识"必然性的"根据"。康德既然将"知识"限制于"经验"之内,则"知识"为何又有了必然性、可靠性,就成了问题。"经验知识"的"根据"应在"经验"之外。

于是,康德"知识论"的核心问题就是"先天综合判断如何可能"。

在康德看来，"知识"必定是"综合"的。所谓"综合"，是针对"分析"言。"分析"是逻辑的，而"综合"是"经验"的。我们说一个判断是"分析"的，是指它的前提已经蕴含了它的后件在内，因而它的后件是从前提（前件）里"分析"出来的；而我们说一个判断是"综合"的，则是指它的后件并不蕴含在前件之内，因而是"综合"进去的。因而，"分析判断"，只要"依靠""分析"前件，就能得出"后件"，但"综合判断"，必须经过"经验"，才能得到。同时，康德还认为，光靠"分析"，我们得不到"新"的知识，因此，知识之进步和积累，只有通过"经验"的不断"综合"，才有可能。

我们知道，康德这种划分"分析"与"综合"的办法，后来受到了多方面的挑战，不过那是另一种性质的问题。就康德问题本身来看，它也面临着一个尖锐的驳难："分析判断"是必然的，无关经验的，我们可以说它是逻辑的、"先天的（a priori）"；"综合判断"既是经验的、后天的，则何来其必然性、可靠性？也就是说，依靠经验综合的判断如何又具有"先天的"性质？如果我们像休谟那样，只承认"综合判断"的经验性，则我们一切经验科学的成果将失去可靠的依据，其辉煌的大厦将因基础之动摇而倾塌；如果我们要维护科学之尊严，为其合理性、必然性辩护，则必先解决"经验知识-综合判断"如何也具有像"分析判断"一样的必然性、先天性这一问题。于是，康德遂有"先天综合判断如何可能"问题的提出。

正如大家所熟知的，康德肯定了"先天综合判断"的合法性，维护了经验科学知识的可靠性、必然性，这是康德哲学的重要贡献。但如果康德的工作只停留在指出一个趋向，康德也就不成其为康德。康德工作还在于进一步问：此种"先天综合""如何"可能？也就是说，我们承认科学知识可靠性、必然性的"理由"、"根据"何在？换句话说，即：我们有什么"理由"、有什么"根据"说科学知识是可靠的，有什么"理由"和"根据"说"先天综合判断"是可能的？

康德说，这个"理由"和"根据"在"理性"（Vernunft，reason）。"理性"无关乎"经验"，它是独立自主，自由、自律，不受经验之制约的无限。"理性"是感觉材料能成为有规则之科学经验的"根据"。

"理性"的这种"超越（于经验）性"，并非康德之独创；康德的贡献在于指出"理性"在知识里的"立法"权限是"有限"的，它只限于经验领域，超出这个范围，就"非法地"（不合法地）使用了理性的权限，是为"越权"。理性之所以有这种限制，乃在于我们人类的理智是有限的，我们人类是"有限的理智者"而与"无限的理智者-神"不同。

所谓"有限"，是指"受感性的限制"而言。"人"不是一个"纯理智者"，而是兼为"感性的存在者"。人的理性，受感性的制约。人的理智，面对着一个并非其"创造"的感性客观世界，因而我们对这个世界的知识，只是有限的。人的知识，只限于这个可以为我们感觉到的客观世界，超出这个世界之外，我们一无所知。在知识范围内，理性只能为可感世界（自然界）"立法"，超出这个世界，理性并无"立法权"。

在康德看来，理性为感性所制定之"法（则）"，固受感性之限制，却不来源于"感觉材料"。这些"法"，本身是超越于感觉材料的，因而它们只是"形式"的。经验的感觉材料，要进入科学知识领域，必须遵守理性为其制定的"法则"，符合理性为其设定的"形式"；因为，这些感觉材料之所以能结构成科学知识之体系，成为必然的、可靠的，其"根据"、"理由"全在理性之法则和形式。因为这些形式和法则虽为感觉材料而设，但却不是来源于这些材料，而是来源于理性自身，这样才能保证由这些材料组成的体系具有必然的可靠性。

什么是理性为知识制定的形式和法则？它们就是大家所熟知的"感性直观的先天形式（时间和空间）"及"悟性的先天诸范畴"。正是这些理性的形式，使我们能够有科学的知识，而不至于像动物那样，完全限于感觉的本能，或在感觉范围内的经验积累；同时，也正是有这样一些理性的形式，感觉材料才能够成为我们经验知识的"对象"，而不至于只是我们生存的单纯手段。所以康德有一句不好懂的话："经验可能的条件同时也是经验对象可能的条件"。这就是说，有了理性的这些条件（形式，法则），感觉材料才能进入我们的知识，成为我们知识的"对象"。

二

上面的介绍，侧重在说明康德为科学知识寻求"基础"、"根据"，他认为，这个"基础"和"根据"在"理性"对"感觉材料"的"立法"作用。这里，事情的另一面在于：这些理性的形式原是为感性世界设定的，对于超越感性的世界并不适用。传统形而上学的"对象"是超越的（transcendent），如果硬要将这些形式强加于这个领域，则必定会产生"二律背反"，故传统形而上学作为知识体系（科学）必然解体。

这就是说，在康德看来，超越"经验"以外的知识体系-"超越的知识论"是不可能的，因而，作为这种知识体系的传统形而上学也是不可能的。

传统的形而上学——将超越经验范围的问题当做经验以内的问题来处理，固是理性的"越权"行为，那么，对于那些超越于经验范围之外的问题-对象，我们究竟有没有"知识"，我们究竟如何"理解"那些超越性的对象，这些同样是康德所不可回避的问题。

所谓"超越"的"对象"，是指那些不能提供感觉材料的"对象"，这些"对象"，按康德的意思，正因其不提供感觉信息而不可能形成经验知识。于是，在这里，我们作为有限的理智者能不能有一种不同于传统形而上学的"知识"- Wissenschaft，science，而非"Erkenntnis，knowledge"，就仍是一个问题。

海德格尔正是从这个缺口入手，开显出另一个境界来。

海德格尔说，你康德提出"先天综合判断如何可能"要为经验知识找出"根据"，这很好；不仅很好，而且的确很重要，因为经验的知识的确需要一个超越的"根据"，否则，就会成为无源之水，无本之木。康德也指出，这个"源"、这个"本"不能到感觉经验里去找，因为感觉经验里找不到可靠的基石。然而，康德到无限的自由理性里去找这块基石，虽有价值，但仍未找对地方。因为按康德说，"理性"只是一种形式的"立法"作用，它是"思想"的，不是"实在"的；而寻找"基石"、"基础"、"根据"的问题是问：这"基石"、"基础"、"根据"，这"源"和"本"，"在"哪里？而按康德所指出的"根据"（先天条件），在"理性"里，在"思想"里，归根到底，都不"在"；而所谓"根据"、"基础"（ground 或 Grund）虽然眼前未提供信息出来，因而可以说它"不在场"、"未显现"，但它却是实实在在地"在"那儿。至于那原则上永不提供信息的"本体"、"思想体（noumenon）"的确"不（非）（存）

在",而这种"思想体",不能胜任担当经验知识的"基石"、"基础"的任务,因为如何从"思想"过渡到"实在"始终是一个难题。诚如康德所揭示的,传统形而上学在这一点上,有着明显的失误;然而,我们看到,将我们关于感觉经验世界的科学知识之基础奠定在"思想-理性"形式之上,同样未能克服思想与实在的二元的分立,所以康德的哲学仍未完全脱离传统形而上学的窠臼。想要摆脱形而上学却又陷入形而上学,这正是康德哲学的症结所在。康德并非对此种困难毫无觉察,所以,尽管康德的"批判哲学"犀利如刀,而他的心态却常处于矛盾、犹疑之中。这就是我们熟悉的他遗留的几个问题:我们能知道什么,我们该做什么,我们可以希望什么,最后归于"人是什么"这样一个根本的问题。

三

在海德格尔看来,康德所谓"知识论"只限于关于"(诸)存在者"(Seiende,being)的知识,而对于作为这个"诸存在者""基础"的东西,康德说是"不可知"的。在这个意义上,康德只承认"知识论"(epistemology),不承认"存在论"(ontology),而海德格尔认为,康德所追问的"先天综合判断何以可能"的"根据",恰恰在"存在论"。从这个意义说,海德格尔正是由康德本人提出的问题,即康德强调的"知识论",引导出"存在论"来。

何谓"存在论"?所谓"存在论"就是对"存在"有所"论",就是关于"存在"的"知识",是关于"存在"的"逻各斯"(Logos)。康德否认有这种知识,当然并非由于康德无知或偏执,而是因为关于"存在"的观念被传统形而上学歪曲了。从传统形而上学的立场来看,"存在"是诸存在者所共有的一种最普遍的"属性",因而可以像其他经验属性一样,用时间、空间以及范畴来加以规范,加以"把握"。康德揭示了此种"形而上学知识体系"之虚妄,避免了人们在这条道路上做无谓的工作,可谓功莫大矣。

海德格尔强调"存在论"作为"知识论"的"基础",并不是要人走传统形而上学的老路,因为这条路已经被康德有根有据地断定为"此路不通",对此任何人不能忽略不计。海德格尔是要揭示,"存在"这个问题,并未因为旧形而上学的曲解而就可以不予追问。从某种意义来说，因为"存在论"被曲解而放弃追问，从而将哲学龟缩在"（经验）知识论"的范围内，只是一种回避问题的权宜之计，就学术之彻底性（Gründlichkeit）来看，并不足为法。

哲学不能"止于"经验（知识），这是康德非常清楚的事，所以他要致力于替知识寻求一个坚实的基础。可惜，他探讨的结果，指出这个基础归根到底却只是一些"形式"，而这些"形式"如何与"内容（感性材料）"相结合，又成了问题。

海德格尔说，就形而上学理解的"存在"，不仅是一个最抽象的"概念"，而且是自相矛盾的概念。"存在"为"思想体（本体）"，实际上为"不（非）存在"。旧形而上学是一个自身必然解体的矛盾的东西；在破除了旧形而上学对"存在"的曲解后，对于"存在"的知识，则正是那一切对于"存在者"知识-经验知识的真正"基石"、"基础"。于是，"知识论"的"基础"为"存在论"。这是海德格尔的学说，同时也是康德在追寻"知识论"基础时想做而没有做好的工作。

四

这样，海德格尔的学说就和康德的哲学直接联系了起来。一方面，从海德格尔的角度，康德的思路，或者说，在康德那里尚不十分通畅的思路，得到了疏通；另一方面，海德格尔自己的思想，就得到了康德哲学的支持，似乎康德在《纯粹理性批判》里所做的工作，竟是为海德格尔作铺垫的："知识论"必以"存在论"为基础。

所谓"论"，就是广义的"知识"。"知识论"就是关于"知识"的"知识"；"存在论"就是关于"存在"的"知识"。

关于"知识"的"知识"，不从前面那个"知识"产生，理应"早于"那种"知识"。这就是说，"关于知识的知识"是"超越""（经验）知识"的，是"纯（非经验）知识"。这个"纯粹性"是康德哲学中非常关键的意思，"纯粹性"的强调，说明康德不满足于在"经验知识"里寻求"知识"的可靠根据，所以他把自己的哲学叫做"先验哲学（transcendental philosophy）"。海德格尔说，康德所谓的"先验哲学"其实就是"存在论"（ontology），只是康德认为"存在论"这个名称过于"狂妄"，因为作为"有限理智者"的"人"，不可能具有"存在"的"知识"——在海德格尔看来，这是康德将"知识"只限于"经验"范围的结果。

"人"作为"有限理智者"，当然不可能拥有关于"（一般）存在"的经验知识，因而不同于、超越于"诸存在者"的"存在（一般）"，就经验科学来说，是"不可知"的。"存在"不可能成为经验科学的"对象"。然而，既然康德要替经验科学找出一个"纯粹的根基"——即不依靠经验的根基，则康德为寻求这个根基所作的一切努力，在海德格尔看来，适足以揭示我们"有限理智者"正是以关于"存在"的"纯粹知识"作为一切"经验知识"的基础的。

这就是说，康德关于"时间"、"空间"和"悟性范畴"所说的一切，正是在说那个作为经验知识之"纯粹条件"的"存在"。

康德不是说"时间"、"空间"是经验知识的"先天（纯粹）直观条件"吗？很好。但这个"纯粹直观条件"并非"理性"的"先天直观形式"，而恰恰是那作为"诸存在者""根基"的"存在"的"方式"。

我们知道，海德格尔对康德的时空观给予了很高的评价。按通常的哲学史的理解，康德的时空观受牛顿"绝对时空"观念影响很深，这是因为康德强调时空的形式性，"时间"和"空间"好像一个绝对的"框框"那样，"包容"万物。这种理解，当然也有一定的历史根据，但确非康德的原意。于是又有人侧重康德时空的"主观（体）性"，将它与爱因斯坦的相对论联系起来，说明它不同于牛顿的绝对时空观。这些都有一定的道理，但都未能像海德格尔那样抓住康德的问题核心。

康德的意思是要指出：一切感性的直观之所以可能，是因为它有一个"先天（纯粹）"的"条件"——时间和空间。将"时间"和"空间"与具体的经验知识"脱离"开来，"超越"出来，从而"时间"、"空间"本身不是经验的，而是"超验的"、"先验的"，这才是康德已经说出但并未说清楚的意思，而正是这个意思，才显得康德的思想如此不同寻常而值得我们加倍地注意。

通常人们都把"时间"、"空间"理解为经验的"诸存在者"的存在方式，它们或者被理解为经验运动的过程（如"生命之流"），或者被理解为"计算"

"时间"、"地点"的"工具",于是就和"数(学)"合为一体。"时间"和"空间"或是经验性的,或是工具性、形式性的。然而这两种理解方式之间的矛盾,从古代芝诺悖论就已经有了清楚的揭示:连续性的经验过程,如何用断裂的工具来把握,就成了问题。显然,康德避免让时间、空间进入经验的范围,使时间、空间成为"超越的"、"先验的"、"纯粹的",但他却将"超越的"、"先验的"、"纯粹的"归结为"形式的",因而是"工具的"——一种"超越"、"先验"、"纯粹"的"工具"。于是,就好像我们要"玩""知识"这个"游戏(game)"就必须在"游戏"(取得知识)之前,先要一些必要的"规则"一样,"时空"和"范畴"就是那样一些"规则"。这种"博弈论"结论显然不是康德乐意接受的,因为康德的"知识论"并非"游戏论",他的"知识论"仍是"真理论",这是不能动摇的。

然而,康德在心目中将"纯粹性"限于"形式性",则是他将"形式"与"质料"、"思想"与"实在"分割开来的结果。在康德看来,"不入于此,则入于彼",不是"质料",就是"形式",于是时间、空间则一定归于"形式"无疑。其实,不是"质料"的东西,未必一定是"形式"的、"工具"的。时间、空间的超越性不是工具的、形式的抽象性,而是"实质性的(substantial)",时间、空间的纯粹性、超越性在于它们的"存在性(in the ontological sense)"。

于是,我们看到,从康德的知识论,我们竟能顺理成章地将时间、空间引入"存在论"-"本体论"-"形而上学"的领域,而时空进入此种领域之后,则"形而上学"已非昔日之"形而上学","本体论(存在论)"也已今非昔比。因为,如我们所熟知的,在过去的这类学问中,所谓"形而上者"、"本体"都是"超(无)时空"的,所以只是"思想体-只能思想的对象(问题、主题,subject,noumenon)",而时间、空间进入之后,"思想体"就成为了"实在体",就成为了"存在(on-Sein-Being)"。

这样,我们看到,康德的"时空"观对海德格尔竟有很大的帮助作用,海德格尔的核心概念——"存在(Sein)"由此而得到了坚实的支持,而我们后人也可按海德格尔自己的指引,循康德的思路,更清楚地把握海德格尔"存在"的意义所在。

五

"诸存在者"当然是"有时间（空间）"的，但它们之所以会"有时间"，是因为那作为"诸存在者"之"基础"的"存在"是"有时间"的，而不像旧形而上学所理解的那样是"无（非、超）时间"的。"无时间"的旧"形而上学"的"存在"为一个"抽象""概念"，而拥有"时间"的"存在"，则是实实在在的东西。"时间性"的"存在"，本身就是"超越"，它是"在"一切"经验科学"之前就有的"纯粹"的东西，是胡塞尔现象学所说的经过"悬搁"以后的"现象学的剩余者"。

我们似乎可以这样说，康德的"批判哲学"和胡塞尔的"现象学"，都是要将"经验"的东西"括出去"，以求"纯粹"的东西。不过在这个道路上，胡塞尔比康德走得更远。康德以为只要将"感觉材料"（sense-data）"括出去"就可以得到"纯粹"的东西，而其实他得到的只是"形式"的东西，严格讲，竟"不是东西"——"不（非）存在"；胡塞尔则将"感觉材料"连同其"形式"一起"括"了出去，亦即，将康德苦心经营的"（自然）科学"大厦通统"括"了出去，"剩下"的，才是"纯粹"的东西。

我们看到，在将"经验知识"从内容到形式彻底"悬搁"起来这方面，海德格尔和胡塞尔是一致的。在这个意义上，我们也可以说，海德格尔的工作得益于他老师的现象学，只是在彻底地"括出""经验-自然的知识"之后，对于"现象学的剩余者"他们师徒二人有着不同的理解。胡塞尔说，剩下的是"理念（Idee）"，海德格尔说，剩下的是"存在（Sein）"。

"Sein"和"Idee"当然不仅仅是名词上的区别。"理念"原是康德在否定意义上使用的一个概念。"理念"因其缺少相应的"直观对象"，而不能进入"经验知识"的领域。因此，"理念"可以看作"理性"在"知识"领域做事"越权"的"标识"，它的出现，为"理性"亮起了"红灯"。康德所理解的这种"抽象"的"理念"，已受到黑格尔的严厉的批评。黑格尔已经指出，康德所理解的"理念"之所以是"抽象"的，乃是它将"无限"、"大全"等想象为"至大无外"这类"恶的无限"，殊不知所谓"无限"恰恰是在"有限"之中，因而,"理念"在黑格尔那里是为"具体共相",而非"抽象概念"。于是,"理念"并不像"抽象概念"那样彻底对立于"直观","理念"是"直观的理智"和"理智的直观"。这样,作为"理念的感性显现"的"艺术",才会成为他的"绝对精神"的一个环节。

我们看到,在黑格尔那里,"直观(觉)"就已经不仅仅限于"感觉材料"的领域,而成为"超越的""精神"、"理念"世界的一个部分。

其实,"直观(觉)"有自己的"纯粹性"而不依靠于"感觉材料"这个问题康德也已经提出来了,他指出"时间"和"空间"作为"感觉经验"的"先天条件"已经包含了这层意思在内。

"时空"不是靠逻辑"推理"得来的,"时空"为直接的观念-直观(觉);然而,"时空"又不是"感觉材料"提供的,而是那些"感觉材料"之所以能够成为我们知识"对象"从而进入我们的经验知识的必要条件。这就是说,"时空"乃是"经验知识"的"先验的""基础"。"时空"应该在"先验"、"超越"的领域内,而并不在"感觉材料"的领域内,而"时空"又是"直观"的,因而,"直观"同样也可以进入"超越"、"纯粹"的领域,这一点,在康德原本也是很清楚的。不过康德在讨论时空之先验性时,强调的是它们的"形式性",因而认为虽然时空为一切经验知识的基础,而时空本身是"不可知"的。这或许就是日后新康德主义者常要将时空也当作"范畴(概念)"来理解的原因,好像时空一沾上"直观(觉)",就会被"感觉材料""污染"了似的。

就康德的意思来看,"时空"是感性直观的"条件",但这个"条件"本身却不在"感觉材料"之中,所以康德说它们是"先天"的、"纯粹"的,并指出,它们虽然是经验知识的"条件",但它们本身却是"不可知"的。所以,在康德看来,"时空"既是"直观"的,又是"纯粹"的。"时空"为"纯粹直观-纯粹直觉"。

由康德的意思引申出来,我们可以说,在"纯粹"、"超越"、"先验"、"形而上"的层面,同样有"直观-直觉",而不仅仅是"范畴-概念"。应该说,这是很重要的一层意思,康德揭示出来了,但他自己似乎还没有着重发挥,没有把这个意思贯彻下去,不过其创始之功不可没,这也是海德格尔充分肯定了的。

"时空"为"纯粹直觉"意味着什么？首先这个意思是说，在"纯粹的"、"形而上"的层次里，"理念"（Idee）不是"抽象概念"，而是"具体共相"，"理念"是"具体的"。这个意思，在康德已经觉察到，而到黑格尔则大加发挥并加以坚持了，只是康德在否定的意义上来理解"理念"，而黑格尔则在肯定的意义上大加发展，形成了一个庞大的"思辨-超越"的哲学体系。

我们在这里想指出的是：海德格尔从康德的"时空观"－"先验直观的时空观"出发，更进一步使"时空"不停留于"理念"，而是由此开发出不同于"诸存在者"的"存在"来。

在传统的形而上学里，"存在"的"超越性"自不成问题，它不是日月山川、人手足刀尺，而是这些"存在者"总体共有的属性－"存在"。然而，在传统的形而上学看来，既然"诸存在者"的"存在"是"纯粹的"、"先验的"，它就是"无（非）时空的"，所谓"超越"，就是"超越时空"。这个传统看法的问题，正如批评者所指出的，其目的是要论证"存在"，却走向了自己的反面，走向了"不（非）存在"，因为"存在"是和"时空"不可分的。

康德既将"时空"从感觉材料中"剥离"出来，成为这些感觉材料之所以成为经验知识对象的"条件"，则意味着：有一个"超感觉（材料）"、"超经验（先验）"的"时空""（存）在"。于是，"超越性"，虽然仍意味着"超经验性"、"超感觉材料性"，但却并不意味着"超时空性"。这样，我们也就有一个真正的、本源的而又"时空"的"存在"实实在在地"在"那儿。我们看到，康德的"纯粹时空"观，保证了一个"纯粹存在"的"真实性"。这个"存在"，是"超越"的，又是"时空"的；或者更进一步可以说，因为它是"纯时空性"的，它才是"超越性"的。

正因为有了康德的"纯时空"观，海德格尔才能够顺利地把"时间"和"时间"之所以成为"时间"的"时间性（Zeitlichkeit）"严格区别开来。后者是经验时间之"本"，之"源"。

所谓"本"，所谓"源"，乃是对其"产物"而言，指的是有物"从它那里生成"，因而具有"创造性"。"本源"之"时间性"，说的是感觉经验世界中的"时间"是由它产生的，因而"纯粹时间"乃是"经验时间"的"条件"。这就是说,"纯粹存在"乃是"经验的诸存在者"的"条件","存在(Sein)""先于""(诸)存在者(Seiende)","存在论(Ontologie)""先于""知识论(Epistemologie)",这岂不正是海德格尔要说的意思?

六

这样,我们从康德对时间、空间作为感性直观的"纯粹条件",进入了一个完全不同于旧形而上学理解的"存在"领域。这个"存在",不仅不在虚无飘渺之中,不在"思想"之中,而且是"诸存在者"之所以成其为"诸存在者"的"真实条件"——是它们的"基础"、"根基"。

"存在"是"诸存在者"的"基础",这个意思如何进一步理解?从康德的思路来说,这就意味着:杂乱的"感觉材料"之所以能够进入我们的"知识",之所以能够成为"知识的对象",即"感觉材料"之所以能够成为"诸存在者"——sense-data 之所以能够成为 beings,乃是有这个"存在"作为"根基"。这就是说,没有这个"存在"做基础,对于那些"感觉材料",我们竟是"视而不见"、"听而不闻";那些感觉材料能够成为我们的"听闻"(知识),"基于"我们的"存在"——所谓"我们的存在"即是"人的存在",在海德格尔,即是"Dasein"。

于是,从海德格尔的"存在论(Ontologie)"的观点看,"人"和"物"都大为改观。

"人"不再被仅仅理解为"能思想、有理智、会说话的动物",甚至不是"有限的理智者",而是"Dasein"。"Dasein"属于"Sein",因此它是"超越"的,但又是"时间"的,我们说过,它可以被理解为"Sein"的"现在时"——它是"Sein"的"在世"形态。

"Dasein"是海德格尔对康德所提"什么是人"这个问题的回答,这个回答和新康德主义者的回答的重大区别,是一目了然的。海德格尔在《存在与时间》这本奠基之作中所做的工作,正是从"人"作为"Dasein"入手阐明"Sein"之开显的。"Dasein"之时限性、有死性在这本书里有深刻的分析。从两年后这本《康德与形而上学问题》以及他和卡西尔的辩论来看,我们似乎有理由说，海德格尔《存在与时间》着重对"Dasein"的分析相当一部分是针对新康德主义的，而这种针对性，当然也包括了康德本人在内："人"不仅仅是"文化"、"思想"的"载体"，"（哲学）人类学"是"经验科学"，对于"什么是人"的问题回答到"思想"、"文化"的层次，尚未触及"哲学-形而上学"之"根基"。

同时，我们也看到，后来海德格尔还随着他的研究重心"转移"到直接面对"Sein"，相应地其分析重点也由"人"转移至"物（Ding）"。

我们在别的文章中研究过海德格尔如何"追问""（事）物"，说明"自身（自己）"与"自由"、"时间"的关系，从而看出"事物自己"和海德格尔"存在论"意义下的"存在"的联系。这里我们可以进一步加以说明的是：海德格尔的"存在"，也是康德想说而没有完全说清楚的"物自身-自在之物"（Ding an sich）。

我们知道，康德的"物自身"有多种的意义。一般来说，它被理解为"超越"于"现象"的"本体"，在这个意义上，它是"思想体-思想的对象"（noumenon），在"感性世界"是没有的，因而它"不（非）存在"；但按康德的意思，它又是"感觉"的"源泉"，所以，这个"物自身"就好像"上帝的一击"那样，给予"感觉""刺激"（敲击）之后，立即"隐匿"起来，成为"不可知"。

其实，所谓"物自身"并不像"感觉材料（sense-data）"那样提供感官（sense organ）的"信息"，"物自身"不是"感觉材料"，也不在"感觉材料"之中。"物自身"不提供"感觉材料"，因此才不为"经验科学"所"知"。

如果按康德的意思，"物自身"本与"感性"有原则之区别。"物自身"为"本质"，为"本身"，而非"表象"（appearance）。"物自身"不"显现"。因其在"现实"之感性世界"不显现"而不能成为感性"对象"；然则不能成为"感性对象"的未必不是"直观"。"物自身"作为"纯粹"之"存在"来理解，不仅可以"直观"，而且是一切经验直观（直觉）的"条件"和"基础"。因此，这样的"存在"（物自身），不但可知，而且对于它的"知识"——"存在论（Ontologie）"，是一切经验知识的"前提"、"根基"。

从这里，"物"-"物自身"、"物自己"、"自在之物"既具有"时间性"而有一种"纯知觉",则成为 Ontologie-存在论所"论"之"对象"(Objekt),或"主题"(Subjekt)。在这个意义上,即在"存在论意义上"(ontologically),"物"才是"真(实之)物",而并非"感觉材料"向我们"感官"提供的"表象"。

从这个意义,我们正应该说,"真(实)之物""决定""表象之物",或"物之真理(真实)""决定""物之表象(现象)"。而这个"决定",也就不限于"知识论"上的"反映",而具有"存在论"的意义。

什么叫"存在论"上的"决定"?"存在论"意义上的"决定",说的也是"存在论""决定""知识论",即"存在""决定""知识"。这就是说:"存在"为"诸存在者""提供""地平线"-"视野"-"视线"- Horizon。

"存在"既为"时间性"的,则有自己的"运行","存在"的"运行""决定(规定)"了人作为 Dasein 所能(可能)达到的"知识"程度,这就是所谓"知识可能的条件"。只有"存在"运行到一定的"时候"(到时 zeitigen),自然客观的"感觉材料"才有可能成为"诸存在者"而成为我们经验知识的对象。世界上许多东西古已有之,它们的"感性材料"永远向四方发射"信息",但对于它们的开发研究,则有一个历史过程,世上一切"诸存在者"之所以成为"存在者",世上之"万物"之所以成为"物",其根据、根基在于"存在",在于"物自身"。"存在"、"物自身"的"历史性(Geschichtlichkeit)",乃是"存在(Sein)"和"人(Dasein)"的"历史命运"。

"存在论"(Ontologie)为"知识论"(Epistemologie)提供"地平线-视野-视线-(Horizon)",也就是为它提供"视角"(perspektiv)。"视角"不是"知识论"的,不是"主体性"的,而是"存在性"的:"存在""决定"了什么样的"存在者"成为"存在者","决定"了"何物""进入"我们的"视野"、"视线"。

康德对于此种作为"知识论"的"前提"、"条件"、"基础"的"视野"、"视线"当然也已有所感,他曾在《纯粹理性批判》第一版中称它为"先验对象"(transcendental Objekt),因其不是经验知识对象而叫它为"X"。这一点也被海德格尔揭示了出来,加以阐述。

* * *

从某个角度来看,海德格尔的《康德与形而上学问题》,不仅是一本对前人哲学思想研究的"专著",而且是海德格尔自己思想的一个阐发。作为"专著"来看,这本书是老老实实做学问的,所发挥之思想都能不离康德左右,因而被公认为具有很高的学术性;而作为自己思想的发挥来说,又那样的严密而具有独创性。对于已具备康德哲学基本训练或对西方哲学历史发展感兴趣的学者来说,如果觉得不易进入海德格尔的《存在与时间》,那么不妨来读他的《康德与形而上学问题》,果然用心读,相信会有豁然顿悟的感觉。

海德格尔对于康德哲学的研究,为我们树立了一个榜样,一个学术性与独创性高度结合的榜样。这一点就不限于专业问题方面的结论了。

1999 年 1 月 8 日于北京

| "知己" 的学问 |

启蒙的精神与精神的启蒙

"启蒙"二字中国传统意思大概偏重于"开始读书识字"之类,而欧洲"启蒙"(Aufklärung, Enlightenment)的意思更指一种"精神",而这种"精神"甚至标志着一个历史时代的特征。我们现在要探讨的"启蒙"的意义,主要为后者。

就哲学来说,我们的讨论,还是以康德在60岁(1784年)写的一篇短文《答复这个问题"什么是启蒙?"》开始,在这个基础上,扩展开来,提出一些看法,请大家批评。

一

康德写这篇短文时,他的《纯粹理性批判》已在1781年发表(第一版),按我的看法,康德在他发表第一《批判》时,他的三个《批判》的思想框架已经有了,在《纯粹理性批判》里已经为《实践理性批判》和《判断力批判》留有了"余地"。在第一《批判》里,康德不仅划清了"自由"与"自然"-"道德"与"知识"的界限,而且也为"目的论"打好了基础,而似乎只有"审美"部分是改变初衷的"新"思想。从康德以后所发表的大小零散的文章来看,他的许多文章都离不开他的三大《批判》的主要思路,我感到康德这篇论"启蒙"的短文,也需要从他的"批判哲学"的主要思想指引下来读,而且读了他的一些论文短文,还可以启发和加深对他的"批判哲学"的精神的理解。

据我所知，福柯正是把这篇短文与康德的三个《批判》联系起来读的，他也有一篇《什么是启蒙》的短文，我读了也很受启发。所以首先提出这一点，是因为包括福柯在内，一些人认为康德这篇短文也有不清楚的地方，或者真是这样的；但是目前被指出不清楚之处，也许并不是问题所在。

二

我们读康德这篇短文，要着重体会的正是他文章的第一段。顺便说，康德的著作，在当时就被认为难懂，除了文字方面的原因外（据说他的德文过于拉丁化），也是由于他写得过于精练，并且"预设"了他的读者对他的"批判哲学"的总体精神已经有所把握了，而他这种"估计"，不仅现在不对，当时也是有距离的。

这开头第一段第一句话用特殊字体印的，中文译文打上了重点号："启蒙运动就是人类脱离自己所加之于自己的不成熟状态。"我过去很注意"不成熟状态"这个意思，似乎也没有什么错误，但更加要注意的是前面的意思："人类""自己所加之于自己的"这个限定的意思。

"人类""自己所加之于自己的"就意味着并不是"自然""加之于"我们的，因而也就不是"读书识字"的意思，不是一般的提高"文化知识"的意思，而是另有更重要的意思在。

"自然""加之于"我们的"无知"状态，要通过"学习"来克服和提高，中国古代"蒙童"需要念《三字经》、《百家姓》，然后循序渐进，《大学》、《中庸》、《论语》、《孟子》等等，从"初识之无"开始，现在的儿童教育，也有循序渐进的一套，甚至还有"胎教"。这里所谓"启蒙"显然不是这类的意思，也就是说，"启蒙"的意思不是通常意义上的"知识性"的。通常的"知识"上的"无知"，并不是"人类""自己加之于自己"的。

或许，很有"知识"，很有"学问"的"科学家"、"学问家"，居然同样"需要""启蒙"，也会"被""自己所加之于自己的""限制"所"蒙蔽"。

"自然""所加之于"我们的"蒙蔽"需用"学习"来"开启"；"自己所加之于自己的""蒙蔽"则需用"勇气"来"开启"。

这段话最后，康德用拉丁诗人的话"Sapere aude!"来概括他的意思："要有勇气运用你自己的理智，这就是启蒙运动（启蒙时代）的口号。"

三

我在读"Sapere aude!"时，常常重点放在"Sapere"似乎也并不错，但是忽略"aude"这层意思就会不全面，更可能不准确，亦即，如果仅从"知识性"上理解这句话，那么康德后来说的"至少不赞成医生为我制订食谱"这个意思就会引起怀疑，甚至觉得康德老先生思想偏执和混乱。如今很多人都很注意养生，对于营养学家制定的各类食谱至少应该注意遵守，再说各行各业都有专门专业和技能，总要把许多事情"委托"出去的，不可能"事必躬亲"。

不过，我们如果把重点放在了"aude"上，问题可能容易解决些。

康德这里批评的是一种思想状态-精神状态："自己""在"一种"外在""环境限制"中感觉到很舒服，在"他人-他在"的"权威"的"监护-保护"中感到很"安全"，"大树底下好乘凉"；而感到如果"运用""自己"的"理智""独立""行事"，则感到"危险"，因"害怕"而失去"勇气"，康德引用这个口号，是要"找回-召问"这样一种"运用理性-理智"的"勇气"，而不仅仅是"好好学习"的意思。

"勇气"就不仅是"知识"问题，而且是"道德-德性"的问题，至少在康德"批判哲学"的语境中，不仅是《纯粹理性批判》所涉的"自然-必然"的问题，而且是《实践理性批判》所涉的"道德-自由"的问题。

于是，康德就有理由-有权利向社会呼吁：在"私人事务"上"遵守纪律"，而作为"思想者-学者"有权利，也要有"勇气"对于"既定纪律"提出"异议"，这种"异议"虽不一定要得到"鼓励"，但一定要受到"保护"，至少要"被允许"而不被"干涉"和"禁止"。

作为"思者"，"自己"要有"勇气"运用自己的"理智-理性""思考"问题；作为"他者"，不得"干涉""思者"的"思考"，并将"思考"的成果向"公众"进行"交流"，使"思者"成为"言者"，而"言者无罪"成为一个普遍法则，这样的"时代"，可以称得上是"启蒙的时代"。

四

"启蒙"之所以不仅是"学习"的问题，而更是"勇气"的问题，乃在于这个"蒙蔽-不成熟状态"是"人类（们）""自己所加之于自己的"，"启蒙"的问题是一个"思想"的"问题"，一个"精神"的问题，"启蒙"作为一个"时代"和"运动"应是一个"摆脱-解脱""精神-思想枷锁"的问题，而这个"枷锁"是"思想-精神""自己所加之于自己的"，因而，所谓"启蒙"作为一种"时代"的"精神"，是"精神""自己解放自己"的精神，也就是真正意义上的"思想解放"的精神。

五

如果将"启蒙"的问题限于通常的"文化知识"、一般的"文化教养"问题，则黑格尔在《精神现象学》中所批评的"启蒙"与"信仰"各自的片面性和空疏性，的确是很深刻的，因为各自都把自己的"理念"置于了一个脱离现实的"彼岸"，而把这个"彼岸"硬要"运用-拉回"到现实的"此岸"来，则出现康德业已揭示了的"二律背反"，是足以暴露各自的空疏性的。

然则康德这里所理解的"启蒙"，也同样是精神性和思想性的问题，是精神-思想的一个"自我""超越"，"自我""克服"，"自我""解放"的问题，因而在这个意义上，康德的"批判哲学"同时也"预示"了黑格尔（包括之前的费希特、谢林）哲学的出现。

黑格尔哲学，正是"精神-理性""自己"经过层层的"否定"的"发展"，把"（精神）自己所加之于自己的""不成熟状态"加以"克服"，而走向一个"成熟的状态"，黑格尔把精神解放的最后状态——也是最初的本原状态叫做"绝对"，亦即"精神"的"历史发展"，使"理性""认识"到"现实"的"世界"并不能够"限制-埋葬""精神"的"自由"，在这个世界中就有着这种"自由"，而事实上，一切的"枷锁"和"限制"都是"精神""自己所加之于自己的"。

在这个意义上,不仅康德的"批判哲学"被黑格尔称作"(只是)启蒙哲学",他自己的"绝对哲学"也正是一种"精神""自我""解放"的"启蒙哲学"。

说到黑格尔哲学,我们居然又回到了康德那篇短文的开头第一句:"启蒙运动就是人类脱离自己所加之于自己的不成熟状态。"黑格尔的《精神现象学》正是揭示"人类""精神"如何一步一步地"走出""自己加之于自己的不成熟状态","走向""精神-思想""解放"的大路上;对于这样一条"解放之路"的"知识",不是一般的"日常知识",而是"哲学的知识",是"精神""认识""自己解放自己"的"知识"。

在这个意义上,"Sapere aude!"的"sapere"有了哲学深层次的意义,"aude"也有了它自己的取向:"哲学"的"知识","真理"的"知识",不仅需要"学习",而且更需要"勇气"。

为什么"哲学知识"需要"勇气"?

六

"哲学知识"具有何种特点竟然仅仅"勤奋好学"不够,还需要"勇气"?我们还要回到康德的"批判哲学"。

对于康德哲学,我们通常有一个印象,他的所谓"批判"的工作,主要是要为"理性"所涉各个"领域"划清"界限"的,"理性"在"(科学)知识"和"(意志)道德"拥有"先天的立法权",而这两个"领域"有自己的不同的"疆界",如果混淆了二者的"疆界","理性"使用了含有不同"原则-原理"的"立法权",就必然引起不可克服的"矛盾-二律背反",因为在"知识领域","理性"为"自然""立法",而在"道德领域","理性"则为"自由""立法",而"自然"和"自由"是截然不同的,遵循着绝对不同的"原理-原则",混淆了它们,就如同"侵犯"了各自的"疆域-领土"那样,"战争-争斗"就成为"不可避免"。

对于这种"划疆而治"的"原则",人们需要的是"谨慎",于是人们看到，康德的《纯粹理性批判》所做的工作，大量的是为了"防止""理论理性——即理性在理论上的运用"的"僭越"。"理性"在"知识领域"里的这种合法工作，康德叫做"知性"，"知性为自然立法"但不得"僭越"到"道德领域"里去行使"权力"。

七

应该说，康德的"批判哲学"的确有这一层意思，可能还是主要的意思，所谓"批判"，也就是要"厘定""理性"在各个不同领域的"合法性"。

不过，人们在把康德这层意思仔细研究之后，逐渐地发现他这种"理性""裂土分疆"的"批判精神"，似乎并非他的哲学的全部"精神"。以前人们批评康德哲学，把哲学的问题"割裂"开来，"理性"好像一个个贴好标签的小盒子，不同的"事情""存入"相应的盒子里，各就各位，如同中药铺里的药材柜子一样。这样，人们在做哲学的时候，主要是以一种"谨小慎微"的态度，这时候的"勇气"和"决断"似乎只是把哪些事情放到哪些盒子里去的问题。

康德这层"批判哲学"的"精神"，受到许多的批评。尼采说他是柯尼斯堡里的中国圣人，且不说尼采怎样误解了中国的圣人孔子，但这个批评只能刺痛康德哲学的一个方面的毛病。

八

不错，康德的"批判哲学"的工作为"理性""设定"了各种"界限"，谆谆"告诫"要恪守划好了的"疆界"，不得鲁莽行事，不得"越权"，但是就在《纯粹理性批判》里，康德已经指出，即使"批判哲学"已经"设定"了"知性-理性在知识领域"的权利范围，指出了"僭越"的"危险性"：必定产生"二律背反"，"理性"仍然常常会"越过""界限"，陷于"矛盾"。这就是说，"理性"有"僭越"的"倾向"。

实际上，《纯粹理性批判》已经为"理性"的"僭越""留有了余地"，常常提示着在"科学知识-经验知识"之外，尚有一个"超越"的"领域"在，在"自然领域"外,尚有一个"自由"的"领域"在。

在某种意义上,"理性"有"僭越"的"倾向",而就整体来说,"理性"也有"僭越"的"合法权力"。"理性"之所以拥有这种"合法僭越"的"权力",乃是因为:一切的"界限"都是"理性""自己""设定"的,用那篇论"启蒙"的短文中的话来说,就是"人类(理性)""自己所加之于自己的"。

既然"界限"是"理性""自己""设定"的,那么过去我们常说的"自己立法自己遵守"、"遵守自己的法"固然很有道理,而"自己""废弃""原有之法","重新设定""新法"也是"合理合法"的。

"理性"这种"合理合法"的"僭越精神",20世纪后半期法国人谈得较多,前面提到的福柯论启蒙的短文,正是阐述这层道理,而且是"接着"康德的意思说的;还有一位更系统的法国哲学家德罗兹,在他的《什么是哲学》这本书里甚至说,康德在《判断力批判》里,把他以前精心设置的种种"界限"全都打乱了。

九

实际上,不仅在《纯粹理性批判》里康德指明了"理性"的"僭越""倾向",也预留了"理性""僭越"的权力,而且在《实践理性批判》里"理性"已经"跨出了""僭越"的步伐,踏上了"僭越"的"征程",把在"经验知识"领域里"断"为"僭越"的"自由"推上了哲学的巅峰。

"自由"为"不受限制","自由"为"无限"。

人们对于康德的"自由"有许多讨论和批评,指出它是"理性"的,而不是"感性欲望"的为所欲为,也指出它是"形式"的,缺少实际的"内容",等等,也都是很有道理的。康德的"自由"概念,有许多不足之处需要进一步推进,许多工作留待后人去做。

康德的"自由"作为"道德"的"根据",与"义务"、"职责"紧密相连,因此行使"自由"的"权利""如履薄冰",是战战兢兢的,因而也是"谨慎"的,这个"谨慎"态度来自一个"僭越者"和"立(新)法者"应有的"责任",即承担"行使自由权利"的一切"经验-实际"的"后果"。"自然"的

"因果"没有"责任"问题,而"自由"的"因果"必要"追究责任"。

于是,某种意义上说,"自由"本就是一种"僭越",在这个意义上,康德的"批判哲学"同时也蕴含着"僭越哲学","批判精神"蕴涵着"僭越精神","自由精神"意味着"僭越精神"。"理性""自己所加之于自己的"种种"限制","限制"不了"理性"的"自由"。

十

当"理性""认识到"一切"界限"都是"自己所加之于自己的"之时,"精神"和"思想"得到"解放"。"理性""知道"一切"客观"的"法规-条例"都是"人类"按照"理性"自己的"指示-指导"所"设定"的,"精神"在这些"客观"的事物中"认出"了"自己",因此,"精神"就"有权"根据"理性"来"重新""设定"种种"界限"。

于是,"启蒙"也就是"精神"的"启蒙","理性"的"启蒙",亦即"自由"的"启蒙","僭越"的"启蒙"。

这个意义上的"启蒙",不是某些"先知先觉"来"启蒙""他人-群众",不仅是"开启民智",而且主要是"开启自己"。

"开启自己"亦即欧洲哲学之传统任务:认识你自己,对"理性"的"自己"-"自己"的"理性"有足够的"认识",亦即对"自己"的"自由"-"自由"的"自己"有充分的"信心",亦即对"自己"有"超越""自己所加之于自己的""限制-界限"的"权能(力)"有坚实的"了解"。"启蒙"的"精神"使"人们""了解到-认识到","理性"有"权能""设定""界限",也有"权能""超越""自己为自己设定"的"界限","理性"为"活泼"的"自由""精神"。

十一

走出"人类""自己所加之于自己的""不成熟状态"被有些人觉得是"危险"的,康德在那篇短文中做了相当生动的描写,这在他的文章中不是很多的，他对那种在"他人""监护-保护"下的"安闲自得-无忧无虑"也有尖刻的讽刺，他甚至把这种情形比作初学走路的儿童难免要摔跤，而在这样的代价后，得到的则是自己独立的行走。

不仅如此，启蒙精神的实现，也不是一帆风顺，有时会有某种故有秩序（界限）的"纷乱"，"自由"的"实现化"，必伴随有"矛盾"，这一个"结果"，在《纯粹理性批判》中已经着重地揭示过："知性"的"僭越"必定带来"二律背反"。

在这个意义上，"启蒙"所需要的"勇气"，就不仅仅是"勇于""否定""自己所加之于自己的""限制"，"勇于""否定"（原有的）自己"，同时要"勇于""面对""自己"在"启蒙-前进"的"道路上""遇到"的"矛盾"，"认识"到一切"矛盾-纷争"同样也是"人类-理性""自己所加之于自己的"，因而也是"自己"有"权能"克服的。"矛盾"是"精神""启蒙"-"精神自由"必定要经过的"途径-环节"。

黑格尔的《精神现象学》正是按他理解"描述"了这一"精神""启蒙"的"矛盾发展"的"历史过程"。

十二

于是在这个意义上，黑格尔哲学是"继续推进"了康德哲学的工作。

"自由""进入""经验世界"，"矛盾"就是必然的。黑格尔批评康德，说他把"自由"推向脱离"经验世界"的"彼岸"，是一个只能"思想"，不能"理解-认知"的"被思想体"，因而这个"彼岸"是没有任何"内容"的"纯粹形式"，黑格尔说，康德这个态度，是一种"逃避"，只是消极的。康德以为，如果按照他的"批判哲学"的"原则"，"划疆而治"，"各行其道"，就有"永久和平"的"可能性"；然则，康德也很清楚，这种"永久和平"只是一个"理想"，"理性"固然"先天"地"有权"确立这个"理想"，但并不能"保证"它的"现实性"，"现实性""在""时间"的"无限绵延"之外的"彼岸"。"彼岸"是对"此岸"的"超越"、"跳跃"，是一种"脱离"，一种"剥离"。康德的思想意味着，"自由"既然在"经验世界""制造"了"矛盾"就应该"退出"这个世界,待在它该待的地方,所以说是一种消极的"逃避-回避"的态度;只是康德也知道,这个"矛盾"在实际上是"不可避免"的。

"矛盾"之所以是"不可避免"的,是因为"精神"通过"理性""自己-自由""设定"自己的"对立面",并不是原本就有另一个事物和"精神""对立着"。如果说真有"彼岸"世界的话,这个世界也是"此岸世界"自己"设定"出来的,一切"信仰"都是精神和理性的产物;"自己""设定"的"对立面"是不可能"逃避"的。

"彼岸"要通过"此岸"来取得"证明","此岸""证实"着"彼岸","剥离""此岸"的"彼岸"只能是无内容的纯形式。

于是,"精神-理性"正是通过"矛盾"的"运动"来"证明""自己"的"存在"和"权能",在这个基础上,"精神"就有"勇气""克服""自己""制造"出来的"矛盾",也有"智慧""运用"这种"克服"来"推进"精神自身的"发展"。

"精神""勇于""面对矛盾",也"善于""处理矛盾"。"精神"的"启蒙",已经做好了"科学地""运用""矛盾"来"推动""经验世界""历史发展"的"准备"。

十三

"精神"经过"启蒙"的"成熟"意味着:"精神"认识到在"摆脱了""自己所加之于自己的""限制"后,"理性"必定具有的"僭越"倾向,也必定会"产生-制造""矛盾","精神"在"克服""矛盾"中又通过"理性""建立"起"新"的"秩序",这种"新秩序"也会成为"新"的"限制"。为使自己"更加""成熟","精神"需要"另一次"的"启蒙","重新""认识到"这些"限制"原是"自己所加之于自己的",这样,"精神"不断地要有"启蒙"的"勇气",不断地在"克服"种种"矛盾"中"推进"自己,使自己"更加成熟"。在这个意义上,"启蒙"对于"精神"来说,是一个"永恒"的"任务",是"(自由)精神"的"天职"。

在这个意义上,我们也可以说,黑格尔把"人类"的历史看成了一部"精神发展史"就是"精神启蒙史",尽管他把"启蒙"限定在精神历史的某一个阶段,因为"精神"的发展历史,同时也就是"精神"有阶段性地"僭越""自己所加之于自己的""限制",重新由"理性"经过"批判-厘定"自己的"界限","建立"一个"新"的"秩序",在这个意义上,"历史"成为"新旧交替"的"过程"。

于是,在这个意义上,我们理解,在黑格尔眼里,"历史"是"精神""僭越"和"批判"的历史,也就是"自由"在"经验世界"不断"证明-显现"自己的历史。

十四

"精神"在"克服"种种"矛盾"中"证明"自己,"精神"在"经验世界""认出"了自己是"自由"的,种种"限制"都是"精神""自己所加之于自己的"。"精神"不仅在"彼岸"世界是"自由"的,在那个"设想"出来的世界,可以任"理性""自由驰骋",而且即使在"现实的""此岸"世界,也是"自由"的。"精神""认识到"这种"此岸"的"自由",是"启蒙运动"的"深化"和"成熟"的"标识";因为"精神"不仅"认识到""无限制"的"彼岸"是"不受限制"的,而且即使在"有限制"的"此岸"同样是"不受限制"的。"精神"不必"逃避"到一个"世外桃源"去"享受""空洞"的"安逸"和"自由","精神"有"权能"就在"现实"的世界,"拥有"自己的"自主权"。"精神"这种"现实"的"自由"观念,是黑格尔推进康德的地方,但"精神"与"经验世界"的"独立自主"的"自由"观念乃是康德已经指出了的一个方向,他的《纯粹理性批判》奠定了一个思想的基础,他的《实践理性批判》和《判断力批判》以及那篇论"启蒙"的短文,都已经揭示了这个问题的存在。

十五

"自由"与"界限"的"对立-矛盾","僭越精神"与"批判精神"的"对立-矛盾"是"二律背反",即,是两个"原理-原则"的"对立-矛盾",是"理性""自身""不同原理"的"矛盾",而不仅仅是"感觉经验"上的"区别"和"对立",像"冷-热"、"明-暗"等等。这种"原则"的区别,是康德奠定的,"自然"和"自由"是两个遵循"不同原理-原则"的"领域"。这两个"领域"康德在《判断力批判》里努力将它们"结合"了起来,黑格尔的工作则比康德庞大得多,他"沟通"了"理论理性"与"实践理性",使"理性"的"精神"或"自由"的"精神""无所不在"。

"精神"不但在"自然"里"认出"了"自己-自由",而且在"社会"里"认出"了"自己","精神"通过"理性"为"自然"和"社会""立法","法-限制"是"理性""立"的,而"理性"的本质又是"自由-不受限制"的。"理性"要"确认"自己对"经验世界"的"自主的""立法权",在"受限制"的"经验世界""保存""自己","保存"自己的"独立自由","自由""进入"这个"感觉经验"的世界;按照康德,"矛盾-二律背反"就成为不可避免;按照黑格尔,这种"原理-原则"上的"矛盾"就充斥着经验的世界。

这就是说,"精神"要在"经验世界""确认"自己的"自由","矛盾"就是"不可避免"的,无可"逃避"的。也就是说,"矛盾"是"精神"在经验世界的历史发展中"确认""自己"的"自由"的"必然环节"。

十六

在某种意义上说,"精神"是"矛盾"的"制造者",但也是"矛盾"的"克服者",因为"精神"是"僭越者",也是"立法者","精神"的活力,概出于"理性"。

"理性"的"自由"就已经"蕴含"了"必然","无限制""蕴含"了"限制",在这个意义上,"精神""制造"出来的"矛盾","必然-必须"被"精神"自己加以"克服","自由""必定"要在"经验世界"里"显现"自己,亦即"证明-证实""自己",这是一种"自由"的"必然性-必须性"。

除非"疯癫","僭越者"也"必须-必要-必定"是"立法者"。"僭越者""必定"要"建构-建立""自己"的"秩序",建立自己的"界限",这些"界限"要经得住"批判精神"的"检验"。

这就是说,"自由者"的"僭越","矛盾"的"克服"以及"新秩序"的"建立"等等也都是"理性""扩展""自己"的"权利"范围,"开拓""自己"的"疆土"的历史发展"过程",而不是"私欲"的"膨胀"。

十七

"僭越者"既是"自由者",则他的"意志"也是"理性"的,按照康德的"批判精神","意志自由"是"道德"的道理上的根据。就是说,"僭越者"作为"自由者""承担着""无可推卸"的"责任","僭越者"在"为自由""立法"的"行为"中,担负着"责任"。就是说,无论"后果""好坏","成败利钝",都有一份"责任",面对这种不可避免-逃脱不掉的"责任","僭越者"作为"自由者"在需要"谨慎"的同时,更需要"勇气"。"审慎"总是"有限的-受限制的",因为它是"知识性"的,而"勇气"则是"大无畏"的,是"德性"的。

"僭越"的"自由者"作为"始作俑者"在"因果"系列里是"第一因","第一因"的"自由者",也是"第一责任者",开的是"无限公司",做的是"无限"的"事业"。在它的"后果"还未出现的时候,"责任"就已经"存在",这种"预设"的"责任","迫使""自由者""谨慎"行事,但是"后果"既然必定要"进入""经验世界",则无论怎样"机关算尽",难免"受""偶然性""命运"的"作弄","知识"的"必然性"只是"理论"的,"僭越者"如果缺乏"责任"和"道德"的"信心"和"决断",没有"承担"一切"后果"的"勇气",那就不是"自由者",或者不是"已启蒙者",而只能是"循规蹈矩"的"谦谦君子"。

十八

"僭越者"这种"后果"的"严重性","责任"之"重大",还在于他的"立法"是对"自由"的"立法",而不是对"自然"的"立法"。也就是说,"理性"直接为"自己""立法",而不是为一个"异己"的"感性世界"

"立法"。

"知性"为"自然""立法"只是"现象"的,"形式"的,而"理性"为"自由""立法"则是"本质-本体"的,"实质"的。

"自由者"为"另外"的"自由者""立法",所立之"法"对"他者""适用",也必定对"立法者"自己"适用","立法者"并不可能"置身"于"法外"。"自由"为"自由"所立之"法",是最为"普遍"之"法",没有"法外施恩"。

"自由者"不是"神","自由者"不在"彼岸","自由者""在""此岸"。"神"作为"立法者""在法之外","神"在"施展"他的"一击"之后,"遁逸"至"彼岸",不在"自己"所立之"法"的"管辖范围",因而他也有"理由"对"人世间""法外施恩","宽恕""忏悔者"的"罪恶";人世间的立法者则无此种"特权",因为只要"立法者""承认"他的"立法""对象"也是"自由者",则,"立法者"及其"对象"都处于"平等"的地位,因而,"为自由者立法"也就是"为自己立法"。"自己立法自己遵守"。在这个原则的意义上,"立法者"、"执法者"并不"高于"其他的"自由者"。

"人世间""自由"是"最普遍-最全面"、"不受限制-无限"的"概念",用黑格尔的话来说,是"绝对的概念","限制"是"理性自由-精神自由""自己所加之于自己的",亦即,"限制"原本是"无限制""产生"出来的,"无限""蕴含着-孕育着""有限","有限""证实着""无限"。

康德说,"道德法则"是说所立之"法"对每个人都有效,人人应该"遵守",如果设想人人都遵守而"法"仍然屹立,才是真正的道德法则。换句话说,如果哪怕只有一个人可以"被允许""不遵守"这条"法",则这条"法"就不称其为"法"。

人世间的具体的"法"固然必定会受种种"限制",但"法"的"精神","本质-本体"之"法"乃是"自由"之"法",这种"法"的"精神",即"自由"的"精神",按康德的"批判哲学"的意思,"范导"着"经验世界"的"实际运行"。这个"运行"的"历史发展"过程,黑格尔曾做过许多的研究。

北京

2012 年 9 月 18 日

"学问"的"自由"与"自由"的"学问"

新中国成立已经60年，我从1956年参加学术研究工作，五十多年时间一分为二：前一半用来体验生活，与学问的关系比较间接，后一半可以说集中做了点学问。说来惭愧，因为就学问来说，前面的基础不够好，后面的时间虽然尽力，但已力不从心了；不过无论如何，改革开放这30年，是我学术生涯中最值得高兴的一个阶段，我在不同程度上享有了学术的自由，而这对于任何学术来说，都是最为基础的条件。我想这也是我们学界共同的感受。

我做欧洲哲学的研究工作，欧洲哲学从近代以来，研究思考的就是这个"自由"，这个"自由"不全是政治意义上的，而是哲学意义上的，也可以说哲学意义上的"自由"，是基础性的，就我们做学术研究的来说，"自由"也是基础性的。

我们知道，无论做什么事情，总是需要"时间"，没有"时间"做不成任何事情。学术方面的事情，精神劳动，同样需要时间，或者说更消耗时间也不为过，只是按我们哲学说，"时间"是一个"流"，或者是一个"必然的""形式"，没有人能够"终止""时间"，也不能"令时间倒流"而真的"扭转乾坤"。也就是说，没有人有能力真的"夺走"你的"时间"，因此，我们在前几十年并非真的"没有"了"时间"，"时间"还是"在""流淌"，只是我们的大部分时间没有做"自己"的"事情"，没有"做""学术"方面的事情。

"时间"没有"事"，是"空洞"的，不称其为"历史"，"时间"中的"事"为"史"。

在这个意义上,我的前半生被"阻碍"的乃是一种"做"学术方面的"事情"的"时光-光阴",而不是一般的、抽象的"时间"。"时间"在"流淌","马齿徒增","一事无成"。

当然,以前我们也"做事",甚至是做很大的事情。大家都集中在一个或少数几个大"目标",各行各业都去为这些目标"服务",于是"人人学哲学","哲学工作者"则"无事可干","人人唱样板戏",则大多数"演员"也"无戏可演"。

"令"人人都"做""同一件"或"差不多"的"事情",那么这一件"事"或者几件"事"往往做不好,甚至会"乱"。

这个"乱"的"原因"在于"人"本是"自由者","人""有""选择""做(自己的)事"的"权利",这个"权利"是"先天"的,是"不可让渡"的;可以"阻碍"一时,不可能"永久""压制"。

就我们哲学来说,"自由"首先具有一种"摆脱"的意思,"自由者"不受(经验-既成)条条框框的"限制","自由"为"无限"。

"无限"的"自由",乃是一种"创造"的力量,它"冲破"一切"陈规","创造"一个"新"境界。"自由"不是"模仿","新"东西不是"仿制品",尽管"模仿-仿制品"在生活中很有用,而"新"东西往往一时得不到广泛应用。

在这个思路的引导下,"自由"的"创新"就是"立异","标新立异"是"自由"的本性。"自由创造"出来的世界,乃是一个"异"的世界,而不是某种"模式"的"仿制品"。在这个意义上,"自由"的"权利",也就是"立异"的"权利",也就是做"不同"的"事情"的"权利";不仅是在事实上是"不同-异"的,即有不同行业的"事情",而且在原则-原理上也是"不同-异",即在"同一行业"中的"标新立异"。

我们哲学是很强调这个"标新立异"精神的,"哲学"绝对、完全地拒绝"仿制品",甚至"高仿"也归"另类"之列——当然"哲学"的"高仿"也有一定的作用,好的参考书也有相当的价值,我们也都要学习;但"哲学"的原则-原理为"创造",没有"标新立异"则"哲学"亡。"哲学"为一种"创造""范式"的工作,因而"哲学"为"自由"的"科学","哲学家"为"哲学"

"立则",犹如"艺术家"为"艺术""创立""典范";"哲学"为"(哲学之)天下""立异"。艺术史、哲学史上有许许多多各不相同的"典范",莎士比亚代替不了欧里匹底斯,黑格尔也代替不了亚里士多德。"哲学"尊重这种"立异"的创造精神,也就是尊重"自由"的精神,也正因为尊重这种精神,"哲学"才尊重"哲学史"。"哲学史"犹如"艺术史",乃是一部"标新立异"的"历史",乃是"自由"的"历史","创造"的"历史"。

在这个意义上,哲学所理解的"自由",就不是"放任"、"任性"意义上的"为所欲为"。"任性"的"为所欲为"在哲学看来,恰恰是"不自由",或是"受制于"某些"感性的欲求",而"自由"的原初意义正在于"摆脱""一切""感性欲求"的控制,"自由"为"理性"的特性。

"自由"为"无限",为"不受任何限制",但"自由"又不是"空洞"的"形式","自由"是"实质"的,有"内容"的。"自由"不受"非自由"的"限制",却受"另一个""自由"的"限制"。

从这个思路,在哲学上引申出"自由者""之间"的"关系"问题,而不仅仅是"自由"与"自然"的"关系"问题。

"人"是"自由者",然则,"我""自由","你"也"自由","他"也"自由","诸自由者"之间应是一个什么样的"关系"?

"诸自由者"的"关系"应存在于"人类社会""关系"的基本环节中。

按照哲学的传统观念,"人"与"自然"的"关系"是"知识性"的,而"人"与"人"的"关系"则是"道德性"的;然而"道德性"的"关系"同样也应该是"知识性"的,或许还是更为基本的"知识",即(关于)"自由"的"知识"。"道德"的"知识"也就是"认识""诸自由者-简约为我-你-他"之间的"自由""关系"的"知识"。

在"我-你-他"的"关系"中,"哲学"-欧洲经典哲学常以"我-自我"为"出发点",以大写的"我"作为"自由-理性""创造""世界","开创出""非我-他者"-"世界",实即"开创出"一个"理念"的世界,"非我"为"自我"所"自由""设定";这种理解,到了20世纪末,"关系"被"颠倒"了过来,"他者-非我""大于-强于""自我",而正是"他者-非我""设定-激发"了-"自由创造"了"自我"。

"我""接受""他人"的"呵护-养育-教育","他人""使""自我""成为""自我"。这就是说,"他人""使""我""成为""自由者",而"他人"之所以"有能力""使""我"由"抽象的-形式的-天生的""自由者""转化成为""实际-实质"的"自由者",乃是"他人"也是"自由者"。只有"自由者"才"有能力""自由"地"对待""自由者","呵护-培养-发展""另一个""自由者";"奴役(他人)者"到头来自己也只能是"奴隶","施虐者"同时也是"受虐者"。

就哲学来说,"他者-他人"不是一个"抽象的""经验概念",而是一个"具体现实"的"观念",或者说是一个"实质性"的"自由概念"。"他人"相对于"我"来说,是一个"自由者"的"集合",这个"集合""组成"了"社会","自由者"的"社会"其根基里的"职能"在于"保护-培养-发展""成员"的"自由"。既然"自由"为"理性",则这个"自由者"的"组合"-"社会"也是一个"理性"的"社会","合理"的"社会",按照"理性"原则,亦即"实质性""自由"原则"调节-规范""自由者"之间的"关系"。

"自由者"之间也有一个"管理机构",它"规范""成员"的"自由",而不是"取消""成员"的"自由"。"我"的"自由"既然只有在"他人""自由"的"呵护"下"成长",则"他人-社会"的"职责"最终要使"我"之"自由"更加"有保障"和更加"成熟"。

在这个意义上,由"他者""组成"的"社会"以及"政府",在根基里是"呵护-培养-发展""人民"的"自由"的,其"职能"为"使"原本是比较"抽象-空洞"的"自由"更加"具体"、"成熟"起来。

"自由"也需要"规范",具体的"自由"是有"规定性"的"自由";只是这种"规定性"是"自由"的"规定性",是"自由""自己""规定""自己","自由者"之"间"的"相互""规定"、"限制",同样是"自由""自身"的"规定","自由"地"规定","自由"地"服从"。即使是"当权者""制定"的"规定",如果这个"当权者"同样也是"自由者"的话,则在"制定"对"他人"的"限制"时,就要问这个"限制"是不是也适用"制定者""自己"。这是康德的一个思想,可以补充孔子说的"己所不欲,勿施于人"。孔子说的是"欲求"方面的根据,而康德说的是"权力"的理性的普遍根据。"限制"的"权利"来自于"自己",则是"自由"的"限制"。

"限制"总是"具体"的,因而是有"内容"的,"历史"的。

这样,"自由"于"人"不仅与"生"具"在",而且也是一种"能力",需要"培养"、"发展","自由"不仅仅是"消极"的,而且是"积极"的。在这方面,"他者-社会-政府"的"职责"不仅在"保护"人民的"自由""权利",而且还在于"提高"人民的"自由""创造"的"能力"。

这就是说,"鼓励-培养-发展""人民-自由者""立异"的"能力",而不仅仅是"让-令""人民""做""相同"的事情。

"社会"要"鼓励""新事物",这原本也是马克思主义哲学的基本态度;只是"新事物"之所以"新",起初常是表现为一种"否定"的力量,似乎"离经叛道",而不见容于"日常""陈规"。按"陈规-常规"办事一般比较"顺利","生活"也比较"安逸",日常采取这样的态度,当然还是必要的,在"日常经验"层次上经常"找麻烦"的确不是一件愉快的事;但是要"推动"事物"发展",要"社会"进步,当要"鼓励""人民"的"创造力",则更需要"支持""新事物",使之"成长"。

"哲学"重视"日常经验",认为它是"总结"出行之有效的"规则"的基础;"哲学"更加重视"人"的"自由"的"创造""能力",认为它是"开创""新局面"的"源泉"。

当然,"新事物"不是"从天而降"的,仍然是从"旧事物"里"产生"出来的;但从"旧事物"到"新事物"的"发展",是一个"飞跃","新事物"之所以为"新事物",因为它是"前所未有"的,我们"哲学"上说是"无中生有"。

"无中生有"是一个"飞跃",但不是"武断",这个论断恰恰是"理性"的,"讲理"的,因为"自由"正是"理性"的本性。"人"作为"自由者"所进行的"创造性"的"工作",正是"使"世界更加"合理化",而不受制于当下眼前"利益"之"局限"。"自由"为"摆脱""经验"之"局限",而(飞跃)进入"无限"。

经验层面的"无中生有"或如"造谣生事"那样"理应"受谴责,而"理性"的"飞跃"则是"创造"的"动力","理应"受到保护和培养。

正如"自由"不是"放纵","立异"也不是"胡作非为","无中生有"的"创造"更不是"妖言惑众"。

"创造"同样需要"有根有据","创造"是一种"发展",是一个"飞跃","新东西"不仅仅是"不同的东西"。你说一个"东",我说一个"西",那仅仅是"不同",不是"发展",是"表面"的"不同",而不是"内在"的"不同",或者说,乃是在"经验-感觉"上"不同",还不是"理性"上的"不同",不是内在意义上的"异"。"人"不可能"千人一面",但"面"的"区别"只是"外表-感性"的"不同","人心不同,各如其面",这个"内在一心"的"不同",才是"本质"的、"理性"的"异"。以"(表)面"的"区别"来"做"一些"不同"的事,那样"制造-生产"出来的"东西",并不是真正的"新东西-新事物",这些"东西"或许还是很"陈旧"的东西,只是"新瓶"装"旧酒","改头换面"而已。在"日常经验"上,"旧东西"当有"大用",而"新东西"或许"无用",但"旧东西"毕竟不是"新东西"。

"新东西"的"出现","标新立异"需要一个"否定"的环节,"自由"原本就有"否定"的意义。"理性"的"自由"当然充分"重视""经验世界"的种种"规则",但并不认为那些"规则"是万古不变的;理性充分"重视""传统",但是更倾向于以"发展"的眼光来看一切"传统"。"理性"以"自由"的态度对待"传统",看到并揭示一切既成事物的内部"矛盾",因而看到这些"传统"的"变化发展"的"必然"趋势。

"自由"在"存在"中看到"非存在",同时也在"非存在"中看到"存在";"自由"的"否定"精神在于执著于这样一种态度:"存在""存在"于"非存在"中,"非存在"正是"存在"的一种"本质"的"方式"。这个意思引申开来,我们还可以说,不仅是"新事物""存在"于"旧事物"中,而且更为重要的是"旧事物""存在"于"新事物"中。"有""在""无"中,"无"是"有"的"存在"方式。只有"在""新事物"中的"旧事物",才是"存在"着的"事物"。

这就是说,只有"创造"才能"保存","发展"是"硬道理"。"传统""在""发展"中(保存)。

我们看到,如果没有这60年奠基特别是30年的改革开放,没有这30年的"创新",中华民族的"传统"或者仍在"沉睡"之中"孤芳自赏",我们这个民族可能仍是一头"睡狮"。

改革开放这30年当然具有"百废俱兴"的意思在内,但是我的体会并不仅仅是"恢复",更不是"复旧",而是"复兴","复"而更"兴","复"为了"兴","在""兴"中"复","复""在""兴"中。就60年来说,"奠基"是为了"复兴","复兴"也是为了"夯实""基础"。

"复兴"乃是"恢复"中华民族的"创新""传统"。

我们这个"传统"不断在"受挑战"中"更新",犹如"我"的"自由"常常"受""外来"的"另一个自由"的"激发"。就"传统"说,也就是"受""外来"的"非传统"的"激发"。对于"自由"的这个理解,法国的哲学家叫做"inspiration"(灵感-激发)。

我国近几百年来"接受"的种种"非传统"的"挑战"是很多的了,但我们都能把它们"化为""激发"的"力量",来"保持"我们"传统"自身的"创新"。

从"西学东渐"到马克思主义的传入,中国人的"思想文化"和"精神面貌"有了巨大的变化,有了"新面貌",这种变化理应"激发"我们的"传统"的"创造性","激活"我们"传统"的"自由精神",使之也有一个"新"的"面貌"。

"学术"的"传统"当也不例外。在当今世界,如果说到"中国"的"学问",当"包含"了马克思主义、毛泽东思想、邓小平理论、"三个代表"重要思想和科学发展观在内,而且是"新"的"学术""传统"的"核心价值"所在,而不是简单的"恢复"。

说到在实际上-经验上的"保存",则中国的"传统"是"保存"得最为完整的,各种典章文物,相对来说,都努力精心"收藏存留",这方面工作当然仍须加强;但是"存留"下来的"典章文物"如何发挥其"积极"作用,则舍"发扬"其"创造性"的"活"的精神而外,别无他途。古代"典章制度"固可参考,但绝不能"以此"来制定现代法律,有所"损益"也不行;"制定""现代""法律-法规",当"另起炉灶","传统"只是"参考"。

"创造"也是有"传统"的,有"经验"可以"积累"的,也需要"学习","学习""他人-古人"是"怎样"进行"创造性"的"思想"和"工作"的。"传统"不一定全是"创造性"的,但"必定""有""创造性"的精神"在"。

这种"创造性"的"自由"精神在各个历史时期表现形式自然不同,但其"标新立异"勇于揭示"矛盾"的勇气和见识则具有"超越性"。我们"学习""历史",当然要从具体经验教训中增长见识,但也还要通过这种"学习"体会前人-古人的"创造"精神,"学习"他们如何在一定的"条件"下勇于"否定"某些"条件"而谋求"发展","学习""历史"——包括"学习""哲学史",不仅"学习""知识",而且"学习""精神",以"提高""自己"的"立异"之"识见"和"能力",而不至于流于"空洞"。"创造性"的"传统"使"自由-创造"也成为"科学",而不是"空想"。

"空想"的"创造",在最好的意义上也是"自由"的"滥用",是"自由""能力""不成熟"的表现;而如果以"复古"为"创造"则是对"传统"精神的"歪曲",表面上似乎是对"传统"的"挽救",实际上是将"传统""供奉"起来的一种高调,将"传统"中"活"的精神"置于死地"而不得"复生"。

就社会来说,"供奉"也是必要的,甚至是很重要的,"传统"当然需要"供奉";但人们之所以"供奉""传统",乃在于"学习""传统"中的"活"的"精神","传统""凝结-记录"着前人-古人的"创造"和"自由"精神。"体会"这种"精神"需要"学习",不仅是一般"知识性"的"学习",而且需要"创造性"的"学习"。

从"存留"下来的"传统"中"学习"其"活"的"自由创造精神","学习者"本身首先需要是一个"自由者"。那些将"传统""供奉"起来的"收藏家"中不乏品位高超的文人雅士,但"收藏家"不足以成为真正"人文精神-自由精神"的"鉴赏家",更不用说以"倒卖文物"牟利的"文物贩子"了;旧时代那些"冬烘先生"其性质犹如"文物贩子",他们或有丰富的知识,但都不是"自由者"。当然,我们甚至也不否定"冬烘"在"普及""文物典章""知识"方面的作用。

"传统"的"自由精神"只向"自由者""开显",犹如事物的"人文""意义"只向"人""开显"一样;世上自从有了"人",世间的事物就"增添"了一层"意义",世间的"物"就向"人""开显-开放"出"另一层""意义",这是现象学-解释学所告诉我们的一个理解世界的方式,而这层关乎"人"的"意义"正是那"自由"的"意义","创造"的"意义"。"人"作为"自由者","使""事物-包括古代的事物""增加"了"自由-创造"的"意义",这层"意义"也只有对"另一个""自由者"才"开显"出来。

在这个意义上,换一种说法,为"懂得-理解-弘扬""传统"的"创造精神","需要""自由者","传统"的"自由精神"只向"自由者""开放"。"自由"的"理性"使"传统-古人"与"我们-今人"形成一种"自由者"之间的"关系",而不是"急功近利"的"关系"。"传统"不仅仅是"我们"达到某种眼下功利目的的"工具"。

"功利-工具"当然是很需要的,只是说不能"止于""功利"。

我们拥有数千年历史,前人为我们留下无数具有民族特色的文化和技艺传统,我们作为"后人"当然"有权"拿来作为"创收"资源,如同我们拥有的日月山川、自然条件也可作为"开发"或"旅游"资源,我们的"历史"也可以当作"人文景点"来开发利用,只是如果"止于"此,则不免"日月无光"、"山川变色",更何况本已是古人的"创造""产品"。

年长的尚记得,"京剧"曾是"政治斗争"的"工具",新编现代京剧的"艺术价值",被当时"政治"的"工具价值"所掩盖,《沙家浜》、《红灯记》何辜!皆因"操纵者"是"利欲熏心者-政治野心家",而不是"自由者",这些"人"中或许有一些"专门家",但不会-没有"能力""识得""艺术-传统艺术"的真正"意义","京剧"一度失去应有的艺术"光辉"。

"情随事迁",京剧去掉了"政治-权"的"枷锁",会不会"套上""经济-钱"的"枷锁"?

"学术"的事业也面对相同的问题:以前受"政治-权"的"限制",近年则更多的"受""经济-钱"的"限制"。

并不是说"钱"和"权"不重要,相反,"经济"是"基础","权"更是"秩序"之"必需"。"自由者"之间,也有"钱-权"的"关系",只是就"自由"言,"钱-权"皆要为"自由"所"用","钱-权"须是"自由"的"工具",而不是相反。

"有钱的"、"当权的"须将"自己"的"拥有——权——钱""用"在"刀刃"上,以"呵护-发展""人民"的"自由""能力",同时也"显示""自己"是一个"自由者"。

就"学术"和"艺术"来说,我们现在的"投入"大大超过已往,而"收益"可能不够理想,其原因或在于"投入"没有完全"用在""刀刃"上,即没有把"呵护-发展""自由""能力-度"作为主要目标。

"学术"和"艺术"上的事固非一朝一夕之功,30年对于发展它们也还是短暂的,只是回顾起来,作为"学术工作者"不免惭愧。

我们"拥有"了相当充裕的"时间",但我们所"做"之"事"却远远未能将"时间""转化"为"历史"。我们没有"做"到"创造""(学术)历史"。

就"学术"来说,人们常常感叹,30年来还没有"出现"真正的"学术大师",尽管"大师"甚至"泰斗"称号已不鲜见。其中的原因当然是综合性的,不是单一的,但有一个原因不可回避,那就是我们还没有"形成"真正的"自由"的"关系"来"保障-发展""学问"的"自由",我们也很少"思考-研究""(关于)自由"的"学问"。

"我们"和"我们的(研究)对象"还没有真正形成一种"自由"的"关系","我们"对待"传统"——包括"中国"的和"外国"的"传统",还不是"自由"的,亦即"(纯粹)理性"的。这样,我们的"理路"就往往"不过硬",而为"成见"所左右,不得"自由"。

就我们做"西方哲学"的经验来说,过去受某些夹带"政治"的"成见"的"束缚",以某种"学派"的"范式"为"框框",对于欧洲哲学史上各家都有相当固定的说法,种种"藩篱"不可"逾越"。打破这种条条框框也颇费时日。我还记得,改革开放之后许久,讨论"尼采哲学"居然还是要避免的;而且,这种框框被破除,那种框框又会出现,外在框框易去,内在的习惯难除,要想做一个"自由-理性-创造"的"学问家",不是很容易的事。

"自由"的"哲学家"就"讲"一个"理"字。读任何书,要用"道理"去贯通,而一切旁生的枝节,皆要"归"到"理"上来。"自由"地"读书",也就是"讲理"地读书,而不是"武断"地读书;"做事"也是"讲理地-合理地""做事",而不是"独断地""做事"。"独断-武断"往往是"不自由"的表现，是"成见-条条框框"或者"受制"于某种"利害关系"的表现。

"哲学"为这个"理"字付出了许多精力，也有许多"创造性""思想"的"积累"。"哲学"的源头，古代欧洲希腊苏格拉底、柏拉图师生，中国孔子师生，都留下了讨论"理"的文献记录，成为哲学的"经典"。欧洲哲学至近代德国，中国哲学至宋儒诸子，哲学这个"理"字可谓由"启蒙"渐至"成熟"，这方面，在欧洲当以康德"批判哲学"较为成熟也较为自觉。康德《纯粹理性批判》书名已经点出了他的"批判-批审-审查"目标为那个从文艺复兴至启蒙运动以来的"理性"。

欧洲近代革命变革，在精神思想上针对中世纪宗教独断主义、权威主义，这个趋势汹涌澎湃，真的在思想上来了一个大"颠倒"——西文意义上的"革命"-"翻转"："理性"被"耸立"在了"至高无上"的"位置"，一切都要到"理性"的"审判台"前接受考验。然则"理性"最初这种"不成熟"状态，致使种种"不合理"的"独断"经过"乔装打扮"，登上"权威"的宝座，"理性"成为达到某种"外在""目的"的"手段"。事实上，当时欧洲社会发生的一些"动乱"，已经显示了"理性"和"自由"在某种程度上的"滥用"。

这时候，康德说，"理性"——即使是"纯粹理性"，也要受到"批判-审批"。某种意义上来说，康德的哲学工作给"理性""泼了冷水"，但这瓢"冷水"功大于过，"批判哲学"使"理性""冷静"下来，首先"摆脱""情感-情绪"-"狂热"的"支配"，经过"批判-审批"，"限制-禁止"以"情感""代替"甚至"冒充""理性"，因而就根本意义说，乃是"使""理性"真正"自由"。

康德的"批判哲学"在于为"理性"的"各个""功能-职能""划定""权力范围-职权范围"，也就是指出了即使是"最高权力"-"理性权力"也是有"限制"的，也有一个"合法地""行使""权力"的问题，而不是"为所欲为"。康德《纯粹理性批判》的宗旨就在于"防止""理性"在"（经验）知识"领域（"知性"）里的"僭越"，要为"知性（知识）""划定"一个"界限"。

就"知识"来说，"理性"只给出一个"形式"的"自由"，而需得有"感性材料"的"配合-结合"，没有这个"可以直观"的"感性材料"做"知识"的"内容"，这个"理-理性"乃是"空洞"的，尽管这些"形式"是"先天-不依赖经验"的。"形式"的"理性"是"空洞-空头"的"孤家寡人"。"邦畿千里","为民所止",没有"民"的"帝王",犹如没有"军队"的"将帅",就"自由"来说,充其量为一个"孤独"的"骑士"。

"知识-知性"为"感觉材料""所限",它的"领地"只在于-限于"感觉经验世界";那么,在这个意义上,"理性"是不是"不自由"了?在康德的意义上,"理性"的这种"权力"的"限制",使"理性""失掉"的只是"空洞"的"自由",而"获得"的却是"实质"的"自由",至少在"知识"领域我们有理由作这样的判断。

康德自己说,他"限制知识"是为"信仰""留有余地",他这个意思是说,"信仰"也应是"理性"的,而不是"盲目"的"崇拜"。"宗教-基督教"也要"讲理",只是"理-理性"在"宗教"中有"另一种""方式"。"知识"为"理性",为"自由","宗教"也为"理性",也为"自由",就我们这里的论题来说,也属于一种"自由(者)"之间的"关系""协调"这种"关系",这层关系,康德以自己的独特方式"开放"给后人"褒贬"。

康德的问题并不是出在"给""理性"的"各种""功能-职能""划定""界限",他的问题在于把"知识"限定在一种"机械"的"必然性"的理解上,似乎"理性"在"知识-知性"领域"只有""形式"的"自由",即"先天形式"来自"理性""自身"而与"经验"无关,从而使原本是"自由"的"关系",成为与其相对立的"必然"的"关系",并从"知识""之外-外部"找出一个"道德"领域,使之成为"理性""自由",从而使"必然"和"自由"僵硬地"分割"开来。康德这个倾向,为以后费希特、谢林特别是黑格尔所批评,也是合理的。

其实,我们就在"知识"本身,或者就如康德所说,就在"必然"的"知识"本身,就能够-可以合理地找到"自由"的根据,或者说,一切"科学-经验-知识"既然不仅仅是"形式"的,则也都"显示"出"理性"的"自由"的光辉。

这就是说,我们很有合理的权利说,一切"经验知识-科学知识"都是"自由"的"产物",因而都是"自由"的。

按照康德,"经验知识""需要""感觉材料",然而我们不能"等待""穷尽""一切感觉材料"之后再作"科学"的"判断-断定",如果必得"穷尽"

一切材料再作科学论断才能得出科学知识，则世上就没有"科学"。

这就意味着，"实质性"的"科学知识"不是靠"推论-推理""推断"出来的，而是要有"材料"的"支持"；而这种"材料"的"支持"是"有限"的。在"有限"的"材料""支持"下，作出"普遍"的"论断"，实际上就蕴含着"科学家"的"理性"的"自由（度）"。"经验知识-科学知识"并不绝对"排除""偶然性"，更不"排除""错误"。

在这里，我们看到，康德在《实践理性批判》里特别提出来的"道德-责任"问题，其实本就蕴含在"知识-经验知识-科学知识"里。

既然按照康德，"自由"为"道德-责任"在"道理上-理论上"的根据，那么一种"科学论断"的提出，因为它仍是"基于""理性"的"自由"，从而就有一种"责任"的意义在内。这样，"科学家"在提出一种"科学论断"时也就多了一份"谨慎"的态度。

管理社会的各种"机构"，同样也是一门"科学"，"科学决策"需得采取"谨慎"态度，乃是因为种种"决策"不仅仅依靠"推理"，而且要依靠"材料"，而再多的"资料"也不可能"全"，既不可能掌握"事物""全部"的"前件-前因"，"事物"的"后果"也就不可能单以"推论-推演"就能够"必然地"得到。一切宣布"有能力"做到"实质性""因果""推断"的，只是一些"宗教性"的"先知"，而不是"科学家"。

"科学决策"不仅"考验"着"决策者"的"知识""水准"，同样也"考验"着他们的"道德-德性""水准"。也就是说，"考验"着他们的"自由"的"成熟""程度"。这就是说，"决策-判断-决断""全面"地"考验"着"决策者"的"综合素质"。

"决策者"首要的"决断""对象"是"人"，"管理"是"管理""人"之"事"，包括"给出-制定""事"之"规范-界限"，而在"制定""限定""人事""规范"时，当意识到这些"规范"从根本上、原则上来说，乃是"自由者"之间的"规范"。也就是说，在"制定-给出""规范"时，要意识到此种"规范"固是"适用"于"他者"，但也同时"适用"于"我"。就根本意义来说，"决策者"对于所"决"之"策"，不可以是一个"例外"。只有在"主-奴"关系中，"双方"皆可以"例外"，"刑不上大夫"，"礼"也不下"庶人"。

"自由者"之间没有"例外",乃是一个"普遍"的"理性"的关系。

同理,"被决策者-被管理者"同样也应意识到"决策者-管理者"就根本上说也是"自由者","被决策者-被管理者"向"决策者-管理者"提出的"要求-建议"要问"自己"如是"对方"是否也能"适用-适应-可行"。也就是说,这个"要求-建议"是否"合理"。在这个意义上,一项"政策",对于"双方"都是一个"考验"。在实际经验层面上,"责任"有"轻重"之分,而在"原则"上,并无"例外"。"决策"因"判断""包容"而又"超越""知识"进入"道德",遂使"自由"不仅需要"呵护",而且需要"学习-提高-成熟-发展";不仅"决策者""需要","被决策者"同样需要"学习-提高"自己的"自由""水平",之所以能这样说的理由,正在于"决策""双方"皆是"自由者","决策-被决策"是一种"自由者"之间的关系。

于是,"提高""双方"的"自由""成熟"程度,就成为"推动"社会"发展"的一个值得重视的环节,同时也是"科学-理性"地"推动"社会"发展"的一个方面。"理性-科学"蕴含、包括了"德性-自由"的意义在内。

"瞻前顾后",这 60 年特别是这 30 年,我们社会的"自由者"之间的"关系"的确得到了很大的"提高"和"发展",已经大大"增加"了"自由""度",成绩斐然,令世人欢欣鼓舞,如果尚有可以进言者,则社会常常侧重在"增加""自由"之"物质"方面的"度",而对于"精神"方面的"自由""度"的"增加"还不算很多,我想这或许是我们尽管已"拥有"数十年的"时光",但"学术""成果"不很令人满意的缘故之一。这就是说,数十年来,我们"物质"方面的"新事物"很多,而相对的讲,"精神"方面的"新事物"却比较慢一些、少一些。

"精神"和"物质"不可"分割",但又是两件"不同"的"事情";"幸福"和"自由"是两件"不同"而又"不可分"的"事情"。"幸福"侧重在"物质"方面,"自由"侧重在"精神"方面。事实上,"幸福者"未必"自由","自由者"也未必"幸福"。"学术工作"未必"因""物质-金钱"的"投入""加大"而"增加""学术"的"分量";"学术"的"质量"也不"因""收入""增加"而"增长","学术"的"成果"未必和"学术"的"投入"成"正比",盖因"幸福"和"自由"之间并无"因"-"果"的"必然""推论"

关系。我们不可以"知道""甲校"的"经费""高于-多于""乙校","凭""推论"就"知道""甲校""必""优"于"乙校"。要"知道""何校"为"优",还需经过"实际"的"调查";"上层建筑"与"基础"常常会有"不协调"的情况出现。

当然,"物质"是"精神"的"基础",但并不意味着,从"什么"样的"物质"就一定"推演"出"什么"样的"精神"来。它们之间不是一个"机械"的"推论"的关系。

"武器的批判"不能"代替""批判的武器","精神"的问题还得通过"精神"来解决。解决了"幸福"问题,不等于就解决了"自由"的问题。

"幸福"有个"程度"问题,"自由"也同样有个"水平"问题。在"保护"问题得到一定程度的重视之后,仍有"提高-发展"的问题;只是"自由"问题的成熟发展速度相对于"幸福"来说,一般可能会"慢"一些,我们目前的"程度",大概还需向"自由"的"温饱"努力;相反的情形也是常有的:物质生活相当困难的社会、家庭、个人,也会有很高超的"精神境界"出现,在各种"冲突-挑战"中表现了"高度"的"自由""精神"。所以古人也说,"生于忧患,死于安乐"。

意识到这当中的差别,我们回顾 60 年特别是 30 年改革开放对于"学术-文化"的促进、发展,在庆幸中如果尚有可以建议的,则在丁要清醒地意识到"幸福-富裕"与"自由"之间的"不平衡"关系。在"物质条件"相对"充裕"的条件下,进一步"激发"和"提高"人们的"创造"能力,增加人民的"自由""度",则会是"促进""学术文化""发展"的关键。要清楚地意识到:"物质条件"的"增大",并不"自然"地意味着"学术文化""质量"的"提高"。

当然,这数十年"学术文化"事业的成绩是有目共睹的,举凡出版、演出、音乐、绘画等等,其"数量"是以前绝不可比拟的;但是我们也不能不看到各种"学术文化"事业要防止"量"上增加而"质"上降低的倾向。

就"学术文化"事业来说,当然既要"提高",又要"普及"。在"普及"的基础上"提高",在"提高"的指导下"普及",当然是很正确的;只是也要看到,无论"普及"与"提高"都还有一个"创造"的"前提"和"核心"。

"学术文化"以"自由"为自身事业的基础,也就是说,"呵护-鼓励-激励""做""异"事的"风气","树立""标新立异"的"典范",而努力"避免"使"普及"沦为"抄袭",使"通俗"沦为"庸俗",也努力"避免"使"标新立异"成为"哗众取宠"甚至"胡思乱想"。现在这两种"倾向"可能都还不少。

之所以要"避免"这两种不良倾向,乃在于它们都不是"创新",而是"守旧",因为种种"花样"并未"翻新"。既然"自由-创造"也有"传承",也需得"刻苦学习","吸收""他者"是"如何创造性地思想、工作的",于是那种毫无根据地"大胆妄言",恰恰是一种"沽名钓誉"的"手段-工具"。在这个意义上,也是"受制"于"学术文化"以"外"的种种"因素",无非是为"名"为"利",以目前的情况看,"为利"甚于"为名",为前者甚至贬损后者也在所不惜。

现在有"文化产业"之举,似尚无"学术产业"之说。

"文化产业"的确是一个"新事物"。并不是说,以前"文化"完全没有"产业"的"因素",应该说,这种因素随着社会变迁,也随着"文化"本身的发展,某种意义上是逐渐加强的。就文学艺术来说,诗词歌曲剧,到了"剧",大概"产业"的意义就比较重了。"戏班"的组织已成为专门的"管理机构",大概这也可以说是"文化产业"的"雏形"了。现在的"文化产业"当然跟过去自不可同日而语,在"规模"上和"性质"上亦即"量"和"质"上都有所不同。

"量"上的不同是很清楚的,于是何为"质"的"不同"?或许我们可以这样来理解:在过去的"文化产业"中,"产业"受"文化""支配",而在现在的"文化产业"中,"文化"却往往受"产业"的"支配"。

在"产业"的"支配"下的"文化",则本质上不是"自由"的"文化";不是"自由"的"文化"也是社会"需要"的"文化",或者是"最""需要"的"文化";但社会仍要"呵护-激励-发展""自由"的"文化"。"自由"的"文化"是"文化"的"根基",因为在"文化"尚无"产业"可言的时代,已然"有"这种"自由文化"的"存在"。"文化"不一定"待价而沽"。

然则"产业"仍然"可以""支持""文化","可以"为"发展""文化""服务",而不仅仅拿"文化"来"牟利";之所以有这种可能性,正在于"产业家-实业家"同样也可以,或应该是"自由者",他的"产业-实业"也还是可以为"另一个-另一些""自由者""服务"的。

"学术"工作与"书"分不开,因而与"出版产业"也分不开。"出版产业"在"学术"领域内也应为"学术""服务"。"学术工作"是"学术出版产业"的"基础",原本是为了更好地为"学术""服务""产生-发展"出来的,在没有"出版产业"之前,已经有人在做"学术工作";但现在的"关系"似乎也"颠倒"了过来:"学术著作"往往"跟着""出版计划""转"。一个"学术项目"——尤其是"文科项目"的"带头人"往往成为"经纪人",甚至"有能力""争取"到"项目",也成为"学术成就"的一个"过得硬"的"标准"。

社会的职能在于"增进""财富",在于"增进""自由"的"财富";"提高""学术文化",也是"提高""自由"的"学术文化","提高""自由"的"学问"和"学问"的"自由"。

没有"学问"的"自由"是"空洞"的,没有"自由"的"学问"是"僵死"的。

在一切"学问"中,"哲学"是最不容易"产业化"的,其"利"其"弊"皆在于此。

数千年来,"哲学"确如"牛虻",不断念这本"自由经","刺激"人们"自由"的"神经",使"自由者""勿忘我"。

2008年8月24日于北京,2009年4月1日改定

论"思潮"与"学术"

这里所讨论的范围，大体上在"哲学"之内，同时也会涉及其他人文科学部门。

首先一个意思是想指出："学术-哲学"以社会生活为基础，社会生活的问题通过种种"思潮"影响、推动"学术"，但"学术"不等于"思潮"，"学术"是"思潮"的深化，是"思潮"的科学化、体系化，在一定社会条件下会是"专业化"，甚至是"职业化"。"学术"把"思潮""深入"、"提升"为"科学"的"专业"，"学术"将"思潮"的"学问"提炼为"科学"。于是，相比之下，"思潮"是"活跃"的，而"学术"是"严谨"的；"思潮"更需要"敏锐"，而"学术"还需要"研究"。

"学术"很看重"思潮"，因为"思潮"是"学术"的重要"资养"。从某种意义上说，"学术"来源于"非学术"，"哲学"来源于"非哲学"。"脱离""思潮"的"学术"，会"钻进象牙之塔"，而未曾深入到"学术"层面的"思潮"，往往成为"过眼云烟"。"学术"无"思潮"则无根基，而"思潮"无"学术"则行之不远。"思潮"是"时代精神"的"号角"，"学术-哲学"是"时代精神"的"华表"和"丰碑"，传诸久远。"思潮""推动""学术"，当然也有相反的情形，一种原本是"学术"的，往往还会被当作"思潮"来接受和流行，这种情形很可能是一种经常的现象，只是"学术"如果当作"思潮"来对待，同样也只有"临时"的"效应"。

欧洲的"德国古典哲学"也许是把"思潮""深化-提升"为"学术"的很

好的范例。

从康德到黑格尔这个时期的欧洲，也是个社会大变革时期。英国和法国是一个时代的先行者，许多"思潮-思想"已经形成了种种科学的"学术"，这些"学术"传到当时尚较落后的德国，成为一种新的思潮。当然某些"思潮"在本土也有未能形成坚实的"学术"的，特别是那时候的法国，在社会变革上领风气之先，经大革命到拿破仑"思潮迭起"，层出不穷，许多激进思想或许也是各领风骚一个时期的。这些"思潮-思想"对"德国"的"冲击"，不可谓不大，但是从"学术"层次来看，真正反映这个"时代精神"的"华表-纪念碑"，从康德到黑格尔的"德国古典哲学"应是一座。这个"哲学"是法国大革命的"理论反映"，的确如此。

我们现在来体会这种哲学理论的成就，或许也可以看出一种从"思潮"向"学术""深化"的思路历程。

从这个角度来看"德国古典哲学"的起始者康德的哲学，我们的着眼点可以放在他为"理性"划分"界限"这一问题上的另一层意义。我们通常认为，康德"限制理性"是一种错误，他自己也说，是为"信仰"留有余地，是向宗教妥协的软弱表现，这个批评当然也是很正确的。我们这里想讲的是另外一面：揭示"理性"自己本身应有的"规定性"，使"理性"的"分工"有一个"合理"的"根据"，也是"理性"自身"深化"和"成熟"的表现。当然，我们也可以说这种"权力""分工"的思路也是一种政治"思潮"的影响，但是进入到"哲学""理性"的领域，使"理性"自身有一个"职能-权力"的"规定性"，并且这种"规定"又不是"人为武断"的，而是有"客观"的"必然""根据"的。这样一种"理论"的探讨，推动了"哲学"作为一门"学术-科学"的发展，遂使后人仍必须"学习"他的著作。

"理性"为"自由"。"自由"的观念在欧洲几经变迁。"文艺复兴"时期强调"感性"是"自由"的，因为那时候基督教会的教条以"理性"的面貌出现，为挣脱这个枷锁，"感性"的"合法性"成为一个"思潮"。这个"思潮"的发展，在"理论-道理"上进入一个"混沌"的状态，是"安那其-无政府"的"理论根据"，遂有经验主义来加以"协调"，使诸感觉者之间有个"和谐"的关系。依靠"感觉经验"来"平衡""诸自由"，也是"行之不远"，既不能退回到"教条权威"时代,则又有"启蒙主义"之运动和思潮,"理性"又登上"至高无上"的宝座。针对"教条权威","理性""取代""感性"成为"自由"。"理性-自由"成为"启蒙"的"思潮"和"旗帜",以雷霆万钧之势,在"理性""审判"台前,"横扫一切牛鬼蛇神"。

"理性-感性"和"自由-必然"这样一种关系,经过康德的"学术"工作,"深化"成为一种"哲学""理论"。康德在"学术-学理"上努力"深入"地"阐述"它们的"关系",成为一种"科学-哲学"。是"科学"就要有"规定性",就要有"界限",而不是模糊朦胧的"诗";然而,"哲学"又以"无限"为"研究""对象","自由"本是"不受限制"的,于是思考这些问题的"哲学"的确是一门相当困难的"学术-学问-科学",绕开这些困难的问题,只能是提倡"理性-自由"的"思潮","哲学-科学"必须深入这些问题,提出自己的"理论"。黑格尔这样做了,康德也这样做了,在"德国古典哲学"这个思路中,黑格尔和康德的做法有所不同,但基础的理解-理论是一致的,他们都是要为"理性-自由""给出""规定性"。

相比黑格尔,康德哲学常常被批评为"形式主义",当然也是很有道理的,只是在什么意义上说康德有形式主义倾向,还是需要分析的。康德的"批判哲学"当然是把"形式"和"质料""离析"开来分别思考,而且坚定地认为只有坚持"形式",才有权利坚持"必然性","质料"是"感觉"的"材料",只是"偶然"的,从"质料""推不出""必然性"来。

但是,康德哲学无论在"知识"领域还是"道德"领域,都未"止于""形式"。"知识论"里问题比较清楚,因为康德的名言"没有形式的内容是盲目的,没有内容的形式是空洞的"被普遍肯定,因为这是和他的主题"先天综合判断何以可能"一致的;但是到了"道德论"似乎"形式主义"越来越严重了,因为"实践理性"完全排斥任何"感性"的干预,独立"决定"道德的价值,而与感性世界的"幸福-利益-有用"完全无关,于是他的引以为道德理论根据的"自由"就是一个纯形式的东西。但是我们注意到,康德的《实践理性批判》并未全盘舍弃"幸福"问题而完全"抽象"地奢谈"德性-自由",而是让它们在"至善"的"理念"的第二层意义上"结合-统一"起来,而"至善"的意义包含了"幸福"的"现实性"。这样,"至善"作为"实践理性"的"对象",应看作是"德性"理念的"现实""内容"。

在这个意义上,"实践理性"既然在"至善"层面有了现实的内容,使"德性"与"幸福"统一,二者都有了"规定性"。"德性"不再是空洞的形式命令,"幸福"也不是"感觉器官"的"肉欲横流";"德性"作为"原因-原始的因",有"相当-应当"的"果"——"幸福"。"德性""创造""幸福","幸福"对"德性"来说是"该得"、"配享"的,从而"德性"和"道德"就不仅仅是"形式"的"应该",而是有"幸福"在"至善"理念层面作为"现实内容"的"根据"的。

于是,我们想到康德在《实践理性批判》一书的开始就提出"理性"本身就具有"实践"职能这一命题的意义。"理性"在"实践"上是"意志","意志"为"自由","自由"又是"创造","创造"出"新""现实","创造"出"幸福"的"现实";"至善"的理念,"引领"着这个"创造",于是在这个意义上,"理性"在"实践"上"自己""创造""自己"的"现实",亦即"自己""创造""自己"的"规定性"。于是同样在这个意义上,"实践理性"的"意志自由"不仅仅是"形式"的,有一个"至善"的理念引领着这个理性(实践理性)自己规定自己,因而不在空洞的形式面前止步。

这样,在《纯粹理性批判》所涉"知识论"里,"理性-知性""形式"固然是"先天"的,但"内容-材料-质料"却是"感觉经验"的,"理性"保持了它对"感觉经验"的"立法权"。但就"科学知识"来说,也有"经验"的"规定性",在"知识"的领域内,甚至可以说"感觉经验"给"理性-知性"以"规定性",而这个"规定性"是"外在于""理性"的,是"感觉材料-质料""给予-给出"的。到了《实践理性批判》,"理性"完全摆脱了"感觉经验"的"限制-规定",就这一点来说,在"实践"层面的"理性"会成为"纯形式"的,但"理性"在这个层面却是"意志"的,本身就具有"实现"的能力,因而这个"纯形式"是"创造性"的,它不是"接受""外在"的"现实性",而是"创造"自己"内在"的"现实性",这个"现实性"既然是"内在"的,则就不仅仅是"外在"的"感觉材料-质料",而是"内容- Inhalt"。我们看到,在"实践理性"或"理性"的"创造"功能上,居然是"形式""开创-创造""内容",亦即"理性"由"抽象"的"形式""走向-发展-开显-

外化"自己的具体"内容","理性"自己"规定""自己"。

在这里,我们看到了黑格尔的思路,黑格尔将康德开创的"理性"如何具有自身"规定性"的问题发展成一个"科学体系",奠定了"哲学"作为一门不同于诸"经验科学"而又不同于普通形式逻辑和数学的这样一门"科学"的坚实基础。

在欧洲近代,德国古典哲学把"理性"、"自由"这样一些"思潮"深化为"学术",建立为"科学",产生了可持续、持久的影响。

其实,整个欧洲哲学的历史发展,都可以看成是如何把"思潮"转化、深化为"学术"的历史,近代如此,古代亦复如是。柏拉图、亚里士多德的"哲学"也正是将从泰利士以来各种"思潮"发展为"科学体系"的成果。由"思潮""提升-深化"为"学术",也许可以说是"哲学"发展的一个"规律性"的现象。

现在再来思考这个问题还有一层原因是:我们中国近代以降,从"思潮"深入到"学术"这个过程在相当的程度上模糊了,"思潮"汹涌澎湃,而"学术"常"冷冷清清",尤以"哲学"为甚。

我国在历史上曾有深厚的"学术"传统,无论对"哲学"持有何种看法,中国古代学者曾成功地将"百家""思潮"很好地"综合提高"为"儒"、"道"的"哲学",至今我们还要在"哲学"层面"学习"他们的著作。"佛家"自汉唐以来,也曾是一种"思潮",但经过宋儒的吸收和深化,成为那时的"新儒家",至今我们也还要认真"研读"他们的书。

逐渐地,中国这个思想理论方面的"创造性""传统"好像要"中断"了。

当然,"学术"分殊,中国在"学术"其他领域取得的成就有的是很辉煌的,但是在"哲学"的"学术"层面却乏善可陈,我们所看到的大都是一些"思潮起伏""耀眼一时"的"学术明星"。"明星"自有"明星"的功绩,我们喜爱、崇拜明星,但仍期盼着"哲学"。

就哲学而言,自"西学东渐"以来,"思潮"迭起,适应着社会的需要,也推动着社会的变化。西方自然科学、数学的传入,以及基督教的传入,都引起了人们的重视,至"天演论"的介绍,对于人类社会有一个不同于中国传统的视角,影响当然很大,但并未将两大系统贯通起来研究的"传世之作",理论、哲学上的成就，不能和同样受其影响的欧洲哲学相比。

德国哲学对近代中国哲学也有相当的影响，不过以王国维之天才，研究康德，中途而废，或许如贺麟先生所说，那时中国学者尚无理解康德哲学的条件。当然，我们所谓"学术"，并非仅指"康德哲学专家"而言，乃是将"思潮""介绍""提升"为"学术"来说的，黑格尔并非康德专家，但他"理解"康德比一般专家要深刻。王国维提倡叔本华，以此解释小说《红楼梦》，影响也大，但他贬抑尼采，却与后来的"思潮"的发展也相左，尼采不但在欧洲影响大于叔本华，在中国也是很大的"思潮"。

说到尼采，作为"思潮"，他的哲学在中国可谓几经起伏，但似乎主要仍在"思潮"层面。文人学士们之所以重视尼采，多着眼于反抗传统和现实的自由精神，这种精神当然大有裨益于中国社会的改造和变革，尤其是他的"超人"观念和对"善-恶"观念之批判，发聋振聩，而对于他在哲学理论问题上如何从康德、黑格尔的体系中"脱颖而出"，又如何与叔本华的哲学"分道扬镳"（即曾经是"同路人"），在哲学理论上仍感缺少梳理。也就是说，在"哲学-学术"上不够深入。"思潮"之所以有起有伏，乃在于要以尼采思想即时"经世致用"，或是南辕北辙，无济于事，所以"思潮"所形成的"气候"也不可能很大。

冉有20世纪80年代，西风渐劲，各种欧洲哲学"思潮"，包括尼采在内，卷土重来，其间甚至有人感到非藉尼采思想不能振兴中华，随之萨特思想也一度成为"热点"。

萨特哲学之所以成为"思潮"，可能也与他特别强调"自由"有关，以此对现实持批判态度，加上他在人文艺术领域多方面的成就，时间距离又近，影响不可谓不大；只是就"思潮"层面来看，当人们得知萨特和康德一样，"自由"和"责任"不可分，因而"自由"给人的不是"放纵"，而是"战战兢兢"，可能就会给作为"思潮"的萨特哲学"泼了点冷水"。

进入90年代，形势稍转，就"思潮"来说，似乎又是"东风压倒西风"，逐渐地"国学"成为"时尚"，"西风"在"夹缝"中吹出。海德格尔于是乎借圣人之骥尾，也形成一点小"思潮"，因为海德格尔晚年据说服膺东方哲学，而中国哲学-中国文化被定为"诗意-审美的"好像有了"知音"，在学理上似乎也更有了根据似的。

各种"思潮"的相互"支持-利用-比附",固有助于"推波助澜",但尚不能"深入-提升"为"学术",而且这种办法也并无新意。过去我国学者曾经以"道德"为中国哲学的特点,说西方重视"科学",中国重视"道德",很流行了一阵子。把"道德"换成"审美-艺术-诗",美则美矣,但作为"思潮",过于"柔弱"了些,缺少"道德""阳刚"之气;或者太平盛世需要此类"思潮",以装点江山,使之分外妖娆。

要阐述中国(学术)传统可否概括为"诗意"二字,大概是很费斟酌的工作,现在所谓"国学",更难概括为"诗学",而且也难于以"道德"二字说得尽的。或许儒家多点"道德性",而道家多点"诗意"。现代的"新儒家"使儒家向康德靠拢(牟宗三),当前的"新新儒家"大概要使之向海德格尔靠拢;不过要说孔孟如康德之"道貌岸然",似乎二圣缺少作为康德道德哲学基础的那种"理性绝对"的"自由",儒家"职责"的"根据"不是"实践理性"的"自由",而是"天命"注定的"性",于是才有"君君臣臣"的道德"律令"。儒家的"责任"基本上是由现实的"位-位置-地位""决定"的,所以孔孟学说和康德哲学虽然有不少可以比附的地方,但是所根据的"原则",或者说"学说"的"精神"是不同的。

这里并不是在"优劣"层面作比较,只是说,我中华"学术"自有"学统-道统",并不随一时的"思潮-时尚"而"随波逐流",把自己也降低为一种"思潮"。事实上,现在在某种程度上,"国学"也是一种"思潮-潮流",也可以叫做"回潮",只是"学术"如只是在"潮流"中"翻滚",可能会成为"强弩之末",甚至处于一种"挣扎"的状态,也难怪一些志士仁人忧心忡忡。但愿能将这种"思潮"的局面"提升-深化"为一种"学术",发扬我们固有的"兼容并蓄"精神,"兼"东西思潮之长,"蓄"于我中华文化大海中,"融会贯通",从而在"学术"层面开出我们自己的"新学术-新哲学"。

至于海德格尔,当然与东方的思想有许多可以沟通的地方,因为他是从西方那个传统的哲学框架里"脱颖"出来的,在不同的道路-思路上"相会"也很自然;但是"学术"自有各自的"根基",表面的比附,也就好比"在路上""相遇",打个招呼那样,未可谓"深交",甚至还谈不上"交往"。"来而不往非礼也",没有"往-复"的"交-叉",只能是"泛泛之交"。在某种程度上,我们和海德格尔,也仅是"泛泛之交"而已,而海德格尔对于道家、佛家之交,也只能是这种类型的,他真正的"知己朋友"是古代希腊诸家、康德、黑格尔、尼采等人,当然首先是他的老师胡塞尔。

海德格尔一直在欧洲"现象学"的"路上"。胡塞尔现象学是继康德、黑格尔以来欧洲"现象学"思路在"学术"层面的大发展,它影响所及,居然自己也形成一个"思潮",有什么"现象学运动"推波助澜,而胡塞尔本人以及他的学生中一些佼佼者,通过在"学术"层面的"经营",坚守着哲学的根基,不断深化推进。胡塞尔本人是一个范例。他是一个不断追求真理的严格的哲学家,在他留下的巨量的手稿中,存留了他孜孜以求、精益求精、不断探索的思路轨迹。

现象学留下的是一个什么样的"轨迹"?是不是前人强调"理性",我就强调一下"直观"?于是就简单地从"理性"跳到了"非理性"?你说一个"东",我就说一个"西"。这可能是"思潮"的特点,30 年"风水"轮流"转","学术-哲学"不是如此;"哲学史"不只是"转"的历史,而且是"深入-深化"的历史。即使像柏格森、克罗齐那样的"直觉主义者",也不光是这样"转"出来的,而是经过对哲学问题的"理论"深入思考出来的。他们的"直觉"是比"通常 日常""理性"更为"深入",更为"高层次"的"东西"——是"东"中有"西","西"中有"东"的,而不是单纯的"感官感觉"。你可以不同意他们的"观点",但这种不同意,也要说出自己的"道理"来。

胡塞尔的"现象学"所面对的问题,仍然是"理性"如何"自己""限制-规定""自己"的问题,所以他才有"理智直观-直观理智"之说。"科学"讲"规定性","理性"当然不限于"经验-自然科学",胡塞尔要把一切这种科学都"括出去","剩下"的是"什么"?这个"现象学的剩余者"不是通常所谓的"非科学",不是"神秘"的东西,而正是他所谓的"严格的科学"。

"严格科学"是"现象学"追求的"基础科学","哲学"就是这种"科学";而这种"科学"的性质,至少从康德开始就已经严肃地考虑了。康德"先天综合判断"就是这种"科学"的基本形态,在"知识"领域内,"理性"的"先天形式"要有一个同样"先天"的"感性形式-时空"作为"通向""经验"的"渠道",才使"经验-知识"成为"科学"。在这个意义上,"先天"的"理性"自身(先天性)就有一个(先天的)"直观"来"限制""自己",于是,"理性"如何在各种"意识"领域——知识-道德-审美——"自己限制自己"就成为一个基础性的哲学问题。

在从康德到黑格尔的思想发展中,"理性如何自己限制自己"这个问题被"推进",被"深化"了,而不是被"舍弃"了。

海德格尔从胡塞尔的"意识- psyche"转向"存在- Sein",似乎"理性-思维"的问题不在他的学说的核心,他的种种说法——如"诗意地栖息"等等,还有他对"逻各斯- Logos"的解释和对"逻辑- logic"的解构,都让人感到他脱离了"理性"的道路,像一种"非理性"甚至"反理性"的样子,引起包括卢卡奇在内的某些误解。实际上在深层次方面,海德格尔对于"存在"的思考,仍然离不开德国古典哲学的思路,甚至在某种意义上比胡塞尔有更紧密的联系。正因如此,他对康德、黑格尔都倍加推崇,一个有专书出版,一个有专门的课程并留下讲稿。

从理路上来看,海德格尔将"时间"引入"存在",而"时-空"正是被康德揭示为"感性"的"先天形式",是"感觉经验"之所以有可能转化为"科学知识"的必经之路,舍此则"事物"无法进入"知识王国"。"时空"为"先天"的,亦即是"无待感觉经验"的,不是从"感觉经验"中"概括"出来的,但它们不是"理性"的,而是"感性"的,因为它们是"直观",而不是"概念",既非经验概念,亦非知性概念-范畴,"时空"是"先天直观形式",也是"事物"的"存在形式"。"事物"必在"时空"中"存在",才有可能成为"知识对象",才有可能"有所知",亦即有可能成为"所知"之"什么";而这个"什么"正是胡塞尔所重视的"想"总要"想"些"什么"的"什么"。这个"什么"是"知识"的"内容",也是"存在的形式-方式","事物"是"怎样-如何""存在"的。而这也正是海德格尔的问题。

在这个意义上,海德格尔和黑格尔一样,是很强调"思维和存在"的"同一性"的。

黑格尔的"思维和存在同一"意味着"理性与感性-本质与现象-概念与直观"的"同一",把康德"分离"为"三大块"的知识、意志、情感在"理性"、"精神-理性"的发展过程中"统一"起来,使问题在"哲学逻辑-辩证法"这个层面有了深化;海德格尔如同胡塞尔,不再运用"辩证法",而运用"直观",强调直接性,但这个"直接",恰恰不是"感官"的,而"感官"的种种"感觉"还是在这种"直观"以后的事情,那"理智-理性"的"直接性"反倒是更为"原始"的,更为基础的,"理智直观""观"出来的是"理念"。在胡塞尔,"理念"固然仍是德国古典哲学的意思,即不同于一般的经验概念,但加重了"人文-humanity"的因素,"理念"着重的是"事物"的"人文"的"意义",亦即对"人"的"意义","理念的世界"是"人(文)的世界",亦即"意义的世界"。

在胡塞尔的意义上,德国古典哲学"理性"-"感性"的意思,已经"深化",不再是"分分合合"的意思,而是"不可分"的"同一","直观"就是"理智"的,"理智"也就是"直观"的,这种"直接"的"同一",从黑格尔哲学来看,固然可以批评为缺乏"中介"的"谢林式"的"含混","夜间观牛,其色皆黑",但在胡塞尔,则可以理解为"越过"了德国古典哲学"感性-理性"的"分分合合",将这种"分合"——尽管是"辩证"的"关系"——"括了出去",使现代现象学的"理念",既不是没有"规定"的"抽象概念",又不是单纯感官的"印象",而不必"经过"二者"辩证"的"结合"才"统一"起来。在这个意义上,不论你同意这种观点与否,毕竟要承认在"理念-理性"的"规定性"方面,胡塞尔的工作是进一步使这个问题"深化"了,他使这种"统一"成为最为"原始"的,最为"基础"的,也是最为"严格"的"同- Identität"。

海德格尔与胡塞尔的关系有点像古代亚里士多德与柏拉图,他们都把老师的"理念论"转化为"存在论"。在现在的论域中,这种"转化"仍可以从对于"理性-知识"的"规定性-具体化"来理解。在海德格尔,"思维与存在的同一性"是"存在论"的"同一性","理性-理念"的"规定性",也就是"存在"的"规定性"。如果说,在古代柏拉图的"理念"、亚里士多德的"存在"的理解尚比较"抽象",但经过欧洲哲学的历史发展,到胡塞尔、海德格尔就"具体"多了。也就是说,这个哲学的发展,在不断"深化"。

固然,海德格尔不大谈"理性"了,他把自己哲学的思考重点转移到"存在"，但他和胡塞尔同样不是在"感觉"和"理智"之间做一些"分分合合"的工作，而是直接从"本体论-存在论"的"同一性"这个"原始"的"基础"上来思考这个问题。"分分合合"的工作已经被胡塞尔"括出去了"，"剩下"的是一个"不可分割"的"同一体-整体"，在胡塞尔是"理念"，在海德格尔是"存在"。

"存在"不是"抽象概念"，不是一个"属性"，"存在"不是"宾词"，而是"主词"，这是从康德到黑格尔的一个基本思路；但是正如他们两位都已经很明确指出过的，"存在"如果只"停留"在"主位"，"存在"就是"存在"，那么这个"存在"的观念还是"抽象"的，"空洞"的，亦即没有"内容"的。就知识-理智来说，"存在""需要""宾词"，"等待"着"宾词"，于是，黑格尔说，"存在"的"宾词-属性"是"存在"自己"发展"出来的，所以"存在"本有一种"发展自身"的"能动性"。这是一层非常重要的意思；但"发展"需要"过程"，这个"过程"是"辩证"的。"主词-主位-存在"经过"艰苦奋斗"，不断开创自己的"宾词-宾位"，亦即不断"增加-积累"自己的"财富-属性"，成为"拥有""富有""内容"的"存在"。"存在"犹如一个"游子"，"历尽沧桑"，终于"衣锦还乡"，"回到"了"存在"，此时的"存在"则非"抽象-空洞"的，"贫乏"的，而是"富有（内容）"的，"存在""拥有""稳稳当当"的"规定性"。

我们看到，海德格尔和胡塞尔不同，他保留了"存在"的"过程"，但仍避免了这个"过程"中"感性-理性""分分合合"的"辩证"关系，在理解这个"过程"问题上，海德格尔不侧重在"发展"，而侧重在"开显"——这也原本是胡塞尔现象学不同于黑格尔的地方。

当然，"发展"也是一种"开显"，但是"辩证"的"发展"，乃是"感性"和"理性"之"分合"关系，在这种"关系"中"推动""事物-历史"向"更高-更丰富"阶段"前进"。但是既然"理性"和"感性"是可以"分离"，而且"必定"要"分离"的，则"辩证法"同样是一种"逻辑"，只是这个"辩证"的"发展"的"逻辑"不再是"（理性）形式"的，而是"吸收-包括"了"感性"在内的"内在逻辑"，因而既是"概念"的，也是"（感性）存在"的。

海德格尔之所以把"逻各斯"作另一种理解，不再着重讲"逻辑"——既不讲"形式"的"逻辑",也不讲"辩证"的"逻辑",可能是因为他理解的"过程"不再是"感性-理性""分合"的"发展",而是"本原性""存在"自身的"开显"。在这方面,海德格尔的确是胡塞尔的"学生"。

海德格尔一直强调他的"存在"是一个"过程",要人们从"动词"的原意去理解"存在- Sein"。就语言学和逻辑学来说,海德格尔不是从"主-谓"关系来理解"存在",而是从"连接""主-谓"的"是- Sein"来入手,他把从康德到黑格尔那种由"主体-主词""等待"(康德)、"发展"(黑格尔)的"过程","凝聚-集聚"在"是- Sein"中,"是- Sein"已非单纯的、可有可无的"联系动词"(有些古代语言没有这个词,如早期俄语、古代汉语也没有),也不仅仅是一个"抽象的""存在动词- exist"。海德格尔很反对把古代希腊文的 einai 译成拉丁文的 existence,可能就是这个原因。就语言来讲,existence 没有把"主-宾""吸收-结合"起来的功能,过于"实"了,容易理解为单纯、抽象的"存在"。海德格尔在用词上作这样一种区别,是有自己的理由的,过去我认为是偏见,显然没有弄懂他的意思。

从这里,我们也可以体会出,他为什么要对"逻各斯"作出一种"别出心裁"的考证,不仅是语言文字的,而且也有理论上的道理的。"逻各斯"不再作通常的"逻辑"讲,是一种"集聚","集聚"什么?"集聚""主-宾","存在""集聚""主-宾","存在"就是"逻各斯"。

在这里,我们看到,无论同意与否,"思维与存在同一性"的问题得到了"推进","思维-思想-思-逻各斯"是"存在"的,"存在-在"也是"思-逻各斯"的。"存在"不是单纯"感性"的,"时间"也不再是单纯的"感性形式-先天直观形式",而是这种"直观形式"之所以可能的"根据"-"时间性-Zeitlichkeit"。"时间性"意义上的"时间",就是"逻各斯",就是"存在"。

我们还可以进一步说,海德格尔既然将"存在"理解为"主-宾"关系之"集聚",也就有理由将"存在"从"主-宾"的"逻辑结构"中"解脱"出来,即从"逻辑"的"必然大箍"中"解放"出来,成为"自由"。"理性"的"自由"与"存在"的"自由""同一"。

"时间"与"必然"、"自由"的关系,是一个很复杂的问题。德国古典哲学将"时间"定为"必然"的"过程";而后来的哲学思想的发展,特别是经过柏格森,"时间"与"自由"有不解(不可分)之缘(关系),"逻辑必然"与"时间自由"是不同的"领域"。胡塞尔既将"自然科学""概念""括了出去",也就将"逻辑必然""括了出去","留下"了"人文科学(human science)"的"自由"。

就这个思路,我们似乎也可以从"自由"的角度来理解海德格尔的"存在","动态的"、"时间性"的"Sein"是"自由"的。"逻各斯"不是"逻辑必然",而是"时间自由"。

"存在"的、"时间"的、"逻各斯"的"自由",就不是康德首先设定,后来又加以充实的"形式"的"自由",而是后来海德格尔不幸早逝的同学舍勒(Max Scheler)的"实质"的"自由"。"形式"的"自由"是"逻辑-理论"的"需要"——康德所谓的"学理的根据-jure of reason",而"实质的自由",则可以是"实际的根据-jure of fact"。康德强调"自由"这个观念是"必然"的,不可回避的,就要从"逻辑"的推理出发,而尽管康德也要改造"形式逻辑",但必须从这种逻辑出发,才能得到这个必然性,于是只能从"形式"出发,以便从一个"形式"的"必然"的"自由"出发,将与自由自己完全不同性质因而是"外在"于自己的"幸福""结合"起来,以达到"至善"。

"逻各斯"的思路既然"悬搁"了"逻辑",则不必经由"逻辑"推理就可以将"自由""开显"出来,而"自由"的"开显",也就是"存在"的"开显",也就是"时间"的"开显"。"时间"不被理解为一个"形式","空间"也不被理解为一个"大(箩)筐-大箍",亦即不是"感性事物-存在"的一种单纯"形式"。

"存在-时间(空间)-自由"不是"无规定-无规定"的"形式","等待"着"外在""内容"的"充实"去"规定",而是本身就是"有规定"的。

然而,"自由"者乃是"不受限制"的意思,如今也有了"规定性",好像又要"受到限制",岂非"自相矛盾"? 对于这个问题,我们似乎可以按照黑格尔的方法,解释为在逻辑形式的推理上,"自相矛盾"是不允许的,而在"辩证法"的意义上,则原本是事情的真相,只是海德格尔是两者都不依靠的,既不完全依靠"形式逻辑",也不完全依靠"辩证法",而是在"规定性-限制"方面开辟了自己的思路,在某种意义上我们叫"有所推进-有所深入"也未尝不可。

在这个问题上，海德格尔把自己的基点直接就建立在"有限性"之上，他的"存在-Sein"是由"Dasein""开显"出来的。从"Dasein"来说"Sein"这是《存在与时间》的立意，而"Dasein"的"Da"正是"规定-限制-具体"的意思。

首先海德格尔说到，与"时间""同一"的"Sein"原始的意思是"有时限"的，而日常意义上的"时间"反倒是"无限（绵延）"的，之所以说"有限的时间"是"原始"的，是因为那"无限（绵延）的时间"是在这个"有限时间"的基础上"抽象"地"产生-衍生"出来的。

"时间"的"有限性"建立在"生-死"的过程上，"Dasein"不仅指通常意义上的"人"，也不仅是"人"的某种"本质属性"，而是"会死的-mortal"这样一个古代希腊的原始观念。"Dasein"那个"Da"不是"时间"的"瞬间"，"空间"的一个"点"，而是一个"过程"，一个"生-死"的"过程"，这个"过程"是"同一"的，"生"的"过程"，同样也是"死"的"过程"，反之亦然。同一个过程而有不同的名字，因而"名字"是"假名-假借"，其"实"也一。

海德格尔的"时间"不同于柏格森的"绵延"，而是一个"开显-过程"，"绵延"为"无限"，"无始无终"，"开显-过程"则是"有始有终"，"时间""有""间"，"绵延"中"有间-有断"的"过程"，是为"终始之道"，是一条实实在在"具体"的、有"规定"、有"内容"的"道路"，是"林中小路"，有影有踪，不是来去无踪影。"时间"不仅仅是"感性直观"的"形式"，而且是"Dasein"的"实实在在"的"存在方式"。

"Dasein"是一个"生-死""过程"，也是一个"有-无"的"过程"。在这里所谓"限制"，也就是"死""限制"着"生"，于是"无"也"限制"着"有"。"有"一个"死""限制"着"生"，同样也"有"一个"无""限制"着"有"。"无""限制""有"，并非诡辩，也并不是"外面-外在""有一个""死-无""限制"着"生-有"，作为"同一过程"言，"有-无"的"过程"，就是"生-死"的"过程"，于是，我们也可以说，"生"中就有"死"，"有"中就有"无"。在这个意义上，"无-死""限制"了"有-生"，也就是"有-生""自己"

"限制""自己"。

于是,"有限"的"自由"并非"外面-外在"有什么东西"能够-有能力""限制""自由"——从外在的观点来看,"自由"的确"不受限制","自由"之所以是有"规定"、具体的、实质的,乃是"自由""自己""限制""自己"。"生-死"、"有-无"的"过程",也就是"自由-非自由"、"存在-非存在"的"同一过程"。

这个"过程"之所以说是"同一",乃是反过来说也是一样的。"死-无-不自由"作为一个"过程"看,"同时-在同一时间-是同一时段(断)"也是"生-有-自由"的"过程"。于是,在这个意义上,既然"死-无-非自由""限制""生-有-自由",则"生-有-自由"也应"限制"着"死-无-非自由","死-无-非自由"同样不是没有"限制",没有"内容规定"的"抽象概念"。"生死-有无-自由必然"都有"自身"的"限制",都有"自身"的"规定性",都有"自己"的"现实内容"。

"存在-时间-自由"的"规定性"就是"历史","历史"之所以成为"历史"的"规定性",有了这种"规定性",才有了对于"存在-时间-历史"的"思考-思","思"不是"无规定"地"天马行空"。而且,对"历史"的"思",已不仅仅是历史事件各种"性质-属性"之间的"因果""推理",不仅是"历史事件"之间的"逻辑"关系的"推理知识",而且是"历史"的"逻各斯","完整"的"历史事件"的"集聚"。"集聚"的"历史事件"的"整体"的"关系",而不是"事件"作为"主位",对其诸"属性-性质"之间的"逻辑关系"作出的"思"。"逻辑推理"是"必然"的,而"逻各斯"固然是"有序"的,却是"自由"在"自身""规定""自身"的"秩序-度",如同赫拉克利特所理解的那样,是一个"分寸",是"自由"的"度",而不是"逻辑"的"规则",或者说,是一种"自由"的"规则","自由"而有"规则",乃是"自由"自己为自己设定的"界限"。

在这个意义上,由"理性"转入"存在",海德格尔并未完全"丢弃""自由",他强调"限制-有限"是为了克服传统"存在论"的"抽象性",将"理性"的"规定性-具体性"转化为"存在"的"时间性-规定性-具体性"。在这个意义上,海德格尔将"Sein"和"Seiende"区分开来,"Dasein"仍是

"Sein",不是"Seiende",于是也在这个意义上,海德格尔仍保持着胡塞尔"超越"的意义,尽管他已经不再常用这个词,而这层"超越"的意思,原是黑格尔为"精神-理性"的向"更高-更成熟-更具体""发展"已经开辟出的道路。

"理性""思维"追求"真理","逻各斯"的"思"追求的是"存在",而"思维与存在同一","存在"即"真理",但"真理"和"存在"一样,常常被"遮蔽",古代希腊文的"真理- alethe"被理解为"解蔽-揭蔽- alethe"成了海德格尔具有特色的学说之一。

某种意义上说,"真理"之"解蔽"也就是"启蒙","启蒙""开启"的是"心智-理性",而"解蔽""开启-显示"的是"存在";"启蒙"针对的是"放弃""理性"之"自主","解蔽"针对的是"存在"之"遗忘"。如果将"存在-时间-自由"在同一个层面上来理解,则,"解蔽"也同时是针对"自由"的"遗忘",把"存在"只当作"存在"于"必然"的"勾连"中,而"遗忘"了"存在"原本是一个"自己""生成-开显""自己"的"过程",亦即是一个"自由"的"过程"。"存在-自由"的"生成""过程",也就是"理性-自由"的"发展""过程",只是前者是"逻各斯","时间性-历史性"的,后者则是"辩证"的,"逻辑-概念"的。

在这个意义上,海德格尔和黑格尔一样,将"理性-存在-自由"的精神推进、深入至"哲学学术"的层面,又和黑格尔不同,将"理性"的"启蒙"问题转化为"存在"的"澄明"-"真理"的"解蔽",从而引领了"另一条"道路,而有从"解蔽"到20世纪的"解构"的历史性发展。"后现代"诸公,仍是"在"海德格尔的"路"上。表面上看,海德格尔和黑格尔"道不同",后现代诸公也与海德格尔"道不同",但由于他们的"路"并非"直"的,而是"曲"的,就有许许多多的"交叉点",在这些"点"上,他们"相与为谋"。

研究"哲学史"不但重视古今哲学家所走的"路",而且更要在那"交叉点"上多多"逗留"。这个"点"好比一个"驿站",在那里"逗留-驻留"着许许多多的"哲学家",他们在"相互切磋",围绕"哲学"的"基本问题-核心问题"作深层次的"讨论",在许许多多的"交叉点"上,在诸多的"驿站"里,"正在开会",正在开"学术研讨会",而这样的"会","汇集""古今诸大家","群贤毕至",才真正是尼采所说的一个哲学的"盛宴",而目前众多的种种"学术交流和研讨会",包括某些"国际会议"或者"世界学术会议",大多是一种"社交活动",当然也有相当的作用,有的也堪称"重要",但一般难以起到那种"历史交叉点"的作用。

深层次的"启蒙"和"解蔽-解构",往往也正发生在那"交叉点"上,这种"点"是"一"也是"多",大家会聚在"一点"上,但"不同"的"思路""推动"着"下一个点"的"集聚-逻各斯",大家"殊途同归","不同-相异"地"建构"着"另一个""点"。在这个意义上,在"学术"的深层次上,我们的确"遇到""再次-多次"的"启蒙"。"哲学史"也许竟可以理解为学术深层的"启蒙史"。

但是"启蒙"又常常是"思潮"性的,它的作用当然是很伟大的,只是如果未能深入到"学术"层面,由于停留在比较浅的层次,则往往需要"多次反复",甚至"不断反复"-"不断启蒙",在现实生活中当然很有影响,但"学术"的工作不会停留在单纯的"呐喊",使有意义的理念停止在抽象的概念或情感的刺激上,成为一些"时尚"的"口号",而要深入思考研究这些理念的内容实质,使这些理念成为推动"学术-哲学""发展"的"内在"的"要素"和"动力"。在某种意义上,唯有"学术"有能力真正"保存-存留""启蒙"的"精神实质",使之传诸久远。

"学术""凝聚"了"思潮","哲学""集聚"了"启蒙"的精神,就"哲学"来说,或许就是它的"学术""历史"的"逻各斯"。

2010 年 9 月 17 日于北京

试释"逻各斯"

"逻各斯"是欧洲哲学传统常用的概念,它的出现,早于后来成为一门"(形式)科学"的"逻辑"。赫拉克利特着重提出了这个概念,因为他只有残篇留下,研究它的含义是一个很专门的学术问题,亚里士多德虽然为西方"逻辑学"奠定了基础,但并未用"逻辑"这个词,而他在《形而上学》里阐述的仍是"逻各斯"。

那么,究竟怎样理解"逻各斯"的意思?它在欧洲哲学中占有何种地位和具有何种意义?

一般来说,"逻辑学"是探讨"思维"的(形式)"规则",而"逻各斯"则有更多的"客观规律"的意思。这样来理解当然并没有什么错误。传统理解"逻各斯"一词来源于"说"这个动词的演变,赫拉克利特所说的"逻各斯"也是在这个意思上来用的,他叫世人不要听他的,要听"逻各斯"的,也就是说,不要听他的主观的"话",要听"逻各斯"客观的"话"。他又说世界是一团熊熊烈火,在一定的"分寸"上燃烧,也在一定的"分寸"上熄灭,这个"分寸-度",也有"逻各斯"的意思。这样,"逻各斯"主要是指"客观"性的"道理",而不是"主观"性的"观念"。在古代希腊,前者为"真理",后者为"意见"。

这是在这个问题上古人为我们奠定的基本思路,在这个思路的"指引"下,我们还应该继续深入地探索,使这个思路框架更加丰富具体起来。

欧洲哲学的历史发展自身提供了这个问题的深入理解的线索,特别是基督教圣经将"神"的"话"作为"逻各斯"以增强其"客观真理"的意味,哲学要"化解""宗教",就不能不认真面对这个原本是从哲学中借用来的概念。

果然,对于"逻各斯"的理解,在欧洲近代以来的哲学发展中有重要的启发作用。我们这里作为重点参考的思路,主要是海德格尔和黑格尔、康德。

海德格尔之所以在《存在与时间》里专门讨论"逻各斯",是因为他要探讨的是"存在论"的问题,那时他叫做"基本存在论",而不是"知识论"问题,他是把在近代欧洲哲学中康德"知识论"的"转向"又"逆转"为"存在论",所以他第二本正式出版的著作《康德与形而上学问题》在1929年,离《存在与时间》的出版(1927年)仅隔两年。在论康德的著作中,海德格尔着重在"形而上学-存在论"为"知识论""奠定基础"这个在《存在与时间》中已经提出的论点发挥,尽管他把康德的"先天综合判断"何以可能问题径直理解为"形而上学"何以可能,认为康德那些"先验范畴体系"就是"形而上学体系"尚待讨论,但是他由此建立一个有"时间"性的"存在-本体"的工作,实在是很有意义的,欧洲哲学此后的发展证实了这一点。

在从"知识论"到"存在论"的"转向-逆转"中,海德格尔也把康德对于"逻辑"的"改造"转化为对于"逻各斯"的"阐明"。

康德工作的难度在于"改造"传统的"逻辑",这个"逻辑"被理解为只管推理形式而不管所涉内容的逻辑,"逻辑"只涉及"主体-理性"的"先天性",而"感觉经验"所"给予"的则是"后天"的,不是由"理性""推理"出来的,而这个"先天"和"后天"的"界限"为休谟所确立:前者是"无可怀疑"的,后者则只有"习惯"之普遍性,而无"先天"之"必然性"。

所谓"先天性"就是"逻辑性",其核心是"分析"性的。也就是说,"结论"是由"前提""分析"出来的,"前提"已经"蕴含"了"结论",这样的"结论"当然是"必然"的,是可以"推论"的;但是"综合命题"就没有这样的"必然性",它的"结论"不是由"前提"保证的,而是要有实际的"经验"来"证实"的,因而"综合判断"是一个"实际问题",而不是"理论问题";然而,"综合性"的"判断"又是以"逻辑推理"的"形式-形态"出现的,因而"综合"的、"经验"的"知识-判断"也是"逻辑"的。

然而,在"先天性"的意义下,"知识"在"理论"上的"可靠性-必然性"也只能是一些"先天"的"形式",而"逻辑"只能是"形式"的,只是"知识"的"工具",本身还不是"知识"。换句话说,这种思想意味着"知识"并不一定就具有"必然"的"可推理性",可以徒具"推理的形式",而实际上却没有普遍的必然性,因而除了"分析性"的科学外,就没有实际上的"理论"的"知识",也就没有"理论"的"科学",而没有"必然性-普遍性"的"科学"使"科学"失去了"可靠"的"基础","科学"在"理论"上——"科学"的"理论"——应是"必然"的。

在这个意义上,康德的工作就是要将"科学知识""奠定"在一个"可靠的-必然的""理论"基础之上。既然"必然性"离不开"逻辑",则康德的工作也就是要使"科学知识"的"内容"与"逻辑"的"形式""结合"起来,使"科学"不但"合法地"具有"逻辑"的"形式",而且"逻辑"也"合法地"具有"综合的-经验的""内容"。

康德为完成这种"逻辑""改造"工作,可谓殚精竭虑。因为要使"感觉经验"和"理性推理"两个分属不同领域和不同来源的"因素""沟通-结合"起来并没有初看那样容易。

康德的工作基本上分成两个步骤,一是从"感觉经验"中离析出"时间-空间"作为一切"感觉经验-直观"的"形式-条件",这个"形式-条件"是"先天"的;然后进而从"理性-逻辑"中提出"范畴""论证-演绎"它们可以合法地"运用"到"经验"中去。这样,我们的"知识-科学"就不仅有"时间-空间"的"通道"进入-上升到"理性-知性",而且也有"逻辑范畴""进入-下降"到"经验直观"中。

在这个意义上,康德改造逻辑的工作是将逻辑的各个"概念"和"范畴"与"直观"的"时空"在"先天性"这一层面"先""统一"起来,使一门既有"直观"又有"概念"的"知识"成为可能。既然"知性"离不开"概念",而"感觉"离不开"直观",如今又有了"结合"的可能,也就为既有概念形式又有感觉内容(材料)的"经验知识"成为可能在道理上奠定了基础,并且,在这种意义上的"知识"因其都是建立在"先天性"(范畴和时空)的基础上,则其"普遍的必然性"和"必然的普遍性"就有了保障,而不必像休谟那样,将它归于经验的"习惯"层面。

我们看到，正因为康德的工作是要把"理性-逻辑概念"与"感性直观形式-时空"在"先天性"上"结合"起来，则"双方（范畴和直观）"都会受到"限制"。也就是说，"思想"的"范畴"和"存在"的"直观"都"限制"在"现象界"，厘清这个"限制-界限"，是康德的"批判哲学"要做的工作。

"批判哲学"的意义在于，作为"思想-思维科学"的"逻辑学"的这些"范畴"不仅仅是"可以-被允许-有权利""运用"到"直观形式（时空）"中去，并且也"只能-只允许-只有权""运用"到"直观形式-时空"中去，"超出"这个"直观形式-时空"的范围，"理性"不可能得到"科学知识"，康德视为"僭妄"，是"理性"在"科学知识"上的"越权"。

这就意味着，康德所谓"直观（时空）"的意思只涉及大千世界的种种"现象"的"诸存在（者——用海德格尔的语言）"，而不涉及-无权涉及"存在"自身。"存在-事物自身-存在作为存在""不可知"，用逻辑学的话语来说，"存在"不是"宾词"。

"存在"不是"宾词"又意味着，"存在"只是"主词"。"主词"而无"宾词"就意味着只是一个"空洞"的"概念"，到底这个"主词"具有何种"性质-属性"，我们还"一无所知"。康德甚至批评说，如果我们只是说"神是存在的"，那我们对于所说的"神"等于什么也没有说出来，或者我们对于"神""一无所知"，因为"神"这个"主词"如果没有任何"表现-开显"，则我们对它只能"一无所知"，而我们说出的"神"这个"语词"也只能是一个"空洞"的概念，此时"神是存在的"只是一个"抽象"的"同语反复"。

"存在"不是"宾词"也就是说"存在"本身并不"进入""时空"的形式，作为单纯"主词"的"存在"是一个单纯的"抽象概念"，是一个单纯的"思想体"，而不是一个"实在体-实体"。"存在"本身-"事物本身-物自身"竟然是一个单纯的"思想体"，而那些原本是"思想"产生出来的"逻辑概念-范畴"却倒具有"现实"的"权利"，通过"时空"进入"经验现实"，这个问题，康德"批判哲学"反倒认为是合理的，而"理性-思想-范畴"要进入他判定为单纯"思想概念"的"存在"本身，则康德反倒认为一定-必定会发生"二律背反"，在这个意义上，康德的"二律背反"乃是"理性-思想""自身"的"矛盾"，亦即，"思想-理性-范畴"仅仅"面对""思想体"，而"离开"

"实在体-实体"的领域，没有"规定性"和"限制"，必限于矛盾。

康德揭示的"理性""自身""矛盾"的必然性受到黑格尔的高度赞扬；只是黑格尔认为，"理性""自身"的"矛盾"也可以由"理性""自身"来"化解-扬弃"，而不必"接受"一个"外在-外来"的"规定"和"限制"才能"克服-避免""自身"的"二律背反"。

"理性"不限于"自身一贯"的"逻辑""形式"，"理性"也不限于"知性"，不限于"先天直观"和"先天概念""自洽"的基础上所建立-建构的"经验科学"。也就是说，"理性"不仅在"知性"层面上面对一个"直观"的"对象"，"理性"也面对"自身"，即以"超出""直观"的、非"直观"的"自身"为"对象"。"理性"缺少"直观"的"限制"，"理性"为"自由"，在"自身-绝对"意义上的"自由"，而这个意义上的"理性""自由"必定产生"矛盾"，"自由"为"自相矛盾"，"理性""摆脱""直观"的"结果"乃是"自相矛盾"，"自相矛盾"也就会"自己限制自己"，"自相制约"，而由此产生积极意义上的自相矛盾，于是出现黑格尔意义上的"辩证法"；康德赋予了"辩证法"以"必然"（但消极）的意义，黑格尔赋予了"辩证法"以"自由"（但积极）的意义。"辩证法"是"理性""自身""必然"的"自由"，也是"自由"的"必然"。

由于"辩证法"积极意义之阐述，黑格尔将康德"改造""形式逻辑"的工作又推进了一步。"形式逻辑"不仅"发展"为"先验逻辑"，而且进一步"发展"为"辩证法"的"逻辑"，在这个意义上或者也可以叫做"辩证逻辑"，只是这里的意思不仅仅在于"知识论"，而且在于"存在论"。"辩证法"、"辩证逻辑"乃是"存在论"的"逻辑"，即"存在"的"逻辑"。在"存在论-存在"意义上讲"逻辑"，讲"法则"，也就是古代所谓的"逻各斯"。"逻各斯"乃是"存在论"意义上的"存在"的"逻辑"。

何谓"存在"的"逻辑"？或许我们可以说，康德的"知识论"的"先验逻辑"是"宾词"的"逻辑"，而黑格尔的"辩证法"乃是"主词"的"逻辑"。

在康德意义上，"主词"所谓的"存在（者）"必由"宾词"的内容"给予"其"规定"，从而成为"现象"，也才能"认知"这个"主词"是"什么"，如果没有"宾词"，"主词"-"事物""本身"是"不可认知"的；黑格尔并不否认没有"宾词"的"主词"只是一个空洞的"名字",而是认为,"主词"的"宾词"不是从"外部""加给""主词"的,而是"主词""自身""开显-发展"出来的,从"主词"到"宾词"是一个"发展"的"过程"。

"主词-主体"是一个"实体","宾词-客体"是"属性"。"属性"并非"外在"于"实体",原就"在""主体"里,"实体"原就是"主体-客体""统一"的,是一个"矛盾"的"统一体"。

这样,在某种意义上,"主体"好像一粒"种子",枝叶、果实的"属性-性质",都"蕴含"在这颗"种子"里,"种瓜得瓜,种豆得豆",但是"枝叶、花果"又是从"种子"中"发展"出来的,相对于"种子"说,是一些"新东西",原本(在"种子"中)是没有的,于是这个发展的过程,既可以说是"从有到有",也可以说"从无到有","发展"是"有",和"无"的"矛盾"并"统一"。

于是,就"逻辑"的"概念体系"来说,"宾词"固然是"属于""主词"的,但除分析命题外,"宾词"并不能从"主词""分析"出来。它们的关系,按照康德,是一种"综合"的关系,"科学知识"的"判断"都是"综合判断"。康德论证,这种判断不仅仅依靠"经验",它以一种"先天性"的"综合判断"为基础,康德"知识论"的主要工作就在于阐述这种"先天性"的而又"综合判断"何以可能。

就黑格尔来说,他则以"辩证法"来涵盖这种"先天性"的"综合判断",从矛盾、对立统一的视角来阐述这种"先天综合判断"。所谓"综合"原本就是"矛盾-对立"的"统一",这种"对立统一"的"发展"又是"必然"的,因而也涵盖了康德的"先天性",但"辩证法"同时还是"先天-后天"、"超验-经验"等等"对立面"的"统一"。

"主词"中"孕育"着"宾词",意味着"主词"并非单纯的抽象"概念",而是一个"辩证-思辨"的"概念","主词-主体"是一个"矛盾体","概念"就"孕育"着"实在",在这个意义上,"概念"就"孕育-是""实体",反过来说,"实体"也"孕育-是""主词-主体",即一切"实在的对象",也同时就是"概念","思维(概念)"与"存在(实体)"在辩证法的意义上具有"同一性",而不仅仅是康德"批判哲学"意义上"概念"与"直观"的"先天"

关系。康德固然很正确地指出，"概念"中的"一百元"与"现实"中的"一百元"完全是不同的，但在黑格尔看来，如果"一百元"是"真正"的"概念"，即不是"幻象-空想"，则在这个"概念"中，必"涵盖-蕴含-孕育"着自身的"现实性"，通过"努力"，这个"概念"必成为你的"实际财富"的一部分。或许这种"转化"的工作并未成功，但你是认真地在"让"这个"概念""实现"的，这个"概念"并非"抽象-空洞"的"幻想"。

黑格尔这个"思维与存在同一性"思想，在后来的现象学派创始者胡塞尔那里得到了承认和发挥，成为胡塞尔现象学"本质-现象同一"的基础，而把"感觉-感性自然"的"自然科学""悬搁"起来，"现象学"成为"最严格的科学"和"理念的科学"。

胡塞尔的"理念"不同于康德，而接近于黑格尔，是一个"思想"和"实在"同一的"理念"，不是一个单纯的"思想体"，而且也是一个"实在体-实体"。面对"理念世界"，正是回到"事物本身"；但是，胡塞尔的现象学也跟康德一样，把"思维与存在同一性"问题主要从"知识论"的"直观"与"概念"的关系去理解，他强调的是"本质"的"直观"和"直观"的"本质"，对于"存在"这个环节，是他的学生海德格尔发挥出来的。

海德格尔的《存在与时间》对于哲学的贡献并不因为他曾一度供职于纳粹统治德国时期的大学而可以完全抹杀。与我们论题有关的在于：随着"时间"进入"存在"的视野，海德格尔使欧洲传统"存在论"发生了巨大的变化。"存在"不是一个"固定"的 existence，而是一个"动态"的 Sein。

作为"主词"的"实体"，黑格尔已经让它"动"了起来，"主体-主词""孕育"着"客体-宾词"，由此"开显"这个"实体-主体-主词""自身"；也许，正是海德格尔，不仅让"主词（主体）-宾词（客体）""动"了起来，连带那个原本是"联系动词"的"是"也"动"了起来，"联系动词"真正成了"存在动词"。

让"是-Sein""动"起来对欧洲的哲学思维来说是一件了不起的大事（Ereignis）。"是-Sein"是欧洲传统形而上学的"最后"的"堡垒"。康德、黑格尔已经在不同的方面、不同的层次上"摧毁"了这个"碉堡"，但这个碉堡的最核心部分："存在"，虽然已有"震撼"，但尚未被"摧毁"，海德格尔用

"时间性"这个"炸弹"使"存在"化为"碎片",而又在赫拉克利特的熊熊"烈火"中"融为一体",但"存在"的"火"却"永不熄灭",永远"在"运动中。在这个意义上,"存在"是"燃烧体",而不是"凝固体"。

"存在"是一个"大熔炉",是一个"活"的"熔炉",因此也是一个"活"的、"大"的"综合体","存在""吞噬""一切",举凡"主体-客体"、"思维-存在"、"感觉-理智"、"概念-直观"等等,全都"在"这个"大熔炉"里得到"锻炼"。"存在"之所以有如此巨大的"能量",乃是因为它就是"时间",就是"历史",而希腊人说,"时间"是"儿童",但也是"王","时间""主宰""一切",而且永为"无辜者",正是从"时间"中产生"善恶"、"正义-非正义"。

"时间""综合""一切",这就是"逻各斯",在海德格尔,"逻各斯"是"时间"的"原则","存在"的"原则"。

海德格尔在他 1935 年所作而 1953 年发表的《形而上学导论》中比较详细地阐述了"逻各斯"所蕴含的"聚集"的意思。

海德格尔先从"逻各斯 - Logos"希腊文辞源来阐述,说这个词从一个意思为"集聚"的动词变化而来,以此解释这个词原本就是"集聚"的意思,而"言说-说道"是后来演化出来的。这样的考据,似乎与在《存在与时间》一书里的用法有所不同,但它和"存在-时间"的关系则是一贯的。"逻各斯"不是主观的"思维""规则",而是客观"存在"的"时间""轨迹",于是"逻各斯"是"道",是"道路"。在这个基础上,亦即在"语言是存在的家"这个意义上,"逻各斯"也是"道-言说"。"存在""住-驻""在"作为"时间轨迹-道路"的"语言-道"这个"家"里。这样,在本源的意义上,"思(维)"和"(存)在",在"存在论"上是"同一"的。"思维与存在同一性"这个命题,由黑格尔的思辨理性-辩证法"理念"上的意义,转化为"存在论"上的意义,由"超越知识-绝对哲学"的意义,转变为"时间性-存在论"的意义。用黑格尔自己的话来说,思辨意义上的"逻各斯-辩证法"被"扬弃","精神""克服""矛盾"发展"回归"到"精神自身",则为在"时间"意义下的"存在""回归"于"存在""自身"。"回归"之"路",即"历史"之"轨迹",即"逻各斯",即"保存-存留-住在""语言-话"里的"存在-曾在-将在"。在"逻各斯"意义下,"思-在"原本是"一","逻各斯"将"思"和"在""集聚"起来,"合二为一"。

"思-在""合一",也是"主体-客体"的"合一",也是"主词-宾词"的"合一","逻辑"将它们"分"开来"研究","逻各斯"将它们"合"起来"思考"。

黑格尔将"宾词"的"属性""吸收"到"主词"里来,使"主词"的"(诸)宾词-属性"成为"主词-主体""能动"的"发展""历程",黑格尔的辩证法"扬弃"了"主-客"双方的坚硬的对持,使"客体""归属""主体",成为"客体"的"能动力",开显"自身"的种种"形态"。黑格尔以"主体-主词""同化"了"客体-宾词",将"形式逻辑""改造-转化"为"辩证法",这个工作的巨大的启发性,在海德格尔的工作中有明显的印记,他在阐述"逻各斯"的"集聚-综合"意义时明确地将其规定为"矛盾""对立统一"的意思。所谓"综合-集聚"并非堆积并列,而是将"矛盾-对立""双方""统一"起来。

然而,细想起来,海德格尔对"逻各斯"的阐发与黑格尔也有精神上的不同,或者说,在这个问题上,海德格尔有所变化发展也未尝不可,而之所以有此变化发展,也和他们的哲学基本根据有所不同有关。

就这个问题说,海德格尔的视野并不限于"主体-主词"与"客体-宾词"的"关系"上,既不是将"主体-主词""归属于""客体-宾词",也不是将"客体-宾词""归属于""主体-主词",而将文章做在那个"联系词- einai-sein"上。这项工作,虽然并不是"全新"的,甚至还是很"古老"的,一直可以追溯到古代希腊"前苏格拉底"时期,但是海德格尔在这个问题上"注入"了"新"的意思,"包容"了黑格尔的工作而又有所"推进",或者叫"推后",将黑格尔的"辩证法-逻各斯"精神"灌注"到传统"存在论"中,使之为之"面貌一新"。

就一般"形式逻辑"言,这个作为"联系词"的"是"甚至是可以"省略"的。亚里士多德讲"三段论"用"符号"做"前件"和"后件"的,这个词往往被"省"掉;而且某些民族的语言中,古代往往并无这个词,古代汉语和俄语都没有,这对黑格尔倒是比较方便的,因为他关注的重点是"主-客"

的关系；但是古代希腊则在这个常常只是"联系""主-客"关系的"小词"里看出了深刻的哲学含义，抓住了不放，居然逐渐地形成了一大门学问——存在论。

当然，这门学问从亚里士多德开始，就遇到了很大的麻烦，"存在"既不是一般所谓的"属性"，那又当如何理解？欧洲哲学思考的历史发展，存在论的麻烦和问题越来越多，遂有康德"知识论"的"转向"，从康德到黑格尔都在这个"转向"之中，但是黑格尔本身对于后来的变革已经"呼之欲出"，没有黑格尔的辩证法之启发，可以想象海德格尔的工作要困难得多。

体会海德格尔在这个问题上的意思，"存在-Sein"的"能动性"有"能力"将"主体-主词"和"客体-宾词"双方都"吸收-集聚-综合"进来。在这个意义上的"Sein"就不仅仅是"联系动词"，而且是真正的、完整意义上的"存在动词"了。这个"是"，就是"在"。于是，"集聚-综合"的"逻各斯"就是"在-存在"的"逻各斯"，是"逻各斯"将"主"和"客""积聚"起来，而且，原本那个"是-在"就已经"蕴含"了"主"与"客"，"蕴含"了"实体"与"属性"，是后来发展成"逻辑"的"思维规则"将它们"分"了开来，海德格尔（还有黑格尔）重提"逻各斯"首先就要把被"分割"了的东西"重新""聚合"起来，"回归"到它们的"源头"。

在这个"源头"，"存在"并不是一个"抽象"的"名词"，既不是"主词-主体"，也不是"客体-宾词"，不是单纯的"实体"，也不是单纯的"属性"，而是"积聚-蕴含"了二者的实际的"存在"。在某种意义上，这个"存在"就是亚里士多德第一层意义上的"实体"，而亚里士多德之所以要分出第二层意义的"实体"，或是"思维""范畴"的需要。在第一层意义上的"实体""积聚-蕴含"了"主-客"，"积聚-蕴含"了第二层意义上的"实体"和"属性"，"实体"不仅是"主体"（黑格尔），而且是"存在"。

"实体"是"存在"，反过来也就意味着，"存在-是"是"实体"，而不仅仅是一个"概念"，一个"符号"，一个"语词"，一个"逻辑系词"。

这样一种理解，不仅使得"存在""实在"起来，而且也使得"实体""实在"起来，"实体"也曾经被理解为一个"抽象"的东西。

"实体"是"主体-主词"可以理解为一个"概念"，即使是"思辨"的

"概念",即"辩证"的"概念","概念"与"直观"相统一的"概念",终究还是一个"概念",它只能与"存在"的"形式"条件——"时间-空间"——在"先天性"上相结合,因而黑格尔的"主体-主词-实体""概念"也还有"超时空"的意思在内。黑格尔的"发展"主要在于"概念"的"逻辑"的"推衍",将现实的"历史"进程"容纳"进他的"辩证发展"的"推理"中,因而,他的"逻各斯",仍是一种"思维"的"逻辑"。

如今"实体"与"存在""同一","时间-空间"就不仅仅是"认识主体"的一个"先天条件",而且是"存在"的"客体现实性"的"条件","存在"与"实体"、"时间""三位一体"。"存在-实体"的"变化-发展"就不仅仅是"逻辑""概念"的"推衍",而是"现实历史发展"的"轨迹"。这个"轨迹",就是"时间",就是"逻各斯"。"逻各斯"将"主体-客体"的"概念""集聚-吸收-融汇"到"存在"中来,"存在"是一个"大综合-大汇合"。"存在"是"风云际会"的"历史",是"天地人神""四位一体"(海德格尔)。

在这个意义下的"时间"已不仅是康德理解的"感性直观"的"形式条件",不仅是为了进入"逻辑概念-范畴""推衍"的"必要前提-条件",不是为了替"因果性""推理"做"准备"的"先-后""先天"关系,而是一个实实在在的"过程","时间"的"逻各斯""吞噬""一切",将"过去-现在-未来""一切""实体-实事-存在者(包括人及其技术产物)"都"裹挟"进来,"汇集-聚集"成"历史"的"洪流""时间"的"洪流"。

"历史-时间"的"洪流"不是"逻辑"的"推理"所能"穷尽"的。在这个意义上,真实存在的"历史-时间"并不是将已知的或预计的"实事""编辑-编撰"起来使之成为一个"合理"的"体系"就能"完成(任务)"的。康德已经相当雄辩地指出,"事物"的"本身"是我们"合逻辑"的"知识"所不能"把握"的,亦即,真实的"历史"是不能"逻辑""必然"化了的。"历史"充满了"偶然性",过于"复杂"的"条件-材料"是不能穷尽的,但"历史"的探索工作却要"穷尽一切细节"(福柯),这大概也就是康德的"二律背反"在"历史""终极知识"问题上的表现。

这样,康德的在"逻辑"框架中的"科学知识",只限于"现象界"。康德认为"本质"只是一些没有直观的概念,是一个"理念",但他的"直观"又是为某一些概念（知性范畴）"服务"的，只是为"知性"的"范畴"提供"材料"；在这个"界限"之外的广大领域，那个作为"思想体"的"本质"领域，实际上却是真正的"存在"的"领域"，是实实在在"实体"的领域，它的"无限-无穷"亦即"日益丰富"的"宝藏"，"等待"着人的"理性"去"发掘"。"理性"在"开发-发掘"中"丰富"自己，"自己""规定-限制""自己"。

在"逻辑"框架中的"科学知识（包括历史知识）"注视着"事物"的"必然性"，而"时间-存在"的"逻各斯"却"开放着-打开了""事物（包括历史）"的"自由"。

"时间"为"不可限制"。"存在-时间""聚集-吞噬""一切"同样"不可限制"，"穷尽历史一切细节"是一个"不可限制"的任务，一个"自由"的任务，是一个"未完成"的任务。有了这个任务，"历史科学"才有了"自由"探索的"权利"，才不是一门单纯"形式"的"科学"。"历史"的"逻辑"有"（历史）存在"的"逻各斯"做支撑，才是一门"不可限量"的"科学"。

"自由"并非"为所欲为"，"自由"不是单纯"主体性"的，也不是单纯"客体性"的，"逻各斯""综合"了它们，"自由"是一个"大全"，"逻各斯"是一个"大全"。"实体"不仅是"主体"，也是"客体"，"实体"是"全体"。"实体-存在-时间"为"大全"。

就"知识"的"逻辑"言，"大全"是一个"理念"，但就"逻各斯"言，这个"理念"也就是"存在"。"大全"没有"知识"意义上的"直观"，但这个"直观"就"在"这个"大全-理念-存在"中，"逻各斯"把"一切（包括直观和概念）都"聚集-吸收"进来"，举凡我们的"思想-言论-行动"都"在""时间-历史"中"留下-存留"了"轨迹"，"等待"着"他人-后人"去"辨认"。"逻各斯""存留"了"一切"的"轨迹"，"等待""历史学家"——"人"作为"历史性"的"存在者"——去"辨认"。

"实事"当有"被遗忘-被掩盖"的，但有"逻各斯"为我们"（保）存""在"那里，"时间""在""空间"里，终究会"被发掘"、"被辨认"出来。

我们中国人常常把"逻各斯"译成"道"是很有理由的。"道"不仅是"逻辑"的"理"，而且是"事物-存在-历史"的"道路"，"路"是人走出来的，是"自由"探索出来的，不是穿新鞋走老路，"道"是"开创性"的，"道可道，非常道"说的不是"老路-常道"。

"道"也是涵盖性的，"道""通""万物"，"道""通""古今"，"道"为"不可限制-不可限量-无限"，"朝闻道，夕死可矣"乃是一句感叹的话，"道"不是一个"固定"的"东西-事物"，用"金钱"和"权力"可以"买"来，"道"是"开放"的，"不断发展"的。

"存在"是"动态"的，"逻各斯"不是一个固定的"格式"，也是"动态"的。"存在"的"逻各斯"，也就是"历史"的"自由"的"命运"，而不是"历史"的"命定"。

人们"思考""存在-历史-时间"，也就是"自由地""思考"那个"道"，那个"逻各斯"；并不是我们"思者"有"主观""随意性"，而是那个"存在-逻各斯"原不仅是那"逻辑"的"必然"。

北京
2010 年 11 月 5 日

德国古典哲学的基本观念及其发展路线
—— 在这种视野中关于"存在"的一些理解

欧洲哲学的发展到 18 世纪德国有了一个集大成的结果，我们通常所谓的（从康德到黑格尔）"德国古典哲学"，乃是欧洲哲学从古代希腊经中世纪基督教思想并文艺复兴、英国和法国近代哲学的一个"总结"：历史上各个主要哲学问题和各家各派的观点在"德国古典哲学"的"哲学体系"中都有各自的"位置"，得到一个"安顿"，尽管从康德到黑格尔在观点上也有不同，但这种不同，是在"同一个思路"上的"不同"的"进展"。

先说这个思路的创始者康德，他的哲学被冠以一些称号，如"先验论-二元论-主观唯心论"等等，他自己常用的是"批判哲学"，当然是更加确切些。关于他的哲学，后人更说他是一个"从存在论到知识论"的"转向"，这层意思和我们现在的主题更有关系。

说是"转向"，意味着欧洲哲学传统一直比较侧重"存在论"。到了康德，就把这个侧重点-立足点"转移"到"知识论"来了。

为什么要"转移"？并不是"存在论"错了，要另外搞一套"脱离存在论"的"知识论"，甚至不完全是"存在论"这条路走不通了，要"另起炉灶"走"知识论"的道路。这层意思可能后来英美分析哲学是这样理解的，但就德国哲学来说，这种"转向"的意义并非如此，而是应该理解为从"存在论"到"知识论"的一个"发展"。这样，德国哲学才会从德国古典哲学经胡塞尔到海德格尔又"回归"到"存在论"。

细细体会，这个"理路"如下。

如何"理解""存在"是欧洲哲学的一个"基本问题"，康德的"转向"并不意味着"放弃"这个问题，其意图是要"深化"这个问题。之所以要"转向""知识论"正是为了"深化"对"存在"的"理解"。这就是说，传统上"存在"这个"概念"常常流于"空洞"，过于"抽象"，缺乏"内容"，亦即传统意义上的"存在"这个"概念"不是过于"深奥"，而是过于"浅薄"。我们说一个东西"存在"，并没有告诉我们"这个东西"究竟是"什么"，"存在"不是"宾词"，这是康德的一个很著名的说法；甚至连"上帝存在"这样的命题也被康德贬为是没有意义的。在这个意义上，安瑟伦"上帝存在""本体论"的"证明"也毫无例外地失去了"哲学"的光环。说"上帝是"总要"是"个"什么"，"是什么"乃是"存在"的"规定性"，有了"规定性"，这个"存在"才是"哲学"上的范畴，而不仅仅是一个逻辑的或话语的形式。

探求"存在"的"规定性"，应该说是从康德开始德国古典哲学主要旨趣所在。

从康德"批判哲学"的精神来看，哲学意义的"存在"，即中文译作"本体"的"存在"，是一个"理性概念"，它仅仅占据一个"主体"的位置，于是，在"宾位"的"诸规定"甚至"（知性）诸范畴"中，"无权"因而"无法""规定"这个意义的"存在"，从而"理性"在"知识"领域内-在"知性"的范围内，无法"建构"起一个可以为"知性范畴""规定"的"对象"来。也就是说，在"知性"所"管辖"的范围内，"本体"意义的"存在"不具备"规定性"，因而不能成为一个"对象-客体"，而只是一个"主体"，于是哲学意义的"存在-本体"对于"知性"来说，只是一个"思想-思想体"。在这个意义上，也可以看出，康德必定要把这个"本体-存在"宣布为"不可知"，因为"知-知识"也就是要"把握""事物-存在"的"规定性"，"无规定性-无限制"的"事物-存在"自"不可知"。

"存在"唯有"规定"了才"可知"，这种"规定性"从何而来？

就康德思想来说，通常"存在"的"规定性"不是来自"存在"本身，而是来自"存在"以外的因素："感性"和"知性"。"知性范畴"只"有权""规定""感性-时空"为其提供的"材料-质料"，由此产生出康德知识论一系列的

"演绎";而"无权"为"超时空-不在时空内-不受时空条件限制"的"理性概念-本体-存在"给出"规定",由此产生出康德的"不可知论"。

"在时空条件"中的"感觉材料"与"知性范畴"的"结合","保证"了通过"感官"提供的"材料"有可能具有"必然性",亦即由感觉材料组成的"经验知识"有可能成为"科学",而不仅仅是"习惯"。"知性"为"自然-经验世界""立法",也"只能"为"自然-经验世界""立法",而不能-无权为"本体-存在""立法"。借用以后海德格尔的话来说,似乎可以说"知性"只是"有权"为"诸存在者""立法",而"无权"为"存在""立法"。

不提供"感觉经验"的"存在-本体-事物自身"则不接受"外来的""法",作为"理性概念"的"存在-本体-事物自身"不接受"知性"为"自然-经验世界"所立之"法",这样,对于"知性"来说,它就是"无规定"的,"无限制"的,是一个没有"宾语"的单纯的"主语"。

"无限制"乃是"无限","无规定"乃是"自由";"本体-事物自身"为"无限"、"自由",而"现象-经验世界"为"有限"、"必然"。在这个意义上,"知性"对于"本体-存在"的"不可知",也就是对于"自由"、"无限"的"不可知"。"自然-经验世界"受"必然律"的支配,不以人的意志为转移。

然而,康德哲学不止于"知识论",所以所谓"知识论转向"也只是康德"批判哲学"的一个方面的意义。从某个方面来说,康德哲学"限制知识"正是为"自由""无限"留有了余地。"自由-无限"在康德哲学里占有重要的位置。

首先作为"理性概念"的"存在-本体-事物自身"有了一个"自身同一"的"规定性"——"自由";作为"理性概念"的"存在",不受"外来"的"规定",却有"自身"的"规定","理性""自己规定自己","存在-本体-事物自身""自己规定自己","自己规定自己"也就是"自由"。"自由"不接受"外来的法-他律",但有"自己的法-自律"。"自由"并非"无法无天"。"自由"比起"自然"有更高的"必然性"。

就"意识"言,"自由""体现"在"道德"上,康德的"道德论"建立在"意志自由"上,这是大家都知道的。如果说,"经验知识"固然有"先验知识"作为基础而有形成"科学知识"的"必然性",但做出"保证"的只是

"可能性",而不排除"偶然性",但在"道德领域",建立在"自由"基础上的"道德律"则具有"绝对"的"必然性"。"天荒地老","海枯石烂",但"此情不变",亦即"道德律"这种"自律"的"原则-情况""不变"。

按照康德,"理性"本身就有"实践"的能力,作为"理性概念"的"本体-存在-事物自身""自己""创造"自己的"对象",使"存在"这个"概念""自己"实现自己,使之"对象化"、"客体化",则就不是一个"空洞"的东西。

所谓理性本身就有实践的能力,就"理性"作为"意志"来看,问题就更加清楚。"意志"是一种"外拓"的能力,它要"实现"自己的"目的",而不像"认识"那样是一种"内敛"的能力,将"外在"的"对象"转化为"内在"的、"概念"的"知识"。"意志"通过"实践""实现""目的",而"实现了"的"目的"是为"完成-完善"。

在康德看来,"意志"和"目的"有两层不同的意义,一层是经验性的,一层是超越性的,前者遵循外在的"自然律",后者则遵循内在的"自由律"。遵循"自然律"的"意志"是"理论理性"的延伸,而只有遵循"自由律"的"意志",才是"实践理性"管辖的"道德领域"。遵守自然律的"意志",它的"目的"及其"实现"是受时空条件"限制"的,而遵循自由律的"意志"及其"目的"是"无限"的,不受时空条件的"限制",这个"目的"的"实现",同样也不受时空条件的"限制",这样,"理性-自由""意志"的"实现"就没有"偶然性",而是一个"必然性"的"现实"。

康德把"理性"在"自由意志"意义上的"目的"叫做"终极目的",而它的"实现"叫做"至善"——或"至善"的第二层亦即更深层的意思。"至善"的"实现"具有"无偶然"的"必然性",是一个"必然性"的"现实性",从这个意义我们看到,"至善"这个"终极目的"正是那哲学意义上"本体论"的不同于"感觉经验领域"里的那个"存在"。

康德在这里开创了德国古典哲学这样一个具有"至善""价值"的"存在论"传统,而只有在"感觉经验"的层面,"存在(诸存在者)-真理"和"价值"才是可能"分离"的。

在康德《实践理性批判》里,"至善"这个"终极目的"是"理性"为

"自己""设定"的一个具有"必然现实性"的"对象-客体",这个"对象-客体"不是从"自然-经验"世界"接受"过来的,而是"理性"自己"设定"的,由"理性""自己产生"出来的,"自发"的。"理性"这个"设定"无须"外来"的"根据","根据"就在"理性"本身,故而是"自明"的,"理性"这个"至善"的"设定"是一个无须进一步论证的"公设-悬设"。

于是,在这个意义上,"理性-自由-意志-德性"也就有了进一步的"规定",只是这个"规定"是"理性"自己作出的,"理性"不接受"外来"的"限制","理性"自己"规定"自己,自己"限制"自己。有了"规定性",就是可以"被认识-被理解"的,因而"理性""有权"不依赖"一时一地的条件限制"了的"经验-自然-知性""自己""认识""自己"。"理性"对"自己"的"认识",就是"哲学"的"认识"。

古代希腊的"认识你自己"在哲学上得到了"深化"。

"认识"是"认识""对象-客体",首先要"有一个对象",即"有一个对象存在"。"经验认识"的"对象"是"感觉经验""给予"的,"理性认识",哲学意义上的认识,其"对象-客体"是"理性"自己"设定"的,就"理性意志-自由意志"言,也可以说是"理性""创造"出来的。在"经验知识-科学知识"看来,"理性"只是"创造"出一个"思想体-理想体"的"理念"来,"经验"把这种"理念""实现"的"理想""推向"了"时间"的"无限绵延","理想"和"现实"之间总有一道"不可逾越"的"鸿沟",而"哲学"的"理性思维"却"有权力"也"有能力""跳跃-超越"这道"鸿沟",使"理念"成为"存在",使"理想"成为"现实",使"至善"成为"知识-智慧"的"对象","哲学"为"至善的智慧"。

这样,"认识你自己"就不仅仅是一个"主体""内省"的心理意识,同样是通过"非己-异己-客体"而且受这个"客体-对象""限制-规定"的"科学知识",一种不同于"经验性科学知识"的"超越性、本质性、本体性科学知识"。

在这个思路的推进中,我们看到了费希特那个著名的"A=A"和"A""设定""非A"的著名"公式"。从某种角度看,费希特"越过"了康德的《纯粹理性批判》直接从《实践理性批判》出发,以这个实践理性的精神,"回到"康德"理论理性"的问题,建立起他的"知识学",这条路线,为以后的谢林特别是黑格尔所遵循和充实发展;而康德"至善""理念"的"必然"的"现实性"为费希特这个"超越"的"知识论"奠定了基础。费希特"推进"了康德的哲学,尽管他们的著作一时间曾经难分彼此。

费希特以"自我意识"为哲学的出发点,所谓"自我意识"乃是"对于-关于""自我"的"意识",而不仅仅是"对于-关于""客体"的"意识",是一种"主体性"的"意识",这种"意识",费希特认为是"哲学"的"开始",亦即,有了这种"意识",才可能有"哲学"这门"学问-科学"。此话怎讲?

一般所谓"意识"是关于"客体"的"意识",这种"意识"的"系统化-理论化"是为关于"客体"的"知识-科学",康德"知识论"对此做了大量的工作,费希特作为康德的晚辈有深切的把握;但就知识论来说,康德认为对于"自我"同样要以"客体-自然-经验"的方式来形成一种"科学知识",如"心理学"等。应该说,康德这层意思并不错,但不可停留在这个层面。康德没有把话说完,没有把他在《实践理性批判》里的意思"贯彻-回归"到"知识论"中来,这个工作,费希特接下来做了。做了这层工作后,"哲学"就"统一"起来,成为一个大系统,不再是康德的"三个批判",也不仅仅是"批判",而且也是康德自己做了相当一部分的"学说",一个"系统"的"哲学学说","哲学体系",亦即,有了康德的"至善智慧"的一门"科学学说"了。

在沿着康德的思路前进中,费希特"提升"了"自我意识",使之既不局限于"主体性"的"逻辑范畴",也不局限于"经验性"的"心理状态",而是把"自我"作为由"自我"自己"设定"的"对象-客体"来"认识"。这就是说,作为"对象-客体"的"自我"并不是"经验中""给定"的关于"自我"的种种"经验属性",不是"自我""接受"的"对象-客体",而是"自我""设定"出来的一个"对象-客体","自我"把"自己"当作"对象-客体"来"看"。

在通常的意识上说,"我""看"到"某物",于是"意识"到"某物";"自我意识"则不"停留"在这个"某物"上,而且还要进一步"意识"到-"追问"这个"看";而这个看,又不是一种"生理"性的"功能",不是胡塞尔要"括出去"的"noesis",而是包括了那个"什么"的"noema";生理机能和动作正是康德所说的"经验性"的"自我"。

在费希特看来,"看到某物-认识到某物"之"我"正是"哲学"要"探讨"的一个问题,因而这个已经有了"知识"之"我",也成为"我"的一个"对象-客体","我"要加以"认识",对此形成一种"知识"。在这个意义上,这种进一步的"知识",乃是"知识"的"知识",乃是"知识"的"科学"。所以费希特就以这层意思来为他的著作命名:《全部知识学的基础》。

"哲学"成为一门"基础性""科学",而不仅仅是"批判"。

"哲学"这门"科学"之所以是"基础性"的,在于它的"对象-客体"不是从外面"给予"的,而是"我"自己"设定"的:"我""设定"了"非我"。

"我"为自己"设定"了一个"对象-客体",这个"设定"的"能力"在康德的《实践理性批判》里的"自由意志"意义下,是不难理解的。

一切的"意志"都为"自己""设定""对象-客体-目的",只是"经验"的"目的"是"受""外在-时空""条件限制"的,而"自由-理性"的"意志"则是由"理性""自己-自由""设定"一个"目的"。这个"目的"的"形成"和"实现","不受时空条件的限制";然则,既然"设定"了一个"对象-客体-目的",对"主体-意志-自由-理性"来说,也就是一个"限制",只是这种"限制"不是"外来""给予"的,而是"自己""给予"的,"自由-意志-理性""自己""限制""自己","自己""给""自己"以"规定性"。于是,这种"意志-自由-理性"就不再是"空洞"的"形式",而是有"内容"的。

费希特用"(自)我"与"非我"来描述这种"关系",就"哲学"的理解说,是很有帮助的。"自我"与"非我""共有"一个"我"字,不仅是文字游戏,其实质的内容在于有助于揭示"自由"与其自身的"限制-规定"这样一种"同源"的"关系",这样,我们在德国古典哲学中,就有了"同一哲学","主体"与"客体"就有了"同一性"。"同一性"问题就不仅是一个"经验知识"的"主客统一-主客结合-主客符合"问题,而且也是一个"存在论"问题,"经验知识论-经验科学论"有了一个"哲学存在论"的"基础"。

就感觉经验来说,"客体"与"主体"是"对立"着的。"人""有"一个"外在"的世界与其"对立"着,"人""在"这个"世界"之外,"人"为要"能够-有能力""进入"这个世界,付出了艰苦的劳动,这个"劳作"的"结果",使"人""能够-有能力-有权利""在"这个"世界""中"。海德格尔说,"存在"是一种"觉醒","人"不"自外"于这个"世界"乃是一件"大事",这件"大事"在某种意义上也就是"人-自我""意识"到"人"作为"自由者""有权-有能力""在""世界"中,"我"与这个"非我"的"世界""原本-在存在论上"竟然是有"同一性"的。"意识"到这种"同一性",亦即"觉悟"到这样与"客体-世界""同一"的"自我"是一件"大事","大事-Ereignis"中的"自己- eigen""出来"了。这种觉醒提示着:过去"意识"到的"我"与"世界"的"对立",原来是把"我"当作了与"世界"上万千事物中的"一物"看待,果如是,则可以与万物混同;但"人"却又与那种种事物"对立-对抗",这种"对立-对抗"的"意识"也提示了"人"有"自己"的"独立性","人"为"自由者","自由者"如何"看待"这种"对立-对抗"则是德国古典哲学的用心所在。

德国古典哲学从康德奠定的传统并不否认"自我"与"非我"的"世界-客体"的"对立",人作为"世界"的对立面不仅通过自己的"劳作"来求得"存身"于这个"异己"的世界,"化解"这个"对立",使之"结合";而且要探索"自我-自身"如何求得"在""世界-客体"的"存在""权利"。这种"权利"并非"通过""外在"的"征服""对方"所"取得",而是在"自我"这样的"意识"中,就有"先天-必然"的"根据"。这种"根据"在于作为"自由者"的"人",即作为"理性者"的"人-自我"本就有能力-有权利"设定""自己"的"对象-客体"。在这个哲学存在论的意义上,一切"非我"都是"自我""自己""自由"地"设定"的。

"自我""设定""非我",说明了"自我"不是静止的,而是能动的,"自我"不是一面镜子,"镜子"由"外在"的"客体""决定"它的"内容",而"自我"的"内容"是"自己-自由""设定"的,"自我"是"主动"的一种"活动"。"自我""能够""工作"。"自我"通过自身的"工作""产生""非我"。关于"自我"的"工作"及其"产品"的"意识"就是"自我意识",有了这种"自我意识"的"觉醒",才有这种意识的"理论形态"——"哲学"。

就哲学的意义来说,"自我"的"能动性-活动"表现在:"自我""设定-建构"了"自己"的"限制","自我"是"无限"的。"自我""设定-建构"

了"自己"的"客体","自我"原本是"主体"。"自我""设定-建构"了"自己"的"对立面","自我"原本是"绝对"的。

"自我"是一个"绝对","绝对"是"能动-活动"的,"设定-建构"了"自己"的"对立面-非我"来"限制""自己",但又不会在"对立-限制-非我"中"失去""自己",在"非我"中"能够""找回""自我",在"相对"中"能够""找回""绝对",盖因"绝对"中原本"蕴含-潜藏"着"相对","自我"中"蕴藏"着"非我","自我"才不是"静止"、"僵化"的"铁板一块"。

"绝对-自我"既然是"活动-能动"的,就意味着它的"内部"仍有"结构",如同"原子"一样,只是"自我"的"结构"并非物理的"部分-全体"的关系,而是一种"能"的"变异"。"自我"的"活动"是一种"异动",是"A"与"非A"的关系,即在"自我"的"肯定"中"蕴含"着"否定","自我"自己"否定""自己"。一切"限制-规定-否定-对立"都是"活动",是"自我"这个"绝对"的"异动",而不仅仅是逻辑的"判断",而从另一个角度也可以说,一切的逻辑判断,在哲学上也都以这种"活动-异动"为其"存在论"的基础。

这时候,我们的视野中出现了谢林、黑格尔的哲学。

谢林在哲学上的工作常常被大而化之,可能康德、费希特尤其是黑格尔对后世的影响太大,将谢林的工作"遮蔽"了。实际上,谢林的工作对于后世德国哲学"潜在"的影响也是很大的。费希特从康德那里"变异"出来的"同一性"原则,被谢林借以发展,虽然受到黑格尔的批评,但"同一性"这个原则直到海德格尔都是备受重视的。

"同一性"作为哲学的原理——"同一哲学",关键在于暗含着一个"直接性"的原理。哲学上的"直接性"主要是意味着一种"理智的直观"和"直观的理智"的"合法性"问题。因为在康德的知识论中,这种"合法性"是被否定的,只是在《实践理性批判》(包括《判断力批判》)中才"暗含"着一种肯定的态度,费希特-谢林把这种"暗含"着的态度揭示出来,推展开来,使之明朗化了。

并不是康德在《纯粹理性批判》里的否定态度错了,康德后来暗暗地修正了，而是问题的性质和含义推进了，明确了。

康德在知识论里否定"直观"和"理智"具有"同一性"，因为它们的"来源"完全"不同"，二者只能"结合"，不能"同一"。"同一性"作为哲学的原则，乃是"同源"，而"直观"来自"感觉经验"，"理智"来自"概念-范畴"。于是，"直观"无"概念"则为"盲目"的，而"概念"无"直观"则是"空洞"的，要形成"经验知识-科学知识"，二者缺一不可，必须"结合"。

然则，在《实践理性批判》中，"至善"作为"理性-自由意志"的"终结目的"具有"实践理性"的"现实性"，因而是一个由"理性"在"实践"上必然"设定-悬设"的"客体-对象"。进一步的问题就是，既然是一个"对象"，就有"现实性"，就当是"直观"的，"理性"这种"意识"，必定会-有能力"看"到这个"对象-客体"，这个"看"，就是"理智的直观"。

"理智的直观"乃是"对于""理智"的"直观"，把"理智"作为"直观"来"看"。这就是说，将"理智"的"东西"-"思想体-本体-理念"作为"对象"，作为"现实的东西"来"看"，来"认识"，在康德《纯粹理性批判》里"看不见"的"本体-思想体-理念"，在"哲学"的"视野"中"看见"了。也就是说，在"不受时空限制条件"的"自我-自由"的"视野"中，不仅"看到了""非我"，而且也有能力-有权利"看到""自我"，因为它们是"同一个""我"，"同出一源"。"非我"的"来源"是"自我"，"理性-自由"在"对立面"中"看到-认识""自己"。

在"对立"中"认识""自己"又一次体现了为苏格拉底重视的古代希腊格言"自知"对于哲学思维的重要性。

此时，"主体-客体"、"思维-存在""同一性原理"已"廓清"了康德的论述，某种意义上，"超出"了康德的视野。

康德对于"经验知识-知性"范围内的"主-客"的关系，虽然自称有一番"哥白尼式的革命"，即让"客体""围着""主体""转"，即"客体"的"规定性"是由"主体"给出的。"客体"仅供"材料"，但反过来说，这个"材料"的世界本身不是"来自""主体"，而是独立自在的，没有这个独立自在的"材料-质料-感觉"世界，"主体"的"能动性-能规定-能制约"的"功能"就"无用武之地"。在这意义上，康德"保留"了一个"不可知"的"物自体"作为"知识论"的"基础",是对"经验论"的一种"让步",这个"让步"就"知识论-经验知识-科学知识"来说,是"必须"的。

就某种意义上说,从费希特经谢林到黑格尔并不否认这种"让步"的"必要性",并不是"发疯"到"否认"一个独立自在的"感觉-材料-质料"的世界的"感性存在",而是"跟随着"康德《实践理性批判》的思路。从"实践理性""推出"一个虽为"主体"的"对立面"但却"源于""主体"的"客体""存在"来,从而揭示出一个"本体论-存在论"意义上的"存在"观念-理念来,而这个"本体-思想体"的"存在-现实性""超越"了"知识论"所涉之"存在","超越"了"知识论"的"所知",或者按后来胡塞尔的说法,"搁置"了那个"经验-自然"层面。

这就是说,作为"主体","对象-客体"是那些原本是"主体""设定"出来的"理念"。在康德"知识论"里不可作为"对象"的"理念",现在正是"理性"要"探知"的"对象-客体","理性"自己"设定"这个"对象",而不是从外面接受一个"对象";从外面接受来的"对象"是一个"感性的直观","理性"以来自"自己"的理念为"对象",这个"直观"就是"理智的直观"。

既是"直观",则是"存在",在上述意义下,我们不仅有一个"感性"的"存在",而且"有"一个"理性"的"存在",于是,有"经验性"的"存在",也有"本体性"的"存在",如海德格尔所说,有"诸存在者",也有"存在"。

就德国古典哲学的思路来说,作为"主体""对象"的"客体"-"本体论-存在论"的"存在",不是从"主体-理性"之外"接受"过来的,而是"主体"自己"设定"出来的,"主体-客体"、"意识-存在"、"思维-存在""同出一源",因而不仅仅是一种"结合",而且是"同一",是"同一"中的"差异","肯定"中的"否定","无规定"中的"规定","无限制"中的"有限制",进一步说,也就是"意识"中的"存在","理性"中的"感性","自由"中的"必然"。

这几个"中"字,都应该引起注意,"中"意味着"蕴含"。也就是说,"主体-意识-思维-肯定-无限"等等"中",本就"蕴含-孕育"着自身的"对立面"。

"自身蕴含着对立面",就是"绝对","绝对""无对",没有一个"外在"的"相对"来与这个"绝对""对立","绝对""自身""蕴含"着自己的"对立面","绝对"的"能动性-活动性"正是以这种特性为"根据":"绝对"原本不是"铁板一块",不是巴门尼德的"必然性大箍","绝对""蕴含"着对"自身"的"异动"。"绝对""必然""异化"。

黑格尔以"精神"来说这个"绝对"的"能动性",以"绝对精神"的"逻辑和历史发展"来"规定"他的"思辨理性"的"哲学体系",就能够推进康德、费希特、谢林的哲学思想来说,是有其理路和根据的。

黑格尔说,他的"哲学"是一个"头足颠倒"了的"世界",就"感觉经验"的视野来看,的确是如此。"思辨哲学"的"本体论",黑格尔这个"绝对精神"之"历程"是和"感觉经验"的历程走着"相反"的方向。黑格尔的思辨哲学要从"绝对精神"的"异动-异化-外化"的能动性来"看"这个感觉经验世界的"存在"的"本质",或者说,从"绝对精神"能动的发展来"看""事物"的"本质"如何不仅仅是一个"(空洞的)思想-意识",而且是一个"存在",因而是"可知的"。

在这个意义上,"本质-事物自身"的"意识",不仅仅是一种"内省"的"自我意识",而且是一种关于"对象"的"意识",是关于"客体"的"意识",是关于"存在"的"意识"。

在这个基础上,也正是在这个基础上,我们关于"自我"的"意识",也才不仅是一个"抽象"的"大我",而是"有内容"的"存在"。虽然是"自我""设定""非我",但人们是通过"认识""非我"来"认识""自我",通过"非我"的"存在"而"肯定""自我"的"存在"。"自我""设定""非我",但"自我""在""非我"中。"人""在""世界"中。从"非我"中"认识-理解""自我",这个"自我"就不是"抽象"的,"空洞"的,而是"具体"的,也就是后来海德格尔的"Dasein"。

同时,就这个意义说,如果将"思维"局限于"自我意识",则康德对笛卡尔以"我思""证""我在"的反驳应仍有效,因为没有矛盾,没有对立的"空洞"的"自我意识",的确不能"证"一个"具体"的"自我"的"存在",

一个"对象性"的"我"的"存在",而"存在"必定是一个"对象"。"缺乏""精神"之"能动性-异动性"的"自我","不能-无权""证明""我-自我"的"存在",而只能是一种"内心"的"证实",亦即一种"信心",而一切"宗教"的"启示"都可以借这种"信心"来"证实"。"我"作为一个"目击者""证实""神"的"存在","我""开了天目",但"无权""迫使""他人""承认"这个"证实"为"客体-对象"之"存在"。"天目""所视","天目""所知",只是"启示",而非"科学"。

无论是"感性的存在"还是"理性的存在"都具有"必然性",只是后者的根源-基础在于"自由",而前者则是"自由"的"根源"和"基础"。前者是"掌握了的必然"为"自由",后者为"掌握了的自由"为"必然"。

就经验的意义说,"必然性"是"第一位"的,"自由"是"派生"的,"自由"是一种"熟能生巧"的"境界";而超出这个范围。就哲学意义说,"必然"是"自由""设定"的,是"自由"自己给自己的"规定"。种种"规定"当然要"遵循""必然"的"规则",但种种"规则"又是"理性-精神"为"自己""设定"的种种"限制",而"根源"在于"自由"——"自由"与"必然""同出一源":在这个意义上的"必然性",乃是"自由-理性-精神-绝对""异动"的"结果",这种意义上的"存在"的"必然性""根源"于"精神-绝对"的"自由性",犹如康德"实践理性-道德"的"至善"的"现实性-存在性"来自"理性"之"自由"一样。

然则在这个意义上,"自由"这个"理念",就不仅仅是"思想体",而且是一个"存在体"。康德的"二律背反"的"消极辩证法"揭示"思想体""不是""存在体",而黑格尔的"积极辩证法"揭示了"思想体"通过"自身"的"矛盾""转化-发展"成"存在体"。

北京

2012 年 7 月 12 日

人有"希望"的权利
——围绕着康德"至善"的理念

康德在《纯粹理性批判》最后提出的三个问题：我能够知道什么？我应当做什么？我可以希望什么？其中"希望"问题，建立在康德哲学整个"批判体系"之上，是前两个问题的概括和统一，与"知识"和"道德"问题相比，更加复杂深入，但因涉及整体性的问题，也更加重要，后人有所重视和阐述，甚至有标出"希望哲学"的名目来，而这里所要关注的，是如何从康德哲学整体来把握这个问题。

康德"批判哲学"要在浩瀚和不居的"经验领域"寻求"建立""理性"的"合法性"之根据和它的"权力-势力""范围"，以区别于休谟将"经验领域"只限于"习惯"之"经常性"，从而将"理性"之"必然性"归于"逻辑形式"。康德要解决的是面对"经验"的"感性世界"，"理性"究竟有什么作用，亦即有何等"权限"。

"理性"为"制定规则"的能力。如果"理性"所"立（制定）"之"法（规则）"概"出自""感觉经验"，那么其所立之法也只是"习惯法"；"理性"只有"根据""自身"、出自自身"制定法则"，才有一种不可动摇的"必然性"，"理性"的"立法"不依赖"感觉经验"。康德根据休谟，"理性"这种"不依赖经验"的特性，叫做"先天性"，于是这种"立法权"就叫做"理性"的"先天立法权"。

划定-厘定"理性"在"经验领域""立法"的"权力"和"限制"-"权

限"，乃是康德"批判哲学"的主要工作。

"厘定""权限"的工作是一项非常细致的系统工程，康德所做的工作至今仍值得我们以加倍的细致和努力来进行研究。

康德第一部"批判"的哲学工作《纯粹理性批判》以"理性"在"时空"范围内的"先天立法"作用，"建立-建构"了"经验知识-科学知识"的"客观性"和"必然性"。"时空"作为"感性直观"的"形式"和"知性概念-范畴"的结合，保障了"因果系列"的"必然"联系，"原因"和"结果"之间的"推论"的"必然性"是"合法"的。

然而，就"经验-科学知识"言，"理性"的"立法权"又是"受限制"的，在这个范围内"理性"的"立法权"由"知性（知识性）"来行使，"知性"只能为"时空"中的事物"立法"，因此一切"科学-经验科学"其研究"对象"都"在""时空"中，那些"超出""时空"之外的"事物"，"知性"的"范畴"都"不适用"，如果强行"进入"那些"超时空"的领域，在法律上就叫"僭越"，《纯粹理性批判》的一项重要工作，就在于通过"二律背反"揭示"知性""涉足""超时空"领域因"自相矛盾"所产生的"不合法性"。

康德这项工作表面上"束缚"了"经验-科学"的手脚，似乎在"知性法权"的"限制"下，人类的"科学知识"不能-无权"无限（制）"地"发展"下去，实际上并非如此。"时空"既然是一切"感性事物"的"存在方式"，而"时空"并无"限制"，"空间"不受限制地"扩展"，"时间"也"不受限制地""绵延"。在这层意义上，人类"经验知识-科学知识"同样也是"不受限制"的，人类"知识宝库"尽可以"合法"地"不断增加""自己"的"财富"，康德只是指出，切不可把"不是自己-他者"的"财富"也"据为己有"，即那些"超出时空"-"不受时空条件限制"的"非感性"的"财富"，"经验-科学知识"不能"合法地""归于"自己的名下。人类除"知识"的"财富"外，尚有其他的"合法"的"财富"。"理性"不仅通过"自然-知性"为"知识"领域"立法"，而且通过"实践理性"为"自由-道德""立法"，甚至通过"判断力"为"愉快-情绪""立法"。

"知-情-意"在康德哲学"批判"的分析工作后，在人类精神文明-精神生活中，"各得其所"，而又形成一个"整体"。这个"整体"集中在"人"作为一个"受限制的（有限的）理性者"。

这就是说，"理性"与人类精神领域的"立法权限"是有"区别"的，"区别"即是"限制"，但又不是各不相干的。"理性"通过"批判"将"知识"的"立法权""限制"在"受时空条件限制"的"感性事物-自然"上，而在做这项"批判"工作的同时，"预留-保留"了"理性"为"不受时空条件限制"的"道德-自由"的"立法权"。"超时空"并不"虚无缥缈"，而是说"不受时空条件制约"或者"摆脱时空条件限制"的"自由"，没有这种为"道德自由"的"立法"，将没有"道德-责任"，一切将归于"受时空条件制约"的"习俗"。即使在专注于"自然（知识）"的《纯粹理性批判》中，康德同样也预留了"自由（道德）"的"权力"，指出那些"超越时空"的"本体-思想体"——即不是"受时空条件制约"的"事物（本身）"——的"可思维"性，即它们虽是"不可知"的，但却可以"无矛盾"地"思维"。它们没有"感性直观"的"内容"，但即使就"知识"来说，却也有"合逻辑-合法"的"形式"。

这种仅有"形式"的"合法外衣"的单纯"思维"，到了《实践理性批判》里，却"建立"了自己的"内容"，因而也"建立"了自己的"对象"。这就是说，那些对"知识-科学"来说仅仅是"主体"的"理念"而没有相应的"对象-客体"的"本体"，在"实践"的领域也有了自己"建立"的"对象"，因而不是"空洞"的，而是"实实在在"的，"理念"有了"客观性-客体"。

"理性"的"实践"功能之所以具有这个特性，乃在于"实践"意味着"意志"的"目的"，而"目的"原本是"要-意欲""实现"的，一个"概念性"的"目的"通过"实践-行动"成为"现实性-结果"的"原因"，是"因果性"的一个特殊形态。

"目的"可以是"自然（性）"的，即"受感性制约"的，实现它的"实践"就是"技术性"的，此种"目的"之"成败利钝"，"受时空条件限制"，靠的是"知识-经验"。

更有那"自由（性）"的"目的"，"不受时空条件限制"，实现它的"实践"是为"道德性-德性"的，因其"不受时空条件"的"限制"，其"现实性-客观性"反倒是"必定"的，亦即"如果""想要"，就一定"能""要到-成功"的。

"理性"为"自由""立法",凡"出自-不仅是符合""道德法则"的"目的",都"应当"是"善"的,而这个"善"就"道德"领域内其"实现-现实"的可能性,是由"理性"的"实践立法"所保障了的。

"自由"性"目的"这种"德性"之"善",康德也叫做"至善",意味着"德性"的"最高者"——"至上之善"。

这种意义上的"至善",是"理性"的"实践"功能——"实践理性"——所固有,是"想要就有"的,此处不产生"希望"的问题。

然而"至善"还有一层更加深入的意思:"圆满完成之善",即既是"至上之善"的"德性",又是"在时空中""完成-实现"的"善",这样就不仅仅是一个"德性"问题,而且还有"幸福"的问题,这两者的"完满结合-和谐一致",则尚需"知识"之"介入",而"德性"和"幸福"原本是两个"领域"里的事情,它们的"结合",我们"在时空中-受时空制约"的"人",只能寄予"希望",而我们又是"有理性"的,于是这个"希望"并不是"幻想",而是"有根据"的,"有理由"的。

"人""有权""希望"一个"圆满之善"的世界,这个世界不在天上,而在人间。"人"有"希望"的"权利",而只有"人"才有"希望"的"权利"。

康德的"圆满之善"的概念意味着"德性"和"幸福"的"结合",什么是"结合"?"结合"是指两个"不同-相异"的东西"结合"在一起,成为一个"和谐"的"统一体"。"德性"和"幸福"是不同的概念,如果它们是"相同"的概念,那么它们的"统一性"是"同语反复",即使有所区别,它们之间的"关系"也是"分析性"的关系,从"德性"的概念可以"推导"出"幸福"来,也可以从"幸福"的概念"推导"出"德性"来:前者是古代斯多亚学派的工作,后者则是古代伊壁鸠鲁学派的事情。这两派都把"德性"和"幸福"看作"一回事","德性"即"幸福"或"幸福"即"德性",只是各自的"立足点"不同,因而这两派的"对立"只是表面的。

康德认为"德性"是"实践理性-道德-自由"的事,而"幸福"则是"理论理性-知识-自然"的事,它们分属两个不同的"领域",具有不同的"法则";"幸福"要"受时空条件"的"限制",而"德性"则"否","不受时空条件制约",不顾及"成败利钝"。这就是说,在"知识领域"是"合法"的,在"道德领域"未必"合法",反之亦然。在人世间充满了"有德之人无幸福"而"缺德之人有幸福"的事例,遂使人喟叹"天道不公"。当然,世间也有一些事例展示"德性"与"幸福"相互一致,"天道之公正""偶尔"显示它的"威力",但只是"警示"的"特例",并非"普遍必然"的"法则"。

就康德的"批判哲学"精神来说,"德性"和"幸福"之间的关系,既然不是"分析"的,则是"综合"的,但在"理论思辨理性-科学知识"层面,这种"综合关系"只是"经验"的。"德性"和"幸福"的"契合"带有"偶然性",而不是一种"先天必然的""因果关系",我们不能从"德性"必然推出"幸福",也不能反过来从"幸福"的"结果"必然推出"德性"的"原因"来。

这也就是说,"幸福"作为"自然"的"结果",其"原因"也"必定"是"自然"的,亦即,这个"原因"也必定是"受时空制约"的,而不可能是"在时空之外-不受时空限制"的"德性"。换句话说,"自由"不可能是"自然"的"原因","自然"不"需要"一个"超自然-超自己-异己者"作"自己-自然"的"原因"。

于是,在"自然领域",在"知识王国-科学王国","德性"和"幸福"的关系不是一种"先天综合"的关系,它们的"和谐一致"不是"必然的",而是"偶然的"。

在"自然"领域,"知性"为"立法者","自然"只"遵从""知性"所立之法,而"知性"之"法"与"德性-道德"无涉,"知性"把"涉及""道德-意志"的"立法权""预留"给了"理性",因为"理性"原本具有"实践-能动"的能力,"意志"原是"要-意愿-意欲""实现自身"的。"知性立法"有权"管辖"的范围,只限于包括"感性欲求"在内的"感觉经验世界",这个世界,是"在时空中","受时空条件制约"的,人的"七情六欲"也是"感性"的,"受制于时空条件"的。

在经验世界,"人"也有"希望","希望""某种目的"的"实现","希望"某项事业"成功";只是这种"希望"本身也是"经验"的,亦即"受时空条件制约"的"具体"目标。在这个意义上,"意志"原本就是"欲求",这种"欲求-欲望"因"受制于时空条件",其遵循的"法则"仍是"知性"所

"立"的。"欲求-欲望"的"意志"是一种"自然"的"意志"。这种"意志"不"构成-建立"一个"道德-德性"的"领域","道德-德性"的"领域"需要"自由"(而不是"自然")作为前提。无自由,亦无道德,一切"行为准则"都随"时空条件"的"变化"而"异",一切"责任"皆"有理由-有权利""推诿",盖因"知性"无权为"幸福"与"德性""建立-建构"一个"先天必然"的"因果关系",来使"德性"作为"幸福"的"原因",而"知性"有权管辖的"意志",只是一个感性的"欲求","目的"也是一个"感性"的具体"目标-标的","成败利钝"由"时空条件""制约"。

"理性"在"实践"上的运用,进入一个"新"的领域。"理性"为"意志"的"自由""立法",亦即为"自由"的"意志""立法",在这里,不是为"自然"的"意志-欲求""立法"。

这就是说,按照康德,"理性"不仅(通过"理性"的"思辨"功能)为"自然"的"知识""立法",而且(通过"理性"的"实践"功能)为"自由"的"意志""立法";不仅"自然-知识"具有"先天必然性",而且"自由-意志-道德"也有"先天必然性"。

"自由"的"意志"涉及的是"因果系列"的"第一因",而"意志"作为"目的",涉及的是"终极目的",就其"实现-现实"的可能性言,也是"终结-最终结果",这就是说,"原因"与"结果"在"绝对"的意义上"结合"在一个"意志-自由-道德"中。这层意思,可能是理解"理性"赋予"希望"之"权利"的关键所在。

这个关键问题,康德还作了进一步的推衍:就"自然-知识"和"自由-道德"作为两个完全不同的"立法领域"来说,"德性"和"幸福"的关系不是"先天"的,人们不能-不可以"希望"它们之间的"先天综合"。也就是说,它们之间的"先天综合"是"不可希望"的。这层意思康德反复讲得很清楚,他由此进一步认为要"建立-建构"它们二者之间的"先天必然"的"综合",须得-需要"引进"一个"宗教"的环节,即"设定"有一个不同于"人"的"全知、全能、全善"的"神"作为"神圣"的"立法者",只有在这个"设定"下,"德性"和"幸福"的"结合",才有可能是一个"先天综合"的关系。

就"设定""立法（者）""权限"说，康德自有理路。

人类理性既然在两个截然不同的领域有着互不干涉的立法权，则就"立法"言，要将这两个领域"结合-统一"起来，就需要设定一个"更高"的"立法者"。这个"立法者"，不仅具有最高的"德性"，同时也要具有最高的"智慧-知识"，以保障与"德性"相配的"幸福"必定"实现"。这就是说，这个"超出""人"的"理性""立法"的"最高"的"立法者"，这个具有"最高智慧"的"立法者"，亦即具有"圆满之善"的"智慧者"，就是基督教意义上的"全知、全善、全能"的"神"。

于是在康德哲学的意义上，"神之存在"的"设定"，乃是"人"的"理性"要把"德性"和"幸福""先天必然"地"结合"起来的"理路"上的"需要-必须"。也就是说，"实践理性"的"圆满之善"的"理念"的"必然趋向""设定"一个"神"作为它的"对象"。由此，"实践理性""导向"了"宗教"。康德哲学"设定"一个"大全"的"神"来"结合-沟通""知识"与"道德"，"自然"和"自由"，而之所以有这种"需要-必须"乃是因为康德已经把这两个"领域"在"立法"上"分割"开来的缘故：在"全部的经验（人世间）"的这块"土地"上，"人"的"理性"具有"理论"和"实践"两种不同的"立法权限"，要将这两种"权限""统一"起来，"必须"设定一个"至高无上"的"神"作为"至上"的"立法者"。

然而，康德很明确地宣称，"理性"在"实践"上的"道德立法"，即"道德领域-道德律"不需要"宗教"，"道德律"为"理性"的"自律"，而只有在"增加"了"幸福"的"要素"与之相"结合"时，"理性"才"必须-需要""设定"一个"他者"的"神"，这个"神"的"存在"使得"实践理性"的"圆满之善"的"理念"作为"理想"而具有"现实性"，亦即这个"至善"才可能是一个"现实的""对象"。

于是，"神之存在"成为"实践理性""至善"理念下的一个"必然设定"，而与此相关的尚有一个"灵魂不朽"的"设定-悬设-公设"，"至善"的理念，如要有"客观性-现实性-对象性"必先设定一个"不朽"的"灵魂"，以"保障"在"不断-绵延"的"修善-为善""努力"中"接近""至善"这个"目标"，否则"人"的一切"为善"的"努力"将毫无"意义"。

我们研究康德这两个"设定"实际所涉可以不在一个层面上来理解:"神之存在"是一个"超时空"的"永恒"问题,而"灵魂不朽"则是"时间"之"绵延"问题,如果把"不朽"理解为"不死"的话,而按照哲学从古代希腊的传统,人们正是在"不死"这个意义上来理解"灵魂不朽"的。果如是,这里会出现一些值得思考的有趣问题。

"神"与"不朽"可以涉及"生"-"死"问题,而这个问题似乎并不在康德哲学的视野之内,至少不是"批判哲学"的重点问题。

"不朽"作"不死"理解,是"永生","生"是"时间"问题,"生生不息"为"时间"之"永久绵延"而"不绝-不断","灵魂不朽-灵魂不死"说的是"灵魂""有生""无死",因而"长生"。在这个意义上,"灵魂不死"既然是"实践理性"的一个"设定",则意味着,正是"实践理性""至善"的"需要-必须""保障"了"时间"之"绵延-不断","至善""必须""让-令""时间""绵延不绝",以便"有条件-有可能""趋近-接近"这个"至善""标的"。这一层意思,当在康德"批判哲学"的义理之中。

然而,同样是根据康德"批判哲学",凡"在时间中-受时空条件制约"的事物都是在"不断变异"的,"灵魂"当不例外。正因为"灵魂"也是"可变"的,才能"在时间中""不断""改恶从善",或者向着"更善"进步,在"凡人皆有死"的铁律下,才设定"灵魂"有一个"今生",也有"前生"和"来生","永远"有一个"来生",故"灵魂""不死-永生"。

不过,"神"设定为"不在时空中","神"为"超时空"的"永恒";而"灵魂"固然"永生-不死"但仍"在时空"中。"灵魂""有生无死",而"神""不生不死","神""超脱""生死轮回"。

"神"所立之"法"-"诫命","令""灵魂""不死",以便"不断""为善"以至"至善";但"神"既然"让-令""灵魂""在时间中""永久绵延",则就必得"允许""灵魂"之"变化-变异",但"神"的"原则-法则"乃是"永恒",乃是"恒常-不变",乃是"终结-完成-完满",只有"不再变异"才是"终结",才是"终结目的"之"完成",才是"至善"之"实现"。

在这个意义上,"神"只有"令-让""万物"(包括灵魂在内)皆"死-终结-完成-不变","神"才能够(有权)行使自己的"职能":"公平"地"分配"与"德性"相当的"幸福"。康德在《论万物的终结》一篇短文中阐述了这层意思,他强调的是"道德律"在"万物终结"处"行使"自己"永恒"的"权利";而"神"既然"统一"了"道德"与"知识"则"超越""万物"之"始终",作为"万物"(包括人的灵魂)之"创始者"和"终结者""君临""万物"。

"超越时空"之"神"是"不动者-不变者-永恒者",他既不"生",也不"死",因而不仅仅是"不死者",他"不生不死"。

但这样一个"永恒"的"神",在"宗教-基督教"的意义上,他又是一个"创生者",一切"事物"(包括人)的"创造者","事物"既以"时空"为"存在形式",则"时间"和"空间"也为"神"所"创造",于是,"神""创造"了一切"时空"中之"变化"。

"神"既有能力"令""变化""开始",也有能力"令""变化""终结","神"为"时间"(变化)之"创始者"和"终结者"。在某种意义上,只有一个"终结者"才能对"被终结的事物"作出完全不带"偶然性"的"绝对正确"的"判断","神"只有"令-让""万物-包括灵魂""(有)死"才能作出"最终"的"判断",才能将"幸福"不差分毫-准确无误地"分配"给一个"不再变化-不再有改善(或变坏)"的"德性"。

于是,"人-包括他的灵魂""归根结底"是一个"有死者"。"人"作为"有死者"的"族类",不仅是一个"经验的实事",而且是"神"的"诫命","设定"了一个"永恒"的"神"的"格位"(或"族类",像古代希腊人那样),就"必定-必须"同时"设定"一个"有死"的"族类"-"人",以便"神""发挥"它那"全能"的"绝对正确"的"绝对权威","神"这个"最高智慧者"和"最高德性者"才有"根据"居于"最高法官"的"格位","至慧"-"至德"二者"必然结合"为"至善",这个"圆满的至善"才成为"至公","至慧"、"至善"、"至公"也是"神"的"三位一体"。

然而,如前所述,"圆满之善"的"设定",又必须-必定要"设定"一个"不朽-不死"的"灵魂",亦即"设定"一个"绵延不绝"的"时间",这样,康德《纯粹理性批判》中"时间"的"二律背反"(有始无始-有限无限)又一次涌现出来,"理性"在自身的"设定"上产生了"矛盾"。按照康德解决"知性僭越"之"二律背反"的办法,以"理性"在不同"领域"之不同的"立法权限"来加以解决:"有死"是对"人"的"领域","不死"是"神"的"领域",亦即,"有死"是对"神"而言,"绵延不绝"乃是对"人"而言。

对"神"而言,"神"既是"全能",则"有能力"在"时间绵延"中"看到""终结",在"未完成"中"看到""完成","神""有智慧""看到""大全",在这里,"神""看到-知道""德性"的"分寸","同时"也"看到-知道"与其相配的"幸福"的"斤两","神"乃是"至慧-至德-至能"以及这些概念中所蕴含的"至能-至公"。

在康德哲学,"神"作为"至善者-至大者-至公者"的"设定"是"为了""实践理性"的"自由意志""需要-必要"一个"对象"而成为有"现实性"的可能,因而,"神"和"灵魂"都"从属"于"实践理性"的"立法"之下,"实践"需要"完成","意志"需要"实现"。也就是说,"自由"也有一个"现实对象"的"规定性","设定"这个"规定性"是"实践理性""先天立法"所"建立-建构"的,因而尽管这些"规定性"在"感觉经验世界"并无"对象"提供,但"理性"不依靠"经验"而依靠"理性"自身就有权判断,这些"对象"是"存在"的。这就是说,这些"规定性"虽不是"现象界"的"谓词",但其"存在"仍是"本体论"的"谓词",我们"人"虽不知它们是"什么",但确凿无疑地"知道"其"存在"。我们根据"理性",确凿无疑地"知道""有"这些"对象"作为"自由意志"(而不是感觉经验)的"规定性""存在",则我们对于这些"规定性""存在"的"信心",就有"理性(实践理性)""立法"的"先天-必然"的"保证"。

"追求幸福"是"人"的"自然"的"权利",分属"另一领域"的"道德律令"并不"取消"这种"权利",正如"道德"不会"取消""知识"一样。但是按照康德,"实践理性"的"优先性"表现在:"道德-自由-实践"却有"引领-指导""幸福"之"方向"的"职能","德性"的"至上之善""引领-范导"着"幸福",在"时间不绝绵延"中,趋向于"圆满之善"。

如同"实践理性"的"道德律"无须"神"之助而是"实践理性"之"自律"那样,在"实践理性""设定"的"圆满之善"的"规定性-对象性"即使按照康德的理路,似乎也无须"神"之助。也就是说,"批判哲学"无须"宗教"之助，而"神"与"宗教"问题反倒是在"理性"的"必然性"中，才能得到"理解-化解"。

如果说，说到"德性"并不需要"神"，而当说到"幸福"的时候才把"神"请出来，以便与"德性""结合"得"天衣无缝"，则似乎就意味着不是"实践理性""导向"了"宗教"，反倒是"思辨理性"成了"导向""宗教"的"必要"途径。而在这个意义上，这个"神"就不像"基督教"的"一神"，似乎是古代希腊的"诸神"，希腊诸神都是些"能工巧匠-智慧大师"，而这些"巧匠-大师"在"德性"上常常不是无可指责的。

说到"圆满之善"，原本也是"实践理性-自由意志-道德法则""先天必然"地作为"对象之规定性""设定"的，"至上之善"的"道德法则"由于"影响-范导""思辨理性""先天必然"地"趋向"于一个"圆满之善"成为"终结目的"。这个"设定"有"实践理性"作为"自由意志-道德法则"作"根据"，无须"宗教"之助就是"合理合法"的，自洽的。

"实践理性"之所以拥有"影响-范导""思辨理性"的"职能"，那是因为"实践理性"里的那些"概念"原本在"思辨理性"里作为单纯"理念"就有的，只是在后者被"贬抑"为"知性"之"僭妄"，而这种"僭妄"的"趋向"也出自"理性-知性"的"本性"，即使在这个领域，尽管不能形成"科学知识"，也是被允许"思想-思维"的，是"可以思议"的。

在"批判哲学"，"理念"因缺乏"直观对象"而不能为"经验科学知识"所"认知"；但"理念"作为"现象"的"本体"，却也是"现象"的"基质-基础"，所以说到"现象""必""有"一个"本体"作为它的"基质-基础""在"，只是这个"在-存在"就"知识"言，只是"空洞的""自身同一"，而无"感性客观对象"，因无"直观"而"不可知"，但因"自身同一"而"可思"——可以"无矛盾"地"被思"。"本体-理念"之"命题"所能够具有的"谓词"，仅是"存在谓词"，而"存在"并非"谓词"而只是"主词"，因而就"科学命题"的标准来看，关于"本体-理念"的"判断"只是一个"重言句"，并不"增加-扩展"什么"内容"，因而是"空洞的"。于是在"经验科学"意义上，只是说"神是存在的"乃是"同语反复"，并没有说出"神"是个"什么"；然而，正是这些"不是什么"的"理念-本体"是"现象"的"基质"和

"基础",它们是"存在"的。

"存在"着的"本体-理念"虽然不允许"被知性""建构"成"科学知识",但却作为"现象"的"根基"发挥着自己对"现象"的"影响","引导-范导"着"现象"的"变化-发展""方向",从"现象"蕴含着的众多"可能性"和"偶然性"中,"开辟"着"现实-实际"的"必然途径"。

这就意味着,"理性"在"实践"意义上使在"理论"意义上仅仅是"主体-主词"的"理念-存在"有了自己的"客体-宾词-谓词","理念"不仅为"存在",而且这个"存在"也是一个"什么"。不仅如此,这个由"主体"自身"建立-建构-创建"的"客体-对象",竟然"摆脱"了在"知性"范围内的"偶然性"和"可能性",而是一个由"实践理性""自由-自主-自发"地"创建"的"绝对必然"的"现实性";这里的"什么",是一个"必然"的"什么"。从这里,黑格尔开发出他的"精神现象学"和"逻辑科学"体系。

就严格"划分权限"的"批判哲学"来说,"实践理性"与"理论理性"之间的"关系"具有一种"引导-范导"的性质,而"理性"在这两个"领域"自身,都是"建构性"的。区分这两者的作用,对于理解"批判哲学"也是很关键的。

所谓"建构"与"范导"当是针对"对象-客体"而言。"建构"是指"理性(知性)"为"自己""建构"一个"客观对象",在"经验领域","知性"在这个"领域"为自己"建构-建立"一个"客观对象",使"感觉经验"成为"知识对象";而"范导"是指"理性"已经为自己"建构-建立"了一个"客观对象",这个"客观对象"在"经验领域""建立"不起来,而只能作为"目的-目标-理想(理念)"对"经验世界"起"引导-范导"作用。

凡在"时空"中的"目的-目标-理想"在原则上(经过失败的经验教训)"能够-有能力""达到-实现"的,这个层面当然也有"希望"的问题,人们都"希望""成功",只是这个"希望"的"权利"是"知性""给予"的。也就是说,"经验科学知识"的"先天必然性""给予"了人们"希望"的"权利",但知性并没有给予"圆满之善"作为一个"理念"的"成功——即成为感性现实"——的"权利",也就是说,光靠"知性""立法"的"科学知识"人们"无权""希望"一个"圆满之善"有一种"先天必然性","德性"和"幸福"

在"知识"层面，无形成"先天综合判断"的可能性。

于是，在这个意义上，所谓"希望"乃是对于"圆满之善"，即"德性"与"幸福""必然结合"之"权利"，是对"理念"之"客观现实性"抱有"信心"的"权利"，这个"权利"是"实践理性""先天立法"所"赋予"的，是"道德"对于"知识"必定具有的"影响力-范导性"所"保障"了的。一个"不计（当下）时空条件限制"的"自由意志""朝向"一个"远大目标-另一个时空-另一番天地"-"终极目的""前进"的"期盼-希望"是"有合理"的"根据"的。于是，就"希望"的"权利"来说，"无神论"与"宗教"至少拥有"同等"的"权利"，"无神论"不必将自己的"希望""降格"为"技术实践"的"短视"层面，同样有"信心"在"时间"的"不绝绵延"中拥有"德性-幸福""必然结合"的"希望"。

更何况，康德在《判断力批判》中通过"判断力"为自身"立法"作用已经揭示在"审美"和"自然合目的性"中所具有的"德性-善"与"幸福-真"相"结合一致"的"具体-情景"，即使在"个体"的"感性存在者"之间，不同于"知性""科学知识"的"特殊规律"。这种"规律"并不完全受制于当下实际的"时空条件"，使这些"直观对象"处在"另一个"或许是"虚拟""时空"之中，以便"透露"着"自由"的"消息"，"展示"着"自然"与"自由"有"必然结合"的"可能性"，"自然"的"真"成为"道德"的"善"的"象征"，从而使广义的"艺术品"有"权利"折射出、寄托着"希望"的光芒。

北京

2011 年 11 月 18 日

我们在何种意义上有权作出"预言"?
——康德论"预言"之可能根据

"预言"涉及"未来"之"方向"、"状态"和"事件",涉及"时间"之"绵延",同时也涉及"因果"范畴,因而是"经验"范围的事。要在"知识"上"预言""尚未发生"的"事件",必须在"知识"上掌握"全部"的"前因",才有权"推出""必然"的"结果",亦即在"结果"尚未发生"时","预言""结果"一定"发生";然而,由于"时间"的"无限绵延",要想穷尽"事物-事件"的"无限""前因",在知识上是不可能的。这就是说,"因果"系列不可能在"经验"上做出绝对的"综合","经验"的"综合判断"不具有绝对的"必然性",而只具有"相对"的"普遍性",因而一切"单纯经验的知识"都包含了"偶然性",而只有"先天性"的"综合判断"才具有"绝对"的"普遍性",亦即"必然性"。然而,这种"先天综合判断",并不涉及"时间"中的具体"事物-事件",而只涉及"时间(空间)"的"形式",因为这种"形式"虽是"感性"的,却是"先天"的。

在这个意义上,并非一切知识判断都是"先天性"的"综合判断","知识——包括经验科学知识"大量的还是"经验判断",它们的"真理性",不仅仅依靠"形式"的"逻辑证明",而且还要依靠"实际经验"的"检验",而这种"检验"既然也是"经验"的,是在"时间绵延"中的,因而,也是"相对"的,"后验"的。

于是,在"经验知识-历史"的意义上,"预言"式的"推论-推测"只有

"相对"的意义,一切"经验性"的"历史学"(包括"过去学-未来学")都无权"消弭""偶然性",因而"偶然性"也成了"知识论"的一个重要范畴。

然而,如果谈到那些具有"先天必然性"的"知识",即使对于那些"先天性综合判断"言,则又并无"预言"的地位,因为那只涉及"逻辑"——在康德是"先验逻辑",虽不是"超时空"的,但只涉及"时间"的"形式",至于那些"在""时间(绵延)"中的"事物-事件",则仍然是"后验-经验"的,而不是"先天"的;而似乎只有对涉及"在""时间绵延"中的"事物-事件"来说,才突出了"预言"的位置。我们对于"数学-几何学"的问题似乎很少有"预言"的问题,而对于"月食-日食"那类天文学预测来说,可能是数学合规律的计算保证了某些"预言"的准确性。

在这个意义上,"预言"问题在"自然"领域涉及对于"自然"发生之事物,也是受具体时空条件限制的,康德的"批判哲学"旨在"保证""自然科学-广义物理学"在作出"理论判断"时有"必然"的"可能性",而并不是说一切此类判断都是"必然"的。事实上,此类判断只是有权以"必然性"判断的形式出现,其真理性还须"经验"之"检验"和"证实"。这似乎就是说,关于"自然"之"经验判断"并非仅为"感觉材料"之"集合",而是这些材料须得由"知性"的"先天概念-范畴"加以"规定",因而对于"感觉经验"的"判断",才有权具有"逻辑必然"的理论形式,但因为这类判断又非单纯的"(形式)逻辑",因而它们对于这些材料给出的"规定"是否"符合""真理性-是否与其所涉对象一致"则仍需进一步"检验"。

以康德重要"范畴""因果性"为例,这个概念的"先天性"只是说,我们的"科学知识"因该概念的先天性,我们的"经验科学"有权对在"时间""前后相续"的"绵延"中"出现"的"事物"作出"原因"和"结果"的"判断","断定""在先"出现的"A"是"在后"出现的"B"的"原因";但究竟"A"是否"真"的为"B"的"原因",还有待"具体问题具体分析",在"经验知识"问题上容不得"武断"。于是,如果"B"尚未出现,则我们不能在"无条件"的意义上说"A""必然"产生"B",因为即使在"B"已经出现的情况下,我们对"A"是"B"的"原因"这个判断仍需"检验"。也正是在这个意义上,我们的"经验科学"不断地"修正"使之随着"时间"的"绵延"而"不断""接近""真理"。在这个意义上,康德的"批判哲学""确保"了"经验"的"自然科学"作出"科学性""预言"的"可能性",同时也展示了"经验性科学""无限"发展的"可能性"。

至于"自然科学"这种"发展"的"可能性",又是"朝着"一个"终极目的""前进"的。这样一个"超越""时空"的"形而上学"的"预言",应该是"无条件"的,"绝对"的。这个"终极目的"对于"经验科学-自然科学"来说,是一个"非对象性(雅斯贝尔斯用语)-无对象"的"理念",但对"对象性-有对象"的"经验科学"理论起着范导-引导作用。

"终极目的"这个"理念"不仅涉及"知识"问题,更主要的涉及"道德"问题;不仅仅是在"知识"上更加"接近""事物本身",因而不仅仅是一个"本体论"问题,而且是一个"道德"上"完善"的问题,"终极目的"亦即"至善"的问题,正是这个"至善"的"理念"范导-引领着人类经验发展的"方向",因而这个变化和发展也就具有"进步"的意义。在康德意义上,"运动就是一切,目的是没有的"并不具有任何意义。无论自觉与否,人类的经验朝着一个"终极目的"的"理念""前进",尽管这个"进步"是"曲折"的,"倒退"也是经常发生的事,但只要"人类-人族"的"理性"没有丧失殆尽,就不会"彻底-无条件-绝对"意义上迷失方向。这一点,是可以"有把握"地"预言"的。

那么这种"无条件"的"预言"的"根据"何在?世上的"恶"何其多也,而且给人的印象竟然是"道高一尺,魔高一丈",许多古代没有的"坏事-罪恶",如今比比皆是。在这样的悲惨的局面下,"趋善"要不限于"劝善"的空洞"安慰",而要揭示"趋善"在"理性"上的"根据",即,"人"作为"有理性"的"族类"有何种"先天"的"理由"致使"有权"作出这种"道德"上"趋善"的"无条件"的"预言"?

探讨这个问题,涉及康德关于"善-恶"的一系列重要思想。

首先一个重要的前提是:在康德看来,"善-恶"皆出于"人"的"自由",而不是出自"自然",因而是"道德"范围内的问题,而不是"知识"范围的事,也不是"自然"的"欲望"的事。在道理上,"善-恶"与"七情六欲"是两回事。这一个区别和界限是"种类"上的区别和界限,是"原则"上的区别和界限，而不是一般认为的要把"自然欲望""消弭殆尽"才算"至善"的意思。恰恰相反，"至善"为"德性"与"幸福"的统一，"自由"与"必然"的统一，"追求幸福"并不是"恶"的"源泉"。"善"、"恶"都是"自由"的事，而不是"自然"的事，虽然二者当有实际的关系。

理解这个问题的关键，当在于"责任"的概念；而"责任"的概念又和"自由"密不可分。"道德律""令""人"作为"有理性者"对于"自己"的"行为"之"结果"负有"无可推卸"的"责任"，其道理上的根据，是必须"规定""人"是"自由者"，尽管这个"自由者"的"人"之"行为""后果"能有千万种"时间、地点"的"条件-原因"，并不能，亦即"无权""推卸"自己的"责任"于分毫，因为你的行为的"结果"固然在"时空"中，作为你的行为的具体"动机-目的"也在"时空条件"中，但在你的诸多"动机"中有权作为"普遍的""准则""令"人人皆要"遵守"的"律令"，却是不计"时空条件-无条件"的"道德律"，而"道德法则"之所以有这种优先的权利，能够"不计"种种时空限制对"人"发布"绝对"的"命令"，正在于"人"作为"有理性者"是"自由"的。

"道德律"是"为善"的命令，这就是说，"人"作为"有理性"的"自由者"，"原本-应当"是"为善者"，亦即，在"道德律"的"规定"下，"自由者"作为"普遍准则"的"动机"，必然是"善"。这个"善"，不是经验世界的"结果"的"相对的""好"，而是"无条件的善"，"绝对的善"。在这个意义上，康德的这个没有经验效果的"绝对善"的"动机"，是很软弱无力的，因为"道德律"也不是一个"急功近利"的行为"准则"，但就"时间绵延"的"长期""结果"来看，在这个由"道德律""规定"下的"善"的"动机""准则"，乃是"自由者"之"自由意志"必定要"设定"的"最终目的"。这个"目的"，就只限于从"时空"条件的"理论理性"来看，只是一个没有"实在性"的"理念"，但是就"不计-超越时空条件"的"实践理性"来说，却是一个具有"现实性，即有权实现"的"至善"，因而，这个"至善"的"理念"，才可以-有权作为一个"意志"的"目的-动机"而又可以-有权作为一个"普遍-必然"的"准则"。而其他一切"受时空条件"制约的"目的-动机"，一切所谓"处世之道"，无论多么"聪明"和"有效"，都"无权""充当"这个"无条件"的"准则"。

有了"道德律"作为"自由"的"规定性",作为"意志动机"的"准则",人作为"自由者-责任者"的"行为"的"结果",在道理上"必定"是这个"终极目的-至善"。就这个意义来说,"自由者"在"道德律""规定"下的"动机"作为"原因",对于"至善"这个"结果"来说,就是"充足"的"理由",无须另外的"理由"来支持,"足够""令"这个"结果""产生-出现",具有"现实性"。也是在这个意义上,我们关于"至善"的"判断"——"善的动机必定产生善的结果-善有善报",在"实践理性-道德"的意义上-不是在"理论理性-知识"的意义上,是一个"先天综合判断"。这就是说,"原因-动机""必定-必然地""推断"出"结果"来。

这样,在实践理性-道德的意义上,我们就有权对于"至善""现实性"作出准确无误的"预言",如同几何学-数学的命题那样,不必等到在纸上演算完毕,其"答案"已经"存在",于是这个"演算"的"过程"尽管有许多错误,但这个"方向"是可以"准确""预言"的:人类作为有理性的"自由者"其"演算结果"-"终极目的"必定是"至善",因而这个"演进"的"过程"因受"时间空间"制约,必定充满了坎坷曲折,甚至有"血的代价",但这个"趋善"的总体"方向"则是可以-有权作出准确的"预言"的。

然而,世间种种"邪恶"不断"干扰"着这个"演进-进程",一次巨大的"灾祸-天灾人祸"或可将人们辛苦建设的成果毁灭殆尽,人类"趋善"的"进步",在"道理上"又有何种"根据"?人们又有何种"理由"来在"道理上-理性上""对付"那往往在数量上大大超过"善事"的"罪恶"?

哲学和宗教对于"恶"的问题已有很多的思考和学说,就康德思想来说,他贯彻的是奥古斯丁以来从人类"意志自由"的"观测点"来理解"恶"的问题,并将他的"批判哲学"的精神贯穿下去,在理路的衔接上很有参考的意义。

就康德来说,"自然"原无"善-恶",因为"自然"本不是"人"的"产品","自然"并不是"人""制造"出来的,只有"人"通过自己的行为"产生"出来的"结果",才有"善-恶"的问题。但是,"人"按照"自然律""产生"的"产品",只有"提升"到"实践理性-道德"的"视角-观测点",也就是说，这些"产品"不是作为"自然"的"产品"，而是作为"自由"的"产品"来理解，才会有"善-恶"的问题；但是，"人"既然是"自由者"，则即使是按照自然律生产出来的"产品"，也都"逃不出""道德"的"审问"，而"自由者"既然要在经验的世界做出一件"产品"，必须要在这个"产品"的范围内"符合""自然"的法则，因此"自由者"的一切"产品"都具有双重的视角，而"道德律"的"权威"正是体现在凡"人"的"产品"都"逃不出""道德"的"质询"。在这个意义上，"道德律"并不是"脱离实际"的，相反，在某种意义上，它甚至是比"自然"的视角更加"贴近实际"、"深入实际"的。世间一切"战争武器"的"产品"，都明显地揭示了这一事实。

于是，只有在"自由-道德"的"视角-观测点"看"善-恶"问题，这就是说，不仅"善"是有"自由"为其"源泉"，而且"恶"同样也是"出自""自由"，而不是出自"自然"。在这个意义上，"恶"并非"出自""人"的"自然""本性-本能"，不是"人"的"七情六欲"，因此"去恶"就不是"存天理，灭人欲"的问题，仅就"人欲"本身来说，何罪之有；"罪-恶"之"源"，要到"自由"中去寻找。

这层意思，表面上似乎是为"七情六欲""辩护"，说一切"淫欲"似乎都是"无辜"的；然而，从道理上来说，恰恰又正好有相反的意义，即世间一切感性欲求如果是一个有理性的自由者所为，则具有无可逃脱的"责任"。"善-恶"不是一个"数量"的问题，不是"纵欲过度"就成"罪恶"，而是一个"质"的问题，"不义之财"贪得"一分"，也是"恶"。更有进言者，如果仅就"自然"的视角来"断""善-恶"，则世间一切的"恶"皆为"自然"的，因而也是"必然"的，于是人们对这种"行为"就"无权"追问它们的"责任"，它们也就是"无关乎""善-恶"的。

从道理上来说，只有将"恶"之"源"追寻到"自由"，人们才"有权"对它们"问责"，于是世上一切"恶人-恶事"都必须放到"道德-理性"的"法庭"面前加以"审判"。

然则，既然"善-恶"皆出于"自由"，则人们何以有权"预言""自由"所"投向"的"经验世界"却在"总体上"是"趋善"的？

"恶"既然在"原则"上无涉于"自然"，而"规定""自由"的"道德律"

在"动机"的"准则"上"无条件"是"善"的,那么,"恶"只有在这个意义上可以成立,即它是一种对"道德律"的"挑战"力量,是对这个法则的"背叛"和"否定"。在这个意义上,"恶"尽管有极大的危害性,但它"无力""泯灭"这个法则,因为道德法则的泯灭,意味着"自由"的泯灭,于是"善"的"泯灭"同时也就泯灭了"恶"自身,在"道德法则"面前,"恶"只是一个"消极"的"力量",其作用是以背叛和颠覆的方法"篡改"在这个法则"规定"下的"自由行动"的"准则",使这个"准则""掩盖着"一个"秘密"的、不能"公之于世"的邪恶动机。这时候,"自然"的"必然性"常常被"冒充"为一个"行为准则",譬如,"迫于形势"、"无可选择"等等,"自然的必然性"成为一种"借口",做了"恶"的"替罪羊",真正的"恶"的"动机"因其"见不得人"而被"掩盖"起来;而在"道德律""规定"下的"自由者"的"行为""准则"本质上具有"公开性",因为它是"普遍的",而"恶"的"准则"本身,如果不"乔装打扮",则永远具有"私密性"。

于是我们看到,"恶"在"时间绵延"中不可能成为"永久持续"的,因为它的"持续"就是它自身的毁灭,因而是自相矛盾的。在这个意义上,"恶"也不可能-无权成为一个"终极目的",而只能是一种"消极的-捣乱的""力量""存在于""时间绵延"的"曲折-间歇"之中,在这个道理的支持下,我们才有权在"理性"上——不是在"经验事实"上——说我们"预言"人类在"时间绵延"中是"向着"一个"至善"的"终极目的""进步"的,尽管在"时间"中,这个"至善"的"理念"我们只能"无限地""接近"它。

"人"在"时间绵延"中的"活动"形成"历史",就这个意义言,"历史"在道理上也是"趋善"的。这个"判断",也是一个"先天综合判断",于是,是我们有权"预言"的。

在康德,"历史"被理解为一个"经验"的"对象",因而"历史学"是一门"经验科学";亦如同其他"经验科学",它也有"先天性"的支撑。

事实上,"预言"问题主要涉及"历史学",亦即,"人(类)"所"制造-创造"的"事物-事件"在何种意义上说是可以"预言"的。亦即"因果范畴"如何被允许应用到"经验"的"事件"中去,同时又是从"自由"的视角赋予这种"自然"的"因果关系"以"道德"的意义。当然,这个问题同时包括了

"过去"和"未来",而就"预言"来说,主要涉及对于人(类)尚未"制造-创造"出来的"事物-事件"的"性状"所作的"预言"为何不仅可有"经验的可能性",而且也有"先天的可能性"?由于"历史"是"人""创造"的,这个对人类未来的"创造"的"预言",尤其显得突出而重要。

　　这里又涉及康德哲学的另一个层面,即与"知识"不同的"道德"层面;在道德层面上,人类"理性""有权"作出"预言":人类历史一直是在"改善-趋善"的"方向""进步"。"人类"所"创造"的"历史""朝着""趋近""至善"的"终极目的"的"方向""进步",在康德看来,这是一个"先天性综合判断",因而具有"必然性",而不仅仅是"经验"的"普遍性"。

　　"历史"的"先天综合判断"所"综合"的是"过去"和"未来"的"在时间绵延中"的"事物"的"状态",各种事件状态之间的关系之所以成为"可以理解"的"知识-科学",正在于这种经验知识有一个"先天综合"的基础,即人们在它们之间有权探究一种"原因"和"结果"的"关系","历史"作为"经验科学"也是寻求"历史事件"之间的"因果关系"。而"原因"和"结果"二者常常只有一个是"现存"的,我们不是从"现存"事件"回溯""过去存在而现已不存在"的"原因",就是"追问""现在尚未存在"的"未来"之"结果",对于这个"非存在"的"结果"的"推测",常常叫做"预言","历史科学家 史家"之"经验性"之"预言""权利",当有"先天综合"之"因果""范畴""支持",所以"历史科学"对于"未来"事件的"预言"是有"合法"根据的,不是一种主观的"预感",更不是无权应用到经验现实中去的一种"神秘"的"占卜"。但是,由于"过去"和"未来"都是"非存在",要给"非存在"作出"规定",作出"判断",这个"判断"具有"超时空"的意义,因而是一个"理性"的"判断",是对"理念"的"判断",而不是对于"经验概念"的"对象"作出的"判断",具有"理性""绝对"的"必然性"。"理念-善-至善"虽不具有"经验"的"对象",但对于"经验",却具有"范导-引导"的作用,因而"历史先天综合判断"对于"过去-未来"的"经验事实"具有"规范-引导"的作用。这种作用表现在人类理性-理念"引导""历史-时间"的"趋善"方向。

　　"历史"的"预言"不仅涉及"历史发展"的"终极目的"的"方向",而且涉及"历史时期"中的"历史事件"的问题,因为"自由者""创造"的"事件"是一个"综合",这种"综合"的"先天性"涉及"自由"与"必然"在何种意义上被允许"结合统一",则是需要进一步探索的。

我们在何种意义上被允许"预言"一个"历史事件"的"发生"?

康德说,只有作为这个"历史事件"的"制造者"才有权宣布这个"预言"。这就是说,只有本身作为"肇事者"才有一种"确信",这个"历史事件""能够"作为他的"目的"被他的不同程度的努力而"达到-实现",也就是说,他的"意志"的"动机-目的"作为"原因""能够"成为"结果"。就"自由者"的"行为"来说,只有这个行为者自己才在"行为"的"决心"中把"自由"的"意志"和"必然"的"经验""结合"起来,亦即,把"(应当)是(目的-理想)"与"(必定)是(现实)"结合起来。这样,"历史"上"本该""发生"的"事情"往往"实际上"并未"发生"这样一种"现象",才有一种"解释":这种本该发生的事件"尚未"找到一个或一群"真正"的"制造者",他或他们尚未具备在经验现实世界中将"理想""转化"为"现实"的"条件",他或他们还不是"合适"的"制造者"。他或他们的"目的"只是一种"主观"的"愿望",未能成为一个确定"原因"的确定"结果",这样,他或他们的"预言"一时成为"一纸空言"。

然而,只要这种"目的"是"出自"或"符合""道德律"的,因而是一种"理性自由""目的"。在"历史"进程的"趋善"的"先天综合"的基础上,这种目的的"实现"就有一种"必然性"的"保障",一种符合"趋善"的"历史潮流"中"应该"发生的事件,总会找到这个"事件"的"制造者","让-令""应该"发生的"事件""发生",从而在"理性"上,在"道理"上,关于这个"事件"的"预言"也就具有"先天综合判断"的性质。在这个意义上,我们常说,某种"合理"的"事件",从长远的眼光来看,即在时间的绵延中一个尚未确定的"到时","终究"是会"发生"的,"因果律"并未"丧失"作用,这是黑格尔和海德格尔的意思,但跟康德有着思想的渊源,也是清楚的。

"应该"的"事"要"进入"经验世界,不必要有一个将它作为"动机"去"做-制造"它的"自由者",亦即这个"自由者"不仅以这个"应该"作为

"义务",而且要"愿意"去"做-制造"这件"事"。在这个意义下,我们才有权"预言",这件"应该"发生的"事"也"将会"发生,至于这件"事"的"成败利钝",要看主观和客观的"条件",是由"时空条件"制约的,即使是"肇事者"也难以"逆料";但这件"事"总是"做-发生"了。在这个意义上,这个"事件""发生"的"预言","肇事者"确实"有权"加以"宣布",并有权被认为是"准确"的;而作为一个"旁观者"则无权代替"肇事者"来宣布这个"预言",因为"旁观者"虽然"看到"这件"事"的"应该"的一面,但"看不到"它的"将会"的一面,因为"肇事者"不仅"看到"这件"事""应该"发生的一面,而且把这件"事"作为自己"自由意志"的"目的",作为该"事件"的"动机"来发动行为。这一点,因"动机"的"内在性"是"不显示"的,因而"旁人-旁观者"无法"看见",也就无权作出该"事件""必定""发生"的"预言"。

然而,"事件"一旦"发生",一旦进入"经验世界",就将"不依""肇事者"的"主观意志转移",有一套"经验"的"程序",其实际进程则受千变万化的"时空条件"制约。就个别"事件""结果"而言,因"原因"之"复杂性"而难以"逆料",即,即使在"结果"出现后,也难以"判断"出"真正"的"原因"。"历史科学"犹如一切经验科学那样是一门艰巨的学科,而又因其涉及"自由"的"人",更增加了难度。

"史家-历史学家"总是一个"旁观者"。

"历史学家"这个"旁观者"之所以可能-有权对"历史事件"做出"预言";并非他们是这些"事件"的"制造者",而是他们根据他们的"修养(知识和道德)",对于已经"呈现-发生"出来的"事件""有能力""看出"它们的"意义","看出"它们的"生命力",于是"有能力"在这些"事件""被消失"后,"看出""必将"在"历史"的"某个时刻(到时)"还会在类似的方式下"重演"。

康德着重以他那个时代震撼人心的"法国革命"为例,而他晚年的这些思考,并没有放弃他对这场"大事件"歌颂的态度和同情的热情。尽管这个"革命"已经"失败",但它在"历史"中体现-呈现出来的"精神"——道德的、法制的,都有"持久"的意义,而"必然"在"不确定"的某个"历史时期"

在不同程度和不同的方式下"重复"上演这出可歌可泣的"戏剧"。当然，康德指出，那时候这个"事件"的"肇事者（们）"当可避免为此付出如此沉重的代价。

"历史"的"过程"中，居然常常是一些"大事件"的"重复"上演，似乎人们做了种种努力，却又回到了原地，人们的一切努力，都将劳而无功，人的生命在竭尽全力地"消耗"自己的能量，而这些能量复归于守恒。康德还提到另外两个极端的观念："恐怖主义"和"幸福主义"，都是很值得进一步研究的问题。

人类的劳作何以不会是"恶"的"积累"（恐怖的前途）为"前途"，居然也不是"善"的"积累"（盲目乐观之前途）为"前途"，更不是"劳而无功"之"无前途"？

"善"和"恶"都不是"数量"问题，而是"道德"的"性质"问题，是"出自或按照""道德法则"和"背叛或违反"这个"法则"的问题，而前者乃是"自由者-有理性者"的"内在"的"禀性"，这个"禀性"需要"开发-开展-展示"，并无"增-减"的问题。"自由者-有理性者"为"善"是一个"先天命题"，不受时空条件限制的绝对命题，"道德律令"是"无条件命令"；而"恶"是对这个命题的否定，它以时空条件为"借口"来"反抗"这个"绝对命令"，但它不可能"消灭"这个"命令"，因而也不可能"泯灭""善"作为"有理性者"的"内在禀性"。在这个意义上，"恶"不可能"大获全胜"，"恐怖前途"并无道理上的根据；同时，"善"也不是在数量上"积累"起来的，现实世界不是"积善堂"，"善"的数量上的"增加"，并不意味着"恶"的"减少"，相反，在经验世界往往是"道高一尺，魔高一丈"。

假设"善-恶"是一个"数量"问题，则"数量"有"增"也有"减"，得到的"财富"也会"失掉"，"富不过三代"，人们的"积善"也会像希腊神话中的西西佛斯那样，"善"的"积累"是为了它的"减少"，前人的"积善"是为"后人""为恶"垫付了资本，人类历史显示出一幅"反复轮回"的惨状。

人类历史之所以不会出现这幅惨状，人的内心并不真正信服这个"反复轮回"的"理论"，乃在于人的内心"确信"历史不仅常有一种"重复轮回"的"现象"，而且有一个"前进"的"本质-本体"不可泯灭，在历史出现的"重复"的"事件"中,特别在一些"大事件——海德格尔的Ereignis"中,"呈现"出以前被"恶"所"掩盖"着的"善"的"开显"。在这个德性的意义上,"真理"在于:人类在做着"解蔽"的工作(海德格尔)。

"善"的"进步"-"趋善"乃是"善"作为一个"原则"与"恶"——也作为一个"原则"——的"斗争"中,取得胜利、"逐渐开显"的过程,是人的"理性-自由-道德"的"内在禀性"逐渐"向外-在现实世界""逐渐显现"的过程,尽管这个"过程"是曲折的,我们在理性上,在道理上"确信"这种"进步";"史家-历史学家"的"眼光"也"看到"这种"进步"的"迹象-轨迹"。

在这个意义上,"道德-善"的"进步"的"历史","趋善"的"历史",亦即人类"自由-德性"的"历史",是真正意义上的"信史",它的"可信度"有一个"先天综合"概念的支持,对此凡"自由者-有理性者"都有"确然"的"信心",可以作出"有把握"的"预言"。

就这个意思来看,对我们中国的"史家-历史学家"来说,要做出"信史",就会是一部在另一种意义上的"春秋""大义史",是一部"大历史",而不是"小历史"。

这里作"大"、"小"之分,并无褒贬,只是说,"大历史"主要是探讨"德性"如何在"历史事件"中呈现出来,因此这样的"事件"往往是比较"重大"的;而"小历史"则"事无巨细"皆应在探讨范围之内,力求详尽——福柯所为"穷尽一切细节"之谓,因而是"知识性"的。就"历史学"作为一门"经验科学"来说,这个"小历史"似乎是基础性的,研究历史,当根据"事实"说话,而"事实"是不允许"捏造"的,都是"在时空中""存在"的,不能"无中生有",尽管"历史学家"对于这些"事件"的"时间顺序-空间位置"或"因果关系"常常有"不正确"的"判断";"大历史"则是"在时空"探讨那"不受时空条件限制"的"自由精神",因而是"道德性"的,不仅仅是"知识性"的。"知识性"的"历史科学"以"客观性"的"判断"为主导,而"道德性"的"史家"则必有"道德判断",亦即必有"褒贬"在内。

这种"褒贬"不是根据一个"受时空条件制约"的"道德标准"做出来

的，这种"标准"往往是一种"凝固了-僵死了"的"概念"，而不是"自由"的"道德范畴"，那种"君君臣臣，父父子子"的"标准"恰恰不是真正意义上"道德"的，而是"受时空制约"在一定"历史时期"的"社会"的"概念-标准"，以此来"冒充"那"不受时空制约"的"自由"，作为"原则"来看，恰恰是"恶"的，因为它是对于"道德-理性-自由"的"僭越"和"背叛"，用这个"框框"是不可能"使乱臣贼子惧"的，因为"君臣-父子"都是在一定的"时空"条件下，是可以转化的，"父子"关系因有血缘的保障，比较不容易"改变"，"君臣"也只能以这种"血缘"来维系，似乎可以"亘古不变"，然则"血缘"这种"自然关系"，如同一切"自然关系"那样不能完全"排斥""偶然性"。人们可以利用这种"偶然性"制造出种种"活剧"、"悲剧"和"惨剧"来，而一旦"得逞-成功"，则就会"自然"地"名正言顺"，"乱臣贼子"立即"转换"成"开国圣主"和"孝子贤孙"，倒是使得"史家""秉笔"顿生"畏惧"之感，史上也不乏"史家"因"下笔乖谬"、"褒贬不当"而获罪的。

然则，就在那些可歌可泣的"尽忠尽孝"或"起义革命"的"故事"中，"史家"同时也"呈现"了人们在"做"这些"事"时"呈现"了一种不计"时空条件"的"自由精神"，呈现了一个"铁的道德法则"："人"是"自由者"，"时空条件"最终是不能"限制"的。从这个视角来看"历史"，则"历史"上呈现了许许多多这样的"大事件"。

就"大历史"的角度来看，一切"帝王将相、忠臣良将"这类的"故事"和被斥为"乱臣贼子"的"故事"，都不应该因有悖当前的"观念"而斥之为"无意义"和"荒谬"。哲学地看历史，当看到这些"故事"的"大意义-大义"，即透过这种错综复杂的"历史事件"有一个"自由"的"心"在"跳动"，"自由"在"时间绵延中"，在"时空条件下"，如何"具体"地，不是"抽象"地"呈现""自己"。"大历史"是人类作为"有理性者"的"自由史"，只要"理性"不被"泯灭"，则"理性者"的"自由"绝无泯灭之理，于是"大历史"作为揭示这个"理性的自由精神""呈现"历史，也揭示了这个历史"趋善"的必然性，使我们有权"预言"："作为自由的目的-对象"的"善"，必定会在"未来"的"某个（不确定）"的"时间"中"呈现"出来，体现这种"自由精神"的"事件"也可以被"预言"必将"发生"，"时间"固然难以

"确定",但必有"到时"的一天。

对于"大事件"的"大历史"中的"事件"之"发生",因有以"道德律"为"规定"的"自由"作为"充足理由",则这个"自由"的"结果"也是"必然"的。这是一个"先天综合判断",即它的"原因"和"结果"的"关系"不以"时空"之中"感性直观"为"条件",它们的"关系"(因而是一个"综合")是"无条件"的。但这种"无限制"的"理念"一旦"进入""时空"之中,则也是"受到限制"的。它的"呈现"也是"未完成"的,它的"到时"的"日期"也是"不确定"的,因为涉及"未来",则"事件"的"肇事者"也未出现,"未来"的"事件""等待着""肇事者"把"道德法则""抉择"为"行为"的"动机",这对于作出"预言"而又作为"旁观者"的"史家",是无能为力的。

北京
2012 年 3 月 27 日

黑格尔哲学断想
——围绕着"自由"与"必然"问题

黑格尔哲学以《精神现象学》为"导论",从"意识"入手,先解决"意识"及其"对象(存在)"的关系,将感性自然的"存在(者)""悬搁"起来(胡塞尔),进入"自我意识",按照费希特的"自我""设定""非我"的路线,逐步"扬弃-升级-发展",达到他的"哲学"的"绝对性"。"理性"在自己的"对方""发现-认出-证明"了"自己",是为"精神"的"绝对活动"。在这个思路的基础上,黑格尔"引导"出他的"哲学全书纲要",一个百科全书式的"绝对哲学体系",包括了"逻辑学-逻辑科学"、"自然哲学"和"精神哲学"。

就某种意义来说,黑格尔这条思路是和康德相反的,尽管康德"批判哲学"开启了以黑格尔为大成的"德国古典哲学"的发展方向。就康德的意思说,黑格尔哲学已经不是"批判"——为"理性"不同"职能"划出"界限",而是"理性"如何"超越""自己"为自己"设定"的"界限",使"界限"转化为"理性""自己""发展"的不同"环节",以这种"发展""显现-开显-证明"自己的"自由"。"理性"的"自由"不是由"外在"因素给出"规定性-限制",而是"内在于""理性"自身的诸种"环节"的因素所"规定"。

这样,我们看到,康德以《纯粹理性批判》面对的是一个"经验知识"的"必然"领域,而到《实践理性批判》才着手探讨"自由"的问题,而把这二者"结合"起来的"判断力"却是一个游离于二者之间的很特殊的"反思"的问题，并无自己的"独立"的"领地"。

当然，康德的"哥白尼革命"将"知识"的"必然性"归于"理性-知性"的"纯概念-范畴"这一点意思贯穿于整个德国古典哲学之中，黑格尔也不例外；但是由于康德的"纯概念"只是"形式"的，它的"内容"必须要由"感觉经验"来提供，成为一个"括不出去"而必须接纳进来的"外在-异己"的"材料"，"内容"不是"自己"的，而是"异己"的，因而充其量只能将"二者""结合"起来，而不能"一以贯之"，所以康德哲学被叫做"二元论"。

黑格尔既然在他的"体系导论-精神现象学"中已经以他的方式将"意识"及其"对象"的关系引向"自我意识"以后的发展，就可以在他的"逻辑学-逻辑科学"中，着手研究"概念-判断-推理"。

既然是"逻辑"，"必然性"是不成问题的；但黑格尔既然认为"纯粹概念-范畴"的"内容"本质上不是"外来"的，是"概念-范畴""自己"发展出来的，"概念"就不再是受"外在"因素"制约"的，因而是"自由"的。于是，黑格尔哲学就必须一方面要阐明"概念"何以是"自由"的，同时也要阐明"概念"既是"自由"的，何以会有"必然性"，也就是要解决"自由"与"必然"的"内在一致性-同一性"，而不仅仅是一种不同因素的"结合"。

黑格尔哲学中的"概念"不是一般只具形式的"抽象概念"，不是"抽象"的"必然"，也不是"抽象"的"自由"，并不仅仅是有一个"外在"的"对象"的"存在"与其"对立"着，而是进一步"发现"这个与其"对立"着的"对象"里却原来就"有"它"自己""在"。"理性"的"概念""发现"在"对象"中有它"自己"，是人类"精神"发展的"结果"。"精神"发展到使得"理性""有能力"在"对象"中"确认"自己，就是黑格尔的"绝对"，"绝对精神"，"绝对理性"。在这个意义上，"绝对"不仅是我们以前理解的"无对"，而也可以是"有对"，但要在"自己与自己相对"的意义上来理解这个"有对"。"absolute"在希腊文是"to auto"。这种意义上的"有对-绝对"就是"自由"的本意。"自己"跟"自己""相对"，也就是说，"对象"也就是"自己"，在"对象"中也"保存着""自己"，认识到这层"关系"，不仅认识到和"对象"的"关系"是"相对"的，而且也是"绝对"的。这样，这种"关系"就不仅是"必然"的，而且是"自由"的，是"自己"和"自己"的"自由"

的"关系",于是,"绝对"也就是"自由"。

在这个意义上,在"理性"具有了"精神"-"活力"的"发展阶段"。就黑格尔自己的哲学思路来说,在《精神现象学》经过了"意识"、"自我意识"等诸阶段的历史发展后,黑格尔的"哲学科学全书"的体系则从"逻辑学-逻辑科学"开始,而"逻辑"当以"概念-判断-推理"为核心,黑格尔"哲学科学全书"也以"概念"为核心,或者说,以"概念"为他的"哲学全书"的"出发点"。

如果说,《精神现象学》是黑格尔哲学科学的"现象学","精神"还"逗留"在"现象",则他的"逻辑学-逻辑科学"可能就意味着"精神"开始进入"本体"。也许我们还可以说,《精神现象学》具有更多的"历史性",《哲学科学全书》则更多"逻辑性"。

重要的是,经历了"历史现象"的"精神",已经使得"理性"有足够的"能力-力量"在"异己-对象"中"发现-认出""自己","认出""自己"与这个"异己"的"对立"的"对象"原来在"本质"上具有"同一性"。

这就是说,"思维-主体"和"存在-客体"在"现象-表象"上是"对立"的,而在"本质-本体"上则是"同一"的。"存在"的"本质"是"概念","概念"的"本质"也是"存在"。"思维"与"存在""同一",而不仅仅像康德那样提出一个"谁围着谁转"的问题。两项不同东西的"关系",无论"谁围着谁转",都可以是"决定"的,"必然"的,而"同一性"的"关系",因其是"一",故而是"自己"的,"自己""决定""自己",是"自由"的。

于是在这个意义上,理解"概念"的"自由"或"自由"的"概念"会成为理解黑格尔哲学的关键。

黑格尔哲学中的"概念"不仅是康德意义上的"纯粹概念-范畴",不仅是"主体-理性"的"自发性"、"先天性",一些"空洞"的"先天形式"来"整理""感觉经验"的"材料-质料",这些"知性范畴"仅仅是一种"理性"的"先天""功能-职能-工具"。黑格尔的"概念"同时也是具有"客观-客体"的意义,即"理性""发现","概念"原本是"客体-存在"的"本质","概念"也是"客观"的。这样,"主体"与"客体"就不是两个"互相限制"的"相异"的东西,而是"同一个"东西的"相互反映","我中有你-你中有我"。

"主体-思维"与"客体-存在"的"关系"是"同一"的"关系",亦即"自由"的"关系","绝对"的"关系"。

这种"同一"的"关系"不是一般意义上的"不同事物"的"结合",所以黑格尔"越过-克服"了康德"先天综合判断何以可能"被理解为"两种不同来源——先天的和经验的"的理解,将"先天性-必然性"的"综合"理解为"自由"、"绝对"的"综合",这种"综合"也就是本体论意义上的"同一性"(海德格尔后来阐述了这一方面)问题,从而这种"同一",也不能被理解为"经验上"的"混同"。也就是说,不能简单地说,黑格尔哲学的"思维"和"存在""同一性"也就是日常意义上的"同一个东西"。

通常意义上-经验意义上"自由"只是"偶然"出现的"现象",这是康德批判哲学给我们的启示,但在"理性"上,"自由"却是"必然"的,这同样也是康德的启示。

在这个意义上,也许我们可以说,"经验"意义上的"自由"是"相对"的,而"理性"意义上的"自由"则是"绝对"的。就黑格尔的"概念"说,它的"自由"也是"绝对"的,亦即不受"外在条件"的"限制"的。

然而,在"绝对"而又"有对"的意义上,黑格尔的"自由"的"概念"和"概念"的"自由"是"自己""设定""自己"的"对立"作为"自己"的"限制",作为"自己"的"规定性",因而这种"概念"就不仅是"形式"的,而且是"内容""充实"的,只是这个"内容"并不需要从"概念"的"外面""填充"进来,而是"概念""自己""产生"的,"本质"原本就在"思想"之"内","产生"的"对立面-客体-现实"把它"显现-开显"出来,"概念"原就是"本质"。"概念""现实化-外化"把这个"本质"显现"出来","概念"就不仅仅是一种"接收器",从"外面""接受""感觉经验"所提供的"内容",而是"理性"已经在这些"外在因素"中"认出"了"自己","内容"原来是"自己"为"自己""提供"的,由于这个"基础","理性"才有权-有能力也有根据把"外在"的"经验世界"作为"合理的"、"有规律"的、"有秩序"的"实存世界"来"把握"。

"理性"的"自由"为"我们"的"世界"的"合理性"、"可知(认识)性"奠定了"基础",提供了"根据"。在这个意义上,黑格尔才可以说,一切现实的都是合理的，一切合理的都是现实的。这个话，也只有在"本体论"亦即"理性"的意义上，才说得通。亦即，"思维-概念"与"存在-客体"的"同一性"也只有从"理性"上、从"本体论"上来理解，才有意义。

这就是说，"思维-概念"的"能动性"，也是"自由（性）概念"的"能动性"，而不是任何"主观"的"臆想-异想天开"都是"现实的"，都有能力、有根据成为"现实"。

只有"自由（性）的概念"才"必然"成为"现实"。

这就是说，"自由（性）"的"概念"具有"绝对"的"必然性"；所谓"绝对的必然性"是指"自己"的"必然性"，亦即"内在"的"必然性"。

"内在必然性"是针对"外在必然性"说的，亦即，是针对康德哲学的"因果性"说的。

康德肯定了"原因"与"结果"之间"必然关系"的合法性——"因果性"在"理性-知性"中有了根据，具有"先天立法"的权力，从而为"经验科学知识"的"可能性"奠定了基础；然而，由于康德"因果律"只是一个"形式"上的"立法权"，这种"权力"在它的"执行"中是受"经验诸条件"的"限制"的，因而只是"相对"的，"形式"的"必然性"，不能排除"实质"的"偶然性"。

就我们现在的论域说，康德"因果律"在实际上的这种"相对性"乃在于他把"原因"和"结果"分离成"两个事物"，"因果律"是"不同事物"之间的"关系"，"原因""产生"了"另一个""不同于原因"的"结果"。康德哲学向人们"保证"：一个事物"必然"有"另一个事物"为其"原因"，也"必然"有"另一事物"为其"结果"。至于究竟"何物"为"另一物"的"原因"，而这个"何物"又以"何物"为其"结果"，则要"具体问题具体解决"，"大千世界""万物"之间的"关系""错综复杂"，"充满了""偶然性"，"经验事物"之间，并不能完全"归结"为"逻辑"的"推论"的"形式"关系，而只是这种"逻辑-形式关系（必然性）"被运用到现实经验中是"合法允许"的。因而"万物皆有因-有因必有果，有果必有因"作为"经验知识"的"规则"是"合法"的，但只是"形式"的。

在"知识论"中，康德所谓"形式"的是指在"理性-知性"之"内"的，因为在他的"批判哲学"中,"知识"的"内容"是由"外"面的"感觉经验"授予的;而在他的"形而上学"的视域中,"结果""必然"有一个"外部"的"原因",就成为一个"学说",而不仅仅是"批判";而"形而上学"的"学说",在康德已不是"经验知识"的领域,不是"知性"的"管辖范围",而是"理性"的"领地"。

在"因果"、"必然"问题上,康德这种"分分合合"的"复杂""关系"被黑格尔的"绝对"-"自由"的"概念""统一"起来:"受制于外部材料"的"概念-逻辑""必然性"必定是"形式的","抽象概念"的"必然性"也是"抽象"的,只有"具体"的、"自由"的"概念"其"必然性"才是"绝对"的。反过来说也一样,只有"绝对"的、"必然"的"概念"才是"自由"的。

黑格尔通过对"概念-存在"的"同一性"进而使"必然"与"自由"也得到了"同一性"的理解。黑格尔的"概念",不是"(可以一一对应的)经验概念",也不是"(彼岸世界的)单纯抽象概念",而是他所谓的"思辨概念"。

在黑格尔,"思辨概念"是经过"否定之否定"的"肯定概念",是"包含-克服-超越"了康德"辩证-矛盾概念-二律背反""否定性""概念"的"肯定性""概念",是"经历-亲历"了"矛盾-变化-斗争""回到""自己(家园)"的"充满内容"的"概念",是"概念""自由地""异化-否定""自己"-"转化-外化"为"对象-客体-存在",而"理性"又在这个"对象 客体"中"认出-发现"了"自己",把"自己""认领""回到""自己""理性"的"自由家园"的"绝对概念","理性"在"精神-活力-能动性""引导"下,"自己认识到自己","认识到""自己"是"自由",是"绝对",是"理性""认识对象-认识世界"并由此"认识自己"的"路-过程",是"真理之路",是"必然之路-必由之路",也是"自由之路"。

在黑格尔哲学视域内,所谓"认识世界",不是"感知-感悟-感觉""世界",而是"认识""事物"之"本质","把握""世界"的"规律",亦即"事物""变化-发展"的"必然性"。"世界事物-世事""变化-发展"的这种"必然的规律性"和"规律的必然性"是一个"合理"的"过程",亦即"合逻辑"的"过程",只是这个"逻辑过程"不仅仅是"形式"的,不仅仅是用"概念-判断-推理"的"形式"来"整理""感觉经验"所提供的"材料",使之"有序"地"呈现"出来，成为"知识"，而是"认识到"，这些"逻辑形式""原本"就是"有内容"的，因为"事物""原本"就是"有形式"的，"原本"就是"合理"的、"有序"的。所谓"认识"无非就是把"理性"的"合理性-逻辑性"从"外面-外在"的"对象-客体"中"收回-回归"到"理性""自身"来，因为"理性"已经在"对象-客体"中"认出"了"自己"，"发现"了"对象-客体"的"合理性"和"合规律性"，"理性""认识-发现"了"规律"，也就"回到了""自己-自身"，"回到了""自由"。在这个意义上，我们可以说，"必然之路"也就是"自由之路"。

"自由之路"和"必然之路"是"同一条路"。

所以我们说，"认识"了的"必然"，就是"自由"。这个意思并不可以仅仅在"技术"层面上来理解，似乎"掌握了一门技术"运用起来"得心应手"，"熟能生巧"，或者"随心所欲而不逾矩"，就是这种"理性"的"自由"的意义了。

哲学意义上"理性"所谓的"自由"和"必然"是一个意思，"自由"与"必然"具有"同一性"，也就是康德所"分离"了"理论理性"和"实践理性"具有"同一性"。"概念-判断-推理"不仅是"理论"的，而且是"实践"的，于是在"本体论"意义上，"逻辑"与"历史"也是"同一"的，"逻辑"是有"历史内容"的，"历史"也是"有规律"的。

从这个意义来说，"概念"就不仅仅是"逻辑"的，而且也是"历史"的，具有"逻辑"和"历史""同一性"的"概念"，"肯定"这种"同一性"的"概念"，黑格尔叫做"思辨概念"。

黑格尔把自己的哲学也叫做"思辨哲学"，意味着他的"哲学体系"由"分离"的"对立矛盾-斗争""否定"的"环节""达到""肯定"的"绝对"，"绝对""扬弃"了"分离-抽象"的"环节"，但"包容"了这个"否定"的"环节"，"提升"了这个"环节"而达到更高的"肯定"，所以他把这个"肯定"叫做"否定之否定"，因为这个"肯定"并不是"单纯"的"抽象"的"肯定"，而是"包容-扬弃"了"否定"的"肯定"。

从这个意思引申出来，"否定之否定"的这个"肯定"，同样也具有"否定"的意义，因为它是前一个"否定"的"否定"，它"否定"了"前一个"

"否定"使"自己"成为"肯定"。

"存在""否定"了"概念",而"概念"又"否定"了"存在","否定"了"存在"的"概念","包容-扬弃"了"前此作为否定"的"存在"与"概念""自身","概念""蕴含"着"存在",是为"思辨(性)概念"。"spekulativ"有"镜像-反映"的意思,"spekulativ Begriff","概念"中"蕴含-反映"着"存在","存在""已经""在""概念"中(内),"概念"为"绝对-自由"。

"绝对-自由"的"思辨概念",不仅是"理论"的,而且是"实践"的,不仅是"知识",而且是"意志"。

蕴含着"存在"的"概念"为"目的"。"思辨概念"既然已经"克服"了"抽象概念"的"片面性","理性"在"存在-客体-对象"中"发现-认出"了"自己",于是"具有理性"在"内"的"存在-客体-对象",就是"合理的",同时也是"合目的"的,"合理性"与"合目的性""同一","知识"与"意志""同一","理性-概念""认识到""存在-客体-对象"的"合理性"。也就是"认识到"它的"合目的性","客观事物"的"规律性"也就是"合理性"和"合目的性"的"同一",换句话说,也就是"必然"与"自由"的"同一"。

或谓,单纯的"目的"尚未"实现",是一个有待"外化"的"概念","目的"的"现实性""在""未来";然而"合理性"与"合目的性""同一"的"概念",亦即"合理性"的"目的""必然""有"一个"未来"。也就是说,这个"目的"的"现实性-存在"是"必然"的。"时间"作为"感性存在"的"形式"或一个"不断"的"流",在"过时-现时-未来时"自然都具有"偶然性",但作为"时间"的"本质","时间"的"概念","过时"与"未来时"皆"同一"于"现时","时间"的"本质"-"概念"为"永恒",亦即"永恒的现时"。

"永恒"不在"时间"之"外"与"时间"相"对立","永恒"不在"彼岸","永恒"在"时间""内",为"时间""概念"的"内在矛盾-内部的对立面","时间""自身(概念)""蕴含着""非时间-永恒"。"时间""自己""蕴含着""自己"的"对立面","时间""自己"为"自由","时间""自由地""设立-产生"着"自己"的"对立面-永恒",也是"必然地""设立-产生""自己"的"对立面-永恒"。不在"彼岸"而就在"时间"中的"永恒",同样也是"时间性"的,故而为"永恒的现时","永恒的现时"为"永恒的现实",亦即"必然的现实","合理的目的""必然地"成为"现实"。"合理的""必是""现实的",反之亦然。

然则,"同一性"并不取消"区别"与"矛盾",只是理性已经有能力"认识到""异己"和"矛盾"既然是"理性""自己"已经"蕴含"着的,"自己"也就有理由"确信"凭借"理性精神"的"能力"加以克服-超越的。"理性-概念"的"内在矛盾"恰恰不教人"安于现状","现状"不是"绝对",不是"无限",一切"现状"都不"符合""自己"的"本质",都是要"改变"的,所以黑格尔说,一切有限的都是要毁灭的;于是,在这个意义上,不仅"一切现实的都是合理的"可以成立,而且它的"否定"式同样也是可以成立的,即"一切现实的都是不合理的",于是,那句"一切合理的都是现实的"才有针对性和一种"实践"的力量。在这里,我们又一次看到了康德"二律背反",而"克服-超越"这种"二律背反","迎接"这种"挑战",是黑格尔采取的态度,而不是像康德那样采取一种消极的"避免"的态度,以"理性"自身"职能"的"界限"来"防止""职能"上的"僭越",一次求得"永久和平"。既然是"理性""自己""产生"的"自己"的"对立面",躲是躲不掉的,既然"界限"是"理性""自己""设定"的,"理性"也"有权""超越""界限","理性"的"僭越"是"理性"的"必然",也是"理性"的"自由",于是只有积极地加以"克服-超越",从"否定"走向"否定之否定",走向"肯定"。"理性"既有"能力-能动性""制造""矛盾",也就有"能力""克服-超越""矛盾","理性"有"信心"从"否定性"的"辩证法"(康德),走向"肯定"的"思辨哲学",从"批判"走向"学说"。

"理性"之所以有这样一种"信心-确信",乃是"理性"认识到这是一条"必然"的"道路",也是"自由"的"道路",是"符合""理性""自身""本性"的"道路"。在这条道路上,"理性""满怀信心"地"披荆斩棘"、"勇往直前";"理性"也"认识到",这是一条"前进"的"路",也是一条"回归"的"路","向上的路"和"向下的路"是一条路,"向外的路"和"向内的路"也是一条路。之所以是"前进"不是"倒退",是因为这条路并非"直线"的,也非"线性"的,而是"圆圈"的,或者说是"球面(上)"的"路(线)"。

"必然"的"路"或许是"不归之路",也许正是"不归之路",只有同时又是"自由之路"才是"回归之路"。

康德的"知性"执著于把"对立面-对象-客体"看成"两个东西",虽然确立了"主体"的中心地位,但是"客体"仍然保持着自身独立的"外在性","知性"的"合法"工作只限于"保证""经验科学""无限""前进-积累"的当然是非常重要的"权利","科学精神"是一种"永不回头"的精神,走的是一条"不归之路"。为了"规范-范导"这种"知性"精神,康德"另外"弘扬一种"道德-实践"的精神,而在"至善"这个"理念"中求得"不同东西"的"协调",这样,这个"协调"在"现实"中总是"相对"的,而"至善"这个"理念"的"现实性(规定性)"则只能"在""彼岸"。"在""时间的绵延"中"找不到""至善",就像"在""时间的绵延"中"找不到""自由"一样。

对康德来说"自由"不"在""必然"中,"必然"也不"在""自由"中,它们似乎是"相互外在"的两个"不同"的东西,遵循着"不同"的"原则-原理","二律背反"。它们的"协调-结合"充满了"偶然性",就像在现实世界,"德性-自由性"和"幸福-必然性"的"结合"只是"偶然"的一样。

然而,康德在论述"道德-自由-善"的问题时强调了"善"的"绝对性",说只有"动机"才是"绝对"的"善",虽然他的重点在阐明"道德动机"不是"知识"问题,因而实际上并不"可知";然而这个思想在运用到"恶"的源泉问题时,就导致了"恶""派生"于"善"这个带有"思辨性"的思想。"善""自由地""设定-产生-派生""自己"的"对立面-恶"。

"道德"上的"恶"之根源,并非"自然",而是"自由",这样世上一切"作恶者"才须得负有"不可推卸"的"罪责-责任",而"自由意志"之"本质"为"善"。也就是说,"自由"这个"概念"原本是"善","自由-善"为"无限","恶"为"有限",一切"有限者"都"隐藏""有""恶"的"一面";于是,在某种意义上,"恶"是"有限"的"善",是"善"的"定在-具体存在","善""自己""派生-产生"出"自己"的"对立面-恶",在这个意义上,"善-恶""同出一源",同出于"自由",但是"善"是"绝对"的,而"恶"

是"相对"的。"绝对""派生-产生""相对","无限""派生-产生""有限","一生二,二生三,三生万物","一分为二","二律背反"为"理性""自由"的"必然""矛盾","矛盾"之所以"不可避免",乃是因为"矛盾""产自-源于""理性""本身",而并非"另有一物,另有一律"与"理性""外在"地"对立着"。这是黑格尔"一元论"的哲学思路。

在这个思路上,我们看到,是"绝对""派生-产生"了"相对",是"无限""派生-产生"了"有限",由此,既然是"主体""派生-产生"出"客体",那么由此可导出一个荒谬的观念:是"理性(精神)""派生-产生"出"自然"。这个论断显然是"(神)创世"说的哲学翻版。

应该说,从康德到黑格尔的德国古典哲学都深受基督教思想的影响,也力图在自己的哲学框架中"化解"宗教所提出的问题,没有基督教思想,德国哲学当有另一番面貌。

然而,德国古典哲学既然已由康德奠定了基础,"神-至善"被"束诸""彼岸""高阁",要把它请回"现实世界",也不能"简单从事"。黑格尔的"理性-精神""创世"说并不意味着作为"客体"的"自然"之"质料-材料"都是"被创造"出来的,而只是意味着"自然"的"概念-本质"是"理性-精神""派生-产生"的。在这个意义上,如费希特所说,是"理性-精神-自我""设定"的,"理性-精神""自己""设定-树立""自己"的"对立面",而并不是探究"感觉材料"这个世界的"自存-自在"问题。

在这个意义上,黑格尔的意思或可理解为"理性-精神""派生-产生-设定"的是"自然"的"概念-本质",因而使得"自己-理性-精神"有了一个"规定性",把"自然"看作"有规定"的"理性-精神"的"定在"。"理性"这一番"设定-派生-产生"的"工作-能动性"同时也使"自然"成为一个"合理的""有规律"的"可把握-可知"的"世界",而无须像康德那样"保留"一个"不可知"的"本质-本体"的"彼岸"世界。

于是,按照黑格尔的思路,我们可以进一步说,既然"绝对"、"无限""派生-产生-设定"了"相对"、"有限",也就意味着"自由""派生-产生-设定"了"必然"。

康德"设定-悬设""至善",认为"在""现象界""德性"和"幸福"没有"因果"关系，相互不允许"推论"，而只有在"彼岸"的"本体界"，这种"推论"的"逻辑关系"才能成立。而就黑格尔的思路来看，"德性"和"幸福""同出一源"，"相互蕴含"，它们之间并非"外在"的"关系"，而是"内在"的"关系"，"幸福"所涉"经验领域"，就"（实践）理性"的视域，原本是"德性"作为，"理性"自己"设定"的一个"对立面"，"理性-德性"为"克服"这个自己设立的"对立面"，使之"回复"到"理性""自身"，于是在道德意义上，"至善"（康德的第一种意义）与"至福"原来是一个意思（康德"至善"的第二种意义）。在这个意义上，"至善"和"至福"既是"终点"又是"起点"，是为"原始反终"，"起点"是从"终点""返回来"的，"终点"是"始点"的"反面"，是"始点"自己为自己的"发展-丰富""设立-悬设"的"对立面"。

于是，在这个意义上，我们或可以说，康德的"无限时间绵延"的"至善"这一"理念"已经很接近黑格尔的"绝对精神"。"至善"是"理性""自由""在时间中""开辟"的"必由之路"。"德性"和"幸福"不仅仅是"两个相互外在事物"之间的"因果"关系，它们在"理性"、"本质"上有"同一"的关系，它们"相互内在"。如果作为"两个事物"看，则它们就是一种"相互反映"的"关系"，是"你中有我，我中有你"的"相互""映照"的关系。这是黑格尔对于"世界"的"本质性-本体性"的"视域"。

在这个"视阈"中，"绝对-相对"、"无限-有限"、"自由-必然"也是"相互映照"的，看起来似乎是"不同"的"领域"却是"相互重叠"的。我们常说，"绝对-无限""在""相对-有限"中，"相对-有限"中"有""绝对-无限"。就黑格尔的哲学体系说，我们似乎也可以认为，"相对-有限""在""绝对-无限"中，"无限-绝对"中"有""有限-相对"，引申开来，也可以说，不仅"自由""在""必然"中，"必然"中"有""自由"，而且"必然"也"在""自由"中，"自由"中"有""必然"。于是，"必然"是"自由"的"开显"，是"自由"的"证明-证实"。

"自由"通过"必然""证明-证实""自己"，犹如"本质-概念"通过"现象-存在""证明-证实""自己"，"感觉经验""理性"的"必然（规律）世界""证明-证实"了"有"一个"理性"的"自由（道德）世界""在"。"理性"

的"信心"由这样的"证明-证实"成为"确信",于是,关于"理性""自由-绝对-无限"的"学问",由这种"必然性"、"现实性"的"证明-证实"也成为一门"科学知识",这门"科学知识"叫做"哲学"。

北京

2012 年 10 月 23 日

|在,成于思|

说"学问"

中文"学问"一词,似乎难以找到相应的外文词汇,至少英语不容易找到,英文的 knowledge 和 wisdom 也许只有"学问"的一个方面的意思,或许把这两个英文词合起来说"学问",勉强解释得过去。

何谓"学问"?"学"了还要"问","学习-学会""问",亦即凡事都要"问"个"为什么",不仅"知其然",而且要"知其所以然"。"学问"就是要把握事物的"来龙去脉","知道"事物的"前因后果",掌握事物的"发展规律"。在这个意义上,古代希腊的"*epistemē*"意思有点接近。这词中文也译成"知识",亚里士多德说,"知识"也就是"知道"事物的"原因"。

要掌握事物的"因果联系",把握事物的"发展规律",当然要大量地搜集事物的"资料",这个"搜集-采集"的工作,大概是"学问"中"学"的第一层意思。"学"就是"学习",就是"积累知识",这一层功夫是做"学问"不可或缺的。就"积累资料"言,"问"也是一种"搜集"的方式,尤其是在早先获取资料的工具和手段比较少的条件下,"不耻下问"是"增进-积累知识"的主要方式,如今也有发"问答调查表"来"搜集"材料的。

不过随着科学技术的发展,如今获得资料的手段也大大增多了,除文字媒介外,尚有音像制品,提供生动直观的资料,更有计算机网络,囊括了各种资讯媒介,加之卫星传播,千里咫尺,"耳目"之功能似乎可以"无限"延伸,何止"千里"?

"信息"量大了对于"学问"当然是很有好处的,古人不容易看到的资料,今人竟成为案头之物，我们是何等的幸福！

譬如书籍，过去的珍本善本，如不作收藏用，则网上可以看到，图书馆也能借到，馆际间甚至可以跨国相通；艺术珍品巡回展览，音乐戏剧巡回演出，更有网络的沟通，得来并不很困难。我当学生时要看梅兰芳演出，常常起早贪黑去排队买票，如今梅兰芳虽然已故多年，要"回放"他的一些演出，也有光碟可资参考。

"文革"中发现一本被剪贴废弃的黑格尔《历史哲学》王造时中译本，偷偷拿回，因图书馆停止借书，恳请管理员"徇私"拿出一本完整的仔细对照补齐；现在这本书成了纪念品，舍不得读，好在书店随时可以买到新印的，买一本在上面画道道也不心疼。

然则，面对巨大无比的信息量，做学问的一则是喜，一则是忧，喜的是我们"学"的手段-工具大大的丰富、有效、方便，忧的是我们如何"识别"信息的难度因其量大而增加了。做学问也要有"忧患意识"。

"信息"量太大，难免鱼龙混杂，于是有"有用"的，"无用"的，甚至"有害"的，"虚假"的，等等，于是有"信息大爆炸"之说。对于"信息"，也有个"筛选"的功夫，"取其精华"，"去其糟粕"；"学问家"不仅要有"耳目"，而且要有"思想-心"，"问"正是"思想"的工作。

在这个意义上，我们也可以说，"学问"正是"学"与"思"的统一。"思"就是"问"，就是"想（思考）""问题"，拟定解答。

从道理上来说，"信息"量增大，并不能完全保证就一定有严格意义上的"学问"，"穷经皓首"不保证一定出"学问大家"，或许会出一些"冬烘先生"，尽管"冬烘先生"也自有价值，对于他们也要有相当的尊重，但毕竟不是学问、学术意义上的"大家"。

这个道理就在于：我们不可能"穷尽""一切"的"信息"，这个 sense-data 是无穷无尽的，我们不可能哪一天宣布我们已经掌握了一切事物的一切信息，甚至连一个"事情-事件"的信息我们也不能宣称已经"全部"掌握了，即使再先进的工具和手段也不可能得到、获得"经验材料"之"大全"，而我们也不能等到得到那个 sense-data 的"大全"再来做"学问"，再来做"科学研究"，那样，世间将不可能有任何"学问"和"科学"。世上事物的"原因"

和"规律"将永"不可知",这样的结论就是"不可知论者"康德也是不赞成的。

于是,"学问"-"科学知识"原则上可以-允许"不待-无待""信息资料"之"全"来工作,这个工作是"思想性"的,不是"感觉性"的。

这个"思"的工作,就"经验科学"研究来说,则是一个"判"和"断"的工作,在巨大信息量面前,有一个"判"和"断"的问题。"谁"来做"判断"?当然是"人",是做科学研究的"人",是"科学家",是"学者"。

于是,"学问"的关键,不仅在"信息"量,而且还在对这些信息做出的"判断";不仅在"事",而且在"人",甚至关键在"人"。

我们现在关于人体、天气等信息量的掌握大概大大超过前人,因而对于疾病、天灾的判断理应比前人更加有准确度,这是一般的道理。具体来说,则也未必,因为还要看医生、气象学家等的"判断"水平,要看科学家在大量信息面前会不会迷失方向,量大有量大的困难,信息量越大,对于科学家的素质的要求也就越高,犹如指挥军队,大将能指挥千军万马,"韩信将兵多多益善",科学家-学者要像大将那样,不怕材料多,能将材料"统率"起来,对材料之间的"内在联系-因果关系"做出"判断",找出"规律","规律性"的"知识"才是"科学",才是"学问"。"科学-学问"要求"判断"的准确性。

我们做哲学的,按照一般的说法,面对的是整个的自然和社会,研究的范围似乎无所不包,因而我们也最为深切地体会到"信息-材料"与"思考-问题"的矛盾。很明显,我们绝不能等待信息资料之"全"而后做哲学,那样也就不可能有"哲学"。世上之所以有"哲学"这门"学问",在于人"无待"掌握"全部"的资讯材料,就"有能力""提出-思考-判断"带有"全局性"的"问题",就"有能力""思考-判断""世界作为一个整体-全体"的问题,用古典哲学的专业术语来说,就是"有能力"将"经验材料"和"经验概念""提高"到"理念"层次上,做一个"飞跃",即现在常说的"超越"。

这种"飞跃-超越"的工作,既和"信息"多少有关,也和做哲学的人-哲学家的"思考-判断"能力有关。

远古时代不少原始民族固然有许多"哲学思想"的"火花",但形成"哲学""熊熊烈火"的似乎只有古代希腊和古代中国。"柴薪"不够,"火星"太小,都不易形成"哲学"的大气候、大体系,所以海德格尔说,"哲学"问题的"提出",乃是一件"大事",要有相当的信息量,更要有强有力的"思想者",机缘会合,人们"幸运"地"拥有"了"哲学"这门不能直接解决衣食住行问题的"超越"的"学问"。

就我们做"哲学"的来说,在"信息量"和"思想力"这两者之间,我深感虽然都很重要,但"思想力"却具有"优先"的地位。因为我们并不能说,由于古代信息量大大不如现代,单凭这一点就推断古代"哲学"一定比现代的"低",犹如我们不能说现在的人就一定比古代的人的思想能力"高"多少一样。就"学问"的"水平"来说,就"思想能力"来说,古代许多大哲学家,还是值得我们"学习"的,甚至还永远是我们的"榜样"。

这也是我们做"哲学"不能不做"哲学史"的一条理由:不仅"学""历史"的"史实",而且要"学"古人是如何"提问题-想问题-分析问题-做出判断"的,要"提高"自己的"思想力",也得向"他人——尤其是那具有很强的思想力的人""学习"。

这样,"学""哲学史"就不仅仅是"搜集"过去历史上那些哲学家的"事实"材料,有哪些人,做了哪些事情,写了什么书,说了哪些话,等等,尽管这些材料也是很重要的;"学""哲学史"更要注重的是对于前人提出的那些"哲学问题"及其"理解方式"作"重新"的"思考","学""哲学"到底如何"提出"和"思考""问题"的。所以"学"或"做""哲学史",不仅仅是"历史性"的,而且更是"思想性"的。这样,我们就可以把"哲学"和"哲学史""统一"起来,可以说"学""哲学",离不开"学""哲学史",反过来也一样,"学""哲学史"也离不开"学""哲学",二者本是一回事情,盖因本来"哲学"就在"历史"中。

这也就是我们经常强调的"创造性"的"学习"态度。"学""哲学史"也就是"学"前人如何"创造性"地"思考""哲学问题"的。这样的"学"当有利于"增强"我们自身的"思想力度",而不会像法国德罗兹担心的那样,起到"压制"或"衰减"这种能力的作用。

应该承认,如不注重"培养"自身的"思考能力",即使熟读哲学史料,也不一定出来大哲学家,甚至不一定出来大哲学史家,因为"历史学"作为一门"经验科学",同样需要"史家"的"判断"。"史家"要在"时间"的"绵延"中"厘析"出"诸事件"之"内在关系",使之成为"可以理解"的"科学知识"。

做科学研究,如同做任何事情,"人"是第一位的,"科学家"、"学者"自身的"素质-能力"应占有"优先"的位置。"能力"当然也是"学"来的,所以"学问"乃是"学会""思考""问题","学会""分析-判断""问题"。

二〇〇八年四月十日　北京

后 记

我早年写过一些散文随笔，也编辑出版过一些这类的集子，最近这十多年不再写这类文章了，因为我觉得我们的传统是"文人"很多，"学者"少些，我还是努力多做些专业性的工作，不宜再过多分散精力，这也许只是我个人因年纪大了产生的一些想法，并无彼此高下之分；相反的，我还是很重视和珍惜这些散文随笔，因为那是一些"不可重复"的工作，早年之作，现在是做不来了。时间一去不复返，再做这类的事情，就不免有点"矫情"了。再说，专业性的工作，即使是人文科学的专业工作，你不做，别人也会去做，做得会比你好，是可以"被替代"的，当然"哲学"的专业有点特殊，"不可替代性"大一点，但也有"可覆盖性"，黑格尔不能"替代"康德，但在他的体系中，却"覆盖"了康德。大哲学家都在某个方面、某个程度上"覆盖"了"哲学史"，而培根、休谟、叔本华、罗素那些"短文"、"散论"，似乎就难以被"覆盖"了。

其实，我做专业的哲学工作有许多欠缺的地方。首先我从不是一个"哲学体系"的"构造者"；然而我的专业工作却主要做那些"成体系"的哲学家，特别是柏拉图、亚里士多德直到康德、黑格尔等，倒也觉得我能体会他们那种"吾道一以贯之"的气势，但我只能"心向往之"，我做不来。

我的工作常常是"就事论事"，"片段"地"想"，"片段"地"写"。专业的，就成为学术论文，零散随意一点的，就写成了这里集的这些文章。要给这些文章加点"哲学"的"意味"，也许可以说，"体系大家们"是在一个"原始"的"概念"已经"蕴含"了"大千世界"的"存在",而我只能从"大千世界"之"存在"中"生"出"概念"来。黑格尔的"概念""推演"出"存在",而我的"概念-思想-言说-文章"只能"守护"着这些"存在","让""它们""持存"。这也是我写沈有鼎那篇文章的初衷,我想努力让沈先生那种学者精神"持存",而我的其他众多老师已经成为名家,无须我来饶舌;"回忆"并非仅仅是"怀旧",而是努力"令"其"不旧"而"常新"。

于是我想到,"在","成于思"。

倒不敢说,"我思"了,"现实对象"才"存在","沈先生"也不是"我""写了他"才"存在",所以说,"在""成于思",因"有人""思(念)""他"而"持存","思""成全"了"在",保存了"在"。在这个意义上,笛卡尔说"我思故我在",也许可以进一步说,"我思"故"他(它)在"。"在"因"思"而"成为""真正"的"存在"。

那么,"在""成于思",又"毁于"什么？或许,是"毁于"一种"没有思想"的"单纯"的"情"。就"单纯感情"来说,我和沈老先生并无深交,就"(交)情"言,本早该"已经""忘却"了。于是,我觉得,只有那孕育着"思"的"情",才可能"情思""绵长",而不是"情感爆发","洋溢"于"一时"。

而就"哲思"言,构建一个"体系"是要"存在""完成-终结","概念"意味着"结束""过去",因"时间"之"绵延"永无"终结"之"可能",但"概念"却"刹那"间可使-令"事物""终结"。也就是说,在"任何""时间"的"瞬间-点"上,原则上都"允许""终结","超越""时间"-"断裂""绵延"而"构建""概念体系";但"存在"之"思",则是相反的"令""时间""绵延","令""事物""持存","思""使""事物""面向""未来"。

我在写这些文章时,想到的是"当时"的"读者",也意识到"我自己"就是"第一个读者",但没有意识到,"我自己"作为"作者"也是"终身"的"读者",我没有意识到,多少年后,我还要"再来""读"它们。我的习惯总是"写完了"、"印出来了"就再也不去"想"它们了,"我"的"思想"已经"集中到""将要""做的""事情-文章"上了,加上我的"记性"非常不好,"过去""写了"些"什么",经常会"忘记"了。这次编辑这个集子,如果不是王齐帮我搜集补充,我自己绝对是"编"不成的,这是我要再次特别表示感谢的。

其实,"我"的"永久性-permanent""工作-职业"是"读者",而"作者"只是"part time""工作"。我很感谢有这样一个"传统体制",使我得以"保持"这样一份"读者"的"永久性工作"。"终身教授"是要经过"评定审核"的,"终身读者"则"自己""想当"就可以"当"的。有了这个意识,无论做何种类型的"写作",都是"为了"包括"自己"在内的"未来"的"读者",为"自己""写作",也是"为""读者"写作。

当然,这个集子所能够顺利出版,没有当年《读书》杂志的编辑杨丽华也是不可能的。我现在还清楚记得她冒雨去我在社科院的小写作间组稿的情形,后来她去德国进修,将组稿的事郑重地托付给另一位,于是我跟《读书》的关系持续了较长时间,我一直很珍惜编者-作者-读者这几层关系,觉得是编好一本杂志的必要条件,也是作者写出好文章的动力和条件,更是读者读到好文章的条件。如今杨丽华仍然活跃在出版领域,承她提议要编这个集子,我一下子又从"读者""转变"成"作者",心情实在是诚惶诚恐。我的这些文章只是用我的"思""愿"那些"人"和"事"(包括想的问题)得以"持存",至于我的"思",也"已经"成为"存在",一个"客观对象","等待"着"读者"的"评审-再思"了。

二〇一四年十月十三日　北京

| 哲思边缘 |

——叶秀山散文精选

前 言

承柳鸣九先生相约,集旧文纳入"本色文丛",幸好王齐存有我的不少文章,请她拣选编辑成册,否则这件事就很难完成了。

我是一个只在意"要"做的事情,对于"做过"的事情,常常"置之脑后"的人,这样,我的"记性"也没有得到应有的锻炼。以前写过的文章,居然多数忘掉,其中有的文章,曾被编入一些文集,也都印象模糊,很不应该了。

联想到我这个"本色",使得我"悬搁""过去","向往""未来",从而"心"无所"安",大则没有"安身立命"之处所,小则没有"敝帚自珍"的乐趣,奈何!

当然,"过去"仍是"有效应"的。世上一切事情,无不打上"历史-过去"的"烙印",不是"超凡入圣",则都"在""时间"的"因-革"之中。

我早年觉得哲学"空玄",喜欢文艺,而文学又要读许多书,不若艺术,合"工作"与"游戏"为一,这里收了我一些谈戏剧特别是京剧的文章,"游戏"的成分多些,只是后来写的,多了些哲理成分,那篇谈谭鑫培唱片的文章,现在还记得比较清楚,也跟我结合了对海德格尔哲学的理解有关。这个思路,仍是我"要"关注的,我仍

"在(这条)路上"。

不过,这里收的这些短文,尽管也有些"哲理",但毕竟是以艺术和世事为主,所以采用王齐起的书名《哲思边缘》。

答郑培凯

培凯：

　　新作《吹笛到天明》收到多日，只读了"北京夕照寺"一篇，因为这个地方有一位做克尔凯郭尔的同事住在那里，我去过，而北京地铁十号线又有一站就叫"金台夕照"，两处相距甚远，我想看看你怎么说的，还想下次你来京，约你到这个同事家聊聊，她是少有的懂丹麦文做这个题目的专家。

　　不想前几天上海陆灏来信，说他也得到你这本书，第一篇是说我的，赶忙重读，果然是的，尽管你没有点出名字，陆灏认出来了，我自己也认出来了。我一直纳闷，你写了那么多随笔，为什么一篇跟我有关的也没有？现在有了，而且放在首篇，感谢你的情意啦！

　　你说到的这次小聚，多年前当我还写些随笔散文时也提到过，只是我的重点在那次的"辩论"，你这次的重点则在"酒"。就生活来说，"酒"的境界当更亲近些。

　　酒对我来说，包括你在内的一些美国的朋友都是我的"启蒙"老师，尤其是红酒。除了那瓶东欧酒是我建议买的外，其他的我都是你买什么我就喝什么，我是"跟随者"或者是"被启蒙者"。

　　可以告慰的，我回北京以后，慢慢地也支撑了一个很小的"酒事"圈子，曾经有过一阵子"周末红酒会"；而且我居然也成为"启蒙者"，很有成效地"启蒙"了一位小酒友，是我的一位老同事的第三代，大学学法语，说不习惯喝干红，我说学法语不爱喝红酒差点事啦。这句话促使这位小友现在快成品酒师了，不但对于葡萄品种、酿造过程甚至市场营销都很有知识，更难得味觉极其敏锐，抿一口甚至闻一下就能说出是何种葡萄酿制，再验证标签，绝无差错。这样，我这个"蒙师"，就成了"蒙世"了。索性，如今一切"酒事"都"托付"给这位小友了，就像当年"托付"给你（们）一样。

年纪大了，许多事情不能自己做了，都要"托出去"，似乎也就是胡塞尔说的"括出去"，让它"存疑"，反正"我""不管"了。其实，现在人的一生绝大部分的事是要"托出去"的。衣食住行，不"托"给他人是不大容易存活的，因为不自己做衣服，不自己种粮食蔬菜，不自己盖房子，也不自己制造汽车，样样都要"靠"他人，于是只能相信他人会善待自己。我的那位小友对选酒是认真的，性价比会考虑周到，尽可能买到价廉物美的。

你感觉到吗，人越到老年，"托出去"的事情就越多。不光是"酒事"，"学问"的事，也要"托出去"了。许多艰难的事情不能做了，"托付"给朋友——也是小友们——去做了。我的学生们做得比我好，我就很高兴，就像把"酒事""托付"给那位小友那样放心、高兴。

等到什么事情都"托出去"了，老人就像儿童一样进了"托儿所-托老所"。老人越来越多，"社会"这个大"托老所"的负担就越来越重了。如何解决这个问题，对我来说，当然也只能"托付"给他人了。

秀山
2011 年 4 月 28 日于北京

程砚秋艺术的启示
——程砚秋百年诞辰有感

我看程砚秋的戏不多，但我很喜欢程砚秋的艺术，尤其是他的演唱艺术，于凄楚悲凉中含有一种不可抵御的力度，真可谓外柔而内刚；就连他演《锁麟囊》中的初嫁少女，唱腔中也预示着一种深不可测的命运悲剧韵味，所以他把这个人物唱活了，即使在这个剧目被"否定"的日子里，人们仍然记得它。

用现在的眼光来看，程砚秋离开我们太早了，他完全可以活到现在，百岁老人如今并不罕见。可是程砚秋如同璀璨的彗星那样一闪而过，但是他那艺术的光芒，却永远照耀着我们的艺术舞台，他那艺术生命的光辉，仍然不可逼视，他的艺术的轨迹，仍然吸引着我们去思考。

百年以来，中国发生了多少变化！京剧艺术又走过了多少曲折发展的道路，在这个历史的过程中，又产生了多少艺术大师和天才人物！

毫无疑问，在中国近代艺术中程砚秋是一个艺术天才，而且是个成功的、完成了的天才，因为我们知道，相当一部分天才或者是埋没了，或者是流产了。

什么叫"天才"？人们对于"天才"的认识，也有一个过程。人们曾经认为，"天才"是可遇不可求的，并非人们刻意培养，或者努力学习就能出现的。应该说，这对于理解"天才"，尤其是"艺术天才"，的确是捕捉到了本质，在理论上有其深刻之处；但是"天才"并非真的是从"天上"掉下来的，似乎人们只能"坐等"他的到来，而可以无所事事。事实上，"天才"是从"大地"上涌现出来的，他植根于现实的生活之中；"天才"的出现之所以显得那样"不很确定"，不是因为他的出现不要或没有"条件"，而是因为让他出现的"条件"过于丰富复杂，不是理论上可以"推论"出来的，譬如有了良好的生活条件，加上个人的努力，似乎就一定出"天才"、出"大师"似的。

"天才"是一种非常实际的、非常综合的产物，因其出现条件过于错综复杂，他对于我们的"理论思维"来说，也就过于复杂，不容易"总结"出行之有效的公式来，放之四海皆准，这样，他的出现真的常常就表现为"可遇而不可求"了。

"天才"是"天时地利人和"的综合条件的产物。

程砚秋并非出身于梨园世家，他献身京剧艺术时，已有很多前辈大演员活跃在京剧舞台上，而且在旦角里已有梅兰芳这同样的天才艺术家在前，程砚秋要在这样一块已经百花盛开的艺术园地成为鲜艳夺目的花朵，自非易事；然而他脱颖而出，独树一帜，使得这个园地因有了他的艺术而更加璀璨艳丽，自有他在艺术上的"创造"在内。

艺术原本是创造性的。

表面上看，中国的传统艺术，很强调传承，似乎只要"模仿着"前辈艺术家的轨迹，就能安身立命似的；当然人们也说，要"创造性"地"继承"，因而要"发展"传统，于是有在继承的基础上发展-创造之说，这当然是正确的说法，但是在理解上还是很不够的，我们还要进一步深入地思考。

"艺术"原本在"创造"的层面，因而，"继承"本就是"继承"那种"创造"。这里的"继承"和"创造"在精神实质上原本是"一回事"，而不是两件事情，我们"学习"那种"创造"，学习他人（前人）是如何"创造"的；甚至"模仿"，也是"模仿"他人（前人）是如何"创造"的。有了这种思想认识，"学习"和"模仿"就是"活"的，而不是"死"的了。

这样"学"出来的艺术，就是你"自己"的艺术。

中国的艺术精神讲究要有"传授"，一如中国的学术精神学有所"本"，言之有"据"。这个"本"和"据"也还是要从"创造"精神层面来理解，这种精神一脉相承，犹如生命之延续。

我们做学术工作的，要在你的学问中，见出老子、孔子直至近诸家之精神，也要见出苏格拉底、柏拉图直至康德、黑格尔以及后现代诸家的精神；艺术亦复如是。这大概也是所谓"谱系学"的意思。"艺术"和"学术"自有"家门（门第）"，只是此种"门第（家门）"不是"世俗"的，而是"自由"的、"创造"的。

我们在程砚秋的演唱艺术中，"听出"陈德霖的吐字和顿挫①，"听出"梅兰芳的甜润，甚至"听出"西洋声乐的特点，如此种种都"融会"在程砚秋"自己"的"声腔"中。在这种理解的意义下，我们可以说，程砚秋以"自己"的艺术，"延续"了前辈大师的"艺术"，也就是"延续"了他们的"（艺术）生命"。

中国艺术——以及中国学术——强调的是这种"生命——艺术生命、学术生命"的"延续性"，是一种"创造性"的"延续"。

"非创造性"的"延续"，不是"生命"的"延续"，而是"死亡"的"重复"。"延续"必定是"创造性"的，是"自由"的；"非创造性"不是"延"而是"断"。

程砚秋的艺术成就，说明了这个道理。如果他只是"重复"前人的艺术，那他只是"替"前人"活"着，而"自己"的"艺术生命"则并未"完成"，甚至并未"开显"，这样他的艺术也就是一种"复制品"。程砚秋或许就会是陈德霖的"翻版"，而并无程砚秋"自己"了。

"复制品"当然有其作用，尤其是在科技尚未发达到能够准确和普遍地"存留""声音"的时代，这种作用还是很大的；即使在"音像"已可用高科技的手段保存和普及的条件下，"重复"的"现场"演唱和表演，也自有其不可替代的作用；然而这个作用，毕竟被大大缩小了。人们如果可以比较容易地欣赏大师们自己的表演，通常就不会再热衷于观看、聆听那二三流的表演，即使是"现场"的，这大概也是人之常情。于是高科技的发达，迫使艺术家去"创造"，使得那些"非创造"的艺术不容易存活。

和中国传统古典艺术相同，京剧艺术中有一些"流派"。艺术流派为保存

---

① 最近《京剧大典》重新出版的CD中，经过技术处理收有陈德霖1908年和1925年两段录音，可以对比欣赏。

艺术之"创造精神-活的精神"起到很好的"推广"的作用，也的确造就了许多人才，但是也为艺术的"复制品"制造了一把"保护伞"，"保护"了一些"平庸"的艺术，而"平庸"乃是真正"艺术"的大忌。所以我理解振兴京剧，不仅仅是振兴流派，而且要鼓励出现新的流派，重点还在"创造"。

艺术流派的创始者，当然是一些极富创造性的大艺术家，因为他们的创造性大了，成了系统，也就成了气候，或者在"形式"上的特点比较明显，如程砚秋、周信芳的唱法，于是被竞相模仿，出现一批"形似"的表演家，貌合神离地在舞台上"替"老师们"唱戏"。这样的演员，观众"等待"着他们模仿久了，"熟能生巧"，在"代替"中"开显"出"自己"的艺术"生命"来，这样，他就不再是"替""他人""活着"，而是"自己"活着，亦即"创造性"地在舞台上展现自己的艺术生命。如果"创造性"大了，也可以吸引更多"他者"，形成新的艺术流派。梅兰芳、周信芳如此，程砚秋也是如此。

大艺术家不"替""他人"活着，要"自己"活着，并不是说，不要"师承"，不"吸收""他人"的艺术；其实，在大艺术家的艺术中，我们可以看到或听到许许多多艺术家的生命在跳动。在程砚秋的演唱中我们可以"听到"陈德霖，可以"听到"梅兰芳，等等，甚至也可以说，没有这些大师们的艺术，也就难有程砚秋的艺术"自己"；反过来说，这些前辈大师的艺术，在程砚秋艺术中，又注入了新的生命力，他们的艺术，都融入了程砚秋自己的生命，没有这个独特的艺术生命，这些"生命"的"因素"，也不会"跳动"，而只是"死"的"形式-程式"，就只是一些"碎片"的拼凑。过去也有一些这样的演员。就像我们的学术工作那样，对于那些只会"死记硬背"的学者，我们当然也钦佩他们的博学和功力，但终非学术之上乘。

艺术是独特的，就像每个人的生命是独特的存在。生命是有限的，有始有终。超越个体的"生命"，是"个体""生命"之间的关系，是"代"与"代"的关系，是"生命"在"诸世代"的"延续"，而就"个体"来说，"生命"是"一次性"的。"艺术生命"在某种意义上或许可以说"大于-寿于（长于）""个体"的"自然生命"，但就完整的意义说，它也是一次性的、不可替代的。

程砚秋艺术，也是独特的、不可替代的，正因其不可替代，才弥足珍贵。回到文章开头说的，天才的艺术是天时地利人和各种复杂条件"综合"的产物。如今时间已经流逝，再要齐备那时候的各种综合的主客观条件，几乎是不可能的，也是没有必要的。正是因为这个原因，我们缅怀程砚秋那独特的艺术，犹如缅怀前人一切伟大功绩，激励后人"延续"他们的"生命"。我们不见得非要和他们做"同一件事"，而正是在做"不同的事"中"延续"着他们的精神。

　　艺术，就"永在"。

2003 年 9 月 11 日

大雅之音复而不厌

我跟陈大濩先生学过一出《二进宫》的唱腔,那是50年前的事了。

当其时也,上海刚刚解放。有这么一小段时间,敌机不断骚扰,企图卷土重来,人们称之为"二六轰炸"。"重来"之梦,当然是一枕黄粱,老百姓担惊受怕,倒是现实的痛苦。由轰炸而来的灯火管制,弄得剧场晚间不能演出,演员们闲居在家,静极思动,扩大授徒范围,广招京剧爱好者,教授艺术,以稳固、发展艺术的地盘。陈先生当时有"濩声票社(房?)"之举。

我那时大概刚上高中,学校教学秩序尚未完全正规,在父亲的经济支持下,参加了这个票房,也不知为什么,当时用一个假名字叫"叶诚",好在也没有人管你叫阿猫阿狗,认面孔就行了。票房规定,每周隔日为老生、青衣轮流,活动在晚上,以煤气灯照明。我也去过几天青衣班,是魏莲芳教《霸王别姬》;老生班正好开始学《二进宫》。这个票房的地点大概在上海西藏路一条小街上,旁边作为标志的还有一个什么庙,晚上回来走出小街时阴沉沉的,我记得那是一个冬天。

我们班上大概有十来个人,中学生可能就是我一个,记得还有位年纪轻的,不过他也已经当店员,工作了。我们学习,是陈先生唱一句,我们大家跟一句,他听得有不对的就停下来讲解。我们这班学员好像都很老实,没有几个提问题的。有一次在陈先生唱时,我打断了他,请他慢一点,虽然是很小声,他听见了,很高兴地表扬了我,可惜我的主动性,就表现了这一次。有时候,名琴师赵喇嘛（济羹，左手运弓；为什么叫他"喇嘛"，因为他秃头?）来到票房，他没有架子，也为我们这些初学的学员伴奏吊嗓子，这时候也是大家最开心、最活跃的时候。

说起陈先生的艺术，我当时也不知道多少，他的戏我也看得少。还是在此期间，一天晚上，仍然在煤气灯下，陈先生正正式式演了一出《击鼓骂曹》，但中途场内大乱，迫使正在演出的陈先生到台口来问，戏就给搅了。

不过我的确很喜欢陈先生的演唱艺术。他的嗓音甘甜醇厚，亮而圆，脆而润，难得的好天赋，他自己也很能扬长避短，按照自己的特长去学别家的艺术，学到了的都能成为自己的好处，而不成为累赘。

《二进宫》是一出票友打基础的戏，他选这出戏教我们当然是很得当的，我们也都学得很认真，现在虽然有的词不记得了，但提起腔调，还有个大概。

我想，这出《二进宫》我大概是学完了的，也许差个一两句，后来可能是功课紧起来了，或者是父亲不再给钱了，就没有再去，但一个阶段还断续收到票房的通知。

就在那个阶段，我有一个很深的感觉：陈先生身体弱弱的，那时候取暖的条件不好，教我们戏的时候，手里总抱着一个暖水袋，到一定的时候，还要换一个热的。但他唱出来的声音却很刚劲有力，一点没有病态，小时候想得简单，我想这大概就是"功夫"吧。

后来我不去这个票房了，但仍对陈先生的艺术感兴趣，买了一些他录的唱片，我记得其中有一张《沙桥饯别》，一段"西皮二六"，我是认认真真地照着学过的。我感觉，陈先生在这张唱片中第二回"孤王在"这三个字，和我跟他学的《二进宫》里"千岁爷"竟然真有"异曲同工"之妙。论板式、曲调和词句，它们全不一样，我为什么会听出"相像"起来了？不是年纪小的错觉，而是"字"、"气"、"曲"结合得那样"协调"的一种艺术境界，它们是相像的。老话说，"以字行腔"，我的体会是似乎还可以加一句，叫"以气运字"，"孤王在"也好，"千岁爷"也好，陈先生唱来好像腹中有无穷的"气"汹涌澎湃地把字"挤"了出来。也许就是通常说的"底气"、"中气"、"丹田气"足？

在我的极其有限的欣赏经验中，我听余叔岩的演唱，明显的有这种感觉，再就是从陈先生的唱中也得到同样的感受，陈先生是宗余的，依我看，他的确是善学余者。

（原载《戏剧电影报》2000 年 8 月 28 日）

我的一些老唱片及其他

我的京剧唱片分两部分，一部分是我将近 50 年前在上海淘的，一部分是到北京后从我爱人天津家陆续运来的。这两部分唱片的结果完全不同。

将近 50 年前是个什么概念？那是刚刚解放的时候，我在上海上中学的那个时期。50 年前一个中学生，喜欢京剧，买几张唱片，有什么可以说的？的确，我在上海搜集来的京剧唱片，在现在科技保存资讯如此发达的时期，简直不值一提；不过对我个人说来，一提到它们，还总有一份留恋之情。

先说经济来源就挺艰难。那时我母亲虽不工作，但一向有睡懒觉的习惯，早上不能给我做饭，给点零用钱包括了早餐费，我就从中省一点出来，索性早早起来，赶那天不亮就开的早市，淘一两张唱片送回家再出去吃早点上学。就这样日积月累，也攒了一些。

说起来可笑，我从小有"厚古薄今"、"钻冷门"的毛病，对当时正走红的演员，我并不着急去找他们的唱片，而目标着重在已经作古，或不太流行但确有特点之人的作品，尽我能力地收集它们。

现在想起来，一来年代久远，二来那时毕竟年纪小，如今记得清楚的只有这个"购物指导思想"，而具体都有哪些唱片，则交代不清了。我记得，我有罗小宝的几张唱片，但什么戏、哪些段，全不记得了；我还有王又宸的几张，是什么，不记得了。前一阵《戏剧电影报·梨园周刊》发表女性老生的一版照片，说到该有露兰春的，我记起了也有她的唱片，但内容也忘了。

当然也有记得的，我有一张言菊朋早年录的《取帅印》，记得买它的原因是京胡伴奏者是孙佐臣。我还有一张京胡的片子记得很清楚，那是陈彦衡拉的京胡曲牌《柳摇金》，一面"西皮"的，另一面是"反二黄"的，我特别喜欢这张唱片，还照着学拉过一阵，但现在忘记了。

还有一张唱片我是特意买的，那是朱耐根的《桑园寄子》（？）。我买它的原因是我在哪本杂志上读到什么文章，或者干脆就是哪本《大戏考》上说的，朱耐根死学谭鑫培，既然谭鑫培唱片难得，听朱耐根的不也可以得其仿佛吗？后来60年代把余叔岩十八张半集中在三大张密纹唱片中，15元就能购得，所以以前辛辛苦苦尚未收全的东西一下子就普及了。但我说，你可以出余叔岩的，要等到出朱耐根的，还早着呢，所以我的还是宝贝。

不过这些宝贝现在我一张也没有了。这批唱片我一直放在上海家里，因为我父母亲也喜欢京剧，留在那里他们也可以解闷。事实上我父亲后来也添加了一些，譬如那张陈大濩的《沙桥饯别》就是他买的。所有留在上海的这些唱片，在"文化大革命"中被我母亲砸碎处理掉了，因为我父亲是"资本家"（实际是"小业主"），怕抄家。我爱人跟着学生串联时，路过上海家里，亲眼看见这些碎片放在一个箩筐里。

可是北京的这些唱片却"奇迹"般地保存了下来。说起这些唱片，以前我并不在意，因为都是谭富英、马连良这些当时还很活跃于舞台的人的，其中一张已作古的王凤卿的《取成都》，我学过。

"文化大革命"高潮的时候，因为种种原因，这批唱片在家里绝对危险，这时有一位仗义的朋友愿意代为隐藏，于是就蹬了平板车拉到他家，一放就是好几年；等到1972年以后，形势有了缓和，待到估计已绝无危险以后，他又蹬着平板车把它们送回来了。我清点了一下，一张不少。对于这位我并不特别熟的朋友，每看到这些唱片，我都有一种说不出的感激。他叫刘仲勋，在一个小学做总务工作，不幸已经故去，享年并不久。所以我常想，好人未必高寿。

过去的岁月，失散的东西太多了，我的《观剧手记》被我自己烧掉了；有一些在北大学生京剧社的活动剧照，还有奚啸伯先生送的一些剧照和便装照，也都毁了。

我没有收藏癖，但自己喜欢的东西失散了，总是很留恋的。怨得谁来？怨我母亲？我自己？

（原载《园林好》1999 年 5 月 20 日）